银 川 市 统 计 局
国家统计局银川调查队 编

银川统计年鉴

2021

YINCHUAN STATISTICAL YEARBOOK

中国统计出版社
China Statistics Press

图书在版编目（CIP）数据

银川统计年鉴. 2021 = Yinchuan Statistical Yearbook 2021 : 汉英对照 / 银川市统计局, 国家统计局银川调查队编. -- 北京 : 中国统计出版社, 2021.12
ISBN 978-7-5037-9759-0

Ⅰ. ①银… Ⅱ. ①银… ②国… Ⅲ. ①统计资料－银川－2021－年鉴 －汉、英 Ⅳ. ①C832.431-54

中国版本图书馆CIP数据核字(2021)第252394号

银川统计年鉴—2021

作　　者 / 银川市统计局　国家统计局银川调查队
责任编辑 / 钟　钰
装帧设计 / 张　兰
出版发行 / 中国统计出版社有限公司
地　　址 / 北京市丰台区西三环南路甲6号
邮政编码 / 100073
电　　话 / 邮购（010）63376909　书店（010）68783171
网　　址 / http://www.zgtjcbs.com
印　　刷 / 银川金利丰彩色印刷有限责任公司
经　　销 / 新华书店
开　　本 / 890mm×1240mm 1/16
字　　数 / 1300 千字
印　　张 / 42 彩页0.25
版　　别 / 2021年12月第1版
版　　次 / 2021年12月第1次印刷
定　　价 / 300.00元 Price:300.00yuan(RMB)

如有印装差错，由本社发行部调换。

《银川统计年鉴—2021》编辑委员会

《银川统计年鉴—2021》编辑部

编辑说明

一、《银川统计年鉴—2021》是一部全面反映银川市经济和社会发展状况的综合性统计资料年刊。本书收录了银川市2020年经济和社会发展等方面的统计数据以及历史重要年份的全市主要统计数据，它是认识和研究银川市情、交流社会信息、制定政策、指导工作不可缺少的重要工具，也是国内外了解银川的主要窗口。

二、本年鉴内容分特载、统计资料、附记三个部分。统计资料有15个部分组成，即：1.综合；2.人口及劳动力；3.农业；4；工业；5.能源；6.固定资产投资；7.建筑业；8.交通运输与邮电；9.内贸、外贸和旅游；10.财政金融保险；11.人民生活和物价；12.城市公用事业；13.教育、科学、文化；14.卫生、体育、民政、司法及其他；15.全区分市县资料。为便于读者使用，每部分都附有主要统计指标解释。

三、本年鉴的统计范围均为“地区”口径，含三区两县一市，包括行政区划内中央、自治区属在银单位的统计资料内容，为地域统计。

四、《银川统计年鉴—2021》是在市委、市政府和编委会领导以及各供稿单位的关心和大力支持下完成，在此谨致以诚挚的谢意！竭诚欢迎广大读者对年鉴的不足之处给予批评和指正，帮助我们进一步提高编辑水平。

编者

2021年12月

目　录
CONTENTS

特　载
Special Issue

统计资料
Statistical

一、综合

General Survey

二、人口及劳动力

Population and Labor Resources

三、农业

Agriculture

四、工业

Industry

五、能源

Energy

六、固定资产投资

Investment in Fixed Assets

七、建筑业

Construction

八、交通运输与邮电

Transport, Postal and Telecommunication Services

九、内贸、外贸和旅游

Domestic Trade, Foreign Trade and Tourism

十、财政金融保险

Governement Finance,Financial Intermediation and Insurance

十一、人民生活和物价

people's living conditions ang price indices

十二、城市公用事业

City Public Utilities

十三、教育、科学、文化

Education,Science and Culture

十四、卫生、体育、民政、司法及其他

Public Health, Sports, Civil Administration, Justic ang Others

十五、全区分市县资料

Statistical Data by City and County

附　记

Postscript

特　载

Special Issue

政府工作报告

——2021年3月2日在银川市第十五届人民代表大会第五次会议上

银川市人民政府代市长　赵旭辉

各位代表：

我代表市人民政府，向大会报告工作，请连同《银川市国民经济和社会发展第十四个五年规划纲要（草案）》一并审议，并请各位政协委员和其他列席人员提出意见。

一、2020年及"十三五"工作回顾

2020年是极不平凡的一年。面对突如其来的新冠肺炎疫情冲击，面对国内外深刻变化的复杂形势，面对全面建成小康社会收官之战和文明城市创建复牌复检大考，全市上下坚持以习近平新时代中国特色社会主义思想为指导，深入学习贯彻党的十九届四中、五中全会和习近平总书记视察宁夏重要讲话精神，在自治区党委、政府和市委的坚强领导下，牢固树立新发展理念，坚持稳中求进工作总基调，统筹疫情防控和经济社会发展，扎实做好"六稳"工作，全面落实"六保"任务，经济发展快速回稳向好，社会大局保持和谐稳定。

一年来的主要工作和成效：

（一）*疫情防控取得重大成果*。坚决贯彻疫情防控总要求，果断启动应急响应机制，强化联防联控、群防群治，做实做细"防控治保"各环节，全体市民守望相助、共护家园，共同筑起抗击疫情人民防线，未发生死亡病例、未发生医务人员感染、未发生社区传染。及时出台支持中小企业共渡难关10条等政策措施，新增减税降费81.94亿元，全力推动复工复产，力促消费回暖，将疫情影响降到了最低。全市地区生产总值增长3.2%，全社会固定资产投资增长1.1%，规模以上工业增加值增长1.6%，社会消费品零售总额下降7.1%，一般公共预算收入增长1.6%，城乡居民人均可支配收入分别增长3.1%和7.5%。

（二）*转型发展迈出坚实步伐*。实施技术攻关及成果转化项目200多个，新增国家高新技术企业35家、自治区科技型中小企业195家，高技术产业增加值增长16.5%。规上工业企业生产设备数字化率达70%，5G基站基本实现市区和县城全覆盖，数字城市指数挺进全国50强。隆基年产15GW单晶硅棒和切片、石墨烯改性三元正极材料和导电浆料等项目建成投产，蒙牛乳制品生产基地、鑫晶盛年产3000吨工业蓝宝石晶体等项目落地建设。共享装备入选2020年"全国质量标杆"。高新区被认定为国家绿色产业示范基地。

（三）*城乡统筹发展加快推进*。高质量完成全国城市设计试点任务。银西高铁全线通车，银川步入高铁时代。打通拓宽市政道路15条，新辟优化公交线路54条。年度棚改任务全面完成，改造老旧小区258个，253个老旧无物业小区实现规范化管理。新增停车泊位5.6万个。城市生活垃圾无害化处理率达100%。粮食生产实现"十七连丰"，获评全国农村承包地确权登记颁证工作典型。农村卫生厕所普及率、生活垃圾治理率分别达90.6%、93.4%。

（四）*生态环境质量持续改善*。西南部防洪排水、东部水系连通工程全面完成，收回河滩地约19万亩，完成国土绿化9.26万亩。持续打好蓝天碧水净土保卫战，"东热西送"二期建成投运，市区清洁供热比例达96.4%，空气质量优良天数比例稳定在82%以上。城市污水集中处理率达95.6%，主要入

黄排水沟水质全部达标，黄河银川段水质保持Ⅱ类进Ⅱ类出。地下水超采区治理位居全国前列。农业“三减”指标下降10%，全市土壤环境安全可控。

（五）改革开放活力不断释放。“放管服”改革走在全国前列，成为2020中国营商环境示范引领标杆城市，工程项目建设审批制度改革经验被国务院大督查通报表扬。国资国企、金融财税等领域改革深入推进。“一带一路”跨境电商国际卡班银川首发，银川国际公铁物流港海关监管区封关运营，成功举办国际智慧城市博览会。经开区被认定为国家外贸转型升级基地，苏银产业园东西协作成效显现。全市招商引资实体项目到位资金增长21.4%。

（六）民生保障得到全面加强。财政支出80%以上投向民生领域，10件民生实事落地见效。最后3个贫困村脱贫出列，1047名贫困人口全部脱贫。城镇新增就业6.25万人，登记失业率为3.87%。累计发放城乡低保金、救助补贴2.73亿元。新建改扩建中小学幼儿园81所，完成学前教育“5080”目标。率先在全国出台互联网诊疗服务规范，医疗联合体覆盖城乡。文化惠民深入人心。成功举办首届市民运动会。稳妥化解市本级政府债务50.87亿元，台账内民营中小企业无分歧账款全部清零。民族团结、宗教和顺的局面不断巩固。扫黑除恶三年行动取得重大战果，八类主要刑事案件大幅下降，安全生产形势稳定向好。荣膺全国双拥模范城“九连冠”。第七次全国人口普查登记工作顺利完成。国防动员、人民防空、应急救援、地震、气象、统计、红十字、慈善、老龄、工会、青年、妇女儿童、侨务、仲裁、档案等工作取得新成绩。

各位代表，修身方可立业，守正才能致远。一年来，我们致力于建设人民满意的服务型政府，铭记总书记的殷切嘱托，矢志不渝地贯彻新发展理念，始终沿着总书记指引的方向坚定前行。严格落实全面从严治党主体责任，认真落实中央八项规定精神，严格执行党风廉政建设责任制，切实改进工作作风。自觉接受市人大及其常委会法律监督、工作监督和市政协民主监督，人大议案代表建议、政协提案办复率均达100%。提请市人大常委会制定、修改地方性法规4件，制定行政规范性文件15件。建立重大行政决策清单目录，取消调整行政职权事项104项。审批制度改革荣获全国法治政府建设示范项目奖，成为西北地区唯一获此殊荣的城市。

各位代表！回首2020年，我们深感成绩来之不易、奋斗伴随艰辛。回顾“十三五”，我们更觉历程波澜壮阔、成就鼓舞人心，规划目标任务圆满收官，全面建成小康社会取得决定性胜利。

这五年，银川综合实力实现新跨越。全市地区生产总值比2010年翻一番，年均增长6.3%。服务业对经济增长贡献率达60%以上，第三产业增加值突破千亿元。全社会研究与试验发展（R&D）经费投入连续多年保持双位数增长，万人有效发明专利拥有量增长近三倍。数字经济占GDP比重超过30%。

这五年，三大攻坚战夺取新胜利。39个贫困村全部出列、5.15万名建档立卡贫困人口全部脱贫，闽宁镇荣获全国脱贫攻坚楷模。贺兰山、白芨滩国家级自然保护区生态环境显著改善，水、空气质量和主要污染物排放总量目标任务全面完成，入选国家第三批黑臭水体治理示范城市。中银绒业完成破产重整，丰友化工、尚东帝景等一批遗留问题得到妥善处置，守住了不发生系统性风险的底线。

这五年，改革开放实现新突破。488项重点改革任务深入推进，一枚印章管审批迭代升级，原创性推出一体化集成审批和“1230”审批模式，成为全国开办企业用时最短、不动产登记效率最高、项目审批速度最快的城市之一。新增市场主体18.8万户。宝丰能源顺利上市。成功举办第九届中国花卉博览会、“一带一路”国际葡萄酒大赛。引进国内500强企业25家，外贸朋友圈辐射全球160多个国家和地区，累计完成外贸进出口总额802亿元。

这五年，城乡面貌发生新变化。中心城区建成区面积增加36.48平方公里，全市城镇化率提高至79.1%。新改扩建城市主次干道111条，新增市政道路165公里、农村道路723公里。建成美丽村庄122个、国家级特色小镇3个。建成区绿地率、绿化覆盖率、人均公园绿地面积分别达到41.25%、40.84%、17.16平方米。蝉联全国文明城市，成功创建国家公交都市，荣获全球首批国际湿地城市。

这五年，民生福祉实现新提升。累计投入民生保障资金1265亿元。城乡居民人均可支配收入均比2010年翻一番，年均分别增长6.9%、8.1%。建设公租房30.77万平方米，改造老旧小区393个、棚户区278万平方米，30万群众住上了“暖心房”。“互联网+教育”“互联网+医疗健康”走在全国前列。成功创建全国民族团结进步示范市。

各位代表！五年发展，成之惟艰；五年耕耘，收获满满。这是坚持以习近平新时代中国特色社会主义思想为指导的结果，是自治区党委政府及市委正确领导的结果，是市人大、市政协鼎力支持和有效监督的结果，是全市人民和社会各界团结奋斗、奋力拼搏的结果。在此，我代表市人民政府，向奋战在疫情防控一线的医务工作者和全市广大干部群众，向人大代表、政协委员，各民主党派、工商联、无党派人士、各人民团体、离退休老同志，向驻银部队、武警官兵、政法干警及各界人士，向关心支持银川发展的海内外朋友，表示衷心的感谢，致以崇高的敬意！

各位代表，前进路上无坦途。后疫情时代国际国内形势复杂多变，发展不确定性和不稳定性因素增多，全市经济社会发展还面临不少困难和问题：一是支撑高质量发展的大项目好项目少，新兴产业规模偏小，经济增速趋缓，与首府引领全区经济社会发展的能力还不相匹配；二是创新能力不强，工业“四基”存在弱项，现代服务业发展相对滞后，转型发展任务艰巨，与首府示范引领先行区建设的地位还不相匹配；三是城市管理精细化水平还不高，“马路拉链”、交通拥堵等问题群众意见较大，与首府对外窗口形象还不相匹配；四是民生领域还有不少短板，教育、医疗、养老、托幼等优质服务供给配置不均衡，与群众对美好生活的新期待还不相匹配；五是营商环境还需优化，少数干部还存在作风不实、不善作为等现象，与自治区对首府“走在前列、勇立潮头、做好表率”的要求还不相匹配。此外，还需要向大会及各位代表说明的是，受疫情影响，全市上下虽倍加努力，但去年一些主要经济指标仍未能完成预定目标。对于这些问题，我们将高度重视，采取有力措施，切实加以解决和改进，决不辜负全市人民的期望。

二、“十四五”时期主要目标和任务

各位代表！“十四五”时期，是开启全面建设社会主义现代化国家新征程的第一个五年，也是我市推动高质量发展、融入新发展格局、实现“一高三化”目标的关键五年。去年6月，习近平总书记时隔四年再次视察宁夏，明确提出“继续建设经济繁荣民族团结环境优美人民富裕的美丽新宁夏”，赋予宁夏努力建设黄河流域生态保护和高质量发展先行区的时代重任，为全区改革发展高点定位、指向导航、擘画蓝图。银川作为自治区首府，全力以赴建设先行区是我们必须扛起的重大政治责任和历史使命，我们必须牢记嘱托，凝心聚力，开拓奋进，以辉煌的业绩谱写银川高质量发展新篇章！

“十四五”时期经济社会发展指导思想：高举中国特色社会主义伟大旗帜，深入贯彻党的十九大和十九届二中、三中、四中、五中全会精神，坚持以马克思列宁主义、毛泽东思想、邓小平理论、“三个代表”重要思想、科学发展观、习近平新时代中国特色社会主义思想为指导，坚持党的基本理论、基本路线、基本方略，全面贯彻落实习近平总书记视察宁夏重要讲话精神，按照“五位一体”总体布局和“四个全面”战略布局，坚定不移贯彻新发展理念，坚持稳中求进工作总基调，以推动高质量发展为主题，以深化供给侧结构性改革为主线，以建设黄河流域生态保护和高质量发展先行区示范市为时代使命，以改革创新为根本动力，以满足人民日益增长的美好生活需要为根本目的，统筹发展和安全，积极融入新发展格局，加快建设现代化经济体系，扎实推进基层治理体系和治理能力建设，坚决守好促进民族团结、维护政治安全、改善生态环境“三条生命线”，走出一条高质量发展新路子，加快城市国际化、生态园林化、治理现代化进程，在继续建设经济繁荣、民族团结、环境优美、人民富裕的美丽新宁夏中走在前列、勇立潮头、做好表率，为全面建设社会主义现代化开好局、起好步。

“十四五”时期经济社会发展目标定位：市委十四届十一次全会明确了“十四五”期间建设黄河流域生态保护和高质量发展先行区示范市的发展定位；确立了发展高质量、城市国际化、生态园林化、治理现代化的“一高三化”取得重大成果的奋斗目标；提出了建设贺兰山生态廊道、黄河生态廊道、典农河—阅海生态廊道，首府功能核心区、城乡融合发展示范区、东部生态经济先导区“三廊三区”的功能布局；按照产业支撑经济、项目拉动投资、改革促进开放的思路，谋划部署了“十大行动”“六大工程”“七城联创”等重大任务，为银川高质量发展找准了定位、明确了坐标、划定了路线。到2025年，全市地区生产总值年均增长6%以上，人均地区生产总值达到10万元以上，全员劳动生产率年均增长7.1%，全社会R&D经费投入强度达到2.5%以上，居民人均可支配收入年均增长6%以上，城镇调查失业率控制在5.5%以内，单位GDP能耗和主要污染物排放完成国家下达目标任务。

（一）坚定实施创新驱动战略，推动高质量发展走出新路子。坚持创新核心地位，转方式、调结构、换动能，加快推进质量变革、效率变革、动力变革。强化产学研融通，完善以企业为主体的技术创新体系，构建“新型研发机构+龙头企业+产业园区”新机制，打好关键核心技术攻坚战，推进“创新链”“产业链”“金融链”“人才链”深度融合，提升自主创新能力，新增国家和自治区级重点实验室、工程技术研究中心等创新平台50家。以产业高端化、绿色化、智能化、融合化为主攻方向，提高特色农业、先进制造业、现代服务业产业基础高级化和产业链现代化水平，初步形成现代经济体系，示范引领北部绿色发展区建设。推动产业链纵向延伸、产业间横向耦合、园区间协调联动，打造新材料千亿级产业集群，电子信息、高端装备制造、绿色食品加工、清洁能源等百亿级产业集群，经开区千亿级园区、高新区500亿级园区和苏银产业园、贺兰工业园、永宁工业园百亿级园区。做好服务宁东能源化工基地各项工作。

（二）坚定融入双循环新发展格局，推动城市国际化迈出新步伐。坚持胸怀大局、服务全局、开辟新局，对标国际城市标准，完善基础设施、公共服务功能，持续提升城市能级和核心竞争力。坚持扩大内需战略基点，紧紧扭住供给侧结构性改革主线，注重需求侧管理，促进消费升级，扩大产业、基础配套、生态建设等领域投资，构建高质量标准体系、流通体系，提高供需平衡性适配性。建设区域消费中心城市和区域性物流中心，创建国家文化和旅游消费示范市。打造重大改革先行地和对外开放新前沿，推进要素市场化改革取得实质性突破，高标准建设市场体系，创建全国社会信用体系建设示范城市。加强数字政府建设，打造“掌上办事之城”和“无证明之城”，营商环境便利度持续保持在全国一流行列。扩大对内对外开放，加快内陆开放型经济试验区和跨境电商综合试验区建设，主动参与国际合作和产业分工，外贸进出口额大幅提升，实际利用外资年均增长10%以上。加快以人为核心的新型城镇化建设，推动城市有机更新，优化城乡空间布局和功能品质，提升服务水平和影响力。

（三）坚定践行绿水青山就是金山银山理念，推动生态园林化实现新进步。坚持生态优先、绿色发展，建设美丽家园，让银川天更蓝、地更绿、水更清、环境更优美，守好改善生态环境生命线。严守“三线一单”，科学划定生产、生活、生态空间。加快转变发展方式，坚持一产利用生态、二产服从生态、三产保护生态，探索生态产品价值实现路径，培育绿色发展新动能。推进低碳化发展，制定碳排放达峰计划，降低碳排放强度。加强能耗总量和强度“双控”，推动能源体系转型发展，全面提高资源利用效率，万元GDP建设用地面积、用水量、煤炭消耗、电力消耗下降15%。持续打好蓝天碧水净土保卫战，确保环境空气质量稳定达到国家二级标准，黄河银川段干流断面水质保持II类优，土壤污染风险有效防控。统筹山水林田湖草沙系统治理，巩固白芨滩防沙治沙成果，推进黄河滩区综合治理，加强湖泊湿地生态修复与保护，持续提升贺兰山生态修复整治效能，提高生态系统性、稳定性和可持续性，筑牢西北地区重要生态安全屏障。加快生态园林化建设，森林覆盖率达到16.68%，建成区绿地率、绿化覆盖率、人均公园绿地面积分别达到41.5%、42.35%和17.25平方米，湿地保护率达到85%以上，形成山水相依、林水共生、园林相融的绿色生态空间，建成国家生态园林城市，创建国家生态文明建设示范市。

（四）坚定走新时代共同富裕发展道路，推动治理现代化取得新进展。坚持把为民造福作为最重要的政绩，加强保障和改善民生，持续增进人民福祉。巩固拓展脱贫攻坚成果，全面推进乡村振兴，逐步缩小城乡差距。弘扬中国梦和社会主义核心价值观，提高社会文明程度，提升公共文化服务水平，健全现代文化产业体系，更好满足群众精神文化生活需要。坚持就业优先，深化收入分配制度改革，增加低收入群体收入，扩大中等收入群体，城镇新增就业20万人，农村转移劳动力30万人，城乡居民收入水平高于全国平均水平。发展公平优质教育，提升全民健康水平，建立健全多层次社会保障体系，在幼有善育、学有优教、劳有厚得、病有良医、老有颐养、住有宜居、弱有众扶上取得突破性进展，基本公共服务达到全国中上水平。统筹发展和安全，牢牢掌握意识形态工作领导权主动权话语权，坚决守好促进民族团结生命线、维护政治安全生命线，坚决守住不发生区域性系统性风险的底线。维护重要基础设施安全，保障城市安全。加强和创新基层社会治理，创建全国平安建设优秀市、国家食品安全示范市、全国双拥模范城"十连冠"，坚持和发展新时代"塞上枫桥"经验，构建社会矛盾综合治理机制，推动扫黑除恶常态化，建设更高水平的平安银川。

各位代表！踏上新征程，奋斗正当时。只要我们保持定力、坚定信心，乘势而上、戮力奋斗，"十四五"宏伟蓝图就一定能现实！

三、2021年主要工作

2021年是实施"十四五"规划，开启全面建设社会主义现代化国家新征程的第一年，也是中国共产党成立100周年。我们要着眼五年、立足当前，砥砺奋进、锐意进取，推动经济社会发展取得新成效、见到新气象，加快推进黄河流域生态保护和高质量发展先行区示范市建设。

主要预期目标：全市地区生产总值增长7.0%，全社会固定资产投资增长6.0%，一般公共预算收入增长4.5%，城乡居民人均可支配收入分别增长7.0%、8.0%，城镇调查失业率控制在5.5%以内，粮食产量保持总体稳定，节能降碳和主要污染物排放完成自治区下达的目标任务。

实现上述目标，在统筹做好常态化疫情防控工作前提下，重点抓好以下十个方面工作：

（一）实施科技创新赋能行动，着力在催生发展动能上添新力。坚持创新引领发展，促进创新链与产业链双向互融。力争年内全社会R&D经费投入强度达到1.9%以上。

提升创新平台能级。推进"科创中国"和"百城百园"试点城市建设。财政R&D投入增长30%，引领撬动各类创新主体持续开展研发活动。提升知识产权创造、保护、运用水平，有效发明专利增长12%以上。推进银川产业技术研究院"四院一中心"运行机制改革，健全市场化管理运行体制机制。支持国有公司联合区外大型国企、校企共建投资平台，以"科技+产业+投资平台"发展模式，实现产业和区外创新资源的有效对接。力争苏州、成都、上海、杭州等地飞地平台和离岸孵化器项目就地孵化200个、成果银川转化20个以上。

强化企业主体创新。深化科技项目组织管理、科研资金配置、产学研用协同等科技体制机制改革，开展高品质单晶硅制备过程提速、大型复杂铸件加工等关键技术揭榜攻关，实施高品质石墨烯制备工艺研究、枸杞高值化产品开发等30个重大科技项目。支持力成电气、伊品生物等企业组建创新平台或新型研发机构，围绕高原型配网开关设备、医用新材料开发等5个共性技术、关键核心技术开展创新。构建科技型企业"垂直孵化培育体系"，培育8个以上创新型示范企业、15个以上科技小巨人企业。力争年内国家高新技术企业达到160家以上、自治区科技型企业达到700家以上。

加强人才队伍建设。聚焦新材料、电子信息、葡萄酒等重点特色产业，开展"人才+产业"行动计划。筹划组建科学技术咨询委员会，建设银川智库。完善人才使用机制，健全以创新能力、质量、贡献为导向的人才评价体系，深化职称制度改革，完善科研人员职务发明成果权益分享机制。加快推进海归小镇、高端人才社区建设，培养高精尖缺人才及优秀青年人才300名以上，引进急需高层次人才200名以上、创新创业人才团队20个以上。

（二）实施产业集群培育行动，着力在推动工业强市上开新局。树牢"大抓产业、抓大产业"的鲜明导向，启动工业强市三年行动计划，补短板、锻长板、筑优势，确保规上工业增加值增长6.5%。

推动实体经济恢复性增长。巩固提升"六稳""六保"成果，做好减税降费、社保减免等政策衔接和调整，全年减税降费59亿元，减免电费5.2亿元左右，降低实体经济成本50.9亿元以上。建立领导干部担任重点企业联络员制度，帮助企业解决难题。实施企业梯度培育行动，育强排头兵，年内力争产值百亿元以上企业达到5家，50亿元以上达到5家，10亿元以上达到28家，1亿元以上达到125家；新增规上企业20家以上，培育自治区级"专精特新"企业30家以上，努力形成"百家成长、千家培育"新局面。健全政银企联动机制，做大助企助贷基金规模，用好纾困基金、担保贴息贷款；探索发展供应链金融，鼓励发展普惠金融、绿色金融，新增贷款超过300亿元，持续提升金融服务实体经济能力。

推动优势产业集群式发展。加快产业链布局分工、垂直整合、拉长延伸,推动产业高端化发展。新材料产业围绕光伏硅、蓝宝石、大尺寸半导体硅片、高纯石墨、反渗透膜等领域,重点推进天通银厦蓝宝石三期、鑫晶盛工业蓝宝石加工、天津中环50GW太阳能级单晶硅智慧化工厂等项目建设,力促隆基3GW单晶电池、15GW单晶硅棒和15GW切片等项目年内投产达效,扩大光伏硅、蓝宝石产业规模,建设世界级单晶硅棒、硅片生产基地和工业蓝宝石晶棒生产基地。力争年产值超200亿元。电子信息产业围绕电子信息材料、智能终端、存储芯片和软件信息等领域,重点加快康佳银鑫汇智能电力产品研发、宁夏中泓电子产业园、智能终端产业园等项目建设,培育扶持华信智信息技术、希望信息等100家以上自治区级软件和信息技术服务梯队企业。力争年产值达120亿元。高端装备制造业围绕数控机床、工业机器人、精密轴承、仪器仪表、电气开关和智能铸造等领域,重点推进卧龙变压器超高压研发中心改造等项目建设,创新中轴小镇智能化服务平台建设,打造东部智能终端产业转移聚集地和承接地。力争年产值达120亿元。清洁能源产业围绕光伏产业,形成拉棒、切片、电池片、组件等全产业链。推动再生能源、氢能源、风电、新型电池、储能等业态发展,重点推进兵沟200MW光伏发电、灵武韩家沟100MW光伏发电等项目建设,加快建设世界光伏之都。力争年产值达230亿元。绿色食品产业围绕产业化聚集、标准化生产、品牌化经营、高端化引领,重点加快加贝兰年产5万吨饮料及5万吨纯净水等项目建设,争创全国绿色食品原料标准化生产基地、全国有机农业示范基地、国家现代农业产业园,培育40个绿色食品名特优新产品品牌。力争年产值达120亿元。葡萄酒产业围绕放大产区优势、提升品牌价值、打造领军企业、推进集群发展,重点加快张骞葡萄郡、贺兰红酒庄二期、中国葡萄酒产业技术研究院等13个项目建设,新建高标准葡萄园、改造提升低产园2.7万亩,新建续建酒庄5座,力争年葡萄酒原酒加工量达到5万吨、实现销售产值72亿元,综合产值达230亿元,加快打造国际葡萄酒之都。奶产业围绕良种繁育、品牌经营、利益联结、精深加工,加速向白土岗、月牙湖聚集,重点推进蒙牛西北奶业全产业链百亿集群、贺兰山牧业第二奶厂等项目建设,加强饲草料保障体系建设,打造全国一流优质奶源生产加工基地。力争综合产值达195亿元。文化旅游产业围绕挖掘价值、扩大合作、改善服务,推进"文化+旅游""文化旅游+"全业融合发展,力争旅游接待总人数达1400万人次、总收入达95亿元,分别增长15%以上。枸杞产业围绕龙头强杞、科技兴杞、质量保杞、品牌立杞、文化活杞,重点推进沃福百瑞年产2万吨枸杞深加工等项目建设,做强做优"百瑞源"等品牌。力争综合产值突破70亿元。有计划推动花卉、长红枣、适水产业等特色农业品牌化提升,推动生命健康等产业规模化崛起,因地制宜发展滩羊和肉牛产业。

推动传统产业现代化振兴。实施结构、智能、绿色、技术改造,开展工业能效和对标提升行动,加速出清"僵尸企业"、淘汰落后产能;实施产业数字化转型三年行动,推进设备换芯、机器换人、生产换线、产品换代,开展100家企业智能制造诊断,建成凯晨电气等5个以上工业互联网平台,培育10家上云标杆企业、自治区级机器换人试点示范项目1-3个,打造宁夏和瑞彩印等自治区级智能工厂、数字化车间6个;创建2家绿色工厂;完成30个以上重点技改项目,加快推动纺织、发酵、化工等传统产业转型升级、提质增效。工业技术改造投资增长10%以上。

推动园区集约化发展。启动实施新一轮园区改革,试点推行"工资总额+员工聘任"管理模式,探索园区实行税收留成、土地出让金封闭运行机制,强化以亩产论英雄,激发园区干事活力。加速"腾笼换鸟"步伐,清理低效和闲置用地1300亩。突出主导产业,新上项目、新进企业一律"入园",引导同类和上下游企业向专业园区集中。开展园区智能化改造,打造经开区、高新区、苏银产业园3个智慧园区。建立绿色园区评价指标体系,推进园区绿色化发展。成立服务专班支持宁东建设,助力全市经济发展。

(三)实施供需适配行动,着力在扩需求稳增长上育新机。推动供给需求两端发力,消费投资双轮驱动,持续巩固经济平稳恢复态势,确保全年社会消费品零售总额增长8.0%。

激发市场消费潜力。更好顺应消费升级趋势,持续增加中高端商品和体验式、个性化、高品质服务供给。引进麦当劳、言几又等品牌首店落户银川，加快建设砂之船奥特莱斯、建发悠阅城等商业综合体，支持正源街等核心商圈数字化改造，发展直播带货、在线服务等消费新业态，打造大阅城中街、怀远夜市等地标性夜生活集聚区，培育壮大“购物+美食+旅游+休闲”一体化复合型消费链条。优化消费服务，开展社区蔬菜直销店智慧化改造和标准化建设，新建、改造提升直销店60个；办好欢乐购物季、汽车下乡、宁夏老字号商品展示展销等大众消费促进活动；完善城乡物流配送体系，推进城乡生产和销售有效衔接；积极引导汽车、家用电器、油品等大块头消费，加快推动区域性聚集消费。

提升投资增长动力。坚持项目为王，充分发挥重大项目主引擎作用，实施首批项目695个，完成投资720亿元。完善首席服务官制度，推行“拿地即开工”模式，一月一督查、一月一调度、一月一通报，力争全市重点项目一季度开工率达到81%以上，二季度末努力实现100%开工，全年重点项目年度投资完成率达90%以上。优化调整投资结构，产业类项目数量、投资额度分别达到总项目的55%、60%以上。围绕“两新一重”、老旧小区改造、乡村振兴、公共卫生、生态治理等薄弱环节，做实项目库，促进项目梯次推进、接续跟进。加强与国家部委对接，主动与自治区厅局沟通，千方百计争资金、争项目、争政策、争示范，力争更多项目资金投向银川，年到位资金增长15%以上。用好用足地方政府专项债券、产业基金，创新PPP模式，撬动社会投资。

凝聚招商引资合力。聚焦重点特色优势产业，修改完善招商引资政策，围绕产业链编制招商引资图谱，瞄准长三角、珠三角、京津冀等区域，开展专题招商、以商招商、跟踪招商、全民招商，各县(市)区谋划引进投资额不低于5亿元的高质量项目2个以上；各园区引进落地“建链延链补链强链”项目10个以上，加快打造主导产业集群；建立跨区域产业转移、园区共建、项目统筹的成本分担和财税利益分享机制，力争全年实施招商引资项目300个以上，招商引资到位资金增长10%。

增强风险防控能力。加快实施“八个一批”化债方案，坚决遏制债务增量，全口径预算安排56.4亿元化解存量债务，确保政府债务风险总体可控。安排预算资金6亿元统筹支付政府投资项目工程欠款。推进国企改革三年行动，完善通联资本、金控集团、绿创集团法人治理机制，加快科贷公司混合所有制改革。开展市属国有企业专项审计，精准掌控和化解各类风险。综合运用法治化、市场化手段，规范金融行为、治理金融乱象，稳慎推进重点企业债务危机化解，持续开展非法集资、网络借贷等非法金融问题专项整治，确保不发生系统性区域性金融风险。

（四）实施改革开放攻坚行动，着力在激发活力上拓新路。坚持以改革解难题、破困局，以开放促改革、促发展、促创新，不断增创发展新优势。

深化“放管服”改革。推进商事制度改革，严格落实市场准入负面清单制度和公平竞争审查制度。深化市与辖区事权划分改革，切实做到事权财权相匹配，调动各方积极性。持续深化跨领域跨部门综合执法改革，推动乡镇(街道)“一支队伍管执法”。推进“双随机一公开”和“互联网+监管”全覆盖，建立包容审慎监管机制。全面推行告知承诺、一业一证等改革，推动“跨省通办”。加快“市民云”数据信息平台建设，构建全市一体化政务服务平台，提升政府管理数字化水平，实现“一网通办”，努力让审批速度更快、服务更优、满意度更高。

优化资源要素配置。深化要素市场化配置改革，研究出台工业企业绩效评价办法。完成规上企业用地调查，探索多元化供地政策。建设数据共享交换平台，整合各类交易平台，加强数据共享开放。落实户籍准入新政，完善人才流动政策。推进自然资源资产产权制度改革，加快用水权、排污权、山林权、土地权和碳排放权“五权”交易改革，完善市场化、多元化的生态补偿机制。

持续优化营商环境。坚持“无事不扰、有求必应”，建立涉企检查罚款登记备案制度，增设优秀企业服务绿色通道，建立企业诉求直通渠道，推动企业审批“零障碍”、办事“零阻力”。进一步规范政商交往，推动构建“亲”“清”新型政商关系。做好优化营商环境地方立法，对标国家测评体系，制定优化营商环境3.0版政策，建立健全第三方评估机制、企业评价部门服务优劣制度，着力在提升企业开办、水电气报装、市场监管等方面便利度上下功夫，确保优化营商环境工作始终走在全国前列。

扩大对内对外开放。主动融入“一带一路”，全力配合自治区筹办第五届中阿博览会，办好跨境电商展、数字经济展、数字经济论坛。推进银川国际公铁物流港铁路专用线和铁路开放场站建设，争取获批国家一类铁路口岸。推动“一带一路”国际卡班常态化运行。启动实施银川航空物流港项目，建设空港型国家物流枢纽。高水平建设中国（银川）跨境电商综合试验区，建成综保区“国际邮件、国际快件、跨境直购、保税备货”四合一集约式监管中心，力争进出口贸易总额增长5%。

（五）实施绿色转型发展行动，着力在改善生态环境上焕新颜。更大力度推进环境治理、减污降碳，描绘好美丽银川的生态画卷。

持续加强黄河保护治理。推进水资源、水生态、水环境、水灾害“四水同治”。坚持“四定”原则，开展深度节水控水行动，加强节水型载体建设，新增高效节水灌溉面积9000亩，主城区再生水利用率达到25%。实施黄河银川段航运建设二期工程，加快黄河银川段干流滩地综合整治修复、典农河水环境治理、银新干沟、第二排水沟综合治理、贺兰山东麓防洪体系完善等项目建设，打造水生态健康的“绿色水网”，保持黄河干流银川段水质Ⅱ类进Ⅱ类出。严格落实河（湖）长制，推进第一批示范河湖项目建设，坚决清理整治河湖“四乱”，从严整治“挖湖造景”，实现河畅、水清、岸绿、景美。

扎实开展生态系统修复。加快创建国家生态园林城市步伐。持续开展贺兰山自然保护区外围环境整治，完成11处矿山环境治理，实施套门沟矿区周围和宰牛沟矿山生态治理项目，推进绿色矿山建设，守护好贺兰山生态屏障。推行“林长制”，大力实施人工造林、封山育林、未成林抚育及退化林改造工程，加强高速公路、铁路沿线等重要节点生态绿化和环境整治，完成营造林14.92万亩。加快实施阅海、宝湖等重点湿地保护修复项目，放大国际湿地城市品牌效应。建立沙产业研究院，推广白芨滩治沙成功经验，加强土地沙化区生态修复。

强力推进环境污染治理。对中央环境保护督察反馈问题和转办群众投诉件进行“回头看”，接续打好蓝天碧水净土保卫战。实施瀛海天琛、赛马水泥等行业超低排放改造，保持“散乱污”企业动态清零；更换600辆纯电动公交车，新建300个充电桩，加快推进一体化绿色交通建设；启动实施贺兰县集中供热工程，分批次推进近郊、农村无集中供热区清洁能源改造，强化柴油货车深度治理，确保空气质量优良天数比例稳定在85%以上。全面实行排污许可制，加快第一再生水厂、第四污水处理厂配套再生水管网、苏银产业园再生水回用等项目建设，确保城镇和工业园区污水稳定达标排放。加强污染地块风险管控，确保污染地块安全利用率不低于90%。持续开展农业“三减”行动，确保受污染耕地安全利用率达到98%以上。落实生态环境损害赔偿制度，健全环境信用评价体系，开展生态环境执法专项行动，持续保持打击生态环境违法行为的高压态势。

（六）实施城乡融合促进行动，着力在改善人居环境上出新招。树立“精明增长”“紧凑城市”理念，精准把脉定位，下足“绣花功夫”，提升城市规划建设管理水平，努力让城市更宜居、更温暖。

推动全域一体化布局。围绕“三廊三区”功能布局，高质量编制市、县、乡三级国土空间规划，统筹各类自然资源要素配置，合理确定产业布局、城镇规模、空间结构和功能定位，科学划定“三条控制线”，构建与人口经济、产业布局和资源环境相匹配的国土空间格局，推动产业与城市融合、发展与生态融合、建筑与环境融合。加快编制综合交通、绿地系统、养老设施等专项规划。强化规划监督，维护规划的权威性和严肃性，保持规划的持续性。

加快现代基础设施建设。配合自治区推进包银高铁和银巴铁路建设，做好银川城市地下轨道交通、银川至太原高铁、银昆高速宁夏段、宁夏至华中特高压直流输电、河东国际机场改扩建配合实施工作，加快实施城市综合交通路网、水生态系统提升、“一山一河”生态安全屏障提升、新基建扩面提升等工程年度项目，完成宁夏电投清洁能源智慧供热、应急调峰储气设施等项目建设，试点推动“互联网+城乡供水”项目。

推进城市有机更新。全面开展“城市体检”，启动城市更新三年行动。加强历史街区、历史建筑保护修缮，加强城市建筑高度、风貌管控。新建续建市政道路28条，打通“断头路”，畅通微循环。完成75个老旧小区改造，开工建设6个棚户区，支持有条件的小区加装电梯。提升城市防洪排涝能力，推进海绵城市、韧性城市建设。迁建动物园，建设6个小微公园。完善社区菜店、运动休闲、养老托幼等配套功能，打造“便利化、智慧化、人性化”的15分钟便民生活圈。坚持“房住不炒”定位，探索经适房转为共有产权住房制度，促进房地产市场平稳健康发展。

提升精细化管理水平。加强施工统筹协调和科学管理，实行市政道路开挖承诺公示，对拖延工期的建设单位进行问责处理，对施工单位予以经济处罚和诚信罚分双重处理，切实减少“马路拉链”现象。持续实施“疏堵提畅”工程，开展主次干道通行情况可视化建设，优化智能信号管控系统，提升通行效率。开展片区停车治理，综合采取增加供给、错时停车、智能管理等举措，因地制宜解决停车难问题，新增泊位5000个以上。推行路长制、街长制管理模式，有效解决共享单车乱停放、背街小巷脏乱差等城市管理难题，规范农贸市场、临时摊位等经营。扩大垃圾分类覆盖面，生活垃圾回收利用率达50%以上。

推动城乡融合发展。加快城市基础设施向农村延伸、城市公共服务向农村覆盖。继续建设“四好农村路”，进一步提升水、电、气等设施服务能力，强化农村能源供给保障。加快光纤宽带提速升级，推动5G网络在工业园区、科研机构、居民小区、商务楼宇等场所重点部署，加快农村及偏远地区信息通信基础设施建设，力争年底累计建成5G基站4000处，进一步缩小城乡“数字鸿沟”。推进供销社“两个体系”建设，发展以乡镇为节点的城乡工农综合体，打造衔接城乡、联动工农的区域中心。

（七）实施现代乡村建设行动，着力在全面推进乡村振兴上启新程。加快农业产业现代化步伐，提升农村基础设施建设水平，推动“三农”工作再上新台阶。力争农业增加值增长3.5%。

巩固拓展脱贫攻坚成果。严格落实“四个不摘”要求，健全防止返贫动态监测和帮扶机制，确保“两类人口”风险消除比例达到100%。落实自治区百万移民致富提升行动，持续抓好产业、就业、社会融入3件大事。实施农业产业园、扶贫车间、扶贫农产品仓储物流销售等16个扶贫产业项目，持续促进脱贫人口稳岗就业，脱贫地区农民收入增长8%以上。坚持和完善闽宁协作机制，支持闽宁镇等移民安置区创建全国易地搬迁移民脱贫致富示范区。

发展现代都市农业。严守耕地红线，建设高标准农田6万亩，粮食播种面积稳定在121.1万亩，总产量保持在68.6万吨以上。支持种业龙头企业建立健全商业化育种体系，提升育种创新能力。积极推进作物品种、栽培技术和机械装备集成配套，主要农作物耕种收综合机械化水平达到85%。全面推行食用农产品合格证制度，建立“合格证+追溯码”等试点45个，新增“三品一标”和良好企业规范认证20个以上。发展智慧农业、定制农业、旅游农业等新业态，打造良田观光农业小镇、闽宁葡萄文化小镇、梧桐树稻香小镇、掌政花卉小镇等特色农业小镇，建设一二三产融合核心示范区3—5个、示范村（点）10—20个。

推进美丽乡村建设。尊重群众意愿，科学编制6个县（市）区乡村振兴规划和13个“多规合一”实用性村庄规划。因地制宜、分类推进村庄建设，加大“空心村”治理，大力开展“百村万户”环境整治提升行动，完善基础配套及公共服务设施，确保农村生活污水处理率、垃圾治理率、自来水普及率分别达到50%、90%、99%以上。大力整治高价彩礼、人情攀比等陈规陋习，持续推进农村移风易俗。力争建成8—10个自治区美丽乡村，打造1—2个“中国美丽休闲乡村”。

深化农业农村改革。巩固和完善农村基本经营制度，持续深化农村产权制度改革。走好农村“三变”改革之路，稳慎推进宅基地制度改革，做好贺兰县宅基地改革国家级试点工作。巩固承包地确权登记颁证成果，抓好灵武市第二轮土地承包到期后再延长30年政策试点。大力发展新型集体经济，有序推进农村集体经营性建设用地入市改革。开展新型农业经营主体规范提升行动，创建市级示范合作社、示范家庭农场各20家。

促进农民持续增收。开展新型职业农民培育工程，培训农村实用型人才3000人次，统筹就近务工、短期务工、季节性务工，农村劳动力转移就业8.5万人，工资性收入增长6.6%。鼓励支持各经营主体整合土地资源，引导发展合同农业、订单农业，建立利益联结机制，经营性净收入增长6.9%。盘活利用闲置宅基地、撂荒地，财产性净收入增长52.9%。落实粮食综合直补、良种补贴、农机购置补贴等支农惠农政策，转移性净收入增长0.6%。

（八）实施文化润市铸魂行动，着力在丰富群众文化生活上谱新曲。延续城市文脉，精心保护文化遗产，持续丰富文化供给，推动文化事业和文化产业繁荣发展。

推进文化惠民利民。隆重举办庆祝建党100

周年系列活动。实施“四送六进·文化惠民”工程，开展送戏下乡、广场文艺演出等2000场次以上。办好市民文化艺术节、“全民阅读·书香银川”等文化活动。推进公共文化服务标准化特色化建设，加快银川文化园、职工文化中心、青少年活动中心建设，新建基层综合文化服务中心20个，完善“四级”公共文化服务设施网络。推进数字文化馆、智慧图书馆建设，继续办好互联网电影节，提升文化软实力。

加快文旅深度融合。做好传承弘扬创新文章，推出一批思想精深、艺术精湛、制作精良的黄河题材文艺作品。推动黄河、长城国家文化公园建设，加快黄河金岸、贺兰山东麓文化旅游度假区建设，打响“中国夜游名城”品牌。挖掘旅游项目和景区的文化内涵，支持西夏陵、黄河军事文化博览园争创5A级景区，办好黄河、贺兰山文化旅游节，打造黄河沙漠、葡萄酒文化等特色体验之旅。加强文物保护利用，推进西夏陵申遗，水洞沟和贺兰山岩画申报国家文化地标。

广泛开展全民健身。深入推进体医、体教融合，推动健身运动和民族传统运动进学校，形成“一校一特色”体育发展格局。启动实施“十百千万工程”，提升竞技体育水平。加快银川文化园全民健身中心综合馆等项目建设，建成金凤全民健身中心，着力构建“10分钟健身圈”。创建全国全民运动健身模范市。

提升文明创建质量。积极培育和践行社会主义核心价值观，凝练挖掘“闽宁精神”，弘扬传承艰苦奋斗作风，持续加强社会公德、职业道德、家庭美德、个人品德建设。编制深化全国文明城市建设工作规划。突出常态精准创建，建好用好文明城市创建智慧管理平台，构建“线上+线下”文明城市创建新模式。打造特色志愿服务品牌，完成志联阵地建设，组建银川市志愿服务学院。实施文明细胞创建工程，打造3—5个细胞创建特色品牌。实行市级文明单位、文明村镇和文明校园末位淘汰制。深入开展全民爱国卫生运动，确保顺利通过国家卫生城市复审。

（九）实施民生保障提升行动，着力在优化公共服务供给上展新为。加大民生投入，保基本兜底线提质量，千方百计解决好事关群众切身利益的“头等大事”和“关键小事”。

全力促进就业创业。大力开展技能护航重点产业行动，加大高校毕业生、农民工、政策性移民等重点群体就业创业培训力度，完成职业技能培训2万人次，培育创业实体3000个以上，创造新岗位6600个。加强公共实训基地建设，组建银川技师学院。推动人力资源服务产业园持续发展，集聚35家以上人力资源服务企业，服务企业用工1万人以上。积极推动家庭服务业发展，支持灵活就业，全年新增就业4.5万人以上。

完善社会保障体系。推进社会保障扩面提标，确保法定参保人群全覆盖。加快社会保险基本公共服务标准化建设试点工作，落实医疗保险普通门诊费用跨省直接结算，实行工伤保险门诊医疗费即时结算。全面推行医疗保险按病组分值付费制度。健全社会救助体系，加大特殊困难群众兜底保障力度。抓好国家第五批居家和社区养老改革试点工作，建成市爱心护理院、颐养老年托护中心，争取国家城乡联动普惠养老试点。

推进优质教育扩面。坚持教育优先发展，落实立德树人根本任务，促进学生德智体美劳全面发展。持续实施京银教育合作“双优云桥”项目。启动县域义务教育优质均衡发展创建，实施乡村学校教育质量提升行动。巩固提升学前教育“5080”成果，高标准完成贺兰县、金凤区学前教育评估验收。深化普通高中招生和育人方式改革，加快职业教育产教融合，加强特殊教育，规范民办教育。新建改扩建银川第三十六中学、西夏区第二十小学、五里湖畔幼儿园、高桥一期幼儿园等一批中小学幼儿园，新增学位36480个，重点解决好城市南部片区及部分村镇“入学难”，推进教育资源均衡配置。

加快健康银川建设。完善公共卫生服务体系，新建西夏区常春藤等5所社区卫生服务中心、碧水蓝天社区医院，提升基层医疗卫生服务水平。全面开展综合医改工作，推进区域健康公共服务均等化。实施银川市疾控中心应急处置与实验室能力提升改造项目，建成市中医院分院，启动建设区内首家耳鼻咽喉头颈专科医院，推进口腔医院“三甲”创建，加快打造“互联网+医疗健康”国家区域中心。加强生育服务、慢病防治和健康教育，提高全民健康水平。

今年，我们面向全体市民广泛征求意见建议，遴选确定了10件民生实事，提交本次会议审议，我们将尽心竭力办实办好。

（十）实施社会治理强基行动，着力在维护社会和谐稳定上筑新基。统筹发展和安全，守住安全发展底线，筑牢发展安全屏障。

加强基层治理。精准聚焦乡村、社区、宗教、校园、企业、社团治理6个重点领域，完善治理制度、提高治理能力、建成治理队伍，推动基层治理系统变革。加强乡村治理，开展乡村治理示范创建，推进乡村治理中心建设，创建一批平安乡镇、平安村庄。加强社区治理，推行"四优四提"城市党建引领，实现社区党组织—网格党支部—楼栋党小组全覆盖，引导居民参与自治事务。加强宗教治理，巩固宗教领域突出问题治理成果，持续开展"五进"宗教场所活动，依法加强宗教事务管理。加强校园治理，推进校园治理达标和示范县（校）创建工作，力争年底全部达标。加强企业治理，开展企业治理规范年行动，分行业、分规模、分性质评选奖励企业治理示范项目和示范企业，着力提升全市企业治理规范化建设水平。加强社团治理，深化社团登记管理体制机制改革，健全完善社团组织退出机制，提升社团质量。

推进数字治理。丰富"城市大脑"功能，以"雪亮工程"为主体打造"视频一张网"，建成空间地理信息"一张图"，实现各类城市运行数据、视频等资源全市共建共享共用。推进市县两级智慧城市运营管理指挥中心与综治中心融合建设，升级、推广使用社会治理网格化平台，实现"一网统管"。完善"i银川"APP功能，推进"一网惠民"，力争用户达到80万以上。建成智慧小区900个以上，覆盖率超过50%。

维护民族团结。巩固全国民族团结进步示范市创建成果，持之以恒加大马克思主义民族观宣传教育，实施民族团结进步"十进"细胞工程，培育2个国家级、20个自治区级、50个市级民族团结进步示范单位和30个模范家庭，打造5个以上中华民族团结共同体意识教育实践基地。

建设平安银川。严厉打击违法犯罪，建立健全扫黑除恶长效机制。推动"警格""网格"深度融合。扎实推进安全生产专项整治三年行动，坚决遏制重特大安全生产事故发生。加强城市安全，全面提升应急保障能力和处置能力。创新食品药品监管方式，实施地产食品"一品一码"，推进"互联网+明厨亮灶"建设，确保群众舌尖上的安全。做好信访维稳工作，及时解决群众合理诉求。

四、加强政府自身建设

各位代表，实现"十四五"良好开局、建设先行区示范市，对政府自身建设提出了新的更高要求。我们将秉持人民政府为人民的理念，努力建设人民满意政府。

牢记为政之魂，切实做到忠诚履职。坚持把旗帜鲜明讲政治贯穿政府工作始终，心怀"国之大者"，增强"四个意识"，坚定"四个自信"，做到"两个维护"。自觉将政府一切工作置于党的领导之下，严格按规矩、按制度、按程序办事，做到有令必行、令行禁止、政令畅通、执行有力。深入开展市政府系统党史学习教育，学党史、悟思想、办实事、开新局，以昂扬的姿态开启新征程。

永葆为政之本，切实做到为民履职。坚持以人民为中心，以发展为己任，把解决实际问题作为突破口，不断提高把握新发展阶段、贯彻新发展理念、融入新发展格局的履职本领。走好群众路线，常接地气，多沾泥土，完善12345市民热线、市长信箱、市级领导接访等机制，用心用情解决好人民群众的操心事、烦心事、揪心事。树牢"过紧日子"思想，坚守节用裕民的正道，一般性支出再压减10%以上，挤出更多资金为发展增添后劲、为民生雪中送炭。

把握为政之要，切实做到依法履职。规范重大行政决策程序，推动政府法律顾问参与政府重大行政决策全过程，把政府活动全面纳入法治轨道。严格落实民主集中制，凡"三重一大"事项集体决策，向市委报请。科学实施"八五"普法，推动民法典实施。深化府院联动，全面落实行政执法"三项制度"，加强行政复议规范化建设。自觉接受人大法律监督、政协民主监督，高质量办好建议提案。全面推进政务公开，让权力始终在阳光下运行。

恪守为政之道，切实做到勤勉履职。大兴"马上就办、大抓落实"之风，深入一线开展大调研活动，摸清基本底数，把握基本政策，掌握基本规律。扎实推进政府系统干部队伍专业化建设，持之以恒加强学习、锤炼本领，不断提升专业精神、专业能力。建立"四个清单"制度，挂图作战，销号推进，做到事事建账、时时理账、定期对账、年底交账。深入贯彻中央八项规定及其实施细则精神，全面检视、靶向纠治形式主义官僚主义，扎实为基层减负。

筑牢为政之基，切实做到干净履职。深入开展工程建设政府采购等重点领域专项治理，加强公共资金、国有资产、国有资源和领导干部经济责任、生态环境审计监督，用制度管好关键人、管到关键处、管住关键事。严格遵守党规党纪，强化监督执纪问责，保持反腐败高压态势，持续整治群众身边腐败和不正之风，促进社会公平正义、保障群众合法权益，全面筑牢不敢腐、不能腐、不想腐坚实防线。

各位代表！实干托起梦想，奋斗成就未来。站在新的历史发展起点，让我们紧密团结在以习近平同志为核心的党中央周围，深入贯彻落实习近平总书记视察宁夏重要讲话精神，干在实处、走在前列、勇立潮头、做好表率，努力为继续建设经济繁荣民族团结环境优美人民富裕美丽新宁夏做出新的更大贡献，以优异成绩庆祝建党100周年！

名词解释：

“六稳”“六保”：稳就业、稳金融、稳外贸、稳外资、稳投资、稳预期，保居民就业、保基本民生、保市场主体、保粮食能源安全、保产业链供应链稳定、保基层运转。

农业“三减”：减化肥、化学农药和化学除草剂用量。

学前教育“5080”目标：公办园在园儿童占比2020年底达到50%、普惠性幼儿园在园儿童占比2020年底达到80%。

“1230”审批模式：“1”即实现企业开办一日办结，“2”即实现不动产登记平均两日办结，“3”即实现项目报批全流程30个工作日内办结，“0”即加快推进从“最多跑一次”向“零跑腿”转变。

工业“四基”：核心基础零部件、先进基础工艺、关键基础材料和产业技术基础。

“十大行动”：“十四五”时期实施科技创新赋能行动、产业集群培育行动、供需适配提质行动、改革开放攻坚行动、现代乡村建设行动、城乡融合促进行动、文化润市铸魂行动、绿色转型发展行动、民生保障提升行动、社会治理强基行动。

“六大工程”：“十四五”时期实施轨道交通建设、城市综合交通路网、水生态系统提升、“一山一河”生态安全屏障提升、新基建扩面提升、能源保障能力提升等现代基础设施建设“六大工程”。

“七城联创”：“十四五”时期开展创建国家生态文明建设示范市、国家食品安全示范城市、国家生态园林城市、国家文化和旅游消费示范市、全国平安建设优秀市、全国社会信用体系建设示范城市、全国双拥模范城市“十连冠”等“七城联创”。

“三线一单”：生态保护红线、环境质量底线、资源利用上线和生态环境准入清单。

“科创中国”试点城市：中国科协公布，“科创中国”以省级为统筹、地市为中心，统筹考虑地方发展所需、科协资源所有，兼顾当前和长远，在全国18个省（区、市）党委政府推荐的110余个城市和园区中，遴选确定了22个首批试点，形成一批科技经济融合的“样板间”，积极探索并积累可复制、可推广的经验与机制。

“百城百园”试点城市：为加快推动一批先进适用重大科技成果在地方落地转化，科技部、财政部共同开展“科技抗疫—先进技术推广应用‘百城百园’行动”。

“四院一中心”：上海交大（银川）新材料产业研究院、中国葡萄酒产业技术研究院、知识产权研究院、清华大学（银川）数字治水联合研究院、中电科军民融合产业技术研究中心。

“两新一重”：新型基础设施、新型城镇化，以及交通、水利等重大工程。

“八个一批”：调整结构、偿还一批，盘活投资、消化一批，资产处置、减少一批，灵活还款、展期一批，分类清理、止血一批，平台转制、带走一批，经营延期、转换一批，依法退出、解除一批的方式，积极有序化解债务，确保风险总体可控。

“双随机一公开”：在监管过程中随机抽取检查对象，随机选派执法检查人员，抽查情况及查处结果及时向社会公开。

坚持“四定”原则：坚持以水定城、以水定地、以水定人、以水定产。

清理整治河湖“四乱”：对乱占、乱采、乱堆、乱建等河湖管理保护“四乱”突出问题开展清理整治。

“三条控制线”：生态保护红线、永久基本农田、城镇开发边界。

“四个不摘”：摘帽不摘责任、不摘政策、不摘帮扶、不摘监管。

“两类人口”：脱贫不稳定人口、边缘易致贫人口。

“三品一标”：无公害农产品、绿色食品、有机农产品和农产品地理标志。

农村“三变”改革：资源变资产、资金变股金、农民变股东。

“十百千万工程”：“十四五”时期，培养10个全国冠军，培育100名优秀体育教练，培养1000名青少年体育精英人才，培训10000名社会体育指导员，引导100万市民健身锻炼。

“双优云桥”：老师教的优，学生学的优，在网络云端搭建起沟通的桥梁。

“四优四提”：从优化组织体系、提升基层组织力，优化人员素质、提升队伍带动力，优化治理机制、提升多元共治力，优化基础保障、提升治理承载力四个方面入手，推动街道社区基层党组织全面进步、全面过硬，全面提升城市党建引领社区治理现代化水平。

“四个清单”：对全市重点任务、重点项目、重点工作，分市级、市领导、市直部门和县(市)区4个层面，建立“四个清单”制度，一个层面一个清单。

2021年市政府为民办10件实事

1. 实施就业技能培训和家政服务百千万工程

主要内容:对20000名农民工、企业职工等重点群体进行培训,提高就业技能。拟将位于银川市兴庆区文化东街的一栋市供销社近2000平米的建筑物改造为家政服务便民市场,依托该平台加快推进我市家政服务业发展。年培育家政服务龙头企业5家,培训家政职业经理人100名、家政服务员1000人,直接或间接带动就业10000人以上,为全市广大市民提供更加优质的服务。

牵头部门:市人社局、市商务局

责任单位:各县(市)区人民政府

2. 实施城乡特殊困难群众健康保护项目

主要内容:为市辖三区2142名60岁以上低保、低收入老人,以及特困供养对象、孤儿免费接种流感疫苗,增强身体抵抗力,降低流感对特殊困难人群的健康影响。

牵头部门:市民政局、市卫健委

责任单位:三区人民政府

3. 开展关爱未成年人春风行动

主要内容:对全市4000名困境儿童、农村留守儿童、孤儿、残疾未成年人以及临时遇困未成年人,开展心理健康疏导、康复治疗、解决生活困难等关爱帮扶服务。

牵头部门:市民政局

责任单位:各县(市)区人民政府

4. 开展乡村振兴快递进村便民服务活动

主要内容:在全市180个村建设快递服务站,方便农村群众网上购物,同时打通农产品外销渠道,为增收致富创造条件,助力乡村振兴。

牵头部门:市交通局、市邮政管理局

责任单位:各县(市)区人民政府

5. 开展流动人口便民服务活动

主要内容:银川市有流动人口近70万人,年均打印流动人口纸质居住证10万余张。通过建设电子居住证办理系统,实现"无纸质材料、全程网络、一趟也不用跑"微信办理居住证,为流动人口创业务工提供优质高效的服务。

责任部门:市公安局

6. 实施老旧小区居住条件改善工程

主要内容:对2000年以前建成的75个老旧小区进行水、电、暖等基础设施改造,改善居民居住环境,提高舒适度和安全性。

牵头部门:市住建局

责任单位:各县(市)区人民政府

7. 为老年人安装预警报警装置

主要内容:为市辖三区2000户75岁以上居家特困供养、最低生活保障对象、低收入家庭以及享受高龄低收入老年人生活津贴的困难老年人,安装烟感、一键报警呼叫以及天然气泄漏检测等物联网装置,保护困难老人人身安全。

牵头部门:市网信局、市民政局

责任单位:三区人民政府

8. 安装便民交通服务设施

主要内容:在市区部分路口,优化交通组织5处,建设"按钮式"行人过街系统8处,安装可发布前方路况和到达目的地所需时间等信息的交通信息屏17块。通过以上措施,减少道路拥堵,提高通行效率。

责任部门:市公安局

9. 实施公共法律服务进百村工程

主要内容:在银川市100个偏远乡村配备法律服务系统及可视智能终端,由专业法律机构为农村群众提供足不出户的"面对面"法律咨询服务,更好维护劳动者的合法权益。

牵头部门:市司法局

责任单位:各县(市)区人民政府

10. 打造城市小微公园

主要内容:在北京西路、满城街等处新建6个小微公园,优化美化城市环境,增加市民休闲健身场所。

责任部门:市园林局

银川市2021年国民经济和社会发展计划

银川市发展改革委员会

一、总体思路及主要预期目标

深入贯彻党的十九大和十九届二中、三中、四中、五中全会精神，坚持以习近平新时代中国特色社会主义思想为指导，认真贯彻落实习近平总书记视察宁夏重要讲话精神和自治区党委十二届十二次全会、市委十四届十一次全会精神，以建设黄河流域生态保护和高质量发展先行区示范市为时代使命，坚定不移贯彻新发展理念，坚持稳中求进工作总基调，以推动高质量发展为主题，以深化供给侧结构性改革为主线，以改革创新为根本动力，以满足人民日益增长的美好生活需要为根本目的，统筹发展和安全，加快建设现代化经济体系，主动融入国内大循环为主体、国内国际双循环相互促进的新发展格局，着力推进治理体系和治理能力现代化，坚决守好促进民族团结、维护政治安全、改善生态环境"三条生命线"，加快实现城市国际化、生态园林化、治理现代化，走出一条高质量发展新路子，在继续建设"经济繁荣民族团结环境优美人民富裕"的美丽新宁夏中走在前列、勇立潮头、做好表率，确保"十四五"开好局、起好步，以优异成绩庆祝中国共产党建党100周年。

2021年国民经济和社会发展主要预期目标：

——地区生产总值增长7.0%；

——规上工业增加值增长6.5%；

——固定资产投资增长6.0%；

——一般公共预算收入增长4.5%；

——社会消费品零售总额增长8.0%；

——城镇居民人均可支配收入增长7.0%；

——农村居民人均可支配收入增长8.0%；

居民消费价格涨幅控制在3%左右；城镇调查失业率控制在5.5%以内；粮食产量保持总体稳定，节能减排降碳指标完成自治区下达的目标任务。

二、主要任务

为顺利实现上述目标，要着力做好以下工作：

（一）坚持以"六稳""六保"为重要抓手，全力以赴稳定经济运行。保持政策稳定。全面评估已出台工业稳增长40条等阶段性政策成效，在减税降费等长效政策上持续发力，在社保减免等阶段性政策上动态调整，在产业扶持政策上精准滴灌，稳定企业生产经营。加强要素保障。深化土地、技术、劳动力、数据要素配置等改革。制定《银川市土地征收成片开发方案》。抓好资本要素配置改革，对症用好纾困基金和担保贴息贷款，全面完成小微企业"两增"目标，提高金融服务实体经济的能力。强化运行调度。全面剖析经济运行的动力、问题和趋势，采取应对措施和保障措施。继续落实好市级领导包抓县区园区、联系服务重点企业机制，帮助企业稳定生产、稳定经营。

（二）构建现代化产业体系，推动经济高质量发展。强化科技战略支撑。实施科技创新赋能行动，围绕产业链部署创新链，加强关键技术攻关，围绕石墨烯、智能网联汽车等领域组织实施一批重大科技成果转化项目。力争2021年全市国家高新技术企业达到150家以上，自治区科技型中小企业达到700家以上。推动产业结构优化升级。实施产业集群培育行动，聚焦自治区"九大重点产业"和我市重点产业，发挥数字经济、生态经济的"双引擎"作用，推动产业向高端化、绿色化、智能化、融合化方向发展。工业方面，围绕新材料、高端装备制造、电子信息等重点产业"强链、延链、补链"，加快正威国际50万吨再生铜新材料产业园、隆基乐叶年产3GW单晶电池等项目落地建设。农业方面，推进优质粮食、优质蔬菜基地建设，统筹推进酿酒葡萄、奶产业、枸杞产业标准化生产、规模化经营、品牌化营销，因地制宜发展肉牛和滩羊产业，壮大适水产业、长红枣、现代花卉产业，鼓励乡村旅游业态创新发展，加快建设国家绿色农业发展先行区。现代服务业方面，大力发展文化旅游、现代物流、生命健康等重点产业，推动生活性服务业向高品质和多样化发展，生产性服务业向专业化和价值链高端发展。提升园区能级和水平。创新园区管理模式，以企业化理念运营园区。坚持落后产能退出机制，开展绿色园区、绿色工厂示范创建，推动产业园区差异化、特色化发展。

（三）积极扩内需优供给，主动融入新发展格局。促进消费升级。持续打响"六在"银川品牌，提升传统消费，支持传统商圈、特色街区智慧化改造，打造怀远夜市、鼓楼尚街、大阅城等一批地标性夜间经济、周末经济集聚区。培育新型消费，加快发展网络会展经济等平台经济、云经济，鼓励建设文创商店、特色书店、小剧场等多种业态融合发展的消费集聚区，增加健康养老、文化体育旅游等服务消费供给，完善"一刻钟便民生活服务圈"，打通农村电商快递物流"最后一公里"。扩大有效投资。用好政府资金，撬动社会及民间投资形成合力，引导资金投向供需同受益、产业和消费双升级领域。坚持投向、投效并重，加强新型基础设施和水利、交通、生态环境、公共服务等传统领域重大项目投资。加强项目建设统筹调度，压实县（市）区、园区和各级各部门项目谋、建、服、管、督、评责任，做好项目建设用地、用能、用水等要素保障，确保一季度续建项目全部复工，力争二季度新建项目全部开工，全年投资增速与经济增长基本同步。持续深入抓好项目谋划储备，巩固"十四五"投资基础。不断拓展招商引资渠道，创新招商引资形式，加强招商引资服务保障，提升招商引资新水平。全面融入循环体系。借力银西高铁开通加强与铁路沿线地区和中东部发达省区产业合作与经贸交流，提升上下游、产供销、大中小企业协同互促发展。主动发挥区域消费中心、商贸物流中心、科技创新中心的枢纽载体作用，培育开放型经济主体，营造开放型经济环境，积极融入国内国际双循环。

（四）坚持生态优先绿色发展，守好改善生态环境生命线。全面保障黄河安澜。实施黄河银川段防洪二期等防洪除险工程和两岸河滩地生态修复工程，加强入黄排水沟、滨河水系扩整连通人工湿地提升建设，确保黄河清澈安澜、长治久安。系统实施生态修复。统筹山水林田湖草沙系统治理，实施贺兰山遗留采砂坑环境治理、典农河、阅海湖水生态修复等项目，推进贺兰山东麓绿网绿廊绿道、高铁高速沿线两侧绿化环境综合整治等工程，完成国土绿化营造林15.37万亩，争创国家生态园林城市，创建国家生态文明建设示范区。狠抓环境污染治理。持续打好"蓝天、碧水、净土"保卫战，全面推进"四治一禁"，淘汰热网覆盖范围内分散燃煤锅炉，动态清零"散乱污"企业，确保空气质量优良天数比例达到85%左右。一体推进"五水共治"，全面压实"河（湖）长制"，清理整顿黄河岸线内工业企业，提升河湖水生态环境。实施城镇污水处理提质增效、雨污分流工程，推进城市生活污水全收集全处理。统筹推进"六废联治"，继续实施农业"三减"和清废行动，确保危险废物100%安全处置。培育发展生态经济。全面落实"四定""六宜"原则，强化用水总量和用水效率控制，加强水土流失综合治理，提高土地和水资源利用效率。坚持绿色低碳循环发展，加强能源消耗总量和强度"双控"，持续推进节能减排降碳，加快淘汰落后过剩产能，推广绿色交通，普及低碳生活。

（五）构建以人为核心的新型城镇化格局，推动区域协调发展。优化国土空间布局。高质量编制市县国土空间总体规划和"多规合一"实用性村庄规划，持续开展城市"双修"，加快推进城市中北部片区综合改造，推动永宁、贺兰与主城区同城化发展。强化区域合作共赢。发挥沿黄九省"9+5"城市陆海联动开放联盟等平台作用，深化与兰西、中原、关中平原城市群等协同合作，加强对接承接续接京津冀、长三角创新资源和产业溢出。加快现代化基础设施建设。打通外联通道，协助推进银川河东国际机场改扩建四期、包兰高铁、太中银铁路扩能改造、银昆高速宁夏段建设，完成G110改扩建、实施G244改造提升等项目。推动城市更新，新建续建金波街、团结路等28条市政道路，建设怀远路与文萃街交叉口等4座人行过街天桥，实施4条慢行绿道，改造75个老旧小区，开工建设6个棚户区片区。全面推进乡村振兴。巩固拓展脱贫攻坚成果同乡村振兴有效衔接，严格落实"四个不摘"要求，保持现有帮扶政策、资金支持、帮扶力量总体稳定。实施移民致富提升行动，继续对已脱贫摘帽镇村和贫困人口给予精准扶持。建设美丽宜居乡村，高质量完成农村人居环境整治三年行动工作任务，完善乡村水电路气等基础设施，促进农业高质高效、乡村宜居宜业、农民富裕富足。

（六）加大改革开放力度，推动有效市场和有为政府更好结合。持续优化营商环境。深化"放管服"改革，推行"全市通办、跨省通办、一网通办、一业一证"改革。实施涉企经营许可事项清单管理，开启"政企通"平台，激发各类市场主体活力。深化重点领域改革。推进要素市场化配置改革，逐步建立差别化配置机制。深化财税金融改革，推进与辖区财政事权和支出责任划分，积极推进企业上市，提升金融服务实体经济能力。实施国企改革三年行动，开展国有资本股权投资、基金投资、资本运营和资产并购，优化国有资本布局。加快推进农业农村"三权分置"和"三变"改革。扩大对内对外开放。积极融入"一带一路"建设，申报建设银川铁路对外开放场站和国家铁路口岸，加强与天津港、青岛港等沿海港口无缝对接，稳定运营中欧班列、"一带一路"国际卡车班列。推动综合保税区与河东机场融合发展。持续深化东西、京银、苏银、央地合作，积极承接产业转移。加快推进中国（银川）跨境电商综合试验区建设，配合自治区争取在银川设立中国（宁夏）自贸区。从经济角度办好中阿博览会，推进中国—沙特（吉赞）产业园建设运营。

（七）着力增进民生福祉，不断满足人民对美好生活新期待。全力促进就业创业。实施城乡居民收入提升行动，坚持就业优先，落实援企稳岗政策，统筹做好高校毕业生等重点人群就业，建立"人力合作银行"，加快"双创"载体建设，动态消零"零就业"家庭。推进公共服务均等化。落实基础教育质量提升行动，建设唐徕回中北校区、丰登片区中心幼儿园等一批中小学幼儿园，巩固提升学前教育"5080"成果，建成互联网教育研究中心。落实全民健康水平提升行动，扎实做好常态化疫情防控，加强国家"互联网+医疗健康"区域诊疗中心建设。健全社会保障体系。推进社会保险基本公共服务标准化试点建设，全力推进工伤保险、门诊医疗费及时结算，持续优化医保支付方式改革，提高城乡居民医疗保险人均财政补助标准。深化国家第五批居家和社区养老服务改革试点工作。探索发展服务类社会救助。紧盯特殊贫困群体，落实社会保障兜底政策。统筹推进国防动员、双拥优抚工作，加强烈士纪念设施保护管理和建设。推动文化体育旅游融合发展。启动黄河文化和长城文化国家公园、贺兰山及黄河旅游度假区、黄河文化艺术生态小镇等项目，推动银川文化园等项目建设，举办黄河文化旅游节等活动，争创国家文化和旅游消费示范市。完善全民健身公共服务体系，实施银川职工文化中心、青少年活动中心、体育公园等项目，举办沿黄城市足球联赛等赛事，争创全国全民运动健身模范市。加强和创新社会治理。大力推进依法治市，开展"八五"普法，提高全民法治素养。推进乡村、社区、宗教、校园、企业、社团等重点领域基层治理。实施数字治理，加快智慧应急等政务信息化项目建设，推动智慧城市运营管理指挥中心和综治中心融合发展，智慧社区覆盖率超过50%，加快推进市域治理现代化。统筹发展和安全。坚定维护国家政权安全、制度安全、经济安全、意识形态安全，全面防控网络安全风险，扩大国家安全意识社会覆盖面。加强地方政府债务风险防范化解，强化金融市场监管，确保不发生系统性区域性金融风险。深化平安银川建设，提高安全生产监管水平，健全应急救援体系，提升应急管理水平。深化消防安全专项整治三年行动，加强城乡消防基础设施建设，将消防安全纳入基层政权建设和社区治理工作，融入美丽乡村建设高质量发展内容。建立健全科学高效的自然灾害防控体系，高标准建设救灾物资储备库和森林草原防火能力建设项目。推动扫黑除恶斗争常态化制度化。坚决守好促进民族团结"生命线"。

附件

银川市2021年国民经济和社会发展计划主要指标表

指标名称	2019年完成情况	2020年计划	2020年完成情况	2021年计划建议
	增速(%)	增速(%)	增速(%)	增速(%)
地区生产总值(GDP)	6.3	6.5	3.2	7.0
第一产业	2.0	3.5	0.7	3.5
第二产业	6.4	5.0	2.8	6.0
#规上工业增加值	6.0	7.0	1.6	6.5
第三产业	6.5	8.5	3.8	8.0
全社会固定资产投资	-6.2	确保实现恢复性增长,争取更好的结果	1.1	6.0
社会消费品零售总额	6.2	6.0	-7.1	8.0
地方财政一般公共预算收入	-10.7	3.0	1.6	4.5
城镇居民人均可支配收入	7.4	7.0	3.1	7.0
农村居民人均可支配收入	7.9	7.5	7.5	8.0
居民消费价格指数	2.2	3.0以内	1.8	3.0左右
城镇新增就业人数(万人)		4.3	6.25	4.5
城镇登记失业率		4.5以内	3.87	5.5以内
人口自然增长率(‰)		8.8	9.2	9.2
研发投入占地区生产总值比重(R&D)	1.62	2.0	1.82	1.90
亿元地区生产总值生产安全事故死亡人数(人)	0.023	0.080	0.059	控制在自治区下达任务之内
万元地区生产总值能耗(吨标准煤)	-5.48	-1.5	3.7	完成自治区下达任务
二氧化硫排放(吨)	-10.01	完成自治区下达年度任务	-5.0	-3.0
氮氧化物排放(吨)	-2.58	完成自治区下达年度任务	-3.0	-2.0
10万人口年火灾死亡率(%)	0.043	0.19	0.13	0.26
亿元GDP火灾直接财产损失(万元)	0.29	0.7	1.28	1.3

注:地方财政一般公共预算收入增速按同口径计算。

关于2020年银川市及市本级预算执行情况和2021年银川市及市本级预算草案的报告

——2021年3月2日在银川市第十五届人民代表大会第五次会议上

银川市财政局

各位代表：

受市人民政府委托，现将2020年银川市及市本级预算执行情况和2021年银川市及市本级预算草案的报告提请市十五届人大五次会议审议，并请各位政协委员和其他列席人员提出意见。

一、2020年全市及市本级预算执行情况

2020年，在自治区党委、政府和市委的正确领导下，全市上下以习近平新时代中国特色社会主义思想和习近平总书记来宁视察重要讲话精神为指导，深入贯彻落实中央、自治区各项决策部署和市十五届人大第四次会议的各项决议，统筹疫情防控和经济社会发展，及时出台疫情应对政策，最大限度对冲疫情影响，切实保障和改善民生，为打赢脱贫攻坚收官战役、决胜全面建成小康社会提供了坚实的财力保障。

（一）一般公共预算执行情况。

1.全市一般公共预算执行情况。全口径公共财政预算总收入完成419.82亿元。其中：一般公共预算收入完成157.26亿元，完成年初预算的98.0%，同比增长1.6%；上级转移支付收入188.03亿元。公共财政预算总支出419.82亿元。其中：一般公共预算支出332.36亿元，同比下降4.1%；上解自治区支出7.44亿元。

2.市本级一般公共预算执行情况。公共财政预算总收入完成207.77亿元。其中：一般公共预算收入85.58亿元，为年初预算的98.4%，同比下降0.7%；上级转移支付收入106.08亿元。公共财政预算总支出207.77亿元。其中：一般公共预算支出131.38亿元，同比下降8.9%；补助下级支出48.26亿元。

（二）政府性基金预算执行情况。

1.全市政府性基金预算执行情况。全口径政府性基金预算总收入完成161.18亿元。其中：政府性基金收入90.91亿元，同比增长48.1%；上级转移支付收入12.14亿元。地方政府性基金预算总支出161.18亿元。其中：政府性基金支出109.27亿元；专项债务还本支出14.35亿元。

2.市本级政府性基金预算执行情况。政府性基金预算总收入完成105.07亿元。其中：政府性基金预算收入79.57亿元，完成年初预算的86.4%，同比增长55.1%；专项债务转贷收入8.32亿元。政府性基金预算总支出105.07亿元。其中：政府性基金支出74.20亿元，同比增长53.4%；专项债务转贷支出5.33亿元。

（三）国有资本经营预算执行情况。市属企业国有资本经营预算收入25万元，上级补助收入178

万元;转移辖区支出178万元,结转下年25万元。

(四)社会保险基金预算执行情况。社会保险基金总收入129.62亿元,社会保险基金总支出126.97亿元。社会保险基金滚存结余87.77亿元。

上述预算收支情况为财政决算上报数,最终执行结果待决算批复后,再向市人大常委会报告。

(五)需要说明的情况。

2020年预算执行中,因地方政府债券资金及政策等因素,市本级预算收支发生变化。经人大常委会批准,一是调整新增债券当年资金3.5亿元及历年结余1.08亿元,重点用于中医医院新建、老旧小区改造、道路提畅改造工程及综保区基础设施建设等重点项目。二是新增抗疫特别国债资金6.55亿元,重点用于基础设施建设、疫情防控、"六稳""六保"等。三是调整市本级支出预算31.14亿元,重新安排用于19个方面的项目支出。

二、2020年落实市人大决议和主要财政工作情况

(一)有保有压,兼顾有效,财政发展质量持续提升

减税降费规模持续扩大。持续落实好更大规模减税降费政策,兑现疫情防控等阶段性优惠政策,银川市全年新增减税降费达到81.94亿元,市场主体创新创业活力有效激发。**税费征管力度持续加强。**密切关注经济形势变化,加强联动分析,强化综合治税,提高税收及非税收入征收管理力度,提升收入研判和预测的精准性,确保依法征收、应收尽收。**节支统筹措施持续强化。**"过紧日子"思想牢固树立,2020年一般性支出压减10%、"三公"经费压减3%,有效保障市委、政府重大决策部署和重点项目支出。**"三保"经费持续有力保障。**市本级"三保"及其他刚性支出59.96亿元,提高基层"三保"能力,财政实现平稳运行,"三保"底线牢牢兜住。

(二)履职尽责,保障到位,统筹疫情防控和经济社会发展

资金保障迅速有力。千方百计筹措资金,安全规范有序调度,开通资金拨付、政府采购、医保基金等绿色通道,累计新增疫情防控支出2.29亿元,第一时间资金拨付到位,第一时间物资供应到位。**直达资金效益发挥。**按照"急事急办、尽快下达,省市不得截留挪用"的要求,21.42亿元资金直达基层,有效减轻基层压力,稳定社会预期,凸显财政工作的积极有为。**特别国债拨付及时。**累计下达市本级抗疫特别国债6.55亿元,重点支持补短板、惠民生等各项工作,推动经济社会平稳发展。**抗疫项目提速实施。**拨付2557万元,仅仅5天改造建成银川市临时急救医院,开展集中隔离治疗,打造"宁夏版'火神山''雷神山'";下达2180万元,提前启动市妇幼保健院产科大楼床位建设项目,建成宁夏首个应对婴幼儿发病者医院。**物资储备充足保障。**支出粮油、蔬菜、肉品储备等资金4470万元,客菜调运量、蔬菜库存量等翻倍提升,骨干连锁超市日用品备货量超过10天,"米袋子、菜篮子、肉案子、果盘子"市场供应充足。**医患补助落实到位。**政府承担所有疫情防护医疗费用,为5294人(次)确诊、疑似和发热患者支付医疗费用390.7万元,向1029名一线医务工作人员发放临时性工作补贴180万元,为一线社区工作者发放疫情工作补助547万元。**政策红利惠企利民。**各类优惠政策助推全市复工复产和经济社会发展,发放就业补助近1.9亿元,拨付援企稳岗补贴6578万元、技能提升资金5160.29万元,为中小微企业、个体工商户减免、缓收房租1368.52万元。

(三)统筹兼顾,保障重点,经济发展提质增效明显

重点项目稳经济基础。拨付项目建设资金11.93亿元,强化公共财政对重大工程项目的支持力度;积极争取上级专项资金,8.2亿元用于银川都市圈城乡西线供水工程、7.75亿元用于沈阳路快速

通道项目建设、1亿元用于黄河保护治理专项工程。清欠账款促企业发展。着力克服财政收支矛盾等严峻形势，清偿拖欠民营企业中小企业账款资金8.71亿元，完成台账内无分歧欠款"清零"任务。扩大消费激市场活力。支出各类商贸发展资金2840万元，支持各类大中型促销活动百余场次，有力拉动消费增长，增强市场信心。科技创新强发展动力。支出1.48亿元资金，提升科技创新驱动能力；财政R&D投入机制持续稳定，支出5834万元完成增长30%目标任务。文明城市创宜居环境。公共财政有效保障创建活动持续深入开展，累计下达财政资金63.18亿元，连续4届蝉联"全国文明城市"。

（四）补齐短板，改善民生，社会保障水平稳步提高。

社会保障筑牢民生福祉。统筹资金17.59亿元保障民生福祉，重点用于稳定就业、保障医疗卫生领域重点事项、保障弱势群体生活稳定等方面。脱贫攻坚夯实发展基础。拨付扶贫资金9633.84万元，精准扶贫、靶向施策，保障全年脱贫目标顺利完成；全过程动态跟踪监控，扶贫资金合规、安全、高效运行。基层治理保障社会稳定。拨付资金1.16亿元，积极推进基层组织建设，加强社会治安综合治理，强化扫黑除恶专项斗争，推动平安银川建设，维护社会稳定。改善环境提升居住品质。大力推进老旧小区改造提升工作，争取和安排资金5.48亿元，233个小区2.73万户居民受益；调整污染治理重点任务补助资金8000万元，大力推进华电"东热西送"供热项目。发展教育实现优质共享。逐年增加教育投入，全年支出9.3亿元，有力推动解决各阶段教育发展中的重难点，促进教育公平正义。

（五）精准施策，提升品质，生态环境治理成效显著。

乡村振兴亮银川名片。拨付资金9500万元，支持农业农村优先发展，推动乡村振兴步伐有力前行；支出1000万元葡萄产业发展项目资金，"紫色名片"更加靓丽。生态发展护绿色根基。支出生态环境保护资金800万元，打造"绿水青山就是金山银山"；支出7730万元，加快推进四大郊野公园等重点园林绿化项目建设，6个小微公园建成让市民开窗就能见绿；投入3.47亿元全面提升城乡绿化水平，倾心打造绿色宜居城市。统筹推进强基础建设。拨付征地拆迁补偿资金及新增用地有偿使用费、耕地开垦费10.4亿元，全力支持大连路及沈阳路向西打通、西部水系建设、包银铁路、兴庆区第一再生水厂、金波南街道路打通等重点建设项目。水系管护保黄河长治。全额拨付2.21亿元，收回整治黄河两岸河滩地，深入推进黄河流域生态保护和高质量发展先行区建设；支出602.9万元，重点实施水系连通、河湖整治、防汛岁修等项目，推动河湖环境保护及河长制落实。

（六）多措并举，有效管控，政府债务化解稳中有降。

积极争取债券资金。全市争取地方政府债券资金108.35亿元，有效减轻财政资金支出压力。全力化解政府债务。制定《银川市本级隐性债务化解实施方案》，积极稳妥化解债务存量，市本级全年拨付政府债务化解资金50.87亿元，其中，偿还到期债务本息39.27亿元，2020年底市本级隐性债务规模下降29.46%。强化债务风险防范。动态监控、重点监管，拨付永宁县8亿元资金，帮助缓解债务压力。加强外债项目管理。与自治区财政厅签署"一体化绿色交通建设项目再转贷协议"推动项目实施；2020年外债项目偿还本金共计5342.17万元。

（七）科学理财，深化改革，财政管理水平不断提高。

财政事权改革持续深化。出台《银川市与辖区基本公共服务领域共同财政事权和支出责任划分改革实施方案》，有力推进市与辖区财权事权改革，逐步形成依法规范、权责匹配的分工体系，改革进程稳步推进。预算编制改革步伐加快。强化预算控制数管理，严格项目入库管理，实现预算压减硬约束，注重财力平衡，在财政可保能力范围内集中财力办大事。**预算绩效工作全面推进。**完善绩效管理制度，制定《银川市预算绩效管理暂行办法》，不断加强绩效目标管理，绩效评价结果有效应用，"花钱必问效，无效必问责"的意识显著增强。**资产管理水平有效提升。**主动摸清家底，夯实管理基础，清理盘活存量资产133处，国有资产处置收益入库5.96亿元。

各位代表，过去的一年，我们统筹推进疫情防控和经济社会发展，使积极的财政政策更加积极有为，各项工作有效落实，但国内外经济环境复杂，受国内经济下行压力增大、大规模减税降费政策实施以及突发疫情冲击等因素迭加影响，财政收入指标未能按计划完成，财政工作还面临一些矛盾和困难，主要是：民生领域刚性支出不断增加，财政收支矛盾加剧；公共财政边界仍不清晰，支出标准化亟需改革；全市债务总量和风险指标仍然较高，系统性金融风险依然存在；市与辖区事权和支出责任需进一步理顺；预算约束力、预算绩效管理仍需加强。对此，我们将高度重视，采取切实有效措施加以解决。

三、2021年财政预算草案

2021年是实施"十四五"规划的第一年，也是全面开启现代化建设新征程的开局之年。国内国际两个市场、两种资源相互促进下的"双循环"新发展格局推动了我市经济发展思路的重大转变，黄河流域生态保护和高质量发展先行区的定位为我市绿色转型发展提供了重大机遇，带动我市经济发展有力提升。同时，外部挑战依然严峻，国际环境复杂多变，财政减收增支因素依然存在，统筹疫情防控和经济社会发展仍有压力。

综合分析，2021年我市财政工作及预算安排的指导思想是：坚持以习近平新时代中国特色社会主义思想为指导，全面贯彻党的十九届二中、三中、四中、五中全会和习近平总书记视察宁夏重要讲话精神，按照中央经济工作会议和自治区党委十二届十次、十一次、十二次全会决策部署，紧扣"一高三化"目标要求，把握稳中求进的工作总基调，毫不放松抓好常态化疫情防控，立足新发展阶段，贯彻新发展理念，构建新发展格局，守好"三条生命线"，继续实施积极财政政策，建设高质量财政，力推高质量发展，大力发展财源建设，推进财政体制改革，防范化解财政风险，为建设黄河流域生态保护和高质量发展先行区作出贡献。

根据上述指导思想，2021年预算编制原则：继续树牢"过紧日子"思想，以"预算紧平衡"为新常态要求，按照"实事求是、量力而行、统筹兼顾、保障重点"的原则，财政资金优先用于"六稳""六保"等刚性支出，确保实现全年财政收支平衡和财政可持续发展。2021年全市一般公共预算收入同比增长4.5%，收入质量进一步提高，力争税收占比达到70%。

（一）一般公共预算安排草案

1.全市一般公共预算安排草案。公共财政预算总收入268.70亿元（不含宁东）。其中：一般公共预算收入安排142.64亿元，同比增长4.5%；上级转移支付收入104.62亿元。据此，公共财政预算总支出268.70亿元。其中：一般公共预算支出241.06亿元；上解自治区支出1.48亿元。

2.市本级一般公共预算安排草案。公共财政预算总收入154.95亿元。其中：一般公共预算收入安排89.49亿元，同比增长4.6%；上级转移支付收入58.97亿元。据此，公共财政预算总支出154.95亿元。其中：一般公共预算支出129.52亿元；上解自治区支出0.7亿元。

（二）政府性基金预算安排草案

1.全市政府性基金预算草案。政府性基金预算总收入133.43亿元（不含宁东）。据此，安排政府性基金预算总支出133.43亿元。

2.市本级政府性基金预算草案。政府性基金预算总收入88.59亿元。据此，安排政府性基金预算总支出88.59亿元。

(三)国有资本经营预算安排草案。

按照有关规定,2021年市本级国有资本经营预算收入安排0.44亿元。国有资本经营预算支出安排0.44亿元。

(四)社会保险基金预算安排草案。

全市社会保险基金预算收入安排136.22亿元。全市社会保险基金预算支出安排130.46亿元。滚存结余87.28亿元。

(五)市本级重大支出政策及预算安排。

2021年市本级可供分配的总财力为209.26亿元。据此,按照“轻重缓急”的思路综合考虑,统筹安排。一是足额保障基本支出。安排45.06亿元,优先保障“三保”等基本支出需要。二是全面落实惠民政策。安排23亿元,加大对教育、医疗、社保等民生领域的支持力度,确保群众基本生活得到有效保障和改善。三是推动重点产业提速发展。安排15.13亿元,加大对自治区“九大产业”和银川市“十大产业”的支持力度,助推高质量发展先行区建设。四是保障重点项目落地建设。安排25.08亿元,支持中央、自治区、银川市等重点项目建设,夯实发展基础。五是维护社会稳定发展。安排28.75亿元,用于公安保障及扫黑除恶专项斗争、国有土地征地拆迁、疫情防控等工作,其中,安排预备费2亿元用于应对自然灾害、突发事件等不可预见事项。六是巩固三大攻坚战成果。安排69.61亿元,有效衔接脱贫攻坚与乡村振兴,持续推进污染防治工作,积极稳妥防范化解政府债务。七是筑牢党的建设基础。安排2.63亿元,突出增强政治功能,深入推进党的基层组织建设,大力推行“四优四提”,不断提升基层治理能力。

四、乘势而上,奋勇当先,全力完成2021年财政重点任务

2021年,银川市将继续主动落实好积极的财政政策,紧盯供给侧结构性改革主线,注重需求侧管理,大力发展财源建设,加快推进财政体制改革,统筹推进疫情防控常态化和经济社会发展,全力推动黄河流域生态保护和高质量发展先行区建设。

一是着力夯实经济发展基础。积极发挥财税政策和资金导向作用,加强对新兴、优势、特色产业和中小企业扶持引导,打造税收多元增长点。统筹用好就业补助资金,全面落实减税降费政策,依法依规组织财政收入,保障中央直达资金直接惠企利民。加大征管力度,提高非税收入监管水平,拓展资源类收入空间。

二是严格落实“过紧日子”要求。全面落实好财政保障责任,优先足额保障“三保”等刚性支出,认真做好“六稳”“六保”工作,避免形成刚性支出缺口。一般性支出继续压减10%,“三公”经费继续压减3%,资金主要用于重点领域。强化预算约束,坚决做到“无预算不支出”。逐步推进支出标准化体系建设,构建与现代财政相适应的财政支出体系。

三是加大经济恢复支持力度。集中财力支持各级重大政策、重大改革、重大项目落地见效,全力保障自治区“九大产业”、银川市“十大产业”实施,保持适度增加财政支出的力度。坚持扩大内需战略基点,推动国内国际双循环相互促进,大力支持商务外贸等经济发展。持续强化创新驱动战略实施,加大财政R&D投入力度,夯实科技创新基础。

四是持续强化民生基础保障。继续强化财政支持力度,巩固脱贫攻坚基础,有效衔接乡村振兴战略。积极发挥财政资金稳就业作用,做好援企稳岗、就业补助等工作,纾解中小企业困难。增强教育投入力度,不断促进教育领域均衡发展。统筹推进医疗卫生领域综合改革等工作,完善医疗卫生服务体系。发挥直达资金使用效益,落实直达机制,提高资金管理水平。

五是积极稳妥化解政府债务。抓实政府隐性债务化解工作,不断提升防范化解重大金融风险能力,加快实施“八个一批”化债方案,大力抑制地方

政府隐性债务增长势头，全口径纳入预算安排化解债务存量。统筹做好债券到期还本付息、外债提款及偿还等工作。全面梳理市本级PPP项目，引入专业咨询机构规范整改PPP项目。加强金融机构贷款项目债务重组，确保不增加隐性债务。

六是继续深化财政体制改革。深入探索市与辖区财政事权和支出责任划分改革，细化完善专项领域改革方案，进一步形成依法规范、权责匹配、协调配合、运转高效的市与辖区财政事权和支出责任划分制度。不断完善一般性转移支付增长机制，推进转移支付制度改革，增加一般性转移支付规模和比例。深入贯彻落实《预算法实施条例》，强化预算法治理念，提升依法理财水平。加强财政资金管理，建成“全方位、全过程、全覆盖”的预算绩效管理体系。

各位代表，2021年财政工作任务更加艰巨、使命更加重大。我们将在区、市党委的正确领导下，坚持以习近平新时代中国特色社会主义思想为指导，全面贯彻落实习近平总书记来宁视察重要讲话精神，自觉接受人民代表大会及其常委会的指导监督，虚心听取人民政协意见建议，提振经济发展信心、增强社会发展动能、织密民生保障网络、守好“六稳”“六保”底线，确保完成全年各项财政工作任务，为“十四五”良好开局奠定坚实基础！

财政名词解释

全市：是指银川市本级、兴庆区、金凤区、西夏区、永宁县、贺兰县、灵武市和宁东管委会。市级是指银川市本级、兴庆区、金凤区、西夏区。市本级是指银川市政府本级、经济技术开发区、苏银产业园管委会。

政府性基金预算：是指政府通过向社会征收基金、收费，以及出让土地、发行彩票等方式取得收入，专项用于支持特定基础设施建设和社会事业发展等方面的收支预算。政府性基金预算应当根据基金项目收入情况和实际支出需要，按基金项目编制，做到以收定支。

国有资本经营预算：是指国家以所有者身份依法取得国有资本收益，并对所得收益进行分配而发生的收支预算。国有资本经营预算支出按照当年预算收入规模安排，不列赤字。

社会保险基金预算：是指对社会保险缴款、一般公共预算安排和其他方式筹集的资金，专项用于社会保险的收支预算。社会保险基金预算应当按照统筹层次和社会保险项目分别编制，做到收支平衡。

一般公共预算收入：指政府凭借国家政治权力，以社会管理者身份筹集以税收为主体的财政收入，主要包括税收收入和非税收入。

税收收入：是指政府为履行其职能，凭借政治权力，按照特定标准，强制、无偿地取得公共收入的一种形式。包括：增值税、企业所得税、个人所得税、资源税、城市维护建设税、房产税、印花税、城镇土地使用税、土地增值税、车船税、契税、耕地占用税等税收收入。

非税收入：是指一般公共预算收入中除税收以外的其他各项收入，包括：专项收入（包括排污费收入、水资源收入、教育费附加收入、广告收入等）、行政性事业性收费收入、罚没收入、国有资本经营收入、国有资产有偿使用收入、其他收入等。

一般公共预算支出：指国家对集中的预算收入有计划地分配和使用而安排用于保障和改善民生、推动经济社会发展、维护国家安全、维持国家机构正常运转等方面的支出。

全口径预算：是指中央或地方政府对全部收支实行统一、完整、全面、规范的预算管理。按照预算级次即指在本地区产生的各县（市）区级的总和。

预算总收入：是指地方财政预算内安排的总财力（不含基金预算收入、国有资本经营预算收入），包括地方政府本级一般公共预算收入、税收返还收入、上级补助收入、上年结余、上解收入和调入资金等。

预算总支出：是指地方财政预算内安排的各项支出总和（不含基金预算支出、国有资本经营预算支出），包括地方政府本级一般公共预算支出、专项上解支出、补助下级支出等。

上级转移支付：是指上级对下级的一种补助，目的是弥补财政实力薄弱地区的财力缺口，均衡地区间财力差距，以实现各地公共服务均等化为目标，而实行的一种财政资金转移或财政平衡制度。目前转移支付主要由一般性转移支付和专项转移支付构成。

上年结余：是指在各级总预算年终决算时，总收入大于总支出而出现的收支差额。其内容包括：(1)本年度支出中因上级下达专项指标较晚等原因，需结转下年度按专项资金的管理办法继续使用的部分；(2)根据建设规划和施工进度需要跨年度进行安排的建设项目资金；(3)该年度由于增收节支而形成的净结余或因特定原因形成收不抵支产生的赤字。

同比增长：是指和上一时期、上一年度或历史相比的增长。同比增长率=(本期数－同期数)/同期数*100%。

预算调整：是指根据预算法规定，对于年度财政体制调整等因素给预算收入带来的变化，对收入预算进行调整，并将调整情况上报人大批准。与调整预算的区别在于预算总量保持不变。

调整预算：是指经人大批准的地方本级预算，在执行中因特殊情况需要增加支出或者减少收入，使原批准的收支平衡预算的总支出超过总收入。与预算调整的区别在于预算总量发生变化。

变动预算数：是指在年初预算数的基础上，增加转移支付、本年超短收安排、债券转贷收入安排、预算稳定调节基金、调入资金以及科目调剂安排之后的预算数。

预算稳定调节基金：是指财政通过超收收入和支出预算结余安排的具有储备性质的基金，视预算平衡情况，在安排下年度预算时调入并安排使用，或用于弥补短收年份预算执行的收支缺口，基金的安排使用接受同级人大及其常委会的监督。

政府债务：是指各级政府机关、事业单位或其他组织，以政府的名义向国内外或境内外承借或担保的，负有直接或间接偿还责任的债务。

地方政府债券：是指经国务院批准同意，以省、自治区、直辖市和计划单列市政府为发行和偿还主体发行的地方政府债券，具体分为新增债券、置换债券和再融资债券。新增债券是指由地方政府发行用于新增建设项目的债券；置换债券是指由地方政府发行的债券用于偿还2014年审计署认定的地方政府债务；再融资债券是指由地方政府发行的债券用于偿还即将到期的地方政府债券。

部门预算：是指政府各部门依据国家有关政策的规定及其行使职能的需要，由基层预算单位编制，逐级上报、审核、汇总，经财政部门审核后提交人大批准的涵盖部门各项收支的综合财政计划。

预算草案：是指未经法定程序审查和批准的政府、机关、团体、事业单位的年度收支计划，通常指未经人大批准的某一年度政府财政预算收支计划。地方各级财政部门根据同级人民政府的指示和上级政府及财政部门的部署，具体布置本级各部门和下级财政部门编制预算草案，并负责审核、汇总编制本行政区域的预算草案，报同级人民政府和上一级财政部门审核。

决算：是指各级政府、各部门、各单位编制的经法定程序审查和批准的预算收支的年度执行结果。它反映和总结预算执行情况和结果，是社会经济活动在财政上的综合反映，是预算管理中不可缺少的环节。决算草案由各级政府、各部门、各单位在每一预算年度终了后按照国务院规定的时间编制。

国有资本经营收益：是指国家以所有者身份依法从国家出资企业取得国有资本收益，包括应缴利润、股利股息收入、产权转让收入、清算收入、其它国有资本收益等。

财政预算绩效管理：是指一级政府财政预算（包括收入和支出）为对象，以政府财政预算在一定时期内所达到的总体产出和结果为内容，根据设定的绩效目标，运用科学、合理的绩效评价指标、评价标准和评价方法进行客观、公正的评价，以促进政府透明、责任、高效履职为目的所开展的绩效管理活动。

供给侧结构性改革：是指从提高供给质量出发，用改革的办法推进结构调整，矫正要素配置扭曲，扩大有效供给，提高供给结构对需求变化的适应性和灵活性，提高全要素生产率，更好满足广大人民群众的需要，促进经济社会持续健康发展。

财政事权和支出责任划分：是处理好政府间财政关系最重要的制度安排。建立政府间财政事权和支出责任相适应的制度，就是要根据各级政府"谁该干什么事"决定"谁掏钱"，再通过收入划分、转移支付，让"钱"与"事"相匹配，让办事与花钱、权利与责任相统一。

九大产业：自治区党委和政府确定重点发展的枸杞、葡萄酒、奶产业、肉牛和滩羊、电子信息、新型材料、绿色食品、清洁能源、文化旅游九大产业。

十大产业：银川市委和政府确定重点发展的高端装备制造、新材料、新能源、现代纺织、葡萄酒、现代服务、文化旅游、现代物流、生命健康、新能源汽车"十大产业"。

四优四提：即优化组织体系提升基层组织力、优化人员素质提升队伍带动力、优化治理机制提升多元共治力、优化基础保障提升治理承载力。

中华人民共和国
2020年国民经济和社会发展统计公报[1]

国家统计局

2021年2月28日

2020年是新中国历史上极不平凡的一年。面对严峻复杂的国际形势、艰巨繁重的国内改革发展稳定任务特别是新冠肺炎疫情的严重冲击，以习近平同志为核心的党中央统揽全局，保持战略定力，准确判断形势，精心谋划部署，果断采取行动，付出艰苦努力，及时作出统筹疫情防控和经济社会发展的重大决策。各地区各部门坚持以习近平新时代中国特色社会主义思想为指导，全面贯彻党的十九大和十九届二中、三中、四中、五中全会精神，按照党中央、国务院决策部署，沉着冷静应对风险挑战，坚持高质量发展方向不动摇，统筹疫情防控和经济社会发展，扎实做好“六稳”工作，全面落实“六保”任务，我国经济运行逐季改善、逐步恢复常态，在全球主要经济体中唯一实现经济正增长，脱贫攻坚战取得全面胜利，决胜全面建成小康社会取得决定性成就，交出一份人民满意、世界瞩目、可以载入史册的答卷。

一、综合[2]

初步核算，全年国内生产总值[3]1015986亿元，比上年增长2.3%。其中，第一产业增加值77754亿元，增长3.0%；第二产业增加值384255亿元，增长2.6%；第三产业增加值553977亿元，增长2.1%。第一产业增加值占国内生产总值比重为7.7%，第二产业增加值比重为37.8%，第三产业增加值比重为54.5%。全年最终消费支出拉动国内生产总值下降0.5个百分点，资本形成总额拉动国内生产总值增长2.2个百分点，货物和服务净出口拉动国内生产总值增长0.7个百分点。分季度看，一季度国内生产总值同比下降6.8%，二季度增长3.2%，三季度增长4.9%，四季度增长6.5%。预计全年人均国内生产总值72447元，比上年增长2.0%。国民总收入[4]1009151亿元，比上年增长1.9%。全国万元国内生产总值能耗[5]比上年下降0.1%。预计全员劳动生产率[6]为117746元/人，比上年提高2.5%。

图1 2016-2020年国内生产总值及其增长速度

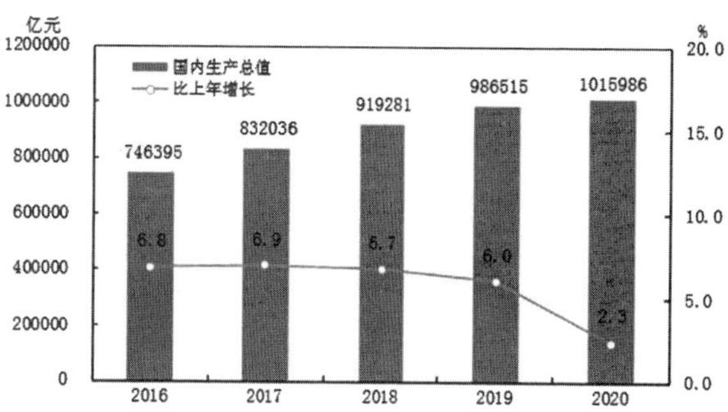

图2 2016-2020年三次产业增加值占国内生产总值比重

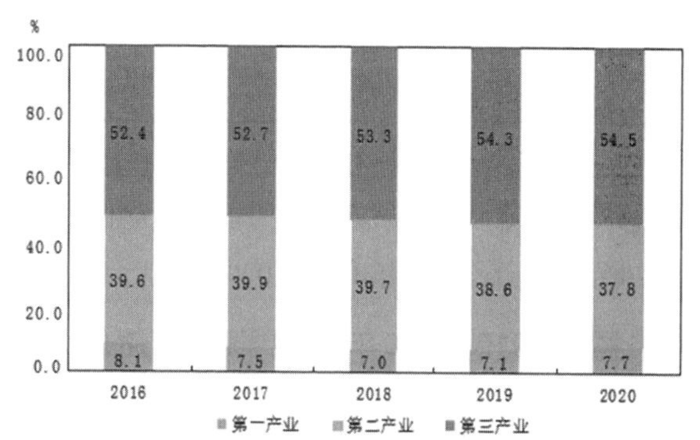

全年城镇新增就业1186万人，比上年少增166万人。年末全国城镇调查失业率为5.2%，城镇登记失业率为4.2%。全国农民工[7]总量28560万人，比上年下降1.8%。其中，外出农民工16959万人，下降2.7%；本地农民工11601万人，下降0.4%。

图3 2016-2020年城镇新增就业人数

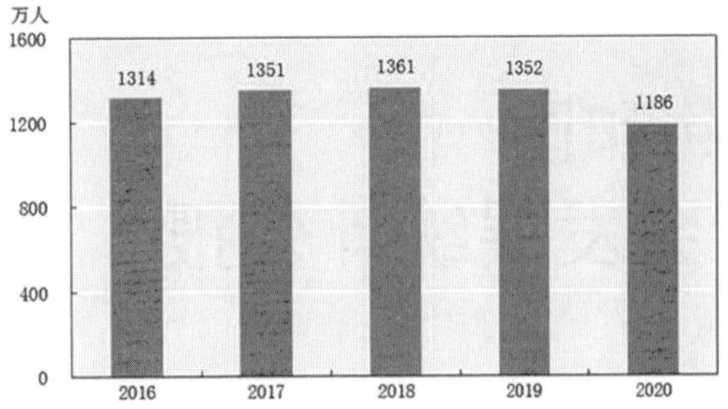

全年居民消费价格比上年上涨2.5%。工业生产者出厂价格下降1.8%。工业生产者购进价格下降2.3%。农产品生产者价格[8]上涨15.0%。12月份，70个大中城市新建商品住宅销售价格同比上涨的城市个数为60个，下降的为10个。

图4 2020年居民消费价格月度涨跌幅度

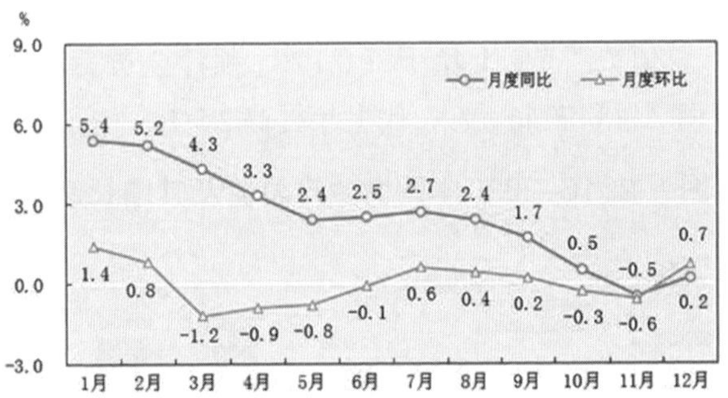

表1 2020年居民消费价格比上年涨跌幅度

指标	全国	城市	农村
居民消费价格	2.5	2.3	3.0
其中：食品烟酒	8.3	7.8	9.6
衣　着	−0.2	−0.2	−0.3
居　住[9]	−0.4	−0.4	−0.5
生活用品及服务	0.0	0.1	−0.1
交通和通信	−3.5	−3.6	−3.2
教育文化和娱乐	1.3	1.4	1.1
医疗保健	1.8	1.7	2.0
其他用品和服务	4.3	4.4	4.1

年末国家外汇储备32165亿美元，比上年末增加1086亿美元。全年人民币平均汇率为1美元兑6.8974元人民币，比上年升值0.02%。

图5 2016-2020年年末国家外汇储备

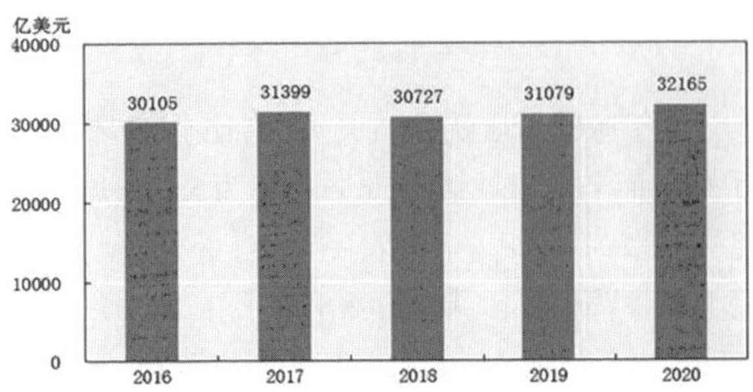

三大攻坚战取得决定性成就。按照每人每年生活水平2300元（2010年不变价）的现行农村贫困标准计算，551万农村贫困人口全部实现脱贫。党的十八大以来，9899万农村贫困人口全部实现脱贫，贫困县全部摘帽，绝对贫困历史性消除。全年贫困地区[10]农村居民人均可支配收入12588元，比上年增长8.8%，扣除价格因素，实际增长5.6%。在监测的337个地级及以上城市中，全年空气质量达标的城市占59.9%，未达标的城市占40.1%。细颗粒物（PM2.5）未达标城市（基于2015年PM2.5年平均浓度未达标的262个城市）年平均浓度37微克/立方米，比上年下降7.5%。1940个国家地表水考核断面中，全年水质优良（Ⅰ～Ⅲ类）断面比例为83.4%，Ⅳ类断面比例为13.6%，Ⅴ类断面比例为2.4%，劣Ⅴ类断面比例为0.6%。年末全国地方政府债务余额控制在全国人大批准的限额之内。金融风险处置取得重要阶段性成果。

新产业新业态新模式逆势成长。全年规模以上工业中，高技术制造业[11]增加值比上年增长7.1%，占规模以上工业增加值的比重为15.1%；装备制造业[12]增加值增长6.6%，占规模以上工业增加值的比重为33.7%。全年规模以上服务业[13]中，战略性新兴服务业[14]企业营业收入比上年增长8.3%。全年高技术产业投资[15]比上年增长10.6%。全年新能源汽车产量145.6万辆，比上年增长17.3%；集成电路产量2614.7亿块，增长29.6%。全年网上零售额[16]117601亿元，按可比口径计算，比上年增长10.9%。全年新登记市场主体2502万户，日均新登记企业2.2万户，年末市场主体总数达1.4亿户。

城乡区域协调发展稳步推进。年末常住人口城镇化率超过60%。分区域看[17]，全年东部地区生产总值525752亿元，比上年增长2.9%；中部地区生产总值222246亿元，增长1.3%；西部地区生产总值213292亿元，增长3.3%；东北地区生产总值51125亿元，增长1.1%。全年京津冀地区生产总值86393亿元，比上年增长2.4%；长江经济带地区生产总值471580亿元，增长2.7%；长江三角洲地区生产总值244714亿元，增长3.3%。粤港澳大湾区建设、黄河流域生态保护和高质量发展等区域重大战略深入实施。

二、农业

全年粮食种植面积11677万公顷，比上年增加70万公顷。其中，稻谷种植面积3008万公顷，增加38万公顷；小麦种植面积2338万公顷，减少35万公顷；玉米种植面积4126万公顷，减少2万公顷。棉花种植面积317万公顷，减少17万公顷。油料种植面积1313万公顷，增加20万公顷。糖料种植面积157万公顷，减少4万公顷。

全年粮食产量66949万吨，比上年增加565万吨，增产0.9%。其中，夏粮产量14286万吨，增产0.9%；早稻产量2729万吨，增产3.9%；秋粮产量49934万吨，增产0.7%。全年谷物产量61674万吨，比上年增产0.5%。其中，稻谷产量21186万吨，增产1.1%；小麦产量13425万吨，增产0.5%；玉米产量26067万吨，持平略减。

图6 2016-2020年粮食产量

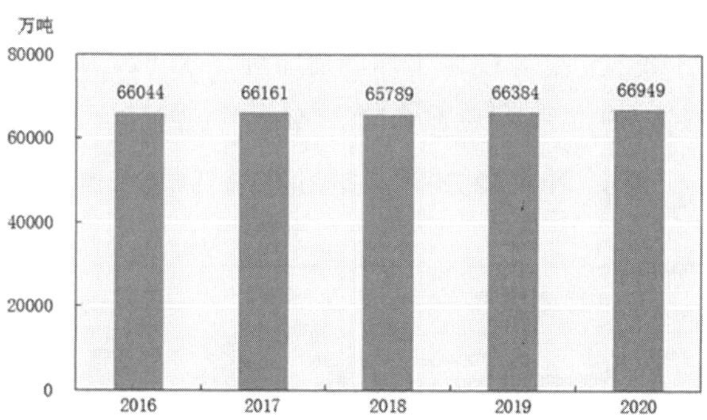

全年棉花产量591万吨，比上年增产0.4%。油料产量3585万吨，增产2.6%。糖料产量12028万吨，减产1.2%。茶叶产量297万吨，增产7.1%。

全年猪牛羊禽肉产量7639万吨，比上年下降0.1%。其中，猪肉产量4113万吨，下降3.3%；牛肉产量672万吨，增长0.8%；羊肉产量492万吨，增长1.0%；禽肉产量2361万吨，增长5.5%。禽蛋产量3468万吨，增长4.8%。牛奶产量3440万吨，增长7.5%。年末生猪存栏40650万头，比上年末增长31.0%；全年生猪出栏52704万头，比上年下降3.2%。

全年水产品产量6545万吨，比上年增长1.0%。其中，养殖水产品产量5215万吨，增长3.0%；捕捞水产品产量1330万吨，下降5.0%。

全年木材产量8727万立方米，比上年下降13.1%。

全年新增耕地灌溉面积43万公顷，新增高效节水灌溉面积160万公顷。

三、工业和建筑业

全年全部工业增加值313071亿元，比上年增长2.4%。规模以上工业增加值增长2.8%。在规模以上工业中，分经济类型看，国有控股企业增加值增长2.2%；股份制企业增长3.0%，外商及港澳台商投资企业增长2.4%；私营企业增长3.7%。分门类看，采矿业增长0.5%，制造业增长3.4%，电力、热力、燃气及水生产和供应业增长2.0%。

图7 2016-2020年全部工业增加值及其增长速度

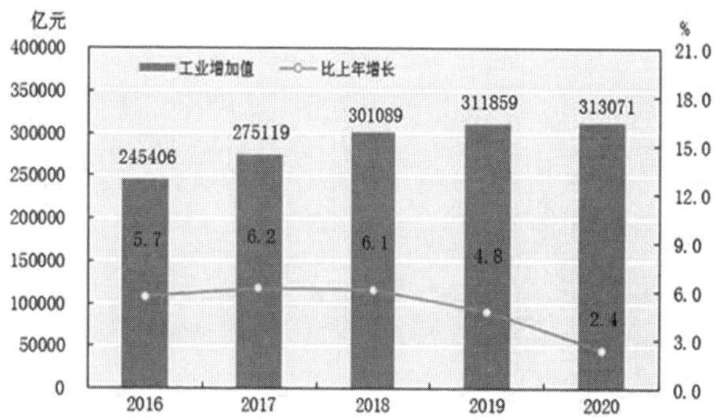

全年规模以上工业中，农副食品加工业增加值比上年下降1.5%，纺织业增长0.7%，化学原料和化学制品制造业增长3.4%，非金属矿物制品业增长2.8%，黑色金属冶炼和压延加工业增长6.7%，通用设备制造业增长5.1%，专用设备制造业增长6.3%，汽车制造业增长6.6%，电气机械和器材制造业增长8.9%，计算机、通信和其他电子设备制造业增长7.7%，电力、热力生产和供应业增长1.9%。

年末全国发电装机容量220058万千瓦，比上年末增长9.5%。其中[21]，火电装机容量124517万千瓦，增长4.7%；水电装机容量37016万千瓦，增长3.4%；核电装机容量4989万千瓦，增长2.4%；并网风电装机容量28153万千瓦，增长34.6%；并网太阳能发电装机容量25343万千瓦，增长24.1%。

全年规模以上工业企业利润64516亿元，比上年增长4.1%[22]。分经济类型看，国有控股企业利润14861亿元，比上年下降2.9%；股份制企业45445亿元，增长3.4%，外商及港澳台商投资企业18234亿元，增长7.0%；私营企业20262亿元，增长3.1%。分门类看，采矿业利润3553亿元，比上年下降

表2 2020年主要工业产品产量及其增长速度[18]

产品名称	单位	产量	比上年增长(%)
纱	万吨	2618.3	-7.4
布	亿米	460.3	-17.1
化学纤维	万吨	6126.5	4.1
成品糖	万吨	1431.3	3.0
卷 烟	亿支	23863.7	0.9
彩色电视机	万台	19626.2	3.3
其中:液晶电视机	万台	19247.2	3.0
家用电冰箱	万台	9014.7	14.0
房间空气调节器	万台	21035.3	-3.8
一次能源生产总量	亿吨标准煤	40.8	2.8
原 煤	亿吨	39.0	1.4
原 油	万吨	19476.9	1.6
天然气	亿立方米	1925.0	9.8
发电量	亿千瓦小时	77790.6	3.7
其中:火电[19]	亿千瓦小时	53302.5	2.1
水电	亿千瓦小时	13552.1	3.9
核电	亿千瓦小时	3662.5	5.1
粗 钢	万吨	106476.7	7.0
钢 材[20]	万吨	132489.2	10.0
十种有色金属	万吨	6188.4	5.5
其中:精炼铜(电解铜)	万吨	1002.5	2.5
原铝(电解铝)	万吨	3708.0	5.6
水 泥	亿吨	24.0	2.5
硫 酸(折100%)	万吨	9238.2	1.3
烧 碱(折100%)	万吨	3673.9	6.2
乙 烯	万吨	2160.0	5.2
化 肥(折100%)	万吨	5496.0	-4.1
发电机组(发电设备)	万千瓦	13226.2	38.3
汽 车	万辆	2532.5	-1.4
其中:基本型乘用车(轿车)	万辆	923.9	-10.2
运动型多用途乘用车(SUV)	万辆	905.0	2.6
大中型拖拉机	万台	34.6	23.0
集成电路	亿块	2614.7	29.6
程控交换机	万线	702.5	-11.1
移动通信手持机	万台	146961.8	-13.3
微型计算机设备	万台	37800.4	10.6
工业机器人	万台(套)	21.2	20.7

31.5%;制造业55795亿元,增长7.6%;电力、热力、燃气及水生产和供应业5168亿元,增长4.9%。全年规模以上工业企业每百元营业收入中的成本为83.89元,比上年减少0.11元;营业收入利润率为6.08%,提高0.20个百分点。年末规模以上工业企业资产负债率为56.1%,比上年末下降0.3个百分点。全年全国工业产能利用率[23]为74.5%,其中一、二、三、四季度分别为67.3%、74.4%、76.7%、78.0%。

全年全社会建筑业增加值72996亿元,比上年增长3.5%。全国具有资质等级的总承包和专业承包建筑业企业利润8303亿元,比上年增长0.3%,其中国有控股企业2871亿元,增长4.7%。

图8 2016-2020年建筑业增加值及其增长速度

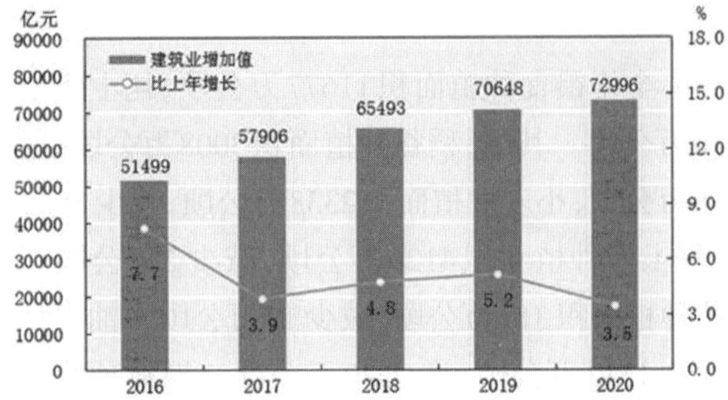

四、服务业

全年批发和零售业增加值95686亿元,比上年下降1.3%;交通运输、仓储和邮政业增加值41562亿元,增长0.5%;住宿和餐饮业增加值15971亿元,下降13.1%;金融业增加值84070亿元,增长7.0%;房地产业增加值74553亿元,增长2.9%;信息传输、软件和信息技术服务业增加值37951亿元,增长16.9%;租赁和商务服务业增加值31616亿元,下降5.3%。全年规模以上服务业企业营业收入比上年增长1.9%,利润总额下降7.0%。

图9 2016-2020年服务业增加值及其增长速度

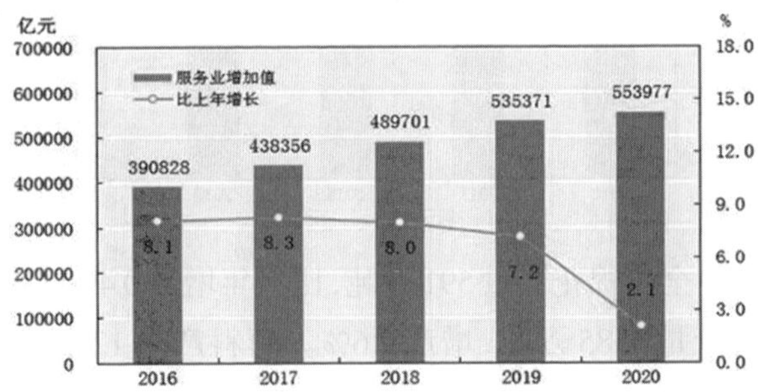

全年货物运输总量[24]463亿吨,货物运输周转量196618亿吨公里。全年港口完成货物吞吐量145亿吨,比上年增长4.3%,其中外贸货物吞吐量45亿吨,增长4.0%。港口集装箱吞吐量26430万标准箱,增长1.2%。

表3 2020年各种运输方式完成货物运输量及其增长速度

指 标	单位	绝对数	比上年增长(%)
货物运输总量	亿吨	463.4	-0.5
铁路	亿吨	44.6	3.2
公路	亿吨	342.6	-0.3
水运	亿吨	76.2	-3.3
民航	万吨	676.6	-10.2
货物运输周转量	亿吨公里	196618.3	-1.0
铁路	亿吨公里	30371.8	1.0
公路	亿吨公里	60171.8	0.9
水运	亿吨公里	105834.4	-2.5
民航	亿吨公里	240.2	-8.7

全年旅客运输总量97亿人次，比上年下降45.1%。旅客运输周转量19251亿人公里，下降45.5%。

表4　2020年各种运输方式完成旅客运输量及其增长速度

指　标	单位	绝对数	比上年增长(%)
旅客运输总量	亿人次	96.7	-45.1
铁路	亿人次	22.0	-39.8
公路	亿人次	68.9	-47.0
水运	亿人次	1.5	-45.2
民航	亿人次	4.2	-36.7
旅客运输周转量	亿人公里	19251.4	-45.5
铁路	亿人公里	8266.2	-43.8
公路	亿人公里	4641.0	-47.6
水运	亿人公里	33.0	-58.0
民航	亿人公里	6311.2	-46.1

年末全国民用汽车保有量28087万辆(包括三轮汽车和低速货车748万辆)，比上年末增加1937万辆，其中私人汽车保有量24393万辆，增加1758万辆。民用轿车保有量15640万辆，增加996万辆，其中私人轿车保有量14674万辆，增加973万辆。

全年完成邮政行业业务总量[25]21053亿元，比上年增长29.7%。邮政业全年完成邮政函件业务14.2亿件，包裹业务0.2亿件，快递业务量833.6亿件，快递业务收入8795亿元。全年完成电信业务总量[26]136758亿元，比上年增长28.1%。年末全国电话用户总数177598万户，其中移动电话用户159407万户。移动电话普及率为113.9部/百人。固定互联网宽带接入用户[27]48355万户，比上年末增加3427万户，其中固定互联网光纤宽带接入用户[28]45414万户，增加3675万户。全年移动互联网用户接入流量1656亿GB，比上年增长35.7%。年末互联网上网人数9.89亿人，其中手机上网人数[29]9.86亿人。互联网普及率为70.4%，其中农村地区互联网普及率为55.9%。全年软件和信息技术服务业[30]完成软件业务收入81616亿元，按可比口径计算，比上年增长13.3%。

图10　2016-2020年快递业务及其增长速度

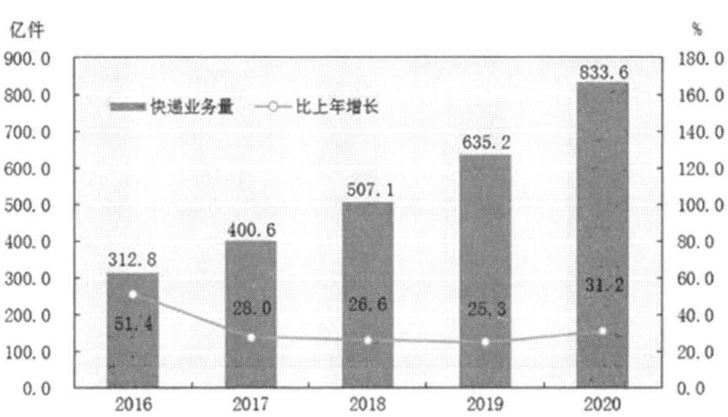

图11　2016-2020年年末固定互联网宽带接入用户数

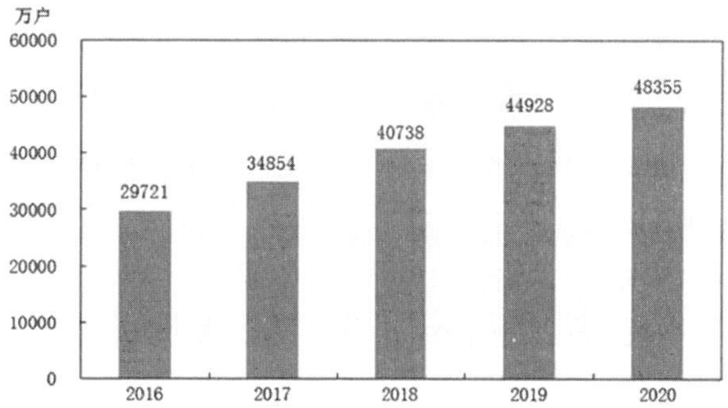

五、国内贸易

全年社会消费品零售总额391981亿元，比上年下降3.9%。按经营地统计，城镇消费品零售额339119亿元，下降4.0%；乡村消费品零售额52862亿元，下降3.2%。按消费类型统计，商品零售额352453亿元，下降2.3%；餐饮收入额39527亿元，下降16.6%。

图12　2016-2020年社会消费品零售总额[31]

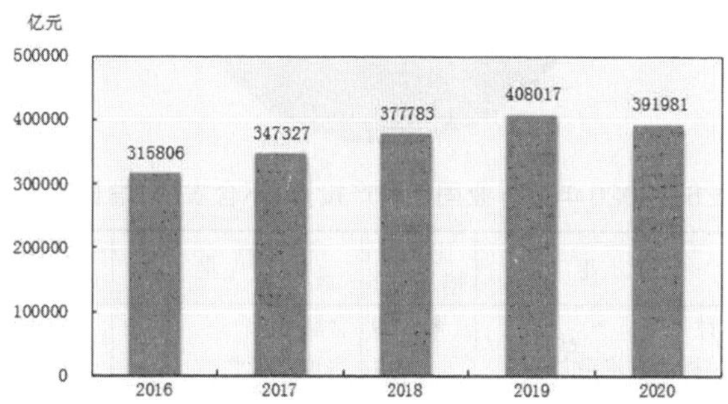

全年限额以上单位商品零售额中，粮油、食品类零售额比上年增长9.9%，饮料类增长14.0%，烟酒类增长5.4%，服装、鞋帽、针纺织品类下降6.6%，化妆品类增长9.5%，金银珠宝类下降4.7%，日用品类增长7.5%，家用电器和音像器材类下降3.8%，中西药品类增长7.8%，文化办公用品类增长5.8%，家具类下降7.0%，通讯器材类增长12.9%，建筑及装潢材料类下降2.8%，石油及制品类下降14.5%，汽车类下降1.8%。

全年实物商品网上零售额97590亿元，按可比口径计算，比上年增长14.8%，占社会消费品零售总额的比重为24.9%，比上年提高4.0个百分点。

六、固定资产投资

全年全社会固定资产投资[32]527270亿元，比上年增长2.7%。其中，固定资产投资（不含农户）518907亿元，增长2.9%。分区域看[33]，东部地区投资比上年增长3.8%，中部地区投资增长0.7%，西部地区投资增长4.4%，东北地区投资增长4.3%。

在固定资产投资（不含农户）中，第一产业投资13302亿元，比上年增长19.5%；第二产业投资149154亿元，增长0.1%；第三产业投资356451亿元，增长3.6%。民间固定资产投资[34]289264亿元，增长1.0%。基础设施投资[35]增长0.9%。

图13　2020年三次产业投资占固定资产投资（不含农户）比重

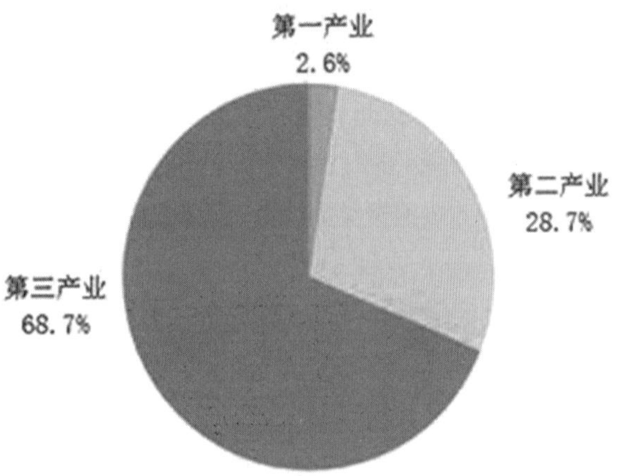

表5　2020年分行业固定资产投资（不含农户）增长速度

行　业	比上年增长(%)	行　业	比上年增长(%)
总计	2.9	金融业	-13.3
农、林、牧、渔业	19.1	房地产业[36]	5.0
采矿业	-14.1	租赁和商务服务业	5.0
制造业	-2.2	科学研究和技术服务业	3.4
电力、热力、燃气及水生产和供应业	17.6	水利、环境和公共设施管理业	0.2
建筑业	9.2	居民服务、修理和其他服务业	-2.9
批发和零售业	-21.5	教育	12.3
交通运输、仓储和邮政业	1.4	卫生和社会工作	26.8
住宿和餐饮业	-5.5	文化、体育和娱乐业	1.0
信息传输、软件和信息技术服务业	18.7	公共管理、社会保障和社会组织	-6.4

表6　2020年固定资产投资新增主要生产与运营能力

指　标	单位	绝对数
新增220千伏及以上变电设备	万千伏安	22082
新建铁路投产里程	公里	4683
其中：高速铁路	公里	4100
增、新建铁路复线投产里程	公里	4711
电气化铁路投产里程	公里	6474
新改建公路里程	公里	356045
其中：高速公路	公里	6063
港口万吨级码头泊位新增通过能力	万吨/年	26428
新增民用运输机场	个	6
新增光缆线路长度	万公里	578

全年房地产开发投资141443亿元，比上年增长7.0%。其中住宅投资104446亿元，增长7.6%；办公楼投资6494亿元，增长5.4%；商业营业用房投资13076亿元，下降1.1%。年末商品房待售面积49850万平方米，比上年末增加29万平方米。其中，商品住宅待售面积22379万平方米，减少94万平方米。

全年全国各类棚户区改造开工209万套，基本建成203万套。全面完成74.21万户[37]建档立卡贫困户脱贫攻坚农村危房改造扫尾工程任务。

表7　2020年房地产开发和销售主要指标及其增长速度

指　标	单位	绝对数	比上年增长(%)
投资额	亿元	141443	7.0
其中：住宅	亿元	104446	7.6
房屋施工面积	万平方米	926759	3.7
其中：住宅	万平方米	655558	4.4
房屋新开工面积	万平方米	224433	-1.2
其中：住宅	万平方米	164329	-1.9
房屋竣工面积	万平方米	91218	-4.9
其中：住宅	万平方米	65910	-3.1
商品房销售面积	万平方米	176086	2.6
其中：住宅	万平方米	154878	3.2
本年到位资金	亿元	193115	8.1
其中：国内贷款	亿元	26676	5.7
个人按揭贷款	亿元	29976	9.9

七、对外经济

全年货物进出口总额321557亿元，比上年增长1.9%。其中，出口179326亿元，增长4.0%；进口142231亿元，下降0.7%。货物进出口顺差37096亿元，比上年增加7976亿元。对“一带一路”[38]沿线国家进出口总额93696亿元，比上年增长1.0%。其中，出口54263亿元，增长3.2%；进口39433亿元，下降1.8%。

图14　2016—2020年货物进出口总额

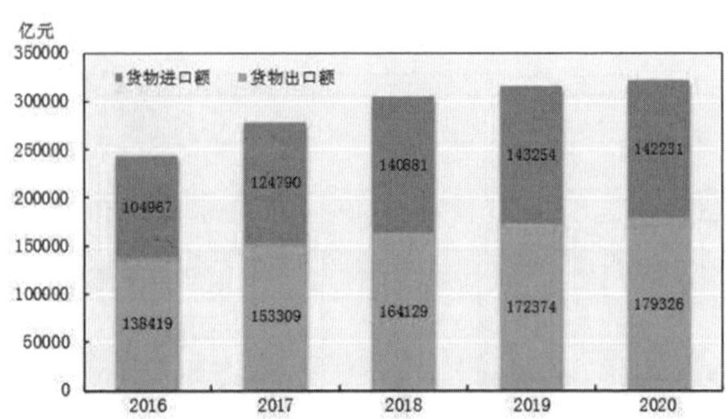

表8 2020年货物进出口总额及其增长速度

指　标	金额(亿元)	比上年增长(%)
货物进出口总额	321557	1.9
货物出口额	179326	4.0
其中:一般贸易	106460	6.9
加工贸易	48589	-4.2
其中:机电产品	106608	6.0
高新技术产品	53692	6.5
货物进口额	142231	-0.7
其中:一般贸易	86048	-0.7
加工贸易	27853	-3.2
其中:机电产品	65625	4.8
高新技术产品	47160	7.2
货物进出口顺差	37096	—

表9 2020年主要商品出口数量、金额及其增长速度

商品名称	单位	数量	比上年增长(%)	金额(亿元)	比上年增长(%)
钢材	万吨	5367	-16.5	3151	-14.8
纺织纱线、织物及制品	—	—	—	10695	30.4
服装及衣着附件	—	—	—	9520	-6.0
鞋靴	万双	740137	-22.4	2454	-20.9
家具及其零件	—	—	—	4039	12.2
箱包及类似容器	万吨	201	-34.7	1429	-23.9
玩具	—	—	—	2317	7.7
塑料制品	—	—	—	5902	20.0
集成电路	亿个	2598	18.8	8056	15.0
自动数据处理设备及其零部件	—	—	—	14599	12.0
手机	万台	96640	-2.8	8647	0.4
集装箱	万个	198	-17.9	508	10.5
液晶显示板	万个	126747	-15.9	1370	-7.1
汽车(包括底盘)	万辆	108	-13.2	1090	-3.2

表10 2020年主要商品进口数量、金额及其增长速度

商品名称	单位	数量	比上年增长(%)	金额(亿元)	比上年增长(%)
大豆	万吨	10033	13.3	2743	12.5
食用植物油	万吨	983	3.1	515	17.7
铁矿砂及其精矿	万吨	117010	9.5	8229	17.8
煤及褐煤	万吨	30399	1.5	1411	-12.1
原油	万吨	54239	7.3	12218	-26.8
成品油	万吨	2835	-7.2	818	-30.4
天然气	万吨	10166	5.3	2315	-19.4
初级形状的塑料	万吨	4063	10.1	3628	-1.2
纸浆	万吨	3063	12.7	1088	-7.6
钢材	万吨	2023	64.4	1165	19.8
未锻轧铜及铜材	万吨	668	34.1	2988	33.4
集成电路	亿个	5435	22.1	24207	14.8
汽车(包括底盘)	万辆	93	-11.4	3242	-3.5

表11 2020年对主要国家和地区货物进出口金额、增长速度及其比重

国家和地区	出口额(亿元)	比上年增长(%)	占全部出口比重(%)	进口额(亿元)	比上年增长(%)	占全部进口比重(%)
东盟	26550	7.0	14.8	20807	6.9	14.6
欧盟[39]	27084	7.2	15.1	17874	2.6	12.6
美国	31279	8.4	17.4	9319	10.1	6.6
日本	9883	0.1	5.5	12090	2.1	8.5
韩国	7787	1.8	4.3	11957	0.0	8.4
中国香港	18830	-2.2	10.5	482	-22.9	0.3
中国台湾	4163	9.5	2.3	13873	16.2	9.8
巴西	2417	-1.5	1.3	5834	5.8	4.1
俄罗斯	3506	2.1	2.0	3960	-6.1	2.8
印度	4613	-10.5	2.6	1445	16.7	1.0
南非	1055	-7.5	0.6	1422	-20.4	1.0

全年服务进出口总额45643亿元,比上年下降15.7%。其中,服务出口19357亿元,下降1.1%;服务进口26286亿元,下降24.0%。服务进出口逆差6929亿元。

全年外商直接投资(不含银行、证券、保险领域)新设立企业38570家,比上年下降5.7%。实际使用外商直接投资金额10000亿元,增长6.2%,折1444亿美元,增长4.5%。其中"一带一路"沿线国家对华直接投资(含通过部分自由港对华投资)新设立企业4294家,下降23.2%;对华直接投资金额574亿元,下降0.3%,折83亿美元,下降1.8%。全年高技术产业实际使用外资2963亿元,增长11.4%,折428亿美元,增长9.5%。

表12 2020年外商直接投资(不含银行、证券、保险领域)及其增长速度

行　业	企业数(家)	比上年增长(%)	实际使用金额(亿元)	比上年增长(%)
总计	38570	-5.7	10000	6.2
其中:农、林、牧、渔业	493	-0.4	40	4.9
制造业	3732	-30.8	2156	-10.8
电力、热力、燃气及水生产和供应业	260	-11.9	217	-9.4
交通运输、仓储和邮政业	592	0.2	347	12.1
信息传输、软件和信息技术服务业	3521	-18.0	1133	13.3
批发和零售业	10812	-21.9	819	33.3
房地产业	1190	13.3	1407	-12.5
租赁和商务服务业	7513	30.1	1838	22.6
居民服务、修理和其他服务业	447	23.8	21	-42.4

全年对外非金融类直接投资额7598亿元,比上年下降0.4%,折1102亿美元,下降0.4%。其中,

对“一带一路”沿线国家非金融类直接投资额178亿美元，增长18.3%。

表13　2020年对外非金融类直接投资额及其增长速度

行　业	金额（亿美元）	比上年增长（%）
总计	1101.5	-0.4
其中：农、林、牧、渔业	13.9	-9.7
采矿业	50.9	-32.3
制造业	199.7	-0.5
电力、热力、燃气及水生产和供应业	27.8	10.3
建筑业	51.6	-39.4
批发和零售业	160.7	27.8
交通运输、仓储和邮政业	26.5	-52.3
信息传输、软件和信息技术服务业	67.1	9.6
房地产业	27.3	-43.4
租赁和商务服务业	417.9	17.5

全年对外承包工程完成营业额10756亿元，比上年下降9.8%，折1559亿美元，下降9.8%。其中，对“一带一路”沿线国家完成营业额911亿美元，下降7.0%，占对外承包工程完成营业额比重为58.4%。对外劳务合作派出各类劳务人员30万人。

八、财政金融

全年全国一般公共预算收入182895亿元，比上年下降3.9%。其中税收收入154310亿元，下降2.3%。全国一般公共预算支出245588亿元，比上年增长2.8%。全年新增减税降费超过2.5万亿元。

图15　2016-2020年全国一般公共预算收入

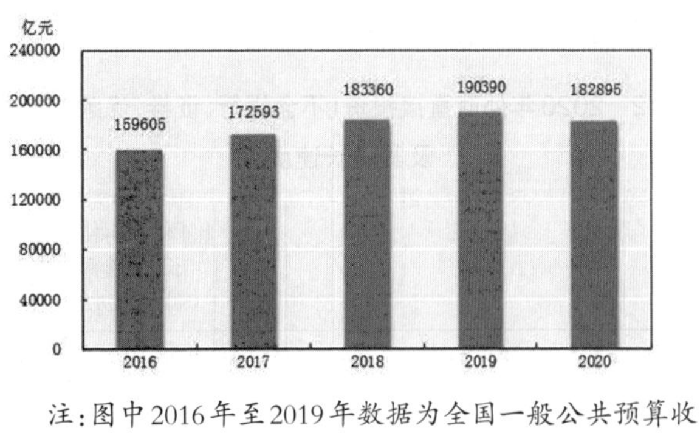

注：图中2016年至2019年数据为全国一般公共预算收入决算数，2020年为执行数。

年末广义货币供应量（M2）余额218.7万亿元，比上年末增长10.1%；狭义货币供应量（M1）余额62.6万亿元，增长8.6%；流通中货币（M0）余额8.4万亿元，增长9.2%。

全年社会融资规模增量[40]34.9万亿元，按可比口径计算，比上年多9.2万亿元；年末社会融资规模存量[41]284.8万亿元，按可比口径计算，比上年末增长13.3%，其中对实体经济发放的人民币贷款余额171.6万亿元，增长13.2%。年末全部金融机构本外币各项存款余额218.4万亿元，比年初增加20.2万亿元，其中人民币各项存款余额212.6万亿元，增加19.6万亿元。全部金融机构本外币各项贷款余额178.4万亿元，增加19.8万亿元，其中人民币各项贷款余额172.7万亿元，增加19.6万亿元。人民币普惠金融贷款[42]余额21.5万亿元，增加4.2万亿元。

表14　2020年年末全部金融机构本外币存贷款余额及其增长速度

指标	年末数（亿元）	比上年末增长（%）
各项存款	2183744	10.2
其中：境内住户存款	934383	13.8
其中：人民币	925986	13.9
境内非金融企业存款	688218	10.8
各项贷款	1784034	12.5
其中：境内短期贷款	492682	4.3
境内中长期贷款	1137504	17.1

年末主要农村金融机构（农村信用社、农村合作银行、农村商业银行）人民币贷款余额215886亿元，比年初增加25210亿元。全部金融机构人民币消费贷款余额495668亿元，增加55994亿元。其中，个人短期消费贷款余额87774亿元，增加7177亿元；个人中长期消费贷款余额407894亿元，增加48817亿元。

全年沪深交易所A股累计筹资[43]15417亿元，比上年增加1883亿元。首次公开发行上市A股394只，筹资4742亿元，比上年增加2252亿元，其中科创板股票145只，筹资2226亿元；A股再融资（包括公开增发、定向增发、配股、优先股、可转债转股）10674亿元，减少370亿元。全年各类主体通过沪深交易所发行债券（包括公司债、可转债、可交换债、政策性金融债、地方政府债和企业资产支持证券）筹资84777亿元，比上年增加12791亿元。全国中小企业股份转让系统[44]挂牌公司8187家，全年挂牌公司累计股票筹资339亿元。

全年发行公司信用类债券[45]14.2万亿元，比上年增加3.5万亿元。

全年保险公司原保险保费收入[46]45257亿元，比上年增长6.1%。其中，寿险业务原保险保费收入23982亿元，健康险和意外伤害险业务原保险保费收入9347亿元，财产险业务原保险保费收入

11929亿元。支付各类赔款及给付13907亿元。其中,寿险业务给付3715亿元,健康险和意外伤害险业务赔款及给付3237亿元,财产险业务赔款6955亿元。

九、居民收入消费和社会保障

全年全国居民人均可支配收入32189元,比上年增长4.7%,扣除价格因素,实际增长2.1%。全国居民人均可支配收入中位数[47]27540元,增长3.8%。按常住地分,城镇居民人均可支配收入43834元,比上年增长3.5%,扣除价格因素,实际增长1.2%。城镇居民人均可支配收入中位数40378元,增长2.9%。农村居民人均可支配收入17131元,比上年增长6.9%,扣除价格因素,实际增长3.8%。农村居民人均可支配收入中位数15204元,增长5.7%。城乡居民人均可支配收入比值为2.56,比上年缩小0.08。按全国居民五等份收入分组[48],低收入组人均可支配收入7869元,中间偏下收入组人均可支配收入16443元,中间收入组人均可支配收入26249元,中间偏上收入组人均可支配收入41172元,高收入组人均可支配收入80294元。全国农民工人均月收入4072元,比上年增长2.8%。

全年全国居民人均消费支出21210元,比上年下降1.6%,扣除价格因素,实际下降4.0%。其中,人均服务性消费支出[49]9037元,比上年下降8.6%,占居民人均消费支出的比重为42.6%。按常住地分,城镇居民人均消费支出27007元,下降3.8%,扣除价格因素,实际下降6.0%;农村居民人均消费支出13713元,增长2.9%,扣除价格因素,实际下降0.1%。全国居民恩格尔系数为30.2%,其中城镇为29.2%,农村为32.7%。

图16 2016-2020年全国居民人均可支配收入及其增长速度

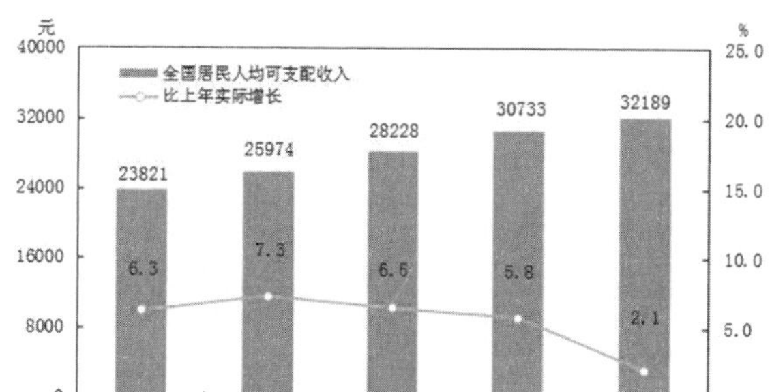

图17 2020年全国居民人均消费支出及其构成

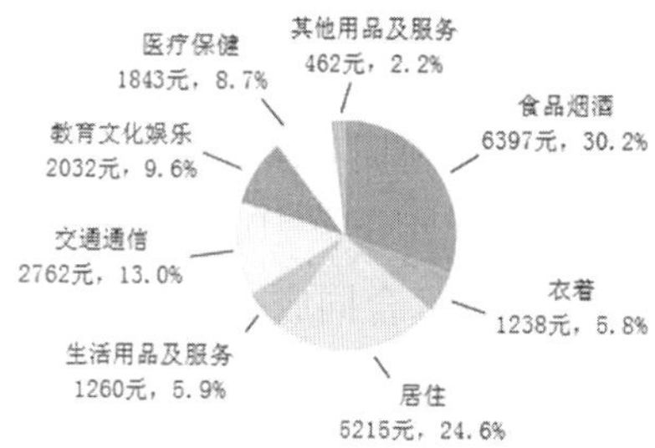

年末全国参加城镇职工基本养老保险人数45638万人,比上年末增加2150万人。参加城乡居民基本养老保险人数54244万人,增加978万人。参加基本医疗保险人数136101万人,增加693万人。其中,参加职工基本医疗保险人数34423万人,增加1498万人;参加城乡居民基本医疗保险人数101678万人。参加失业保险人数21689万人,增加1147万人。年末全国领取失业保险金人数270万人。参加工伤保险人数26770万人,增加1291万人,其中参加工伤保险的农民工8934万人,增加318万人。参加生育保险人数23546万人,增加2129万人。年末全国共有805万人享受城市最低生活保障,3621万人享受农村最低生活保障,447万人享受农村特困人员[50]救助供养,全年临时救助[51]1341万人次。全年资助8990万人参加基本医疗保险,实施直接救助[52]7300万人次。全年国家抚恤、补助退役军人和其他优抚对象837万人。

年末全国共有各类提供住宿的社会服务机构4.1万个,其中养老机构3.8万个,儿童服务机构735个。社会服务床位[53]850.9万张,其中养老服务床位823.8万张,儿童服务床位9.8万张。年末共有社区服务中心2.9万个,社区服务站39.3万个。

十、科学技术和教育

全年研究与试验发展(R&D)经费支出24426亿元,比上年增长10.3%,与国内生产总值之比为2.40%,其中基础研究经费1504亿元。国家科技重大专项共安排198个项目(课题),国家自然科学基金共资助4.57万个项目。截至年末,正在运行的国家重点实验室522个,国家工程研究中心(国家工程实验室)350个,国家企业技术中心1636家,大众创业万众创新示范基地212家。国家级科技企业孵化器[54]1173家,国家备案众创空间[55]2386家。全年授予专利权363.9万件，比上年增长40.4%；PCT专利申请受理量[56]7.2万件。截至年末，有效专利1219.3万件，其中境内有效发明专利221.3万件，预计每万人口发明专利拥有量15.8件。全年商标注册576.1万件，比上年下降10.1%。全年共签订技术合同55万项，技术合同成交金额28252亿元，比上年增长26.1%。

图18 2016–2020年研究与试验发展(R&D)经费支出及其增长数据

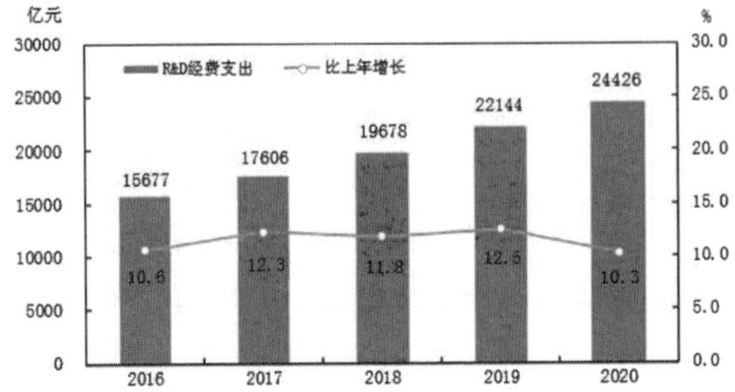

表15 2020年专利授权和有效专利情况

指标	专利数(万件)	比上年增长(%)
专利授权数	363.9	40.4
其中:境内专利授权	350.4	42.6
其中:发明专利授权	53.0	17.1
其中:境内发明专利	43.4	22.5
年末有效专利数	1219.3	25.4
其中:境内有效专利	1111.5	27.9
其中:有效发明专利	305.8	14.5
其中:境内有效发明专利	221.3	18.8

全年成功完成35次宇航发射。嫦娥五号发射成功，首次完成我国月表采样返回。我国首次火星探测任务“天问一号”探测器成功发射。500米口径球面射电望远镜(FAST)正式开放运行。北斗三号全球卫星导航系统正式开通。量子计算原型系统“九章”成功研制。全海深载人潜水器“奋斗者”号完成万米深潜。

年末全国共有国家质检中心852家。全国现有产品质量、体系和服务认证机构724个，累计完成对79万家企业的认证。全年制定、修订国家标准2252项，其中新制定1584项。全年制造业产品质量合格率[57]为93.39%。

全年研究生教育招生110.7万人，在学研究生314.0万人，毕业生72.9万人。普通本专科招生967.5万人，在校生3285.3万人，毕业生797.2万人。中等职业教育[58]招生644.7万人，在校生1663.4万人，毕业生484.9万人。普通高中招生876.4万人，在校生2494.5万人，毕业生786.5万人。初中招生1632.1万人，在校生4914.1万人，毕业生1535.3万人。普通小学招生1808.1万人，在校生10725.4万人，毕业生1640.3万人。特殊教育招生14.9万人，在校生88.1万人，毕业生12.1万人。学前教育在园幼儿4818.3万人。九年义务教育巩固率为95.2%，高中阶段毛入学率为91.2%。

图19 2016–2020年普通本专科、中等职业教育及普通高中招生人数

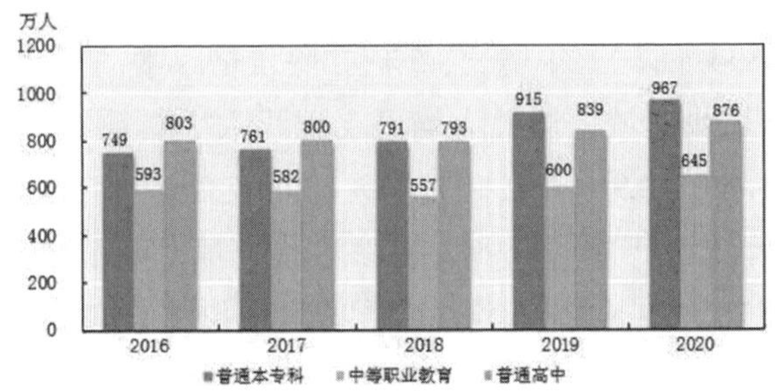

十一、文化旅游、卫生健康和体育

年末全国文化和旅游系统共有艺术表演团体2027个，博物馆3510个。全国共有公共图书馆3203个，总流通[59]56953万人次；文化馆3327个。有线电视实际用户2.10亿户，其中有线数字电视实际用户2.01亿户。年末广播节目综合人口覆盖率为99.4%，电视节目综合人口覆盖率为99.6%。全年生产电视剧202部7476集，电视动画片116688分钟。全年生产故事影片531部，科教、纪录、动画和特种影片[60]119部。出版各类报纸277亿份，各类期刊20亿册，图书101亿册(张)，预计人均图书拥有量[61]7.24册(张)。年末全国共有档案馆4234个，已开放各类档案17659万卷(件)。全年全国规模以上文化及相关产业企业营业收入98514亿元，按可比口径计算，比上年增长2.2%。

全年国内游客28.8亿人次，比上年下降52.1%。其中，城镇居民游客20.7亿人次，下降53.8%；农村居民游客8.1亿人次，下降47.0%。国内旅游收入22286亿元，下降61.1%。其中，城镇居民游客花费17967亿元，下降62.2%；农村居民游客花费4320亿元，下降55.7%。

图20 2013-2020年国内游客人次及其增长速度

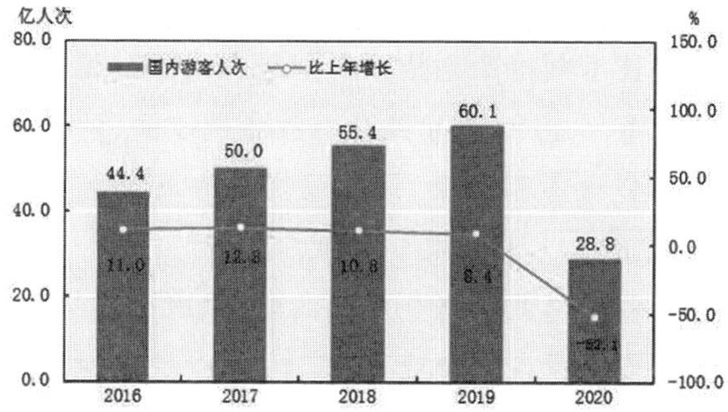

年末全国共有医疗卫生机构102.3万个，其中医院3.5万个，在医院中有公立医院1.2万个，民营医院2.4万个；基层医疗卫生机构97.1万个，其中乡镇卫生院3.6万个，社区卫生服务中心（站）3.5万个，门诊部（所）29.0万个，村卫生室61.0万个；专业公共卫生机构1.4万个，其中疾病预防控制中心3384个，卫生监督所（中心）2736个。年末卫生技术人员1066万人，其中执业医师和执业助理医师408万人，注册护士471万人。医疗卫生机构床位911万张，其中医院713万张，乡镇卫生院139万张。全年总诊疗人次[62]78.2亿人次，出院人数[63]2.3亿人。截至年末，全国累计报告新型冠状病毒肺炎确诊病例87071例，累计治愈出院病例82067例，累计死亡4634人。全国共有8177家医疗卫生机构提供新型冠状病毒核酸检测服务，总检测能力达到1153万份/天。

图21 2016-2020年年末卫生技术人员人数

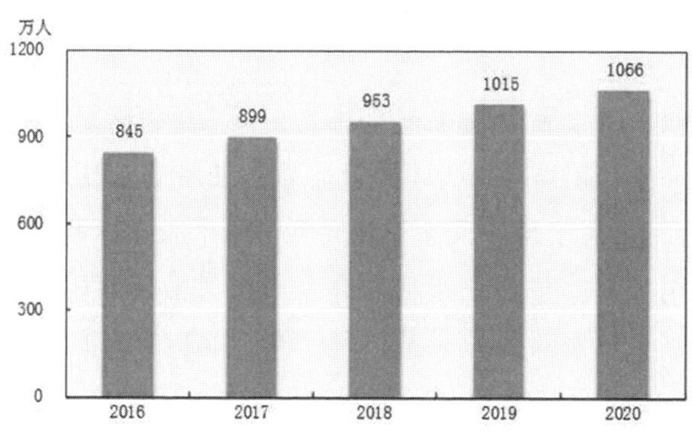

年末全国共有体育场地[64]371.3万个，体育场地面积[65]31.0亿平方米，预计人均体育场地面积2.20平方米。全年我国运动员在3个运动大项中获得4个世界冠军，共创1项世界纪录[66]。全年我国残疾人运动员在6项国际赛事中获得24个世界冠军[67]。全年全国7岁及以上人口中经常参加体育锻炼人数比例[68]达37.2%。

十二、资源、环境和应急管理

全年全国国有建设用地供应总量[69]65.8万公顷，比上年增长5.5%。其中，工矿仓储用地16.7万公顷，增长13.6%；房地产用地[70]15.5万公顷，增长9.3%；基础设施用地33.7万公顷，增长0.3%。

全年水资源总量30963亿立方米。

全年完成造林面积677万公顷，其中人工造林面积289万公顷，占全部造林面积的42.7%。种草改良面积[71]283万公顷。截至年末，国家级自然保护区474个。新增水土流失治理面积6.0万平方公里。

初步核算，全年能源消费总量49.8亿吨标准煤，比上年增长2.2%。煤炭消费量增长0.6%，原油消费量增长3.3%，天然气消费量增长7.2%，电力消费量增长3.1%。煤炭消费量占能源消费总量的56.8%，比上年下降0.9个百分点；天然气、水电、核电、风电等清洁能源消费量占能源消费总量的24.3%，上升1.0个百分点。重点耗能工业企业单位电石综合能耗下降2.1%，单位合成氨综合能耗上升0.3%，吨钢综合能耗下降0.3%，单位电解铝综合能耗下降1.0%，每千瓦时火力发电标准煤耗下降0.6%。全国万元国内生产总值二氧化碳排放下降1.0%。

图22 2016-2020年清洁能源消费量占能源消费总量的比重

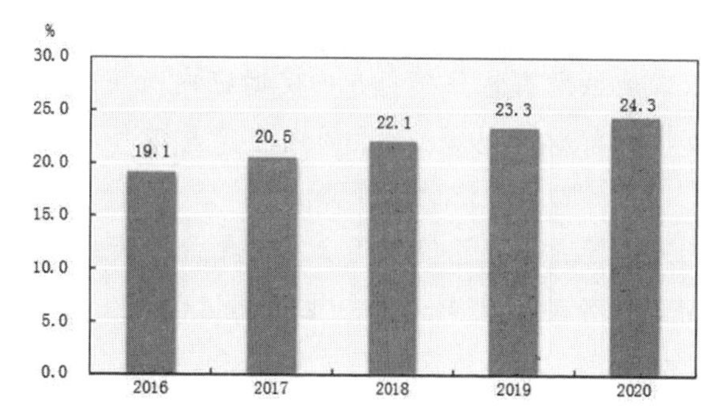

全年近岸海域海水水质[72]达到国家一、二类海水水质标准的面积占77.4%，三类海水占7.7%，四类、劣四类海水占14.9%。

在开展城市区域声环境监测的324个城市中，全年声环境质量好的城市占4.3%，较好的占66.4%，一般的占28.7%，较差的占0.6%。

全年平均气温为10.25℃，比上年下降0.09℃。共有5个台风登陆。

全年农作物受灾面积1996万公顷，其中绝收

271万公顷。全年因洪涝和地质灾害造成直接经济损失2686亿元,因旱灾造成直接经济损失249亿元,因低温冷冻和雪灾造成直接经济损失154亿元,因海洋灾害造成直接经济损失8亿元。全年大陆地区共发生5.0级以上地震20次,成灾5次,造成直接经济损失约18亿元。全年共发生森林火灾1153起,受害森林面积约0.9万公顷。

全年各类生产安全事故共死亡27412人。工矿商贸企业就业人员10万人生产安全事故死亡人数1.301人,比上年下降11.7%;煤矿百万吨死亡人数0.059人,下降28.9%。道路交通事故万车死亡人数1.66人,下降7.8%。

注释:

[1]本公报中数据均为初步统计数。各项统计数据均未包括香港特别行政区、澳门特别行政区和台湾省。部分数据因四舍五入的原因,存在总计与分项合计不等的情况。

[2]2020年开展第七次全国人口普查,相关数据拟于2021年4月份发布,公报中不再单独发布人口和就业人员相关数据。公报中涉及的人均指标根据人口预计数计算得到。

[3]国内生产总值、三次产业及相关行业增加值、地区生产总值、人均国内生产总值和国民总收入绝对数按现价计算,增长速度按不变价格计算。

[4]国民总收入,原称国民生产总值,是指一个国家或地区所有常住单位在一定时期内所获得的初次分配收入总额,等于国内生产总值加上来自国外的初次分配收入净额。

[5]万元国内生产总值能耗按2015年价格计算。

[6]全员劳动生产率为国内生产总值(按2015年价格计算)与全部就业人员的比率。2020年就业人员数据为预计数。

[7]年度农民工数量包括年内在本乡镇以外从业6个月及以上的外出农民工和在本乡镇内从事非农产业6个月及以上的本地农民工。

[8]农产品生产者价格是指农产品生产者直接出售其产品时的价格。

[9]居住类价格包括租赁房房租、住房保养维修及管理、水电燃料等价格。

[10]贫困地区包括集中连片特困地区和片区外的国家扶贫开发工作重点县,原共有832个县。2017年开始将新疆阿克苏地区纳入贫困监测范围。

[11]高技术制造业包括医药制造业,航空、航天器及设备制造业,电子及通信设备制造业,计算机及办公设备制造业,医疗仪器设备及仪器仪表制造业,信息化学品制造业。

[12]装备制造业包括金属制品业,通用设备制造业,专用设备制造业,汽车制造业,铁路、船舶、航空航天和其他运输设备制造业,电气机械和器材制造业,计算机、通信和其他电子设备制造业,仪器仪表制造业。

[13]规模以上服务业统计范围包括:年营业收入2000万元及以上的交通运输、仓储和邮政业,信息传输、软件和信息技术服务业,水利、环境和公共设施管理业,卫生行业法人单位;年营业收入1000万元及以上的房地产业(不含房地产开发经营),租赁和商务服务业,科学研究和技术服务业,教育行业法人单位;以及年营业收入500万元及以上的居民服务、修理和其他服务业,文化、体育和娱乐业,社会工作行业法人单位。

[14]战略性新兴服务业包括新一代信息技术产业,高端装备制造产业,新材料产业,生物产业,新能源汽车产业,新能源产业,节能环保产业和数字创意产业等八大产业中的服务业相关行业,以及新技术与创新创业等相关服务业。2020年战略性新兴服务业企业营业收入增速按可比口径计算。

[15]高技术产业投资包括医药制造、航空航天器及设备制造等六大类高技术制造业投资和信息服务、电子商务服务等九大类高技术服务业投资。

[16]网上零售额是指通过公共网络交易平台(主要从事实物商品交易的网上平台,包括自建网站和第三方平台)实现的商品和服务零售额。

[17]东部地区是指北京、天津、河北、上海、江苏、浙江、福建、山东、广东和海南10省(市);中部地区是指山西、安徽、江西、河南、湖北和湖南6省;西部地区是指内蒙古、广西、重庆、四川、贵州、云南、西藏、陕西、甘肃、青海、宁夏和新疆12省(区、市);东北地区是指辽宁、吉林和黑龙江3省。

[18]2019年部分产品产量数据进行了核实调整,

2020年产量增速按可比口径计算。

[19]火电包括燃煤发电量，燃油发电量，燃气发电量，余热、余压、余气发电量，垃圾焚烧发电量，生物质发电量。

[20]钢材产量数据中含企业之间重复加工钢材约30566万吨。

[21]少量发电装机容量（如地热等）公报中未列出。

[22]由于统计调查制度规定的口径调整、统计执法、剔除重复数据等因素，2020年规模以上工业企业财务指标增速及变化按可比口径计算。

[23]产能利用率是指实际产出与生产能力（均以价值量计量）的比率。企业的实际产出是指企业报告期内的工业总产值；企业的生产能力是指报告期内，在劳动力、原材料、燃料、运输等保证供给的情况下，生产设备（机械）保持正常运行，企业可实现并能长期维持的产品产出。

[24]货物运输总量及周转量包括铁路、公路、水路和民航四种运输方式完成量，2020年增速按可比口径计算。因新组建国家管网集团，部分油气运输管线统计归口发生变化等原因，管道运输相关数据尚在核实。

[25]邮政行业业务总量按2010年价格计算。

[26]电信业务总量按2015年价格计算。

[27]固定互联网宽带接入用户是指报告期末在电信企业登记注册，通过xDSL、FTTx + LAN、FTTH/O以及其他宽带接入方式和普通专线接入公众互联网的用户。

[28]固定互联网光纤宽带接入用户是指报告期末在电信企业登记注册，通过FTTH或FTTO方式接入公众互联网的用户。

[29]手机上网人数是指过去半年通过手机接入并使用互联网的人数。

[30]软件和信息技术服务业包括软件开发，集成电路设计，信息系统集成和物联网技术服务，运行维护服务，信息处理和存储支持服务，信息技术咨询服务，数字内容服务和其他信息技术服务等行业。

[31]根据第四次全国经济普查结果及有关制度规定，对2016–2019年社会消费品零售总额数据进行了修订。

[32]根据第四次全国经济普查、统计执法检查、统计调查方法改革和制度规定，对2019年固定资产投资数据进行修订，2020年增速按可比口径计算。

[33]见注释[17]。

[34]民间固定资产投资是指具有集体、私营、个人性质的内资调查单位以及由其控股（包括绝对控股和相对控股）的调查单位建造或购置固定资产的投资。

[35]基础设施投资包括交通运输、邮政业，电信、广播电视和卫星传输服务业，互联网和相关服务业，水利、环境和公共设施管理业投资。

[36]房地产业投资除房地产开发投资外，还包括建设单位自建房屋以及物业管理、中介服务和其他房地产投资。

[37]数据包括2019年全国64.16万户建档立卡贫困户存量危房和脱贫攻坚“回头看”排查新增的10.05万户建档立卡贫困户危房。

[38]“一带一路”是指“丝绸之路经济带”和“21世纪海上丝绸之路”。

[39]对欧盟的货物进出口金额不包括英国数据，增速按可比口径计算。

[40]社会融资规模增量是指一定时期内实体经济从金融体系获得的资金总额。

[41]社会融资规模存量是指一定时期末（月末、季末或年末）实体经济（境内非金融企业和个人）从金融体系获得的资金余额。

[42]普惠金融贷款包括单户授信小于1000万元的小微型企业贷款、个体工商户经营性贷款、小微企业主经营性贷款、农户生产经营贷款、建档立卡贫困人口消费贷款、创业担保贷款和助学贷款。

[43]沪深交易所股票筹资额按上市日统计，筹资额包括了可转债实际转股金额，2019年、2020年可转债实际转股金额分别为995亿元和1195亿元。

[44]全国中小企业股份转让系统又称“新三板”，是2012年经国务院批准的全国性证券交易场所。全年全国中小企业股份转让系统挂牌公司累计筹资不含优先股，股票筹资按发行报告书的披露日统计。

[45]公司信用类债券包括非金融企业债务融资工具、企业债券以及公司债、可转债等。

[46]原保险保费收入是指保险企业确认的原保险合同保费收入。

[47]人均收入中位数是指将所有调查户按人均收入水平从低到高(或从高到低)顺序排列,处于最中间位置调查户的人均收入。

[48]全国居民五等份收入分组是指将所有调查户按人均收入水平从低到高顺序排列,平均分为五个等份,处于最低20%的收入家庭为低收入组,依此类推依次为中间偏下收入组、中间收入组、中间偏上收入组、高收入组。

[49]服务性消费支出是指住户用于餐饮服务、教育文化娱乐服务和医疗服务等各种生活服务的消费支出。

[50]农村特困人员是指无劳动能力,无生活来源,无法定赡养、抚养、扶养义务人或者其法定义务人无履行义务能力的农村老年人、残疾人以及未满16周岁的未成年人。

[51]临时救助是指国家对遭遇突发事件、意外伤害、重大疾病或其他特殊原因导致基本生活陷入困境,其他社会救助制度暂时无法覆盖或救助之后基本生活暂时仍有严重困难的家庭或个人给予的应急性、过渡性的救助。

[52]包括医保部门实施的住院救助、门诊救助和其他有关部门实施的直接救助。

[53]社会服务床位数除收养性机构外,还包括救助类机构、社区类机构的床位。

[54]国家级科技企业孵化器是指符合《科技企业孵化器管理办法》规定的,以促进科技成果转化、培育科技企业和企业家精神为宗旨,提供物理空间、共享设施和专业化服务的科技创业服务机构,且经过科技部批准确定的科技企业孵化器。

[55]国家备案众创空间是指符合《发展众创空间工作指引》规定的新型创新创业服务平台,且按照《国家众创空间备案暂行规定》经科技部审核备案的众创空间。

[56]PCT专利申请受理量是指国家知识产权局作为PCT专利申请受理局受理的PCT专利申请数量。PCT(Patent Cooperation Treaty)即专利合作条约,是专利领域的一项国际合作条约。

[57]制造业产品质量合格率是指以产品质量检验为手段,按照规定的方法、程序和标准实施质量抽样检测,判定为质量合格的样品数占全部抽样样品数的百分比,统计调查样本覆盖制造业的29个行业。

[58]中等职业教育包括普通中专、成人中专、职业高中和技工学校。

[59]总流通人次是指本年度内到图书馆场馆接受图书馆服务的总人次,包括借阅书刊、咨询问题以及参加各类读者活动等。

[60]特种影片是指采用与常规影院放映在技术、设备、节目方面不同的电影展示方式,如巨幕电影、立体电影、立体特效(4D)电影、动感电影、球幕电影等。

[61]人均图书拥有量是指在一年内全国平均每人能拥有的当年出版图书册数。

[62]总诊疗人次是指所有诊疗工作的总人次数,包括门诊、急诊、出诊、预约诊疗、单项健康检查、健康咨询指导(不含健康讲座)人次。

[63]出院人数是指报告期内所有住院后出院的人数,包括医嘱离院、医嘱转其他医疗机构、非医嘱离院、死亡及其他人数,不含家庭病床撤床人数。

[64]体育场地调查对象不包括军队、铁路系统所属体育场地。

[65]体育场地面积是指体育训练、比赛、健身场地的有效面积。

[66]受新型冠状病毒肺炎疫情影响,2020年国际级体育赛事大幅减少,我国运动员获世界冠军数和创世界纪录数比往年有所减少。

[67]2020年1-3月份的国际赛事数据(受新型冠状病毒肺炎疫情影响,2020年4月份以后停止参加国际赛事)。

[68]经常参加体育锻炼人数比例来源于2020年全民健身活动状况调查。经常参加体育锻炼的人是指每周参加体育锻炼频度3次及以上,每次体育锻炼持续时间30分钟及以上,每次体育锻炼的运动强度达到中等及以上的人。

[69]国有建设用地供应总量是指报告期内市、县人民政府根据年度土地供应计划依法以出让、划拨、租赁等方式与用地单位或个人签订出让合同或签发划拨决定书、完成交易的国有建设用地总量。

[70]房地产用地是指商服用地和住宅用地的总和。

[71]种草改良面积是指通过实施播种、栽种等措施增加牧草数量的面积以及通过压盐压碱压沙、

土壤改良、围栏封育等措施使草原原生植被、生态得到改善的面积之和。

[72]近岸海域海水水质采用面积法进行评价。

资料来源：

本公报中城镇新增就业、城镇登记失业率、社会保障、技工学校数据来自人力资源和社会保障部；外汇储备、汇率数据来自国家外汇管理局；环境监测、万元国内生产总值二氧化碳排放等数据来自生态环境部；财政数据来自财政部；市场主体、质量检验、国家标准制定修订、制造业产品质量合格率数据来自国家市场监督管理总局；水产品产量、新增高效节水灌溉面积数据来自农业农村部；木材产量、造林面积、种草改良面积、国家级自然保护区数据来自国家林业和草原局；新增耕地灌溉面积、水资源总量、新增水土流失治理面积数据来自水利部；发电装机容量、新增220千伏及以上变电设备、电力消费量数据来自中国电力企业联合会；港口货物吞吐量、港口集装箱吞吐量、公路运输、水运、新改建高速公路里程、港口万吨级码头泊位新增通过能力数据来自交通运输部；铁路运输、新建铁路投产里程、增新建铁路复线投产里程、电气化铁路投产里程数据来自中国国家铁路集团有限公司；民航、新增民用运输机场数据来自中国民用航空局；民用汽车、道路交通事故数据来自公安部；邮政业务数据来自国家邮政局；通信业、软件业务收入、新增光缆线路长度等数据来自工业和信息化部；互联网上网人数、互联网普及率数据来自中国互联网络信息中心；棚户区改造、建档立卡贫困户脱贫攻坚农村危房改造数据来自住房和城乡建设部；货物进出口数据来自海关总署；服务进出口、外商直接投资、对外直接投资、对外承包工程、对外劳务合作等数据来自商务部；减税降费数据来自国家税务总局；货币金融、公司信用类债券数据来自中国人民银行；境内交易场所筹资数据来自中国证券监督管理委员会；保险业数据来自中国银行保险监督管理委员会；医疗保险、生育保险、资助参加基本医疗保险、实施直接救助数据来自国家医疗保障局；城乡低保、农村特困人员救助供养、临时救助、社会服务数据来自民政部；优抚对象数据来自退役军人事务部；国家科技重大专项、国家重点实验室、国家级科技企业孵化器、国家备案众创空间、技术合同等数据来自科学技术部；国家自然科学基金资助项目数据来自国家自然科学基金委员会；国家工程研究中心(国家工程实验室)、国家企业技术中心、大众创业万众创新示范基地等数据来自国家发展和改革委员会；专利、商标数据来自国家知识产权局；宇航发射数据来自国家国防科技工业局；教育数据来自教育部；艺术表演团体、博物馆、公共图书馆、文化馆、旅游数据来自文化和旅游部；电视、广播数据来自国家广播电视总局；电影数据来自国家电影局；报纸、期刊、图书数据来自国家新闻出版署；档案数据来自国家档案局；医疗卫生数据来自国家卫生健康委员会；体育数据来自国家体育总局；残疾人运动员数据来自中国残疾人联合会；国有建设用地供应、海洋灾害造成直接经济损失数据来自自然资源部；平均气温、台风登陆数据来自中国气象局；农作物受灾面积、洪涝和地质灾害造成直接经济损失、旱灾造成直接经济损失、低温冷冻和雪灾造成直接经济损失、森林火灾、受害森林面积、生产安全事故数据来自应急管理部；地震次数、地震灾害造成直接经济损失数据来自中国地震局；其他数据均来自国家统计局。

宁夏回族自治区2020年国民经济和社会发展统计公报[1]

宁夏回族自治区统计局　国家统计局宁夏调查总队

2021年5月23日

2020年，面对复杂严峻的国内外环境特别是新冠肺炎疫情的严重冲击，在自治区党委和政府的坚强领导下，全区上下坚持以习近平新时代中国特色社会主义思想为指导，深入学习贯彻习近平总书记视察宁夏重要讲话精神，坚决落实党中央、国务院各项决策部署，扎实做好“六稳”工作，全面落实“六保”任务，统筹疫情防控和经济社会发展取得重大成果，经济运行稳步回升、持续向好，主要指标增长好于预期，发展动能不断增强，转型升级加快推进，质量效益明显改善，民生保障更加有力，高质量发展迈出新的步伐。

一、综合

初步核算，全年全区实现生产总值[2]3920.55亿元，按不变价格计算，比上年增长3.9%。其中，第一产业增加值338.01亿元，增长3.3%；第二产业增加值1608.96亿元，增长4.0%；第三产业增加值1973.58亿元，增长3.9%。第一产业增加值占地区生产总值的比重为8.6%，第二产业增加值比重为41.0%，第三产业增加值比重为50.4%，比上年提高0.2个百分点。

图1　2016—2020年全区生产总值及其增长速度

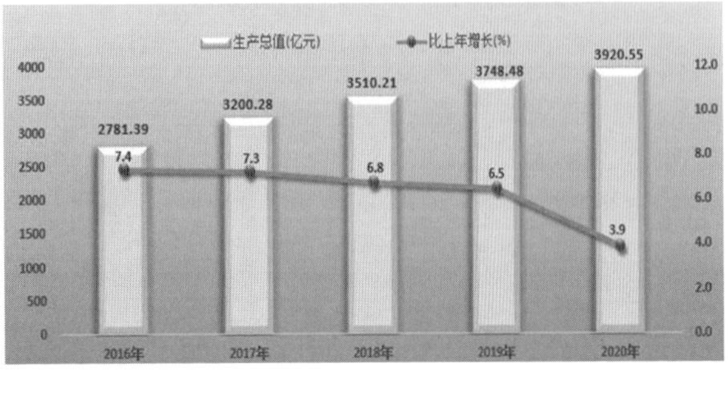

图2　2016-2020年全区三次产业增加值占地区生产总值比重

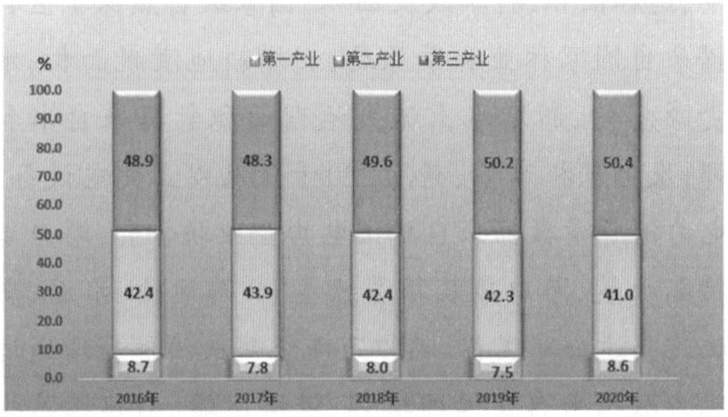

表1　2020年全区生产总值及其增长速度

指　　标	绝对值(亿元)	比上年增长(%)
全区生产总值	3920.55	3.9
农林牧渔业	356.18	3.2
工业	1283.69	4.2
建筑业	326.78	3.5
批发和零售业	194.34	-3.3
交通运输、仓储和邮政业	181.88	4.4
住宿和餐饮业	50.13	-9.7
金融业	321.07	3.4
房地产业	175.86	4.2
其他服务业	1030.63	6.4
第一产业	338.01	3.3
第二产业	1608.96	4.0
第三产业	1973.58	3.9

全年全区城镇新增就业人员7.3万人，农村劳动力转移就业80.27万人，年末全区城镇登记失业率为3.92%。全年全区农民工[3]总量为98.1万人，比上

年减少8.0万人，下降7.5%。其中，外出农民工76.9万人，比上年减少5.8万人，下降7.0%；本地农民工21.2万人，减少2.2万人，下降9.4%。

图3　2016–2020年全区城镇新增就业人数

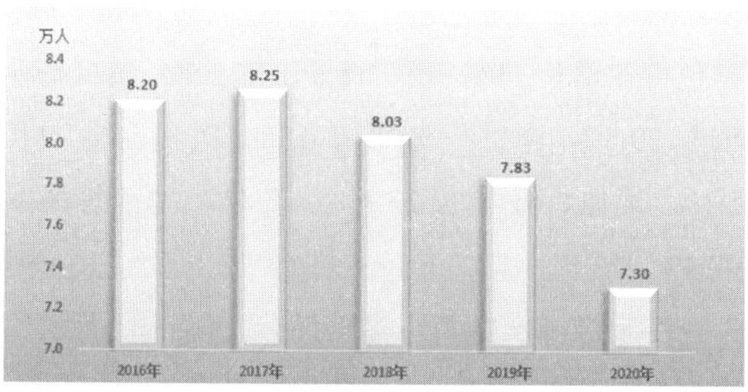

图4　2020年全区居民消费价格月度涨跌幅度

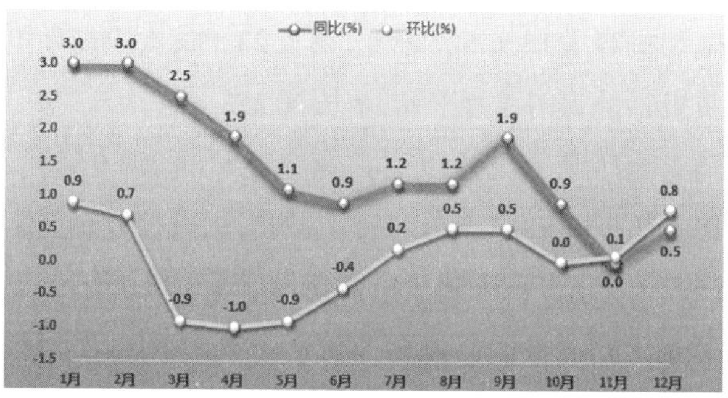

图5　2020年全区工业生产者出厂价格和购进价格月度同比涨跌幅度

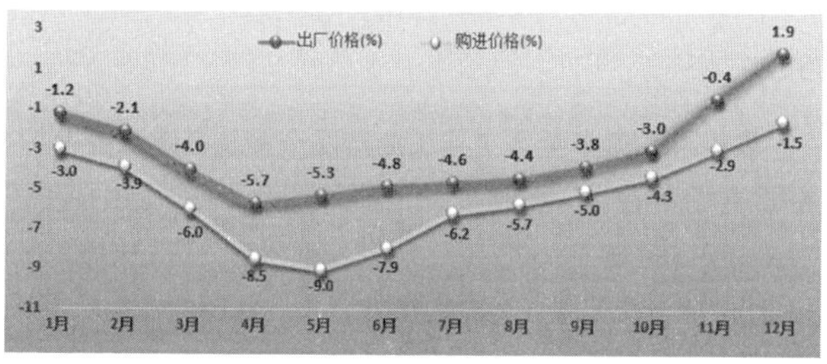

表2　2020年12月份全区居民消费价格指数

指　标	环比	同比	1–12月累计比
居民消费价格总指数	100.8	100.5	101.5
其中：食品烟酒	102.5	102.9	105.4
衣着	100.1	96.8	98.9
居住	100.0	99.7	100.3
生活用品及服务	100.2	99.4	99.6
交通和通信	99.9	97.4	96.9
教育文化和娱乐	99.9	100.4	101.0
医疗保健	100.0	100.5	100.6
其他用品和服务	98.6	102.9	103.2

三大攻坚战夺取重大胜利。“十三五”末，全区9个贫困县全部摘帽，1100个贫困村全部出列，现行标准下62.4万农村贫困人口全部脱贫。生态环境9项约束性指标超额完成，蓝天碧水净土保卫战成效显著，全区空气优良天数比2015年增加15天，森林覆盖率由11.9%提高到15.8%。处置化解一批风险隐患，守住了不发生系统性风险的底线。

新产业新业态新模式加快成长。全年全区规模以上工业中，高技术制造业增加值比上年增长9.9%。全年水电、风电、太阳能等可再生能源发电量352.4亿千瓦时，增长9.4%。全年变压器产量增长8.2%，数控金属切割机床产量增长36.7%，工业机器人产量增长26.5%。全年全区工业技术改造投资[5]增长18.0%。全年全区网上零售额[6]按卖家所在地分，实现零售额209.4亿元，增长10.3%，其中实物商品零售额63.2亿元，增长39.5%。

二、农业

全年全区粮食种植面积1018.75万亩，比上年增加2.70万亩。其中，小麦种植面积139.39万亩，减少22.27万亩；水稻种植面积91.22万亩，减少10.86万亩；玉米种植面积484.09万亩，增加34.42万亩；薯类种植面积142.66万亩，增加3.59万亩。油料种植面积49.92万亩，减少8.55万亩。蔬菜种植面积202.51万亩，增加5.72万亩。瓜果种植面积95.13万亩，减少3.47万亩。园林水果种植面积157.04万亩，增加2.58万亩。

全年全区粮食总产量380.49万吨，比上年增产7.34万吨，增长2.0%，连续十七年实现丰收。其中，夏粮产量29.05万吨，下降19.7%；秋粮产量351.45万吨，增长4.3%。全年全区小麦产量27.79万吨，下降19.7%；水稻产量49.39万吨，下降10.3%；玉米产量249.07万吨，增长8.1%；马铃薯产量（折粮）41.54万吨，增长5.3%。

全年全区蔬菜产量568.61万吨，比上年增长0.5%；红枣产量8.20万吨，增长15.5%；枸杞产量9.80万吨，下降4.0%；油料产量6.73万吨，下降12.2%。

全年全区肉类总产量33.77万吨，比上年增长0.7%。其中，猪肉产量8.01万吨，增长2.5%；牛肉产量11.44万吨，下降0.2%；羊肉产量11.09万吨，增长

6.6%；禽肉产量2.89万吨，下降19.0%。禽蛋产量13.86万吨，与上年持平。牛奶产量215.34万吨，增长17.4%。水产品产量16.16万吨，增长2.5%。年末全区生猪存栏90.02万头，增长22.7%；肉牛存栏120.65万头，增长24.2%；奶牛存栏57.38万头，增长31.2%；羊存栏596.11万只，增长4.9%；活家禽存栏1181.82万只，下降8.0%。全年生猪出栏98.60万头，增长2.1%；肉牛出栏71.99万头，增长0.1%；羊出栏625.13万只，增长7.8%；活家禽出栏1386.70万只，下降19.6%。

图6　2016-2020年全区粮食产量

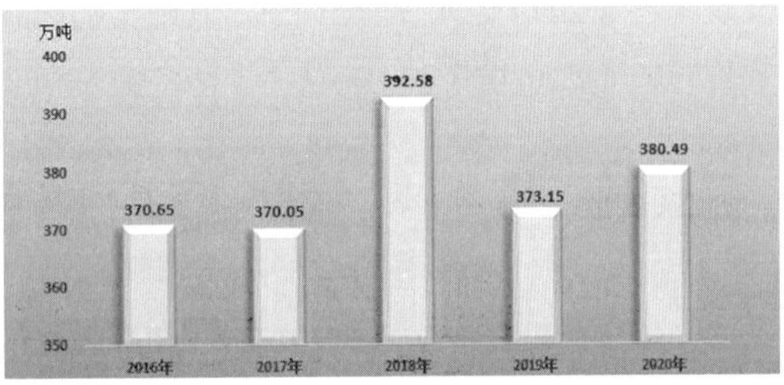

表3　2020年全区主要林牧渔业产品产量及其增长速度

指　标	产量	比上年增长(%)
粮食	380.49	2.0
小麦	27.79	-19.7
水稻	49.39	-10.3
玉米	249.07	8.1
油料	6.73	-12.2
蔬菜	568.61	0.5
瓜果	157.18	-4.7
枸杞	9.80	-4.0
肉类总产量	33.77	0.7
其中：猪、牛、羊肉产量	30.54	2.9
禽蛋	13.86	0.0
牛奶	215.34	17.4
水产品	16.16	2.5

三、工业和建筑业

全年全区全部工业增加值1283.69亿元，比上年增长4.2%。规模以上工业增加值增长4.3%。在规模以上工业中，分轻重工业看，轻工业增加值下降0.7%，重工业增长5.0%。分经济类型看，国有控股企业增加值下降1.0%；股份制企业增长3.7%，外商及港澳台商投资企业增长9.0%；非公有工业增长10.1%，其中私营企业增长10.5%。分门类看，采矿业增加值下降1.9%，制造业增长5.4%，电力、热力、燃气及水生产和供应业增长6.0%。

全年全区规模以上工业中，电力行业增加值增长4.6%、化工行业增长1.5%、冶金行业增长1.7%、有色行业增长2.9%、轻纺行业下降2.8%、机械行业增长29.4%、建材行业下降0.9%、医药行业增长5.1%、其他行业增长23.7%。工业产品销售率为97.4%。

年末全区发电装机容量5942.7万千瓦，比上年末增长12.2%。其中，火电装机容量3326.4万千瓦，增长3.3%；水电装机容量42.6万千瓦，增长0.1%；风电装机容量1376.6万千瓦，增长23.3%；太阳能发电装机容量1197.1万千瓦，增长30.4%。

全年全区规模以上工业企业利润203.9亿元，比上年下降9.0%。分经济类型看，国有控股企业利润37.6亿元，下降50.3%；股份制企业145.0亿元，下降19.1%；外商及港澳台商投资企业57.3亿元，增长35.4%。分门类看，采矿业亏损5.7亿元，同比盈转亏39.0亿元；制造业利润152.2亿元，增长16.9%；电力、热力、燃气及水生产和供应业57.4亿元，下降5.3%。

表4　2020年全区主要工业产品产量及其增长速度

指　标	单位	产比	比上年增长(%)
原煤	万吨	8151.6	9.1
发电量	亿千瓦时	1882.4	6.6
焦炭	万吨	920.8	11.3
原铝(电解铝)	万吨	119.2	-4.9
农用化肥(折纯)	万吨	67.9	49.6
精甲醇	万吨	788.8	18.8
电石(碳化钙)	万吨	405.1	-0.9
水泥	万吨	1977.5	4.8
铁合金	万吨	322.6	-16.4
乳制品	万吨	147.0	12.9
金属切削机床	台	1932.0	31.5

全区具有资质的总承包和专业承包建筑业企业748家，全年完成建筑业总产值641.81亿元，比上年增长6.7%。建筑业企业房屋建筑施工面积2107.74万平方米，下降6.4%；房屋竣工面积756.98万平方米，增长11.5%；竣工产值320.07亿元，增长

6.7%。按建筑业总产值计算的劳动生产率30.26万元/人，比上年增长3.0%。

四、固定资产投资

全年全区全社会固定资产投资比上年增长4.8%。其中，固定资产投资（不含农户）增长4.0%。

在固定资产投资（不含农户）中，第一产业投资比上年增长15.6%，第二产业投资增长15.6%，第三产业投资下降5.3%。工业投资增长15.7%，占固定资产投资（不含农户）的比重为45.5%。基础设施投资[7]下降15.3%，占固定资产投资（不含农户）的比重为17.4%。民间固定资产投资[8]增长7.8%，占固定资产投资（不含农户）的比重为56.9%。

全年全区房地产开发投资433.27亿元，比上年增长7.5%。其中，住宅投资308.59亿元，增长9.5%；办公楼投资4.08亿元，下降40.8%；商业营业用房投资61.87亿元，下降0.1%。

表5　2020年全区房地产开发和销售主要指标及其增长速度

指　标	单位	绝对数	比上年增长（%）
房地产开发投资	亿元	433.27	7.5
房屋施工面积	平方米	5562.65	-6.3
其中：住宅	平方米	3633.11	-4.1
其中：本年新开工面积	平方米	1039.16	-12.4
房屋竣工面积	平方米	772.25	-23.6
其中：住宅	平方米	513.53	-28.5
商品房销售面积	平方米	1095.49	8.5
其中：住宅	平方米	971.87	9.5
商品房待售面积	平方米	993.05	3.7
其中：住宅	平方米	330.83	-4.0
商品房销售额	亿元	698.39	21.7
其中：住宅	亿元	626.26	25.6
本年实际到位资金	亿元	708.28	21.7
其中：国内贷款	亿元	52.01	-19.4
自筹资金	亿元	114.99	-8.7
其他资金来源	亿元	541.28	38.3

五、国内贸易

全年全区实现社会消费品零售总额1301.39亿元，比上年下降7.0%。按经营地统计，城镇消费品零售额1123.81亿元，下降7.1%；乡村消费品零售额177.58亿元，下降6.7%。按消费类型统计，商品零售额1137.04亿元，下降7.0%；餐饮收入额164.35亿元，下降7.2%。

图7　2016—2020年全区社会消费品零售总额及其增长速度

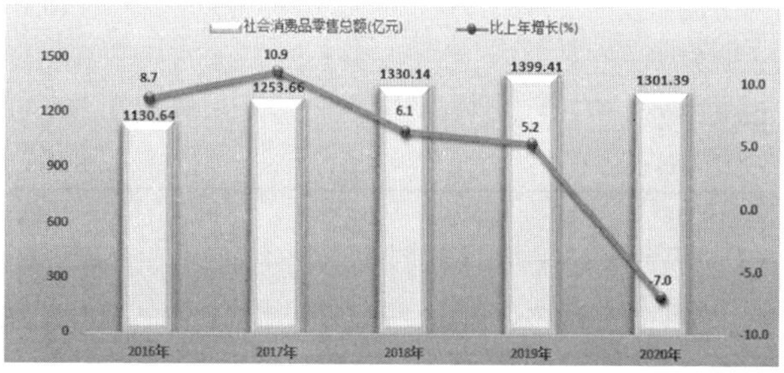

在限额以上单位商品零售额中，粮油、食品类零售额比上年增长14.1%，饮料类增长2.7%，烟酒类下降2.7%，服装、鞋帽、针纺织品类下降16.7%，化妆品类下降10.8%，金银珠宝类下降18.5%，日用品类下降10.6%，家用电器和音像器材类下降15.8%，中西药品类增长10.8%，文化办公用品类下降16.0%，通讯器材类下降24.5%，石油及制品类下降13.3%，汽车类下降1.3%。

六、对外经济[9]

全年全区货物贸易进出口总额123.17亿元，比上年下降48.8%。其中，出口86.68亿元，下降41.8%；进口36.49亿元，下降60.3%。货物贸易进出口差额（出口减进口）50.19亿元。对“一带一路”沿线国家和地区进出口总额39.06亿元，下降43.2%。其中，出口35.02亿元，下降31.4%；进口4.04亿元，下降77.3%。

图8　2016-2020年全区货物进出口总额

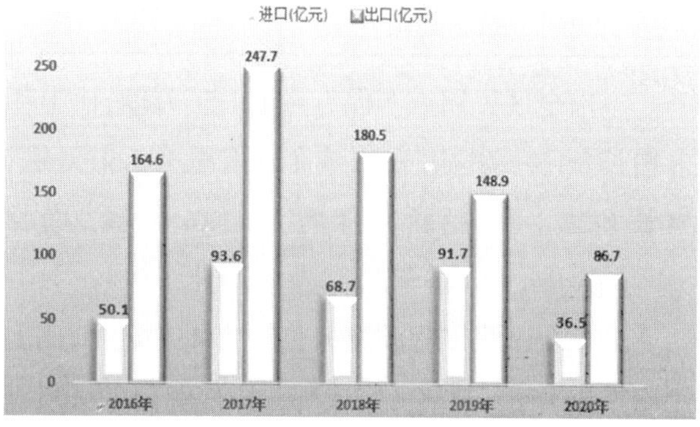

表6　2020年全区主要商品出口金额及其增长速度

商品名称	出口值(亿元)	比上年增长(%)
枸杞	2.7	21.0
泰乐菌素	6.4	41.4
维生素C	2.0	16.0
双氰胺	7.0	10.3
金属锰	4.0	-22.4
钽铌铍制品	3.3	-9.7
机床及铸件	3.7	-21.1

全年全区实际使用外商直接投资2.72亿美元，比上年增长8.4%。全区新设外商投资企业22个，合同外资金额6.15亿美元，下降88.2%。其中，信息传输、软件和信息技术服务业签订利用外商直接投资合同额1.90亿美元，增长137.7%。

七、交通和邮电

全年全区货物运输总量4.40亿吨，比上年增长0.8%；货物运输周转量764.75亿吨公里，增长7.7%。全年全区旅客运输总量0.38亿人，下降37.5%；旅客运输周转量99.76亿人公里，下降37.1%。

表7　2020年全区各种运输方式完成运输量及其增长速度

运输方式	货物				旅客			
	运输总量		运输周转量		运输总量		运输周转量	
	绝对值(万吨)	比上年增长(%)	绝对值(亿吨公里)	比上年增长(%)	绝对值(万人)	比上年增长(%)	绝对值(亿人公里)	比上年增长(%)
总计	44024.91	0.83	764.75	7.66	3807.64	-37.50	99.76	-37.09
铁路	8633.61	5.93	214.62	0.48	557.58	-16.33	24.23	-40.81
公路	3421.62	-0.42	483.67	10.58	2902.38	-40.83	28.22	-38.66
航空	2.97	-10.80	0.37	-8.49	347.68	-33.26	47.31	-33.95
管道	1171.71	2.08	66.09	12.18	—	—	—	—

年末全区民用汽车保有量171.50万辆，比上年末增长8.1%。其中，私人汽车保有量155.60万辆，增长8.2%。民用轿车保有量81.07万辆，增长6.4%。其中，私人轿车77.52万辆，增长6.9%。

全年全区完成邮政业务总量[10]24.98亿元，比上年增长25.0%。邮政业完成邮政函件业务240.06万件；包裹业务8.82万件；快递业务量7317.77万件，快递业务收入11.83亿元。全年全区完成电信业务总量[11]924.4亿元，增长24.2%。年末全区电话用户总数890.6万户，其中移动电话用户839.2万户。(固定)互联网宽带接入用户283.6万户，比上年增加24.5万户。移动互联网用户712.7万户，比上年增加26.8万户；移动互联网接入流量115767.2万GB，增长32.3u%。

图9　2016-2020年年末全区互联网宽带接入用户数和移动互联网用户数

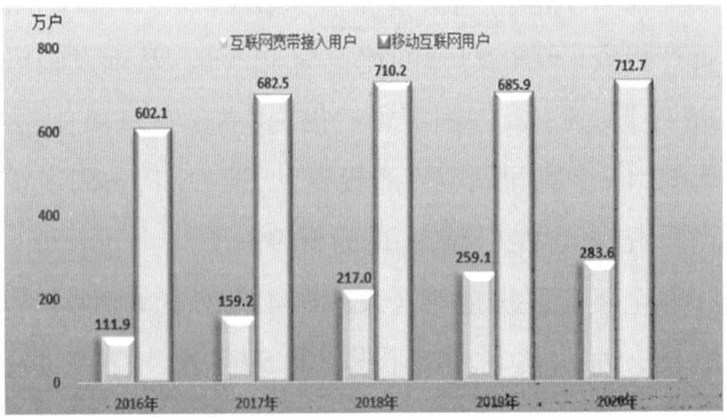

八、财政金融

全年全区一般公共预算总收入704.1亿元，比上年下降5.8%。其中，地方一般公共预算收入419.4亿元，下降1.0%。在地方一般公共预算收入中，税收收入263.8亿元，下降1.4%，占地方一般公共预算收入的62.9%。

图10　2016-2020年全区地方一般公共预算收入及其增长速度

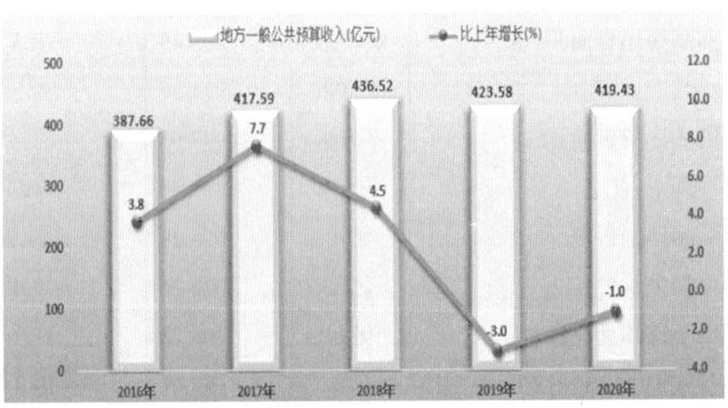

年末全区金融机构本外币各项存款余额7136.24亿元，比年初增加675.82亿元。其中，人民币各项存款余额7121.31亿元，比年初增加677.89亿元。金融机构本外币各项贷款余额7981.87亿元，比年初增加656.00亿元。其中，人民币各项贷款余额7782.59亿元，比年初增加615.31亿元。

表8　2020年年末全区金融机构存贷款余额及其增长速度

指标	年末数（亿元）	当年新增（亿元）	比上年末增长（%）
本外币各项存款余额	7136.24	675.82	10.5
人民币存款余额	7121.31	677.89	10.5
其中：住户存款	3943.84	497.70	14.4
非金融企业存款	1498.88	121.28	8.8
机关团体及财政性存款	1511.17	3.9	0.3
本外币各项贷款余额	7981.87	656.00	7.5
人民币贷款余额	7782.59	615.31	7.8
其中：短期贷款	2107.74	154.67	6.7
中长期贷款	4982.56	342.19	8.0
票据融资	731.69	69.40	10.5

年末全区上市公司14家，总股本206.15亿股，总市值1357.41亿元，比上年末增长6.7%。其中，流通市值723.20亿元，增长26.0%。全年证券交易额12737.98亿元，增长46.0%。年末全区在全国中小企业股份转让系统[13]挂牌公司48家，比上年末下降11.1%。

年末全区省级营业性保险分公司23家，全年实现保费收入210.71亿元，比上年增长6.6%。其中，财产险收入67.85亿元，下降0.5%；寿险收入96.66亿元，增长10.2%；健康险收入39.93亿元，增长10.2%；意外伤害险收入6.27亿元，增长12.6%。支付各类赔款和给付66.12亿元，增长4.0%。其中，财产险赔款38.37亿元，增长3.4%；寿险业务给付17.42亿元，增长6.3%；健康险给付8.66亿元，增长3.5%；意外伤害险赔款1.66亿元，降低1.8%。

九、居民收入消费和社会保障

全年全区全体居民人均可支配收入25735元，比上年增长5.4%。按常住地分，城镇居民人均可支配收入35720元，增长4.1%；农村居民人均可支配收入13889元，增长8.0%。

图11　2016-2020年全区城镇居民人均可支配收入及其增长速度

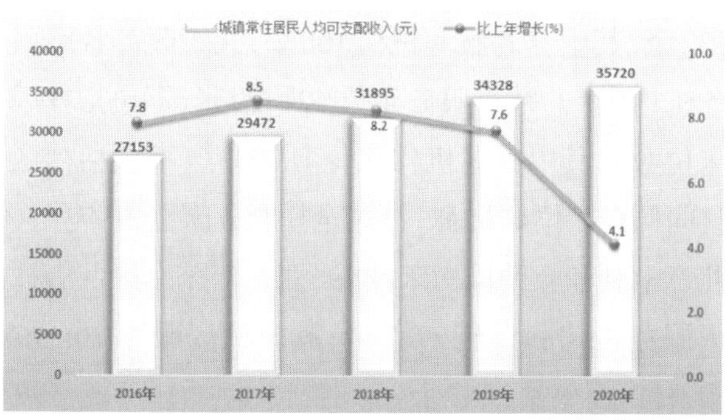

图12　2016-2020年全区农村居民人均可支配收入及其增长速度

全年全区居民人均消费支出17506元，比上年下降4.3%。按常住地分，城镇居民人均消费支出22379元，下降7.4%；农村居民人均消费支出11724元，增长2.3%。

图13　2020年全区城镇居民人均消费支出及其构成

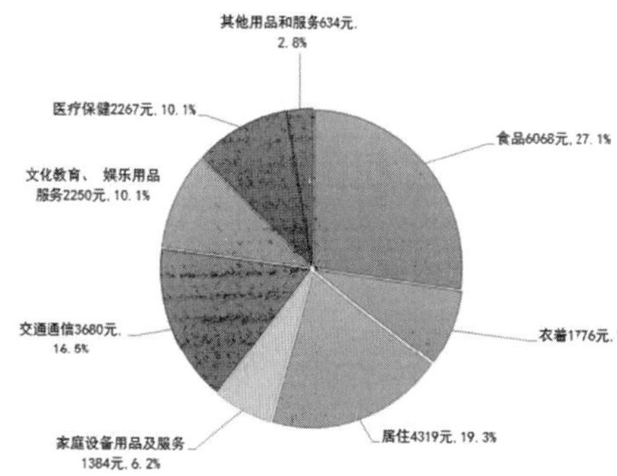

图14　2020年全区农村居民人均消费支出及其构成

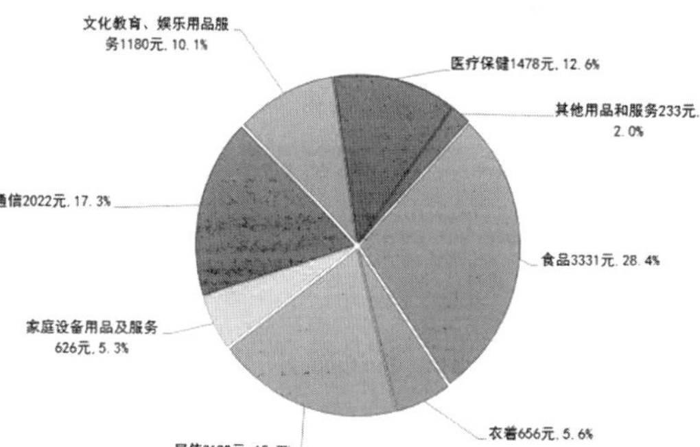

年末全区参加城镇职工基本养老保险人数240.11万人，比上年末增加13.51万人。参加城乡居民基本养老保险人数238.65万人，增加43.99万人。参加基本医疗保险人数658.76万人，增加25.02万人。其中，参加城镇职工基本医疗保险152.95万人，增加11.84万人；参加城乡居民基本医疗保险505.81万人，增加13.18万人。参加失业保险人数102.73万人，增加5.37万人。参加工伤保险人数132.56万人，增加12.98万人。参加生育保险人数105.37万人，增加10.68万人。

十、教育、科学技术和文化体育

年末全区各级各类学校3476所（含小学教学点484所），教职工111351人。全年全区学前教育毛入园率为88.51%，小学学龄人口入学率为100%，初中阶段毛入学率为112.9%，高中阶段毛入学率为93.0%，高等教育毛入学率为54.7%，小学六年巩固率为100.3%，初中三年巩固率为99.6%。

表9　2020年全区各级教育招生、在校、毕业生人数

类别	校数（所）	招生数（人）	在校生数（人）	毕业学生数（人）
普通高等学校	20	51782	156142	36352
#研究生	4	4228	9463	2218
成人高等学校	1	10991	30811	12418
中等职业教育学校	29	26444	75524	22446
普通中学	314	149185	453421	146780
#高中（含完全中学）	67	56778	160796	49120
初中（含完全中学）	247	92407	292625	97660
普通小学（含教学点）	1633	100918	592434	93604
幼儿园	1464	130730	256213	115587
特殊教育学校	15	1319	7473	1125

全年全区登记自治区级科技成果399项，比上年增长71.0%。其中，基础理论成果54项，应用技术成果324项，软科学成果21项。全年申请专利量12924件，增长39.4%。其中，发明专利3049件，增长20.8%。专利授权量7709件，增长38.9%。其中，发明专利授权量703件，增长17.6%。全年共签订技术合同1874项，技术合同成交金额22.52亿元。

年末全区拥有国家级工程技术研究中心3个，自治区级工程技术研究中心72个；国家级重点实验室3个，自治区级重点实验室38个（含省部共建国家重点实验室培育基地2个）；自治区级产业技术协同创新中心5个，自治区临床医学研究中心25个，自治区技术创新中心304个；国家级企业（集团）技术中心（含分中心）12个，自治区级企业（集团）技术中心86个；国家地方联合工程研究中心26个，自治区工程研究中心19个。

年末全区文化系统共有艺术表演团体11个，博物馆75个。全区共有公共图书馆27个，文化馆27个。预计[14]有线电视在册用户数128.04万户，其中，有线数字电视在册用户110.8万户。年末全区广播节目综合人口覆盖率为99.82%；电视节目综合人口覆盖率为99.94%。全区出版各类报纸13种，出版期刊35种，出版图书2855种。2019年，全区文化及相关产业增加值101.65亿元，比上年增长12.4%（未扣除价格因素）；占全区地区生产总值的比重为2.71%，比上年提高0.13个百分点。

全年我区运动员参加国际国内比赛共取得金牌5枚、银牌8枚、铜牌7枚。全年有139人达国家一级运动员等级标准，603人达国家二级运动员等级标准，84人获得国家一级裁判员等级称号。

十一、卫生和社会服务

年末全区共有医疗卫生机构4574个，其中医院218个；基层医疗卫生机构4247个，其中卫生院205个，城市社区卫生服务机构231个，村卫生室2172个；专业公共卫生机构94个，其中疾病预防控制中心25个，卫生监督机构24个。年末全区卫生技术人员58627人，其中执业医师和执业助理医师22240人，注册护士25972人。全区医疗卫生机构实有床位41261张，其中医院35565张，基层医疗卫生机构4094张。全年全区总诊疗人次[15]3969.83万人次，入院人数[16]106.89万人次。

图15　2016—2020年年末全区卫生技术人员人数

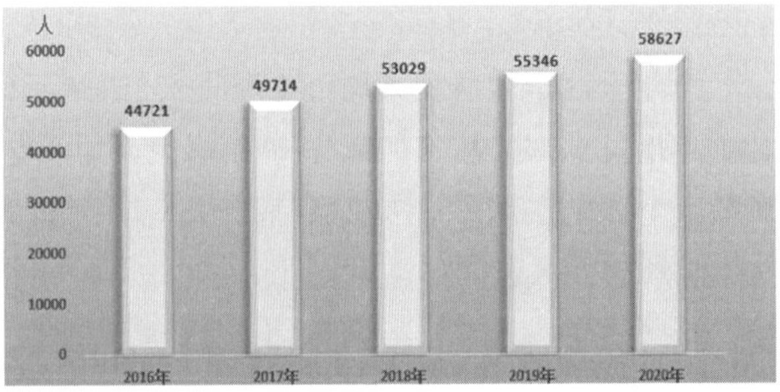

年末[17]全区共有各类提供住宿的社会服务机构132个，其中养老服务机构108个，儿童收养救助服务机构9个。社会服务床位[18]21429张（不包括社区床位数），其中养老机构床位18900张（不包括社区日间照料床位4765张、社区全托服务床位2197张），儿童福利和救助机构床位996张。年末全区共有社区服务机构和设施2787个，其中社区服务中心62个，社区服务站2047个。

十二、资源、环境和应急管理

全年全区水资源总量11.04亿立方米。平均降水量310毫米，比上年下降10.4%。总用水量70.20亿立方米，增长0.43%。其中，生活用水3.71亿立方米，增长8.6%；工业用水4.19亿立方米，下降5.3%；农业用水58.64亿立方米，下降1.7%。万元地区生产总值用水量[19]199.7立方米，下降3.33%；万元工业增加值用水量34.3立方米，下降9.12%。

全年全区完成营造林面积122.62万亩，其中人工营造林面积49.17万亩。森林抚育面积40.9万亩。年末全区自然保护区14个，其中国家级自然保护区9个，自治区级自然保护区5个。

预计[20]全年全区供水普及率为98.90%，比上年提高0.57个百分点；燃气普及率为91.54%，比上年提高0.64个百分点；建成区绿地率为38.69%，比上年提高0.65个百分点；生活垃圾处理率为99.86%，比上年提高0.26个百分点。

全年[21]黄河干流宁夏段入境至出境断面水质均为Ⅱ类优，地表水国控考核断面达到或好于Ⅲ类水质比例为93.3%。5个地级城市环境空气质量平均优良天数为311天，比例为85.1%，细微颗粒（PM2.5）平均浓度为33微克/立方米，比上年上升13.8%；可吸入颗粒物（PM10）平均浓度为65微克/立方米，下降1.5%。全区5地市城市区域昼间噪声等效声级为53.5分贝，与上年持平，昼间区域声环境质量等级为二级，总体水平评价为较好。

全年全区累计发生各类生产经营性事故196起，比上年下降11.3%，死亡168人，下降1.8%。亿元GDP生产安全事故死亡人数为0.043人，下降6.5%。道路交通万车死亡率为2.275，上升11.96%。煤矿百万吨死亡人数为0.111人，上升65.7%。

注释：

[1]本公报中数据均为初步统计数，正式数据以《宁夏统计年鉴-2021》为准。部分数据因四舍五入的原因，存在总计与分项合计不等的情况。

[2]地区生产总值、各产业增加值绝对数按现价计算，增长速度按不变价格计算。

[3]年度农民工数量包括年内在本乡镇以外从业6个月及以上的外出农民工和在本乡镇内从事非农产业6个月及以上的本地农民工两部分。

[4]农产品生产者价格是指农产品生产者直接出售其产品时的价格。

[5]工业技术改造投资是指工业企业利用新技术、新工艺、新设备、新材料对现有设施、工艺条件及生产服务等进行改造提升，实现内涵式发展的投资活动。

[6]网上零售额是指通过公共网络交易平台（主要从事实物商品交易的网上平台，包括自建网站和第三方平台）实现的商品和服务零售额。

[7]基础设施投资包括交通运输、邮政业，电信、广播电视和卫星传输服务业，互联网和相关服务业，水利、环境和公共设施管理业投资。

[8]民间固定资产投资是指具有集体、私营、个人性质的内资调查单位以及由其控股（包括绝对控股和相对控股）的调查单位在中华人民共和国境内建造或购置固定资产的投资。

[9]货物进出口采用人民币计价。实际使用外商直接投资由于技术原因仍主要沿用美元计价。

[10]邮政行业业务总量按2010年价格计算。

[11]电信业务总量按2015年价格计算。

[12]2020年数据为初步数，正式数据以自治区财政厅决算数据为准。

[13]全国中小企业股份转让系统又称"新三板"，是2012年经国务院批准设立的全国性证券交易场所。

[14]此数据为自治区广播电视局预计数，正式数据以自治区广播电视局正式公布数据为准。

[15]总诊疗人次指所有诊疗工作的总人次数，包括门诊、急诊、出诊、预约诊疗、单项健康检查、健康咨询指导（不含健康讲座）人次。

[16]入院人数指报告期内经门诊或急诊医生签发住院证并办理入院手续的住院病人。

[17]此部分数据为民政厅预计数，正式数据以民政厅公布数据为准。

[18]社会服务床位数除收养性机构外，还包括救助类机构、社区类机构以及军休所、军供站等机构的床位。

[19]万元地区生产总值用水量、万元工业增加值用

水量按2015年价格计算。

[20]此数据为住房和城乡建设厅预计数,正式数据以2020年城乡建设统计年报数据为准。

[21]数据来源于《2020年宁夏环境质量状况》。地表水达到或好于Ⅲ类水体比例为15个国控断面监测统计结果;环境空气质量优良天数及比例为未剔除沙尘天气数据,PM10、PM2.5平均浓度均为剔除沙尘天气后数据。

资料来源:

本公报中城镇新增就业、登记失业率、社会保障数据来自自治区人力资源和社会保障厅;财政数据来自自治区财政厅;水资源数据来自自治区水利厅;林业数据来自自治区林业和草原局;发电装机容量数据来自国网宁夏电力公司;铁路运输数据来自中国铁路兰州局集团有限公司;公路运输数据来自自治区交通运输厅;民航数据来自西部机场集团宁夏机场有限公司;电信业务总量、电话用户、宽带用户、移动互联网接入流量、互联网普及率等数据来自宁夏通信管理局;供水普及率、燃气普及率、建成区绿地率、生活垃圾处理率等数据来自自治区住房和城乡建设厅;货物进出口数据来自银川海关;外商直接投资等数据来自自治区商务厅;民用汽车数据来自自治区公安厅;管道数据来自中石油管道长庆输油气分公司和中石油东部管道有限公司银川管理处;邮政业务数据来自宁夏邮政管理局;货币金融数据来自人民银行银川中心支行;上市公司数据来自宁夏证监局;保险业数据来自宁夏银保监局;社会服务数据来自自治区民政厅;教育数据来自自治区教育厅;国家工程研究中心、国家工程实验室、企业技术中心等数据来自自治区科技厅;专利数据来自自治区市场监管厅(自治区知识产权局);艺术表演团体、博物馆、公共图书馆、文化馆数据来自自治区文化和旅游厅;报纸、期刊、图书数据来自自治区党委宣传部;广播电视数据来自自治区广播电视局;体育数据来自自治区体育局;卫生数据来自自治区卫生健康委员会;环境监测数据来自自治区生态环境厅;安全生产数据来自自治区应急管理厅;其他数据均来自自治区统计局和国家统计局宁夏调查总队。

银川市2020年国民经济和社会发展统计公报[1]

银川市统计局　国家统计局银川调查队

2020年是极不平凡的一年。面对突如其来的新冠肺炎疫情冲击和严峻复杂的国内外经济形势，全市上下坚持以习近平新时代中国特色社会主义思想为指导，深入学习贯彻党的十九届四中、五中全会和习近平总书记视察宁夏重要讲话精神。在市委、政府的坚强领导下，坚定不移贯彻新发展理念，坚持稳中求进工作总基调，统筹疫情防控和经济社会发展，扎实做好“六稳”工作，全面落实“六保”任务，脱贫攻坚战取得全面胜利，决胜全面建成小康社会取得决定性成就，经济恢复好于预期，高质量发展迈出坚实步伐，社会大局保持和谐稳定。

一、综合

初步核算，全年全市实现地区生产总值1964.37亿元，按可比价格计算，比上年增长3.2%[2]。其中，第一产业增加值75.72亿元，增长0.7%；第二产业增加值832.62亿元，增长2.8%；第三产业增加值1056.03亿元，增长3.8%。三次产业结构为3.9:42.4:53.7，对经济增长的贡献率分别为0.8%、39.0%和60.2%。

图1　2016年–2020年银川市地区生产总值及增速

全年居民消费价格比上年上涨1.8%，其中，食品烟酒类上涨5.3%，衣着类上涨0.4%，医疗保健上涨0.4%，教育文化和娱乐类上涨0.7%，居住类上涨1.9%，生活用品及服务类下降0.4%，交通和通信类下降3.2%，其他用品和服务上涨1.5%。工业生产者出厂价格下降2.6%，工业生产者购进价格下降7.9%，商品零售价格上涨0.5%。

图2　2020年银川市居民消费价格月度涨跌幅度

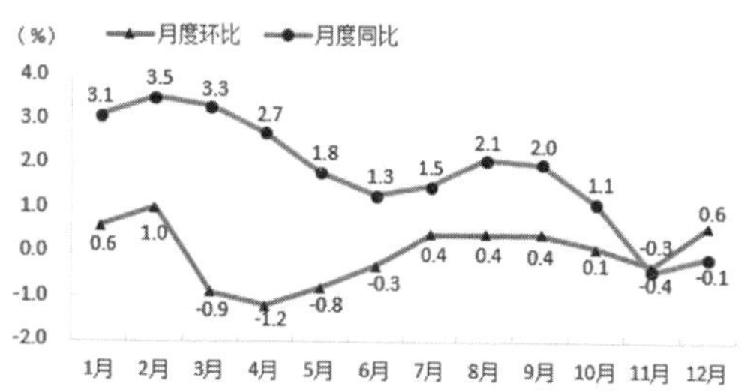

表1　2020年银川市居民消费价格比上年涨跌幅度

单位：%

指标名称	2020年
居民消费价格总指数	1.8
食品烟酒	5.3
#粮食	4.5
鲜菜	16.9
畜肉	19.5
水产品	1.1
蛋	−12.2
鲜果	−10.4
衣着	0.4
居住	1.9
生活用品及服务	−0.4
交通和通信	−3.2
教育文化和娱乐	0.7
医疗保健	0.4

全年完成地方财政收入248.28亿元，比上年增长14.7%。完成一般公共预算收入157.25亿元，比

上年增长1.6%。其中，税收收入111.13亿元，比上年增长5.2%；税收收入占一般公共预算收入的比重为70.7%。全年完成地方财政支出451.26亿元，增长0.3%。完成一般公共预算支出335.76亿元，下降3.1%。其中，公共安全支出下降8.8%，教育支出增长15.7%，科学技术支出下降22.3%，社会保障和就业支出下降0.4%，医疗卫生与计划生育支出增长16.0%，节能环保支出下降13.5%，城乡社区支出下降39.2%。

图3　2016年-2020年银川市一般公共预算收入及增速

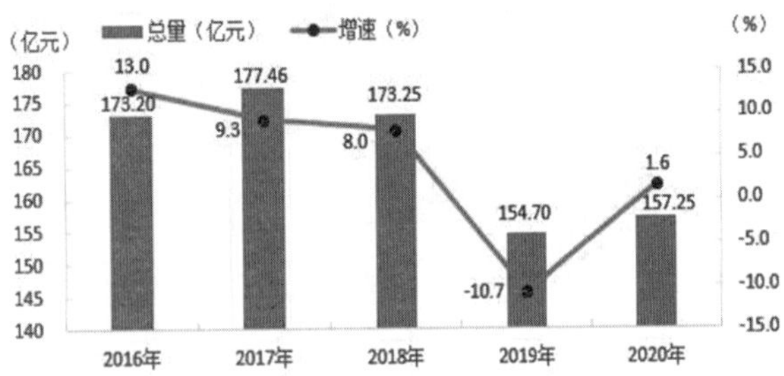

二、农业

全年完成农林牧渔业总产值156.97亿元，按可比价格计算，比上年增长0.8%[3]。其中，农业产值88.78亿元，下降2.2%；林业产值1.32亿元，增长7.0%；牧业产值48.79亿元，增长7.9%；渔业产值9.16亿元，增长6.7%；农林牧渔服务业产值8.91亿元，增长1.3%。

全年粮食作物播种面积8.11万公顷，与上年同期持平。其中，小麦播种面积0.93万公顷，下降34.0%。蔬菜播种面积3.92万公顷，园林水果播种面积2.38万公顷。全年粮食产量69.23万吨，增长4.4%，其中，小麦产量5.12万吨，下降32.3%。蔬菜产量142.54万吨，增长0.8%。园林水果产量10.06万吨，下降59.4%。禽蛋产量2.75万吨，下降23.2%。牛奶产量64.24万吨，增长13.0%。水产品产量7.58万吨，增长4.4%。全年肉类总产量5.81万吨，下降6.3%。其中，猪肉产量1.58万吨，下降9.2%；牛肉产量1.91万吨，下降0.5%；羊肉产量1.61万吨，增长5.9%。年末大牲畜总头数29.52万头，生猪存栏16.15万头，羊只存栏数78.36万只，家禽数234.81万只。

图4　2016年-2020年银川市粮食产量及增速

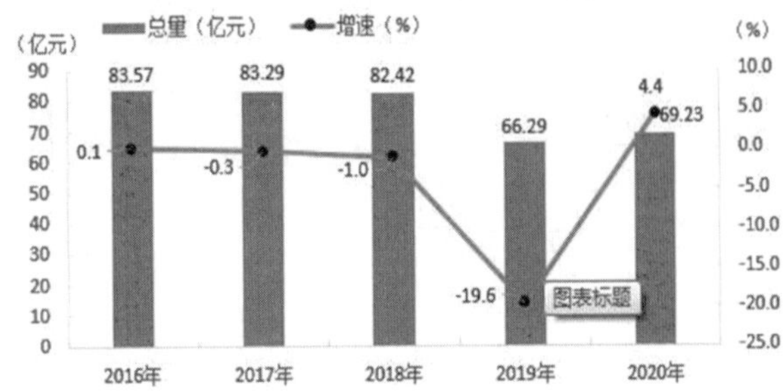

全年农村用电量3.34亿千瓦时，下降5.2%。

三、工业和建筑业

全年全部工业增加值655.72亿元，比上年增长1.9%[2]，其中，规模以上工业增加值增长1.6%。在规模以上工业中，分轻重工看，轻工业增加值下降1.3%，重工业增加值增长1.8%。分经济类型看，国有企业增加值增长28.9%，股份制企业增加值下降0.8%，外商及港澳台商投资企业增加值增长11.6%。全市规模以上非公有制工业企业增加值增长13.0%。

图5　2016年-2020年银川市规模以上工业增加值增速

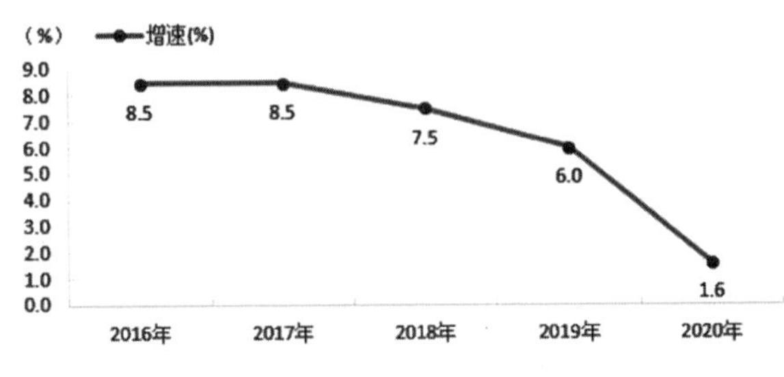

全年规模以上工业中，电力、热力的生产和供应业增加值比上年同期增长11.8%，石油、煤炭及其他燃料加工业下降18.6%，煤炭采选业下降11.0%，化学原料及化学制品制造业增长6.4%，纺织业下降54.9%。六大高耗能行业[4]增加值下降2.7%，占规模以上工业增加值比重为59.7%；高技术产业增加值增长16.5%，占规模以上工业增加值比重为8.7%。

全年规模以上工业企业实现销售产值1933.98亿元，比上年下降1.8%，工业产品销售率为97.1%。规模以上工业企业营业收入2391.53亿元，比上年增长0.2%；营业成本1933.49亿元，增长

2.5%；实现利润总额135.20亿元，增长0.9%。工业品出口交货值32.22亿元，应收账款367.05亿元。年末规模以上工业企业资产负债率65.2%，比上年末提高1.1个百分点；企业亏损面28.49%，亏损企业亏损额41.44亿元。全年规模以上非公有工业企业实现营业收入928.48亿元，增长11.9%。

表2　2020年银川市主要工业产品产量及增长速度

产品名称	计量单位	产 量	比上年增长(%)
水泥	万吨	530.83	0.8
液体乳	万吨	36.94	13.4
农用化肥(折纯)	万吨	56.17	64.1
金属切削机床	台	1886	28.4
滚动轴承	万套	3372.27	36.0
汽油	万吨	164.54	-17.8
柴油	万吨	129.92	-17.2
合成氨	万吨	37.35	1.7倍
机制纸	万吨	1.49	-3.0
发电量	亿千瓦时	967.42	10.4
葡萄酒	千升	4587.69	-49.8
服装	万件	60.34	-41.6
家具	万件	2.58	-43.9
焦炭	万吨	451.22	-2.3
自来水生产量	万立方米	34059.38	7.9
变压器	万千伏安	1520.79	8.2
原铝(电解铝)	万吨	57.22	0.1

全年全市具有资质等级建筑业企业462个，实现建筑业总产值470.59亿元，比上年增长8.2%。其中，国有及国有控股企业实现产值183.05亿元，增长23.8%；建筑装修、装饰业实现产值4.05亿元，下降36.3%。房屋建筑施工面积1438.66万平方米，下降4.0%；房屋建筑竣工面积501.41万平方米，增长16.9%。

四、服务业

全年服务业实现增加值1056.03亿元，比上年增长3.8%。其中，批发和零售业增加值94.90亿元，下降2.3%；交通运输、仓储和邮政业增加值85.03亿元，增长4.9%；住宿和餐饮业增加值24.94亿元，下降12.4%；金融业增加值218.14亿元，增长3.2%；房地产业增加值112.44亿元，增长5.0%；营利性服务业增加值188.45亿元，增长5.9%；非营利性服务业326.17亿元，增长6.0%。

图6　2016年-2020年银川市服务业增加值机增速

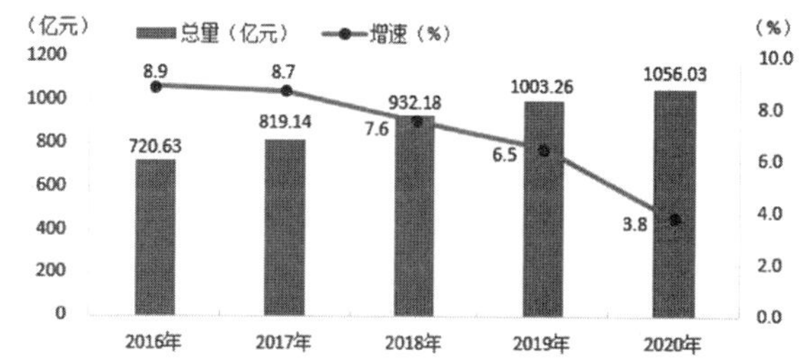

五、固定资产投资

全年固定资产投资比上年增长1.1%[5]。分投资主体看，国有经济投资下降11.4%，非国有经济投资增长9.2%。从投资结构看，第一产业投资下降40.8%，第二产业投资增长15.4%，第三产业投资下降6.6%。施工项目计划总投资增长8.7%。

图7　2016年-2020年银川市固定资产投资及增速

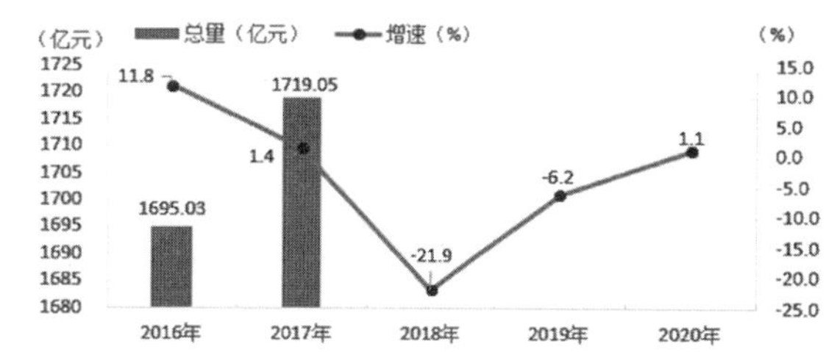

全年完成房地产开发投资311.43亿元，比上年增长13.1%，其中，住宅开发投资220.99亿元，增长15.2%。商品房施工面积3756.64万平方米，下降1.1%，其中，住宅施工面积2401.87万平方米，增长0.8%。商品房销售面积751.75万平方米，增长10.7%，其中，住宅销售面积674.20万平方米，增长11.2%。全年商品房销售额544.14亿元，增长24.4%，其中，住宅销售额495.75亿元，增长27.0%。商品房待售面积636.03万平方米，增长5.8%，其中，住宅待售面积199.04万平方米，下降8.4%。

六、国内贸易

全年实现社会消费品零售总额770.87亿元，同比下降7.1%[6]。分城乡看，城镇消费品零售额下降7.0%，乡村消费品零售额下降10.9%。分行业看，批发、零售贸易业零售额下降6.2%，住宿餐饮业零售额下降21.5%。分经济类型看，国有经济零售额下降6.9%，集体经济零售额下降12.9%，股份制经济零售额下降7.0%，私营经济零售额下降6.5%，个体经济零售额下降7.9%，其他各种经济零售额下降2.4%。

图8　2016年—2020年银川市社会消费品零售总额及增速

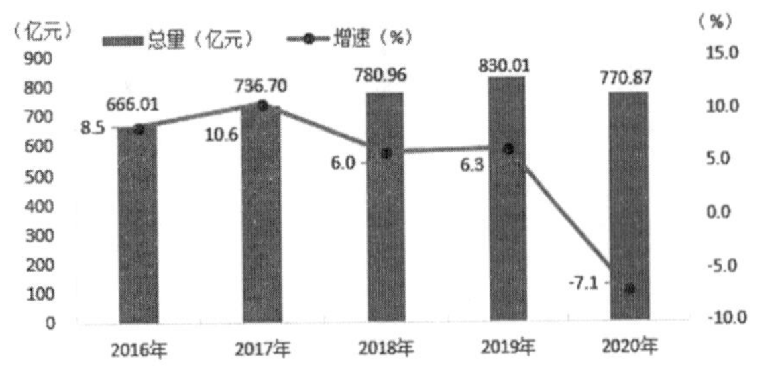

在限额以上企业商品零售中，粮油、食品、饮料及烟酒类增长12.8%，服装、鞋帽、针纺织品类下降20.5%，家用电器和音像器材类下降15.9%，金银珠宝类下降20.4%，石油及制品类下降12.2%，通讯器材类下降33.7%，体育、娱乐用品类下降17.7%，汽车类下降0.4%。

全年亿元以上商品交易市场成交额221.45亿元，增长21.9%。

七、对外经济

全年实现进出口总额62.96亿元，比上年下降60.0%。其中，出口总额45.27亿元，下降56.6%；进口总额17.69亿元，下降66.8%。

图9　2016年—2020年银川市进出口贸易总额

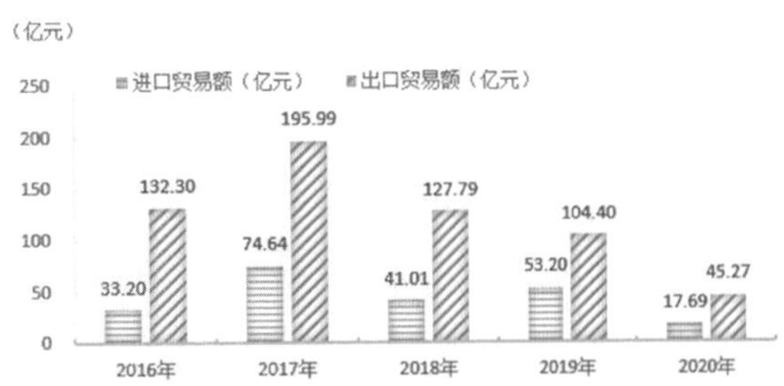

全年新批外资企业数10个；合同外资金额2.21亿美元，比上年增长1.1倍；实际利用外资0.88亿美元，下降56.3%。

八、交通、邮电和旅游

全年铁路客运量316.80万人次，比上年下降25.3%；铁路货运量590.37万吨，下降6.9%。民航客运量330.47万人次，下降33.8%；民航旅客周转量45.77亿人公里，下降34.7%；民航货运量2.88万吨，下降12.4%；民航货运周转量3669.95万吨公里，下降9.4%[7]。

表3　2020年银川市铁路、公路及航空完成运输量及增长速度

指 标	单位	绝对数	比上年增长（%）
客运量			
铁路	万人次	316.80	−25.3
民航	万人次	330.47	−33.8
旅客周转量			
民航	万人公里	457742	−34.7
货运量			
铁路	万吨	590.37	−6.9
民航	万吨	2.88	−12.4
货运周转量			
民航	万吨公里	3669.95	9.4

年末全市各种民用汽车保有量100.03万辆，增长7.9%，其中，年末私人汽车保有量94.56万辆，增长8.1%。

全年邮政业业务收入累计完成13.36亿元，同比下降1.7%。快递业务收入累计完成8.15亿元，同比增长17.9%。全年定销报纸业务累计完成2917.78万份，同比上升4.1%；杂志业务累计完成193.95万份，同比增长7.5%；邮政函件业务量累计完成186.82万件，下降16.5%。年末本地固定电话用户25.25万户，下降1.5%；年末移动电话用户392.16万户，增长26.1%；年末互联网宽带接入用户123.41万户，增长9.7%。

全年接待国内游客1679.69万人次，比上年增长1.9%；接待入境游客0.78万人次，下降88.0%。国内旅游总收入113.48亿元，下降33.0%；旅游外汇收入272.63万美元，下降88.0%。

全市共有旅行社146家，其中，国际社25家，国内社121家。全市共有旅游星级饭店40家，其中，四星级18家，三星级22家。

九、金融和保险

年末全市金融机构人民币各项存款余额4488.01亿元，比上年末增长11.8%，其中，住户存款

2137.48亿元，增长14.5%。年末全市金融机构人民币各项贷款余额5535.00亿元，比上年末增长7.5%。其中，中长期贷款3951.51亿元，增长9.1%；短期贷款1116.48亿元，增长5.8%。

全年实现保费收入122.21亿元，比上年增长5.4%。其中，财产险保费收入36.66亿元，下降5.7%；人身险保费收入85.55亿元，增长11.0%。全年支付各项赔款及给付额38.34亿元，增长6.7%。其中，财产险赔付21.11亿元，增长3.0%；人身险赔付17.23亿元，增长11.7%。

十、教育和科学技术

年末全市有研究生培养单位3个，招生4055人，比上年增长26.2%；在学研究生9246人，增长22.3%；毕业生2168人，增长10.3%。普通高等院校16所，招生3.86万人，比上年增长7.3%；在校生11.99万人，增长7.8%，毕业生2.86万人，增长6.6%。成人高校1所，招生18人，下降97.6%；在校生969人，下降51.6%；毕业生219人，下降72.1%。中等职业学校14所，招生1.19万人，下降5.7%；在校生3.43万人，增长1.0%；毕业生1.03万人，下降12.6%。普通高中27所，招生1.96万人，增长5.5%；在校生5.57万人，增长2.1%；毕业生1.83万人，增长3.4%。初中学校57所，招生2.92万人，下降1.6%；在校生8.67万人，增长2.9%；毕业生2.65万人，增长5.5%。普通小学201所，招生3.81万人，增长5.0%；在校生19.98万人，增长5.2%；毕业生2.89万人，下降1.2%。特殊教育学校4所，招生139人，下降39.3%；在校生788人，增长6.5%；毕业生98人，下降5.8%。幼儿园466所，在园幼儿9.87万人，增长9.7%。学前三年毛入园率达到110.7%，小学六年巩固率达到103.9%，初中三年巩固率达到99.7%。资助困难学生21570人次。

全年申请专利7467件，比上年增长39.9%。有效发明专利拥有量2373件，万人发明专利拥有量10.35件。

十一、文化、卫生和体育

年末全市拥有艺术表演团体6个，文化艺术馆、文化馆8个，公共图书馆8个，博物馆9个，全国重点文物保护单位11处。广播电台5座，电视台6座，广播综合人口覆盖率、电视综合人口覆盖率均达到100%，有线广播电视覆盖用户54.58万户。

年末全市拥有卫生机构1337个，其中，医院和卫生院114个(医院78个)。卫生机构床位17621张，其中，医院、卫生院床位16384张。卫生技术人员28262人，其中，执业医师及执业助理医师11124人，注册护士12764人。疾病预防控制中心8个，卫生技术人员367人；妇幼保健机构6个，卫生技术人员1662人；乡镇卫生院36个，床位数690张，卫生技术人员990人。卫生监督所7个，卫生技术人员104人。全市已认定医疗保险定点医疗机构674个，定点零售药店1647个。全市国家免疫规划疫苗报告接种率达到99.9%。

全年获得全国冠军2个，获得金牌10块，银牌7块，铜牌4块。

十二、人民生活和社会保障

全年城镇新增就业人数6.25万人，年末城镇登记失业率3.87%，与上年末持平。

全年全市城镇居民人均可支配收入39416元，比上年增加1200元，增长3.1%。城镇居民人均消费性支出26671元，下降3.8%。城镇居民家庭恩格尔系数为27.2%。

图10　2016年—2020年银川市城镇居民人均可支配收入及增速

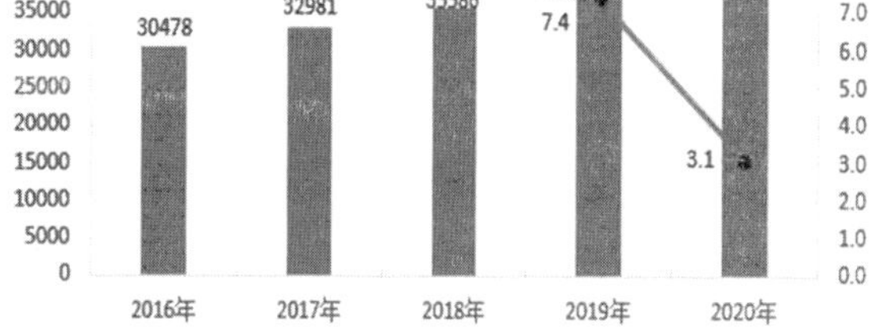

全年全市农村居民人均可支配收入16428元，比上年增加1146元，增长7.5%。农村居民人均生活消费支出13318元，增长2.7%。农村居民家庭恩格尔系数为30.8%。

表4 城镇居民每百户主要消费品拥有量

指 标	单位	2020年	2019年	比上年增长(%)
空调器	台	34.8	35.2	-0.9
淋浴热水器	台	100.9	99.7	1.2
彩电	台	102.4	102.1	0.3
电冰箱	台	100.1	99.4	0.7
移动电话	部	246.5	246.7	-0.1
家用电脑	台	85.8	84.4	1.6
微波炉	台	70.9	70.7	0.2
家用汽车	辆	51.6	50.4	2.5
摩托车	辆	5.1	5.4	-6.3
洗衣机	台	100.6	99.6	1.0
照相机	架	23.2	23.7	-2.2
健身器材	套	10.3	9.6	7.7

图11 2016年—2020年银川市农村居民人均可支配收入增速

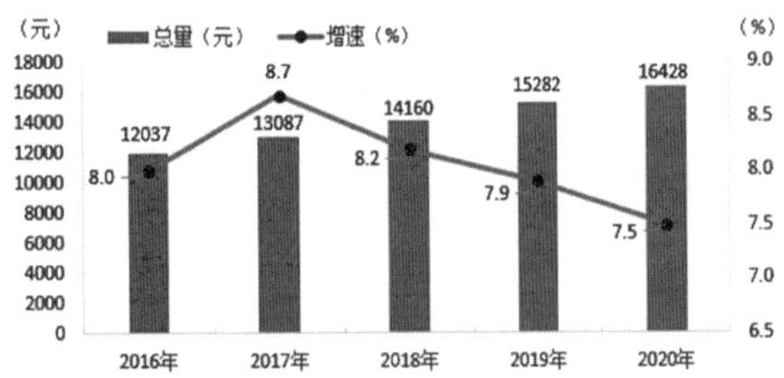

全年生态移民地区农村居民人均可支配收入9435元,比上年增长6.2%。

年末全市参加基本养老保险146.22万人,比上年增长11.6%。其中,参加城镇职工基本养老保险101.37万人,参加城乡居民社会养老保险38.68万人。参加基本医疗保险201.51万人,比上年增长5.1%,其中,参加城镇职工基本医疗保险88.75万人,参加城乡居民基本医疗保险112.76万人。参加失业保险60.24万人。

年末全市拥有各类养老服务机构33个,共有床位9261张。全市享受城镇居民最低生活保障人数为1.36万人,全年发放城镇居民最低生活保障金0.81亿元;农村享受最低保障人数2.26万人,发放农村最低生活保障金1.1亿元。使用城乡医疗救助资金5064万元,城乡特困人员享受医疗救助人数10.96万人次。城镇建立各种社区服务站255个。全年销售社会福利彩票1491.86万元,筹集社会公益资金400.61万元,直接接受社会捐赠1045.37万元。

十三、城市建设

年末城市建成区面积194.74平方公里。城市道路长度756公里,城市道路面积2788.2万平方米。污水年排放量17756万立方米,污水处理率95.7%。年末建成区绿化覆盖面积7965.9公顷;年末建成区园林绿地面积7888.09公顷,建成区公园绿地面积2454.87公顷。

年末全市公共汽车线路172条,公共汽车运营车辆1797辆;公交标准运营车辆2325.7标台,每万人拥有公交车辆14.18标台。

十四、环境与应急管理

全年城市空气质量优良天数(实况)301天,占总天数的82.2%。区域噪声平均值52.6分贝,交通干线噪声平均值66.6分贝。城市饮用水源水质达标率80%,黄河银川段水质达到二类。全年完成工业企业环境污染治理项目151个,投入资金22.52亿元。

全年发生各类生产安全事故61起,死亡43人。亿元GDP生产安全事故死亡人数为0.022人。道路交通生产安全事故死亡人数16人。

注:

[1]本公报中数据均为初步统计数。

[2]地区生产总值、各产业增加值和人均地区生产总值绝对数按现行价格计算,增长速度按不变价格计算。根据第四次全国经济普查结果及有关制度规定,对2000-2018年地区生产总值进行了修订。

[3]2017年农业相关数据为第三次农业普查修正数据。

[4]六大高耗能行业分别为:化学原料和化学制品制造业、非金属矿物制品业、黑色金属冶炼和压延加工业、有色金属冶炼和压延加工业、石油加工炼焦和核燃料加工业、电力热力生产和供应业。

[5]自2018年起,不再公布固定资产投资总量。

[6]根据第四次全国经济普查结果及有关制度规定,对1992-2019年社会消费品零售总额数据进行

了修订。

[7]自2018年起，取消铁路货物周转量和旅客周转量两项指标。自2019年起，取消公路客运量、公路货运量和公路货物周转量三项指标。

资料来源:

本公报中财政数据来自市财政局；货物进出口数据来自银川海关；外商投资等数据来自市商务局；铁路数据来自中国铁路兰州局集团有限公司；民航数据来自西部机场集团宁夏机场有限公司；民用汽车数据来自市公安局交通警察分局机动车辆管理所；邮政业务相关数据来自银川市邮政管理局；电话用户、宽带用户等数据来自宁夏通信管理局；文化、旅游和广播电视相关数据来自市文化旅游广电局；金融数据来自人民银行银川中心支行；保险数据来自中国银行保险监督管理委员会宁夏监管局；教育数据来自市教育局；专利数据来自市科技局；卫生数据来自市卫生健康委员会；体育数据来自市体育局；劳动就业数据来自市人力资源和社会保障局；医疗保险数据来自市医疗保障局；社会保障相关数据来自市民政局；绿化覆盖数据来自市园林管理局；公交运营数据来自市交通运输局；环境监测数据来自市生态环境局；应急管理数据来自市应急管理局；其他数据均来自市统计局和国家统计局银川调查队。

1

综 合

General Survey

1—1 行政区划及区划面积

Administrative Divisions and Area of Zoning

（2020）

县(市)区 County, Municipalities and District		镇（个）Towns（unit）	乡（个）Townships（unit）	街道办事处（个）Street Communities（unit）	居民委员会（个）Neighbour-hood Committees（unit）	村民委员会（个）Village Committees（unit）	区划面积（平方公里）Area of Zoning（sq.km）
总　计	**Total**	**20**	**6**	**26**	**293**	**286**	**9025.38**
市区	City	6	2	23	232	81	2305.86
兴庆区	Xingqing	2	2	11	105	43	828.26
金凤区	Jinfeng	2	0	5	63	24	353.00
西夏区	Xixia	2	0	7	64	19	1124.60
永宁县	Yongning	5	1	1	29	66	1178.68
贺兰县	Helan	4	1	1	17	64	1531.87
灵武市	Lingwu	5	2	1	15	70	4008.97

1—1 续表 continued

县(市)区 County, Municipalities and District		年末总人口（万人）Population at Year-end（10 000 persons）	人口密度（人/平方公里）Population Density（person/sq.km）	乡、镇、街道办事处名称 Townships,Towns and Street Communities
总 计	**Total**	**286.17**	**317**	
市 区	City	190.36	826	
兴庆区	Xingqing	80.90	977	大新镇　掌政镇　通贵乡　月牙湖乡　凤凰北街　富宁街　中山南街　胜利街　文化街　解放西路　新华街　玉皇阁北街　丽景街　前进街　银古路等街道办事处
金凤区	Jinfeng	64.45	1826	良田镇　丰登镇　黄河东路　满城北街　长城中路　北京中路　上海西路等街道办事处
西夏区	Xixia	45.00	400	兴泾镇　镇北堡镇　西花园路　朔方路　北京西路　文昌路　宁华路　贺兰山西路　怀远路等街道办事处
永宁县	Yongning	32.19	273	李俊镇　闽宁镇　杨和镇　望洪镇　望远镇　胜利乡　团结西路街道办事处
贺兰县	Helan	34.18	223	习岗镇　金贵镇　立岗镇　洪广镇　常信乡
灵武市	Lingwu	29.44	73	临河镇　东塔镇　崇兴镇　马家滩镇　郝家桥镇　白土岗乡　梧桐树乡　城区街道办事处

1—2 气象情况

（2020）

月 份	Month	平均气温(℃) Average Temperature(℃)				降水量(毫米) Precipitation(mm)			
		银川 Yinchuan	永宁 Yongning	贺兰 Helan	灵武 Lingwu	银川 Yinchuan	永宁 Yongning	贺兰 Helan	灵武 Lingwu
一 月	January	-4.2	-4.2	-5.1	-5.4	0.3	1.2	0.6	1.5
二 月	February	0.2	0.8	-0.1	-1.0	0.0			0.0
三 月	March	7.2	7.5	6.4	6.4	0.0			0.0
四 月	April	12.8	13.1	12.0	12.1	0.1	0.6	0.0	1.0
五 月	May	18.8	19.5	18.2	18.1	10.1	8.6	9.6	5.8
六 月	June	23.7	23.9	22.8	22.3	41.8	42.1	50.3	31.2
七 月	July	25.1	25.3	24.4	23.8	13.7	17.6	18.5	11.4
八 月	August	22.5	22.6	21.9	21.1	82.5	71.3	86.9	97.5
九 月	September	17.3	17.7	16.6	15.9	26.7	27.7	28.8	34.5
十 月	October	8.8	9.5	8.4	7.6	0.5	0.9	0.8	0.3
十一月	November	2.7	2.7	1.9	1.7	6.6	7.0	4.7	8.9
十二月	December	-7.0	-6.8	-7.6	-7.8	0.3	1.0	0.3	0.8

1-2 续表

（2020）

月 份	Month	蒸发量(毫米) Evaporation(mm)				日照时数(小时) Hours of Sunshine(hour)			
		银川 Yinchuan	永宁 Yongning	贺兰 Helan	灵武 Lingwu	银川 Yinchuan	永宁 Yongning	贺兰 Helan	灵武 Lingwu
一 月	January	26.8				150.4	156.7	1479.0	145.3
二 月	February	70.8				220.3	233.3	2224.0	218.5
三 月	March	147.8				237.5	248.0	2402.0	297.1
四 月	April	139.3				296.7	312.1	3009.0	345.2
五 月	May	171.5				274.9	291.6	2891.0	364.7
六 月	June	169.7				268.9	285.0	2880.0	360.3
七 月	July	164.5				237.7	353.3	2450.0	365.5
八 月	August	117.3				190.7	265.1	2041.0	250.3
九 月	September	87.5				205.7	223.1	2199.0	191.5
十 月	October	86.3				208.2	233.9	2316.0	213.4
十一月	November					164.8	179.0	1676.0	173.5
十二月	December					177.5	196.4	1782.0	194.7

Meteorology

平均风速(米/秒) Average Wind Speed(m/second)				平均相对湿度(%) Mean Relative Humidity(%)			
银川 Yinchuan	永宁 Yongning	贺兰 Helan	灵武 Lingwu	银川 Yinchuan	永宁 Yongning	贺兰 Helan	灵武 Lingwu
1.2	1.2	6.0	1.8	61	63	64	65
1.4	1.4	8.0	2.4	35	37	39	40
1.7	1.7	10.0	2.6	30	30	33	33
1.9	1.7	10.0	2.3	23	22	26	23
1.8	2.0	10.0	2.4	35	33	39	41
1.6	1.7	8.0	2.3	39	42	48	52
1.5	1.7	8.0	2.2	48	51	56	61
1.4	1.4	7.0	2.1	59	62	65	72
1.3	1.3	6.0	1.8	63	64	69	75
1.2	1.3	6.0	1.8	54	48	54	61
1.3	1.2	8.0	2.0	63	61	66	67
1.3	1.2	7.0	2.1	59	58	62	61

continued

大风日数(日) Days of Wind(day)				雨日数(日) Days of Rain(day)			
银川 Yinchuan	永宁 Yongning	贺兰 Helan	灵武 Lingwu	银川 Yinchuan	永宁 Yongning	贺兰 Helan	灵武 Lingwu
			1	13	4	2	7
			1	26			1
			1	3			5
			1	18	1		1
			0	6	3	4	5
			2	28	7	5	10
			0	11	8	9	11
			1	29	8	10	14
			1	2	7	8	10
			1	11	1	2	1
			0	21	2	1	5
			0	2	2	2	4

1—3 主要年份地区生产总值

Gross Domestic Product in Main Years

单位:万元　　(按当年价格计算 caculated at current prices)　　(10 000 yuan)

年份 Year	地区生产总值 Gross Domestic Product	第一产业 Primary Industry	第二产业 Secondary Industry	工业 Industry	建筑业 Construction	第三产业 Tertiary Industry	交通运输、仓储和邮政业 Transport, Storageand PostService	批发和零售业、住宿和餐饮业 Wholesale, Retail Trade, Hoteling andCatering Services	人均地区生产总值(元/人) Per Capita Gross Domestic Produc (yuan/person)
1949	2025	1484	130	118	12	411	74	63	86
1950	2498	1885	149	131	18	464	84	125	103
1951	3486	2725	227	191	36	534	112	168	137
1952	3374	2343	396	278	118	635	146	186	126
1953	3833	2587	490	348	142	756	218	220	133
1954	4152	2715	560	384	176	877	278	260	134
1955	5064	3317	729	509	220	1018	346	278	154
1956	5443	3192	949	688	261	1302	486	337	159
1957	5716	2986	1143	963	180	1587	572	404	162
1958	8370	3380	2022	1359	663	2968	1189	746	221
1959	11758	3415	4481	3240	1241	3862	1214	1286	276
1960	13424	2691	6059	4612	1447	4674	1345	1463	288
1961	11225	3103	3632	3052	580	4490	1067	1483	240
1962	9188	3181	2664	2296	368	3343	786	980	211
1963	10284	3970	2772	2354	418	3542	827	1097	241
1964	10696	3739	3121	2532	589	3836	920	1124	240
1965	13338	5137	4222	3059	1163	3979	1078	1156	284
1966	17623	5516	7267	5947	1320	4840	1348	1369	363
1967	16109	4547	7650	6573	1077	3912	1089	1081	322
1968	16347	4374	7929	5491	2438	4044	1017	1149	309
1969	20202	5205	10172	8025	2147	4825	1311	1226	360
1970	24481	6111	12335		1480	6035	1457	1478	415
1971	26132	7584	11418		973	7130	1789	1851	427
1972	27538	7756	12016		1305	7766	1930	1997	433
1973	28904	9152	11993		1388	7759	2040	2069	437
1974	30101	7711	14523		1389	7867	2093	2157	439
1975	34183	8139	17494		1365	8550	2328	2287	483
1976	30851	6777	16035		1479	8039	2161	2125	423
1977	33148	7078	17356		1894	8714	2648	2271	441
1978	38222	7902	20245		1893	10075	3202	2535	494
1979	41938	8639	22247		2803	11052	3084	2820	527
1980	44412	10750	21982		3468	11680	3529	3194	546
1981	46487	13019	21089		4949	12379	3559	3655	559

注:2008—2020年人均地区生产总值为常住人口计算。

1-3 续表 continued

单位:万元　　　　　　　　　　（按当年价格计算 caculated at current prices）　　　　　　　　　　（10 000 yuan）

年份 Year	地区生产总值 Gross Domestic Product	第一产业 Primary Industry	第二产业 SecondaryI ndustry	工业 Industry	建筑业 Construction	第三产业 Tertiary Industry	交通运输、仓储和邮政业 Transport, Storageand PostService	批发和零售业、住宿和餐饮业 Wholesale, Retail Trade, Hoteling andCatering Services	人均地区生产总值(元/人) Per Capita Gross Domestic Produc (yuan/person)
1982	54549	16983	22778	17496	5282	14788	4862	4013	641
1983	64259	20044	27625	21848	5777	16590	5311	4590	740
1984	76756	24199	32715	24739	7976	19842	6685	4797	869
1985	94160	26286	42656	31326	11330	25218	8202	6837	1045
1986	111227	29980	49522	35973	13549	31725	9453	7813	1210
1987	132621	35567	55887	42430	13457	41167	11107	9072	1398
1988	168776	41278	67884	56327	11557	59614	11914	13203	1730
1989	207904	47293	87458	76787	10671	73153	14607	14841	2081
1990	231978	54868	92126	79482	12644	84984	11931	18579	2269
1991	270931	56593	112312	95973	16339	102026	15862	24997	2596
1992	320781	62329	138547	111057	27490	119905	18397	33689	3021
1993	432948	67372	202716	169764	32952	162860	26548	48531	4007
1994	571199	94993	268989	208527	60462	207217	32032	57667	5180
1995	717130	120037	310488	250658	59830	286605	44982	65922	6374
1996	827908	132842	367624	277398	90226	327442	61481	70838	7228
1997	951001	150519	406055	300693	105362	394427	7645	78802	8152
1998	1040857	155596	431705	303314	128391	453556	92422	96850	8769
1999	1145303	148970	473950	331604	142346	522383	107746	111132	9518
2000	1324515	143520	556866	394752	162114	624129	129350	128487	10703
2001	1508366	149840	616570	446503	170066	741956	153289	145927	11770
2002	1675036	155463	664070	486880	177190	855503	166079	163641	12748
2003	1967559	147152	809695	574195	235501	1010712	184151	192121	14795
2004	2375159	174757	1006751	797088	209663	1193651	190181	226703	17541
2005	2650127	188816	1139274	906973	232301	1322037	198209	264078	19039
2006	3115227	202650	1372309	1090546	281763	1540268	212796	315003	21840
2007	4306346	234035	1922121	1549948	372172	2150190	311526	375154	29347
2008	5725102	281980	2519952	2011268	508684	2923170	438413	535352	36440
2009	6286740	307100	2814844	2182290	632554	3164796	468086	549233	37464
2010	7947720	378981	3657729	2821309	836420	3911010	576169	676512	42888
2011	9556698	442621	4616273	3608017	1008256	4497804	681402	773719	46187
2012	10637227	477270	5164640	4084146	1080495	4995317	699602	775028	48876
2013	11773017	517564	5603803	4432479	1171907	5651650	743416	845663	52202
2014	12637049	526023	5989251	4682036	1307920	6121775	674294	843564	53737
2015	13175520	580570	6015565	4700518	1316986	6579386	783890	894642	53942
2016	14112129	580612	6325220	4968418	1357907	7206297	761065	962046	55943
2017	16193187	613482	7388323	5964460	1425770	8191382	781101	1073506	61739
2018	17772217	682838	7767550	6301780	1467908	9321829	754863	1168461	65892
2019	18967882	642251	8290709	6631244	1663037	10034922	834906	1256507	68609
2020	19643676	757220	8326161	6557164	1772193	10560295	850284	1198423	69283

Note:From 2008 to 2020 per capita GDP calculated by resident population.

1—4 主要年份地区生产总值构成

Composition of Gross Domestic Product in Main Years

单位:%　　　　（按当年价格计算 caculated at current prices）　　　　（%）

年份 Year	地区生产总值 Gross Domestic Product	第一产业 Primary Industry	第二产业 Secondary Industry	工业 Industry	建筑业 Construction	第三产业 Tertiary Industry	交通运输、仓储和邮政业 Transport, Storageand PostService	批发和零售业、住宿和餐饮业 Wholesale, Retail Trade, Hoteling andCatering Services
1949	100.0	73.3	6.4	5.8	0.6	20.3	3.7	3.1
1950	100.0	75.5	6.0	5.2	0.8	18.5	3.4	5.0
1951	100.0	78.2	6.5	5.5	1.0	15.3	3.2	4.8
1952	100.0	69.4	11.8	8.2	3.6	18.8	4.3	5.5
1953	100.0	67.5	12.8	9.1	3.7	19.7	5.7	5.7
1954	100.0	65.4	13.5	9.3	4.2	21.1	6.7	6.3
1955	100.0	65.5	14.4	10.1	4.3	20.1	6.8	5.5
1956	100.0	58.6	17.5	12.6	4.9	23.9	8.9	6.2
1957	100.0	52.2	20.0	16.9	3.1	27.8	10.0	7.1
1958	100.0	40.4	24.2	16.2	8.0	35.4	14.2	8.9
1959	100.0	29.1	38.1	27.6	10.5	32.8	10.3	10.9
1960	100.0	20.0	45.2	34.4	10.8	34.8	10.0	10.9
1961	100.0	27.6	32.4	27.2	5.2	40.0	9.5	13.2
1962	100.0	34.6	29.0	25.0	4.0	36.4	8.6	10.7
1963	100.0	38.6	27.0	22.9	4.1	34.4	8.0	10.7
1964	100.0	35.0	29.2	23.7	5.5	35.8	8.6	10.5
1965	100.0	38.5	31.7	22.9	8.8	29.8	8.1	8.7
1966	100.0	31.3	41.2	33.7	7.5	27.5	7.6	7.8
1967	100.0	28.2	47.5	40.8	6.7	24.3	6.8	6.7
1968	100.0	26.8	48.5	33.6	14.9	24.7	6.2	7.0
1969	100.0	25.8	50.4	39.7	10.7	23.8	6.5	6.1
1970	100.0	25.0	50.4	44.3	6.1	24.6	6.0	6.0
1971	100.0	29.0	43.7	40.0	3.7	27.3	6.8	7.1
1972	100.0	28.2	43.6	38.9	4.7	28.2	7.0	7.3
1973	100.0	31.7	41.5	36.7	4.8	26.8	7.1	7.2
1974	100.0	25.6	48.2	43.6	4.6	26.2	7.0	7.2
1975	100.0	23.8	51.2	47.2	4.0	25.0	6.8	6.7
1976	100.0	22.0	52.0	47.2	4.8	26.0	7.0	6.9
1977	100.0	21.4	52.4	46.6	5.8	26.2	8.0	6.9
1978	100.0	20.7	53.0	48.0	5.0	26.3	8.4	6.6
1979	100.0	20.6	53.0	46.4	6.6	26.4	7.4	6.7
1980	100.0	24.2	49.5	41.7	7.8	26.3	7.9	7.2
1981	100.0	28.0	45.4	34.7	10.7	26.6	7.7	7.9

注:2008-2020年人均地区生产总值为常住人口计算。

1-4 续表 continued

单位:%　　（按当年价格计算 caculated at current prices）　　(%)

年份 Year	地区生产总值 Gross Domestic Product	第一产业 Primary Industry	第二产业 Secondary Industry	工业 Industry	建筑业 Construction	第三产业 Tertiary Industry	交通运输、仓储和邮政业 Transport, Storageand PostService	批发和零售业、住宿和餐饮业 Wholesale, Retail Trade, Hoteling and Catering Services
1982	100.0	31.1	41.8	32.1	9.7	27.1	8.9	7.4
1983	100.0	31.2	43.0	34.0	9.0	25.8	8.3	7.1
1984	100.0	31.5	42.6	32.2	10.4	25.9	8.7	6.2
1985	100.0	27.9	45.3	33.3	12.0	26.8	8.7	7.3
1986	100.0	27.0	44.5	32.3	12.2	28.5	8.5	7.0
1987	100.0	26.8	42.1	32.0	10.1	31.1	8.4	6.8
1988	100.0	24.5	40.2	33.4	6.8	35.3	7.1	7.8
1989	100.0	22.7	42.1	36.9	5.2	35.2	7.0	7.1
1990	100.0	23.7	39.7	34.3	5.4	36.6	5.1	8.0
1991	100.0	20.8	41.5	35.4	6.1	37.7	5.9	9.2
1992	100.0	19.4	43.2	34.6	8.6	37.4	5.7	10.5
1993	100.0	15.6	46.8	39.2	7.6	37.6	6.1	11.2
1994	100.0	16.6	47.1	36.5	10.6	36.3	5.6	10.1
1995	100.0	16.7	43.3	35.0	8.3	40.0	6.3	9.2
1996	100.0	16.0	44.4	33.5	10.9	39.6	7.4	8.6
1997	100.0	15.8	42.7	31.6	11.1	41.5	8.0	8.3
1998	100.0	14.9	41.5	29.1	12.4	43.6	8.9	9.3
1999	100.0	13.0	41.4	29.0	12.4	45.6	9.4	9.7
2000	100.0	10.8	42.0	29.8	12.2	47.1	9.8	9.7
2001	100.0	9.9	40.9	29.6	11.3	49.2	10.2	9.7
2002	100.0	9.3	39.6	29.1	10.6	51.1	9.9	9.8
2003	100.0	7.5	41.2	29.2	12.0	51.4	9.4	9.8
2004	100.0	7.4	42.4	33.6	8.8	50.3	8.0	9.5
2005	100.0	7.1	43.0	34.2	8.8	49.9	7.5	10.0
2006	100.0	6.5	44.1	35.0	9.0	49.4	6.8	10.1
2007	100.0	5.4	44.6	36.0	8.6	49.9	7.2	8.7
2008	100.0	4.9	44.0	35.1	8.9	51.1	7.7	9.4
2009	100.0	4.9	44.8	34.7	10.1	50.3	7.4	8.7
2010	100.0	4.8	46.0	35.5	10.5	49.2	7.2	8.5
2011	100.0	4.6	48.3	37.8	10.6	47.1	7.1	8.1
2012	100.0	4.5	48.6	38.4	10.2	47.0	6.6	7.3
2013	100.0	4.4	47.6	37.6	10.0	48.0	6.3	7.2
2014	100.0	4.2	47.4	37.1	10.3	48.4	5.3	6.7
2015	100.0	4.4	45.7	35.7	10.0	49.9	5.9	6.8
2016	100.0	4.1	44.8	35.2	9.6	51.1	5.4	6.8
2017	100.0	3.8	45.6	36.8	8.8	50.6	4.8	6.6
2018	100.0	3.8	43.7	35.5	8.3	52.5	4.2	6.6
2019	100.0	3.4	43.7	35.0	8.8	52.9	4.4	6.7
2020	100.0	3.9	42.4	33.4	9.0	53.7	4.3	6.1

Note:From 2008 to 2020 per capita GDP calculated by resident population.

1—5 主要年份地区生产总值指数

Indices of Gross Domestic Product in Main Years

单位:% （上年=100） (%)

年份 Year	地区生产总值 Gross Domestic Product	第一产业 Primary Industry	第二产业 Secondary Industry	工业 Industry	建筑业 Construction	第三产业 Tertiary Industry	交通运输、仓储和邮政业 Transport, Storageand PostService	批发和零售业、住宿和餐饮业 Wholesale, Retail Trade, Hoteling and Catering Services
1950	106.0	104.6	114.1	111.1	147.4	113.5	111.5	169.4
1951	131.9	133.5	154.3	146.3	185.7	115.9	132.7	129.1
1952	113.9	110.5	181.6	149.8	325.0	116.2	131.0	112.4
1953	112.4	111.6	120.5	120.9	117.2	113.7	148.9	111.3
1954	114.5	113.9	123.4	123.1	128.8	113.1	128.2	111.4
1955	114.1	113.2	120.6	118.8	133.2	115.8	124.5	106.8
1956	107.9	103.3	129.1	134.6	115.3	125.1	141.4	115.1
1957	96.1	89.2	116.8	136.6	68.6	120.6	116.8	123.5
1958	130.8	117.6	192.6	155.9	378.4	145.7	208.1	190.3
1959	128.4	100.3	215.4	228.9	192.7	148.2	102.1	172.4
1960	99.6	79.8	130.2	135.6	115.5	106.3	111.5	111.1
1961	77.7	89.1	54.2	59.4	42.3	94.0	79.7	88.5
1962	103.0	124.3	81.8	86.1	62.3	87.4	73.2	67.8
1963	127.2	142.7	102.1	99.9	104.4	112.7	105.4	122.8
1964	101.5	95.2	113.1	107.6	147.7	110.9	111.5	104.2
1965	126.3	129.6	144.2	130.5	207.4	104.7	116.4	105.7
1966	128.2	112.6	180.6	207.4	113.5	121.4	125.8	122.1
1967	88.3	90.3	89.8	91.6	81.3	80.3	80.4	72.9
1968	100.3	95.9	113.7	91.9	229.1	91.2	92.6	106.8
1969	115.3	104.1	131.7	152.5	87.3	117.3	128.2	104.6
1970	114.5	101.8	125.8	138.3	62.4	125.3	110.6	122.9
1971	98.6	95.8	93.0	98.5	56.3	118.7	124.1	125.6
1972	104.7	100.1	107.3	104.9	153.8	108.6	108.4	106.6
1973	104.5	103.9	103.9	103.4	109.9	106.6	105.1	102.4
1974	107.6	102.6	112.1	113.5	95.5	108.0	103.2	102.9
1975	111.2	102.5	120.5	122.8	90.9	108.2	110.8	104.2
1976	88.7	75.5	95.3	94.1	100.7	95.8	93.3	87.9
1977	106.9	110.0	103.5	102.4	93.5	110.2	113.6	98.3
1978	111.1	108.8	114.7	112.0	158.4	106.3	122.1	113.7
1979	107.1	100.3	111.0	106.9	150.0	107.8	100.7	110.5
1980	105.3	114.7	98.6	93.7	146.2	108.7	114.6	109.2
1981	101.5	110.1	92.9	86.2	102.3	107.4	99.6	107.9

1-5 续表 continued

单位:% （上年=100） (%)

年份 Year	地区生产总值 Gross Domestic Product	第一产业 Primary Industry	第二产业 Secondary Industry	工业 Industry	建筑业 Construction	第三产业 Tertiary Industry	交通运输、仓储和邮政业 Transport, Storageand PostService	批发和零售业、住宿和餐饮业 Wholesale, Retail Trade, Hoteling and Catering Services
1982	114.8	123.8	108.0	108.7	106.1	114.7	126.9	117.1
1983	118.6	117.8	120.9	124.9	115.2	116.2	109.4	116.9
1984	116.7	118.9	116.9	112.1	140.7	113.3	121.1	101.7
1985	121.5	104.6	132.8	129.4	155.8	127.4	124.2	144.5
1986	111.7	113.7	108.5	106.3	109.8	115.1	108.3	110.2
1987	107.4	95.9	107.1	114.6	97.8	121.5	118.0	105.3
1988	110.5	103.0	110.7	118.8	84.9	117.2	103.4	122.8
1989	109.5	106.6	105.0	110.6	59.7	118.2	104.6	105.2
1990	106.5	102.0	104.4	104.0	111.2	112.5	89.1	129.2
1991	112.7	104.1	116.2	113.8	137.2	114.4	128.7	130.3
1992	111.8	101.7	117.5	113.0	131.4	111.3	110.2	122.0
1993	114.6	98.9	122.6	126.3	101.0	113.5	124.9	128.1
1994	109.5	106.9	113.0	109.8	148.4	106.1	113.1	101.1
1995	109.3	105.7	106.7	109.4	90.4	114.8	117.9	95.9
1996	110.2	106.4	115.0	110.2	150.7	105.6	123.5	103.4
1997	110.3	109.5	107.5	105.5	120.9	114.5	121.7	104.2
1998	109.2	106.8	108.0	105.4	122.5	111.8	120.3	123.4
1999	109.2	101.9	108.3	108.0	121.6	113.4	120.1	110.8
2000	109.6	102.8	109.4	110.0	103.4	112.5	117.1	111.4
2001	109.6	103.7	107.0	108.8	102.6	113.3	120.5	114.5
2002	110.1	102.8	110.8	110.9	110.6	111.1	110.7	116.2
2003	112.5	101.2	114.5	112.0	121.0	113.0	104.9	118.2
2004	111.6	103.6	115.6	125.2	92.8	109.5	105.8	111.8
2005	110.5	104.2	113.2	117.3	99.7	109.1	104.8	112.4
2006	111.4	107.3	115.4	117.9	105.5	108.5	101.7	110.7
2007	112.0	103.7	114.7	116.7	106.1	110.6	108.3	105.2
2008	111.5	107.5	112.8	114.3	105.3	110.7	110.0	107.8
2009	110.6	107.0	111.8	111.3	114.1	109.9	102.1	108.9
2010	113.7	106.2	117.4	117.9	115.2	110.9	109.2	114.4
2011	111.5	104.9	117.2	119.2	110.3	106.7	115.6	112.7
2012	110.5	105.7	114.1	115.3	109.5	107.2	105.6	94.1
2013	109.5	103.8	110.6	111.2	108.5	108.7	104.3	102.2
2014	109.3	105.0	110.8	109.4	116.3	107.9	96.4	101.3
2015	108.6	104.8	109.2	108.8	110.8	108.2	99.0	105.4
2016	107.6	104.4	106.5	107.2	103.6	108.9	102.3	105.7
2017	107.5	104.2	106.3	108.5	98.4	108.7	96.8	111.2
2018	106.9	103.6	106.3	107.8	100.5	107.6	97.1	106.2
2019	106.3	102.1	106.4	106.0	108.0	106.5	111.2	105.1
2020	103.2	100.7	102.8	101.9	106.7	103.8	104.9	95.6

1-6 主要年份地区生产总值指数

Indices of Gross Domestic Product in Main Years

单位:% (1952 年=100) (%)

年份 Year	地区生产总值 Gross Domestic Product	第一产业 Primary Industry	第二产业 Secondary Industry	工业 Industry	建筑业 Construction	第三产业 Tertiary Industry	交通运输、仓储和邮政业 Transport, Storageand PostService	批发和零售业、住宿和餐饮业 Wholesale, Retail Trade, Hoteling and Catering Services
1949	62.8	64.8	31.3	76.2	23.3	65.4	51.1	122.4
1950	66.6	67.8	35.7	84.4	33.1	74.2	57.6	237.3
1951	87.8	90.5	55.1	37.7	23.5	86.0	75.1	83.6
1952	100.0	100.0	100.0	100.0	100.0	100.0	100.0	100.0
1953	112.4	111.6	120.5	120.9	117.2	113.7	148.9	111.3
1954	128.7	127.1	148.6	148.8	151.0	128.6	190.9	124.0
1955	146.8	144.0	179.2	176.8	201.1	149.0	237.7	132.4
1956	158.4	148.8	231.4	238.0	231.8	186.3	336.0	152.4
1957	152.2	132.7	270.4	325.1	159.0	224.8	392.5	188.2
1958	199.1	156.0	520.7	506.8	601.8	327.6	816.8	358.2
1959	255.7	156.5	1121.6	1160.1	1159.7	485.5	834.0	617.5
1960	254.5	124.8	1459.9	1573.1	1339.4	516.2	929.9	686.1
1961	197.8	111.2	791.5	934.4	566.6	485.3	741.1	607.2
1962	203.8	138.2	647.3	804.5	353.0	424.3	542.5	411.7
1963	259.2	197.1	660.6	803.7	368.5	478.0	571.8	505.5
1964	263.1	187.6	747.3	864.8	544.3	530.4	637.5	526.8
1965	332.3	243.2	1078.0	1128.6	1128.8	555.3	742.1	556.8
1966	425.8	273.8	1947.1	2340.6	1281.2	674.3	933.5	679.9
1967	376.1	247.4	1748.2	2144.0	1041.6	541.5	750.6	495.6
1968	377.2	237.3	1987.9	1970.4	2386.4	493.9	695.0	529.3
1969	434.8	247.1	2618.3	3004.8	2083.3	579.3	891.0	553.7
1970	497.9	251.5	3292.6	4155.6	1300.0	725.6	985.5	680.4
1971	490.8	241.1	3060.7	4093.3	731.9	861.4	1223.0	854.6
1972	513.7	241.2	3284.5	4293.9	1125.7	935.8	1325.7	911.1
1973	536.8	250.7	3412.7	4439.9	1237.1	997.7	1393.3	932.9
1974	577.5	257.3	3825.3	5039.2	1181.4	1077.9	1437.9	960.0
1975	642.3	263.7	4611.1	6188.2	1073.9	1165.8	1593.2	1000.3
1976	570.0	199.2	4393.2	5823.1	1081.4	1116.9	1486.5	879.3
1977	609.5	219.2	4547.6	5962.8	1011.1	1230.9	1688.6	864.3
1978	668.6	238.6	5101.4	6678.4	1601.7	1303.3	2061.8	982.7
1979	716.4	239.3	5662.2	7139.2	2402.5	1405.6	2076.2	1085.9
1980	754.7	274.5	5583.6	6689.4	3512.4	1527.2	2379.4	1185.8
1981	766.0	302.3	5188.0	5766.3	3593.2	1640.7	2369.8	1279.5

1-6 续表 continued

单位:%　　(1952 年=100)　　(%)

年份 Year	地区生产总值 Gross Domestic Product	第一产业 Primary Industry	第二产业 Secondary Industry	工业 Industry	建筑业 Construction	第三产业 Tertiary Industry	交通运输、仓储和邮政业 Transport, Storageand PostService	批发和零售业、住宿和餐饮业 Wholesale, Retail Trade, Hoteling and Catering Services
1982	879.3	374.0	5604.9	6268.0	3812.4	1881.2	3007.3	1498.3
1983	1043.2	440.6	6776.7	7828.7	4391.9	2186.5	3290.0	1751.5
1984	1217.3	523.8	7920.5	8775.9	6179.4	2478.2	3984.2	1781.3
1985	1479.6	547.7	10518.8	11356.1	9627.5	3156.3	4948.4	2573.9
1986	1653.2	623.0	11409.0	12071.5	10571.0	3633.4	5359.1	2836.5
1987	1774.8	597.3	12214.4	13833.9	10338.4	4415.4	6323.7	2986.8
1988	1960.5	615.0	13518.5	16434.7	8777.3	5175.3	6538.7	3667.8
1989	2147.5	655.6	14198.8	18176.8	5240.1	6118.8	6839.5	3858.5
1990	2287.5	668.8	14819.0	18903.9	5827.0	6885.9	6094.0	4985.2
1991	2576.9	696.3	17215.5	21512.6	7994.6	7877.4	7843.0	6495.7
1992	2880.1	708.4	20219.9	24309.3	10504.9	8768.6	8643.0	7924.8
1993	3299.8	700.7	24790.4	30702.6	10609.9	9954.8	10795.1	10151.6
1994	3612.5	748.8	28014.3	33711.5	15745.2	10560.1	12209.2	10263.3
1995	3947.8	791.1	29881.2	36880.3	14233.6	12119.3	14394.7	9842.5
1996	4350.4	841.5	34371.7	40642.1	21450.1	12798.3	17777.4	10177.1
1997	4796.4	921.1	36953.3	42877.4	25933.1	14658.1	21635.1	10604.6
1998	5236.5	983.9	39893.9	45192.8	31768.1	16394.0	26027.1	13086.0
1999	5719.2	1003.1	43216.9	48808.2	38630.0	18591.8	31258.5	14499.3
2000	6268.2	1031.2	47279.3	53689.1	39943.4	20915.8	36603.7	16152.3
2001	6870.0	1069.4	50584.0	58407.7	40985.6	23694.6	44104.8	18495.4
2002	7564.6	1099.3	56049.2	64762.4	45333.4	26316.1	48812.1	21492.4
2003	8510.1	1112.5	64174.0	72516.8	54864.2	29743.5	51198.8	25397.5
2004	9493.9	1152.5	74210.3	90788.7	50888.7	32561.6	54193.9	28396.7
2005	10490.7	1200.9	83982.3	106521.2	50746.4	35537.7	56770.9	31926.4
2006	11682.5	1288.6	96918.0	125632.2	53534.1	38542.7	57738.1	35346.5
2007	13079.7	1336.3	111188.8	146626.2	56775.8	42625.2	62558.8	37198.7
2008	14578.7	1436.5	125409.0	167665.3	59783.8	47194.7	68800.5	40108.2
2009	16118.2	1537.1	140158.5	186644.4	68191.8	51845.3	70244.5	43684.7
2010	18319.9	1632.4	164581.1	219996.9	78530.8	57487.7	76680.1	49966.1
2011	20419.4	1712.4	192850.1	262238.9	86655.8	61367.9	88642.4	56318.7
2012	22555.2	1810.0	219958.4	302404.7	94858.9	65799.2	93638.9	52999.3
2013	24688.9	1878.7	243282.8	336144.0	102950.5	71551.4	97661.0	54152.4
2014	26975.1	1972.7	269606.9	367880.2	119684.7	77210.0	94140.6	54852.8
2015	29295.0	2067.4	294424.4	400111.1	132669.4	83573.0	93225.2	57804.5
2016	31517.4	2157.9	313444.9	429063.1	137471.5	91010.3	95369.4	61090.6
2017	33865.5	2248.7	333266.0	465414.5	135305.0	98956.4	92337.8	67956.3
2018	36188.7	2330.1	354420.1	501716.8	135918.3	106448.0	89616.8	72167.6
2019	38453.4	2377.2	376960.8	531685.9	146853.0	113367.7	99685.5	75878.8
2020	39683.9	2393.8	387515.7	541787.9	156692.2	117675.7	104570.1	72540.1

1—7 分行业增加值及构成

Value-added by Sector and Composition

2020 年(按当年价格计算 Caculated at Current Prices)

指 标	Item	增加值(万元) Added Valve(10 000 yuan)		构成(%) Composition(%)	
		地区 Region	市区 City	地区 Region	市区 City
地区生产总值	**Gross Domestic Product**	**19643676**	**11776501**	**100.0**	**100.0**
第一产业	Primary Industry	757220	212326	3.9	1.8
第二产业	Secondary Industry	8326161	3271280	42.4	27.8
工业	Industry	6557164	2242335	33.4	19.0
建筑业	Construction	1772193	1028945	9.0	8.7
第三产业	Tertiary Industry	10560295	8292894	53.8	70.4
交通运输仓储和邮政业	Transport, Storage and Post Service	850284	581797	4.3	4.9
批发和零售业	Wholesale and Re-tail Trade	949030	650728	4.8	5.5
住宿和餐饮业	Hoteling and Catering Services	249392	196925	1.3	1.7
金融业	Finance and Insurance	2181354	1961914	11.1	16.7
房地产业	Real Estate	1124414	906786	5.7	7.7
其他服务业	Other Services	5146177	3962652	26.2	33.6
营利性服务业	Other for-profit Services	1884471	1504371	9.6	12.8
非营利性服务业	Non-profit Services	3261706	2458282	16.6	20.9

1—8 主要年份人均社会经济发展主要指标

Key Indicators of Per Capita Socio-economic Development in Main Years

指 标	Item	单位	Unit	1958年	1978年	1985年	1990年
地区生产总值(当年价格)	Gross Domestic Produc(t aurrent prices)	元	yuan	221	494	1045	2269
农林牧渔业总产值	Total Agricultural Products	元	yuan	111	167	383	774
主要农产品产量	Output of Agricultural						
粮食	Grain	公斤	kg		402	476	577
牛奶	Cow Milk	公斤	kg		3	9	24
肉类	Meat	公斤	kg		3	7	13
水产品总产量	Total Aquatic Products	公斤	kg		0.13	1.00	7.00
主要工业产品产量	Output of Major Industrial Products						
原煤	Raw Coal	吨	ton	0.17	0.62	0.77	1.03
轮胎外胎	Tires	条	article		0.39	0.38	0.62
水泥	Cement	吨	ton		0.04	0.10	0.30
农用化肥	Chemical Fertilizers	吨	ton		0.20	0.05	0.23
地方财政收入	Local Financial Revenue	元	yuan	20	97	162	225
地方财政支出	Local Financial Expenditure	元	yuan	27	88	136	219
社会消费品零售总额	Total Retail Sales of Consumer Goods	元	yuan	134	292	714	1329
城镇非私营单位在岗职工年平均工资	Average Wages of Fully Employed Staff and Workers	元	yuan	404	723	1123	2030
城镇居民人均可支配收入	Per Capita Annual Disposable Income of Urban Households	元	yuan	222	346	815	1581
城镇居民人均消费支出	Per Capital Consumption Expenditure of Urban Households	元	yuan	210	306	703	1433
农村居民人均可支配收入	Per Capital Net Income of Rural Households	元	yuan		131	488	934
农村居民人均生活消费支出	Per Capital Consumption Expenditure of Rural Households	元	yuan		103	380	765
城镇居民住宅面积	Area of Urban Residential	平方米	sq.m		4.20	6.46	7.24
农民生活用房面积	Area of Rural Living Space	平方米	sq.m		10.19	15.88	18.28
普通高等学校在校生数	Number of Student Enrollmentin Regular Institutions of Higher Education	人/万人	person/10000persons		32	64	71

注:2008-2020年人均地区生产总值为常住人口计算。

Note:From 2008 to 2020 per capita GDP calculated by resident population.

1-8 续表1 continued

指 标	Item	单位	Unit	1995年	2000年	2005年
地区生产总值(当年价格)	Gross Domestic Produc(t aurrent prices)	元	yuan	6374	10703	19039
农林牧渔业总产值	Total Agricultural Products	元	yuan	1641	1904	2522
主要农产品产量	Output of Agricultural					
粮食	Grain	公斤	kg	609	669	599
牛奶	Cow Milk	公斤	kg	56	64	153
肉类	Meat	公斤	kg	27	38	37
水产品总产量	Total Aquatic Products	公斤	kg	12	20	28
主要工业产品产量	Output of Major Industrial Products					
原煤	Raw Coal	吨	ton	1.80	3.01	6.07
轮胎外胎	Tires	条	article	1.47	1.57	2.19
水泥	Cement	吨	ton	0.46	0.67	1.28
农用化肥	Chemical Fertilizers	吨	ton	0.31	0.41	0.42
地方财政收入	Local Financial Revenue	元	yuan	235	771	1791
地方财政支出	Local Financial Expenditure	元	yuan	382	1005	2468
社会消费品零售总额	Total Retail Sales of Consumer Goods	元	yuan	2725	4479	8139
城镇非私营单位在岗职工年平均工资	Average Wages of Fully Employed Staff and Workers	元	yuan	4872	8956	18424
城镇居民人均可支配收入	Per Capita Annual Disposable Income of Urban Households	元	yuan	3932	5622	8852
城镇居民人均消费性支出	Per Capital Consumption Expenditure of Urban Households	元	yuan	3541	5369	7311
农村居民人均可支配收入	Per Capital Net Income of Rural Households	元	yuan	1683	2712	3493
农村居民人均消费性支出	Per Capital Consumption Expenditure of Rural Households	元	yuan	1449	1886	2836
城镇居民住宅面积	Area of Urban Residential	平方米	sq.m	8.60	14.22	18.90
农民生活用房面积	Area of Rural Living Space	平方米	sq.m	19.75	27.26	31.17
普通高等学校在校生数	Number of Student Enrollmentin Regular Institutions of Higher Education	人/万人	person/10 000persons	88	129	294

注:2012-2020年度“在岗职工平均工资”这一指标纳入了劳务派遣人员,数据有所变动。

1-8 续表2 continued

2013年	2014年	2015年	2016年	2017年	2018年	2019年	2020年
51372	52401	53268	54873	60560	65329	67530	68643
4542	4435	4683	4539	4624	5046	4725	5305
372	333	337	325	311	303	236	242
182	222	199	183	189	198	202	228
23	21	20	20	24	23	22	21
29	28	29	29	28	26	26	26
25.85							
0.72	0.64	0.56	0.79	0.67	0.38	0.24	0.00
2.84	2.41	2.11	2.08	2.33	1.86	1.87	1.85
0.24	0.12	0.26	0.17	0.12	0.11	0.12	0.20
9743	10438	9858	8851	8396	8660	7708	8676
13430	15283	15032	15438	14678	16223	16013	15437
22321	23497	24825	25897	27551	28707	29550	26937
57112	59086	65643	70840	77206	87291	94559	105653
24169	26118	28261	30478	32981	35586	38217	39416
16844	20401	21694	22898	23125	25506	27717	26670
8830	10275	11148	12037	13087	14160	15282	16428
8631	9334	10119	11061	11507	12322	12966	13318
31.08	–	31.00	31.00	31.50	36.47	36.60	36.61
37.14	36.96	37.00	36.00	36.50	34.20	34.75	33.69
386	405	396	385	380	382	396	419

Note:Between 2012–2020, The index"Average Wages of staff and Workes"included the laber dispatching personnel ,So the data has changed

1—9 主要年份国民经济和社会发展主要指标

指 标	Item	单位	Unit	1958年	1978年	1985年
年末总人口	**Population at Year-end**	**万人**	**10 000 persons**	**40.10**	**78.67**	**91.06**
回族人口	Hui Ethnic	万人	10 000 persons	11.40	19.12	22.44
人口自然增长率	**Natural Growth Rate of Population**	‰	‰			
国民经济核算	**National Accounting**					
地区生产总值	Gross Domestic Product	亿元	100 million yuan	0.84	3.82	9.42
第一产业	Primary Industry	亿元	100 million yuan	0.34	0.79	2.63
第二产业	Secondary Industry	亿元	100 million yuan	0.20	2.02	4.27
第三产业	Tertiary Industry	亿元	100 million yuan	0.30	1.01	2.52
农业	**Agricultural**					
农林牧渔业总产值	Gross Output Value ofAgriculture, Forestry,AnimalHusbandry andFishery	亿元	100 million yuan	0.42	1.29	3.45
粮食总产量	Grain	万吨	10 000 tons		31.09	42.91
肉类总产量	Meat	万吨	10 000 tons		0.27	0.62
水产品产量	Aquatic Products	万吨	10 000 tons		0.01	0.12
固定资产投资	**Investment in Fixed Assets**					
全社会固定资产投资额	Total Investment in Fixed Assets in the Whole Country	亿元	100 million yuan	0.23	0.86	5.50
#基本建设	Infrastructure	亿元	100 million yuan	0.23	0.84	3.49
更新改造	Renovation and Reformation Investment	亿元	100 million yuan			1.32
房地产开发	Development of Real Estate	亿元	100 million yuan			
各类房屋施工面积	Floor Space under Construction	万平方米	10 000 sq.m	38.35	50.29	225.55
各类房屋竣工面积	Floor Space Completed	万平方米	10 000 sq.m	27.28	22.70	124.12
运输邮电	**Transport,Postal and Telecommunication Services**					
公路货运周转量	Freight Turnover Volume of Highways	亿吨公里	100 million ton-km	0.49	1.75	3.03
公路客运周转量	Passenger Turnover Volume of Highways	亿吨公里	100 million ton-km	0.01	1.24	3.06
邮电业务总量	Business Volumeof Postal andTelecommunication Services	亿元	100 million yuan		0.02	0.05

注:2019年起公路相关数据自治区交通厅只反馈到省级。

Principal Indicators on National Economic and Social Development in Main Years

1990年	1995年	2000年	2005年	2013年	2014年	2015年	2016年	2017年	2018年	2019年	2020年
103.45	**113.53**	**126.46**	**142.43**	**2291713**	**2411593**	**2473435**	**2571767**	**2673925**	**2720413**	**2808826**	**2861720**
25.40	28.01	33.17	36.95	551436	604717	636741	661688	688936	704257	724411	668210
	8.34	9.00	6.31	6.73	6.71	6.35	8.11	8.49	6.27	9.04	
23.20	71.71	132.45	265.01	1177.30	1263.70	1317.55	1411.21	1619.32	1777.22	1896.79	1964.37
5.49	12.00	14.35	18.88	51.76	52.60	58.06	58.06	61.35	68.28	64.23	75.72
9.21	31.05	55.69	113.93	560.38	598.93	601.56	632.52	738.83	776.76	829.07	832.62
8.50	28.66	62.41	132.20	565.17	612.18	657.94	720.63	819.14	932.18	1003.49	1056.03
7.91	18.47	23.46	35.10	103.76	106.41	115.88	116.64	123.65	137.28	132.73	151.82
58.99	68.55	82.40	83.43	85.30	80.33	83.45	83.57	83.29	82.42	66.29	69.23
1.29	3.04	4.65	5.16	5.28	5.09	4.99	5.15	6.41	6.35	6.20	5.88
0.73	1.28	2.58	3.94	6.55	6.86	7.11	7.37	7.37	7.16	7.26	7.58
6.55	22.75	52.39	201.65	1149.00	1392.76	1540.88	1723.31	1719.05			
3.64	10.51	20.49	90.54	725.58	885.15	922.13	1150.81	1102.50			
1.73	4.33	10.44	23.98	71.04	87.17	185.48	38.14	140.21			
0.21	3.84	12.66	56.61	330.81	388.90	409.17	474.94	402.82	295.25	275.35	311.43
139.81	241.10	455.27	1129.75	6087.01	5370.03	5093.87	5355.61	5140.87	3999.98	3971.61	3756.64
93.95	153.04	311.58	618.89	725.82	915.98	896.61	1009.88	1069.58	797.66	556.80	498.97
3.68	5.96	17.09	23.21	160.44	164.34	137.08	113.30	103.25	69.50		
4.96	7.46	13.40	16.04	25.14	30.32	31.84	31.15	27.73	21.77		
0.23	1.30	7.30	21.82	36.61	36.54	37.49	34.83	34.71	33.42	39.68	42.89

Note:From 2019, the traffic department of the Autonomous Region will only report to the provincial level.

1-9 续表

指标	Item	单位	Unit	1958年
国内商业	Domestic Commercial			
社会消费品零售总额	Total Retail Sales of Consumer Goods	亿元	100 million yuan	0.51
国有经济	State-owned	亿元	100 million yuan	0.23
股份制经济	Share-holding	亿元	100 million yuan	
财政、金融	Government Finance and Financial Intermediation			
地方财政收入	Local Financial Revenue	亿元	100 million yuan	0.08
地方财政支出	Local Financial Expenditure	亿元	100 million yuan	0.10
金融机构存款余额	Total Deposits of Financial Institutions	亿元	100 million yuan	0.59
金融机构贷款余额	Total Loans of Financial Institutions	亿元	100 million yuan	0.61
人民生活与物价	People's Living Condition and Price Indices			
城镇非私营单位在岗职工年平均工资	Average Wages of Fully Employed Staff and Workers	元	yuan	404
城镇居民人均可支配收入	Per Capita Annual Disposable Income of Urban Households	元	yuan	222
城镇居民人均消费性支出	Per Capital Consumption Expenditure of Urban Households	元	yuan	210
农村居民人均可支配收入	Per Capital Net Income of Rural Households	元	yuan	
农民人均生活消费支出	Per Capital Consumption Expenditure of Rural Households	元	yuan	
城乡居民储蓄存款余额	Urban and Rural Household Saving Deposits	亿元	100 million yuan	0.04
居民消费价格指数(以上年价格为100)	Consumer Price Index(preceding year=100)	%	%	102.4
商品零售价格指数(以上年价格为100)	Retail Price Index(preceding year=100)	%	%	101.7
教育、卫生	Education and Public Health			
高等学校在校学生数	Number of Student Enrollment in Institutions of Higher Education	万人	10 000 persons	0.03
普通高等学校	Regular Institutions of Higher Education	万人	10 000 persons	0.03
中等专业学校在校学生数	Number of Student Enrollment in Specialized Secondary Schools	万人	10 000 persons	0.23
普通中学在校学生数	Number of Student Enrollment in Regular Secondary Education Schools	万人	10 000 persons	0.53
小学在校学生数	Number of Student Enrollment in Primary Schools	万人	10 000 persons	0.23
卫生机构数	Number of Health Care Institutions	个	unit	96
医院个数	Number of Hospital	个	unit	14
卫生机构床位数	Number of Beds	张	bed	501
卫生技术人员	Medical Technical Personnel in Health Care Institutions	人	person	992
医生	Doctors	人	person	487

continued

1978年	1985年	1990年	1995年	2000年	2005年	2013年	2014年	2015年	2016年	2017年	2018年	2019年	2020年
2.26	6.44	13.59	30.44	55.42	113.30	511.52	566.64	614.02	666.01	736.70	780.96	830.01	770.87
1.43	3.60	6.52	14.32	11.11	7.69	7.08	7.08	4.76	4.54	5.16	3.84	4.27	4.89
			0.27	9.90	28.66	211.76	216.41	178.08	176.59	177.78	174.82	197.41	204.54
0.73	1.32	2.30	2.64	9.50	24.93	223.29	251.73	243.83	227.62	224.50	235.60	216.50	248.29
0.68	1.22	2.24	4.30	12.38	34.36	307.78	368.56	371.81	397.04	392.49	441.34	449.78	441.76
4.97	9.51	22.54	86.38	223.23	612.69	2340.93	2608.97	3017.77	3343.40	3587.23	3704.56	4013.77	4488.01
5.03	9.86	31.18	90.01	205.31	551.71	2660.62	3185.93	3653.98	4076.57	4460.31	4797.87	5150.67	5535.00
723	1123	2030	4872	8956	18424	57112	59086	65643	70840	77206	87291	94559	105653
346	815	1581	3932	5622	8852	23776	26118	28261	30478	32981	35586	38217	39416
306	703	1433	3541	5369	7311	16844	20401	21694	22898	23125	25506	27717	26670
131	488	934	1683	2712	3493	8830	10275	11148	12037	13087	14160	15282	16428
103	380	765	1449	1886	2836	8631	9334	10119	11061	11507	12322	12966	13318
0.39	3.04	12.26	49.34	99.82	264.95	1015.22	1089.89						
100.6	108.9	106.3	117.3	99.2	101.7	103.5	102.1	101.6	101.7	101.7	102.2	102.2	101.8
100.7	108.6	102.9	114.7	97.7	100.6	102.3	100.8	100.2	100.8	101.5	102.7	101.1	100.5
0.27	1.11	1.23	1.46	2.89	6.00	11.72	12.07	12.35	12.76	10.69	11.03	11.32	12.08
0.25	0.58	0.73	0.99	1.59	4.09	8.85	9.35	9.80	9.89	10.16	10.40	11.12	11.99
0.19	0.44	0.65	1.26	2.30	3.07								
6.68	7.25	6.96	6.52	7.70	10.73	12.86	13.06	13.02	12.94	13.04	13.46	13.88	14.24
12.65	12.80	12.33	12.36	13.60	14.25	15.19	15.69	16.21	16.76	17.36	18.41	19.00	19.98
312	433	510	134	137	158	931	939	964	967	1027	1105	1195	1337
60	59	54	76	39	59	54	53	53	65	70	86	74	78
2859	3495	4491	5759	6166	8058	12898	13688	14079	15494	16675	17348	17113	17621
4280	6252	7876	7552	7932	8619	17562	19288	20408	22077	23603	25449	26674	28262
2000	2758	4082	3845	4033	3660	6429	7059	7578	8306	8990	9684	10295	11124

1—10　主要年份国民经济和社会发展结构指标

单位:%

指标	Item	1958年	1978年	1985年
人口	**Population**			
农业与非农业结构	Structural of Agricultural and Non-agricultural			
农业	Agricultural	73.4	68.4	63.0
非农业	Non-agricultural	26.6	31.6	37.0
性别结构	Gender Structural			
男性	Male	54.2	51.8	50.8
女性	Female	45.8	48.2	49.2
地域结构	Geographical structure			
市区	Urban	37.0	41.3	43.6
县	County	44.4	38.0	35.4
市	City	18.6	20.7	21.0
单位从业人员结构	**Structural of Empolyed Persons**			
第一产业	Primary Industry	7.4	9.2	13.1
第二产业	Secondary Industry	21.5	54.6	45.7
第三产业	Tertiary Industry	71.1	36.2	41.2
国民经济核算	**National Econonmic Accounting**			
地区生产总值	Gross Domestic Product			
第一产业	Primary Industry	40.4	20.7	27.9
第二产业	Secondary Industry	24.2	53.0	45.3
第三产业	Tertiary Industry	35.5	26.3	26.8
农业	**Agricultural**			
农林牧渔业总产值结构	Structural of Agriculture, Forestry,Animal Husbandry and Fishery			
农业	Agriculture	89.2	86.2	75.6
林业	Forestry	1.8	2.2	4.7
牧业	Animal Husbandry	8.7	11.6	18.7
渔业	Fishery	0.3	0.1	1.0
工业	**Industrial**			
经济类型结构	Structural of Economic Types			
国有企业	State-owned Enterprises	74.4	81.5	75.7
集体企业	Collective-owned Enterprises	25.5	18.3	17.6
其他企业	Other Enterprises	0.1	0.2	6.7
轻重工业结构	Structural of Light & Heavy Industries			
轻工业	Light Industry	61.4	39.4	46.3
重工业	Heavy Industry	38.6	60.6	53.7

Structural Indicators on National Economic and Social Development in Main Years

%

1990年	1995年	2000年	2005年	2013年	2014年	2015年	2016年	2017年	2018年	2019年	2020年
56.2	51.8	48.5	38.4	25.7	25.3	24.3	23.9	22.5	21.9	20.2	19.8
43.8	48.2	51.5	61.6	74.3	74.7	75.7	76.1	77.5	78.1	79.8	80.2
51.1	50.9	50.8	50.5	50.9	51.2	51.0	50.4	49.5	49.3	49.2	50.9
48.9	49.1	49.2	49.5	49.1	48.8	49.0	49.6	50.5	50.7	50.8	49.1
46.4	48.0	50.7	56.2	65.2	65.3	65.0	65.1	65.4	65.6	66.2	66.5
32.4	30.7	29.1	27.3	23.0	23.3	23.4	23.7	23.7	23.7	23.4	23.2
21.2	21.3	20.2	16.5	11.8	11.4	11.6	11.2	10.9	10.7	10.4	10.3
10.7	8.4	8.6	6.1	3.0	2.2	1.9	1.7	1.4	0.9	0.8	0.5
45.3	49.2	42.0	50.3	41.4	42.8	41.5	39.4	39.1	39.8	37.4	38.4
44.0	42.4	49.4	43.6	55.6	55.0	56.6	58.9	59.5	59.3	61.8	61.1
23.7	16.7	10.8	7.1	4.4	4.2	4.4	4.1	3.8	3.8	3.4	3.9
39.7	43.3	42.0	43.0	47.6	47.4	45.7	44.8	45.6	43.7	43.7	42.4
36.6	40.0	47.1	49.9	48.0	48.4	49.9	51.1	50.6	52.5	52.9	53.7
70.6	68.3	63.2	59.4	61.6	60.2	65.1	63.8	60.9	60.8	55.9	55.1
5.4	0.7	1.9	1.5	2.0	1.2	1.1	0.9	0.8	0.8	1.1	0.9
19.8	26.6	29.6	28.9	25.4	26.9	22.2	22.9	25.8	26.5	30.3	31.9
4.2	4.4	5.3	7.7	5.9	6.1	5.8	6.3	6.4	6.0	6.2	6.2
84.8	64.7	23.8	23.8	18.8	7.2	4.8	4.8	4.9	5.8	5.9	5.7
13.6	10.6	5.1	0.5								
1.6	24.7	71.1	75.7	81.2	92.8	95.2	95.2	95.1	94.2	94.1	94.3
35.3	22.9	24.2	25.9	16.2	20.0	22.2	23.0	14.2	8.8	8.6	7.7
64.7	77.1	75.8	74.1	83.8	80.0	77.8	77.0	85.8	91.2	91.4	92.3

1-10 续表

单位:%

指 标	Item	1958 年	1978 年	1985 年
企业规模结构	Structural of Size of Enterprises			
大中型企业	Large and medium-sized enterprises	10.1	34.0	30.8
小微型企业	Small Enterprises	89.9	66.0	69.2
固定资产投资	**Investment in Fixed Assets**			
投资经济类型结构	Structural of Investment Economic Types			
第一产业	Primary Industry		11.2	5.0
第二产业	Secondary Industry		44.4	50.7
第三产业	Tertiary Industry		44.4	44.3
社会消费品零售总额	**Total Retail Sales of Consumer Goods**			
经济类型结构	Structural of Economic Types			
国有经济	State-owned Enterprises	45.1	63.2	56.0
集体经济	Collective-owned Enterprises	37.8	26.4	23.4
其他经济	Other Enterprises	17.1	10.4	20.6
行业结构	Sector Structural			
批发零售贸易业	Wholesale and Retail Trade	83.8	79.9	79.2
餐饮业	Catering Services	3.8	4.0	3.6
其他	Others	12.4	2.0	17.2
居民生活消费	**Residents' living consumption**			
城镇居民人均生活消费结构	Structural of Per Capital Annual Living Expenditure of Urban Households			
食品烟酒类	Food	60.0	58.8	47.9
衣着类	Clothing	16.2	14.6	18.6
居住	Residence	12.3	2.2	4.0
交通通讯	Transport and Communications	0.5	1.2	2.6
医疗保健类	Health Care and Medical Services	0.4	0.5	0.8
农村居民人均生活消费结构	Structural of Per Capital Annual Living Expenditure of Rural Households			
食品烟酒类	Food		72.5	64.2
衣着类	Clothing		22.9	14.7
居住	Residence		4.6	7.4
交通通讯	Transport and Communications			
医疗保健类	Health Care and Medical Services			
财政收入占地区生产总值的比例	**The Proportion of Fiscal Revenue in GDP**	**9.2**	**19.0**	**14.0**
固定资产投资占地区生产总值比例	**The Proportion of Investment in Fixed Assets in GDP**	**27.6**	**22.4**	**58.4**

continued

%

1990年	1995年	2000年	2005年	2013年	2014年	2015年	2016年	2017年	2018年	2019年	2020年
47.2	66.0	69.5	70.3	80.3	73.1	71.3	71.1	77.0	76.5	81.0	79.9
52.8	34.0	30.5	29.7	19.7	26.9	28.7	28.9	23.0	23.5	19.0	20.1
2.4	2.3	1.9	0.1	0.8	1.3	2.0	1.6	3.7	1.2	1.7	1.0
63.5	48.9	34.9	48.0	40.3	34.6	40.3	41.7	35.4	38.5	37.3	42.7
34.1	48.8	63.2	51.9	58.9	64.1	57.7	56.7	60.9	60.3	61.0	56.3
48.0	50.7	28.1	14.1	1.7	1.6	1.0	0.9	0.9	0.7	0.5	0.6
26.8	16.7	6.0	1.2	0.4	0.4	0.1	0.1	0.7	0.3	0.5	0.1
25.2	32.6	65.9	84.7	97.9	98.0	98.9	99.0	98.4	99.0	99.0	99.2
93.3	87.4	86.2	84.8	90.2	90.5	86.5	89.2	90.1	90.0	91.0	94.9
4.7	10.3	12.1	14.4	8.5	8.5	12.5	9.9	9.0	9.1	8.1	4.6
2.0	2.3	1.7	0.8	1.3	1.0	1.0	0.9	0.9	0.9	0.9	0.4
52.9	44.1	34.1	35.8	32.3	27.0	27.0	25.9	25.7	25.4	25.2	27.2
15.3	17.4	12.9	12.0	11.8	9.8	9.7	8.6	8.7	9.0	8.4	8.1
4.4	3.7	5.5	9.3	7.9	18.1	18.9	17.8	18.4	19.0	18.8	20.9
2.0	6.8	9.1	11.2	15.9	13.9	13.6	16.2	14.6	14.8	15.1	14.4
2.5	2.6	7.5	8.5	7.9	8.4	8.0	9.3	9.5	9.2	9.2	9.5
47.5	28.3	42.4	37.1	32.1	28.3	29.4	28.0	28.0	28.3	28.9	28.9
11.6	9.3	8.4	7.3	8.5	8.7	8.6	8.5	8.5	8.1	7.8	7.8
9.5	14.7	17.6	22.4	22.4	20.6	20.5	18.7	19.0	16.9	18.6	18.6
	2.9	4.9	8.2	12.2	12.2	13.5	15.9	16.0	17.5	16.7	16.7
	3.6	8.6	9.0	9.6	11.1	11.1	9.3	9.9	11.2	9.5	9.5
9.9	**3.7**	**7.2**	**9.4**	**19.0**	**19.9**	**18.5**	**16.1**	**13.9**	**13.3**	**11.4**	**12.6**
28.2	**31.7**	**40.7**	**68.7**	**89.1**	**100.3**	**103.1**	**106.5**	**95.3**			

1—11 平均每天主要社会经济活动

指 标	Item	单 位	Unit	1958 年
地区生产总值(当年价格)	Gross Domestic Produc(t aurrent prices)	万元	10 000 yuan	23
农业总产值	Total Agricultural Products	万元	10 000 yuan	11
地方财政收入	Local Financial Revenue	万元	10 000 yuan	2
地方财政支出	Local Financial Expenditure	万元	10 000 yuan	3
主要工业产品产量	Output of Major Industrial Products			
原煤	Raw Coal	万吨	10 000 tons	
金属切削机床	Metal-cutting Machine Tools	台	unit	
轮胎外胎	Tires	条	article	
水泥	Cement	吨	ton	
饮料酒	Alcoholic Drink	千升	kiloliter	3
乳制品	Dairy Products	吨	ton	
农用化肥	Chemical Fertilizers	吨	ton	
社会消费品零售总额	Total Retail Sales of Consumer Goods	万元	10 000 yuan	14
进出口总额	Total Value of Imports and Exports	万美元	USD 10 000	
全社会固定资产投资额	Total Investment in Fixed Assets	万元	10 000 yuan	6
邮电业务总量	Business Volume of Postal and Telecommunication Services	万元	10 000 yuan	
公路货运周转量	Freight Turnover Volume of Highways	万吨公里	10 000 ton-km	13
公路客运周转量	Passenger Turnover Volume of Highways	万吨公里	10 000 ton-km	
金融机构存款余额	Total Deposits of Financial Institutions	万元	10 000 yuan	16
金融机构贷款余额	Total Loans of Financial Institutions	万元	10 000 yuan	17
城市供水总量	Total Volume Water Supply of City Districts	万立方米	10 000 cu.m	
城市公交客运总量	Total Volume Bus and Trplley Bus of City Districts	万人次	10 000 person-times	

Major Indicators on Average Daily Social and Economic Activities

1978年	1985年	1990年	1995年	2000年	2005年	2013年	2014年	2015年	2016年	2017年	2018年	2019年	2020年
105	258	636	1965	3527	8043	35316	38045	40928	44321	49404	52095	51967	53671
35	95	217	506	643	962	2843	2915	3175	3196	3388	3761	3636	4148
21	40	63	72	260	683	6117	6897	6680	6236	6151	6455	5931	6784
19	33	61	118	339	941	8432	10097	10186	10878	10753	12092	12323	12070
0.1	0.2	0.3	0.6	1	3.2	16.2							
1	1	1	3	2	4	6	6	5	4	6	7	4	5
825	940	1740	4519	5288	8344	4545	4213	3802	5532	4894	2816	1813	
86	236	835	1411	2253	4883	17811	15952	14323	14640	16757	13888	14426	1
1	21	43	77	111	234	746	791	785	738	708	594	600	558
	2	9	12	19	136	601	721	671	654	750	910	937	1058
413	119	644	941	1370	1585	1490	777	1785	1178	915	832	938	0
62	176	372	834	1518	3104	14014	15525	16823	18247	20184	21396	22740	21062
8	15	23	74	70	144	660	1233	895					
23	151	179	623	1435	5525	31479	38158	42216	47214	47097			
1	1	6	36	200	598	1003	1001	1027	954	951	916	1087	1172
48	83	101	163	468	636	5423	4503	3756	3104	2829	1904		
34	84	136	204	367	440	833	831	872	853	760	596		
131	241	563	2367	6116	16786	64135	71479	82679	91600	98280	101495	109966	122623
133	250	792	2466	5625	15115	72894	87286	100109	111687	122200	131448	141114	151229
1	4	20	32	33	28	32	27	30	31	38	39	41	49
5	16	16	13	18	25	82	83	84	85	80	76	82	52

1—12 银川市主要经济指标与全国、全区对比

指 标	Item	单位	Unit
年末总人口	Population at Year-end	万人	10 000 persons
地区生产总值	Gross Domestic Product	亿元	100 million yuan
第一产业	Primary Industry	亿元	100 million yuan
第二产业	Secondary Industry	亿元	100 million yuan
工业	Industrial	亿元	100 million yuan
第三产业	Tertiary Industry	亿元	100 million yuan
全社会固定资产投资	Total Investment in Fixed Assets in the Whole Country	亿元	100 million yuan
房地产开发投资	Investment in Real Estate Development	亿元	100 million yuan
社会消费品零售总额	Total Retail Sales of Consumer Goods	亿元	100 million yuan
进出口总额	Total Value of Imports and Exports	亿元	100 million yuan
出口额	Total Export	亿元	100 million yuan
实际利用外资	Foreign Capital Actually Utilized	亿美元	USD 100 million
金融机构存款余额	Total Deposits of Financial Institutions	亿元	100 million yuan
金融机构贷款余额	Total Loans of Financial Institutions	亿元	100 million yuan
城镇非私营单位在岗职工年平均工资	Average Wages of Private Enstitutions Employed in cities and tawns	元	yuan
城镇居民人均可支配收入	Per Capita Annual Disposable Income of Urban Households	元	yuan
农村居民人均可支配收入	Per Capital Net Income of Rural Households	元	yuan
居民消费价格指数	Consumer Price Index	%	%
工业生产者出厂价格指数	Producer Price Index for Manufactured Goods	%	%

The Main Economic Indicators of Yinchuan Compared to Country and Region

全国 Country	全区 Region	银川市 Yinchuan	银川市占全区比重% Yinchuan Accounted for Region
141212	720.93	286.17	39.7
1015986	3920.55	1964.37	50.1
77754	338.01	75.72	22.4
384255	1608.96	832.62	51.7
313071	1283.69	655.72	51.1
553977	1973.58	1056.03	53.5
527270			
141443	433.27	311.43	71.9
391981	1301.39	770.87	59.2
321557	123.17	62.96	51.1
179326	86.68	45.27	52.2
1444	2.72	0.9	32.4
2126000	7121.31	4488.01	63.0
1727000	7782.59	5535.00	71.1
100512	101827	105653	+104
43834	35720	39416	+110
17131	13889	16428	+118
102.5	101.5	101.8	–
98.2	96.9	97.4	–

1—13 主要年份银川市分县(市)区国民经济和社会发展主要指标

指 标	Item	单位	Unit
总人口	Total Population	万人	10 000 persons
单位从业人员	Employed Persons	万人	10 000 persons
第一产业	Primary Industry	万人	10 000 persons
第二产业	Secondary Industry	万人	10 000 persons
第三产业	Tertiary Industry	万人	10 000 persons
地区生产总值	Gross Domestic Product	亿元	100 million yuan
第一产业	Primary Industry	亿元	100 million yuan
第二产业	Secondary Industry	亿元	100 million yuan
工业增加值	Value-added of Industry	亿元	100 million yuan
第三产业	Tertiary Industry	亿元	100 million yuan
农、林、牧、渔业总产值	Gross Output Value of Agriculture, Forestry,Animal Husbandry and Fishery	亿元	100 million yuan
畜牧业产值	Gross Output Value of Livestock	亿元	100 million yuan
粮食产量	Grain	万吨	10 000 tons
蔬菜产量	Vegetables	万吨	10 000 tons
水产品产量	Aquatic Products	万吨	10 000 tons
肉类总产量	Meat	万吨	10 000 tons
猪牛羊肉产量	Products of Pork, Beef and Mutton	万吨	10 000 tons
全社会固定资产投资	Investment in Fixed Assets	亿元	100 million yuan
房地产开发投资	Investment in Real Estate Development	亿元	100 million yuan
社会消费品零售额	Total Retail Sales of Consumer Goods	亿元	100 million yuan
批发和零售业	Wholesale and Retail Trade	亿元	100 million yuan
住宿和餐饮业	Hotels and Catering Services	亿元	100 million yuan
地方财政收入	Local Financial Revenue	亿元	100 million yuan
地方公共财政预算收入	Local Public Finance Budget Revenue	亿元	100 million yuan
地方财政支出	Local Financial Expenditure	亿元	100 million yuan
在岗职工年平均工资	Average Wages of Fully Employed Staff and Workers	元	yuan
城镇居民人均可支配收入	Per Capita Annual Disposable Income of Urban Households	元	yuan
城镇居民人均消费性支出	Per Capital Consumption Expenditure of Urban Households	元	yuan
农村居民人均可支配收入	Per Capital Net Income of Rural Households	元	yuan
农民人均生活消费性支出	Per Capital Consumption Expenditure of Rural Households	元	yuan
普通中学在校生	Number of Student Enrollment in Regular Secondary Education Schools	万人	10 000 persons
小学在校生	Number of Student Enrollment in Primary Schools	万人	10 000 persons
卫生技术人员	Medical Technical Personnel in Health Care Institutions	万人	10 000 persons
医生	Doctors	万人	10 000 persons

Major Indicators on National Economic and Social Development in Main Years by City and Country

地区 Region						市区 City					
2016年	2017年	2018年	2019年	2020年	2020年比2019年增长%	2016年	2017年	2018年	2019年	2020年	2020年比2019年增长%
257.18	267.39	272.04	280.88	286.17	1.9	167.41	174.84	178.55	185.91	190.36	2.4
35.46	35.43	35.27	37.51	34.97	-6.8	27.14	27.27	27.88	29.26		
0.60	0.50	0.31	0.30	0.18	-40.0	0.19	0.19	0.17	0.11		
13.98	13.84	14.04	14.01	13.42	-4.2	9.69	9.52	10.53	10.14		
20.89	21.09	20.92	23.20	21.37	-7.9	17.26	17.56	17.18	19.00		
1411.21	1619.32	1777.22	1896.79	1964.37	3.2	832.21	946.95	1058.67	1139.57	1177.65	2.6
58.06	61.35	68.28	64.23	75.72	0.7	17.24	18.22	20.09	18.96	21.23	0.2
632.52	738.83	776.76	829.07	832.62	2.8	256.60	294.47	301.04	326.72	327.13	2.3
496.84	596.45	630.18	663.12	655.72	1.9	174.35	208.30	215.84	223.37	224.23	3.0
720.63	819.14	932.18	1003.49	1056.03	3.8	558.37	634.26	737.54	793.89	829.29	2.8
116.74	123.65	137.28	132.73	151.82	1.6	35.47	37.93	41.20	39.99	44.63	0.5
29.63	31.95	36.35	40.16	48.50	8.9	9.49	11.71	12.07	12.13	13.52	5.6
83.57	83.29	82.42	66.29	69.23	4.4	20.60	19.09	19.70	14.56	15.72	7.9
167.33	156.74	152.07	141.38	142.54	0.8	29.09	26.87	27.29	31.32	32.06	2.3
7.37	7.37	7.16	7.26	7.58	4.4	1.78	0.71	1.20	1.03	1.00	-2.7
5.15	6.41	6.35	6.20	5.88	-5.2	0.92	1.47	1.43	1.40	1.36	-3.1
4.61	5.49	5.34	5.18	5.10	-1.5	0.86	1.33	1.20	1.13	0.89	-20.8
1723.31	1719.05					770.04	851.71				
474.94	402.82	295.25	275.35	311.43	13.1	385.14	307.25	232.80	218.84	245.66	12.3
666.01	736.69	780.96	830.01	770.87	-7.1	480.81	534.84	572.15	605.14	569.42	-5.9
458.77	506.47	497.31	539.08	731.67	35.7	300.92	336.61	323.23	348.92	547.12	56.8
55.42	55.84	55.42	47.69	39.20	-17.8	45.94	44.22	42.72	35.95	22.29	-38.0
227.62	224.50	235.50	216.50	248.29	14.7	162.29	149.48	168.31	160.10	186.29	16.4
173.20	177.46	173.25	154.71	157.26	1.6	121.40	123.43	120.95	108.48	106.72	-1.6
397.04	392.49	441.34	449.78	441.76	-1.8	266.87	247.97	286.92	282.63	289.48	2.4
70840	77206	87291	94559	105653	11.7	72860	79775	90042	98204		
30478	32981	35586	38217	39416	3.1						
22898	23125	25506	27717	26667	-3.8						
12037	13087	14160	15282	16428	7.5						
11061	11507	12322	12966	13318	2.7						
12.94	13.04	13.46	13.88	14.24	2.6	8.59	8.60	8.77	9.08	9.34	2.9
16.76	17.36	18.41	19.00	19.98	5.2	10.26	10.78	11.56	12.26	13.14	7.2
2.20	2.40	2.54	2.7	2.8	6.0	1.90	2.35	2.15	2.25	2.34	4.0
0.83	0.90	0.97	1.0	1.1	7.8	0.72	0.73	0.82	0.87	0.93	6.9

1-13 续表1

指 标	Item	单位	Unit
总人口	Total Population	万人	10 000 persons
单位从业人员	Employed Persons	万人	10 000 persons
第一产业	Primary Industry	万人	10 000 persons
第二产业	Secondary Industry	万人	10 000 persons
第三产业	Tertiary Industry	万人	10 000 persons
地区生产总值	Gross Domestic Product	亿元	100 million yuan
第一产业	Primary Industry	亿元	100 million yuan
第二产业	Secondary Industry	亿元	100 million yuan
工业增加值	Value-added of Industry	亿元	100 million yuan
第三产业	Tertiary Industry	亿元	100 million yuan
农、林、牧、渔业总产值	Gross Output Value of Agriculture, Forestry,Animal Husbandry and Fishery	亿元	100 million yuan
畜牧业产值	Gross Output Value of Livestock	亿元	100 million yuan
粮食产量	Grain	万吨	10 000 tons
蔬菜产量	Vegetables	万吨	10 000 tons
水产品产量	Aquatic Products	万吨	10 000 tons
肉类总产量	Meat	万吨	10 000 tons
猪牛羊肉产量	Products of Pork, Beef and Mutton	万吨	10 000 tons
全社会固定资产投资	Investment in Fixed Assets	亿元	100 million yuan
房地产开发投资	Investment in Real Estate Development	亿元	100 million yuan
社会消费品零售额	Total Retail Sales of Consumer Goods	亿元	100 million yuan
批发和零售业	Wholesale and Retail Trade	亿元	100 million yuan
住宿和餐饮业	Hotels and Catering Services	亿元	100 million yuan
地方财政收入	Local Financial Revenue	亿元	100 million yuan
地方公共财政预算收入	Local Public Finance Budget Revenue	亿元	101 million yuan
地方财政支出	Local Financial Expenditure	亿元	100 million yuan
在岗职工年平均工资	Average Wages of Fully Employed Staff and Workers	元	yuan
城镇居民人均可支配收入	Per Capita Annual Disposable Income of Urban Households	元	yuan
城镇居民人均消费性支出	Per Capital Consumption Expenditure of Urban Households	元	yuan
农村居民人均可支配收入	Per Capital Net Income of Rural Households	元	yuan
农民人均生活消费性支出	Per Capital Consumption Expenditure of Rural Households	元	yuan
普通中学在校生	Number of Student Enrollment in Regular Secondary Education Schools	万人	10 000 persons
小学在校生	Number of Student Enrollment in Primary Schools	万人	10 000 persons
卫生技术人员	Medical Technical Personnel in Health Care Institutions	万人	10 000 persons
医生	Doctors	万人	10 000 persons

continued

兴庆区 Xingqing						金凤区 Jinfeng					
2016年	2017年	2018年	2019年	2020年	2020年比2019年增长%	2016年	2017年	2018年	2019年	2020年	2020年比2019年增长%
6.11	7.43	5.11	5.26			12.02	12.53	13.04	19.04		
15.97	14.86	15.51	10.89			7.82	7.15	7.21	13.49		
0.05	0.05	0.04	0.02			0.01	0.01	0.01	0.01		
7.07	5.63	6.83	2.26			1.97	1.32	1.37	5.73		
8.84	9.18	8.65	8.62			5.84	5.82	5.83	7.75		
396.97	442.51	490.49	531.58	551.05	2.5	193.12	222.23	267.85	290.38	301.66	3.5
7.33	7.75	8.50	7.94	8.82	0.2	4.24	4.35	4.78	4.55	5.35	0.2
57.80	63.41	64.60	23.98	73.33	2.2	49.67	49.92	49.44	54.52	59.34	6.6
20.81	21.76	22.03	73.42	22.87	−2.1	21.01	21.10	21.15	22.07	25.85	13.5
331.84	371.35	417.39	450.22	468.90	2.6	139.22	167.96	213.63	231.31	236.97	2.7
14.67	15.67	17.02	16.51	23.30	0.5	9.67	10.17	11.05	10.72	6.99	0.5
3.41	4.21	4.58	4.62	6.82	5.6	3.03	3.74	4.06	4.07	1.51	5.6
7.05	7.45	5.70	4.51	4.77	5.7	2.40	2.06	1.86	1.21	1.27	5.0
14.40	14.16	15.53	16.23	16.29	0.4	11.38	9.00	7.72	10.55	11.49	8.9
0.63	0.65	0.64	0.65	0.61	−6.2	0.84	0.39	0.35	0.17	0.17	0.0
				0.51						0.16	
				0.44						0.15	
279.49	313.46					322.09	351.79				
91.58	84.21	78.10	66.88	75.45	12.8	261.02	199.40	146.00	136.77	145.72	6.5
298.44	329.40	347.30	357.76	340.09	−4.9	128.81	144.72	158.15	176.37	161.97	−8.2
215.82	242.92	230.16	244.21	329.97	35.1	63.79	70.34	67.80	75.62	151.44	100.3
32.75	29.84	31.54	25.66	10.12	−60.6	10.18	11.01	7.93	8.95	10.53	17.6
14.10	13.22	11.44	9.71	8.53	−12.1	5.85	6.42	7.08	7.45	7.69	3.2
14.10	13.22	11.44	9.71	8.53	−12.1	5.85	6.42	7.08	8.00	7.69	3.2
30.41	36.27	36.72	40.54	35.72	−11.9	23.86	22.53	25.43	24.92	27.01	8.4
77159	84007	97722	99126			73069	79287	82676	106109		
32781	35452	38307	41218	42364	2.8	32734	35560	38348	41191	43578	5.8
24367	24885	29379	32054	30060	−6.2	24291	24724	26394	28564	29009	1.6
13600	14788	15904	17129	18354	7.2	10746	11629	12669	13708	14602	6.5
11523	12469	13430	14380	13912	−3.3	10472	10983	12155	13168	13661	3.7
3.76	3.79	3.96	4.15	4.27	2.9	2.33	2.32	2.40	2.53	2.70	6.7
5.57	5.78	6.10	6.29	6.53	3.8	2.35	2.66	3.04	3.48	4.01	15.2
1.20	1.30	1.33	1.33	1.37	3.0	0.49	0.51	0.57	0.66	0.69	4.5
0.46	0.48	0.51	0.52	0.54	3.8	0.17	0.17	0.22	0.26	0.27	3.8

1-13 续表2

指标	Item	单位	Unit
总人口	Total Population	万人	10 000 persons
单位从业人员	Employed Persons	万人	10 000 persons
第一产业	Primary Industry	万人	10 000 persons
第二产业	Secondary Industry	万人	10 000 persons
第三产业	Tertiary Industry	万人	10 000 persons
地区生产总值	Gross Domestic Product	亿元	100 million yuan
第一产业	Primary Industry	亿元	100 million yuan
第二产业	Secondary Industry	亿元	100 million yuan
工业增加值	Value-added of Industry	亿元	100 million yuan
第三产业	Tertiary Industry	亿元	100 million yuan
农、林、牧、渔业总产值	Gross Output Value of Agriculture, Forestry,Animal Husbandry and Fishery	亿元	100 million yuan
畜牧业产值	Gross Output Value of Livestock	亿元	100 million yuan
粮食产量	Grain	万吨	10 000 tons
蔬菜产量	Vegetables	万吨	10 000 tons
水产品产量	Aquatic Products	万吨	10 000 tons
肉类总产量	Meat	万吨	10 000 tons
猪牛羊肉产量	Products of Pork, Beef and Mutton	万吨	10 000 tons
全社会固定资产投资	Investment in Fixed Assets	亿元	100 million yuan
房地产开发投资	Investment in Real Estate Development	亿元	100 million yuan
社会消费品零售额	Total Retail Sales of Consumer Goods	亿元	100 million yuan
批发和零售业	Wholesale and Retail Trade	亿元	100 million yuan
住宿和餐饮业	Hotels and Catering Services	亿元	100 million yuan
地方财政收入	Local Financial Revenue	亿元	100 million yuan
地方公共财政预算收入	Local Public Finance Budget Revenue	亿元	100 million yuan
地方财政支出	Local Financial Expenditure	亿元	100 million yuan
在岗职工年平均工资	Average Wages of Fully Employed Staff and Workers	元	yuan
城镇居民人均可支配收入	Per Capita Annual Disposable Income of Urban Households	元	yuan
城镇居民人均消费性支出	Per Capital Consumption Expenditure of Urban Households	元	yuan
农村居民人均可支配收入	Per Capital Net Income of Rural Households	元	yuan
农民人均生活消费性支出	Per Capital Consumption Expenditure of Rural Households	元	yuan
普通中学在校生	Number of Student Enrollment in Regular Secondary Education Schools	万人	10 000 persons
小学在校生	Number of Student Enrollment in Primary Schools	万人	10 000 persons
卫生技术人员	Medical Technical Personnel in Health Care Institutions	万人	10 000 persons
医生	Doctors	万人	10 000 persons

continued

西夏区 Xixia						永宁县 Yongning					
2016年	2017年	2018年	2019年	2020年	2020年比2019年增长%	2016年	2017年	2018年	2019年	2020年	2020年比2019年增长%
42.12	43.42	43.89	44.76	45.00	0.5	29.64	30.76	31.23	31.93	32.19	0.8
5.04	5.26	5.16	4.88			2.18	2.20	1.93	1.88		
0.13	0.13	0.12	0.09			0.10	0.04	0.02	0.02		
2.32	2.58	2.34	2.15			0.89	0.95	0.71	0.57		
2.59	2.55	2.70	2.63			1.19	1.21	1.20	1.30		
242.12	282.20	300.33	317.61	324.94	1.9	93.50	108.38	100.10	100.89	110.19	5.1
5.68	6.12	6.81	6.47	7.06	0.2	14.69	15.37	17.45	15.95	19.64	−0.6
149.13	181.14	187.00	198.78	194.45	1.1	38.07	43.89	33.02	26.52	26.51	2.0
132.53	165.44	172.66	177.32	175.51	2.4	26.10	30.53	20.10	16.83	16.86	3.2
87.31	94.95	106.52	112.36	123.43	3.4	40.74	49.13	49.63	58.42	64.04	8.6
11.13	12.09	13.13	12.76	14.34	0.5	28.12	29.04	32.82	30.47	35.03	−0.3
3.05	3.76	3.43	3.44	5.20	5.6	4.67	5.21	5.80	6.26	8.08	13.2
11.14	9.58	12.14	8.84	9.68	9.5	26.69	26.38	26.03	21.61	22.19	2.7
3.30	3.71	4.04	4.54	4.27	−5.9	50.33	50.64	50.26	50.03	54.10	8.1
0.31	0.32	0.22	0.21	0.22	5.6	0.80	0.79	0.75	0.60	0.55	−7.6
				0.36		1.51	1.04	1.07	1.12	1.28	14.0
				0.31		1.21	0.78	0.80	0.83	1.04	25.2
168.45	186.47					172.65	134.77				
32.54	23.64	8.71	15.19	24.49	61.2	36.58	33.81	15.82	8.07	14.16	75.5
53.56	60.72	66.69	71.01	67.36	−5.1	25.45	28.05	29.37	31.71	26.22	−17.3
21.31	23.35	25.27	29.09	65.71	125.9	16.55	18.11	19.22	20.62	21.20	2.8
3.01	3.37	3.25	1.34	1.65	22.9	2.01	2.11	1.76	2.05	5.02	144.7
4.14	5.67	6.11	5.17	4.92	−4.9	15.59	15.20	9.86	8.78	13.11	49.3
4.14	5.67	6.11	5.17	4.92	−4.9	13.28	12.66	6.54	7.17	8.76	22.2
17.65	19.23	32.94	24.55	21.29	−13.3	32.60	32.47	34.60	39.96	34.81	−12.9
60810	68050	75521	75491			55738	58699	67459	72113		
24976	26985	29191	31302	32611	4.2	26948	29211	30730	33032	33698	2.0
20957	21023	22447	22478	21264	−5.4	19874	21052	22033	22842	23114	1.2
10112	10975	11820	12835	13609	6.0	11865	12855	13871	14994	16040	7.0
10069	10938	11876	12169	12767	4.9	9085	10094	10988	6554	12657	8.1
2.49	2.49	2.41	2.40	2.37	−1.3	1.63	1.70	1.78	1.85	1.87	1.1
2.30	2.34	2.42	2.49	2.59	4.0	2.35	2.36	2.33	2.40	2.49	3.8
0.21	0.23	0.24	0.26	0.28	7.7	0.08	0.09	0.11	0.11	0.11	0.0
0.09	0.08	0.09	0.10	0.11	10.0	0.03	0.02	0.04	0.04	0.04	0.0

1-13 续表3

指 标	Item	单位	Unit
总人口	Total Population	万人	10 000 persons
单位从业人员	Employed Persons	万人	10 000 persons
第一产业	Primary Industry	万人	10 000 persons
第二产业	Secondary Industry	万人	10 000 persons
第三产业	Tertiary Industry	万人	10 000 persons
地区生产总值	Gross Domestic Product	亿元	100 million yuan
第一产业	Primary Industry	亿元	100 million yuan
第二产业	Secondary Industry	亿元	100 million yuan
工业增加值	Value-added of Industry	亿元	100 million yuan
第三产业	Tertiary Industry	亿元	100 million yuan
农、林、牧、渔业总产值	Gross Output Value of Agriculture, Forestry,Animal Husbandry and Fishery	亿元	100 million yuan
畜牧业产值	Gross Output Value of Livestock	亿元	100 million yuan
粮食产量	Grain	万吨	10 000 tons
蔬菜产量	Vegetables	万吨	10 000 tons
水产品产量	Aquatic Products	万吨	10 000 tons
肉类总产量	Meat	万吨	10 000 tons
猪牛羊肉产量	Products of Pork, Beef and Mutton	万吨	10 000 tons
全社会固定资产投资	Investment in Fixed Assets	亿元	100 million yuan
房地产开发投资	Investment in Real Estate Development	亿元	100 million yuan
社会消费品零售额	Total Retail Sales of Consumer Goods	亿元	100 million yuan
批发和零售业	Wholesale and Retail Trade	亿元	100 million yuan
住宿和餐饮业	Hotels and Catering Services	亿元	100 million yuan
地方财政收入	Local Financial Revenue	亿元	100 million yuan
地方公共财政预算收入	Local Public Finance Budget Revenue	亿元	100 million yuan
地方财政支出	Local Financial Expenditure	亿元	100 million yuan
在岗职工年平均工资	Average Wages of Fully Employed Staff and Workers	元	yuan
城镇居民人均可支配收入	Per Capita Annual Disposable Income of Urban Households	元	yuan
城镇居民人均消费性支出	Per Capital Consumption Expenditure of Urban Households	元	yuan
农村居民人均可支配收入	Per Capital Net Income of Rural Households	元	yuan
农民人均生活消费性支出	Per Capital Consumption Expenditure of Rural Households	元	yuan
普通中学在校生	Number of Student Enrollment in Regular Secondary Education Schools	万人	10 000 persons
小学在校生	Number of Student Enrollment in Primary Schools	万人	10 000 persons
卫生技术人员	Medical Technical Personnel in Health Care Institutions	万人	10 000 persons
医生	Doctors	万人	10 000 persons

continued

贺兰县 Helan						灵武市 Lingwu					
2016年	2017年	2018年	2019年	2020年	2020年比2019年增长%	2016年	2017年	2018年	2019年	2020年	2020年比2019年增长%
31.28	32.76	33.11	33.83	34.18	1.0	28.85	29.04	29.15	29.21	29.44	0.8
2.59	2.32	1.96	2.03			3.55	3.64	3.51	4.34		
0.12	0.11	0.00	0.08			0.19	0.16	0.12	0.09		
1.32	1.14	0.74	0.70			2.08	2.22	2.06	2.60		
1.15	1.07	1.22	1.25			1.28	1.26	1.32	1.65		
108.48	124.73	134.02	138.95	143.29	1.0	377.02	439.26	484.43	517.38	533.23	4.8
16.09	17.37	19.28	17.78	21.29	2.0	10.04	10.38	11.47	11.54	13.56	1.4
35.57	41.71	44.37	45.29	37.56	−15.5	302.28	358.77	398.32	430.55	441.42	5.0
25.44	29.23	26.09	31.65	27.74	−10.4	270.96	328.39	368.14	391.27	386.88	2.3
56.82	65.65	70.37	75.88	84.44	10.8	64.70	70.11	74.65	75.30	78.26	3.8
32.59	35.09	39.08	37.40	43.21	2.3	20.47	21.60	24.19	24.87	28.95	1.6
5.23	6.61	7.94	9.38	11.41	1.9	7.30	8.42	10.54	12.40	15.49	13.4
20.43	21.21	19.39	15.85	16.35	3.1	15.86	16.62	17.31	14.27	14.98	5.0
80.25	71.04	68.66	51.23	48.10	−6.1	7.67	8.20	5.87	8.80	8.28	−5.9
4.23	4.66	4.65	5.29	5.80	9.7	0.55	0.56	0.57	0.34	0.22	−34.9
0.83	1.01	1.02	0.96	0.99	3.6	1.90	2.89	2.83	2.72	2.57	−5.4
0.73	0.78	0.78	0.76	0.83	9.1	1.81	2.60	2.56	2.46	2.34	−4.9
207.10	215.14					573.52	517.42				
37.41	46.25	40.81	41.94	46.22	10.2	15.81	15.52	5.80	6.49	5.39	−16.9
129.68	139.92	142.39	154.33	140.59	−8.9	30.08	33.89	37.06	38.84	34.65	−10.8
127.94	136.90	139.72	151.74	132.66	−12.6	13.33	14.85	15.13	17.82	30.68	72.2
5.07	7.03	7.54	8.05	7.93	−1.5	2.44	2.48	3.39	1.63	3.96	143.1
18.47	19.91	17.35	16.62	15.67	−5.7	30.31	39.91	39.98	30.99	33.22	7.2
15.08	11.06	11.60	12.09	12.60	4.2	23.43	30.31	34.18	26.96	29.18	8.2
36.56	42.07	38.91	44.60	43.39	−2.7	61.01	69.98	80.90	82.59	74.14	−10.2
56569	59593	66067	66366			73845	79324	87525	93065		
26468	28641	31051	33660	35195	4.6	28330	30624	32860	35252	35887	1.8
17043	18376	19784	21500	22156	3.0	18478	19415	21515	22465	21623	−3.8
12560	13668	14780	15928	17249	8.3	12547	13659	14848	16032	17312	8.0
13007	13278	13948	14863	15266	2.7	10751	11338	11824	12297	11913	−3.1
1.32	1.35	1.40	1.48	1.54	4.1	1.39	1.39	1.42	1.46	1.49	2.1
2.09	2.17	2.26	2.36	2.42	2.5	2.07	2.06	2.02	1.98	1.94	−2.0
0.10	0.11	0.14	0.16	0.18	12.5	0.13	0.18	0.15	0.15	0.06	−60.0
0.04	0.03	0.05	0.06	0.07	16.7	0.05	0.04	0.06	0.06	0.08	33.3

主要统计指标解释

【地区生产总值】 是按市场价格计算的地区生产总值的简称。它是一个国家(地区)所有常住单位在一定时期内生产活动的最终成果。地区生产总值有三种表现形态,即价值形态、收入形态和产品形态。从价值形态看,它是所有常住单位在一定时期内所生产的全部货物和服务价值超过同期投入的全部非固定资产货物和服务价值的差额,即所有常住单位的增加值之和;从收入形态看,它是所有常住单位在一定时期内所创造并分配给常住单位和非常住单位的初次分配收入之和;从产品形态看,它是最终使用的货物和服务减去进口货物和服务。在实际核算中,地区生产总值的三种表现形态表现为三种计算方法,即生产法、收入法和支出法。三种方法分别从不同的方面反映地区生产总值及其构成。

地区生产总值同社会总产值、国民收入的区别。从核算范围看,社会总产值和国民收入都只计算物质生产部门的劳动成果,而地区生产总值除计算物质生产部门劳动成果外,还计算非物质生产部门的劳动成果。从这三个指标的价值构成看,社会总产值计算了社会产品的全部价值;地区生产总值计算了生产产品和提供劳务过程中增加的价值,即增加值,不计算中间产品和中间劳务投入的价值;而国民收入除了不计算中间产品价值外,还不包括固定资产折旧价值,即只计算净产值。

【三次产业】 是根据社会生产活动历史发展的顺序对产业结构的划分,产品直接取自自然界的部门称为第一产业,对初级产品进行再加工的部门称为第二产业,为生产和消费提供各种服务的部门称为第三产业。

第一产业:农业(包括种植业、林业、牧业、渔业等)。

第二产业:工业(包括采掘业、制造业、自来水、电力、蒸气、热水、煤气)和建筑业。

第三产业:除第一、第二产业以外的其他各业。

【当年价格】 指报告期的实际价格,如工厂的出厂价格,农产品的收购价格,商业的零售价格等。按当年价格计算,是指一些以货币表现的物量指标如工农业总产值、地区生产总值等,按照当年的实际价格来计算总量。使用当年价格是为了使国民经济各项指标互相衔接,便于考察当年经济效益,便于对生产和流通、生产和分配、生产和消费进行经济核算的综合平衡。按当年价格计算的价值指标,在不同年份之间进行对比时,因为包含有各年间价格变动因素,不能确切地反映实物量的增减变动。必须消除价格变动因素后,才能真实反映经济发展动态。因此,在计算增长速度时都使用按可比价格计算。

【可比价格】 指计算各种总量指标所采用的扣除了价格变动因素的价格,可进行不同时期总量指标的对比。按可比价格计算总量指标有两种方法:一种是直接用产品产量乘某一年的不变价格计算;另一种是用价格指数进行缩减。

【不变价格】 指以同类产品某年的平均价格作为固定价格,用于计算各年的产品价值。按不变价格计算的产品价值消除了价格变动因素,不同时期对比可以反映生产的发展速度。新中国成立后,随着工农业产品价格水平的变化,国家统计局先后五次制定了全国统一的工业产品不变价格和农业产品不变价格,从1952年到1957年使用1952年工(农)业产品不变价格,从1957年到1970年使用1957年不变价格,从1971年到1980年使用1970年不变价格,从1981年到1990年使用1980年不变价格,从1991年开始使用1990年不变价格。

【平均增长速度】 我国计算平均增长速度有两种方法:一种是习惯上经常使用的“水平法”,又称几何平均法,是以间隔期最后一年的水平同基期水平对比来计算平均每年增长(或下降)速度;另一种是“累计法”,又称代数平均法或方程法,是以间隔期内各年水平的总和同基期水平对比来计算平均每年增长(或下降)速度。在一般正常情况下,两种方法计算的平均每年增长速度比较接近,但在经济发展不平衡、出现大起大落时,两种方法计算的结果差别较大。

2

人口及劳动力

Population and Labor Resources

2—1 主要年份人口发展情况

Basic Statistics of Population Development in Main Years

单位:户、人 (household, person)

年份 Year	总户数 Households Numberof Population	总人口 Number of Population	市区 City	回族人口 Huzu Population	女性人口 Female	非农业人口 Non-Agriculture Population	城镇人口 Urban Population Population	人口自然增长率(‰) Natural GrowthRate (‰)	平均人口 Average Population	市区 City
1949	45256	236299	72485	72493	111211	39837			236299	72485
1950	49246	247749	77801	71380	113462	42900			242024	75143
1951	50672	260142	85270	74829	121187	48630			253946	81536
1952	56193	276639	89700	83045	126166	48748			268391	87485
1953	62679	300198	99841	88772	136787	56860			288419	94771
1954	68074	321563	113068	92594	147450	68597			310881	106455
1955	65000	336403	111411	99457	156189	67433			328983	112240
1956	70772	346777	112376	107249	157998	66609			341590	111894
1957	74573	357851	116554	109418	165002	78666			352314	114465
1958	73535	401035	148237	114052	183730	106548			379443	132396
1959	90677	451634	190649	110086	202026	144519			426335	169443
1960	97208	480697	224877	110131	217807	166649			466166	207763
1961	90646	453310	206414	103033	207847	154700			467004	215646
1962	89712	416967	178642	105447	196263	131349			435139	192528
1963	90863	435057	187218	109824	203553	141243			426012	182930
1964	91694	455163	203072	112522	213643	139169			445110	195145
1965	95562	485038	212627	118699	227103	152417			470101	207850
1966	99688	486125	207166	121888	228312	153574			485582	209897
1967	100959	515165	220804	124951	242186	168739			500645	213985
1968	107182	543598	231651	132374	259388	171832			529382	226227
1969	111049	579658	243705	140373	274716	180569			561628	237680
1970	116810	600701	259469	150395	287255	180451			590180	251589
1971	119482	623017	267693	148212	297348	190391			611859	263581
1972	123994	649755	279211	156770	311783	202290			636386	273452
1973	127707	674103	287667	163954	324245	210007			661929	283439
1974	134538	696414	292901	169429	335601	214666			685259	290284
1975	141395	718620	299393	174374	347737	220925			707517	296147
1976	148458	741390	308446	179583	358800	230423			730005	303920
1977	154491	761706	313951	184679	368776	235181			751548	311199
1978	160534	786743	325177	191204	378907	248658			774225	319573
1979	171646	804081	335217	195687	390468	263385			795412	330198
1980	168447	822542	344540	200710	399608	278972			813312	339879
1981	174855	841060	353829	206777	409152	289869			831801	349184
1982	181967	862170	363880	211348	419974	300037			851615	358854

2—1 续表 continued

单位:户、人

年份 Year	总户数 Households Numberof Population	总人口 Number of Population	市区 City	回族人口 Huzu Population	女性人口 Female	非农业人口 Non-Agriculture Population	城镇人口 Urban Population Population	人口自然增长率(‰) Natural GrowthRate (‰)	平均人口 Average Population	市区 City
1983	187053	873994	371250	213679	425942	307414			868082	367565
1984	195337	891919	383299	220370	435484	318887			882957	377275
1985	202165	910561	396869	224365	448275	336723			901641	390084
1986	210372	933457	411827	230500	455453	373402			919009	404348
1987	223047	963326	433621	235950	467579	401117			948392	422724
1988	235297	987611	449907	242379	479741	421244			975469	441764
1989	244344	1010032	465096	247685	493369	438407			998822	457502
1990	257452	1034520	480184	253987	506191	453383			1022276	472640
1991	265654	1052684	490958	257580	514954	464682			1043602	485571
1992	273089	1070819	501332	262073	524145	476965			1061752	496145
1993	281340	1090204	513365	267994	535042	491087			1080512	507349
1994	296351	1115048	531311	273809	547009	531863			1102627	522338
1995	294670	1135274	544851	280070	556910	547034		8.34	1125162	538081
1996	309954	1155530	558596	285208	567825	561294		9.13	1145402	551724
1997	318000	1177693	573431	289890	578263	592096		8.95	1166512	566014
1998	334241	1196300	586022	293681	589103	616288		9.06	1186997	579727
1999	344758	1210342	593759	298484	596917	632274		8.84	1203321	589891
2000	381110	1264588	641723	331708	622676	650745		9.00	1237465	617741
2001	384942	1298407	654860	347309	640025	677134		8.25	1281498	648292
2002	397781	1329575	692845	357560	655968	700566		9.81	1313991	673853
2003	407714	1330128	718157	343834	655563	792032		7.23	1329852	705501
2004	437498	1377924	758219	360446	678596	840631		7.54	1354026	738188
2005	454690	1405971	790338	364337	695505	866730		6.31	1391947	774278
2006	476191	1446816	829696	372656	716392	916144		6.29	1426393	810017
2007	495822	1487934	860821	386131	738028	949098		6.81	1467375	845258
2008	526860	1654282	1024922	433347	822834	1095210	1156674	6.08	1635438	1020647
2009	558103	1701839	1058205	448080	847227	1137133	1210008	6.49	1678061	1041563
2010	636737	2004456	1299129	462089	966845	1301787	1453231	7.23	1853149	1178667
2011	735475	2133842	1391419	507356	1038629		1578824	5.77	2069149	1345274
2012	746900	2218858	1450811	525103	1089332		1649246	7.11	2176350	1421115
2013	782199	2291713	1493211	551436	1124136		1703713	6.73	2255286	1472011
2014	838454	2411593	1574936	604717	1176122		1802269	6.71	2351653	1534074
2015	853095	2473435	1607998	636741	1211647		1873057	6.35	2442514	1591467
2016	885194	2571767	1674126	661688	1276762		1955876	8.11	2522601	1641062
2017	928791	2673925	1748400	688936	1351056		2072031	8.49	2622846	1711263
2018	938217	2720413	1785503	704257	1378046		2125171	6.27	2697169	1766952
2019	1012045	2808826	1859070	724411	1425733		2242824	9.04	2764620	1822287
2020	1147120	2861720	1903553	668210	1406508		2295808		2835273	1881312

注:从1995年起人口自然增长率以人口变动抽样调查统计数据为依据;从2008年起总人口为常住人口,是按年度人口变动情况抽样调查数据推算;2011–2020年数据为第七次人口普查修订数据。

Note: since 1995, the natural population growth rate is based on the statistical data of sampling survey of population change; Since 2008, the total population is the permanent resident population, which is calculated according to the sampling survey data of annual population changes; The data from 2011 to 2020 are the revised data of the seventh population census.

2—2 户数、人口及变动情况

Household, Population and Change Conditions

单位:户、人　　(2020)　　(household, person)

指　标	Item	总计 Total	市区 City	兴庆区 Xingqing	西夏区 Xixia	金凤区 Jinfeng	永宁县 Yongning	贺兰县 Helan	灵武市 Lingwu
年末总户数、总人口	**Number of Households and Population at Year-end**								
总户数	Households	1147120	775921	335697	179273	260951	124774	134048	112377
总人口	Usual Resident Population	2861720	1903553	809030	449975	644548	321916	341823	294428
男	Male	1455212	954525	405971	228407	320147	165046	174501	161140
女	Female	1406508	949028	403059	221568	324401	156870	167322	133288
平均人口	Average Population	2835273	1881312	806402	448804	626106	320619	340067	293275
平均每户人数	Average Family Size	2.49	2.45	2.41	2.51	2.47	2.58	2.55	2.62
性别比(以女性为100)	Sex Ratio(female=100)	103.46	100.72	100.72	103.08	98.70	105.22	104.28	120.88
分民族人口	Population by Ethnicity								
汉族	Han	2147841	1479412	654748	336806	487858	237799	268194	162436
回族	Hui	668210	387277	142227	100929	144121	79835	70313	130785
其他少数民族	Other Ethnic Minorities	45669	36864	12055	12240	12569	4282	3316	1207

2—3 婚姻状况

Marital Status

指　标	Item	单位	Unit	2019年	2020年
登记结婚	Marriage Registration	对	Pair	18700	13445
协议离婚	Divorced by Agreement	对	Pair	8076	6846
涉外婚姻	Marriage with Foreign Elements	对	Pair	56	21
结婚	Married	对	Pair	47	17
离婚	Divorced	对	Pair	9	4
法院调离、判离	To Transfer and Betray by Court	对	Pair	1565	1520
调离	Transfer	对	Pair	1106	1008
判离	Betray	对	Pair	459	512

2—4 主要年份全社会就业人员情况

单位:万人

地 区	Region	2011年			2012年		
		就业人数合计 Total of Employees Number	城镇就业人数 Total of Urban	乡村就业人员 Rural	就业人数合计 Total of Employees Number	城镇就业人数 Total of Urban	乡村就业人员 Rural
银川市	Yinchuan	114.27	84.55	29.72	115.80	86.08	29.73
兴庆区	Xingqing	37.5	36.47	1.03	37.26	36.35	0.91
西夏区	Xixia	18.88	16.61	2.28	19.14	16.85	2.30
金凤区	Jinfeng	18.13	14.21	3.92	19.32	15.07	4.24
永宁县	Yongning	12.64	4.65	7.99	12.92	4.86	8.06
贺兰县	Helan	12.93	5.29	7.65	13.20	5.57	7.63
灵武市	Lingwu	14.18	7.32	6.86	13.97	7.38	6.59

2—4 续表 continued

单位:万人

地 区	Region	2016年			2017年		
		就业人数合计 Total of Employees Number	城镇就业人数 Total of Urban	乡村就业人员 Rural	就业人数合计 Total of Employees Number	城镇就业人数 Total of Urban	乡村就业人员 Rural
银川市	Yinchuan	126.99	96.58	30.41	130.46	101.09	29.37
兴庆区	Xingqing	38.39	34.15	4.24	38.60	34.37	4.22
西夏区	Xixia	20.80	18.57	2.23	21.18	18.93	2.25
金凤区	Jinfeng	23.48	19.00	4.48	25.52	20.49	5.03
永宁县	Yongning	14.64	7.54	7.10	15.01	8.76	6.25
贺兰县	Helan	15.44	8.49	6.95	15.98	9.46	6.53
灵武市	Lingwu	14.25	8.83	5.41	14.17	9.08	5.09

注:2011-2020年数据根据第七次全国人口普查修订。部分数据由于四舍五入产生的误差,未做调整。

Employment of the whole society in Major Years

(10000 person)

2013年			2014年			2015年		
就业人数合计 Total of Employees Number	城镇就业人数 Total of Urban	乡村就业人员 Rural	就业人数合计 Total of Employees Number	城镇就业人数 Total of Urban	乡村就业人员 Rural	就业人数合计 Total of Employees Number	城镇就业人数 Total of Urban	乡村就业人员 Rural
118.65	88.20	30.45	122.35	91.44	30.91	124.11	93.99	30.12
37.66	36.39	1.27	38.19	36.01	2.18	38.38	35.41	2.97
19.51	17.21	2.31	20.15	17.82	2.33	20.34	18.16	2.18
20.13	15.76	4.37	21.56	17.05	4.51	21.97	17.78	4.19
13.55	5.20	8.35	13.90	5.87	8.03	14.05	6.56	7.49
13.76	6.07	7.69	14.61	6.78	7.83	15.04	7.53	7.51
14.03	7.58	6.45	13.94	7.91	6.03	14.33	8.55	5.78

continued

(10000 person)

2018年			2019年			2020年		
就业人数合计 Total of Employees Number	城镇就业人数 Total of Urban	乡村就业人员 Rural	就业人数合计 Total of Employees Number	城镇就业人数 Total of Urban	乡村就业人员 Rural	就业人数合计 Total of Employees Number	城镇就业人数 Total of Urban	乡村就业人员 Rural
132.28	103.33	28.94	134.38	107.30	27.08	138.35	109.99	28.36
38.74	34.56	4.18	38.45	34.98	3.47	39.03	34.93	4.10
21.35	19.08	2.27	21.42	19.44	1.98	21.64	19.60	2.04
26.74	21.42	5.32	29.07	23.98	5.09	31.18	25.36	5.82
15.18	9.11	6.07	15.28	9.47	5.81	15.63	9.91	5.72
16.10	9.77	6.33	16.18	10.14	6.04	16.60	10.61	6.00
14.17	9.40	4.77	13.98	9.29	4.68	14.26	9.59	4.68

Note: the data of 2011−2020 are revised according to the seventh national census. Some data are not adjusted due to the error caused by rounding.

2—5 主要年份城镇非私营单位就业人员和劳动报酬情况

Basic Statistics of Employees and Earning in Main Years

年份 year	全部就业人员(人) Total Employees	按经济类型分 Grouped by Economic Type			按三次产业分 Grouped by Three Strate of Industry			全部单位从业人员劳动报酬(万元) Employed Person's Earning in Whole Units(10000yuan)			在岗职工平均工资(元) Average Wages of staff and Workers (yuan)
		国有 Stateowned	集体 Collective owned	其他 Others	一产 Primary Industry	二产 Secondary Industry	三产 Tertiary Industry	国有 Stateowned	集体 Collective o wned	其他 Others	
1949	2093	2093			85	470	1538	61			291
1950	2625	2625			118	546	1961	78			297
1951	3645	3645			364	667	2614	116			318
1952	6422	6422			587	1688	4147	170			265
1953	7547	7547			883	1755	4909	281			372
1954	10823	10823			1076	3764	5983	309			286
1955	14253	14253			1561	4738	7954	380			267
1956	19438	19438			1818	7999	9621	481			247
1957	24365	24365			2712	7324	14329	1125			462
1958	55830	48722	7108		4110	12016	39704	1973	283		404
1959	75111	67958	7153		9884	17891	47336	4106	463		608
1960	102037	95039	6998		24956	16714	60367	5455	458		579
1961	80752	73717	7035		19144	15489	46119	4810	497		657
1962	61922	54284	7638		14467	8665	38790	3721	564		692
1963	61617	53891	7726		13698	8065	39854	3584	546		670
1964	61719	53719	8000		9132	7907	44680	3968	606		741
1965	76401	68613	7788		14354	10321	51726	4179	481		610
1966	81640	73748	7892		16834	12832	51974	5041	536		683
1967	85143	77265	7878		14621	14549	55973	5087	535		660
1968	87991	79956	8035		17786	18028	52177	5344	562		671
1969	92262	84100	8162		18051	21064	53147	4960	517		594
1970	98280	89753	8527		18455	26082	53743	6436	621		718
1971	90098	81728	8370		7366	28751	53981	5106	527		625
1972	99599	86739	12860		8889	29262	61448	5764	852		664
1973	99575	86690	12885		9278	27078	63219	6116	908		705
1974	104789	90583	14206		4844	28747	71198	6304	1004		697
1975	110702	96334	14368		5453	31900	73349	6575	733		660
1976	121335	103194	18141		5910	34171	81254	6975	967		655
1977	131687	106757	24930		6155	35171	90361	7362	1298		658
1978	140432	119913	20519		12987	76690	50755	8758	1240		723
1979	172876	147906	24970		28757	87308	56811	11040	1208		725
1980	179562	155695	23867		27932	89417	62213	12873	1945		845

注:1.2012年后(含2012年)"在岗职工平均工资"这一指标纳入了劳务派遣人员,数据有所变动。

2.2020年国家将劳动工资统计全面调查改为抽样调查,"国有、集体、其他"登记注册类型不反馈数据。

2—5 续表 continued

年份 year	全部就业人员(人) Total Employees	按经济类型分 Grouped by Economic Type			按三次产业分 Grouped by Three Strate of Industry			全部单位从业人员劳动报酬(万元) Employed Person's Earning in Whole Units(10000yuan)			在岗职工平均工资(元) Average Wages of staff and Workers (yuan)
		国有 Stateowned	集体 Collective owned	其他 Others	一产 Primary Industry	二产 Secondary Industry	三产 Tertiary Industry	国有 Stateowned	集体 Collective o wned	其他 Others	
1981	184320	160582	23738		19772	84092	80456	13568	1634		844
1982	195580	167623	27957		29545	97124	68911	14331	1980		854
1983	205000	173416	31584		30534	99140	75326	15744	2330		893
1984	213989	177679	36310	509	30506	103021	80462	18465	3220	70	1031
1985	227504	188042	39462	463	29724	103918	93862	21243	3703	75	1123
1986	239109	198900	40209	531	29882	106677	102550	26484	4275	89	1316
1987	245636	206741	38386	509	29084	109716	106836	29355	4256	70	1400
1988	258697	219259	38975	463	29459	117262	111976	36172	5090	75	1621
1989	263150	224812	37807	531	29150	117440	116560	41681	5114	89	1804
1990	273130	232506	40013	611	29109	123701	120320	48167	6187	125	2030
1991	285992	242130	43147	715	29535	132204	124253	53653	7190	133	2168
1992	294964	250421	43044	1499	30487	126229	138248	63671	8631	284	2497
1993	286423	246224	35827	4372	25338	112844	148240	73796	9962	1187	2973
1994	298067	247197	38468	12402	27376	143979	126712	102737	12232	5729	4049
1995	300455	245332	39729	15394	25275	147718	127462	121134	15976	9960	4872
1996	292323	242851	33327	16145	24267	138476	129580	129480	15975	10935	5311
1997	302497	240231	35450	26816	24984	144183	133330	134443	21163	20730	5814
1998	270154	205418	23513	41223	24021	122597	123536	138258	15032	31538	6665
1999	262622	201497	21249	39876	23326	112295	127001	153426	15392	32685	7475
2000	256896	196906	19932	40058	22064	108001	126831	175568	17601	37367	8956
2001	242774	186461	16176	40137	21183	97812	123779	205138	16151	40684	10802
2002	238082	178375	15881	43826	19790	98553	119739	230735	16001	47760	11930
2003	288100	150722	8747	128631	21717	140882	125501	214125	8679	179234	13496
2004	288168	144760	6226	137182	18812	144160	125196	225972	9201	210971	15243
2005	291110	155832	5254	130024	17847	146241	127022	295553	9374	250918	18424
2006	295087	149499	4680	140908	12245	149952	132890	338458	9065	349326	23226
2007	292187	147703	4211	140273	14068	140914	137205	421883	10680	425923	28600
2008	289750	148292	2790	138668	13538	137391	138821	482799	9826	490599	33247
2009	296622	148135	2673	145814	12718	140974	142930	516595	10846	571061	36799
2010	300705	150687	2823	147195	12170	139485	149050	577227	12153	695780	43195
2011	313032	165037	2411	145584	11974	141976	159082	734679	12822	766228	49937
2012	335100	178408	2278	154414	11196	139294	184610	1014411	14902	878445	54270
2013	350361	160862	2663	186836	10546	145183	194632	968844	19339	1049976	57112
2014	365267	156625	1828	206814	8006	156437	200824	1007343	11354	1228439	59086
2015	372450	148438	2104	221908	7198	154536	210716	1029750	16885	1324595	65643
2016	354587	146882	1917	205788	5985	139750	208852	1118421	13873	1302974	70840
2017	354341	144824	1957	207560	5031	138406	210904	1222423	17230	1484158	77206
2018	352674	143819	1212	207643	3060	140416	209198	1310834	10896	1710592	87291
2019	375067	144654	1007	229406	3016	140088	231963	1356333	5986	2026785	94559
2020	349788				1835	134219	213734				105653

Note:1.Since 2012(Containing 2012),The inde"Avx erage Wages of staff and Workes"included the laber dispatching personnel, So the data has changed.

2.In 2020, the state will replace the comprehensive survey of Labor and wage statistics with a sample survey, and no data will be returned on the types of registration of "State-owned, collective and other".

2—6 全市城镇非私营单位就业人员人数

Basic Statistics of Employees Number in Yinchuan

单位:人 (2020) (person)

指 标	Item	从业人员期末人数	女性	在岗劳务派遣合计	其他从业人员	从业人员平均人数	在岗劳务合计	其他从业人员
总 计	**Total**	**349788**	**141229**	**334360**	**15428**	**356178**	**334177**	**22001**
农、林、牧、渔业	Agriculture,Forestry,AnimalHusbandryandFishery	1835	346	1762	73	2025	1907	118
采矿业	Mining and Quarrying	44044	7399	43939	105	44260	44147	113
制造业	Manufacturing	49254	10342	48925	329	49270	48871	399
电力、燃气及水的生产和供应业	ProductionandDistributionofElectricity,GasandWater	22131	5839	22111	21	22033	22013	20
建筑业	Construction	18790	3122	16865	1925	20368	18029	2339
批发和零售业	Wholesale and Retail Trades	17555	10936	17173	382	17757	17328	429
交通运输、仓储和邮政业	Transport, Storage and Post	12583	4016	12409	175	12642	12474	168
住宿和餐饮业	Hotels and Catering Services	2545	1550	2530	15	2499	2485	15
信息传输、计算机服务和软件业	Information Transmission,Computer Services and Software	4093	1858	3959	135	4091	3949	143
金融业	Financial Intermediation	23094	13773	18877	4217	28691	18845	9846
房地产业	Real Estate	13565	6322	13241	324	13771	13436	335
租赁和商务服务业	Leasing and Business Services	5797	2104	5674	122	5826	5646	180
科学研究、技术服务和地质勘查业	ScientificResearch,TechnicalServiceandGeologicProspecting	12061	3353	11793	268	11798	11545	253
水利、环境和公共设施管理业	ManagementofWaterConservancy,EnvironmentandPublicFacilities	4663	1649	4383	279	5008	4428	580
居民服务和其他服务业	Services to Households and Other Services	354	142	288	66	360	277	83
教育	Education	36386	23871	34337	2049	35493	33473	2020
卫生、社会保障和社会福利业	Health,Social Security and Social Welfare	27609	20020	26251	1358	27171	25756	1415
文化、体育和娱乐业	Culture,Sports and Entertainment	6942	3401	6801	141	7004	6839	165
公共管理、社会保障和社会组织	Public Management and Social Organization	46486	21188	43041	3445	46110	42729	3381

2—7 全市城镇非私营单位就业人员劳动报酬

（2020）

指 标	Item	工资总额（万元）
合计	**Total**	**3624913**
农、林、牧、渔业	Agriculture,Forestry,AnimalHusbandryandFishery	7565
采矿业	Mining and Quarrying	634396
制造业	Manufacturing	410779
电力、热力、燃气及水生产和供应业	ProductionandDistributionofElectricity,GasandWater	314416
建筑业	Construction	152778
批发和零售业	Wholesale and Retail Trades	105506
交通运输、仓储和邮政业	Transport,Storage and PostTransport,Storage and Post	97727
住宿和餐饮业	Hotels and Catering Services	11659
信息传输、软件和信息技术服务务业	Information Transmission,Computer Services and Software	47848
金融业	Financial Intermediation	306576
房地产业	Real Estate	96881
租赁和商务服务业	Leasing and Business Services	38611
科学研究和技术服务业	ScientificResearch,TechnicalServiceandGeologicProspecting	131994
水利、环境和公共设施管理业	ManagementofWaterConservancy,EnvironmentandPublicFacilities	37378
居民服务、修理和其他服务业	Services to Households and Other Services	2334
教育	Education	367283
卫生和社会工作	Health,Social Security and Social Welfare	351326
文化、体育和娱乐业	Culture,Sports and Entertainment	66885
公共管理、社会保障和社会组织	Public Management and Social Organization	442971

Earning of Employed Persons in the Private Institutions of City Units

(2020)

在岗劳务派遣合计	其他从业人员	从业人员平均工资(元)	在岗劳务派遣合计	其他从业人员
3530672	**94241**	**101773**	**105653**	**42835**
7269	295	37350	38114	25014
634013	383	143334	143614	33939
408702	2076	83373	83628	52071
314355	61	142701	142804	30309
143100	9678	75008	79371	41377
104449	1057	59418	60279	24641
97212	516	77301	77929	30685
11631	28	46650	46811	19200
46504	1344	116953	117777	94152
262767	43808	106855	139436	44495
95727	1154	70349	71246	34399
38108	503	66278	67497	28000
131013	981	111880	113482	38775
35032	2346	74637	79113	40462
1912	423	64836	69008	50910
360936	6348	103480	107829	31418
340213	11113	129303	132090	78557
66500	385	95496	97238	23335
431229	11742	96069	100923	34731

主要统计指标解释

【人口数】 指一定时点、一定地区范围内有生命的个人总和。

年度统计的年末人口数指每年12月31日24时的人口数。

【城镇人口和乡村人口】 城镇人口是指居住在城镇范围内的全部常住人口；乡村人口是除上述人口以外的全部人口。

【就业人员】 指年满16周岁，为取得报酬或经营利润，在调查周内从事了1小时（含1小时）以上劳动的人员；或由于在职学习、休假等原因在调查周内暂时未工作的人员；或由于停工、单位不景气等原因临时未工作的人员。

【单位就业人员】 指报告期末最后一日在本单位工作，并取得工资或其他形式劳动报酬的人员数。该指标为时点指标，不包括最后一日当天及以前已经与单位解除劳动合同关系的人员，是在岗职工、劳务派遣人员及其他就业人员之和。就业人员不包括：

（1）离开本单位仍保留劳动关系，并定期领取生活费的人员；

（2）在本单位实习的各类在校学生；

（3）本单位以劳务外包形式使用的人员，如：建筑业整建制使用的人员。

【在岗职工】 指在本单位工作且与本单位签订劳动合同，并由单位支付各项工资和社会保险、住房公积金的人员，以及上述人员中由于学习、病伤、产假等原因暂未工作仍由单位支付工资的人员。在岗职工还包括：

（1）应订立劳动合同而未订立劳动合同人员（如使用的农村户籍人员）；

（2）处于试用期人员；

（3）编制外招用的人员，如临时人员；

（4）派往外单位工作，但工资仍由本单位发放的人员（如挂职锻炼、外派工作等情况）。

【工资总额】 指根据《关于工资总额组成的规定》（1990年1月1日国家统计局发布的一号令）进行修订，本单位在报告期内（季度或年度）直接支付给本单位全部就业人员的劳动报酬总额。包括计时工资、计件工资、奖金、津贴和补贴、加班加点工资、特殊情况下支付的工资，是在岗职工工资总额、劳务派遣人员工资总额和其他就业人员工资总额之和。

工资总额是税前工资，包括单位从个人工资中直接为其代扣或代缴的房费、水费、电费、住房公积金和社会保险基金个人缴纳部分等。

工资总额不论是计入成本的还是不计入成本的，不论是以货币形式支付的还是以实物形式支付的，均应列入工资总额的计算范围。

【平均工资】 指单位就业人员在一定时期内平均每人所得的工资额。它表明一定时期工资收入的高低程度，是反映就业人员工资水平的主要指标。计算公式为：

平均工资=报告期就业人员工资总额÷报告期就业人员平均人数

3

农 业
Agriculture

3—1 主要年份农林牧渔业总产值

Gross Output Value of Agriculture, Forestry, Animal Husbandry and Fishery in Main Years

单位:万元　　（按当年价格计算 caculated at current prices）　　(10 000 yuan)

年 份 Year	农、林、牧渔业总产值 Gross Output of Agriculture, Forestry,Animal Husbandry and Fishery	农业 Agriculture	#种植业 Farming	林业 Forestry	牧业 Animal Husbandry	渔业 Fishery
1949	1878	1594	1513	9	265	11
1950	2422	2022	1939	11	378	11
1951	3570	3065	2962	17	475	13
1952	3044	2616	2517	19	397	12
1953	3342	2901	2784	27	402	12
1954	3435	3029	2886	23	371	13
1955	4154	3711	3549	29	401	13
1956	4107	3701	3487	48	345	13
1957	3658	3220	3049	49	376	13
1958	4197	3742	3570	76	366	13
1959	4196	3678	3487	83	419	17
1960	3329	2784	2586	115	412	18
1961	3780	3160	2946	108	492	20
1962	3667	3035	2874	108	513	12
1963	5087	4171	3962	239	661	16
1964	4952	3961	3766	246	728	17
1965	6347	5075	4803	404	850	21
1966	7293	5853	5550	506	915	19
1967	6338	5122	4831	352	846	18
1968	6043	4757	4476	409	860	17
1969	7061	5761	5436	412	873	16
1970	8167	6240	5898	840	1068	18
1971	10117	7651	7232	183	2262	20
1972	10390	7159	6695	195	2897	16
1973	12292	8987	8716	245	2917	4
1974	10957	9527	9253	126	1146	4
1975	11579	9802	9529	178	1433	7
1976	9872	7946	7686	170	1593	9
1977	10979	9240	8773	190	1376	5
1978	12931	11149	10382	272	1504	6
1979	14735	12464	11102	430	1835	6
1980	17428	15446	15041	435	1532	15

3—1 续表 continued

单位:万元　　　　（按当年价格计算 caculated at current prices）　　　　（10 000 yuan）

年 份 Year	农、林、牧渔业总产值 Gross Output of Agriculture,Forestry, Animal Husbandry and Fishery	农业 Agriculture	#种植业 Farming	林业 Forestry	牧业 Animal Husbandry	渔业 Fishery
1981	22347	19655	18098	446	2214	32
1982	27746	24721	23168	544	2428	53
1983	29844	26291	24529	855	2589	109
1984	32730	27116	26868	1598	3816	200
1985	34486	26068	25379	1606	6458	354
1986	40376	31413	30729	1104	7238	621
1987	47899	37709	36749	955	8095	1140
1988	62901	45291	44079	1290	14344	1976
1989	70137	53103	51638	1581	12840	2613
1990	79146	55864	55471	4245	15706	3331
1991	84975	61169	60275	5104	15315	3387
1992	88628	62770	61559	3995	17458	4405
1993	95826	68064	66106	1003	21342	5417
1994	136904	96774	93243	974	32398	6758
1995	184665	126159	123673	1167	49168	8171
1996	207459	144688	141700	1088	53255	8428
1997	229701	157343	154171	1166	61927	9265
1998	240193	166193	162779	1149	62415	10436
1999	232177	153460	150435	4182	64212	10323
2000	234643	148279	147025	4450	69435	12479
2001	248946	149497	147110	4271	80762	14416
2002	253094	149833	148000	4351	83030	15880
2003	251400	141388	141250	7087	85826	17099
2004	310885	184096	184096	4596	97939	24254
2005	350995	208512	208512	5148	101516	27063
2006	388734	238321	238321	4984	104641	29005
2007	449334	277285	277285	6941	116977	25337
2008	553922	329930	329930	8935	154829	32474
2009	603415	380644	380644	11320	142761	36747
2010	747789	466580	466580	12531	191404	42010
2011	877486	542009	542009	13492	230657	50521
2012	953351	577879	577879	14732	250875	62908
2013	1041007	622170	622170	20262	283485	61063
2014	1069539	620092	620092	13124	311248	64936
2015	1158223	727475	727475	13176	283605	67490
2016	1167430	715400	715400	10576	296931	73895
2017	1236546	752550	752550	9684	319487	78870
2018	1372820	834896	834896	10944	363548	82490
2019	1327292	741857	741857	14667	401633	82884
2020	1518166	837224	837224	13369	485004	93441

3—2 主要年份农林牧渔业总产值指数

Agriculture, Forestry, Animal Husbandry and Fishery Related Indices in Main Years

单位:%　　（按可比价格计算,以上年为 100 caculated at constant prices,preceding year=100）　　(%)

年 份 Year	农、林、牧渔业总产值 Gross Output of Agriculture,Forestry, Animal Husbandry and Fishery	农业 Agriculture	林业 Forestry	牧业 Animal Husbandry	渔业 Fishery
1950	106.0	103.5	80.0	119.9	100.0
1951	136.0	138.9	214.0	122.8	267.5
1952	110.4	110.9	165.2	106.5	77.2
1953	110.8	112.2	174.7	101.3	105.8
1954	109.3	111.0	100.7	100.0	57.7
1955	114.3	116.2	124.1	101.5	123.2
1956	104.8	104.3	298.5	89.2	240.5
1957	86.0	83.4	93.5	104.6	31.3
1958	118.3	118.9	166.8	100.5	178.4
1959	100.8	97.4	128.3	113.5	76.9
1960	80.8	74.5	127.7	97.3	99.5
1961	92.8	95.8	59.3	101.4	46.5
1962	119.5	117.5	130.6	127.6	220.1
1963	143.6	137.8	236.5	129.4	181.1
1964	98.3	94.9	104.7	110.0	44.3
1965	134.3	131.2	171.8	118.6	164.1
1966	109.7	110.1	114.1	103.2	66.4
1967	92.3	94.5	79.1	97.7	69.4
1968	95.7	90.9	113.9	101.2	143.9
1969	105.7	112.6	88.0	95.6	77.3
1970	103.9	93.9	153.6	103.7	174.5
1971	97.3	105.1	21.1	178.4	13.8
1972	101.0	93.3	108.0	121.4	511.2
1973	106.4	115.0	105.1	88.9	97.3
1974	784.5	125.8	63.9	51.8	60.8
1975	13.8	100.5	137.7	119.4	215.5
1976	78.9	74.3	87.9	102.0	63.8
1977	116.2	122.6	116.9	90.6	133.1
1978	110.6	111.5	138.3	100.2	100.0
1979	99.3	97.5	111.4	103.9	104.8
1980	112.9	118.4	87.3	95.0	118.2

3—2 续表 continued

单位:%　　（按可比价格计算,以上年为 100 caculated at constant prices,preceding year=100）　　(%)

年 份 Year	农、林、牧渔业总产值 Gross Output of Agriculture, Forestry, Animal Husbandry and Fishery	农业 Agriculture	林业 Forestry	牧业 Animal Husbandry	渔业 Fishery
1981	107.9	108.4	102.0	106.0	106.0
1982	118.5	117.9	143.5	109.1	109.1
1983	106.4	104.2	125.6	111.5	111.5
1984	114.6	108.7	158.4	125.1	125.1
1985	103.8	99.6	91.1	140.8	140.8
1986	105.9	108.5	73.7	111.0	111.0
1987	101.2	101.7	80.8	103.0	103.0
1988	108.9	109.8	85.3	107.1	107.1
1989	105.3	106.1	98.6	97.8	97.8
1990	106.3	96.2	223.1	125.0	125.0
1991	104.6	103.0	130.6	98.7	98.7
1992	96.8	97.4	69.0	106.9	106.9
1993	100.9	104.7	16.4	116.3	116.3
1994	106.6	104.6	80.6	113.2	113.2
1995	109.3	103.4	105.7	127.5	127.5
1996	110.0	109.5	96.9	112.4	112.4
1997	108.7	108.3	114.7	109.3	109.3
1998	107.1	104.8	109.8	110.8	110.8
1999	104.4	100.6	203.2	105.6	105.6
2000	106.3	103.5	115.1	110.6	110.6
2001	105.0	102.3	92.2	110.3	110.3
2002	102.7	99.3	109.0	106.0	106.0
2003	96.8	93.8	171.7	95.8	95.8
2004	109.6	112.9	79.1	103.6	103.6
2005	105.5	107.2	112.0	102.7	102.7
2006	108.4	110.2	207.7	102.9	102.9
2007	107.5	114.3	96.8	103.1	103.1
2008	108.7	109.7	118.1	102.6	102.6
2009	108.1	108.2	126.7	104.4	104.4
2010	107.2	103.5	179.5	114.3	114.3
2011	105.3	104.7	107.7	105.1	105.1
2012	106.0	104.4	109.2	107.5	107.5
2013	104.3	102.3	137.5	102.7	102.7
2014	105.6	103.9	64.8	112.0	112.0
2015	104.0	108.0	85.7	94.8	94.8
2016	104.3	104.3	77.3	104.1	104.1
2017	104.4	103.8	88.9	106.7	106.7
2018	103.7	103.1	112.4	106.2	98.5
2019	102.2	101.8	133.3	100.0	110.2
2020	101.6	97.4	81.4	108.9	106.8

3—3 主要年份农林牧渔业总产值指数

Agriculture, Forestry, Animal Husbandry and Fishery Related Indices in Main Years

单位:%　　（按可比价格计算,以 1952 为 100 caculated at constant prices,1952=100）　　(%)

年 份 Year	农、林、牧渔业总产值 Gross Output of Agriculture, Forestry, Animal Husbandry and Fishery	农业 Agriculture	林业 Forestry	牧业 Animal Husbandry	渔业 Fishery
1953	110.8	112.2	174.4	101.4	87.7
1954	121.1	124.6	175.6	101.3	100.0
1955	138.4	144.7	218.0	102.9	103.7
1956	145.1	150.9	650.6	91.8	108.6
1957	124.7	125.9	608.3	95.9	108.6
1958	147.6	149.8	1014.8	96.4	108.6
1959	148.7	145.8	1302.0	109.4	136.3
1960	120.2	108.6	1662.6	106.5	140.0
1961	111.5	104.1	986.4	107.9	131.3
1962	133.3	122.3	1288.1	137.8	88.6
1963	191.4	168.5	3045.9	178.3	127.6
1964	188.2	159.9	3188.8	196.1	127.6
1965	252.6	209.7	5476.7	232.6	164.7
1966	277.1	230.9	6248.6	240.1	161.7
1967	255.9	218.2	4944.5	234.7	149.4
1968	244.9	198.3	5629.1	237.4	137.0
1969	258.9	223.4	4955.4	226.9	137.0
1970	268.9	209.7	7613.2	235.4	128.4
1971	261.6	220.5	1608.6	419.7	108.6
1972	264.2	205.6	1737.5	509.7	75.3
1973	281.0	236.4	1826.5	453.3	16.3
1974	2204.8	297.3	1167.3	234.6	16.9
1975	303.8	298.8	1607.6	280.2	34.5
1976	239.7	221.9	1412.5	285.7	46.3
1977	278.5	272.0	1651.3	258.8	25.9
1978	320.5	307.9	2851.8	276.9	25.9
1979	318.1	300.3	3177.7	287.7	27.2
1980	359.2	355.4	2775.3	273.4	32.1

3—3 续表 continued

单位:% （按可比价格计算,以 1952 为 100 caculated at constant prices,1952=100） (%)

年 份 Year	农、林、牧渔业总产值 Gross Output of Agriculture,Forestry, Animal Husbandry and Fishery	农业 Agriculture	林业 Forestry	牧业 Animal Husbandry	渔业 Fishery
1981	387.5	385.4	2831.8	289.8	66.7
1982	459.1	454.5	4063.5	316.2	153.1
1983	488.4	473.3	5103.5	352.5	197.5
1984	559.8	514.5	8082.4	441.0	396.3
1985	580.8	512.6	7361.2	621.1	611.1
1986	615.0	556.1	5425.9	689.5	912.4
1987	622.1	565.7	4384.7	710.1	1459.3
1988	677.4	621.3	3741.2	760.2	2312.4
1989	713.0	659.4	3687.1	743.3	3237.0
1990	757.8	634.0	8227.1	928.9	3864.2
1991	792.9	652.7	10748.2	916.4	4180.3
1992	767.5	635.7	7411.8	979.8	4834.6
1993	774.2	665.5	1214.1	1139.7	5497.5
1994	824.9	696.1	978.8	1290.0	6156.8
1995	902.0	719.9	1034.1	1644.2	6842.0
1996	991.8	788.5	1002.4	1847.7	7156.8
1997	1077.8	854.1	1149.4	2018.9	7802.5
1998	1154.5	895.4	1262.4	2236.1	9081.5
1999	1205.3	900.8	2564.7	2361.7	11597.5
2000	1280.6	932.5	2952.9	2612.5	12837.0
2001	1344.9	953.5	2723.5	2880.2	14086.4
2002	1380.6	947.1	2969.4	3054.0	15977.8
2003	1336.8	888.0	5097.7	2925.0	17181.5
2004	1465.7	1002.1	4032.9	3029.0	20791.4
2005	1546.2	1074.3	4517.0	3110.2	21799.7
2006	1676.0	1184.0	9381.4	3199.2	23729.0
2007	1802.1	1353.4	9082.1	3297.7	25432.8
2008	1958.3	1484.2	10725.0	3383.4	30529.5
2009	2116.9	1605.9	13588.6	3532.3	33002.4
2010	2277.8	1662.2	24391.6	4037.4	36731.6
2011	2398.6	1740.3	26269.7	5692.8	40074.2
2012	2542.5	1816.8	28686.6	6119.7	44442.3
2013	2651.8	1858.6	39444.0	6284.9	51242.0
2014	2800.3	1931.1	25559.7	7039.1	54572.7
2015	2912.3	2085.6	21904.7	6673.1	56701.0
2016	3037.5	2175.3	22802.8	7353.8	59422.6
2017	3171.2	2257.9	20271.7	7846.5	61145.9
2018	3288.5	2327.9	22785.4	8333.0	60228.7
2019	3360.8	2369.8	30372.9	8333.0	66372.0
2020	3414.6	2407.8	24723.5	9074.6	70885.3

3—4 主要年份农民生活情况及主要农产品产量

Farmers Living Conditions and Output of Major Farm Products in Main Years

年份 Year	农民人均纯收入（元）Per Capital Net Income of Rural Households (yuan)	农村居民人均生活消费支出（元）Per Capital Consumptionxpenditure of Rural Households (yuan)	农民人均生活用房（平方米）Per Capita Living Space of Rural Households (sq.m)	粮食产量（吨）Grain Yield (ton)	肉类产量（吨）Mea Yield (ton)	牛奶产量（吨）Cow Milk Yield (ton)	禽蛋产量（吨）Poultry Eggs Yield (ton)	蔬菜产量（吨）Vegetables Yield(ton)	水果产量（吨）Fruits Yield (ton)	水产品产量（吨）Aquatic Products Yield (ton)
1978	131	103	10.19	310876	2678	2216			8516	97
1979	157	116	11.00	284150	2916	984			10174	101
1980	201	155	11.81	342624	3724	2739			8070	113
1981	298	191	12.61	397025	4281	2838			10110	188
1982	442	273	13.43	442365	4097	3500			9413	296
1983	447	276	14.24	462195	5473	4157			9339	466
1984	478	304	15.05	484005	4666	5651			12925	747
1985	488	380	15.88	429065	6203	8081			15551	1214
1986	573	457	16.36	480097	11070	11255	5741		1596	1824
1987	658	536	16.85	472011	10794	13432	5512		19031	2898
1988	727	576	17.34	514213	12560	15917	5769		19761	4647
1989	859	727	18.22	540498	13133	18947	6361		25382	6525
1990	934	765	18.28	589904	12926	24057	6516	282312	22273	7280
1991	971	765	19.02	612797	17014	29269	6215	273444	9417	7955
1992	977	785	19.27	578382	19108	35835	6755	249556	27050	9166
1993	1016	914	20.13	602581	20654	38438	7118	269711	31900	10419
1994	1336	1109	20.11	659909	23188	48050	9030	270407	28262	11738
1995	1683	1449	19.75	685534	30364	62858	11407	336380	41670	12813
1996	2212	1849	22.03	779537	34242	74558	13148	370634	46293	13602
1997	2578	2147	24.09	815924	35986	77501	14880	390504	46293	15195
1998	2811	1945	25.27	885305	41338	71216	17667	431349	46115	17182
1999	2657	1948	26.41	914116	45645	73415	17761	430633	62880	22044
2000	2712	1886	27.26	823967	46516	78903	19975	572113	62312	25823
2001	2858	2009	27.19	847511	52763	104822	21059	510440	76658	33337
2002	2932	1902	27.27	844114	54777	113842	21303	520652	64343	31326
2003	2984	2224	28.40	684527	58795	140134	20674	562710	86525	32833
2004	3324	2510	28.56	801508	52597	165329	11203	526949	92303	37615
2005	3493	2836	31.17	834345	51623	213294	11340	573445	113285	39405
2006	3800	2902	33.94	879841	50202	222775	9347	685197	111457	42961
2007	4303	3576	35.48	827505	39295	275678	14759	778551	123543	33734
2008	4917	4119	35.76	886219	42973	335385	14454	994344	165343	44163
2009	5389	4817	38.33	913417	46614	318801	15049	1113214	188695	45926
2010	6161	5394	38.90	879142	49633	354098	16512	1269280	187640	49510
2011	7070	6707	39.92	861547	49772	387525	15589	1378422	202848	53313
2012	8068	7089	44.69	861547	49744	401076	21094	1411762	233491	60323
2013	8830	8631	37.14	852983	52785	416489	15492	1428116	252379	65522
2014	10275	9334	36.96	803311	50916	534254	20334	1446217	270736	68597
2015	11148	10119	36.78	834490	49868	493392	22287	1605566	287716	71098
2016	12037	11061	36.48	835718	51510	471819	21946	1673320	300467	73669
2017	13087	11507	37.28	832900	64063	504037	38293	1567391	207188	73739
2018	14160	12322	34.20	824241	63492	539463	38322	1520669	206480	71627
2019	15282	12966	34.75	662902	61598	568718	35831	1413808	247996	72583
2020	16428	13318	33.69	692324	58800	652377	27542	1425373	100639	75806

注:2014 年由于城乡一体化指标变更农民人均纯收入改为农村居民人均可支配收入。

Note:Farmers' Per capita net income of rural residents was changed to the capita disposable of rural residents in 2014.

3—5 农林牧渔业增加值

单位:万元 （2020）

指 标	Item	银川市 Yinchuan
总产值	**Gross Output Value**	**1518166**
农业	Agriculture	837224
林业	Forestry	13369
牧业	Animal Husbandry	485004
渔业	Fishery	93441
农林牧渔服务业	Output Value of Services for Agriculture,Forestry, Animal Husbandry and Fishery	89129
增加值	**Added Value**	**792764**
农业	Agriculture	503622
林业	Forestry	4679
牧业	Animal Husbandry	193413
渔业	Fishery	34593
农林牧渔服务业	Output Value of Services for Agriculture,Forestry, Animal Husbandry and Fishery	56457

Value-added of Agriculture, Forestry, Animal Husbandry and Fishery

(10 000yuan)

兴庆区 Xingqing	金凤区 Jinfeng	西夏区 Xixia	永宁县 Yongning	贺兰县 Helan	灵武市 Lingwu
233011	**69880**	**143443**	**350271**	**432089**	**289474**
132082	43075	68363	248184	231489	114032
1580	1053	2633	2583	2580	2941
68153	15074	51975	80785	114134	154883
7392	1922	2482	6824	71179	3641
23804	8756	17990	11895	12708	13976
129137	**39603**	**77740**	**190048**	**213074**	**143162**
83999	26994	43175	148012	133409	68032
222	234	1413	866	909	1035
27246	6022	20769	31022	44559	63796
2555	792	960	2624	26193	1468
15115	5560	11423	7524	8004	8831

3—6　农业基本情况及从业人员

单位:万元　　　　　　　　　　　　　　　　　　　　　　　　　　　　　　　　　　(2020)

指　标	Item	单位	Unit	银川市 Yinchuan
农村社会基础设施	Infrastructure of Rural Area	个	unit	278
自来水受益村数	Number of Villages Benefit from Using Tap Water	个	unit	278
通有限电视村数	Number of Villages with Limited Television	个	unit	262
通宽带村数	Number of all Village Broadband			278
乡村人口与从业人员	Rural Population and Employees			
乡村户数	Number of Countryside	户	household	211992
乡村人口数	Number of Rural Population	人	person	712740
男	Male	人	person	368035
女	Female	人	person	344705
乡村劳动力资源数	Number of Rural Labor Resources	人	person	427277
男	Male	人	person	228542
女	Female	人	person	198735
乡村从业人员数合计	Total Number of Rural Labor Force	人	person	352921
男	Male	人	person	189754
从事农业人员数	Number of People Engaged in Agriculture	人	person	106207
女	Female	人	person	163167
从事农业人员数	Number of People Engaged in Agriculture	人	person	94803

Basic Statistics on Rural Areas and Employed Persons

(10 000yuan)

兴庆区 Xingqing	金凤区 Jinfeng	西夏区 Xixia	永宁县 Yongning	贺兰县 Helan	灵武市 Lingwu
35	20	17	66	65	75
35	20	17	66	65	75
19	20	17	66	65	75
35	20	17	66	65	75
31704	16551	14024	53749	54172	41792
105485	54319	48468	188191	156702	159575
54944	28396	24942	98298	79288	82167
50541	25923	23526	89893	77414	77408
63180	27394	27644	107788	103545	97726
33763	16100	15299	58078	54736	50566
29417	11294	12345	49710	48809	47160
54271	25338	24393	82980	79665	86274
28619	14585	13499	45839	42784	44428
11005	9896	5480	31415	24473	23938
25652	10753	10894	37141	36881	41846
8927	7140	6934	26511	21770	23521

3—7 农业主要能源物资消耗及农用水利建设情况

（2020）

指 标	Item	单位	Unit	银川市 Yinchuan
农用化肥施用量(实物量)	Consumption of Chemical Fertilizer	吨	ton	185837
氮肥	Nitrogenous Fertilizer	吨	ton	98187
磷肥	Phosphate Fertilizer	吨	ton	35963
钾肥	Potash Fertilizer	吨	ton	14726
复合肥	Compound Fertilizer	吨	ton	36961
农用塑料薄膜使用量	Used Volume of Agricalture Plastics Film	公斤	kg	2004212
地膜使用量	Used Volume of Plastic Film	公斤	kg	794009
地膜覆盖面积	Mulching Arra of Plastic Film	公顷	hectare	11655
农用柴油使用量	Agricultural Diesel Oil Amount	吨	ton	28014
农药使用量	Farm Chemical Amount	公斤	kg	635371
农村用电量	Electricity Consumed in Rural Areas	万千瓦小时	10 000kWh	33387
农业生产用电量	Agricultural Electricity Consumption	万千瓦小时	10 000kWh	10388
农用机油使用量	Agricultural Machine Oil Amount	公斤	kg	214700
农业生产用煤	Agricultural Produces with Coal	吨	ton	5386

Consumption of main agricultural energy materials and construction of agricultural water conservancy

兴庆区 Xingqing	金凤区 Jinfeng	西夏区 Xixia	永宁县 Yongning	贺兰县 Helan	灵武市 Lingwu
16387	6895	32774	47716	53735	28330
9016	3945	17153	22956	31240	13877
4101	1037	5004	7780	12373	5668
760	1520	3942	5113	1807	1584
2510	393	6675	11867	8315	7201
312618	34644	71233	561382	607708	416627
130325	8320	21350	127756	342748	163510
1263	466	500	2113	6025	1288
3420	1130	4732	8373	7865	2494
46160	5309	151230	143189	212318	77165
9330	1700	2347	8836	4876	6298
3456	460	1225	3047	1717	483
17353	2582	18222	60182	35599	80762
840	70	1886	2391	90	109

3—8 主要农产品生产情况

(2020)

指 标	Item	银川市 Yinchuan		兴庆区 Xingqing	
		播种面积（公顷）Sown Area（hectare）	产量（吨）Yield（ton）	播种面积（公顷）Sown Area（hectare）	产量(吨) Yield（ton）
农作物总播种面积	**Total Sown Area of Crops**	**152308**		**14377**	
#复种面积	Multiple Cropping Area	10988			
粮食作物	Grain Crops	81140	692324	6031	47691
谷物	Cereal	80740	692024	6031	47691
夏收谷物	Summer Harvest of Cereal	9296	51168	628	3202
小麦	Wheat	9296	51168	628	3202
冬小麦	Winter Wheat				
春小麦	Spring Wheat	9296	51168	628	3202
秋收谷物	Autumn Harvest of Cereal	71444	640856	5403	44489
稻谷	Rice	28246	232900	3850	31185
#有机稻	Organic Rice	698	6183		
玉米	Corn	71444	640856	1553	13304
#套种玉米	Tnterplant Corn	28246	232900		
燕麦	Oats				
豆类	Peas and Beans	400	300		
#大豆	Soja	400	300		
油料合计	Total Oil-bearing Crops	166	610		
胡麻籽	Benne				
葵花籽	Helianthus	166	610		
中草药材	Medicinal Materials	5356	8017	3109	4013
人参	Ginseng				
枸杞	Wolfberrys	1630	2575	706	24
麻黄	Ephedra				
蔬菜(含菜用瓜)	Vegetables	39217	1425373	2617	162921
瓜果类	Melon and Fruit	2589	93585	391	7823
西瓜	Watermelon	1640	71088	34	1623
香瓜(甜瓜)	Melon	363	11051	137	4136
草莓	Strawberry	191	7741	33	1489
其他作物	Other Crops	23840	1338121	2229	116984
#青饲料	Succulence	20953	1276555	1599	95399
牧草	Pasture	2871	61566	630	21585
饲料用青贮玉米面积	Area of silage corn for feed	15431		1599	

Production of Major Farm Products

金凤区 Jinfeng		西夏区 Xixia		永宁县 Yongning		贺兰县 Helan		灵武市 Lingwu	
播种面积（公顷）Sown Area（hectare）	产量（吨）Yield（ton）	播种面积（公顷）Sown Area（hectare）	产量（吨）Yield（ton）	播种面积（公顷）Sown Area（hectare）	产量（吨）Yield（ton）	播种面积（公顷）Sown Area（hectare）	产量（吨）Yield（ton）	播种面积（公顷）Sown Area（hectare）	产量（吨）Yield（ton）
4652		**13767**		**48321**		**46349**		**24842**	
		4		5		10969		10	
1533	12702	10009	96781	25880	221884	20740	163492	16947	149774
1533	12702	10009	96781	25480	221584	20740	163492	16947	149774
133	660	155	782	3600	20412	4500	24638	280	1474
133	660	155	782	3600	20412	4500	24638	280	1474
133	660	155	782	3600	20412	4500	24638	280	1474
1400	12042	9854	95999	21880	201172	16240	138854	16667	148300
267	2080	2522	20883	4533	39848	10007	80604	7067	58300
		7	66			691	6117		
1133	9962	7332	75116	17347	161324	6233	58250	9600	90000
						342	3272		
				400	300				
				400	300				
35	150	48	144	14	59	13	60	56	197
35	150	48	144	14	59	13	60	56	197
		704	1888	349	756	407	708	787	652
		703	1860	41	57	159	576	21	58
2192	114902	919	42736	16974	540974	14470	481027	2045	82813
552	17115	16	528	533	15554	567	24656	530	27909
518	16351	7	424	258	9455	442	20245	381	22990
2	37	7	83	16	399	52	1477	149	4919
32	727	1	21	69	2850	56	2654		
340	16830	2071	45568	4571	221319	10152	666730	4477	270690
340	16830	362	20358	4365	217960	10125	666530	4162	259478
		1709	25210	206	3359	27	200	299	11212
340				4365		4808		3957	

3—9 蔬菜及特种作物生产情况

（2020）

指 标	Item	银川市 Yinchuan	
		播种面积(公顷) Sown Area(hectare)	产量(吨) Yield(ton)
蔬菜合计	**Total Vegetables**	**39217**	**1425373**
叶菜类	Leafy	23425	529191
芹菜	Celery	1340	86050
油菜	Rape	897	29445
菠菜	Spinach	444	12382
其他	Others	20744	401314
白菜类	Cabbage Kinds	1033	55044
大白菜	Chinese Cabbage	759	43675
其他	Others	274	11369
甘蓝类	Brassica	2353	101891
卷心菜	Cabbages	911	50804
其他	Others	1442	51087
块根、块茎类	Root Tuber and Stem Tuber	1867	86471
白萝卜	White Radish	330	17104
胡萝卜	Carrots	210	8601
生姜	Ginger		5
马铃薯	Potatoes	187	8260
山药	Yam	433	21823
其他	Others	707	30678
瓜菜类	Melons and Vegetables	1310	83821
黄瓜	Cucumbers	960	62531
南瓜	Pumpkins	3	96
冬瓜	Melons	59	5846
西葫芦	Squashes	155	8106
其他	Others	133	7242
菜用豆类	Dish with Beans	754	26536
豇豆	Cowpea Beans	75	1867
四季豆	String Beans	622	22396
其他	Others	57	2273
茄果类	Eggplants Fruits and Vegetables	6812	482724
茄子	Eggplants	553	33264
辣椒	Chili	836	40798
西红柿	Tomatoes	5211	401601
其他	Others	212	7061
葱蒜类	Onions and Garlices	1135	42221
大葱	Onions	146	8817
蒜头	Garlic	2	86
韭菜	Chives	975	32758
其他	Others	12	560
水生菜类	Aquatic Dish	14	210
莲藕	Lotus Root	14	210
茭白	Zizania White		
其他	Others		
其他蔬菜	Other Vegetables	514	13825
食用菌	Edible Fungus(dry and fresh)		3439
干品	Dry Goods		22
香菇	Mushrooms		22
黑木耳	Black Fungus		
鲜品	Fresh Products		3417
蘑菇	Mushrooms		3417
特种作物	Specialty Crops		
花卉种植面积(公顷)	Sown Area of Flowers(hectare)	249	
鲜切花(枝)	Fresh Cut-folwe(r branch)		25846000
盆栽观赏植物(盆)	Potted Plants Ornamental Plan(t pot)		16334793

Production of Vegetables and Specialty Crops

兴庆区 Xingqing		金凤区 Jinfeng		西夏区 Xixia	
播种面积(公顷) Sown Area(hectare)	产量(吨) Yield (ton)	播种面积(公顷) Sown Area(hectare)	产量(吨) Yield(ton)	播种面积(公顷) Sown Area(hectare)	产量(吨) Yield(ton)
2617	**162921**	**2192**	**114902**	**919**	**42736**
716	23918	185	7672	390	8430
219	10160	45	2101	51	2826
180	4786	15	663	5	90
9	238	27	1236		2
308	8734	98	3672	334	5512
27	1116	95	4756	19	1000
12	571	89	4463	19	1000
15	545	6	293		
86	2413	105	4538	10	160
25	1020	77	3335	9	157
61	1393	28	1203	1	3
72	2843	756	35559	1	43
15	906	34	795		19
7	105	140	6300	1	20
22	1190				
1	15				
27	627	582	28464		4
188	12939	158	7175	131	12303
110	9027	155	6960	79	6872
				3	96
				39	4704
				9	521
78	3912	3	215	1	110
183	8468	13	505	3	94
25	563	4	150	1	24
158	7905			2	70
		9	355		
1170	101190	853	53323	309	16304
11	812	19	952	8	416
54	2292	46	4060	14	394
1092	97987	788	48311	285	15461
13	99			2	33
17	713	27	1000	55	4052
10	460	20	750	55	4048
7	238	7	250		4
	15				
158	7765			1	1
	1556		374		349
					6
					6
	1556		374		343
	1556		374		343
245				2	
	24270000				46000
	13963000				414793

3—9 续表1

（2020）

指　标	Item	永宁县 Yongning 播种面积(公顷) Sown Area(hectare)	永宁县 Yongning 产量(吨) Yield(ton)
蔬菜合计	**Total Vegetables**	**16974**	**540974**
叶菜类	Leafy	11990	261387
芹菜	Celery	535	39310
油菜	Rape	163	6208
菠菜	Spinach	71	2651
其他	Others	11221	213218
白菜类	Cabbage Kinds	664	34855
大白菜	Chinese Cabbage	509	30129
其他	Others	155	4726
甘蓝类	Brassica	703	36711
卷心菜	Cabbages	462	29213
其他	Others	241	7498
块根、块茎类	Root Tuber and Stem Tuber	654	34213
白萝卜	White Radish	155	8490
胡萝卜	Carrots	61	2176
生姜	Ginger		5
马铃薯	Potatoes	76	3467
山药	Yam	362	20075
其他	Others		
瓜菜类	Melons and Vegetables	285	16227
黄瓜	Cucumbers	247	14696
南瓜	Pumpkins		
冬瓜	Melons		
西葫芦	Squashes	38	1531
其他	Others		
菜用豆类	Dish with Beans	332	9930
豇豆	Cowpea Beans	31	883
四季豆	String Beans	274	7836
其他	Others	27	1211
茄果类	Eggplants Fruits and Vegetables	2119	138072
茄子	Eggplants	362	21641
辣椒	Chili	269	8274
西红柿	Tomatoes	1330	103599
其他	Others	158	4558
葱蒜类	Onions and Garlices	227	9216
大葱	Onions	35	2101
蒜头	Garlic		
韭菜	Chives	192	7115
其他	Others		
水生菜类	Aquatic Dish		
莲藕	Lotus Root		
茭白	Zizania White		
其他	Others		
其他蔬菜	Other Vegetables		
食用菌	Edible Fungus(dry and fresh)		363
干品	Dry Goods		
香菇	Mushrooms		
黑木耳	Black Fungus		
鲜品	Fresh Products		363
蘑菇	Mushrooms		363
特种作物	Specialty Crops		
花卉种植面积(公顷)	Sown Area of Flowers(hectare)	1	
鲜切花(枝)	Fresh Cut-folwe(r branch)		1530000
盆栽观赏植物(盆)	Potted Plants Ornamental Plan(t pot)		

continued

贺兰县 Helan		灵武市 Lingwu	
播种面积(公顷) Sown Area(hectare)	产量(吨) Yield(ton)	播种面积(公顷) Sown Area(hectare)	产量(吨) Yield(ton)
14470	**481027**	**2045**	**82813**
10073	226200	71	1584
481	31250	9	403
534	17686		12
337	8247		8
8721	169017	62	1161
200	12328	28	989
102	6523	28	989
98	5805		
1349	54837	100	3232
240	13847	98	3232
1109	40990	2	
315	10539	69	3274
70	3974	56	2920
		1	
77	3249	12	354
70	1733		
98	1583		
529	34317	19	860
350	24116	19	860
20	1142		
108	6054		
51	3005		
168	5717	55	1822
5	124	9	123
142	4886	46	1699
21	707		
1650	131824	711	42011
85	6468	68	2975
406	23973	47	1805
1120	99012	596	37231
39	2371		
90	3541	719	23699
26	1458		
		2	86
52	1538	717	23613
12	545		
14	210		
14	210		
82	752	273	5307
	762		35
	16		
	16		
	746		35
	746		35
1			
	1957000		

3—10 水果、枸杞生产情况

(2020)

指 标	Item	银川市 Yinchuan 合计Total 播种面积(公顷) Sown Area (hectare)	银川市 Yinchuan 合计Total 产量(吨) Yield(ton)	设施农业 Agricultural Facilities 播种面积(公顷)Sown Area (hectare)	设施农业 Agricultural Facilities 产量(吨)Yield (ton)
园林水果	**Garden Fruits**	**23783**	**100639**	**991**	**14321**
#本年新增面积	Added Area This Year	185			
苹果	Apples	3273	8583		
本年新增苹果面积	Added Area of Apple This Year	92			
红富士苹果	Fuji Apple	1856	5039		
国光苹果	Guo Guang Apple	162	582		
梨	Pears	313	609		
雪花梨	Snowflake Pears				
鸭梨	Pears				
葡萄	Grapes	14229	61201	885	13471
酿造用葡萄	Brewing Grapes	10955	32087		
枣	Jujubes	5053	26822	91	597
桃	Peaches	410	2470	5	108
杏	Apricots	158	387		
其它园林水果	Other Fruits	347	567		
食用坚果	**Eat Nut**		363		
核桃	Juglans Regia L		360		
枸杞	**Wolfberrys**	**1630**	**2575**		
本年新增枸杞面积	Added Area of Wolfberrys This Year	1			
枸杞结果面积	Area of Wolfbeery Results	1189			

Production of Fruits and Wolf berrys

兴庆区 Xingqing				金凤区 Jinfeng				西夏区 Xixia			
合计Total		设施农业 Agricultural Facilities		合计Total		设施农业 Agricultural Facilities		合计Total		设施农业 Agricultural Facilities	
播种面积（公顷） Sown Area (hectare)	产量（吨） Yield (ton)	播种面积（公顷） Sown Area (hectare)	产量（吨） Yield (ton)	播种面积（公顷） Sown Area (hectare)	产量（吨） Yield (ton)	播种面积（公顷） Sown Area (hectare)	产量（吨） Yield (ton)	播种面积（公顷） Sown Area (hectare)	产量（吨） Yield (ton)	播种面积（公顷） Sown Area (hectare)	产量（吨） Yield (ton)
681	**1550**	**32**	**694**	**564**	**3850**	**120**	**3435**	**2569**	**19539**	**2**	**22**
				90							
162	395			138	62			656	2711		
				90							
								316	1975		
								8	189		
				8	17			172	540		
360	1031	23	622	365	3709	120	3435	1582	15693	2	22
67	82			206	230			1440	13972		
44	15	5	14	7	31			111	595		
5		1		40	31			10			
5		1		4				9			
105	109	2	58	2				29			
706	**24**							**703**	**1860**		
								1			
360								700			

3—10 续表

(2020)

指 标	Item	永宁县 Yongning 合计 Total 播种面积(公顷) Sown Area (hectare)	永宁县 Yongning 合计 Total 产量(吨) Yield (ton)	设施农业 Agricultural Facilities 播种面积(公顷) Sown Area (hectare)	设施农业 Agricultural Facilities 产量(吨) Yield (ton)
园林水果	**Garden Fruits**	**11135**	**35740**	**669**	**7998**
#本年新增面积	Added Area This Year	51			
苹果	Apples	458	2421		
本年新增苹果面积	Added Area of Apple This Year	2			
红富士苹果	Fuji Apple	321	1690		
国光苹果	Guo Guang Apple	69	360		
梨	Pears	3	22		
雪花梨	Snowflake Pears				
鸭梨	Pears				
葡萄	Grapes	10157	30900	658	7898
酿造用葡萄	Brewing Grapes	9163	16864		
枣	Jujubes	98	226	7	30
桃	Peaches	247	1950		
杏	Apricots	42	98	4	70
其它园林水果	Other Fruits	130	123		
食用坚果	**Eat Nut**		363		
核桃	Juglans Regia L		360		
枸杞	**Wolfberrys**	**41**	**57**		
本年新增枸杞面积	Added Area of Wolfberrys This Year				
枸杞结果面积	Area of Wolfbeery Results	41			

continued

贺兰县 Helan				灵武市 Lingwu			
合计 Total		设施农业 Agricultural Facilities		合计 Total		设施农业 Agricultural Facilities	
播种面积（公顷） Sown Area (hectare)	产量（吨） Yield (ton)	播种面积（公顷） Sown Area (hectare)	产量（吨） Yield (ton)	播种面积（公顷） Sown Area (hectare)	产量（吨） Yield (ton)	播种面积（公顷） Sown Area (hectare)	产量（吨） Yield (ton)
2166	**13645**	**73**	**1352**	**6668**	**26315**	**95**	**820**
43				1			
153	2365			1706	629		
25	932			1194	442		
				85	33		
8				122	30		
1673	9037	66	1238	92	831	16	256
79	939						
232	1179		2	4561	24776	79	551
37	470	4	95	71	19		13
38	273			60	16		
25	321	3	17	56	14		
159	**576**			**21**	**58**		
88							

3—11 林业生产情况

（2020）

指 标	Item	单位	Unit	银川市 Yinchuan
造林面积	Area of Afforestation			5340
按造林方式分	**Grouped by Afforestation Methods**			3938
人工造林面积	Manual planting	公顷	hectare	3605
其中:新造混交林面积	New Mixed Forest	公顷	hectare	
其中:非林业用地造林面积	Non-Forestry Land	公顷	hectare	333
其中:新造灌木林面积	New Bushes	公顷	hectare	1402
其中:新造竹木面积	New bamboo Forest	公顷	hectare	
飞播造林面积	Airplane Planting	公顷	hectare	3938
荒山飞播造林面积	Airplane Planting of The Barren Mountain	公顷	hectare	2302
飞播营林面积	Airplane Planting and Forest Management	公顷	hectare	1636
当年新封山(沙)育林面积	New Closing hillsides(sands)for Afforestation this year	公顷	hectare	
无林地和疏林地新封山育林面积	Non-Woodlands and Spares Forest Land	公顷	hectare	
有林地和灌木林地新封山育林面积	Woodlands and Shrub forest	公顷	hectare	150
按经济成份分	**Grouped by Structural of Economic Types**			3788
公有经济造林	Public Economy Afforestation	公顷	hectare	
国有经济造林	State-owned Economy	公顷	hectare	
集体经济造林	Collective-owned Economy	公顷	hectare	3696
非公有经济造林	Non-public Economy Afforestation	公顷	hectare	920137
按林种用途分	**Grouped by Different Use of Forest**			21333
经济林	Economic Forest	公顷	hectare	5
防护林	Shelter-forest	公顷	hectare	1
森林抚育面积	Area of Forest tending	公顷	hectare	5600000
四旁(零星)植树	Plant Scatteredly	株	plant	
年末实有封山(沙)育林面积	Area of closedoff the Mountains for Forest at Year-end	公顷	hectare	5101
林木种苗	Foest Seeds			82
林木种子采集量	The Pucking Quantity of Timber Seed	吨	ton	25
当年苗木产量	Seedling Qutput This Year	万株	10000trank	1
育苗面积	Area of Grawing Seedings	公顷	hectare	203497146
国有育苗面积	Area of State Grawing seedings	公顷	hectare	1565000
木材采伐	Cutting of Timber	公顷	hectare	7016
村及村以下采伐	Villages and Other Cooperative Organizations Under Villages	公顷	hectare	3756

Production of Forestry

银川市区 City	永宁县 Yongning	贺兰县 Helan	灵武市 Lingwu
2913	276	99	2052
1844	276	99	1719
1844	276	99	1386
0			
0			333
1069			333
0			
1844	276	99	1719
296	194	93	1719
1548	82	6	
0			
0			
113	37		
1731	239	99	1719
0			
0			
1630	1333		733
506940	100	140000	273097
0			21333
0			5
0			1
5600000			
0			
820	1172	1931	1178
39	6	35	2
0	25		
1			
78601400	48713900	48733400	27448446
1390000			175000
1827	4735		454
0	3756		

3—12 渔业生产情况
Production of Fishery

(2020)

指 标	Item	单位	Unit	银川市 Yinchuan	兴庆区 Xingqing	金凤区 Jinfeng	西夏区 Xixia	永宁县 Yongning	贺兰县 Helan	灵武市 Lingwu
水产品总产量	Total Output of Aquatic Products	吨	ton	75806	6100	1700	2217	5541	58036	2212
淡水捕捞	Fresh water Fishing	吨	ton	4130	68	230		400	3432	
鱼类	Fishes	吨	ton	4087	68	230		372	3417	
#黄河鲤鱼	Yellow River's Carps	吨	ton	263	24			239		
虾蟹类	Shrimps and Crabs	吨	ton	43				28	15	
淡水养殖	Fresh water Aquaculture	吨	ton	71676	6032	1470	2217	5141	54604	2212
鱼类	Fish	吨	ton	70952	5979	1416	2197	5102	54061	2197
#鲤鱼	Carp	吨	ton	27676	2830	540	638	2467	20800	401
鲢鱼	Silver Carp	吨	ton	6326	645	240	265	427	4566	183
鲫鱼	Crucian Carp	吨	ton	5772	338	75	426	810	4059	64
草鱼	Grass Carp	吨	ton	23707	1832	498	746	1043	18264	1324
罗非鱼	Tilapia	吨	ton							
团头鲂	Group Head Triangular Bream	吨	ton							
其他	Others	吨	ton	922	10	9		84	791	28
虾蟹类	Shrimps,Prawns and Crabs	吨	ton	688	53	54	20	4	542	15
#罗氏沼虾	Macrobrachium Rosenbergii	吨	ton							
螃蟹	Crabs	吨	ton	541	30	20	20	3	453	15
淡水养殖面积	Area for Breeding Aquatics in Inland Waters	公顷	hectare	6758	1129	233	183	924	3875	414
池塘养殖	Pond Breeding	公顷	hectare	5121	643	127	175	294	3718	164
湖泊养殖	Lake Breeding	公顷	hectare	1513	486	106	8	630	157	126
水库养殖	Reservoir Breeding	公顷	hectare	124						124
稻田养蟹面积	Area of Grab Breeding in Rice Paddy	公顷	hectare	1011	80		165	33	662	71

3—13 畜牧业生产情况

Production of Animal Husbandry

（2020）

指 标	Item	单位	Unit	银川市 Yinchuan	兴庆区 Xingqing	金凤区 Jinfeng	西夏区 Xixia	永宁县 Yongning	贺兰县 Helan	灵武市 Lingwu
年末牲畜存栏	Number of Large Animals at Year-end									
大牲畜	Large Animals	头	head	296636	45271	12640	39393	45612	72334	81386
牛	Cows	头	head	292216	44449	12591	39284	43401	71443	81048
肉牛	Mutton Cows	头	head	122066	11717	7227	15981	34122	21376	31643
奶牛	Dairy Cows	头	head	170150	32732	5364	23303	9279	50067	49405
马	Horses	头	head	888	50	27	37	601	43	130
驴	Donkeys	头	head	3368	663	15	29	1605	848	208
骡	Mules	头	head	6			1	5		
骆驼	Camels	头	head	158	109	7	42			
猪	Hogs	头	head	161537	17177	2506	13841	24831	24819	78363
能繁殖的母猪	Breeding Sows	头	head	23478	2451	204	1695	3565	4035	11528
羊	Sheep and Goats	只	head	783563	55232	21674	27775	105490	126214	447178
山羊	Goats	只	head	119850	7648		8165	6565	36314	61158
绵羊	Sheeps	只	head	663713	47584	21674	19610	98925	89900	386020
滩羊	Beach Sheeps	只	head	17741		13621	2407		1187	526
活家禽	Number of Poultry on Hand	百只	100head	23482	925	489	1631	9052	7983	3402
活鸡	Chicken	百只	100head	23001	925	489	1621	8880	7766	3320
肉鸡	Chicken	百只	100head	5995	42	5	237	2309	1065	2337
蛋鸡	Hens	百只	100head	17006	883	484	1384	6571	6701	983
家兔	Rabbits	只	head	135857	98933	500	26516	2712	7196	
当年出栏数	Numberof Animals Slaughtered Current Year									
大牲畜	Large Animals	头	head	121704	11414	5128	10628	39902	25261	29371
牛	Cattle and Buffaloes	头	head	117777	11111	5033	10569	37183	24875	29006
马	Horses	头	head	979		6	21	852	10	90
驴	Donkeys	头	head	2860	303	12	27	1867	376	275
骡	Mules	头	head							
猪	Hogs	头	head	189037	21284	4862	11185	21545	29378	100783
羊	Sheep and Goats	只	head	895656	29608	8084	17162	184696	110854	545252
山羊	Goats	只	head	122369	8322		6266	13608	44987	49186

3—13 续表 continued

指 标	Item	单位	Unit	银川市 Yinchuan	兴庆区 Xingqing	金凤区 Jinfeng	西夏区 Xixia	永宁县 Yongning	贺兰县 Helan	灵武市 Lingwu
绵羊	Sheeps	只	head	773287	21286	8084	10896	171088	65867	496066
宰杀羊羔(供宰杀二毛的羊羔)	SlaughterLamb	只	head	21831	3650		1466	7044	3251	6420
活家禽	Number of Poultry Slaughtered	百只	100head	30317	1287	498	1403	9869	7013	10247
活鸡	Chicken	百只	100head	29975	1287	498	1398	9736	6887	10169
活鸭	Ducks	百只	100head	302			5	100	126	71
家兔	Rabbits Slaughtered	只	head	276201	200326	28000	19300	1987	19028	7560
肉类总产量	**Total Output of Meat**	**吨**	**ton**	**58800**	**5121**	**1637**	**3598**	**12765**	**9947**	**25732**
猪肉	Pork	吨	ton	15775	1811	405	999	1744	2383	8433
牛肉	Beef	吨	ton	19123	1961	881	1783	5695	4036	4767
羊肉	Mutton	吨	ton	16112	591	175	338	2949	1874	10185
山羊	Goats	吨	ton	2119	173		90	208	810	838
绵羊	Sheeps	吨	ton	13993	418	175	248	2741	1064	9347
禽肉	Poultry Meat	吨	ton	6598	270	104	350	2090	1496	2288
鸡肉	Chicken	吨	ton	4905	237	104	340	799	1240	2185
马肉	Horse Meat	吨	ton	123		1	3	105		14
驴肉	Donkey Meat	吨	ton	282	32	1	3	173	43	30
骡肉	Mule Meat	吨	ton							
兔肉	Rabbit Meat	吨	ton	604	456	48	31	4	50	15
奶类产量	**Output of Milke**	**吨**	**ton**	**652377**	**124935**	**21022**	**97974**	**27359**	**244267**	**136820**
牛奶	Cow Milk	吨	ton	652377	124935	21022	97974	27359	244267	136820
绵羊毛产量	**Sheep Wool**	**吨**	**ton**	**1829**	**77**	**40**	**122**	**315**	**123**	**1152**
细羊毛产量	Fine Wool	吨	ton	55				29	9	17
半细羊毛产量	Semi-fine	吨	ton	541	77	40	122	130	114	58
山羊毛产量	**Output of Goat Wool**	**吨**	**ton**	**161**	**5**		**6**	**2**	**20**	**128**
山羊粗毛	Goat Wool	吨	ton	113	4		6	2	4	97
山羊绒	Pashm	吨	ton	48	1				16	31
滩羊皮产量	**Tibet Lamb Skin**	**张**	**unit**	**36988**				**36988**		
兔毛	**Cony Hair**	**公斤**	**kg**	**4910**				**54**	**4856**	
鹿茸产量	**Antler**	**公斤**	**kg**	**645**			**65**		**580**	
天然蜂蜜产量	**Honey**	**吨**	**ton**	**166**	**125**			**14**	**27**	
禽蛋产量	**Output of Poultry Eggs**	**吨**	**ton**	**27542**	**2425**	**1500**	**2378**	**10014**	**9478**	**1747**
鸡蛋产量	Eggs	吨	ton	27406	2424	1500	2376	9881	9478	1747

主要统计指标解释

【乡村户数】指长期(一年以上)居住在乡镇(不包括城关镇)行政管理区域内的住户,还包括居住在城关镇所辖行政村范围内的农村住户。户口不在本地而在本地居住一年及以上的住户也包括在本地农村住户内;有本地户口,但举家外出谋生一年以上的住户,无论是否保留承包耕地都不包括在本地农村住户范围内。不包括乡村地区内的国有经济的机关、团体、学校、企业、事业单位的集体户。

【乡村人口数】指乡村地区常住居民户数中的常住人口数,即经常在家或在家居住6个月以上,而且经济和生活与本户连成一体的人口。外出从业人员在外居住时间虽然在6个月以上,但收入主要带回家中,经济与本户连为一体,仍视为家庭常住人口;在家居住,生活和本户连成一体的国家职工、退休人员也为家庭常住人口。但是现役军人、中专及以上(走读生除外)的在校学生、以及常年在外(不包括探亲、看病等)且已有稳定的职业与居住场所的外出从业人员,不应当作家庭常住人口。

【乡村劳动力资源数】指乡村人口中劳动年龄以上(16周岁)能够参加生产经营活动的人员。

【乡村从业人员】指乡村人口中16岁以上实际参加生产经营活动并取得实物或货币收入的人员,既包括劳动年龄内经常参加劳动的人员,也包括超过劳动年龄但经常参加劳动的人员。但不包括户口在家的在外学生、现役军人和丧失劳动能力的人,也不包括待业人员和家务劳动者。从业人员年龄为16岁以上。从业人员按从事主业时间最长(时间相同按收入)分为农业从业人员、工业从业人员、建筑业从业人员、交运仓储及邮电通讯业从业人员、信息传输、计算机服务和软件业、批零贸易及餐饮业从业人员、住宿和餐饮业从业人员、其他从业人员。

【谷物】是指禾本科和蓼科粮食作物。这类作物具体包括稻谷、小麦、玉米、谷子、高粱和其他谷物;其他谷物包括大麦、燕麦、荞麦等。

【中草药材】指人工种植、以获取药材为目的、主要用于中药配伍以及中成药加工的药材作物面积。包括药用真菌的面积。

【猪、牛、羊肉产量】值本调查期内出栏猪、牛、羊折算出的鲜、冷鲜冷冻猪牛羊肉的总量,按胴体重计算。

【水产品产量】指渔业(捕捞和养殖)生产活动的最终有效成果,包括全部海水和淡水鱼类、甲壳类(虾、蟹)、贝类、头足类、藻类和其它类渔业产品的最终产量。不包括渔业生产过程中的中间成果,如鱼苗、鱼种、亲鱼、转塘鱼、存塘鱼和自用作饵料的产品等。水产品在上岸前已经腐烂变质,不能供人食用或加工成其它制品的,不统计在水产品产量中。

【淡水水域养殖产量】指在淡水水域中人工投放苗种(不包括灌江纳苗)并进行人工饲养管理的、并已捕捞起水的水产品产量。稻田养殖起水产品产量也计人淡水水域养殖产量中。淡水养殖产品包括鱼类、甲壳类(虾、蟹)、贝类、藻类和其他类产品。

【农林牧渔业总产值】农林牧渔业总产值是以货币表现的农林牧渔业的全部产品产量和对农林牧渔业生产活动进行的各种支持性服务活动的价值。它反应一定时期内农林牧渔业生产总规模和总成果,是观察农林牧渔业生产水平和发展速度,研究农林牧渔业内部比例关系、农林牧渔业与工业、农林牧渔业与国家建设、人民生活比例关系的重要指标,同时也是计算农林牧渔业劳动生产率和农林牧渔业增加值的基础资料。

【农林牧渔业增加值】指农、林、牧、渔及农林牧渔服务业生产货物或提供服务活动而增加的价值,为农林牧渔业现价总产值扣除农林牧渔业现价中间投入后的余额。

4

工　业

Industry

4—1 主要年份工业产品产量

Output of Major Industrial Products in Main Years

年份 Year	轮胎外胎（万条）Tires（10 000 tires）	水泥（万吨）Cement（10 000 tons）	金属切削机床（台）Metal-cutting Machine Tools（unit）	电力变压器（万千伏安）Power Transformers（10 000 kva）	味精（吨）Monosodium Glutamate（ton）	乳制品（吨）DairyProducts（ton）
1978	30.1	3.13	439	3.5	35	
1979	32	2.82	437	4		
1980	29.3	2.96	385	7.33		
1981	8.5	1.84	239	3	24	205
1982	16.2	3.35	245	2.66	53	258
1983	25.6	5.47	356	4.31	55	308
1984	29.5	5.77	406	6.49	48	527
1985	34.3	8.6	400	12.15	55	759
1986	38.45	10.09	392	13.88	87	1068
1987	57.01	14.7	417	18.65	151	1355
1988	67.08	28.34	480	19.61	250	1779
1989	69.1	35.11	403	24.73	423	3292
1990	63.51	30.46	289	24.54	433	3128
1991	75.62	32.26	228	23.9	393	4033
1992	103.59	36.96	337	26.54	420	7404
1993	123.56	38.11	386	33.9	500	4811
1994	144.2	47.19	1649	25	567	4643
1995	164.95	51.51	994	25	800	4329
1996	192.24	59.9	829	30.06	1000	5991
1997	186.74	60.95	983	36.82	1235	5079
1998	191.24	74.77	455	40.81	880	6531
1999	167.98	85.2	659	46.73	1567	7742
2000	193	82.22	909	67	2419	6760
2001	182	87.7	1298	124	3592	7814
2002	224.31	123.06	1816	116.02	3032	6099
2003	241.53	208.52	1953	105	14979	5621
2004	293.6	196.48	1095	73.25	24236	6876
2005	304.56	178.23	1418	67.66	24159	49656
2006	389.59	219.52	1892	159.41	32018	64688
2007	395.54	261.55	2494	224.85	62151	73347
2008	337.16	277.93	2458	178.9	66660	50159
2009	225.62	332.27	1620	685.27	75635	46553
2010	210.44	458.53	3110	43.55	84711	37433
2011	188.38	475.89	3762	705.43		24115
2012	141.91	509.22	2570	174.75		196140
2013	165.89	650.06	2370	713.63		219417
2014	153.76	582.24	2146	1141.1	201917	263074
2015	138.77	522.8	1669	1424.5	217920	244975
2016	201.9	534.36	1545	1156.09	222390	237777
2017	178.63	623.8	2094	664.68	186410	274262
2018	102.77	506.93	2438	1016.49	156702	332165
2019	66.17	526.55	1610	1398.01	216082	341939
2020		530.83	1886	1520.79	251608	387404

4—1 续表1 continued

年 份 Year	饮料酒 （千升） Alcoholic Drink（ton）	农用化肥 （万吨） Chemical Fertilizers （10 000 tons）	服 装 （万件） Clothing （10 000 units）	中成药 （吨） Chinese Patent Modicines（ton）
1978	424	15.07		
1979	743	3.64		
1980	855	3.62		200
1981	2889	3.08	94.8	188
1982	3658	3.84		191
1983	4867	3.96	77.78	222
1984	5830	4.84	100.76	230
1985	7600	4.36		172
1986	13345	4.83		222
1987	14553	5.31	107.26	243
1988	16800	5.73		340
1989	16300	18.68	192.46	277
1990	15800	23.5	171.34	255
1991	16200	26.96	158.55	322
1992	14103	28.79	139.36	281
1993	21970	25.22	74.02	402
1994	21848	27.96	119.31	317
1995	28063	34.34	193.75	354
1996	31270	32.07	72	392
1997	28068	32.97	129.2	385
1998	28468	36.35		300
1999	43712	43.02	37.72	349
2000	40390	50	51	461
2001	43934	57	120	453
2002	77449	66.68	132.34	459
2003	66167	63.67	120.85	512
2004	95015	69.2	96.62	481
2005	85439	57.84	57.57	802
2006	76888	55.8	41.35	1013
2007	103363	57.9	169.54	762
2008	120124	74.91	243.74	671
2009	146343	72.61	319.97	869
2010	159947	69.02	362.44	926
2011	181920	80.56	411.7	943
2012	172088	66.02	493.7	400
2013	272200	54.38	631.01	665
2014	288878	28.35	836.83	564
2015	286681	65.16	1236	730
2016	265853	43.01	1269.86	843
2017	253122	33.41	696.52	428
2018	216929	30.37	94.82	567
2019	219072	34.23	103.41	600
2020	204193	56.17	60.34	613

4—1 续表2 continued

年 份 Year	合成氨（万吨）Synthetic Ammonia（10 000 tons）	铁合金（万吨）Ferroalloy（10 000 tons）	轴 承（万套）Bearing（10 000 sets）	配混合饲料（万吨）Feed（10 000 tons）
1978	4.84		12	
1979	5.98		6.4	
1980	5.49	0.14	3.09	
1981	4.71	0.06		
1982	5.55	0.07		
1983	5.51	0.11		
1984	6.8	0.11		
1985	6.27	0.13		
1986	11	0.44	20.1	
1987	6.73			
1988	7.59	1.16		
1989	23.25			
1990	29.9	1.73	195.06	
1991	33.62	0.76	200	
1992	34.84	1.26	171.4	
1993	25.99	2.32	197	
1994	35.14	3.54	203.55	
1995	40.66	3.21	349.69	
1996	39.76	4.53	309.37	
1997	4.59	3.68	283.46	
1998	45.52	3.04	622.67	
1999	52.95	4.09	655	
2000	63	5.38	735	2.02
2001	72	5.8	459	3.11
2002	82.93	7.38	354.3	4.58
2003	79.69	10.83	254.45	4.57
2004	85.89	12.49	215.45	9.42
2005	75.16	11.46	199.72	12.33
2006	74.02	15.75	176.28	12.27
2007	78.38	11.8	205.9	11.2
2008	89.66	10.35	161.97	15.91
2009	84.26	7.04	114.32	22.7
2010	79.75	6.39	133.59	19.46
2011	92.31	11.75	96.4	23.14
2012	84.15	11.23	80.7	24.73
2013	69.32	17.57	94.61	25.83
2014	36.87	16.16	183.48	29.32
2015	30.61	7.24	594.09	27.1
2016	33.27	3.58	681.79	28.35
2017	23.73	2.62	1809.1	31.21
2018	12.47	3.63	2589.58	29.63
2019	14.04	2.39	2380.07	39.22
2020	37.35	0.91	3372.27	51.63

4—2 规模以上工业企业主要产品产量

产 品	Product	单位	Unit
小麦粉	Wheat Flour	万吨	10 000tons
大米	Rice	万吨	10 000tons
配混合饲料	Feed	万吨	10 000tons
乳制品	Dairy Products	万吨	10 000tons
白酒	Liquor	千升	kiloliter
啤酒	Beer	万千升	million liters
葡萄酒	Wine	万千升	million liters
服装	Clothing	万件	10 000units
家具	Furniture	万件	10 000units
机制纸	Machine-made Paper	万吨	10 000tons
农用化肥	Chemical Fertilizers	万吨	10 000tons
单晶硅	Moncnystauine silicon	万千克	100 00kg
多晶硅	polysilicon	万千克	100 00kg
中成药	Medicine	吨	ton
橡胶轮胎外胎	Tires	万条	10 000tires
塑料制品	Plastic Products	万吨	10 000tons
水泥	Cement	万吨	10 000tons
钢材	Rolled Steel	万吨	10 000tons
铁合金	Ferroalloy	万吨	10 000tons
铸铁件	CastIron	万吨	10 000tons
金属切削机床	Metal-cutting Machine Tools	台	unit
起重机	Lifting Appliances	吨	ton
滚动轴承	Bearing	万套	10 000sets
变压器	Transformer	万千伏安	10 000kva
工业机器人	Industrial robot	套	set
电工仪器仪表	Electrical Instruments	万台	10 000unit
自来水生产量	Tap water production	万立方米	10 000cubicmentres

Output Volume of Major Industrial Products in Enterprises above Designated Size

2019年	2020年
7.91	6.61
18.93	14.48
39.22	51.63
34.19	38.74
21.08	19.96
0.83	0.46
103.41	60.34
4.61	2.58
0.60	1.49
34.23	56.17
4235.61	4582.34
408.00	84.50
599.97	613.41
66.17	
6.43	5.92
526.55	530.83
17.49	19.43
2.39	0.91
4.13	4.11
1610.00	1886.00
7160.00	7656.00
2380.07	3372.27
1398.01	1520.79
170.00	157.00
471.98	280.10
31569.48	34059.38

4—3 全市规模以上工业企业主要经济指标

单位:万元 （2020）

指 标	Item	企业单位数(个) Number of Enterprises(unit)
总 计	**Total**	**370**
按地区分	**Gorped by Region**	
兴庆区	xingqing	23
金凤区	jinfeng	42
西夏区	xixia	75
永宁县	Yongning	52
贺兰县	Helan	67
灵武市	Lingwu	111
按轻重工分	**Grouped by Light & Heavy Industries**	
轻工业	Light Industry	109
重工业	Heavy Industry	261
按企业规模分	**Grouped by Size of Enterprises**	
大型企业	Large Enterprises	16
中型企业	Medium-sized Enterprises	42
小型企业	Small Enterprises	312
纯小型企业	Pure small business	274
微型企业	Micro-enterprises	38
按登记注册类型分	**Grouped by Status of Registration**	
内资企业	Domestic Funded	348
国有企业	State-owned Enterprises	9
中央企业	Central	6
地方企业	Local	3
有限责任公司	Limited Liability Corporations	90
国有独资公司	State Sole Funded Corporations	13
其他有限责任公司	Other Limited Liability Corporations	77
股份有限公司	Share-holding Corporations Limited	10
私营企业	Private Enterprises	239
私营独资企业	Private Sole Funded Corporations	3
私营有限责任公司	Private Limited Liability Corporations	220
私营股份有限公司	Private Share-holding Corporations Limited	16
港、澳、台商投资企业	Enterprises with Funds fromHong Kong,Macaoand Taiwan	5
合资经营企业(港或澳、台资)	Joint-venturesEnterprises(Hongkong, Macao or Taiwan)	2
港澳台商独资经营企业	Enterprises with Fundsfrom Hong Kong,Macao andTaiwan	3
外商投资企业	Foreign Funded Enterprises	17
中外合资经营企业	Joint-venture Enterprises	6
外资企业	Foreign Enterprises	8
其他外商投资企业	Other enterprises with foreign investment	3
在总计中:亏损企业	**In total:** loss making enterprises	98
在总计中:国有控股企业	**In total:** state holding enterprises	73

注:兴庆区含国网宁夏电力有限公司数据;灵武市含国家能源集团宁夏煤业有限责任公司数据。

Main Economic Indicators of Industrial Enterprises above Designated Size

(10 000yuan)

亏损企业 Loss-suffering Enterprises	年初存货 Early inventory	产成品 Finished product	资产总计 Total Assets	流动资产总计 Total Working Capitas	应收账款 Accounts receivable	存货 Stock	产成品 Finished Products
98	**2005160**	**591045**	**49824628**	**13149982**	**3689615**	**2115070**	**669993**
2	68640	24421	6362341	1104581	480201	38934	20834
7	134797	62778	2123848	1027494	349306	173997	72169
18	428753	107095	8571726	3669066	1452787	466315	131642
16	160873	34123	1353914	673782	143765	180192	41343
24	214330	70533	2524150	1445238	293900	235716	76515
31	997768	292096	28888649	5229822	969655	1019917	327491
35	487160	146374	4729730	2679605	472270	556337	168679
63	1518000	444670	45094898	10470377	3217345	1558733	501315
3	1012496	287710	28910809	6292393	1549881	1053084	320145
5	364236	116603	9011193	2643681	661137	438605	148487
90	628428	186732	11902626	4213908	1478596	623382	201361
84	573227	184160	9721927	3503432	1157531	589867	197525
6	55201	2571	2180699	710476	321065	33515	3836
93	1832407	545026	44806717	11874122	3471161	1916784	614979
1	7500	2	5499066	955180	357036	11707	1886
1	7458	2	5359010	920223	327641	11653	1886
0	42	0	140056	34957	29395	54	0
17	900028	254294	26410730	4035746	973626	898873	279573
3	598367	159832	14740481	1697598	378162	569138	169619
14	301661	94463	11670249	2338148	595465	329736	109954
1	170715	41688	3442789	1032645	197881	155712	47556
74	754164	249042	9454132	5850552	1942617	850492	285965
1	1771	1280	18161	15793	5244	1913	1154
67	682476	233262	8252811	5092460	1843387	763167	255079
6	69917	14500	1183161	742299	93987	85413	29732
2	76593	23507	3900875	762744	51584	85138	34355
1	58982	16786	3641477	692499	15863	65365	25489
1	17610	6721	259399	70245	35721	19773	8865
3	96161	22512	1117036	513116	166870	113148	20660
0	25177	6617	200071	96939	23784	30203	7740
1	58406	13278	718019	363417	135663	70353	10624
2	12578	2618	198946	52760	7423	12592	2295
98	1069357	296827	19287722	3431276	819488	1013254	304615
13	947437	243340	32344196	4924621	1304440	895213	248186

Note: Data of Xingqing District China National Grid Ningxia Electric Power Co. , Ltd. and Lingwu China National Energy Group Ningxia Coal Industry Co. , Ltd. .

4—3 续表1 continued

单位:万元 (2020)

指 标	Item	企业单位数(个) Number of Enterprises (unit)
按工业行业大类分	**Grouped by Sector**	
煤炭开采和洗选业	Mining and Washing of Coal	8
农副食品加工业	Processing of Food from Agricultural Products	28
食品制造业	Manufacture of Foods	18
酒、饮料和精制茶制造业	Manufacture of Wine, Beverage and Tea	8
纺织业	Manufacture of Textile	11
纺织服装、服饰业	Manufacture of Textile Wearing Apparel and Apparel Industry	2
皮革、毛皮、羽毛及其制品和制鞋业	Manufacture ofleather, Fur,Feather, Footwearand Related Products	4
木材加工及木、竹、藤、棕、草制品业	ProcessingofTimber,ManufactureofWood,Bamboo,Rattan,PalmandStrawProducts	1
家具制造业	Manufacture of Furniture	1
造纸和纸制品业	Manufacture of Paper and Paper Products	4
印刷和记录媒介复制业	Printing,Reproduction of Recording Media	3
石油、煤炭和其他燃料加工业	Petroleum,coal and other fuel processing industries	6
化学原料和化学制品制造业	Manufacture of Raw Chemical Materials and Chemical Products	34
医药制造业	Manufacture of Medicines	12
化学纤维制造业	Chemical Fiber Manufacturing	2
橡胶和塑料制品业	Manufacture of Rubber and Plastics	11
非金属矿物制品业	Manufacture of Non-metallic Mineral Products	36
黑色金属冶炼和压延加工业	Smelting and Pressing of Ferrous Metals	3
有色金属冶炼和压延加工业	Smelting and Pressing of Non-ferrous Metals	11
金属制品业	Manufacture of Metal Products	21
通用设备制造业	Manufacture of General Purpose Machinery	28
专用设备制造业	Manufacture of Special Purpose Machinery	10
汽车制造业	Manufature of Automotive Industry	1
铁路、船舶、航空航天和其他运输设备制造业	ManufatureofRailways,Shipbailding,AerospaceandOtherTransporationEquipment	1
电气机械和器材制造业	Manufacture of Electrical Machinery andEquipment	18
计算机、通信和其他电子设备制造业	Manufacturing of computer, communication and other electronic equipment	10
仪器仪表制造业	Manufacture of Measuring Instruments	2
废弃资源综合利用业	Vtilization Waste Resources	8
金属制品、机械和设备修理业	Metal products, machinery and equipment repair industry	3
电力、热力生产和供应业	Production and Supply of Electric Power,Gasand Water	46
燃气生产和供应业	Production and Supply of Gas	10
水的生产和供应业	Production and Supply of Water	9

continued

(10 000yuan)

亏损企业 Loss-suffering Enterprises	年初存货 Early inventory	产成品 Finished product	资产总计 Total Assets	流动资产总计 Total Working Capitas	应收账款 Accounts receivable	存货 Stock	产成品 Finished Products
2	587114	168378	14070801	1604819	222301	552881	173932
8	85767	21599	381602	249148	45922	105810	27245
4	48468	14205	1023638	501161	80277	60479	25897
3	121704	10773	379129	205486	9367	128949	8499
5	84603	34437	1212115	635894	183561	91930	36891
1	610	217	9594	5753	796	575	299
1	23732	3903	59935	48845	13522	25871	4325
1	134	54	2312	1412	251	569	17
1	2026	499	14865	2720	-253	1895	384
1	10334	6135	59196	39191	15645	9519	5891
1	4962	973	34083	19321	11613	3143	1071
1	115265	20369	1746970	755612	14036	98320	21181
9	232104	84323	6393632	1206957	96215	244130	99769
4	67567	26075	1130473	738344	45169	81473	30385
0	8140	8140	206579	75833	6602	13439	6045
1	21432	16740	127742	98977	23755	25299	18953
12	34006	14943	655724	401888	258110	34082	14174
2	2273	1344	43848	15251	335	3589	2744
5	20779	10827	150970	92589	29081	23550	14181
8	54474	16198	542109	277564	96376	64832	23481
6	173988	54390	1053911	684905	197433	178615	65294
1	13991	7200	85919	49350	21655	12837	4978
0	562	0	39848	18836	3994	84	0
0	565	0	5438	5278	2508	59	0
4	51205	29938	1162773	824508	540092	58358	35055
4	79591	20873	1781518	1022712	454075	163080	34862
0	9709	2987	62905	49714	21322	6224	2896
2	10195	6308	120747	73910	27763	17736	6229
0	360	0	15549	13394	6449	185	0
8	91552	347	14748203	2773948	1156189	91351	374
2	46965	8765	1168278	437990	68045	15116	4841
1	987	102	1334224	218670	37412	1092	101

4—3 续表2 continued

单位:万元 （2020）

指 标	Item	固定资产原价 Original Value of Fixed Assets
总 计	**Total**	**45846341**
按地区分	**Gorped by Region**	
兴庆区	xingqing	7748458
金凤区	jinfeng	1040734
西夏区	xixia	6421848
永宁县	Yongning	854896
贺兰县	Helan	924860
灵武市	Lingwu	28855545
按轻重工分	**Grouped by Light & Heavy Industries**	
轻工业	Light Industry	2051954
重工业	Heavy Industry	43794386
按企业规模分	**Grouped by Size of Enterprises**	
大型企业	Large Enterprises	30298979
中型企业	Medium–sized Enterprises	7155773
小型企业	Small Enterprises	8391589
纯小型企业	Pure small business	6730359
微型企业	Micro–enterprises	1661230
按登记注册类型分	**Grouped by Status of Registration**	
内资企业	Domestic Funded	42617065
国有企业	State–owned Enterprises	8067870
中央企业	Central	7935171
地方企业	Local	132699
有限责任公司	Limited Liability Corporations	27427638
国有独资公司	State Sole Funded Corporations	16370666
其他有限责任公司	Other Limited Liability Corporations	11056972
股份有限公司	Share–holding Corporations Limited	3314775
私营企业	Private Enterprises	3806782
私营独资企业	Private Sole Funded Corporations	3193
私营有限责任公司	Private Limited Liability Corporations	3260051
私营股份有限公司	Private Share–holding Corporations Limited	543537
港、澳、台商投资企业	Enterprises with Funds fromHong Kong,Macaoand Taiwan	2535447
合资经营企业(港或澳、台资)	Joint–venturesEnterprises(Hongkong, Macao or Taiwan)	2425212
港澳台商独资经营企业	Enterprises with Fundsfrom Hong Kong,Macao andTaiwan	110235
外商投资企业	Foreign Funded Enterprises	693829
中外合资经营企业	Joint–venture Enterprises	123783
外资企业	Foreign Enterprises	467160
其他外商投资企业	Other enterprises with foreign investment	102886
在总计中:亏损企业	**In total:** loss making enterprises	19381525
在总计中:国有控股企业	**In total:** state holding enterprises	37222067

continued

(10 000yuan)

累计折旧 Accumulated Depreciation	本年折旧 Depreciation this year	负债合计 Total Liabilities	流动负债合计 Total Working Liabilities	应付账款 Accounts Payable
16884394	**2009106**	**32534185**	**20114011**	**4769104**
4061304	381747	4047901	2440908	880794
358155	36468	1023070	597118	401962
2644248	302120	4255515	2722986	868311
437778	42112	699445	667189	173908
351009	60087	1889320	1594883	611255
9031899	1186572	20618934	12090927	1832874
891726	116795	2876368	2478744	827152
15992668	1892311	29657818	17635267	3941953
11876879	1314208	19082182	12867442	2646567
2825623	300824	5909334	3502616	777454
2181893	394075	7542670	3743953	1345083
1926723	319262	5880029	3119280	1040339
255169	74813	1662641	624673	304745
16206855	1879656	30390894	18897855	4529533
4398548	381936	3389257	2119023	772076
4369417	376770	3290055	2082209	770800
29131	5166	99202	36814	1276
8921833	1134280	20125790	11357662	1838076
5471294	648964	10895222	6148537	912159
3450539	485316	9230567	5209124	925917
1643338	149731	1660470	1082021	191180
1243137	213709	5215377	4339149	1728202
1075	211	14836	14836	433
1046796	191287	4878969	4021582	1650013
195266	22211	321572	302731	77756
478212	93828	1548448	891175	111474
429028	89384	1370002	783990	52100
49184	4445	178446	107185	59374
199327	35622	594844	324981	128097
46902	5064	106115	77630	18510
131918	23899	359636	177653	51864
20507	6659	129093	69698	57723
6403768	823449	15759423	10167322	1902593
14416745	1593273	23549673	13478377	2480744

4—3 续表3 continued

单位:万元 (2020)

指 标	Item	固定资产原价 Original Value of Fixed Assets
按工业行业大类分	**Grouped by Sector**	
煤炭开采和洗选业	Mining and Washing of Coal	15614541
农副食品加工业	Processing of Food from Agricultural Products	167166
食品制造业	Manufacture of Foods	580803
酒、饮料和精制茶制造业	Manufacture of Wine, Beverage and Tea	225816
纺织业	Manufacture of Textile	299519
纺织服装、服饰业	Manufacture of Textile Wearing Apparel and Apparel Industry	6028
皮革、毛皮、羽毛及其制品和制鞋业	Manufacture ofleather, Fur,Feather, Footwearand Related Products	14231
木材加工及木、竹、藤、棕、草制品业	ProcessingofTimber,ManufactureofWood,Bamboo,Rattan,PalmandStrawProducts	372
家具制造业	Manufacture of Furniture	7984
造纸和纸制品业	Manufacture of Paper and Paper Products	18407
印刷和记录媒介复制业	Printing,Reproduction of Recording Media	25125
石油、煤炭和其他燃料加工业	Petroleum,coal and other fuel processing industries	2004235
化学原料和化学制品制造业	Manufacture of Raw Chemical Materials and Chemical Products	5506327
医药制造业	Manufacture of Medicines	509354
化学纤维制造业	Chemical Fiber Manufacturing	135368
橡胶和塑料制品业	Manufacture of Rubber and Plastics	44731
非金属矿物制品业	Manufacture of Non-metallic Mineral Products	456376
黑色金属冶炼和压延加工业	Smelting and Pressing of Ferrous Metals	38089
有色金属冶炼和压延加工业	Smelting and Pressing of Non-ferrous Metals	47821
金属制品业	Manufacture of Metal Products	182882
通用设备制造业	Manufacture of General Purpose Machinery	449220
专用设备制造业	Manufacture of Special Purpose Machinery	36867
汽车制造业	Manufature of Automotive Industry	13192
铁路、船舶、航空航天和其他运输设备制造业	ManufatureofRailways,Shipbailding,AerospaceandOtherTransporationEquipment	424
电气机械和器材制造业	Manufacture of Electrical Machinery andEquipment	278597
计算机、通信和其他电子设备制造业	Manufacturing of computer, communication and other electronic equipment	842250
仪器仪表制造业	Manufacture of Measuring Instruments	15040
废弃资源综合利用业	Vtilization Waste Resources	50447
金属制品、机械和设备修理业	Metal products, machinery and equipment repair industry	4481
电力、热力生产和供应业	Production and Supply of Electric Power,Gasand Water	17236301
燃气生产和供应业	Production and Supply of Gas	554038
水的生产和供应业	Production and Supply of Water	480311

continued

(10 000yuan)

累计折旧 Accumulated Depreciation	本年折旧 Depreciation this year	负债合计 Total Liabilities	流动负债合计 Total Working Liabilities	应付账款 Accounts Payable
5394838	600685	10630667	6292052	831919
73110	10709	201991	196961	54947
304059	30886	550591	540143	136910
86856	8853	199707	183777	48528
78045	17330	741592	609678	433693
2557	368	8504	7568	2340
3655	502	40491	40442	16641
233	29	1671	1671	687
4090	364	7858	7858	489
6911	1177	40817	40810	11397
13469	1140	16899	9573	2070
1057317	84048	460519	441342	73512
1378098	237966	4450788	3214663	290667
261493	33354	837386	716896	81536
21033	9289	125964	31276	20291
29749	1882	67770	65713	8073
237870	22064	373654	371111	222124
13646	326	31789	31789	4804
8754	1573	103943	97669	14454
57255	6984	285234	217558	68673
208446	21342	483643	392882	143247
9499	1508	46784	41726	10661
1723	892	36505	36505	3104
307	10	2593	2593	1959
52599	19461	630515	575469	308310
201224	54219	506459	400166	201153
5411	2035	31142	25731	8160
9886	2810	57117	56167	14745
2531	480	6312	6312	4622
7000697	802368	10073781	4775651	1594651
186071	25147	646458	440196	54680
172964	9305	835047	242067	100056

4—3 续表4 continued

单位:万元 (2020)

指 标	Item	所有者权益合计 Owners' Equities
总 计	**Total**	**17290441**
按地区分	**Gorped by Region**	
兴庆区	xingqing	2314441
金凤区	jinfeng	1100777
西夏区	xixia	4316211
永宁县	Yongning	654469
贺兰县	Helan	634830
灵武市	Lingwu	8269714
按轻重工分	**Grouped by Light & Heavy Industries**	
轻工业	Light Industry	1853361
重工业	Heavy Industry	15437080
按企业规模分	**Grouped by Size of Enterprises**	
大型企业	Large Enterprises	9828627
中型企业	Medium-sized Enterprises	3101859
小型企业	Small Enterprises	4359955
纯小型企业	Pure small business	3841897
微型企业	Micro-enterprises	518058
按登记注册类型分	**Grouped by Status of Registration**	
内资企业	Domestic Funded	14415822
国有企业	State-owned Enterprises	2109810
中央企业	Central	2068956
地方企业	Local	40854
有限责任公司	Limited Liability Corporations	6284940
国有独资公司	State Sole Funded Corporations	3845259
其他有限责任公司	Other Limited Liability Corporations	2439682
股份有限公司	Share-holding Corporations Limited	1782319
私营企业	Private Enterprises	4238754
私营独资企业	Private Sole Funded Corporations	3325
私营有限责任公司	Private Limited Liability Corporations	3373840
私营股份有限公司	Private Share-holding Corporations Limited	861589
港、澳、台商投资企业	Enterprises with Funds fromHong Kong,Macaoand Taiwan	2352427
合资经营企业(港或澳、台资)	Joint-venturesEnterprises(Hongkong, Macao or Taiwan)	2271474
港澳台商独资经营企业	Enterprises with Fundsfrom Hong Kong,Macao andTaiwan	80953
外商投资企业	Foreign Funded Enterprises	522192
中外合资经营企业	Joint-venture Enterprises	93955
外资企业	Foreign Enterprises	358383
其他外商投资企业	Other enterprises with foreign investment	69853
在总计中:亏损企业	**In total:** loss making enterprises	3528298
在总计中:国有控股企业	**In total:** state holding enterprises	8794523

continued

(10 000yuan)

实收资本 Paid-up Capital	国家资本 State-owned Capital	集体资本 Collective-owned Capital	法人资本 Corporate Capital	个人资本 Personal Capital	港澳台资本 Capital frome Hong Kong, Macao and Taiwan	外商资本 Foreign Capital
11787303	**4866692**	**135570**	**5836548**	**567361**	**260902**	**120230**
1575234	1072941	0	415934	42296	0	44062
674617	438331	2000	116726	50203	50386	16971
2576340	742940	11	1637111	126566	10516	59196
203466	13293	0	100617	89556	0	0
573450	114715	3941	391667	63126	0	0
6184197	2484473	129617	3174493	195614	200000	0
1141271	141305	63004	735116	186367	10516	4963
10646032	4725388	72565	5101432	380994	250386	115267
6292087	3398187	70054	2556961	66885	200000	0
2214817	463217	59400	1484084	136911	0	71205
3280400	1005288	6116	1795503	363565	60902	49025
2860286	930773	6116	1503314	310156	60902	49025
420114	74515	0	292189	53409	0	0
10633299	4856400	65516	5200993	507524	0	2867
1790254	1077445	0	704910	7899	0	0
1757846	1045037	0	704910	7899	0	0
32408	32408	0	0	0	0	0
5668928	3064571	59400	2460874	84083	0	0
2538681	1625603	0	913078	0	0	0
3130248	1438968	59400	1547796	84083	0	0
1024574	605876	0	332265	83565	0	2867
2149543	108507	6116	1702943	331977	0	0
3621	0	0	699	2922	0	0
1774615	108507	2674	1401197	262237	0	0
371308	0	3441	301048	66818	0	0
838513	0	70054	448677	58880	260902	0
743036	0	70054	411677	58880	202425	0
95477	0	0	37000	0	58477	0
315491	10293	0	186878	957	0	117363
70451	0	0	62341	457	0	7653
131978	10293	0	11976	0	0	109710
113061	0	0	112561	500	0	0
3882862	1982777	3441	1727462	166756	2425	0
7847223	4742135	59900	2959790	85399	0	0

4—3 续表5 continued

单位:万元 （2020）

指 标	Item	所有者权益合计 Owners' Equities
按工业行业大类分	**Grouped by Sector**	
煤炭开采和洗选业	Mining and Washing of Coal	3440134
农副食品加工业	Processing of Food from Agricultural Products	179611
食品制造业	Manufacture of Foods	473047
酒、饮料和精制茶制造业	Manufacture of Wine, Beverage and Tea	179423
纺织业	Manufacture of Textile	470523
纺织服装、服饰业	Manufacture of Textile Wearing Apparel and Apparel Industry	1090
皮革、毛皮、羽毛及其制品和制鞋业	Manufacture ofleather, Fur,Feather, Footwearand Related Products	19444
木材加工及木、竹、藤、棕、草制品业	ProcessingofTimber,ManufactureofWood,Bamboo,Rattan,PalmandStrawProducts	641
家具制造业	Manufacture of Furniture	7007
造纸和纸制品业	Manufacture of Paper and Paper Products	18380
印刷和记录媒介复制业	Printing,Reproduction of Recording Media	17184
石油、煤炭和其他燃料加工业	Manufacture of Articles for Culture,Education,Arts and Crafts,Sport and Entertainment Activities	1286452
化学原料和化学制品制造业	Petroleum,coal and other fuel processing industries	1942843
医药制造业	Manufacture of Raw Chemical Materials and Chemical Products	293086
化学纤维制造业	Manufacture of Medicines	80615
橡胶和塑料制品业	Chemical Fiber Manufacturing	59972
非金属矿物制品业	Manufacture of Rubber and Plastics	282069
黑色金属冶炼和压延加工业	Manufacture of Non-metallic Mineral Products	12059
有色金属冶炼和压延加工业	Smelting and Pressing of Ferrous Metals	47027
金属制品业	Smelting and Pressing of Non-ferrous Metals	256875
通用设备制造业	Manufacture of Metal Products	570268
专用设备制造业	Manufacture of General Purpose Machinery	39136
汽车制造业	Manufacture of Special Purpose Machinery	3344
铁路、船舶、航空航天和其他运输设备制造业	Manufature of Automotive Industry	2845
电气机械和器材制造业	ManufatureofRailways,Shipbailding,AerospaceandOtherTransporationEquipment	532258
计算机、通信和其他电子设备制造业	Manufacture of Electrical Machinery andEquipment	1275058
仪器仪表制造业	Manufacturing of computer, communication and other electronic quipment	31764
废弃资源综合利用业	Manufacture of Measuring Instruments	63630
金属制品、机械和设备修理业	Vtilization Waste Resources	9237
电力、热力生产和供应业	Production and Supply of Electric Power,Gasand Water	4674422
燃气生产和供应业	Production and Supply of Gas	521820
水的生产和供应业	Production and Supply of Water	499177

continued

(10 000yuan)

实收资本 Paid-up Capital	国家资本 State-owned Capital	集体资本 Collective-owned Capital	法人资本 Corporate Capital	个人资本 Personal Capital	港澳台资本 Capital frome Hong Kong, Macao and Taiwan	外商资本 Foreign Capital
2257866	997502	0	1240382	19982	0	0
95584	0	163	69918	22312	0	3191
114044	1301	0	89961	21781	0	1000
60776	19050	0	14735	18900	8091	0
528366	108507	0	411550	8308	0	0
2938	660	0	0	2278	0	0
9835	0	0	6767	3068	0	0
433	0	0	0	433	0	0
5000	0	0	0	5000	0	0
12938	0	0	2317	10621	0	0
12276	7361	0	0	4915	0	0
845302	589163	0	254135	2005	0	0
1744207	681350	70554	693174	99129	200000	0
164851	0	0	109427	55423	0	0
81825	4425	59400	18000	0	0	0
42232	0	0	10275	28760	2425	772
188630	52090	2000	82581	51959	0	0
6682	0	0	3760	2922	0	0
61091	35000	0	21609	4482	0	0
113615	0	11	97660	13077	0	2867
328570	26734	0	146181	87319	0	68338
27260	0	0	19633	7626	0	0
5000	0	0	5000	0	0	0
825	0	0	825	0	0	0
198733	48500	3441	113593	33198	0	0
465068	0	0	455568	9500	0	0
13977	0	0	13847	130	0	0
27994	0	0	20324	7670	0	0
7931	0	0	7681	250	0	0
3784276	2227808	0	1475461	41007	0	40000
264453	52819	0	206329	5305	0	0
314727	14423	0	245856	0	50386	4062

4—3 续表6 continued

单位:万元 (2020)

指 标	Item	营业收入 Business income
总 计	**Total**	**24031819**
按地区分	**Gorped by Region**	
兴庆区	xingqing	5833772
金凤区	jinfeng	912548
西夏区	xixia	5577461
永宁县	Yongning	815645
贺兰县	Helan	1003463
灵武市	Lingwu	9888931
按轻重工分	**Grouped by Light & Heavy Industries**	
轻工业	Light Industry	2341072
重工业	Heavy Industry	21690748
按企业规模分	**Grouped by Size of Enterprises**	
大型企业	Large Enterprises	15180881
中型企业	Medium-sized Enterprises	3697035
小型企业	Small Enterprises	5153903
纯小型企业	Pure small business	4709476
微型企业	Micro-enterprises	444427
按登记注册类型分	**Grouped by Status of Registration**	
内资企业	Domestic Funded	22191772
国有企业	State-owned Enterprises	5500245
中央企业	Central	5478794
地方企业	Local	21451
有限责任公司	Limited Liability Corporations	7949879
国有独资公司	State Sole Funded Corporations	3863938
其他有限责任公司	Other Limited Liability Corporations	4085941
股份有限公司	Share-holding Corporations Limited	2435566
私营企业	Private Enterprises	6306081
私营独资企业	Private Sole Funded Corporations	29188
私营有限责任公司	Private Limited Liability Corporations	5399937
私营股份有限公司	Private Share-holding Corporations Limited	876957
港、澳、台商投资企业	Enterprises with Funds fromHong Kong,Macaoand Taiwan	1353047
合资经营企业(港或澳、台资)	Joint-venturesEnterprises(Hongkong,Macao or Taiwan)	1255177
港澳台商独资经营企业	Enterprises with Fundsfrom Hong Kong,Macao andTaiwan	97871
外商投资企业	Foreign Funded Enterprises	487000
中外合资经营企业	Joint-venture Enterprises	119817
外资企业	Foreign Enterprises	308649
其他外商投资企业	Other enterprises with foreign investment	58534
在总计中:亏损企业	**In total:** loss making enterprises	5950582
在总计中:国有控股企业	**In total:** state holding enterprises	14715229

continued

(10 000yuan)

营业成本 Operating cost	销售费用 Selling Costs	管理费用 Management Costs	研发费用 R & D costs
19413967	**352462**	**963362**	**239226**
5507201	13648	79491	30996
656401	60899	45271	18408
4133103	66165	134273	105636
697085	20474	41179	21100
801124	50111	57319	12895
7619054	141166	605829	50191
1927016	114346	105770	47945
17486952	238116	857592	191280
12009053	128143	698298	133661
3052462	104348	121101	44282
4352453	119972	143963	61283
4030523	119559	140970	60315
321930	412	2993	967
18159740	289745	888803	221907
5275654	555	88272	19673
5264544	522	87907	19673
11111	33	366	0
6238377	109002	564728	45413
2727766	40173	393540	23834
3510611	68829	171188	21579
1591547	31982	74246	22068
5054162	148206	161556	134754
28433	166	368	22
4509436	117208	138680	117715
516293	30832	22508	17017
892884	46511	52063	7067
819386	42615	43417	7067
73499	3896	8646	0
361343	16206	22497	10251
97567	6044	4781	4748
207422	9482	14434	743
56354	680	3282	4761
4875825	84935	512952	42043
12196138	97651	679828	52989

4—3 续表7 continued

单位:万元 （2020）

指 标	Item	营业收入 Business income
按工业行业大类分	**Grouped by Sector**	
煤炭开采和洗选业	Mining and Washing of Coal	3729874
农副食品加工业	Processing of Food from Agricultural Products	411566
食品制造业	Manufacture of Foods	938388
酒、饮料和精制茶制造业	Manufacture of Wine, Beverage and Tea	133997
纺织业	Manufacture of Textile	172085
纺织服装、服饰业	Manufacture of Textile Wearing Apparel and Apparel Industry	12527
皮革、毛皮、羽毛及其制品和制鞋业	Manufacture ofleather, Fur,Feather, Footwearand Related Products	14501
木材加工及木、竹、藤、棕、草制品业	ProcessingofTimber,ManufactureofWood,Bamboo,Rattan,PalmandStrawProducts	2939
家具制造业	Manufacture of Furniture	4893
造纸和纸制品业	Manufacture of Paper and Paper Products	54718
印刷和记录媒介复制业	Printing,Reproduction of Recording Media	26304
石油、煤炭和其他燃料加工业	Manufacture of Articles for Culture,Education,Arts and Crafts,Sport and Entertainment Activities	2418696
化学原料和化学制品制造业	Petroleum,coal and other fuel processing industries	2536963
医药制造业	Manufacture of Raw Chemical Materials and Chemical Products	354600
化学纤维制造业	Manufacture of Medicines	79205
橡胶和塑料制品业	Chemical Fiber Manufacturing	87096
非金属矿物制品业	Manufacture of Rubber and Plastics	392865
黑色金属冶炼和压延加工业	Manufacture of Non-metallic Mineral Products	68375
有色金属冶炼和压延加工业	Smelting and Pressing of Ferrous Metals	540331
金属制品业	Smelting and Pressing of Non-ferrous Metals	237991
通用设备制造业	Manufacture of Metal Products	648929
专用设备制造业	Manufacture of General Purpose Machinery	54561
汽车制造业	Manufacture of Special Purpose Machinery	16232
铁路、船舶、航空航天和其他运输设备制造业	Manufature of Automotive Industry	3864
电气机械和器材制造业	ManufatureofRailways,Shipbailding,AerospaceandOtherTransporationEquipment	879237
计算机、通信和其他电子设备制造业	Manufacture of Electrical Machinery andEquipment	1163510
仪器仪表制造业	Manufacturing of computer, communication and other electronic quipment	44093
废弃资源综合利用业	Manufacture of Measuring Instruments	242992
金属制品、机械和设备修理业	Vtilization Waste Resources	17814
电力、热力生产和供应业	Production and Supply of Electric Power,Gasand Water	7937919
燃气生产和供应业	Production and Supply of Gas	649998
水的生产和供应业	Production and Supply of Water	154758

continued

(10 000yuan)

营业成本 Operating cost	销售费用 Selling Costs	管理费用 Management Costs	研发费用 R & D costs
2595925	41035	423035	22881
347294	19425	11824	5633
811019	49828	29549	17974
90528	9726	8263	1004
171710	1699	7322	1539
10886	1044	646	642
12979	166	735	717
2820	26	47	26
4003	824	953	0
46021	1802	2092	2102
20910	978	2948	794
1431518	21486	49505	3528
2030504	62580	141923	15611
228322	19105	33651	11150
64348	3596	2563	3046
71188	5095	2899	2947
314036	22418	20190	1554
67230	1702	1992	0
527977	11698	3039	736
195155	5283	12192	8744
473038	39597	41795	24502
41325	1626	3365	3828
14746	2	1037	0
2387	324	786	134
735561	10729	12157	21870
860268	837	16181	53478
28485	3948	3078	3777
221579	3499	2963	460
15504	484	1456	557
7310656	487	105448	25241
573528	4030	6915	3213
92519	7383	12813	1539

4—3 续表8 continued

单位:万元 (2020)

指 标	Item	财务费用 Financial Costs
总 计	**Total**	**853122**
按地区分	**Gorped by Region**	
兴庆区	xingqing	95447
金凤区	jinfeng	12218
西夏区	xixia	97088
永宁县	Yongning	16676
贺兰县	Helan	24196
灵武市	Lingwu	607497
按轻重工分	**Grouped by Light & Heavy Industries**	
轻工业	Light Industry	42724
重工业	Heavy Industry	810398
按企业规模分	**Grouped by Size of Enterprises**	
大型企业	Large Enterprises	466851
中型企业	Medium-sized Enterprises	150722
小型企业	Small Enterprises	235550
纯小型企业	Pure small business	171600
微型企业	Micro-enterprises	63950
按登记注册类型分	**Grouped by Status of Registration**	
内资企业	Domestic Funded	805289
国有企业	State-owned Enterprises	85928
中央企业	Central	80975
地方企业	Local	4952
有限责任公司	Limited Liability Corporations	600504
国有独资公司	State Sole Funded Corporations	342124
其他有限责任公司	Other Limited Liability Corporations	258380
股份有限公司	Share-holding Corporations Limited	42743
私营企业	Private Enterprises	76115
私营独资企业	Private Sole Funded Corporations	126
私营有限责任公司	Private Limited Liability Corporations	73608
私营股份有限公司	Private Share-holding Corporations Limited	2381
港、澳、台商投资企业	Enterprises with Funds fromHong Kong,Macaoand Taiwan	32213
合资经营企业(港或澳、台资)	Joint-venturesEnterprises(Hongkong, Macao or Taiwan)	27134
港澳台商独资经营企业	Enterprises with Fundsfrom Hong Kong,Macao andTaiwan	5079
外商投资企业	Foreign Funded Enterprises	15620
中外合资经营企业	Joint-venture Enterprises	2343
外资企业	Foreign Enterprises	13681
其他外商投资企业	Other enterprises with foreign investment	-404
在总计中:亏损企业	**In total:** loss making enterprises	443604
在总计中:国有控股企业	**In total:** state holding enterprises	690633

continued

(10 000yuan)

利息费用	营业利润 Operating Profits	利润总额 Total Profits	亏损企业亏损总额 Total Loss ofLoss-suffering Enterprises	本年应付职工薪酬 Wages Payable This Year	从业人员平均人数(人) Annual AverageEmployed Persons(person)
767443	**1175681**	**1168319**	**587122**	**2113306**	**140987**
95901	119286	124491	2945	237941	13979
12543	125016	129396	7579	71847	7266
109906	462613	446068	30669	322155	27762
16093	7354	5633	12306	52026	6541
23234	44420	58569	30900	73663	10582
509767	416992	404161	502723	1355674	74857
42437	86414	103795	43988	158034	21043
725006	1089267	1064524	543134	1955272	119944
383926	702340	636471	456516	1619290	91764
146592	265599	274452	24810	245268	21673
236925	207742	257397	105797	248748	27550
172942	157637	206089	103981	234441	26999
63983	50105	51308	1816	14307	551
719565	626238	619372	574695	1926687	124558
87513	22794	24690	666	265706	13907
82566	17861	19484	666	265289	13848
4946	4933	5207	0	417	59
508859	-196386	-196305	492665	1211330	61698
255574	-50647	-58779	100746	922271	41967
253285	-145739	-137526	391919	289059	19731
46874	94295	68595	53	143805	9571
76320	705535	722392	81312	305845	39382
98	2	56	78	799	147
75526	417715	457832	78318	254407	33822
696	287818	264503	2915	50639	5413
29251	489410	487615	1510	143838	12784
22811	482463	478985	312	135804	12144
6439	6947	8630	1198	8033	640
18627	60034	61332	10917	42781	3645
2633	6958	8019	0	11700	1104
15234	61917	62053	1916	25601	1897
760	-8841	-8741	9001	5480	644
359254	-598901	-587122	587122	1045019	54727
601592	-181281	-207322	484245	1540792	76104

4—3 续表9 continued

单位:万元 (2020)

指 标	Item	财务费用 Financial Costs
按工业行业大类分	**Grouped by Sector**	
煤炭开采和洗选业	Mining and Washing of Coal	315261
农副食品加工业	Processing of Food from Agricultural Products	3953
食品制造业	Manufacture of Foods	10159
酒、饮料和精制茶制造业	Manufacture of Wine, Beverage and Tea	2437
纺织业	Manufacture of Textile	7753
纺织服装、服饰业	Manufacture of Textile Wearing Apparel and Apparel Industry	181
皮革、毛皮、羽毛及其制品和制鞋业	Manufacture ofleather, Fur,Feather, Footwearand Related Products	371
木材加工及木、竹、藤、棕、草制品业	ProcessingofTimber,ManufactureofWood,Bamboo,Rattan,PalmandStrawProducts	26
家具制造业	Manufacture of Furniture	192
造纸和纸制品业	Manufacture of Paper and Paper Products	752
印刷和记录媒介复制业	Printing,Reproduction of Recording Media	671
石油、煤炭和其他燃料加工业	Manufacture of Articles for Culture,Education,Arts and Crafts,Sport and Entertainment Activities	-846
化学原料和化学制品制造业	Petroleum,coal and other fuel processing industries	103075
医药制造业	Manufacture of Raw Chemical Materials and Chemical Products	13037
化学纤维制造业	Manufacture of Medicines	1598
橡胶和塑料制品业	Chemical Fiber Manufacturing	-420
非金属矿物制品业	Manufacture of Rubber and Plastics	2889
黑色金属冶炼和压延加工业	Manufacture of Non-metallic Mineral Products	350
有色金属冶炼和压延加工业	Smelting and Pressing of Ferrous Metals	3046
金属制品业	Smelting and Pressing of Non-ferrous Metals	6639
通用设备制造业	Manufacture of Metal Products	5675
专用设备制造业	Manufacture of General Purpose Machinery	243
汽车制造业	Manufacture of Special Purpose Machinery	-64
铁路、船舶、航空航天和其他运输设备制造业	Manufature of Automotive Industry	-2
电气机械和器材制造业	ManufatureofRailways,Shipbailding,AerospaceandOtherTransporationEquipment	420
计算机、通信和其他电子设备制造业	Manufacture of Electrical Machinery andEquipment	1548
仪器仪表制造业	Manufacturing of computer, communication and other electronic quipment	401
废弃资源综合利用业	Manufacture of Measuring Instruments	465
金属制品、机械和设备修理业	Vtilization Waste Resources	1
电力、热力生产和供应业	Production and Supply of Electric Power,Gasand Water	338632
燃气生产和供应业	Production and Supply of Gas	25911
水的生产和供应业	Production and Supply of Water	8771

continued

(10 000yuan)

利息费用	营业利润 Operating Profits	利润总额 Total Profits	亏损企业亏损总额 Total Loss of Loss-suffering Enterprises	本年应付职工薪酬 Wages Payable This Year	从业人员平均人数(人) Annual Average Employed Persons (person)
229345	-73008	-83324	95644	991431	45093
4493	24045	30019	2691	21338	2488
11823	20026	28121	1815	48055	5720
2512	13628	14005	4929	11400	1191
7563	-19898	-20762	22428	15137	2747
205	-367	-66	94	4647	1070
367	-501	248	236	771	238
25	-8	-8	8	80	22
186	-1101	-912	912	1790	270
744	1787	2240	52	3852	617
494	367	1224	106	3699	524
1034	293119	242988	386	113719	6599
98706	164475	161592	370535	216720	18425
10666	38859	39242	8827	34442	4474
1706	5823	5829	0	5175	694
-358	5825	6195	312	5958	647
2476	23747	28587	4307	27127	3519
320	-3005	-2944	3068	1731	302
3014	-7957	-6351	7330	5836	784
8438	19806	20021	1421	21498	2767
6910	91295	95254	1991	66526	6856
300	5522	5844	75	6567	716
0	416	416	0	806	101
0	200	270	0	1177	105
4809	100521	103376	3109	39853	4467
3925	226575	226985	9792	69872	8202
140	5796	6169	0	6972	544
599	9124	22554	868	4928	769
0	-181	180	0	6331	601
329453	151313	160587	42352	353309	18058
24510	33793	33911	2945	10388	1147
13040	45644	46833	890	12171	1230

主要统计指标解释

【工业总产值】 是指工业企业在报告期内生产的以货币形式表现的工业最终产品和提供工业劳务活动的总价值量。

工业总产值计算应遵循的三个原则:工业生产的原则、最终产品的原则、“工厂法”原则。

工业总产值的内容包括三部分:生产的成品价值、对外加工费收入、自制半成品在制品期末期初差额价值。

【实收资本】 指企业各投资者实际投入的资本(或股本)总额,包括货币、实物、无形资产等各种形式的投入。实收资本按投资主体可分为国家资本、集体资本、法人资本、个人资本、港澳台资本和外商资本。

【资产总计】 指企业过去的交易或者事项形成的、由企业拥有或者控制的、预期会给企业带来经济利益的资源。包括企业拥有的土地、办公楼、厂房、机器、运输工具、存货等实物资产和现金、存款、应收账款和预付账款等金融资产。资产一般按流动性(资产的变现或耗用时间长短)分为流动资产和非流动资产。其中流动资产可分为货币资金、交易性金融资产、应收票据、应收账款、预付款项、其他应收款、存货等;非流动资产可分为长期股权投资、固定资产、无形资产及其他非流动资产等。

【负债合计】 指企业过去的交易或者事项形成的,预期会导致经济利益流出企业的现时义务。包括银行贷款、借款、应付账款、应付职工工资、应付职工福利费、应交税金等企业负有偿还责任的债务。负债一般按偿还期长短分为流动负债和非流动负债。执行企业会计准则或《小企业会计准则》的企业:负债合计=流动负债合计+非流动负债合计;执行其他企业会计制度的企业负债包括流动负债和长期负债。

流动负债指负债满足下列条件之一的应归为流动负债:(1)预计在一个正常营业周期中清偿;(2)主要为交易目的而持有;(3)自资产负债表日起一年内到期应予清偿;(4)企业无权自主地将清偿推迟至资产负债表日后一年以上。包括短期借款、应付票据、应付账款、应付职工薪酬、应交税费等项目。

【所有者权益合计】 指企业资产扣除负债后由所有者享有的剩余权益。公司的所有者权益又称股东权益。包括实收资本、资本公积、盈余公积、未分配利润等。

【营业收入】 指企业从事销售商品、提供劳务和让渡资产使用权等生产经营活动形成的经济利益流入。包括“主营业务收入”和“其他业务收入”。

5

能　源

Energy

5—1 银川市全社会能源消费量

单位:万吨标准煤

年 份	Year	2014年
全社会能源消费量	**Comprehensive Energy Consumption**	1870.13
第一产业	Primary Industry	10.81
第二产业	Secondary Industry	1679.76
工业	Industry	1658.49
规模以上工业	Industrial Enterprises above Designated Size	1601.30
规模以下工业	Industrial Enterprises below Designated Size	49.59
损失量	Amount at Stake	7.59
建筑业	Construction	21.27
第三产业	Tertiary Industry	115.64
交通运输、仓储邮电	Transport,Storang and Post	52.63
批发、零售和住宿餐饮	Wholesale,Retail Trades,Hotels and Gatering Services	30.55
其他	Others	32.46
生活消费	living Consumption	63.93
城镇	Urban	49.70
农村	Rural	14.23

注:该表2018年规上工业能源消费数据为四经普年报数据。

5—2 银川市能源加工转换情况

(2020)

指 标	Item	单位	Unit	合计 Total
投入量	Input	万吨标准煤	10 000 Tons of SCE	5656.06
产出量	Output	万吨标准煤	10 000 Tons of SCE	3381.45
转换损失量	Losses During The Process of Energy Conversion	万吨标准煤	10 000 Tons of SCE	2274.61
转换效率	Efficience of Energy Conversion	%	%	59.78

5—3 规上工业能源消费量及单位工业增加值能耗下降率

(2020)

地 区	Region	规模以上工业能源消费量(万吨标准煤) Energy Consumption of Industrial Enterprises above Designated Size(10 000 Tons of SCE)
银川市	Yinchuan	3944.68
兴庆区	Xinqing	13.98
金凤区	Jinfeng	9.87
西夏区	Xixia	272.63
永宁县	Yongning	91.05
贺兰县	Helan	53.58
灵武市	Lingwu	3503.58
宁 东	Ningdong	3493.46

Comprehensive Energy Consumption of the Whole Country in Yinchuan

（10 000 tons of SCE）

2015年	2016年	2017年	2018年	2019年	2020年
2309.96	2398.23	3158.03	3714.61	4016.43	4209.49
12.46	11.55	12.08	11.04	12.30	12.32
2117.29	2202.91	2954.26	3516.97	3808.17	4002.52
2095.17	2180.14	2931.03	3494.52	3783.98	3978.21
2056.38	2141.20	2890.85	3452.02	3744.32	3944.68
31.20	35.60	36.73	39.53	36.73	31.73
7.59	3.34	3.45	2.97	2.92	1.80
22.11	22.77	23.24	22.45	24.19	24.31
115.39	116.07	121.69	116.64	121.62	120.22
48.21	48.69	50.30	46.96	50.60	50.61
33.60	33.88	35.49	34.56	35.23	33.51
33.58	33.50	35.91	35.12	35.80	36.10
64.79	67.70	70.00	69.96	74.34	74.43
49.66	51.20	53.00	54.96	57.12	57.31
15.17	16.50	17.00	15.00	17.22	17.12

Note:the data of industrial energy consumption in 2018 is the data of general annual report.

Energy Processing and Conversion

火电 Thermal Power	供热 Heating	洗煤 Washing Coal	炼焦 Coking	炼油 Petroleum Refineries	天然气液化 Liguefied Nature Gas
2618.65	319.55	375.67	542.78	1687.07	112.34
1119.23	258.75	363.10	493.15	1041.76	105.47
1499.42	60.80	12.57	49.63	645.31	6.87
42.74	80.97	96.65	90.86	61.75	93.88

Comprehensive Energy Consumption of the Whole Country in Yinchuan

单位工业增加值能耗下降率(%) Drop Rate of Energy Consumption of Per Unit Industrial Added-value(%)
3.7
31.2
-14.7
16.2
0.8
29.8
1.9
2.2

5—4 全市规模以上工业企业能源生产、销售与库存

产 品	Product	单 位	Unit	年初存货 Invertory At Beginning of Year	产品产量 Production	
					2020 年	上年同期
原煤	Coal	吨	ton	1642058.36	64832376.59	59846967.97
无烟煤	Anthracite Coal	吨	ton		0.00	0.00
炼焦烟煤	Coking Coal	吨	ton	113722.00	3350000.00	3760646.00
一般烟煤	General Coal	吨	ton	1528336.36	61482376.59	56086321.97
褐煤	Lignite	吨	ton			
洗精煤(用于炼焦)	Clean Coal	吨	ton	51291.53	2804462.74	2123736.19
其他洗煤	Other Washing Coal	吨	ton	24466.97	1993638.65	1605914.82
焦炭	Coke	吨	ton	98131.95	4512227.00	4619923.32
型煤及其他煤制品	Briquette and other coal products	吨	ton			
煤焦油	Coal Tar	吨	ton		0.00	262241.04
煤气	Gas	万立方米	10 000su.m		115476.80	124786.10
煤制天然气	Coal-based natural gas	万立方米	10 000su.m			
煤制石脑油	Coal Naphtha	吨	ton	0.00	1153837.00	1324240.00
煤制汽油	Coal-based gasoline	吨	ton			
煤制柴油	Coal-based diesel	吨	ton	17908.00	666484.00	751522.00
煤制航空燃料	Coal-based aviation fuel	吨	ton			
煤制石蜡	Coal Paraffin	吨	ton			
其他煤制油产品	Other coal-to-oil products	吨	ton	21047.00	1969931.00	1959746.00
天然气	Natural Gas	万立方米	10 000su.m			
常规天然气	Conventional Gas	万立方米	10 000su.m			
非常规天然气	Unconventional gas	万立方米	10 000su.m			
液化天然气	Liquefied Natural Gas	吨	ton	13407.31	627699.30	427958.80
原油	Natural Grede Oil	吨	ton			
原油加工量	Crude Oil Processing Capacity	吨	ton		3694558.00	4531941.00
汽油	Gasoline	吨	ton	13774.00	1645445.00	2000950.00
煤油	Kerosene	吨	ton	3552.00	144353.00	249982.00
柴油	Diesel Oil	吨	ton	7257.00	1299172.00	1569114.00
润滑油	Lubricating Oil	吨	ton			
燃料油	Fuel Oil	吨	ton	6738.00	48673.00	55085.00
石脑油	Naphtha	吨	ton	693.00	51845.00	36600.00
溶剂油	Solvent Oil	吨	ton			
石蜡	Paraffin	吨	ton			
石油焦	Petroleum Coke	吨	ton			
石油沥青	Asphalt	吨	ton			
燃料气	Fuel Gas	吨	ton	1061.00	85616.00	116473.00
其他石油制品	Other petroleum products	吨	ton	1083.00	14833.00	19983.00

EnergyPurchase,ConsumptionandInventoryofIndustrialEnterprisesaboveDesignatedSize

销售量 Sales volume				企业自用及其他 Enterprise for Own Use and Others		年末存货 Invertory At Year-end	
2020年	上年同期	销往省外 Sales to Other Provinces		2020年	上年同期	2020年	上年同期
		2020年	上年同期				
66601702.94	63743187.80	3224110.94	2424199.64	3676879.24	4417157.00	1903615.93	1645973.16
13668.00	15004.00			1647155.00	2421996.00	239177	
3289462.00	4043047.00	1635551.00	981072.00			174260.00	180619.00
63298572.94	59685136.80	1588559.94	1443127.64	2029724.24	1995161.00	1490178.93	1465354.16
443579.69	425601.65			2360883.05	1698134.54	17349.02	51291.53
1813797.62	1420842.19	98848.49	65706.82	233756.39	197968.92	36515.68	24466.97
4440824.92	4590507.26	3019760.94	3121544.94	147361.3		10675.00	98131.95
0.00	262240.86	0.00	255245.30				
115476.80	124786.10						
0.00	58405.00	0.00	49487.00	1153837.00	1294198.00		
664962.00	755202.00	276941.00	321437.00	6883.00	1489.00	12547.00	17908.00
1712844.00	1782760.00	766867.00	677973.00	236589.00	198367.00	41545.00	21047.00
635646.07	418304.47	173085.07	115938.47	0.00	0.00	5110.54	28707.14
0.00	0.00						
1653984.00	2050298.00	0.00	0.00	210.00	204.00	5025.00	13925.00
140773.00	250027.00					7132.00	3552.00
1292674.00	1607344.00			543.00	689.00	13212.00	7375.00
50093.00	55849.00	50093.00	55849.00			5318.00	6738.00
51845.00	36133.00	51845.00	36133.00	51804		734.00	693.00
83775.00	117370.00	83775.00	117370.00	0.00	0.00	2902.00	1061.00
14943.00	19769.00	14943.00	19769.00			973.00	1083.00

5—4 续表1

（2020）

产 品	Product	单 位	Unit	年初存货 Invertory At Beginning of Year	产品产量 Production 2020 年	产品产量 Production 上年同期
固态生物燃料	Solid biofuel	吨	ton			
液态生物燃料	Liquid biofuel	吨	ton			
气态生物燃料	Gaseous biofuel	万立方米	10 000su.m			
发电量	Energy Output	万千瓦小时	10 000kWh		9674226.14	8766137.37
火力发电量	Thermal Power	万千瓦小时	10 000kWh		9104860.55	8201931.17
水力发电量	Hydropower	万千瓦小时	10 000kWh			
核能发电量	Nuclear Power	万千瓦小时	10 000kWh			
风力发电量	Wind Power	万千瓦小时	10 000kWh		259297.45	279733.25
太阳能发电量	Solar Power	万千瓦小时	10 000kWh		310068.14	284472.95
潮汐能发电量	Tidal Power	万千瓦小时	10 000kWh			
地热能发电量	Geothermal Power	万千瓦小时	10 000kWh			
其他发电量	Other Power	万千瓦小时	10 000kWh			
热力	Heat	百万千焦	million kilo-joule		96063330.30	90942101.53
太阳能供热	Solar heating	百万千焦	million kilo-joule			
生物质能供热	Biomass heating	百万千焦	million kilo-joule			
地热能供热	Geothermal energy heating	百万千焦	million kilo-joule			
化石燃料供热	Fossil fuel heating	百万千焦	million kilo-joule		82238536.26	77014496.48
废料燃烧供热	Waste combustion heating	百万千焦	million kilo-joule			
电热锅炉供热	Electric boiler heating	百万千焦	million kilo-joule			
热泵供热	Heat supply by heat pump	百万千焦	million kilo-joule			
余热余压供热	Waste Heat and pressure heat supply	百万千焦	million kilo-joule		13824794.04	13927605.05
其他能源供热	Other energy sources for heating	百万千焦	million kilo-joule			

continued

销售量 Sales volume				企业自用及其他 Enterprise for Own Use and Others		年末存货 Invertory At Year-end	
2020 年	上年同期	销往省外 Sales to Other Provinces		2020 年	上年同期	2020 年	上年同期
		2020 年	上年同期				
7955926.48	7041033.03			1460648.79	1407803.00		
7397143.76	6487784.95			1448994.28	1396192.16		
250027.66	270085.10			9951.25	10197.40		
308755.06	283162.98			2162.20	1867.12		
52398763.23	47097341.95	1036073.25	993788.64	32827944.76	33826862.35		
52379337.18	47077463.79	1016647.20	973910.48	19017251.96	19899348.3		
19426.05	19878.16	19426.05	19878.16	13810692.8	13927514.05		

5—5 全市规模以上工业企业能源购进、消费与库存情况

(2020)

指　标	Item	年初库存量 Inventory at the Beginning of the Year	购进量 Physical Quantity Purchased
原煤(吨)	Raw Coa(l ton)	3078067.83	62605861.47
无烟煤(吨)	Anthracite Coa(l ton)	79946.28	4794501.84
炼焦烟煤(吨)	Coking Coa(l ton)	58648.47	1900520.13
一般烟煤(吨)	General Coa(l ton)	2939473.08	55910839.50
褐煤(吨)	Lignite(ton)	0.00	
洗精煤(用于炼焦)(吨)	Clean Coa(l ton)	170897.44	3598434.00
其它洗煤(吨)	Other Washing Coa(l ton)	50.00	1536742.30
煤制品(吨)	Coal Products(ton)	417.00	43554.00
焦炭(吨)	Coke(ton)	40570.65	371217.70
其它焦化产品(吨)	Other Coking Products(ton)	100.00	7934.52
焦炉煤气(万立方米)	Coking Gas(10 000 cu.m)		115465.06
天然气(气态)(万立方米)	Natural Gas(gaseous state)(10 000 cu.m)	6.85	220078.42
液化天然气(液态)(吨)	Liquefied Natura(l liquid state)Gas(ton)	22.80	3621.58
氢气(万立方米)	Hydrogen(10 000 cu.m)		
原油(吨)	Crude O(i l ton)	83406.00	3696125.00
汽油(吨)	Gasoline(ton)	22.79	1966.21
煤油(吨)	Kerosene(ton)	0.32	16.07
柴油(吨)	Diesel O(i l ton)	1091.20	23359.59
燃料油(吨)	Fuel O(i l ton)	694.97	765.24
液化石油气(吨)	Liquefied Petroleum Gas(ton)	84.90	108507.48
石脑油(吨)	Naphtha(ton)		
润滑油(吨)	Lubricating O(i l ton)	3.87	1539.67
溶剂油	Solvent Oil		
石油焦(吨)	Petroleum coke(ton)	20409.00	167574.30
其它石油制品(吨)	Other Petroleum Products(ton)	14.12	1791.56
热力(百万千焦)	Hea(t million kilo-joule)		7012300.77
电力(万千瓦时)	Electricity(10 000 kWh)		1954599.83
煤矸石(用于燃料)(吨)	Coal Gangue as Fue(l ton)		688067.80
城市生活垃圾(用于燃料)	Municipal Solid Waste(For fuel)		0.00
余热余压(百万千焦)	Waste Heat and Excess Pressure(million kilo-joule)		
其他燃料(吨标准煤)	Other Feu(l tons of sce)		217.64
能源合计(吨标准煤)	Total Energy(tons of sce)		

Energy Purchase, Consumption and Inventory of Industrial Enterprises above Designated Size

购自省外	购进金额(千元)	工业生产消费 Industrial Production	用于原材料 Used for Raw Materials	运输工具消费 Trans port consumption	年末库存量 Inventory at Year-end
22122025.43	18795728.99	92748780.21	13244946.39		2543001.18
2752127.85	1775322.99	4714628.74	4709395.74		226732.27
1180919.33	752605.97	1590975.20			46395.00
18188978.25	16267800.03	86443176.27	8535550.65		2269873.91
1806677	2299399.00	6036274.00			127883.00
179464.36	397219.66	1703584.62			50.00
43554	25739.23	43552.00			419.00
360717.7	299210.64	391532.20	382547.26		20256.15
	19520.00	7646.52	7646.52		388.00
	427221.00	115465.06	94393.99		
	3255455.80	216425.20	44342.87	16.23	
124	10581.38	3605.02		237.00	28.25
3696125	8797672.00	3694558.00			84973.00
20.39	14499.23	1823.39	0.3	1286.63	12.42
4.39	116.86	13.65			1.67
0.5	131222.14	23356.65	0.00	7812.89	1792.57
	3591.16	577.60			864.85
	294105.17	369620.56	363054.93		2542.80
	0.00	1305976.00	1305976.00		
11.31	21478.00	1531.06	0.00		8.39
162175.3	265359.36	165000.13	125106.10		22983.17
96.98	21216.39	1751.28			19.33
	260105.09	35557259.68			
	6882387.94	3381994.36		0.00	
	116197.00	688067.80			
	0.00	612847.75			
	0.00	13824794.05			
	454.34	205.00			
	37172279.03	83004568.29	6218159.24		

5—6 全市规模以上工业企业能源购进、消费与库存附表情况

（2020）

指 标	Item	单 位	Unit	工业生产消费量 Industry Consumption	加工转换投入合计 Total Convert Input	火力发电 Thermal Power
原煤	Coal	吨	ton	91189463.10	70774053.42	43555929.55
无烟煤	Anthracite Coal	吨	ton	4670259.54		
炼焦烟煤	Coking Coal	吨	ton	1590975.20	82143.98	
一般烟煤	General Coal	吨	ton	84928228.36	70691909.44	43555929.55
褐煤	Lignite	吨	ton			
洗精煤(用于炼焦)	Clean Coal	吨	ton	6036274.00	6036274.00	
其它洗煤	Other Washing Coal	吨	ton	1703584.62	232472.36	230828.00
煤制品	Coal Products	吨	ton	43552.00	43552.00	
焦炭	Coke	吨	ton	382547.26		
其它焦化产品	Other Coking Products	吨	ton			
焦炉煤气	Coking Gas	万立方米	10 000 su.m	63970.41		
天然气(气态)	Natural Gas(gaseous state)	万立方米	10 000 su.m	203335.25	142695.79	39171.08
液化天然气(液态)	Liquefied Natura(l liquid state)Gas	吨	ton	138.86		
氢气	Hydrogen	万立方米	10 000 su.m	0.00		
原油	Crude Oil	吨	ton	3694558.00	3694558.00	
汽油	Gasoline	吨	ton	627.87		
煤油	Kerosene	吨	ton			
柴油	Diesel Oil	吨	ton	10358.20	1166.52	1166.52
燃料油	Fuel Oil	吨	ton	577.60	577.60	536.73
液化石油气	Liquefied Petroleum Gas	吨	ton	363054.93	0.00	
炼厂干气	Net Gas of Plant	吨	ton			
石脑油	Naphtha	吨	ton	1305976.00		
润滑油	Lubricating Oil	吨	ton	1154.15		
其它石油制品	Other Petroleum Products	吨	ton	1575.77		
热力	Heat	百万千焦	million kilo-joule	30188577.91		
电力	Electricity	万千瓦时	10 000 kWh	2096293.21		
煤矸石(用于燃料)	Coal Gangue as Fuel	吨	ton	688067.80	662277.00	637466.00
城市生活垃圾(用于燃料)	Municipal Solid Waste(For fuel)	吨	ton	612847.75	612847.75	612847.75
余热余压	Waste Heat and Excess Pressure	百万千焦	million kilo-joule	13824794.05	1134208.96	1134208.96
其他燃料	Other Fuel	吨标准煤	tons of SCE			
能源合计	Total Energy	吨标准煤	tons of SCE	79531036.37	56636769.17	26276638.40

Energy Purchase, Consumption and Inventory of Industrial Enterprises above Designated Size

供热 Heating Supply	原煤入洗 Washing -dressing Coal	炼焦 Coking	炼油及煤制油 PetroleumRefining and Coal Product	制气	天然气液化 Natural Gas iquefying	煤制品加工	能源加工转换产出 Output in Processing	回收利用 Recycling
4820743.70	5888284.31		16509095.86	0.00				
82143.98								
4738599.72	5888284.31		16509095.86	0.00				
		6036274.00					2804462.69	
1644.36							1993639.04	
43552.00								
							4512227.00	
							299539.00	
							115477.00	
12111.56					91413.15	0.00		
							627699.30	
							0.00	
			3694558.00	0.00				
							1645445.00	
							144353.00	
							1965656.00	
40.87			0.00	0.00			48673.00	
			0.00	0.00			456042.00	
							1205682.00	
							1614338.00	
							75880415.25	
							9104860.55	
24811.00							1067854.73	
								13824794.04
3224422.90	3756676.79	5427817.58	16827809.02	0.00	1123404.48	0.00	33812125.36	471425.48

5—7 全市规模以上工业分品种分行业能源消费

（2020）

指 标	Item	原煤(吨) Coa(ton)
合 计	**Total**	**92748780**
采矿业	**Mining**	**30408902**
煤炭开采和洗选业	Mining and Washing of Coal	30408902
制造业	**Manufacturing**	**19428711**
农副食品加工业	Mining and Washing of Coal	
食品制造业	Manufacture of Foods	987880
酒、饮料和精制茶制造业	Manufacture of Wine,Beverages and Tea	
纺织业	Manufacture of Textile	
纺织服装、服饰业	Manufacture of Textile and Apparel	2
皮革、毛皮、羽毛及其制品和制鞋业	Manufacture of Leather,Fur,Feather,Related Produsts and Shoe	
木材加工及木、竹、藤、棕、草制品业	Processing of Timber,Manufacture of Wood,Bamboo,Rattan,Palm,and Straw Products	
家具制造业	Manufacture of Furniture	
造纸及纸制品业	Manufacture of Paper and Paper Products	
印刷和记录媒介复制业	Printing and Reproduction of Recording Media	
文教、工美、体育和娱乐用品制造业	Manufacture of Cultureand Edueation,Arts and crafts,Sports and Entertainment Prdcucts	
石油、煤炭及其他燃料加工业	Petroleum,coal and other fuel processing industries	4624291
化学原料及化学制品制造业	Manufacture of Raw Chemical Materials and Chemical Products	12623362
医药制造业	Manufacture of Medicines	487918
化学纤维制造业	Synthetic fiber manufacturing	39277
橡胶和塑料制品业	Manufacture of Rubber and Plastics	
非金属矿物制品业	Manufacture of Non-metallic Mineral Products	659479
黑色金属冶炼和压延加工业	Smelting and Pressing of Ferrous Metals	5602
有色金属冶炼和压延加工业	Smelting and Pressing of Non-ferrous Metals	
金属制品业	Manufacture of Metal Products	150
通用设备制造业	Manufacture of General Purpose Machinery	
专用设备制造业	Manufacture of Special purpose Machinery	
汽车制造业	Manufacture of Car	
铁路、船舶、航空航天和其他运输设备制造业	Manufacture of Railway,Ship,Aviation and Transport Equipment	
电气机械及器材制造业	Manufacture of Electrical Machinery and Equipment	
仪器仪表制造业	Manufacture of Measuring Instruments	
废弃资源综合利用业	Recycling and Disposal of Waste	750
电力、热力、燃气及水的生产和供应业	**Electric Power,Gas and Water Production and Supply**	**42911167**
电力、热力生产和供应	Production and Supply of Electric Power and Heat Power	42911167
燃气生产和供应业	Production and Supply of Gas	
水的生产和供应业	Production and Supply of Water	

Energy Consumption of Industrial Enterprises above Designated Size by Variety by Industries

无烟煤(吨) Anthracite Coa(ton)	炼焦烟煤(吨) Coking Coa(ton)	一般烟煤(吨) General Coa(ton)	褐煤(吨) Lignite(ton)	洗精煤(吨) Clean Coa(ton)
4714629	**1590975**	**86443176**		**6036274**
		30408902		
		30408902		
4714629	**1590975**	**13123107**		**6036274**
		987880		
		2		
39136		4585155		6036274
4674743	1590975	6357644		
		487918		
		39277		
		659479		
		5602		
		150		
750				
		42911167		
		42911167		

5—7 续表1

（2020）

指 标	Item	其它洗煤（吨） Other Washing Coa（ton）
合 计	**Total**	**1703585**
采矿业	**Mining**	
煤炭开采和洗选业	Mining and Washing of Coal	
制造业	**Manufacturing**	**1472756**
农副食品加工业	Mining and Washing of Coal	
食品制造业	Manufacture of Foods	
酒、饮料和精制茶制造业	Manufacture of Wine,Beverages and Tea	
纺织业	Manufacture of Textile	
纺织服装、服饰业	Manufacture of Textile and Apparel	
皮革、毛皮、羽毛及其制品和制鞋业	Manufacture of Leather,Fur,Feather,Related Produsts and Shoe	
木材加工及木、竹、藤、棕、草制品业	Processing of Timber,Manufacture of Wood,Bamboo,Rattan,Palm,and Straw Products	
家具制造业	Manufacture of Furniture	
造纸及纸制品业	Manufacture of Paper and Paper Products	
印刷和记录媒介复制业	Printing and Reproduction of Recording Media	
文教、工美、体育和娱乐用品制造业	Manufacture of Cultureand Edueation,Arts and crafts,Sports and Entertainment Prdcucts	
石油、煤炭及其他燃料加工业	Petroleum,coal and other fuel processing industries	
化学原料及化学制品制造业	Manufacture of Raw Chemical Materials and Chemical Products	1471112
医药制造业	Manufacture of Medicines	1644
化学纤维制造业	Synthetic fiber manufacturing	
橡胶和塑料制品业	Manufacture of Rubber and Plastics	
非金属矿物制品业	Manufacture of Non-metallic Mineral Products	
黑色金属冶炼和压延加工业	Smelting and Pressing of Ferrous Metals	
有色金属冶炼和压延加工业	Smelting and Pressing of Non-ferrous Metals	
金属制品业	Manufacture of Metal Products	
通用设备制造业	Manufacture of General Purpose Machinery	
专用设备制造业	Manufacture of Special purpose Machinery	
汽车制造业	Manufacture of Car	
铁路、船舶、航空航天和其他运输设备制造业	Manufacture of Railway,Ship,Aviation and Transport Equipment	
电气机械及器材制造业	Manufacture of Electrical Machinery and Equipment	
仪器仪表制造业	Manufacture of Measuring Instruments	
废弃资源综合利用业	Recycling and Disposal of Waste	
电力、热力、燃气及水的生产和供应业	**Electric Power,Gas and Water Production and Supply**	**230828**
电力、热力生产和供应	Production and Supply of Electric Power and Heat Power	230828
燃气生产和供应业	Production and Supply of Gas	
水的生产和供应业	Production and Supply of Water	

continued

煤制品(吨) Coal Products (ton)	焦炭(吨) Coke (ton)	其它焦化产品(吨) Other Coking Products (ton)	焦炉煤气(万立方米) Coking Gas (10 000 cu.m)	天然气(气态)(万立方米) Natural Gas (Gaseous State) (10 000 cu.m)	液化天然气(液态)(吨) Liquefied Natrual Gas (Liquid State)(ton)
43552	**391532**	**7647**	**115465**	**216425**	**3605**
				16814	
				16814	
	391532	**7647**	**115465**	**57396**	**3605**
				784	18
				1005	
				882	
				10	
				75	
				48	
				235	
				126	
		7647			37
	382547		115465	48059	634
				262	
				63	
				777	1129
	8985			562	
				2561	
				873	
				370	
				7	
				414	
				2	
				281	1787
43552				**142114**	
43552				50495	
				91528	
				91	

5—7 续表2

（2020）

指 标	Item	原油（吨） Crude Oil （ton）
合 计	**Total**	**3694558**
采矿业	**Mining**	
煤炭开采和洗选业	Mining and Washing of Coal	
制造业	**Manufacturing**	**3694558**
农副食品加工业	Mining and Washing of Coal	
食品制造业	Manufacture of Foods	
酒、饮料和精制茶制造业	Manufacture of Wine,Beverages and Tea	
纺织业	Manufacture of Textile	
纺织服装、服饰业	Manufacture of Textile and Apparel	
皮革、毛皮、羽毛及其制品和制鞋业	Manufacture of Leather,Fur,Feather,Related Produsts and Shoe	
木材加工及木、竹、藤、棕、草制品业	Processing of Timber,Manufacture of Wood,Bamboo,Rattan,Palm,and Straw Products	
家具制造业	Manufacture of Furniture	
造纸及纸制品业	Manufacture of Paper and Paper Products	
印刷和记录媒介复制业	Printing and Reproduction of Recording Media	
文教、工美、体育和娱乐用品制造业	Manufacture of Cultureand Edueation,Arts and crafts,Sports and Entertainment Prdcucts	
石油、煤炭及其他燃料加工业	Petroleum,coal and other fuel processing industries	
化学原料及化学制品制造业	Manufacture of Raw Chemical Materials and Chemical Products	3694558
医药制造业	Manufacture of Medicines	
化学纤维制造业	Synthetic fiber manufacturing	
橡胶和塑料制品业	Manufacture of Rubber and Plastics	
非金属矿物制品业	Manufacture of Non-metallic Mineral Products	
黑色金属冶炼和压延加工业	Smelting and Pressing of Ferrous Metals	
有色金属冶炼和压延加工业	Smelting and Pressing of Non-ferrous Metals	
金属制品业	Manufacture of Metal Products	
通用设备制造业	Manufacture of General Purpose Machinery	
专用设备制造业	Manufacture of Special purpose Machinery	
汽车制造业	Manufacture of Car	
铁路、船舶、航空航天和其他运输设备制造业	Manufacture of Railway,Ship,Aviation and Transport Equipment	
电气机械及器材制造业	Manufacture of Electrical Machinery and Equipment	
仪器仪表制造业	Manufacture of Measuring Instruments	
废弃资源综合利用业	Recycling and Disposal of Waste	
电力、热力、燃气及水的生产和供应业	**Electric Power,Gas and Water Production and Supply**	
电力、热力生产和供应	Production and Supply of Electric Power and Heat Power	
燃气生产和供应业	Production and Supply of Gas	
水的生产和供应业	Production and Supply of Water	

continued

汽油(吨) Gasoline (ton)	煤油(吨) Kerosene (ton)	柴油(吨) Diesel Oil (ton)	燃料油(吨) Fuel Oi (ton)	液化石油气(吨) Liquefied Petroleum Gas (ton)	石脑油(吨) Naphtha (ton)	润滑油(吨) Lubricating Oil (ton)
1823	**14**	**23357**	**578**	**369621**	**1305976**	**1531**
190		4569		363055	1305976	1521
190		4569		363055	1305976	1521
1092	**14**	**16695**		**6566**		**10**
101		172				
113		126				
49		93				
20						
44		7				
14						
1		1738				
360		2040		6564		
14		1				
6		11				
71		11306				
		24				
		502				
25		170				
154	14	134				
30						
11						
43		22		2		1
21						
15		349				
505		**2067**	**578**			
304		1979	578			
81		1				
120		87				

5—7 续表3

(2020)

指 标	Item	石油焦(吨) Petroleum Coke (ton)
合 计	**Total**	**165000**
采矿业	**Mining**	
煤炭开采和洗选业	Mining and Washing of Coal	
制造业	**Manufacturing**	**165000**
农副食品加工业	Mining and Washing of Coal	
食品制造业	Manufacture of Foods	
酒、饮料和精制茶制造业	Manufacture of Wine,Beverages and Tea	
纺织业	Manufacture of Textile	
纺织服装、服饰业	Manufacture of Textile and Apparel	
皮革、毛皮、羽毛及其制品和制鞋业	Manufacture of Leather,Fur,Feather,Related Produsts and Shoe	
木材加工及木、竹、藤、棕、草制品业	Processing of Timber,Manufacture of Wood,Bamboo,Rattan,Palm,and Straw Products	
家具制造业	Manufacture of Furniture	
造纸及纸制品业	Manufacture of Paper and Paper Products	
印刷和记录媒介复制业	Printing and Reproduction of Recording Media	
文教、工美、体育和娱乐用品制造业	Manufacture of Cultureand Edueation,Arts and crafts,Sports and Entertainment Prdcucts	
石油、煤炭及其他燃料加工业	Petroleum,coal and other fuel processing industries	5424
化学原料及化学制品制造业	Manufacture of Raw Chemical Materials and Chemical Products	
医药制造业	Manufacture of Medicines	
化学纤维制造业	Synthetic fiber manufacturing	
橡胶和塑料制品业	Manufacture of Rubber and Plastics	
非金属矿物制品业	Manufacture of Non-metallic Mineral Products	
黑色金属冶炼和压延加工业	Smelting and Pressing of Ferrous Metals	
有色金属冶炼和压延加工业	Smelting and Pressing of Non-ferrous Metals	159576
金属制品业	Manufacture of Metal Products	
通用设备制造业	Manufacture of General Purpose Machinery	
专用设备制造业	Manufacture of Special purpose Machinery	
汽车制造业	Manufacture of Car	
铁路、船舶、航空航天和其他运输设备制造业	Manufacture of Railway,Ship,Aviation and Transport Equipment	
电气机械及器材制造业	Manufacture of Electrical Machinery and Equipment	
仪器仪表制造业	Manufacture of Measuring Instruments	
废弃资源综合利用业	Recycling and Disposal of Waste	
电力、热力、燃气及水的生产和供应业	**Electric Power,Gas and Water Production and Supply**	
电力、热力生产和供应	Production and Supply of Electric Power and Heat Power	
燃气生产和供应业	Production and Supply of Gas	
水的生产和供应业	Production and Supply of Water	

continued

其它石油制品（吨）Other Petroleum Products(ton)	热力（百万千焦）Heat (million kilo-joule)	电力（万千瓦时）Electricity (10 000kWh)	煤矸石用于燃料（吨）Coal Gangue asFue(ton)	城市垃圾用于燃料（吨）City Garbage asFue(ton)	生物质废料用于燃料（吨）Material Wasteas Fue(ton)	余热余压（百万千焦）Waste Heat and Excess Pressure (million kilo-joule)	其他燃料（吨标准煤）Other Feul (tons of SCE)
1751	**35557260**	**3381994**	**688068**	**612848**	**94**	**13824794**	**205**
1654	700798	788389				12671159	
1654	700798	788389				12671159	
97	**34624793**	**1688962**	**25791**		**94**	**1134209**	**205**
	91735	5939			94		205
	9504705	71310					
		4160					
		20420					
		221					
		274					
		37					
		218					
	6028	888					
		562					
	616587	32114					
	19778835	537117	25791				
	3787152	80442					
		8736					
		3363					
		50033				1134209	
		9165					
		797322					
		13155					
97	39866	8708					
		964					
		61					
		15					
		37850					
		237					
	799885	5651					
	230210	**705235**	**662277**	**612848**		**19426**	
		635729	662277	612848		19426	
	230210	40682					
		28824					

5—8 全市规模以上工业企业水消费

Water Consumption of Industrial Enterprises above Designated Size

（2020）

指 标	Item	取水总量（万立方米）Amount（10 000cu.m）	外供水量（万立方米）Amount（10 000cu.m）
地表淡水	Land Surface Water	33129.60	0.00
地下淡水	Groundwater	10204.61	0.00
自来水	Tap	15714.08	36778.84
陆地苦咸水	Land Lake Water	0.07	0.00
矿井水	Mine Water	643.72	0.00
再生水（中水）	Reclaimed Water	1040.02	0.00
其他水	Others	0.13	177.57

补充指标 Additional Index

指 标	Item	2020 年（万立方米）This Year（10 000cu.m）	上年同期（万立方米）Last Year（10 000cu.m）
外排水量	Disposable Water	17832.04	16470.23
重复用水量	Repeated Water Consumption	792918.08	693191.36
污水处理企业污水处理量	Sewage Treatment Capacity of Sewage Treatment Enterprises	12474.75	11542.63

主要统计指标解释

【能源消费量】 指能源使用企业(单位)在报告期内实际消费的各种能源的数量。能源消费量分实物量和标准量两种。能源消费实物量是按照报表规定的、体现物质形态属性的计量单位(如:吨、立方米)计算的能源消费量;能源消费标准量是按照能源标准计量单位(如:吨标准煤)计算的能源消费量。

【综合能源消费量】 指企业(单位)在报告期内工业生产实际消费的各种能源(扣除能源加工转换和能源回收利用等重复因素)的总和。计算综合能源消费量时,需要将各种能源品种的消费量换算成按照标准计量单位(如:吨标准煤)计量的消费量。

【能源加工转换投入】 能源加工转换,指为了特定的用途,将一种能源(一般为一次能源),经过一定的工艺,加工或转换成另外一种能源(二次能源)。

【取水量】 指企业从各种水源直接提取或者从市场购买的用于厂区、办公区内工业生产活动的水量,以实际获得的新水量为准。

用于工业生产活动的水量,包括主要生产用水、辅助生产用水(如机修、运输、空压站等)和附属生产用水(如绿化、办公室、浴室、食堂、厕所、保健站等),不包括非工业生产单位的用水量(如基建用水、厂内居民家庭用水和企业附属幼儿园、学校、对外营业的浴室、游泳池等的用水量)和居民生活用水量。

取水量包括企业取自地表、地下、城镇供水工程的水,外购的再生水(中水)、其他水或水的产品,以及企业为生产外供水或水产品而取用的水。不包括重复用水量、直流冷却水量、未利用直接排放的矿井水和雨水量、污水处理企业处理的污(废)水量、水力发电动力用水量。

【外供水量】 指企业外供给其他单位的水或水产品的量,以离厂水量为准。包括外供给其他企业或市场的原水、自来水、海水淡化水、矿泉水、纯净水等。不包括直流冷却水量、再生水(中水)、未利用直接排放的矿井水和雨水量、北方地区供暖企业供给城镇热力网内循环的热水量、进入城镇污水管网和直接排到自然环境中的水量。

【重复用水量】 指在确定的用水单元或系统内,所有未经处理和处理后又重复使用的水量总和。重复用水量不包括北方地区城镇热力网内循环的热水、火力发电设备内进行汽水循环的除盐水。

【工业生产能源消费量】 指工业企业为进行工业生产活动所消费的能源。主要包括:(1)用于本企业产品生产、工业性作业的能源,包括用于原料、材料、燃料、动力的能源;作为能源加工转换企业,还包括用作加工转换的能源;(2)产品生产工程中作为辅助材料使用的能源;(3)生产工艺过程使用的能源;(4)新技术研究、新产品试制、科学试验使用的能源;(5)为了工业生产活动而在进行的各种修理过程中使用的能源;(6)生产区内的劳动保护用能等。

6

固定资产投资

Investment in Fixed Assets

6—1 主要年份全社会固定资产投资

Total Investment in Fixed Assets of the Whole Country in Main Years

单位:万元、平方米　　　　(10 000 yuan, sq.m)

年份 Year	全社会固定资产投资 Total Investment in Fixed Assets	基本建设投资 Infrastructure	更新改造投资 Renovation and Reformation Investment	房地产开发投资 Real Estate	住宅 Residence	新增固定资产 Newly Increased Fixed Assets	各类房屋施工面积 Floor Space under Construction	住宅面积 Floor Space of Residence	各类房屋竣工面积 Floor Space Completed	住宅面积 Floor Space of Residence
1950	53	53				31	1467	1143	1100	800
1951	108	108				48	8000	5571	6000	3900
1952	445	445				224	6133	2857	4600	2000
1953	524	524				256	15600	5000	11700	3500
1954	715	715				387	26133	11231	19600	7300
1955	641	641				314	37733	18000	28300	11700
1956	667	667				363	70286	26462	49200	17200
1957	447	447				218	33857	13538	23700	8800
1958	2313	2313				750	383541	201987	272755	131987
1959	4840	4840				1048	441690	215213	318090	133746
1960	6397	6397				4188	463863	271040	332120	167240
1961	2400	2400				497	237231	130333	154200	78200
1962	666	666				464	29846	3833	19400	2300
1963	1066	1066				830	68462	18667	44500	11200
1964	2403	2403				2006	160923	75273	104600	41400
1965	4927	4927				3498	224061	100913	147599	56322
1966	5727	5727				3809	525333	248545	315200	136700
1967	3313	3313				349	58828	3091	37095	1700
1968	3776	3776				688	864784	43285	523517	26349
1969	3261	3261				1872	828898	143303	502565	72603
1970	4623	4623				2113	609499	29600	370699	14800
1971	5050	5050				2110	271931	162000	186198	81000
1972	4957	4957				2985	272935	126620	171547	66720
1973	5294	5294				3077	316289	124406	195381	64606
1974	5599	5599				3477	345613	129454	138739	46787
1975	6065	6065				4091	367316	126226	175353	56230
1976	5950	5950				3002	404323	130909	157000	57854
1977	6047	6047				4564	402883	131114	179555	60785
1978	8560	8376				5243	502900	148000	227020	72000
1979	11905	10919	862			8008	837493	388562	311284	134805
1980	16265	13699	2362			12648	1070119	524200	610119	284000
1981	15339	10653	3726			12949	1031995	542744	637528	315157

注:1.自2003年起全社会固定资产投资包括区统计局反馈不分地区项目投资。2008年分组指标不含农户投资。

2.自2011年始,固定资产投资计划总投资起点由50万元调整为500万元,故,依据自治区统计局反馈数据对2010年数据进行修订。

3.根据国家规定,2018年投资数据不公布绝对量。

6—1 续表2 continued

单位:万元、平方米 （10 000 yuan，sq.m）

年份 Year	全社会固定资产投资 Total Investment in Fixed Assets	基本建设投资 Infrastructure	更新改造投资 Renovation and Reformation Investment	房地产开发投资 Real Estate	住宅 Residence	新增固定资产 Newly Increased Fixed Assets	各类房屋施工面积 Floor Space under Construction	住宅面积 Floor Space of Residence	各类房屋竣工面积 Floor Space Completed	住宅面积 Floor Space of Residence
1982	18258	12208	4566			14997	1587654	997424	1186744	766054
1983	21385	11012	8241			15461	1093897	618285	498977	320511
1984	29330	15407	9384			19559	1887950	995322	1142746	686193
1985	55005	34872	13160			30347	2255500	1109428	1241225	701528
1986	66084	43894	17423			39289	2037959	943686	1346280	744614
1987	75101	51668	18597			55585	1532013	582122	965840	395009
1988	56292	33375	13822			33629	1409844	674239	982568	495398
1989	56419	29761	16852			38038	1158405	591582	781511	413010
1990	65500	36431	17340	2149	1764	48913	1398073	802355	939523	600655
1991	87636	44318	21405	8965	8372	60555	1899668	1195878	1303969	906242
1992	146519	78744	37615	13663	10400	151708	2410361	1324909	1578398	974386
1993	194002	84407	52851	22540	12104	173246	2969490	1811726	1987984	1384739
1994	246885	126134	66092	24037	19790	219909	2311284	1283794	1610092	990857
1995	227456	105098	43262	38376	28000	189329	2410970	1532772	1530400	1167180
1996	315463	154291	83632	41086	28111	252909	2600454	1442603	1761583	1178097
1997	380733	191802	60937	48590	31059	314142	4038255	2892013	3014031	2307205
1998	511270	277336	75541	88455	58856	359110	3931877	2559940	2611550	1799054
1999	516344	256873	70575	104919	59640	378007	4396176	2519022	3274393	1995085
2000	523923	204858	104399	126616	74690	525341	4552693	2652779	3115842	2087221
2001	560558	201025	106508	177941	98121	516897	4569637	2653177	3061367	1947532
2002	729627	326252	91328	240498	164659	479996	5766251	3485057	3093144	1992760
2003	1433939	620045	186981	393550	279647	1015596	9967477	6478985	6115154	4313808
2004	1717373	616663	257489	488078	295523	1007747	10510923	5643948	5390303	3441758
2005	2016507	905404	239750	566134	346375	1113990	11297484	6752154	6188935	4246691
2006	2328456	1284219	257813	576808	405861	1429210	11564933	6798205	5792179	3747578
2007	2926906	1689254	368149	627154	443118	1337848	12610230	7419524	6053179	4212773
2008	3656897	2280467	355143	786051	569594	2322089	13430521	8285362	5673344	3672797
2009	4921031	3307601	388898	995984	743543	2944037	17293716	10113633	6291230	4380586
2010	6486862	3927344	396627	1608188	1160756	2026383	25667621	14592765	6505184	4534215
2011	7338479	4194479	860018	2076719	1436173	6861875	34052766	18774469	8943919	4939024
2012	9187292	5226518	991762	2757023	1755066	3850184	39484833	22688905	8143678	6131097
2013	11490012	7255830	710424	3308094	1956800	5474655	60870147	27188302	7258174	5159194
2014	13927640	8851536	871698	3888952	2390099	8033073	53700347	29097660	9159764	5658438
2015	15408842	9221349	1854836	4091711	2541048	12193828	50938672	26997768	8966054	4812046
2016	17233117	11508090	381420	4749414	2781617	8134934	53556127	27069704	10098795	5634651
2017	17190497	11024960	1402146	4028246	2402498	10076165	51408742	26183709	10695805	5343113
2018	–	–	–	–	–	–	39999763	24091164	7976648	5554774
2019	–	–	–	–	–	–	39716117	23827026	5567994	3858823
2020	–	–	–	–	–	–	37566373	24018732	4989682	3191763

Note:1.Since 2003, the total social investment in fixed assets including District Statistics Bureau feedback data that not classified region Proj-ect invest- ment. The group index exchuding farmer investment in 2008.

2.Since 2011, the total Planned investment in fixed assets investment starting point adjustment from 50 million to 500 million, 2010 da-ta rivised in- accordance with the Regional Bareau of feed back data.

3.Investment data for 2018 are not published in absolute terms, according to state regulations.

6—2 按国民经济行业分的固定资产投资增长情况

单位:% （2020）

指 标	Item	总 计 Total
按国民经济行业分	**Grouped by Sector**	**1.1**
第一产业	Primary Industry	-44.6
农、林、牧、渔业	Agriculture,Forestry,Animal Husbandary and Fishery	-38.6
第二产业	Secondary Industry	14.3
工业	Industry	14.3
采矿业	Mining	-21.0
制造业	Manufacturing	6.6
电力、燃气及水的生产和供应业	Production and Supply of Electricity,Gas and Water	140.9
建筑业	Construction	
第三产业	Tertiary Industry	-5.9
批发和零售业	Wholesale and Retail Trades	-5.1
交通运输、仓储和邮政业	Transport,Storage and Post	11.6
住宿和餐饮业	Hotels and Catering Services	-73.8
信息传输、计算机服务和软件业	Information Transmission,Computer Services and Software	771.7
金融业	Financial Intermediation	
房地产业	Real Estate	0.9
租赁和商务服务业	Leasing and Business Services	100.4
科学研究、技术服务和地质勘查业	Scientific Research,Technical Service and Geologic Prospecting	370.8
水利、环境和公共设施管理业	Management of Water Conservancy,Environment and Public Facilities	-49.0
居民服务和其他服务业	Services to Households and Other Services	93.3
教育	Education	-40.8
卫生、社会保障和社会福利业	Health,Social Security and Social Welfare	-18.0
文化、体育和娱乐业	Culture,Sports and Entertainment	-15.1
公共管理和社会组织	Public Management and Social Organizations	177.1

注:1.该表不含农户投资。

2.按照国家统计局2013年三次产业划分规定,农、林、牧、渔业中的农、林、牧、渔服务业,采矿业中的开采辅助活动,制造业中的金属制品、机械和设备修理业三个大类调入第三产业。

Growth of fixed asset investment by sector of national economy

(%)

市　区 City	永宁县 Yongning	贺兰县 Helan	灵武市 Lingwu
1.8	**11.8**	**1.1**	**-1.7**
-31.0	-0.8	-52.8	-62.2
-16.9	4.2	-45.5	-58.1
50.2	66.7	-24.2	3.1
50.2	66.7	-24.2	3.1
-54.5			-17.6
39.3	-27.4	-21.8	-4.1
193.5	344.6	-32.7	128.8
-7.8	5.5	8.3	-20.0
-93.8	-99.9	234.8	-100.0
-73.0	1644.4	2384.1	-22.6
707.7		426.0	
-2.6	79.6	10.2	-18.9
110.5			-87.8
1794.5	24.6	-40.3	196.0
-47.2	-97.1	-29.7	-24.2
		-72.6	
-32.0		43.4	-94.2
-22.4	96.6	46.6	25.1
-25.3	106.5	88.6	-59.0
283.3	701.1	-51.5	**-60.0**

Note: 1.The data in above table does not include the farmers investment.

2.According to provisions of the three divisions of industry by National Bureau of Statistics in 2013, the services of agriculture, forest-ry, machinery and equipment repair of maunfacture industrywhich transferred to the tertiary industry.

6—3 各种分组的固定资产投资增长情况

单位:%　　　　(2020)

指 标	Item	总 计 Total
全社会固定资产投资	**Total Investment in Fixed Assets**	**1.1**
新建	New Construction	-14.4
扩建	Expansion	32.8
改建和技术改造	Reconstruction and Renovation	55.0
迁建	Relocation	7659.1
单纯购置	Simply Purchase	675.3
房地产开发投资	Real Estate Investment	13.1
按构成分	**Grouped by Structure**	
建筑工程	Construction	3.7
安装工程	Installation	388.8
设备工器具购置	Purchase of Equipment and Instruments	-58.7
其他费用	Others	-37.2
按隶属关系分	**Grouped by Jurisdiction of Management**	
中央	Central Investment	123.8
地方	Local Investment	-22.6
自治区	Autonomous Regions	
地市县属	Cities of County	
其他	Others	7.2
按经济类型分	**Grouped by Economic Types**	
内资	Domestic Funds	2.7
国有	State-owned Enterprises	-21.8
有限责任公司	Limited Liability Corporations	-7.8
国有独资公司	State Sole Funded Corporations	4.6
其他有限责任公司	Other Limited Liability Corporations	-12.6
股份有限公司	Share-holding Corporations Ltd.	286.7
私营	Private Enterprises	31.6
其他内资	Other Domestic Funds	29.9
港、澳、台商投资	Enterprises with Sole Investment from Hongkong,Macao and Taiwan	-11.8
外商投资	Foreign Share-holding Corporations Ltd.	-16.3

注:该表不含农户投资。

Total Investment in Fixed Assets By Sector

(%)

市　区 City	永宁县 Yongning	贺兰县 Helan	灵武市 Lingwu
1.8	**11.8**	**1.1**	**-1.7**
-3.2	-41.7	-16.1	-22.1
-62.7	689.2	212.8	87.3
13.1	-58.1	-16.8	87.7
35.1			
-61.7			
12.3	75.5	10.2	-17.0
2.4	10.7	8.1	3.2
249.6	404.6	105.0	615.3
-59.2	378.9	1.7	-70.4
-19.6	86.2	-47.8	-99.5
71.3	2665.0	5005.0	128.1
-13.4	-72.5	-63.4	-15.8
2.3	146.7	11.9	2.7
1.8	10.7	1.1	4.0
-5.4	-21.8	-64.4	-51.7
-24.6	59.8	54.0	4.4
-6.3	-56.3	-6.2	11.9
-28.4	77.9	57.0	-3.5
778.8	34.4		-44.0
37.8	50.5	1.0	34.4
541.5	-57.3	90.4	-49.9
21.5	41.6		-20.5
-21.5		-75.5	73.6

Note:The data in above table does not include the farmers investment.

6—4 全社会固定资产投资资金及房屋建筑面积

单位:%　　　　　　　　　　　　　　　　　　　　　　　　　　　　（2020）

指 标	Item	总 计 Total
本年资金来源合计	**Total of Sources of Funds This Year**	**23.1**
上年末结余资金	**Non-balance Funds Last Year**	**14.4**
本年资金来源小计	**Subtotal of Sources of Funds This Year**	**24.1**
按资金来源分	**Grouped by Fund Sources**	
国家预算内资金	State Budget	96.2
国内贷款	Demestic Loans	-19.4
债券	Bonds	-14.6
利用外资	Foreign Investment	-52.7
自筹资金	Self-raising Funds	38.4
其他资金	Others	1.5
各类房屋施工面积	**Floor Space under Construction**	**-5.4**
#住宅	Residence	0.8
新建	New Construction	
扩建	Expansion	
改建和技术改造	Reconstruction and Renovation	
迁建	Relocation	
房地产开发	Real Estate	-1.1
各类房屋竣工面积	**Floor Space Completed**	**-10.4**
#住宅	Residence	-17.3
新建	New Construction	
扩建	Expansion	
改建和技术改造	Reconstruction and Renovation	
迁建	Relocation	
房地产开发	Real Estate	-8.6

注：该表不含农户投资。

Fixed assets investment funds and housing Gross leasable area

(10 000 yuan, sq.m

市　区 City	永宁县 Yongning	贺兰县 Helan	灵武市 Lingwu
19.9	**197.2**	**28.0**	**22.0**
8.5	**–47.4**	**99.8**	**42.7**
21.6	**215.7**	**18.3**	**21.6**
98.9	3260.9	–66.7	2.2
–35.0	1839.9	420.0	–17.6
22.3			–65.2
9.3			–90.8
36.9	143.5	–61.4	57.3
–1.7	–39.2	63.1	23.5
–3.1	**10.9**	**–13.7**	**–50.2**
1.0	22.1	–10.3	–17.2
–0.7	16.0	–12.4	–15.5
–0.9	**53.5**	**–42.6**	**–35.7**
–7.8	694.3	–45.5	–71.4
–0.3	72.9	–40.7	–28.1

Note:The data in above table does not include the farmers investment.

6-5 按行业分的项目建设规模增长情况

单位:%　　（2020）

指　标	Item	在建总规模 Total scale under construction
按国民经济行业分	**Grouped by Sector**	**19.1**
第一产业	Primary Industry	-11.0
农、林、牧、渔业	Agriculture,Forestry,Animal Husbandary and Fishery	-11.0
第二产业	Secondary Industry	13.7
工业	Industry	13.7
采矿业	Mining	-4.8
制造业	Manufacturing	15.0
电力、燃气及水的生产和供应业	Production and Supply of Electricity,Gas and Water	25.6
建筑业	Construction	
第三产业	Tertiary Industry	24.1
批发和零售业	Wholesale and Retail Trades	-27.8
交通运输、仓储和邮政业	Transport,Storang and Post	-9.4
住宿和餐饮业	Hotels and Catering Services	-2.6
信息传输、计算机服务和软件业	Information Transmission,Computer Services and Software	0.2
金融业	Financial Intermediation	
房地产业	Real Estate	49.5
租赁和商务服务业	Leasing and Business Sewices	69.1
科学研究、技术服务和地质勘查业	Scientific Research and Technical Service	21.0
水利、环境和公共设施管理业	Management of Water Conservancy,Environment and Public Facilities	-20.8
居民服务和其他服务业	Services to Households and Other Services	101.1
教育	Education	11.8
卫生、社会保障和社会福利业	Health and Social Work	-0.7
文化、体育和娱乐业	Culture,Sports and Entertainment	-10.7
公共管理和社会组织	Public Management,Social Security and Social Organizations	131.9
国际组织	International Organizations	

注:1.该表不含农户投资。
2.按照国家统计局2013年三次产业划分规定,农、林、牧、渔业中的农、林、牧、渔服务业,采矿业中的开采辅助活动,制造业中的金属制品、机械和设备修理业三个大类调入第三产业。

Changes in Project Construction Scale By industry

(%)

其中:新开工项目 Among them: New Projects	施工项目个数 No. Of construction projects	其中:新开工 Among them: New Construction
7.7	**57.9**	**20.9**
-66.5	2.2	-50.8
-66.5	2.2	-50.8
66.1	54.8	66.4
66.1	54.8	66.4
318.7	40.0	200.0
62.5	42.5	58.1
54.8	112.9	88.5
-30.8	67.9	18.6
-63.9	-7.7	-57.1
614.3	84.1	130.0
-100.0	50.0	-100.0
3435.8	670.0	900.0
-27.3	104.9	-32.5
-8.3	26.7	50.0
5.7	46.2	-16.7
-80.8	21.1	-4.1
47.8	66.7	33.3
185.0	70.8	133.3
44.8	44.1	225.0
-54.1	22.9	0.0
593.1	40.0	100.0

Note: 1.The data in above table does not include the farmers investment.

2.According to provisions of the three divisions of industry by National Bureau of Statistics in 2013, the services of agriculture, forest–ry, machinery and equipment repair of maunfacture industry which trans–ferred to the tertiary industry.

6—6 按行业分的项目建设投产情况

单位:个,% (2020)

指 标	Item
按国民经济行业分	**Grouped by Sector**
第一产业	Primary Industry
农、林、牧、渔业	Agriculture,Forestry,Animal Husbandary and Fishery
第二产业	Secondary Industry
工业	Industry
采矿业	Mining
制造业	Manufacturing
电力、燃气及水的生产和供应业	Production and Supply of Electricity,Gas and Water
建筑业	Construction
第三产业	Tertiary Industry
批发和零售业	Wholesale and Retail Trades
交通运输、仓储和邮政业	Transport,Storang and Post
住宿和餐饮业	Hotels and Catering Services
信息传输、计算机服务和软件业	Information Transmission,Computer Services and Software
金融业	Financial Intermediation
房地产业	Real Estate
租赁和商务服务业	Leasing and Business Sewices
科学研究、技术服务和地质勘查业	Scientific Research and Technical Service
水利、环境和公共设施管理业	Management of Water Conservancy,Environment and Public Facilities
居民服务和其他服务业	Services to Households and Other Services
教育	Education
卫生、社会保障和社会福利业	Health and Social Work
文化、体育和娱乐业	Culture,Sports and Entertainment
公共管理和社会组织	Public Management,Social Security and Social Organizations
国际组织	International Organizations

注:1.该表不含农户投资。

2.按照国家统计局2013年三次产业划分规定,农、林、牧、渔业中的农、林、牧、渔服务业,采矿业中的开采辅助活动,制造业中的金属制品、机械和设备修理业三个大类调入第三产业

Total Investment in Fixed Assets By Sector in Main Years

(unit,%)

在建项目数 Number of projects under construction	建成投产项目 Completed and put into production	项目投产率 Project commissioning rate
1805	**316**	**17.5**
101	34	33.7
101	34	33.7
449	76	16.9
449	76	16.9
12	1	8.3
333	49	14.7
104	26	25.0
0	0	
1255	206	16.4
10	2	20.0
84	30	35.7
1	0	0.0
70	4	5.7
0	0	
586	37	6.3
14	5	35.7
17	2	11.8
265	82	30.9
5	0	0.0
91	30	33.0
46	3	6.5
37	6	16.2
29	5	17.2
0	0	

Note: 1.The data in above table does not include the farmers investment.

2.According to provisions of the three divisions of industry by National Bureau of Statistics in 2013, the services of agriculture, forest−ry, machinery and equipment repair of maunfacture industry which trans−ferred to the tertiary industry.

6—7 房地产开发企业投资情况

单位:个、万元、平方米 （2020）

指 标	Item	总 计 Total
企业个数	**Number of Enterprises**	**333**
计划总投资	Total Planned Investment	31383787
自开始建设累计完成投资	Accumulative InvestmentActually Completed Since Starting of Construction up to the End of This Year	22534629
本年完成投资	Investment Completed This Year	3114257
按构成分	**Grouped by Structure**	
建筑工程	Construction	2202845
安装工程	Installation	85884
设备工器具购置	Purchase of Equipment and Instruments	36783
其他费用	Others	788745
旧建筑物购置费	Purchased Costs of Older Buildings	17367
土地购置费	Toatal Value of Land Purchased	693469
按工程用途分	**Grouped by Use of Project**	
住宅	Residence	2209883
90平方米及以下	90 Square Meters Below	102322
90-144平方米	90-144 Square Meters	1659953
144平方米以上	144 Square Meters Above	447608
办公楼	Office Buildings	36290
商业营业用房	Houses for Business Use	357203
其他	Others	510881
本年新增固定资产	Newly Increased Fixed Assets This Year	1803551
上年末结余资金	Non-balance Funds Last Year	987373
本年实际到位资金	The Actual Investment This Year	5798603
国内贷款	Demestic Loans	481651
银行贷款	Bank loans	352865
非银行金融机构贷款	Loans of Non-bank Financial Institutions	128786
自筹资金	Self-raising Funds	781843
定金及预收款	Deposits and advances	3314696
个人按揭贷款	Personal mortgage loan	1050675
其他到位资金	Other funds in place	169738
本年各项应付款合计	Total Payable of All	1098511
工程款	Projects Receivable	863646
待开发土地面积	Land Space Pending Development	3304427
本年土地购置面积	Land Space Purchased This Year	1028816
本年土地成交价款	Land Transaction Price This Year	398854
拆迁补偿费	Relocation Compensation Fee	

Investment Statistics on Enterprises for Real Estate Development

(unit, 10 000yuan, sq.m)

国有经济 State-owned Enterprises	私营经济 Private Enterprises	其他有限责任公司 Other Limited Liability Corporations	外商投资 Foreign Funded Enterprises
14	**193**	**120**	**6**
2898560	12992619	13100270	2392338
2072033	10341931	8393799	1726866
117223	1340620	1407072	249342
97687	1033476	887453	184229
1156	43234	38122	3372
3929	18558	13661	635
14451	245352	467836	61106
7042	10300	25	
	192002	440361	61106
73161	860080	1086596	190046
8714	58668	34322	618
40443	682899	815687	120924
24004	118513	236587	68504
131	21667	14492	
17210	209742	101002	29249
26721	249131	204982	30047
279922	882793	426095	214741
88144	366673	462416	70140
182497	2246607	2847974	521525
	158285	323366	
	143175	209690	
	15110	113676	
23960	391614	365693	576
95683	1251908	1462893	504212
32476	399274	602188	16737
30378	45526	93834	
30696	631966	403272	32577
25677	486656	322232	29081
41671	2005804	957549	299403
41671	549202	437943	
18492	78477	301885	

6—7 续表1

单位:个、万元、平方米 （2020）

指　标	Item	银川市 Yinchuan
企业个数	**Number of Enterprises**	**333**
计划总投资	Total Planned Investment	31383787
自开始建设累计完成投资	Accumulative InvestmentActually Completed Since Starting of Construction up to the End of This Year	22534629
本年完成投资	Investment Completed This Year	3114257
按构成分	**Grouped by Structure**	
建筑工程	Construction	2202845
安装工程	Installation	85884
设备工器具购置	Purchase of Equipment and Instruments	36783
其他费用	Others	788745
建筑物购置费	Purchased Costs of Older Buildings	17367
土地购置费	Toatal Value of Land Purchased	693469
按工程用途分	**Grouped by Use of Project**	
住宅	Residence	2209883
90平方米及以下	90 Square Meters Below	102322
90-144平方米	90-144 Square Meters	1659953
144平方米以上	144 Square Meters Above	447608
办公楼	Office Buildings	36290
商业营业用房	Houses for Business Use	357203
其他	Others	510881
本年新增固定资产	Newly Increased Fixed Assets This Year	1803551
上年末结余资金	Non-balance Funds Last Year	987373
本年实际到位资金	The Actual Investment This Year	5798603
国内贷款	Demestic Loans	481651
银行贷款	Bank loans	352865
非银行金融机构贷款	Loans of Non-bank Financial Institutions	128786
自筹资金	Self-raising Funds	781843
定金及预收款	Deposits and advances	3314696
个人按揭贷款	Personal mortgage loan	1050675
其他到位资金	Other funds in place	169738
本年各项应付款合计	Total Payable of All	1098511
工程款	Projects Receivable	863646
待开发土地面积	Land Space Pending Development	3304427
本年土地购置面积	Land Space Purchased This Year	1028816
本年土地成交价款	Land Transaction Price This Year	398854
拆迁补偿费	Relocation Compensation Fee	

continued

(unit,10 000yuan,sq.m)

市 区 City	兴庆区 Xingqing	金凤区 Jinfeng	西夏区 Xixia	永宁县 Yongning	贺兰县 Helan	灵武市 Lingwu
254	**100**	**146**	**8**	**27**	**34**	**18**
24043494	8600541	13994496	1448457	3060799	3673514	605980
17663637	5286856	11236960	1139821	1622688	2764381	483923
2456554	754527	1457168	244859	141648	462155	53900
1682164	545806	958106	178252	96644	373391	50646
51356	31554	18455	1347	1479	31199	1850
29139	22667	6284	188	368	7235	41
693895	154500	474323	65072	43157	50330	1363
17367	10300	7025	42			
618826	112934	444414	61478	31855	42788	
1711037	515926	1031089	164022	119111	343682	36053
76569	32412	19068	25089	1580	23334	839
1306846	417917	752004	136925	110622	209525	32960
327622	65597	260017	2008	6909	110823	2254
31719	7729	22755	1235	98	4223	250
302511	115649	173054	13808	7836	44356	2500
411287	115223	230270	65794	14603	69894	15097
1464356	263433	1156840	44083	67470	232795	38930
862614	216913	640600	5101	2067	105335	17357
5166927	1551082	3575868	39977	122305	404463	104908
470905	201385	269520			10746	
348115	186275	161840			4750	
122790	15110	107680			5996	
681053	129156	543838	8059	60190	28465	12135
2961138	999528	1948799	12811	25029	264258	64271
913380	193449	703075	16856	16332	92561	28402
140451	27564	110636	2251	20754	8433	100
975904	303948	669350	2606	20006	85653	16948
770542	206997	560939	2606	17301	59546	16257
2327034	790560	1536474		357346	620047	
959057	273365	685692		8283	61476	
393236	40466	352770		1243	4375	

6—7 续表2

单位:个、万元、平方米 (2020)

指 标	Item	一 级 First Grade
企业个数	**Number of Enterprises**	**9**
计划总投资	Total Planned Investment	3275747
自开始建设累计完成投资	Accumulative InvestmentActually Completed Since Starting of Construction up to the End of This Year	2887257
本年完成投资	Investment Completed This Year	460689
按构成分	**Grouped by Structure**	
建筑工程	Construction	371077
安装工程	Installation	2040
设备工器具购置	Purchase of Equipment and Instruments	905
其他费用	Others	86667
旧建筑物购置费	Purchased Costs of Older Buildings	
土地购置费	Toatal Value of Land Purchased	53106
按工程用途分	**Grouped by Use of Project**	
住宅	Residence	316316
90平方米及以下	Housing of 90 Square Meters Below	10001
90-144平方米	Housing of 90-144 Square Meters	248802
144平方米以上	Housing of 144 Square Meters Above	57513
办公楼	Office Buildings	989
商业营业用房	Houses for Business Use	45528
其他	Others	97856
本年新增固定资产	Newly Increased Fixed Assets This Year	379792
上年末结余资金	Non-balance Funds Last Year	151702
本年实际到位资金	The Actual Investment This Year	905192
国内贷款	Demestic Loans	108300
银行贷款	Bank loans	108300
非银行金融机构贷款	Loans of Non-bank Financial Institutions	
自筹资金	Self-raising Funds	79660
定金及预收款	Deposits and advances	650996
个人按揭贷款	Personal mortgage loan	64931
其他到位资金	Other funds in place	1305
本年各项应付款合计	Total Payable of All	114373
工程款	Projects Receivable	88421
待开发土地面积	Land Space Pending Development	101994
本年土地购置面积	Land Space Purchased This Year	
本年土地成交价款	Land Transaction Price This Year	
拆迁补偿费	Relocation Compensation Fee	

continued

(unit,10 000yuan,sq.m)

资质等级 Qualification Criteria			
二 级 Second Grade	三 级 Third Grade	四 级 Forth Grade	暂 定 Tentative
68	**80**	**47**	**129**
9667322	3664339	4784454	9991925
7379576	2902953	2938065	6426778
723427	225273	267087	1437781
545979	191228	200211	894350
24871	4115	4780	50078
7165	665	103	27945
145412	29265	61993	465408
10325	42	7000	
111394	26092	50140	452737
520423	155507	195942	1021695
54656	6563	8799	22303
354542	112058	151816	792735
111225	36886	35327	206657
4489	6191	12519	12102
92753	19334	12804	186784
105762	44241	45822	217200
773582	154696	111163	384318
275575	114770	82265	363061
1259775	477002	592924	2563710
52040	19310		302001
52040	4200		188325
	15110		113676
94242	62023	202564	343354
793290	262839	228767	1378804
291357	107464	140500	446423
28846	25366	21093	93128
166475	99076	63320	655267
112928	70634	55808	535855
1260696	435877	122703	1383157
517345	41671	117985	351815
67963	18492	141451	170948

6—8 房地产开发企业财务状况

单位：万元 （2020）

指 标	Item	总计 Total
年初存货	**Stock in Early**	**13852072**
年末资产负债	**Assets and Liabilities at Year-end**	
流动资产合计	Total Circulating Funds	24098260
应收账款	Projects Receivable	563229
存货	Stock	14781772
固定资产原价	Original Value of Fixed Assets	1080191
房屋和构筑物	Buildings and structures	627546
机器设备	Machine equipment	50970
累计折旧	Accumulated Depreciation	346592
本年折旧	Depreciation This Year	48230
在建工程	Construction in Process	74911
无形资产	Intangible Asset	137519
土地使用权	Land tenure	99506
资产总计	Total Assets	26894170
流动负债合计	Total Liquid Liabilities	20899463
负债合计	Total Liabilities	23383433
所有者权益合计	Total Equity	3510736
实收资本	Paid-in Capitals	2949281
个人资本	Personal capital	1432575

Investment Statistics on Enterprises for Real Estate Development

(10 000 yuan)

国有经济 State-owned Enterprises	私营经济 Private Enterprises	其他有限责任公司 Other Limited Liability Corporations	外商投资 Foreign Funded Enterprises
862541	**7622382**	**4604613**	**762535**
1255447	12667042	9057753	1118018
9953	261574	281722	9980
835303	8231466	5115394	599608
169838	508043	397621	4689
82835	315018	227942	1752
6115	15693	28987	176
48265	184447	111373	2507
5715	25083	17337	94
15123	18695	41093	
6295	58055	73155	14
6179	28333	64993	
1488461	13789497	10468640	1147572
1128077	11280177	7650964	840245
1245448	12590902	8638625	908458
243013	1198594	1830015	239113
116948	1235849	1439484	157000
	1135849	296726	

6—8 续表1

单位:万元　　　　　　　　　　　　　　　　　　　　　　　　（2020）

指　标	Item	总计 Total
损益及分配	**Profit, loss and Distribution**	
营业收入	Total Revenue	3865395
主营业务收入	Revenue from Principal Business	3767363
土地转让收入	Land Transferred	191
商品房销售收入	Sales Income of Commercial Flat	3657680
自持物业收入	Income From Self-owned Property	47504
房屋出租收入	Income of Renting House	44198
其他收入	Others	61989
营业成本	Business Costs	3073963
主营业务成本	Cost of Principal Business	3005473
税金及附加	Taxes and Other Charges on Principal Business	146532
其他业务利润	Profits from Other Businesses	5894
销售费用	Saling Costs	152506
管理费用	Management Costs	167855
研发费用	R &D expenses	
财务费用	Finance Costs	73639
利息收入	Interest Income	2728
利息支出	Interest Expense	51484
资产减值损失	Impairment of Awwets	2468
公允价值变动收益	Fair Value Gain	485
投资收益	Investment Income	85478
其他收益	Other Income	2276
营业利润	Business Profits	336671
营业外收入	Income of Extra-business	15261
营业外支出	Expenditure of Extra-business	150088
利润总额	Total Profits	201843
所得税费用	Income Tax Expense	80171
人工成本及增值税	**Labour Cost and Value Added Tax**	
应付职工薪酬	Employee　Pay　Payable	110864
应交增值税	Value Added Tax Payable	204258

continued

（10 000 yuan）

国有经济 State-owned Enterprises	私营经济 Private Enterprises	其他有限责任公司 Other Limited Liability Corporations	外商投资 Foreign Funded Enterprises
287814	1443003	1688368	446210
281671	1390707	1648914	446072
	191		
269206	1338695	1604049	445730
1689	32598	12962	255
1134	30594	12371	100
10776	19223	31903	87
234990	1142715	1341629	354629
232036	1110791	1308072	354574
10993	52303	60844	22392
474	9339	-3968	50
7109	67851	66850	10696
13960	89942	58706	5247
6813	42180	27849	-3204
1100	29	1605	-6
6520	16510	28081	373
1838	2	607	21
26	-15	474	
2330	72923	10174	50
866	-522	1932	
15334	120395	144462	56480
65	6914	7788	494
10497	122186	16431	975
4902	5124	135819	55998
2651	20377	46646	10497
12789	47558	43476	7042
4436	79913	85501	34407

6—8 续表2

单位:万元　　(2020)

指 标	Item	银川市 Yinchuan
年初存货	**Stock in Early**	**13852072**
年末资产负债	**Assets and Liabilities at Year-end**	
流动资产合计	Total Circulating Funds	24098260
应收账款	Projects Receivable	563229
存货	Stock	14781772
固定资产原价	Original Value of Fixed Assets	1080191
房屋和构筑物	Buildings and structures	627546
机器设备	Machine equipment	50970
累计折旧	Accumulated Depreciation	346592
本年折旧	Depreciation This Year	48230
在建工程	Construction in Process	74911
无形资产	Intangible Asset	137519
土地使用权	Land tenure	99506
资产总计	Total Assets	26894170
流动负债合计	Total Liquid Liabilities	20899463
负债合计	Total Liabilities	23383433
所有者权益合计	Total Equity	3510736
实收资本	Paid-in Capitals	2949281
个人资本	Personal capital	1432575

continued

(10 000 yuan)

市 区 City	兴庆区 Xingqing	金凤区 Jinfeng	西夏区 Xixia	永宁县 Yongning	贺兰县 Helan	灵武市 Lingwu
11381200	**4067414**	**7070637**	**243149**	**895945**	**1141991**	**432937**
19938608	7111660	12403168	423780	1545697	1863023	750933
419786	191585	222137	6064	85787	30886	26769
12279005	4368487	7651355	259163	933040	1138424	431302
862390	416137	393980	52273	61979	141887	13936
472427	263752	165247	43428	28096	123748	3275
43086	6345	36444	297	927	6133	824
286744	148273	122889	15582	18170	36747	4931
39085	18519	18494	2072	1910	6835	400
30854	17988	12866		24740	15123	4195
62812	34614	23400	4798	72684	1531	492
37025	22572	9759	4694	60996	1448	38
22336829	8202137	13628202	506490	1715676	2072123	769541
16970776	5987512	10613345	369919	1550088	1679320	699280
19230106	6987012	11802455	440639	1611182	1838166	703980
3106724	1215125	1825748	65851	104494	233958	65560
2470326	866835	1555128	48363	179939	225365	73651
1214811	442894	755317	16600	79949	83703	54112

6—8 续表3

单位:万元 (2020)

指 标	Item	银川市 Yinchuan
损益及分配	**Profit, loss and Distribution**	
营业收入	Total Revenue	3865395
主营业务收入	Revenue from Principal Business	3767363
土地转让收入	Land Transferred	191
商品房销售收入	Sales Income of Commercial Flat	3657680
自持物业收入	Income From Self-owned Property	47504
房屋出租收入	Income of Renting House	44198
其他收入	Others	61989
营业成本	Business Costs	3073963
主营业务成本	Cost of Principal Business	3005473
税金及附加	Taxes and Other Charges on Principal Business	146532
其他业务利润	Profits from Other Businesses	5894
销售费用	Saling Costs	152506
管理费用	Management Costs	167855
研发费用	R &D expenses	
财务费用	Finance Costs	73639
利息收入	Interest Income	2728
利息支出	Interest Expense	51484
资产减值损失	Impairment of Awwets	2468
公允价值变动收益	Fair Value Gain	485
投资收益	Investment Income	85478
其他收益	Other Income	2276
营业利润	Business Profits	336671
营业外收入	Income of Extra-business	15261
营业外支出	Expenditure of Extra-business	150088
利润总额	Total Profits	201843
所得税费用	Income Tax Expense	80171
人工成本及增值税	**Labour Cost and Value Added Tax**	
应付职工薪酬	Employee Pay Payable	110864
应交增值税	Value Added Tax Payable	204258

continued

(10 000 yuan)

市区 City	兴庆区 Xingqing	金凤区 Jinfeng	西夏区 Xixia	永宁县 Yongning	贺兰县 Helan	灵武市 Lingwu
3224060	718520	2473957	31583	125321	443388	72626
3131778	679589	2423217	28972	124866	440105	70615
191	191					
3046366	655603	2362099	28664	111286	429444	70583
43354	16930	26119	305	2349	1766	36
42343	16687	25351	305	645	1175	36
41868	6865	35000	3	11230	8895	-4
2561545	541303	1996431	23811	113949	332410	66059
2496843	516124	1956911	23808	113944	330377	64309
125420	42183	81352	1885	3887	13792	3433
5342	1560	1171	2611	222	305	25
126417	35421	89858	1138	4980	17953	3157
133993	60591	67910	5492	9704	19249	4909
63062	15295	46265	1502	4086	6476	15
1864	387	1462	15	43	802	20
41602	16229	23833	1540	4108	5774	1
1293	742	521	30		1095	81
485	500	-15				
75709	15124	58512	2073	76	9693	
2767	951	1815	1		-545	54
291290	39560	251933	-203	-11208	61562	-4973
10818	4281	6194	343	3191	1304	-51
135066	3184	131585	297	1567	12515	941
167041	40656	126542	-157	-9584	50351	-5965
68132	10413	57001	718	737	10548	755
89728	31019	54736	3973	3604	15489	2043
187973	50422	134181	3370	985	9878	5422

6—8 续表4

单位:万元 （2020）

指 标	Item	一级 First Grade
年初存货	**Stock in Early**	**2248094**
年末资产负债	**Assets and Liabilities at Year-end**	
流动资产合计	Total Circulating Funds	3199892
应收账款	Projects Receivable	27421
存货	Stock	2020252
固定资产原价	Original Value of Fixed Assets	60802
房屋和构筑物	Buildings and structures	33813
机器设备	Machine equipment	221
累计折旧	Accumulated Depreciation	25672
本年折旧	Depreciation This Year	4465
在建工程	Construction in Process	567
无形资产	Intangible Asset	438
土地使用权	Land tenure	
资产总计	Total Assets	3617244
流动负债合计	Total Liquid Liabilities	2626309
负债合计	Total Liabilities	3005757
所有者权益合计	Total Equity	611487
实收资本	Paid-in Capitals	231020
个人资本	Personal capital	99096

continued

(10 000 yuan)

资质等级 Qualification Criteria			
二级 Second Grade	三级 Third Grade	四级 Forth Grade	暂定 Tentative
4729460	**2538774**	**1157066**	**3178679**
7346409	3644770	2536281	7370909
217394	108050	45855	164509
4924283	2432031	1347211	4057995
499631	213387	169071	137300
328277	133599	76588	55270
13087	31374	789	5499
173446	73550	31805	42120
22667	7906	6767	6424
48933	8172	14	17224
31812	24527	16463	64279
9930	19485	11072	59019
8177272	4004051	3086233	8009369
6754956	3046203	2219104	6252891
7289164	3313034	2598023	7177455
888108	691017	488210	831914
644843	675252	519594	878573
347469	234189	270974	480847

6—8 续表5

单位:万元 （2020）

指 标	Item	一级 First Grade
损益及分配	**Profit, loss and Distribution**	
营业收入	Total Revenue	766525
主营业务收入	Revenue from Principal Business	754097
土地转让收入	Land Transferred	
商品房销售收入	Sales Income of Commercial Flat	726823
自持物业收入	Income From Self-owned Property	16170
房屋出租收入	Income of Renting House	16170
其他收入	Others	11104
营业成本	Business Costs	576063
主营业务成本	Cost of Principal Business	573910
税金及附加	Taxes and Other Charges on Principal Business	43770
其他业务利润	Profits from Other Businesses	192
销售费用	Saling Costs	16422
管理费用	Management Costs	28549
研发费用	R &D expenses	
财务费用	Finance Costs	16670
利息收入	Interest Income	183
利息支出	Interest Expense	4596
资产减值损失	Impairment of Awwets	1
公允价值变动收益	Fair Value Gain	
投资收益	Investment Income	16757
其他收益	Other Income	1
营业利润	Business Profits	101809
营业外收入	Income of Extra-business	3065
营业外支出	Expenditure of Extra-business	3935
利润总额	Total Profits	100939
所得税费用	Income Tax Expense	16590
人工成本及增值税	**Labour Cost and Value Added Tax**	
应付职工薪酬	Employee Pay Payable	18784
应交增值税	Value Added Tax Payable	36778

continued

(10 000 yuan)

资质等级 Qualification Criteria			
二级 Second Grade	三级 Third Grade	四级 Forth Grade	暂定 Tentative
1222143	628864	188029	1059834
1190694	625798	185416	1011359
			191
1163268	605282	170489	991818
14763	7543	5472	3556
14608	4635	5343	3443
12662	12974	9455	15794
949700	501724	174091	872386
931906	498518	172735	828404
49384	22057	-1375	32696
10268	392		-4958
40965	19313	14074	61732
59066	25318	13315	41607
26444	8250	15028	7246
2907	1044	443	-1850
22560	5327	11105	7896
1294	732	336	105
		131	354
1555	20655	16277	30234
1350	-580	526	978
98195	71545	-10506	75628
3241	1855	1169	5930
124092	6244	2599	13219
-22656	67156	-11936	68339
23528	11488	3606	24959
28754	17608	9125	36594
68752	20701	9617	68410

6—9 房地产开发房屋施工、竣工面积

单位:平方米、万元、套 （2020）

指 标	Item	总计 Total
房屋施工面积	**Floor Space of Buildings under Construction**	**37566373**
住宅	Residence	24018732
90平方米及以下	90 Square Meters Below	2140740
144平方米以上	144 Square Meters Above	4617525
办公楼	Office Buildings	1742408
商业营业用房	Houses for Business Use	4454082
其他	Others	7351151
本年新开工面积	Started This Year	7418124
住宅	Residence	5504739
90平方米及以下	90 Square Meters Below	69557
144平方米以上	144 Square Meters Above	667287
办公楼	Office Buildings	55870
商业营业用房	Houses for Business Use	490531
其他	Others	1366984
房屋竣工面积	**Floor Space of Buildings Completed**	**4989682**
住宅	Residence	3191763
90平方米及以下	90 Square Meters Below	290971
144平方米以上	144 Square Meters Above	714948
办公楼	Office Buildings	156247
商业营业用房	Houses for Business Use	663317
其他	Others	978355
不可销售面积	Non-sales Floor Space of Buildings	868463
住宅	Residence	344102
90平方米及以下	90 Square Meters Below	135058
144平方米以上	144 Square Meters Above	39278
办公楼	Office Buildings	
商业营业用房	Houses for Business Use	158258
其他	Others	366103
住宅竣工套数	**The Number of Completed Apartments**	**26181**
90平方米及以下	90 Square Meters Below	4237
144平方米以上	144 Square Meters Above	3994
房屋竣工价值	**Value of Buildings Completed**	**1419151**
住宅	Residence	872997
90平方米及以下	90 Square Meters Below	79649
144平方米以上	144 Square Meters Above	193641
办公楼	Office Buildings	36708
商业营业用房	Houses for Business Use	292004
其他	Others	217442

Floor space of real estate development houses under construction and completed

(sq.m, 10 000yuan, set)

国有经济 State-owned Enterprises	私营经济 Private Enterprises	其他有限责任公司 Other Limited Liability Corporations	外商投资 Foreign Funded Enterprises
2256513	**19235815**	**13860406**	**2213639**
1527547	11489187	9195529	1806469
333165	1381945	347928	77702
280048	1610997	2173560	552920
1134	1141125	600149	
214240	2904631	1221508	113703
513592	3700872	2843220	293467
334094	2906465	3623787	553778
237258	2093730	2771501	402250
39100	18559	11898	
45793	192769	306493	122232
1134	34346	20390	
5250	314082	149610	21589
90452	464307	682286	129939
472360	**2539788**	**1229321**	**748213**
213212	1504261	822372	651918
53384	145535	16850	75202
38740	307342	238336	130530
	156247		
153816	335224	117500	56777
105332	544056	289449	39518
445720	292922	54081	75740
198158	69986	218	75740
53384	6472		75202
38740			538
147216	9938	1104	
100346	212998	52759	
2080	**12674**	**5803**	**5624**
640	2272	194	1131
242	1715	1176	861
224828	**684633**	**324572**	**185118**
58934	411726	243319	159018
15013	37953	4123	22560
10909	88450	74383	19899
	36708		
145417	97862	33050	15675
20477	138337	48203	10425

6—9 续表1

单位:平方米、万元、套 （2020）

指 标	Item	银川市 Yinchuan
房屋施工面积	**Floor Space of Buildings under Construction**	**37566373**
住宅	Residence	24018732
90平方米及以下	90 Square Meters Below	2140740
144平方米以上	144 Square Meters Above	4617525
办公楼	Office Buildings	1742408
商业营业用房	Houses for Business Use	4454082
其他	Others	7351151
本年新开工面积	Started This Year	7418124
住宅	Residence	5504739
90平方米及以下	90 Square Meters Below	69557
144平方米以上	144 Square Meters Above	667287
办公楼	Office Buildings	55870
商业营业用房	Houses for Business Use	490531
其他	Others	1366984
房屋竣工面积	**Floor Space of Buildings Completed**	**4989682**
住宅	Residence	3191763
90平方米及以下	90 Square Meters Below	290971
144平方米以上	144 Square Meters Above	714948
办公楼	Office Buildings	156247
商业营业用房	Houses for Business Use	663317
其他	Others	978355
不可销售面积	Non-sales Floor Space of Buildings	868463
住宅	Residence	344102
90平方米及以下	90 Square Meters Below	135058
144平方米以上	144 Square Meters Above	39278
办公楼	Office Buildings	
商业营业用房	Houses for Business Use	158258
其他	Others	366103
住宅竣工套数	**The Number of Completed Apartments**	**26181**
90平方米及以下	90 Square Meters Below	4237
144平方米以上	144 Square Meters Above	3994
房屋竣工价值	**Value of Buildings Completed**	**1419151**
住宅	Residence	872997
90平方米及以下	90 Square Meters Below	79649
144平方米以上	144 Square Meters Above	193641
办公楼	Office Buildings	36708
商业营业用房	Houses for Business Use	292004
其他	Others	217442

continued

(sq.m, 10 000yuan, set)

市 区 City	兴庆区 Xingqing	金凤区 Jinfeng	西夏区 Xixia	永宁县 Yongning	贺兰县 Helan	灵武市 Lingwu
27937689	**9684037**	**16525848**	**1727804**	**4184886**	**4512723**	**931075**
17169903	5380852	10539685	1249366	2905448	3343735	599646
1859246	738964	985099	135183	121784	149831	9879
3370678	606374	2746092	18212	239634	977964	29249
1682999	546886	1129657	6456	11978	41212	6219
3265808	1706389	1408272	151147	669322	383818	135134
5818979	2049910	3448234	320835	598138	743958	190076
5483116	1621594	3111122	750400	810020	999395	125593
3978360	1192910	2246641	538809	634395	785216	106768
52840	12730	40110		9935	6782	
461741	67170	387162	7409		187059	18487
55870	14041	36295	5534			
392964	200975	127151	64838	41869	48632	7066
1055922	213668	701035	141219	133756	165547	11759
3886256	**794081**	**3020641**	**71534**	**218476**	**685619**	**199331**
2485465	457742	1973626	54097	139787	502656	63855
277630	85535	179840	12255	8979	4362	
509131	104897	404234		27487	174682	3648
152468	5970	146498				3779
558756	134686	412218	11852	22673	55926	25962
689567	195683	488299	5585	56016	127037	105735
823169	64220	736831	22118	2188	34263	8843
342352	538	324258	17556	1750		
134406		132674	1732	652		
39278	538	38740				
157154	893	155255	1006	438	666	
323663	62789	257318	3556		33597	8843
20961	**4226**	**16251**	**484**	**1124**	**3614**	**482**
4075	1373	2564	138	102	60	
2911	677	2234		117	942	24
1137606	**166868**	**950728**	**20010**	**59042**	**183573**	**38930**
680613	100724	564996	14893	40757	137420	14207
76292	20636	52246	3410	2572	785	
127835	13112	114723		13412	51591	803
35801	2003	33798				907
263764	33827	226381	3556	6030	15156	7054
157428	30314	125553	1561	12255	30997	16762

6—9 续表2

单位：平方米、万元、套 (2020)

指　标	Item	一级 First Grade
房屋施工面积	**Floor Space of Buildings under Construction**	**3392400**
住宅	Residence	2348978
90 平方米及以下	90 Square Meters Below	110693
144 平方米以上	144 Square Meters Above	431411
办公楼	Office Buildings	18916
商业营业用房	Houses for Business Use	334723
其他	Others	689783
本年新开工面积	Started This Year	547284
住宅	Residence	406423
90 平方米及以下	90 Square Meters Below	
144 平方米以上	144 Square Meters Above	5831
办公楼	Office Buildings	
商业营业用房	Houses for Business Use	29119
其他	Others	111742
房屋竣工面积	**Floor Space of Buildings Completed**	**936692**
住宅	Residence	657439
90 平方米及以下	90 Square Meters Below	65020
144 平方米以上	144 Square Meters Above	135673
办公楼	Office Buildings	18916
商业营业用房	Houses for Business Use	86282
其他	Others	174055
不可销售面积	Non-sales Floor Space of Buildings	83873
住宅	Residence	46587
90 平方米及以下	90 Square Meters Below	
144 平方米以上	144 Square Meters Above	
办公楼	Office Buildings	
商业营业用房	Houses for Business Use	2934
其他	Others	34352
住宅竣工套数	**The Number of Completed Apartments**	**5575**
90 平方米及以下	90 Square Meters Below	1088
144 平方米以上	144 Square Meters Above	801
房屋竣工价值	**Value of Buildings Completed**	**270595**
住宅	Residence	188353
90 平方米及以下	90 Square Meters Below	15756
144 平方米以上	144 Square Meters Above	44167
办公楼	Office Buildings	5827
商业营业用房	Houses for Business Use	26617
其他	Others	49798

continued

(sq.m, 10 000yuan, set)

资质等级 Qualification Criteria			
二级 Second Grade	三级 Third Grade	四级 Forth Grade	暂定 Tentative
8909826	**4848896**	**4120577**	**16294674**
5852258	3039721	2679136	10098639
652836	203171	402066	771974
1101545	509645	374307	2200617
312461	251256	327896	831879
1006065	613320	464288	2035686
1739042	944599	649257	3328470
1946226	586353	646409	3691852
1429025	439998	539728	2689565
7792		39100	22665
298017	86434	7704	269301
67	1134		54669
94189	43602	17769	305852
422945	101619	88912	641766
1928974	**429741**	**378527**	**1315748**
1337157	247689	286724	662754
132213	8574	72206	12958
239217	43047	44340	252671
4102	75002	969	57258
304621	28663	32398	211353
283094	78387	58436	384383
332396	28714	272121	151359
79089		198359	20067
79089		53585	2384
		38740	538
129895		20216	5213
123412	28714	53546	126079
11121	**1817**	**2884**	**4784**
1926	102	973	148
1319	177	267	1430
633599	**107892**	**104776**	**302289**
374053	70847	79037	160707
38438	1886	19824	3745
75287	11755	12586	49846
1592	13817	266	15206
189765	7864	9000	58758
68189	15364	16473	67618

6—10 房地产开发商品房销售与出租情况

单位:平方米、万元、套 （2020）

指　标	Item	总　计 Total
房屋出租面积	**Floor Space of Buildings Rented**	**276353**
住宅	Residence	15296
90 平方米及以下	90 Square Meters Below	14805
144 平方米以上	144 Square Meters Above	398
办公楼	Office Buildings	52244
商业营业用房	Houses for Business Use	148529
其他	Others	60284
商品房销售面积	**Floor Space of Commercialized Buildings Sold**	**7517529**
住宅	Residence	6742043
90 平方米及以下	90 Square Meters Below	298475
144 平方米以上	144 Square Meters Above	1274750
办公楼	Office Buildings	86491
商业营业用房	Houses for Business Use	304114
其他	Others	384881
现房销售面积	Floor Space of Existing Buildings Sold	974920
住宅	Residence	611329
90 平方米及以下	90 Square Meters Below	110636
144 平方米以上	144 Square Meters Above	182790
办公楼	Office Buildings	77810
商业营业用房	Houses for Business Use	159127
其他	Others	126654
期房销售面积	Floor Space of Forward Buildings Sold	6542609
住宅	Residence	6130714
90 平方米及以下	90 Square Meters Below	187839
144 平方米以上	144 Square Meters Above	1091960
办公楼	Office Buildings	8681
商业营业用房	Houses for Business Use	144987
其他	Others	258227
商品房销售额	**Sales of Commercial Building**	**5441373**
住宅	Residence	4957472
90 平方米及以下	90 Square Meters Below	143692
144 平方米以上	144 Square Meters Above	1174946
办公楼	Office Buildings	55196
商业营业用房	Houses for Business Use	286874
其他	Others	141831
现房销售额	Total Sale of Existing Buildings	519046
住宅	Residence	320085
90 平方米及以下	90 Square Meters Below	46895
144 平方米以上	144 Square Meters Above	116390

Saled and Rented of Real Estate Commercialized Buildings

(sq.m, 10 000yuan, set)

国有经济 State-owned Enterprises	私营经济 Private Enterprises	其他有限责任公司 Other Limited Liability Corporations	外商投资 Foreign Funded Enterprises
15410	**96535**	**164408**	
		15296	
		14805	
		398	
11152	27134	13958	
4258	54322	89949	
	15079	45205	
402402	**3320364**	**3038825**	**755938**
370466	2919432	2753970	698175
23472	214264	60619	120
148335	388871	627134	110410
956	53381	32154	
13995	163292	95720	31107
16985	184259	156981	26656
74390	497768	367448	35314
48560	300116	245608	17045
7341	55301	47874	120
18950	60150	91617	12073
956	49254	27600	
11167	85986	56454	5520
13707	62412	37786	12749
328012	2822596	2671377	720624
321906	2619316	2508362	681130
16131	158963	12745	
129385	328721	535517	98337
	4127	4554	
2828	77306	39266	25587
3278	121847	119195	13907
337151	**2235152**	**2279550**	**589520**
323548	1982004	2112908	539012
14625	99434	29549	84
140831	343399	598981	91735
574	36659	17963	
9136	146362	94551	36825
3893	70127	54128	13683
31703	262710	203570	21063
21901	148589	136795	12800
3240	21009	22562	84
9948	39886	56734	9822

6—10 续表1

单位:平方米、万元、套 （2020）

指 标	Item	总 计 Total
办公楼	Office Buildings	49863
商业营业用房	Houses for Business Use	113887
其他	Others	35211
期房销售额	Future Sales	4922327
住宅	Residence	4637387
90平方米及以下	90 Square Meters Below	96797
144平方米以上	144 Square Meters Above	1058556
办公楼	Office Buildings	5333
商业营业用房	Houses for Business Use	172987
其他	Others	106620
商品住宅销售套数	**Total Number of Flats of Commercialized Residential Buildings Sold**	**53912**
90平方米及以下	90 Square Meters Below	4265
144平方米以上	144 Square Meters Above	7396
现房销售套数	Total Number of Flats of Existing Residential Buildings Sold	5275
90平方米及以下	90 Square Meters Below	1638
144平方米以上	144 Square Meters Above	934
期房销售套数	Total Number of Flats of Forward Residential Buildings Sold	48637
90平方米及以下	90 Square Meters Below	2627
144平方米以上	144 Square Meters Above	6462
待售面积	**Unsold Area**	**6360309**
住宅	Residence	1990406
90平方米及以下	90 Square Meters Below	394875
144平方米以上	144 Square Meters Above	416439
办公楼	Office Buildings	692911
商业营业用房	Houses for Business Use	2257235
其他	Others	1419757
待售1-3年(含1年)	For Sale for 1-3 Years (including 1 year)	1633137
住宅	Residence	668218
90平方米及以下	90 Square Meters Below	101084
144平方米以上	144 Square Meters Above	57849
办公楼	Office Buildings	201142
商业营业用房	Houses for Business Use	456099
其他	Others	307678
待售3年以上(含3年)	For Sale for More Than 3 Years (including 3 years)	3163115
住宅	Residence	874883
90平方米及以下	90 Square Meters Below	260596
144平方米以上	144 Square Meters Above	243038
办公楼	Office Buildings	323764
商业营业用房	Houses for Business Use	1323925
其他	Others	640543

continued

(sq.m, 10 000yuan, set)

国有经济 State-owned Enterprises	私营经济 Private Enterprises	其他有限责任公司 Other Limited Liability Corporations	外商投资 Foreign Funded Enterprises
574	33561	15728	
6345	62210	41118	4214
2883	18350	9929	4049
305448	1972442	2075980	568457
301647	1833415	1976113	526212
11385	78425	6987	
130883	303513	542247	81913
	3098	2235	
2791	84152	53433	32611
1010	51777	44199	9634
2774	**24275**	**21256**	**5607**
347	2957	959	2
899	2242	3551	704
397	2720	2047	111
87	772	777	2
101	339	428	66
2377	21555	19209	5496
260	2185	182	
798	1903	3123	638
326526	**3719542**	**2276006**	**38235**
129100	939066	910719	11521
72740	201232	120903	
21331	218162	173131	3815
20974	474014	197923	
68786	1434512	749186	4751
107666	871950	418178	21963
1223	1029544	600329	2041
964	252166	413753	1335
	67465	33619	
	36031	20483	1335
	176965	24177	
259	353331	101803	706
	247082	60596	
316663	1711631	1101440	33381
128136	373326	365413	8008
72740	103625	84231	
21331	123957	97448	302
20974	171669	131121	
61927	831501	427087	3410
105626	335135	177819	21963

6—10 续表2

单位:平方米、万元、套 （2020）

指　标	Item	银川市 Yinchuan
房屋出租面积	**Floor Space of Buildings Rented**	**276353**
住宅	Residence	15296
90平方米及以下	90 Square Meters Below	14805
144平方米以上	144 Square Meters Above	398
办公楼	Office Buildings	52244
商业营业用房	Houses for Business Use	148529
其他	Others	60284
商品房销售面积	**Floor Space of Commercialized Buildings Sold**	**7517529**
住宅	Residence	6742043
90平方米及以下	90 Square Meters Below	298475
144平方米以上	144 Square Meters Above	1274750
办公楼	Office Buildings	86491
商业营业用房	Houses for Business Use	304114
其他	Others	384881
现房销售面积	Floor Space of Existing Buildings Sold	974920
住宅	Residence	611329
90平方米及以下	90 Square Meters Below	110636
144平方米以上	144 Square Meters Above	182790
办公楼	Office Buildings	77810
商业营业用房	Houses for Business Use	159127
其他	Others	126654
期房销售面积	Floor Space of Forward Buildings Sold	6542609
住宅	Residence	6130714
90平方米及以下	90 Square Meters Below	187839
144平方米以上	144 Square Meters Above	1091960
办公楼	Office Buildings	8681
商业营业用房	Houses for Business Use	144987
其他	Others	258227
商品房销售额	**Sales of Commercial Building**	**5441373**
住宅	Residence	4957472
90平方米及以下	90 Square Meters Below	143692
144平方米以上	144 Square Meters Above	1174946
办公楼	Office Buildings	55196
商业营业用房	Houses for Business Use	286874
其他	Others	141831
现房销售额	Total Sale of Existing Buildings	519046
住宅	Residence	320085
90平方米及以下	90 Square Meters Below	46895
144平方米以上	144 Square Meters Above	116390

continued

(sq.m, 10 000yuan, set)

市 区 City	兴庆区 Xingqing	金凤区 Jinfeng	西夏区 Xixia	永宁县 Yongning	贺兰县 Helan	灵武市 Lingwu
195328	**126497**	**53752**	**15079**	**70030**		**10995**
15296	15296					
14805	14805					
398	398					
52244	17924	34320				
112709	93277	19432		35820		
15079			15079	34210		10995
5440252	**1938128**	**3100075**	**402049**	**474950**	**1359224**	**243103**
4881579	1728316	2775843	377420	449810	1189806	220848
205306	41975	148717	14614	26146	63543	3480
905150	261632	631190	12328	67395	289902	12303
57592	12291	44345	956		28899	
198311	79993	97498	20820	24138	59678	21987
302770	117528	182389	2853	1002	80841	268
538357	170322	296128	71907	129312	258859	48392
280654	77726	154990	47938	106748	196606	27321
46602	13524	22026	11052	23859	36695	3480
82494	5570	69445	7479	50635	45873	3788
53103	8164	43983	956		24707	
88777	29392	38797	20588	22519	26760	21071
115823	55040	58358	2425	45	10786	
4901895	1767806	2803947	330142	345638	1100365	194711
4600925	1650590	2620853	329482	343062	993200	193527
158704	28451	126691	3562	2287	26848	
822656	256062	561745	4849	16760	244029	8515
4489	4127	362			4192	
109534	50601	58701	232	1619	32918	916
186947	62488	124031	428	957	70055	268
4204407	**1389426**	**2570679**	**244302**	**225114**	**907705**	**104147**
3837014	1265176	2346328	225510	211727	815648	93083
105104	27737	70106	7261	7939	29506	1143
858048	232117	620290	5641	43204	268082	5612
41361	8042	32745	574		13835	
211035	81481	111934	17620	13232	51600	11007
114997	34727	79672	598	155	26622	57
327236	95408	193078	38750	63677	109139	18994
179240	47984	110804	20452	51410	80629	8806
27583	8259	14254	5070	7153	11016	1143
58693	3921	51900	2872	31134	24673	1890

6—10 续表3

单位:平方米、万元、套 (2020)

指　标	Item	银川市 Yinchuan
办公楼	Office Buildings	49863
商业营业用房	Houses for Business Use	113887
其他	Others	35211
期房销售额	Future Sales	4922327
住宅	Residence	4637387
90平方米及以下	90 Square Meters Below	96797
144平方米以上	144 Square Meters Above	1058556
办公楼	Office Buildings	5333
商业营业用房	Houses for Business Use	172987
其他	Others	106620
商品住宅销售套数	**Total Number of Flats of Commercialized Residential Buildings Sold**	**53912**
90平方米及以下	90 Square Meters Below	4265
144平方米以上	144 Square Meters Above	7396
现房销售套数	Total Number of Flats of Existing Residential Buildings Sold	5275
90平方米及以下	90 Square Meters Below	1638
144平方米以上	144 Square Meters Above	934
期房销售套数	Total Number of Flats of Forward Residential Buildings Sold	48637
90平方米及以下	90 Square Meters Below	2627
144平方米以上	144 Square Meters Above	6462
待售面积	**Unsold Area**	**6360309**
住宅	Residence	1990406
90平方米及以下	90 Square Meters Below	394875
144平方米以上	144 Square Meters Above	416439
办公楼	Office Buildings	692911
商业营业用房	Houses for Business Use	2257235
其他	Others	1419757
待售1-3年(含1年)	For Sale for 1-3 Years (including 1 year)	1633137
住宅	Residence	668218
90平方米及以下	90 Square Meters Below	101084
144平方米以上	144 Square Meters Above	57849
办公楼	Office Buildings	201142
商业营业用房	Houses for Business Use	456099
其他	Others	307678
待售3年以上(含3年)	For Sale for More Than 3 Years (including 3 years)	3163115
住宅	Residence	874883
90平方米及以下	90 Square Meters Below	260596
144平方米以上	144 Square Meters Above	243038
办公楼	Office Buildings	323764
商业营业用房	Houses for Business Use	1323925
其他	Others	640543

continued

(sq.m, 10 000yuan, set)

市 区 City	兴庆区 Xingqing	金凤区 Jinfeng	西夏区 Xixia	永宁县 Yongning	贺兰县 Helan	灵武市 Lingwu
37915	4944	32397	574		11948	
78210	27538	33421	17251	12249	13240	10188
31871	14942	16456	473	18	3322	
3877171	1294018	2377601	205552	161437	798566	85153
3657774	1217192	2235524	205058	160317	735019	84277
77521	19478	55852	2191	786	18490	
799355	228196	568390	2769	12070	243409	3722
3446	3098	348			1887	
132825	53943	78513	369	983	38360	819
83126	19785	63216	125	137	23300	57
39070	**14138**	**21673**	**3259**	**3618**	**9444**	**1780**
2992	675	2124	193	351	876	46
5378	1626	3674	78	289	1654	75
2482	782	1232	468	771	1767	255
777	257	368	152	316	499	46
449	30	373	46	205	262	18
36588	13356	20441	2791	2847	7677	1525
2215	418	1756	41	35	377	
4929	1596	3301	32	84	1392	57
4237487	**1593906**	**2283346**	**360235**	**537273**	**1244226**	**341323**
1269114	604210	505757	159147	218609	451961	50722
250268	96609	48105	105554	49567	78912	16128
162420	37520	117884	7016	57024	190450	6545
581998	169340	399141	13517	33922	72832	4159
1345924	514081	729550	102293	243404	496688	171219
1040451	306275	648898	85278	41338	222745	115223
1090028	640882	377585	71561	195770	299569	47770
491171	406327	72972	11872	63200	92334	21513
46415	32661	12304	1450	27469	22273	4927
32990	10687	22303		19835	3954	1070
156167	75400	80767		33922	11053	
198148	69317	102128	26703	87345	144349	26257
244542	89838	121718	32986	11303	51833	
2025048	715808	1054718	254522	341503	658212	138352
490121	156354	187417	146350	155409	207794	21559
179930	56523	19303	104104	22098	47367	11201
96936	24655	65265	7016	37189	103589	5324
261985	86425	162043	13517		61779	
767920	339617	372612	55691	156059	291503	108443
505022	133412	332646	38964	30035	97136	8350

6—10 续表4

单位：平方米、万元、套 （2020）

指标	Item	一级 First Grade
房屋出租面积	**Floor Space of Buildings Rented**	**1417**
住宅	Residence	
90平方米及以下	90 Square Meters Below	
144平方米以上	144 Square Meters Above	
办公楼	Office Buildings	1417
商业营业用房	Houses for Business Use	
其他	Others	
商品房销售面积	**Floor Space of Commercialized Buildings Sold**	**1078811**
住宅	Residence	926241
90平方米及以下	90 Square Meters Below	22391
144平方米以上	144 Square Meters Above	170346
办公楼	Office Buildings	13531
商业营业用房	Houses for Business Use	26118
其他	Others	112921
现房销售面积	Floor Space of Existing Buildings Sold	151121
住宅	Residence	59627
90平方米及以下	90 Square Meters Below	8790
144平方米以上	144 Square Meters Above	37161
办公楼	Office Buildings	13531
商业营业用房	Houses for Business Use	20601
其他	Others	57362
期房销售面积	Floor Space of Forward Buildings Sold	927690
住宅	Residence	866614
90平方米及以下	90 Square Meters Below	13601
144平方米以上	144 Square Meters Above	133185
办公楼	Office Buildings	
商业营业用房	Houses for Business Use	5517
其他	Others	55559
商品房销售额	**Sales of Commercial Building**	**801260**
住宅	Residence	713980
90平方米及以下	90 Square Meters Below	14540
144平方米以上	144 Square Meters Above	175334
办公楼	Office Buildings	10941
商业营业用房	Houses for Business Use	34979
其他	Others	41360
现房销售额	Total Sale of Existing Buildings	93048
住宅	Residence	41010
90平方米及以下	90 Square Meters Below	4671
144平方米以上	144 Square Meters Above	27114

continued

(sq.m, 10 000yuan, set)

资质等级 Qualification Criteria			
二级 Second Grade	三级 Third Grade	四级 Forth Grade	暂定 Tentative
151937	**74713**	**33586**	**14700**
15296			
14805			
398			
6772	20667	12236	11152
129869	8841	6271	3548
	45205	15079	
2155827	**778730**	**480456**	**3023705**
1935694	657158	434729	2788221
93106	32626	14352	136000
339420	144988	43714	576282
14423	52150	2720	3667
106413	50703	16090	104790
99297	18719	26917	127027
369931	293514	62339	98015
264412	202874	22974	61442
62366	26151	9081	4248
58697	67998	3971	14963
8144	49748	2720	3667
59628	35306	11816	31776
37747	5586	24829	1130
1785896	485216	418117	2925690
1671282	454284	411755	2726779
30740	6475	5271	131752
280723	76990	39743	561319
6279	2402		
46785	15397	4274	73014
61550	13133	2088	125897
1541074	**441635**	**318119**	**2339285**
1402053	370004	293609	2177826
49484	11642	10200	57826
311201	95646	43743	549022
8725	29729	3234	2567
95786	34082	14396	107631
34510	7820	6880	51261
202066	142851	33987	47094
145229	92316	14541	26989
26419	7475	6847	1483
37770	40645	2553	8308

6—10 续表5

单位：平方米、万元、套 （2020）

指 标	Item	一级 First Grade
办公楼	Office Buildings	10941
商业营业用房	Houses for Business Use	23991
其他	Others	17106
期房销售额	Future Sales	708212
住宅	Residence	672970
90平方米及以下	90 Square Meters Below	9869
144平方米以上	144 Square Meters Above	148220
办公楼	Office Buildings	
商业营业用房	Houses for Business Use	10988
其他	Others	24254
商品住宅销售套数	**Total Number of Flats of Commercialized Residential Buildings Sold**	**7206**
90平方米及以下	90 Square Meters Below	350
144平方米以上	144 Square Meters Above	959
现房销售套数	Total Number of Flats of Existing Residential Buildings Sold	455
90平方米及以下	90 Square Meters Below	119
144平方米以上	144 Square Meters Above	218
期房销售套数	Total Number of Flats of Forward Residential Buildings Sold	6751
90平方米及以下	90 Square Meters Below	231
144平方米以上	144 Square Meters Above	741
待售面积	**Unsold Area**	**879499**
住宅	Residence	214088
90平方米及以下	90 Square Meters Below	18175
144平方米以上	144 Square Meters Above	16486
办公楼	Office Buildings	153585
商业营业用房	Houses for Business Use	218603
其他	Others	293223
待售1-3年(含1年)	For Sale for 1-3 Years (including 1 year)	249553
住宅	Residence	41463
90平方米及以下	90 Square Meters Below	11395
144平方米以上	144 Square Meters Above	8161
办公楼	Office Buildings	93216
商业营业用房	Houses for Business Use	75624
其他	Others	39250
待售3年以上(含3年)	For Sale for More Than 3 Years (including 3 years)	279127
住宅	Residence	12991
90平方米及以下	90 Square Meters Below	5812
144平方米以上	144 Square Meters Above	6498
办公楼	Office Buildings	60369
商业营业用房	Houses for Business Use	52083
其他	Others	153684

continued

(sq.m, 10 000yuan, set)

资质等级 Qualification Criteria			
二级 Second Grade	三级 Third Grade	四级 Forth Grade	暂定 Tentative
4762	28359	3234	2567
41812	20520	10382	17182
10263	1656	5830	356
1339008	298784	284132	2292191
1256824	277688	279068	2150837
23065	4167	3353	56343
273431	55001	41190	540714
3963	1370		
53974	13562	4014	90449
24247	6164	1050	50905
15668	**5361**	**3697**	**21980**
1387	435	248	1845
1992	791	268	3386
2408	1663	277	472
950	350	171	48
309	318	19	70
13260	3698	3420	21508
437	85	77	1797
1683	473	249	3316
2532470	**1375618**	**575153**	**997569**
743277	410643	191298	431100
176714	128849	44247	26890
210708	116572	46097	26576
213340	172789	95615	57582
1026043	592333	193495	226761
549810	199853	94745	282126
626954	182157	88688	485785
162097	34860	51392	378406
49235	19503	8002	12949
25406	5248	5119	13915
74004	33922		
227776	74401	9679	68619
163077	38974	27617	38760
1465054	1061847	307213	49874
385532	342596	124461	9303
106829	108123	32800	7032
105142	90420	40978	
112540	89787	52021	9047
678676	486640	80250	26276
288306	142824	50481	5248

6—11 房地产开发企业资质等级一、二级企业名单

The List of Real Estate Development Enterprise by Qualthication Clriteria of Frist and Second Grade

（2020）

单位名称 Unit Name	资质等级 Qualification Criteria	经济类型 Economic Types
宁夏新材房地产开发有限公司	一级	私营有限责任公司
宁夏住宅建设发展(集团)有限公司	一级	私营有限责任公司
宁夏正丰房地产开发有限公司	一级	私营有限责任公司
宁夏中房实业集团股份有限公司	一级	私营股份有限公司
银川建发集团股份有限公司	一级	私营股份有限公司
宁夏房地产开发集团有限公司	一级	国有独资公司
北控宁生城市投资发展有限公司	一级	其他有限责任公司
银帝地产集团有限公司	一级	私营有限责任公司
宁夏铁路多元发展集团地产置业有限公司	一级	国有独资公司
宁夏绿地房地产有限责任公司	二级	私营有限责任公司
宁夏荣恒房地产集团有限公司	二级	其他有限责任公司
宁夏银基房地产开发有限责任公司	二级	私营有限责任公司
宁夏兴泰隆房地产开发有限公司	二级	其他有限责任公司
宁夏房地产综合开发有限公司	二级	私营有限责任公司
银川众一集团房地产开发有限公司	二级	私营有限责任公司
银川大地房地产开发有限责任公司	二级	私营有限责任公司
银川市白云房地产开发有限公司	二级	其他有限责任公司
宁夏昆仑房地产开发有限公司	二级	私营有限责任公司
银川三建房地产开发有限公司	二级	私营有限责任公司
宁夏华尊立达房地产开发集团有限公司	二级	私营有限责任公司
宁夏金宇房地产投资集团有限公司	二级	私营股份有限公司
宁夏灵隆房地产开发有限责任公司	二级	私营有限责任公司
宁夏正基房地产开发有限公司	二级	私营有限责任公司
宁夏盛业房地产开发有限公司	二级	私营有限责任公司
宁夏瑞信房地产开发有限公司	二级	私营有限责任公司
宁夏鸿丰投资置业有限公司	二级	私营有限责任公司
宁夏檀溪房地产开发有限公司	二级	私营有限责任公司
中海宏洋地产(银川)有限公司	二级	与港澳台商合资经营
宁夏隆安房地产开发有限公司	二级	私营有限责任公司
宁夏君行房地产开发有限公司	二级	其他有限责任公司
宁夏云天房地产开发集团有限公司	二级	私营有限责任公司
宁夏大众房地产开发有限公司	二级	私营有限责任公司
宁夏富地房地产开发有限公司	二级	私营有限责任公司
宁夏宝丰地产开发有限公司	二级	其他有限责任公司
宁夏北方温和房地产开发集团有限公司	二级	私营有限责任公司
宁夏银川龙马房地产开发有限公司	二级	私营有限责任公司
宁夏吉泰房地产开发有限公司	二级	私营有限责任公司
宁夏富兴达房地产开发集团有限公司	二级	私营有限责任公司
宁夏吉运开发建设集团有限公司	二级	私营有限责任公司

6—11 续表1

单位名称 Unit Name	资质等级 Qualification Criteria	经济类型 Economic Types
银川开发区宏建房地产开发有限公司	二级	私营有限责任公司
宁夏英力特房地产开发有限公司	二级	其他有限责任公司
宁夏富龙房地产开发有限公司	二级	私营有限责任公司
宁夏中恒房地产开发有限公司	二级	私营有限责任公司
宁夏派胜房地产开发有限公司	二级	其他有限责任公司
宁夏新思路房地产开发有限公司	二级	私营有限责任公司
宁夏舜天房地产开发有限公司	二级	其他有限责任公司
宁夏建设投资集团房地产开发有限公司	二级	国有独资公司
宁夏瑞兴房地产开发有限公司	二级	私营有限责任公司
宁夏浩海房地产开发集团有限公司	二级	私营有限责任公司
宁夏友厦房地产开发有限公司	二级	私营有限责任公司
宁夏建元房地产开发有限公司	二级	私营有限责任公司
银川市通城置业集团房地产有限公司	二级	私营股份有限公司
宁夏亘元房地产开发有限公司	二级	国有独资公司
宁夏恒诺房地产开发有限公司	二级	私营有限责任公司
宁夏汇融房地产开发有限公司	二级	其他有限责任公司
宁夏光耀房地产开发有限公司	二级	私营有限责任公司
银川隆光置业有限公司	二级	其他有限责任公司
宁夏海利达房地产开发有限公司	二级	私营有限责任公司
宁夏鑫祥房地产开发有限公司	二级	私营有限责任公司
宁夏上陵房地产开发有限公司	二级	其他有限责任公司
宁夏兴俊房地产开发有限公司	二级	其他有限责任公司
宁夏长城集团房地产开发有限公司	二级	其他有限责任公司
宁夏凯尔星房地产开发有限公司	二级	其他有限责任公司
宁夏金色阳光房地产开发有限公司	二级	其他有限责任公司
银川市望远庆丰房地产开发有限公司	二级	其他有限责任公司
银川先泽房地产开发有限公司	二级	其他有限责任公司
宁夏银大房地产开发有限公司	二级	私营有限责任公司
宁夏宁阳房地产开发有限公司	二级	私营有限责任公司
宁夏地德人和房地产开发有限公司	二级	其他有限责任公司
银川旺元投资实业(集团)有限公司	二级	其他有限责任公司
宁夏恒昱源房地产开发有限公司	二级	私营有限责任公司
银川鲁银投资有限公司	二级	私营有限责任公司
宁夏北方明珠房地产开发有限公司	二级	其他有限责任公司
宁夏金盛房地产开发有限公司	二级	私营有限责任公司
宁夏巨力房地产开发有限公司	二级	私营有限责任公司
宁夏天地德科房地产开发有限公司	二级	其他有限责任公司
宁夏众一发展集团有限公司	二级	私营有限责任公司

主要统计指标解释

【全社会固定资产投资】 固定资产投资额是以货币表现的建造和购置固定资产活动的工作量，它是反映固定资产投资规模、速度、比例关系和使用方向的综合性指标。全社会固定资产投资按经济类型分，包括国有经济单位投资、城乡集体经济单位投资、其他各种经济类型的单位投资和城乡居民个人投资。全社会固定资产投资总额分为基本建设、更新改造、其他固定资产投资和房地产开发投资四个部分；城乡集体经济单位投资包括城镇集体所有制单位投资和农村集体所有制单位投资；其他各种经济类型单位投资包括联营经济、股份制经济、中外合资经营、中外合作经营、外资、与大陆合资经营、与大陆合作经营、港澳台独资及其他经济的单位投资。城乡居民个人投资包括城市、县城、镇、工矿区所辖范围内的个人建房和农村个人建房及购买生产性固定资产的投资。

【基本建设投资】 基本建设是企业、事业、行政单位以扩大生产能力或工程效益为主要目的的新建、扩建工程及有关工作。包括(1)列入中央和各级地方本年基本建设计划的建设项目，以及虽未列入本年基本建设计划，但使用以前年度基建计划内结转投资(包括利用基建设备材料)在本年继续施工的建设项目；

(2)本年基本建设计划内投资与更新改造计划内投资结合安排的新建项目和新增生产能力(或工程效益)达到大中型项目标准的扩建项目，以及为改变生产力布局而进行的全厂性迁建项目；

(3)国有单位既未列入基建计划，也未列入更新改造计划的总投资在50万元以上的新、扩建、恢复项目和为改变生产力布局而进行的全厂性迁建项目，以及行政、事业单位增建业务用房和行政单位增建生活福利设施的项目。

【更新改造投资】 更新改造指企业、事业单位对原有设施进行固定资产更新和技术改造，以及相应配套的工程和有关工作(不包括大修理和维护工程)。包括：(1)列入中央和各级地方本年更新改造计划的项目和虽未列入本年更新改造计划，但使用上年更新改造计划内结转的投产在本年继续施工的项目；(2)本年更新改造计划内投资与基本建设计划内投资结合安排的对企、事业单位原有设施进行技术改造或更新的项目和增建主要生产车间、分厂等其新增生产能力(或工程效益)未达到大中型项目标准的项目，以及由于城市环境保护和安全生产的需要而进行的迁建工作；(3)国有企、事业既未列入基建计划也未列入更新改造计划，总投资在500万元以上的属于改建式更新改造性质的项目，以及由于城市环境保护和安全生产的需要而进行的迁建工程。

【房地产开发投资】 指各种登记注册类型的房地产开发法人单位统一开发的住宅、厂房、仓库、饭店、宾馆、度假村、写字楼、办公楼等房屋建筑物，配套的服务设施，土地开发工程(如道路、给水、排水、供电、供热、通讯、平整场地等基础设施工程)和土地购置的投资；不包括单纯的土地开发和交易活动。

【其他固定资产投资】 全社会固定资产投资中未列入基本建设、更新改造和房地产开发投资的建造和购置固定资产的活动。包括：(1)国有单位按规定不纳入基本建设计划和更新改造计划管理，计划总投资或实际需要总投资在50万元以上的工程。(2)城镇集体经济单位固定投资。(3)除国有、城镇集体以外的联营经济、股份制经济、外商投资经济、港澳台投资经济及其他经济类型的企、事业单位建造和购置固定资产其计划总投资在50万元以上的、未列入基本建设计划和更新改造计划的项目。

【新增固定资产】 指在报告期已经完成建造和开发过程并交付使用的房屋和土地开发面积的价值。指房地产开发公司进行开发经营活动的最终成果，即为社会提供的固定资产，而且是在报告期内新增加的。不是反映房地产开发企业本身固定资产的增加。

【建设项目投产率】 指一定时期内全部建成投入生产项目个数占同期正式施工项目个数的比率。它是从项目建设速度的角度反映投资效果的指标。

【商品房销售面积】 指报告期内出售商品房屋的合同总面积(即双方签署的正式买卖合同中所确定的建筑面积)。商品房销售面积由现房销售面积和期房销售面积两部分组成。

【商品房销售额】 指报告期内出售商品房屋的合同总价款(即双方签署的正式买卖合同中所确定的合同总价)。该指标与商品房销售面积同口径，由现房销售额和期房销售额两部分组成。

【项目规划占地面积】 指房地产开发项目规划书载明的相关部门规划的该项目占地面积。

【本年土地购置面积】 指在本年内通过各种方式获得土地使用权的土地面积。

【本年土地成交价款】 指进行土地使用权交易活动的最终金额。在土地一级市场，是指土地最后的划拨款、“招拍挂”价格和出让价；在土地二级市场是指土地转让、出租、抵押等最后确定的合同价格。土地成交价款与土地购置面积同口径，可以计算土地的平均购置价格。

7

建筑业

Construction

7—1　主要年份建筑业主要指标

指　标	Item	单位	Unit
企业个数	**Number of Enterprises**	**个**	**unit**
建筑业总产值	**Gross Output Value of Construction**	**万元**	**10 000yuan**
#一、二级企业	First and Second Grade	万元	10 000yuan
按构成分	**Grouped by Composition**		
建筑工程产值	Output Value of Construction	万元	10 000yuan
安装工程产值	Output Value of Installation	万元	10 000yuan
其他产值	Other Output Value	万元	10 000yuan
按登记注册类型分	**Grouped by Status of Registration**		
国有企业	State-owned Enterprises	万元	10 000yuan
集体企业	Collective-owned Enterprises	万元	10 000yuan
有限责任公司	Limited Liabilities Corporations	万元	10 000yuan
股份有限公司	Share-holding Corporations Limited	万元	10 000yuan
私营企业	Private Enterprises	万元	10 000yuan
港澳台投资企业	Funds from Hong Kong, Macao and Taiwan	万元	10 000yuan
外商投资企业	Foreign Funded	万元	10 000yuan
按建筑行业分(2011)	**Grouped by Construction Sector(2011)**		
房屋建筑业	House Building	万元	10 000yuan
土木工程建筑业	Civil Engineering	万元	10 000yuan
建筑安装业	Construction Installation	万元	10 000yuan
建筑装饰和其他建筑业	Construction Decoration and Other Construction	万元	10 000yuan
竣工产值	Output Value of Construction Completed	万元	10 000yuan
房屋施工面积	Floor Space of Buildings under Construction	万平方米	10 000sq.m
房屋竣工面积	Floor Space of Buildings Completed	万平方米	10 000sq.m
期末从业人员	Number of Employed Persons	人	person
工程结算收入	Revenue of Project Settlement Accounts	万元	10 000yuan
工程结算利润	Profits of Project Settlement Accounts	万元	10 000yuan
利税总额	Total Taxes and Profits	万元	10 000yuan

注：本年度汇总资料均为有工作量的总、专包建筑企业数据。

Main Indicators on Construction Enterprises in Main Years

2012年	2013年	2014年	2015年	2016年	2017年	2018年	2019年	2020年
331	**344**	**352**	**344**	**362**	**509**	**509**	**482**	**461**
2829250	**3750575**	**4404625**	**3717353**	**3525490**	**3735159**	**3859174**	**4336340**	**4705855**
2277545	3219796	3947704	3404735	3246890	3486065	3564260	3960755	4310048
2685345	3603530	4188711	3515093	3287718	3419064	3506390	3907346	4045148
136283	128625	195664	180788	211836	299890	317165	389776	559717
7622	18421	20250	21473	25936	16205	35619	39219	100990
771179	1092670	793211	662742	698510	557183	94194	120095	120052
10080	18531	29905	7637	11434	5678	16181	7994	1206
652699	727406	1021153	898011	1020058	1037727	1678248	1812087	2264294
102399	241553	372578	2716209	38617	114591	167855	193212	159851
1274610	1638921	2048260	1731402	1686343	1958159	1890196	2189473	2145791
18283	31494	139518	145941	70530	61821	12500	13679	14161
1967393					2126586	2351060	2533605	2519869
757592					1536009	1432914	2469093	2075359
42069					34618	35455	58796	62449
62196					37947	39745	41901	48178
2344996	3067652	3129988	2922459	2723148	2264803	2342588	2237750	2382792
2385	3327	3045	2263	1847	1498	1527	1494	1439
948	1330	923	787	661	354	502	429	501
53864	70894	69295	88766	63199	76363	65101	73033	86069
2799130	3803254	4406224	3944772	4121375	3467181			
176711	174260	257409	238367	238927	202448			
165473	177330	263319	224349	162658	109765			

Note:The summary Data of this year are the data of total and special contract construction enterprises with workload.

7—2 建筑业总产值

单位:万元 (2020)

指 标	Item	企业数(个) Number of Enterprises (unit)	#有工作量的企业数 Number of Workload Enterprises
总 计	**Total**	**461**	**390**
一、二级企业	First and Second Grade	287	246
按地区分	**Grouped by County**		
市 区	City	408	341
兴庆区	Xingqing	191	163
西夏区	Xixia	17	14
金凤区	Jinfeng	200	164
永宁县	Yongning	8	7
贺兰县	Helan	30	28
灵武市	Lingwu	15	14
按登记注册类型分	**Grouped by Status of Registration**		
内资企业	Domestic Funded	460	389
国有企业	State-owned Enterprises	8	6
集体企业	Collective-owned Enterprises	1	1
有限责任公司	Limited Liabilities Corporations	65	54
国有独资公司	State Sole Funded Corporations	22	19
其他有限责任公司	Other Limited Liabilities Corporations	43	35
股份有限公司	Share-holding Corporations Limited	2	1
私营企业	Private Enterprises	384	327
私营有限责任公司	Private Limited Liabilities Corporations	380	323
私营股份有限公司	Private Share-holding Corporations Ltd.	4	4
外商投资企业	Foreign Funded	1	1
中外合资经营企业	Domestic and Foreign Joint Funded Enterprises	1	1

Total Output Value of Construction

(10 000 yuan)

建筑业总产值 Total Output Value of Construction	装配式建筑工程产值 Production value of prefabricated construction projects	# 装饰装修产值 Output Value of Decoration	在外省完成的产值 Output Value of Completed Outside the Province	建筑工程产值 Output Value of Construction	安装工程产值 Output Value of Installation	其他产值 Others	竣工产值 Output Value of onstruction Completed
4705855	**51523**	**40499**	**959662**	**4045148**	**559717**	**100990**	**2382792**
4310048	44678	39281	938612	3713161	503606	93281	2225431
4220791	51523	40471	871180	3606735	539479	74577	2217541
2344897	7901	9816	665069	1937841	389491	17565	1084259
293036		8750	31878	281555	4094	7387	284950
1582858	43622	21906	174233	1387339	145894	49626	848332
342980				309741	30100	3139	155711
333068		28	76611	302790	10928	19351	130514
117698			11872	104650	6300	6748	19165
4691695	51523	40499	945502	4030987	559717	100990	2382792
120552			16736	60836	54608	5108	106159
1206				1206			1206
2264294	44622	10305	669038	1828827	402366	33101	1129341
1697685	1000		642097	1368185	305501	23999	733238
566609	43622	10305	26940	460642	96865	9102	396103
159851			28241	155430		4420	7493
2145791	6901	30194	231486	1984687	102743	58361	1138593
2051862	6901	30194	151062	1898837	94664	58361	1122633
93929			80424	85850	8079		15961
14161			14161	14161			
14161			14161	14161			

7—2 续表1

单位:万元 (2020)

指 标	Item	企业数(个) Number of Enterprises (unit)	有工作量的企业数 Number of Workload Enterprises
按国民经济行业分(2017)	**Grouped by Sector(2017)**		
房屋建筑业	House Building	222	189
土木工程建筑业	Civil Engineering	161	143
建筑安装业	Construction Installation	41	32
建筑装饰、装修和其他建筑业	Construction, Decoration and Other Construction	37	26
按控股情况分	**Grouped by Controlling Stake**		
国有控股	State-owned	34	28
集体控股	Collective-owned	7	6
私人控股	Private	419	355
外商控股	Foreign	1	1
按企业规模分	**Grouped by Enterprises Scale**		
大型	Large-Scale	10	10
中型	Medium-Scale	81	79
小型	Small-Scale	278	247
微型	Miniatrue	92	54
按企业资质等级分	**Grouped by Qualification Criteria**		
施工总承包	General Contractors	336	292
特 级	Special Grade	1	1
一 级	First Grade	20	19
二 级	Second Grade	171	151
三级及以下	Third Grade and Below	144	121
专业承包	Professional Contractors	125	98
一 级	First Grade	16	14
二 级	Second Grade	79	61
三级及以下	Third Grade and Below	30	23

continued

(10 000 yuan)

建筑业总产值 Total Output Value of Construction	装配式建筑工程产值 Production value of prefabricated construction projects	# 装饰装修产值 Output Value of Decoration	在外省完成的产值 Output Value of Completed Outside the Province	建筑工程产值 Output Value of Construction	安装工程产值 Output Value of Installation	其他产值 Others	竣工产值 Output Value of onstruction Completed
2519869	51467	10072	213118	2439825	37663	42381	1566143
2075359	56		741657	1528840	495519	51000	765214
62449			2357	38119	21765	2565	28224
48178		30427	2531	38364	4770	5043	23211
1830485	1000	8750	658937	1441269	360109	29107	843786
103689				13461	90228		66914
2757521	50523	31750	286565	2576258	109380	71883	1472092
14161			14161	14161			
1831406	1000		735936	1506276	303611	21520	691031
2017504	43622	8632	185211	1785630	179853	52022	1271554
811915	56	30177	37254	725276	59879	26760	412526
45030	6845	1691	1262	27967	16375	688	7680
4418319	51523	7784	918880	3873867	466263	78189	2250051
182484			24486	182484			49913
2365882	44622	2076	732221	2039983	304380	21520	1153960
1512581	56	4490	141627	1343605	119976	49000	910147
357372	6845	1218	20546	307795	41907	7670	136032
287536		32715	40782	171281	93454	22801	132741
127698		19296	35780	65455	62032	212	37981
121403		13419	4498	81635	17219	22550	73431
38435			504	24192	14204	40	21330

7—3 建筑业合同签订及承包工程完成情况

单位:万元 （2020）

指 标	Item	签订的合同额 Total Value of Contracts	上年结转合同额 Value from Contracts Signed in Last Year
总 计	**Total**	**8215923**	**2456796**
一、二级企业	First and Second Grade	7589048	2286389
按地区分	**Grouped by County**		
市 区	City	7515416	2350325
兴庆区	Xingqing	4410016	1230630
西夏区	Xixia	536335	192288
金凤区	Jinfeng	2569065	927407
永宁县	Yongning	650778	100242
贺兰县	Helan	451263	75156
灵武市	Lingwu	184166	21291
按登记注册类型分	**Grouped by Status of Registration**		
内资企业	Domestic Funded	8133669	2456796
国有企业	State-owned Enterprises	214667	87626
集体企业	Collective-owned Enterprises	1206	
有限责任公司	Limited Liabilities Corporations	3983914	1270895
国有独资公司	State Sole Funded Corporations	3122388	984648
其他有限责任公司	Other Limited Liabilities Corporations	861526	286247
股份有限公司	Share-holding Corporations Limited	491773	
私营企业	Private Enterprises	3442109	1098276
私营有限责任公司	Private Limited Liabilities Corporations	3290483	967793
私营股份有限公司	Private Share-holding Corporations Ltd.	151626	130482
外商投资企业	Foreign Funded	82253	
中外合资经营企业	Domestic and Foreign Joint Funded Enterprises	82253	

Contracts Signed and Completion of Contracted Projects by Construction Enterprises

(10 000 yuan)

本年新签合同额 Value from New Contracts Signed in This Year	直接从建设单位承揽工程完成的产值 Completed Output Value of Projects Contracted Directly from Investors	自行完成施工产值 Own-completed Output Value	分包出去工程的产值 Output Value of Out-sourced Projects	从建设单位以外承揽工程完成的产值 Completed Output Value of Projects Contracted from Non-investors
5759127	**4751483**	**4664220**	**87264**	**41636**
5302660	4364916	4280687	84230	29361
5165091	4269242	4185689	83553	35102
3179386	2343510	2339815	3695	5082
344047	291868	289444	2424	3591
1641658	1633864	1556429	77434	26429
550536	342980	342980		
376107	326685	326535	150	6533
162875	121258	117698	3561	
5676873	4669230	4650059	19171	41636
127041	120552	120552		
1206	1206	1206		
2713019	2264085	2252125	11960	12169
2137739	1700485	1697685	2800	
575280	563600	554440	9160	12169
491773	159851	159851		
2343834	2123536	2116325	7211	29466
2322690	2034815	2027603	7211	24259
21144	88722	88722		5208
82253	82253	14161	68093	
82253	82253	14160	68093	

7—3 续表1

单位:万元 （2020）

指 标	Item	签订的合同额 Total Value of Contracts	上年结转合同额 Value from Contracts Signed in Last Year
按国民经济行业分(2017)	**Grouped by Sector(2017)**		
房屋建筑业	House Building	4098162	1312953
土木工程建筑业	Civil Engineering	3968672	1095252
建筑安装业	Construction Installation	82401	31444
建筑装饰、装修和其他建筑业	Construction, Decoration and Other Construction	66687	17147
按控股情况分	**Grouped by Controlling Stake**		
国有控股	State-owned	3352158	1075323
集体控股	Collective-owned	151750	32024
私人控股	Private	4629761	1349449
外商控股	Foreign	82253	
按企业规模分	**Grouped by Enterprises Scale**		
大型	Large-Scale	3647725	1056040
中型	Medium-Scale	3154141	983878
小型	Small-Scale	1322861	376287
微型	Miniatrue	91195	40591
按企业资质等级分	**Grouped by Qualification Criteria**		
施工总承包	General Contractors	7805421	2336159
特 级	Special Grade	310963	127749
一 级	First Grade	4398736	1356352
二 级	Second Grade	2518880	691961
三级及以下	Third Grade and Below	576843	160098
专业承包	Professional Contractors	410501	120637
一 级	First Grade	209177	72356
二 级	Second Grade	151293	37971
三级及以下	Third Grade and Below	50032	10310

continued

(10 000 yuan)

本年新签合同额 Value from New Contracts Signed in This Year	直接从建设单位承揽工程完成的产值 Completed Output Value of Projects Contracted Directly from Investors	自行完成施工产值 Own-completed Output Value	分包出去工程的产值 Output Value of Out-sourced Projects	从建设单位以外承揽工程完成的产值 Completed Output Value of Projects Contracted from Non-investors
2785210	2507250	2506994	256	12876
2873420	2135742	2051866	83876	23493
50957	59729	59606	123	2843
49540	48762	45754	3008	2424
2276835	1833285	1830485	2800	
119726	102916	95117	7799	8572
3280312	2733029	2724458	8572	33064
82253	82253	14161	68093	
2591685	1899499	1831406	68093	
2170263	2008794	2000995	7799	16509
946574	798754	787433	11321	24482
50604	44436	44386	51	645
5469262	4463887	4381500	82386	36818
183215	182484	182484		
3042384	2363152	2363152		2730
1826918	1571273	1490175	81098	22407
416745	346978	345690	1288	11682
289864	287596	282719	4877	4817
136820	127524	127524		174
113322	120483	117352	3131	4051
39722	39589	37843	1746	593

7—4　房屋建筑施工面积及竣工面积

单位:平方米　　(2020)

指　标	Item	房屋建筑施工面积 Floor Space of Buildings Under Construction
总　　计	**Total**	**14386571**
一、二级企业	First and Second Grade	14124757
按地区分	**Grouped by County**	
市区	City	14027792
兴庆区	Xingqing	5940129
西夏区	Xixia	2625238
金凤区	Jinfeng	5462425
永宁县	Yongning	110939
贺兰县	Helan	191125
灵武市	Lingwu	56715
按登记注册类型分	**Grouped by Status of Registration**	
内资企业	Domestic Funded	14386571
国有企业	State-owned Enterprises	187957
集体企业	Collective-owned Enterprises	
有限责任公司	Limited Liabilities Corporations	9596647
国有独资公司	State Sole Funded Corporations	6768872
其他有限责任公司	Other Limited Liabilities Corporations	2827775
股份有限公司	Share-holding Corporations Limited	39693
私营企业	Share-holding Corporations Limited	4562274
私营有限责任公司	Private Limited Liabilities Corporations	4460036
私营股份有限公司	Private Share-holding Corporations Ltd.	102238
外商投资企业	Foreign Funded	
中外合资经营企业	Domestic and Foreign Joint Funded Enterprises	

Floor Space of Buildings Constructed and Completed

(sq.m)

本年新开工面积 Floor Space of New Buildings in This Year	房屋建筑竣工面积 Floor Space of Buildings Completed	住宅房屋 Residence	商业及服务用房屋 Business and Service
6618937	**5014135**	**2283208**	**306426**
6439066	4936121	2225861	286378
6366935	4837526	2236408	293169
2475798	1868656	1021285	81414
1332355	1069887	280292	83265
2558782	1898983	934831	128490
103051	16581		
92236	147085	46800	13257
56715	12943		
6618937	5014135	2283208	306426
174982	432146	135669	
4146815	3246967	1195842	246196
2771180	1922525	629596	116752
1375635	1324442	566246	129444
27401	27401		
2269739	1307621	951697	60230
2167501	1307621	951697	60230
102238			

7—4 续表1

单位:平方米 (2020)

指 标	Item	商厦房屋（批发和零售用房）Commercial（wholesale and retail trade）
总 计	**Total**	**147182**
一、二级企业	First and Second Grade	128412
按地区分	**Grouped by County**	
市区	City	147182
兴庆区	Xingqing	26618
西夏区	Xixia	
金凤区	Jinfeng	120564
永宁县	Yongning	
贺兰县	Helan	
灵武市	Lingwu	
按登记注册类型分	**Grouped by Status of Registration**	
内资企业	Domestic Funded	147182
国有企业	State-owned Enterprises	
集体企业	Collective-owned Enterprises	
有限责任公司	Limited Liabilities Corporations	109423
国有独资公司	State Sole Funded Corporations	22406
其他有限责任公司	Other Limited Liabilities Corporations	87017
股份有限公司	Share-holding Corporations Limited	
私营企业	Share-holding Corporations Limited	37759
私营有限责任公司	Private Limited Liabilities Corporations	37759
私营股份有限公司	Private Share-holding Corporations Ltd.	
外商投资企业	Foreign Funded	
中外合资经营企业	Domestic and Foreign Joint Funded Enterprises	

continued

(sq.m)

宾馆用房屋(住宿用房) Hotel (hoteling)	餐饮用房屋(餐饮用房) Catering (catering services)	商务会展 用房屋 Commercial Exhibition	其他商业及服务用房屋 (居民服务业用房) Other Business and Service (other services)
213	**3144**	**15665**	**140222**
213	3144	15665	138944
213	3144	15665	126965
		7441	47355
	3144	8224	71897
213			7713
			13257
213	3144	15665	140222
	3144	8224	125405
	3144	8224	82978
			42427
213		7441	14817
213		7441	14817

7—4 续表2

单位:平方米 (2020)

指 标	Item	房屋建筑施工面积 Floor Space of Buildings Under Construction
按国民经济行业分(2017)	**Grouped by Sector(2017)**	
房屋建筑业	House Building	13412274
土木工程建筑业	Civil Engineering	974297
建筑安装业	Construction Installation	
建筑装饰、装修和其他建筑业	Construction, Decoration and Other Construction	
按控股情况分	**Grouped by Controlling Stake**	
国有控股	State-owned	6956829
集体控股	Collective-owned	
私人控股	Private	7429742
外商控股	Foreign	
按企业规模分	**Grouped by Enterprises Scale**	
大型	Large-Scale	6151034
中型	Medium-Scale	7027781
小型	Small-Scale	1046704
微型	Miniatrue	161052
按企业资质等级分	**Grouped by Qualification Criteria**	
施工总承包	General Contractors	13966963
特 级	Special Grade	938366
一 级	First Grade	8623641
二 级	Second Grade	4143142
三级及以下	Third Grade and Below	261814
专业承包	Professional Contractors	419608
一 级	First Grade	2975
二 级	Second Grade	416633
三级及以下	Third Grade and Below	

continued

(sq.m)

本年新开工面积 Floor Space of New Buildings in This Year	房屋建筑竣工面积 Floor Space of Buildings Completed	住宅房屋 Residence	商业及服务用房屋 Businessand Service
6074754	4802508	2283208	305845
544183	210653		
	56		
	918		581
2946162	2354671	765265	116752
3672775	2659464	1517943	189674
2474606	1765884	447454	116752
3479813	3041526	1699236	168281
632209	206725	136518	21393
32309			
6465264	4726858	2011915	305845
272989	240291	131197	21711
4039750	2950152	919116	211394
1972654	1458401	904255	52692
179871	78014	57347	20048
153673	287277	271293	581
153673	287277	271293	581

7—4 续表3

单位:平方米 (2020)

指 标	Item	商厦房屋（批发和零售用房） Commercial (wholesale and retail trade)
按国民经济行业分(2017)	**Grouped by Sector(2017)**	
房屋建筑业	House Building	146937
土木工程建筑业	Civil Engineering	
建筑安装业	Construction Installation	
建筑装饰、装修和其他建筑业	Construction, Decoration and Other Construction	245
按控股情况分	**Grouped by Controlling Stake**	
国有控股	State-owned	22406
集体控股	Collective-owned	
私人控股	Private	124776
外商控股	Foreign	
按企业规模分	**Grouped by Enterprises Scale**	
大型	Large-Scale	22406
中型	Medium-Scale	105761
小型	Small-Scale	19015
微型	Miniatrue	
按企业资质等级分	**Grouped by Qualification Criteria**	
施工总承包	General Contractors	146937
特 级	Special Grade	14558
一 级	First Grade	94865
二 级	Second Grade	18744
三级及以下	Third Grade and Below	18770
专业承包	Professional Contractors	245
一 级	First Grade	
二 级	Second Grade	245
三级及以下	Third Grade and Below	

continued

(sq.m)

宾馆用房屋(住宿用房) Hotel (hoteling)	餐饮用房屋(餐饮用房) Catering (catering services)	商务会展用房屋 Commercial Exhibition	其他商业及服务用房屋(居民服务业用房) Other Business and Service (other services)
	3144	15665	140099
213			123
	3144	8224	82978
213		7441	57244
	3144	8224	82978
		7441	55079
213			2165
	3144	15665	140099
			7153
	3144	15665	97720
			33948
			1278
213			123
213			123

7—4 续表4

单位:平方米 (2020)

指　标	Item	办公用房屋 Offices	科研、教育、医疗用房屋 Scientific Research, Education and Medical
总　计	**Total**	**107996**	**426722**
一、二级企业	First and Second Grade	107996	426722
按地区分	**Grouped by County**		
市区	City	78849	412084
兴庆区	Xingqing	18729	230981
西夏区	Xixia	23337	87282
金凤区	Jinfeng	36783	93821
永宁县	Yongning	2298	5590
贺兰县	Helan	26849	9048
灵武市	Lingwu		
按登记注册类型分	**Grouped by Status of Registration**		
内资企业	Domestic Funded	107996	426722
国有企业	State-owned Enterprises		
集体企业	Collective-owned Enterprises		
有限责任公司	Limited Liabilities Corporations	64236	322578
国有独资公司	State Sole Funded Corporations	61882	316988
其他有限责任公司	Other Limited Liabilities Corporations	2354	5590
股份有限公司	Share-holding Corporations Limited	2816	
私营企业	Share-holding Corporations Limited	40944	104144
私营有限责任公司	Private Limited Liabilities Corporations	40944	104144
私营股份有限公司	Private Share-holding Corporations Ltd.		
外商投资企业	Foreign Funded		
中外合资经营企业	Domestic and Foreign Joint Funded Enterprises		

continued

(sq.m)

科学研究用房屋 Scientific Research	教育用房屋 Education	医疗用房屋（卫生医疗用房） Medical（health and medical）	文化、体育、娱乐用房屋 Culture,Sports and Entertainment	厂房及建筑物 Workshop and Buildings	厂房 Workshop	仓库 Warehouse	其他未列明的房屋建筑物 Other Buildings
45980	**281452**	**99290**	**41209**	**1144311**	**1054558**	**38648**	**665615**
45980	281452	99290	41209	1143692	1054558	38648	665615
45980	270493	95611	41209	1077212	1012216	37705	660890
1821	189069	40091	23754	412657	384463	24886	54950
12072	54290	20920	7519	150300	126324	8669	429223
32087	27134	34600	9936	514255	501429	4150	176717
	3370	2220		8693			
	7589	1459		46406	30342		4725
				12000	12000	943	
45980	281452	99290	41209	1144311	1054558	38648	665615
				299	299		296178
13893	219814	88871	35226	1009573	970413	22003	351313
13893	216444	86651	7519	577342	538182	8669	203777
	3370	2220	27707	432231	432231	13334	147536
				24585			
32087	61638	10419	5983	109854	83846	16645	18124
32087	61638	10419	5983	109854	83846	16645	18124

7—4 续表5

单位:平方米 (2020)

指　标	Item	办公用房屋 Offices	科研、教育、医疗用房屋 Scientific Research, Education and Medical
按国民经济行业分(2017)	**Grouped by Sector(2017)**		
房屋建筑业	House Building	105124	322001
土木工程建筑业	Civil Engineering	2816	104492
建筑安装业	Construction Installation	56	
建筑装饰、装修和其他建筑业	Construction, Decoration and Other Construction		229
按控股情况分	**Grouped by Controlling Stake**		
国有控股	State-owned	61882	316988
集体控股	Collective-owned		
私人控股	Private	46114	109734
外商控股	Foreign		
按企业规模分	**Grouped by Enterprises Scale**		
大型	Large-Scale	64698	316988
中型	Medium-Scale	36277	102067
小型	Small-Scale	7021	7667
微型	Miniatrue		
按企业资质等级分	**Grouped by Qualification Criteria**		
施工总承包	General Contractors	98838	423700
特　级	Special Grade		38084
一　级	First Grade	67808	301419
二　级	Second Grade	31030	84197
三级及以下	Third Grade and Below		
专业承包	Professional Contractors	9158	3022
一　级	First Grade		
二　级	Second Grade	9158	3022
三级及以下	Third Grade and Below		

continued

(sq.m)

科学研究用房屋 Scientific Research	教育用房屋 Education	医疗用房屋（卫生医疗用房） Medical (health and medical)	文化、体育、娱乐用房屋 Culture,Sports and Entertainment	厂房及建筑物 Workshop and Buildings	# 厂房 Workshop	仓库 Warehouse	其他未列明的房屋建筑物 Other Buildings
45980	176960	99061	41101	1040966	978558	38648	665615
	104492			103345	76000		
		229	108				
13893	216444	86651	7519	577641	538481	8669	499955
32087	65008	12639	33690	566670	516077	29979	165660
13893	216444	86651	7519	600027	538182	8669	203777
32087	58986	10994	31052	518720	503531	29036	456857
	6022	1645	2638	25564	12845	943	4981
45980	278659	99061	38186	1144311	1054558	38648	665415
	12444	25640		25299	25299		24000
13893	226515	61011	35226	1054321	992476	33555	327313
32087	39700	12410	2960	64072	36783	5093	314102
				619			
	2793	229	3023				200
	2793	229	3023				200

7—5 房屋建筑竣工价值

单位:万元 （2020）

指 标	Item	竣工房屋价值 Output Value of Buildings Completed	住宅房屋 Residence
总 计	**Total**	**295080**	**69911**
一、二级企业	First and Second Grade	285465	60026
按地区分	**Grouped by County**		
市区	City	286381	66699
兴庆区	Xingqing	118890	23067
西夏区	Xixia	57263	20760
金凤区	Jinfeng	110228	22871
永宁县	Yongning		
贺兰县	Helan	8699	3212
灵武市	Lingwu		
按登记注册类型分	**Grouped by Status of Registration**		
内资企业	Domestic Funded	295080	69911
国有企业	State-owned Enterprises	27975	
集体企业	Collective-owned Enterprises		
有限责任公司	Limited Liabilities Corporations	156901	51747
国有独资公司	State Sole Funded Corporations	75837	30890
其他有限责任公司	Other Limited Liabilities Corporations	81063	20857
股份有限公司	Share-holding Corporations Limited		
私营企业	Share-holding Corporations Limited	110204	18164
私营有限责任公司	Private Limited Liabilities Corporations	110204	18164
私营股份有限公司	Private Share-holding Corporations Ltd.		
外商投资企业	Foreign Funded		
中外合资经营企业	Domestic and Foreign Joint Funded Enterprises		

Output Value of Floor Space of Buildings Completed

(10 000 yuan)

商业及服务用房屋 Business and Service	商厦房屋（批发和零售用房）Commercial (wholesale and retail trade)	宾馆用房屋（住宿用房）Hotel (hoteling)	餐饮用房屋（餐饮用房）Catering (catering services)	商务会展用房屋 Commercial Exhibition	其他商业及服务用房屋（居民服务业用房）Other Business and Service (other services)	办公用房屋 Offices
30546	**984485**	**21**	**1008**	**4859**	**33476**	**31977**
20810	964785	21	1008	4859	33327	31977
30546	950699	21	1008	4859	30264	23820
10696	332375			1952	10419	6095
	272955		1008	2907	16845	10922
19850	345370	21			3000	6802
	3452					1074
	29011				3212	7083
	1324					
30546	984485	21	1008	4859	33476	31977
	75083					
17764	712740		1008	2907	30068	23519
5871	441965		1008	2907	21104	22403
11893	270775				8963	1116
	7493					752
12782	189170	21		1952	3409	7707
12782	189170	21		1952	3409	7707

7—5 续表1

单位:万元 (2020)

指 标	Item	竣工房屋价值 Output Value of Buildings Completed	住宅房屋 Residence
按国民经济行业分(2017)	**Grouped by Sector(2017)**		
房屋建筑业	House Building	295080	69853
土木工程建筑业	Civil Engineering		
建筑安装业	Construction Installation		
建筑装饰、装修和其他建筑业	Construction, Decoration and Other Construction		58
按控股情况分	**Grouped by Controlling Stake**		
国有控股	State-owned	103812	30890
集体控股	Collective-owned		
私人控股	Private	191268	39021
外商控股	Foreign		
按企业规模分	**Grouped by Enterprises Scale**		
大型	Large-Scale	71645	30890
中型	Medium-Scale	198902	28821
小型	Small-Scale	24533	10200
微型	Miniatrue		
按企业资质等级分	**Grouped by Qualification Criteria**		
施工总承包	General Contractors	284295	69853
特 级	Special Grade	19920	7815
一 级	First Grade	141952	43024
二 级	Second Grade	112808	9130
三级及以下	Third Grade and Below	9615	9885
专业承包	Professional Contractors	10785	58
一 级	First Grade		
二 级	Second Grade	10785	58
三级及以下	Third Grade and Below		

continued

(10 000 yuan)

商业及服务用房屋 Business and Service	商厦房屋(批发和零售用房) Commercial (wholesale and retail trade)	宾馆用房屋(住宿用房) Hotel (hoteling)	餐饮用房屋(餐饮用房) Catering (catering services)	商务会展用房屋 Commercial Exhibition	其他商业及服务用房屋(居民服务业用房) Other Business and Service (other services)	办公用房屋 Offices
30521	895014		1008	4859	33464	31183
	89315					752
	42					42
25	115	21			12	
5871	517047		1008	2907	21104	22403
24675	467438	21		1952	12372	9574
5871	443895		1008	2907	21104	23155
14915	495911			1952	11954	8128
9761	44679	21			418	694
30521	970976		1008	4859	33464	31435
4911	49913				2904	
12853	687693		1008	4859	24303	24263
3021	213670				6108	7172
9736	19700				149	
25	13510	21			12	542
25	13510	21			12	542

7—5 续表2

单位:万元 (2020)

指 标	Item	科研、教育、医疗用房屋 Scientific Research, Education and Medical	科学研究用房屋 Scientific Research
总　　计	**Total**	**170198**	**11719**
一、二级企业	First and Second Grade	170198	11719
按地区分	**Grouped by County**		
市区	City	166590	11719
兴庆区	Xingqing	98136	1386
西夏区	Xixia	47562	6235
金凤区	Jinfeng	20892	4097
永宁县	Yongning	1620	
贺兰县	Helan	1987	
灵武市	Lingwu		
按登记注册类型分	**Grouped by Status of Registration**		
内资企业	Domestic Funded	170198	11719
国有企业	State-owned Enterprises		
集体企业	Collective-owned Enterprises		
有限责任公司	Limited Liabilities Corporations	147207	7621
国有独资公司	State Sole Funded Corporations	145587	7621
其他有限责任公司	Other Limited Liabilities Corporations	1620	
股份有限公司	Share-holding Corporations Limited		
私营企业	Share-holding Corporations Limited	22991	4097
私营有限责任公司	Private Limited Liabilities Corporations	22991	4097
私营股份有限公司	Private Share-holding Corporations Ltd.		
外商投资企业	Foreign Funded		
中外合资经营企业	Domestic and Foreign Joint Funded Enterprises		

continued

(10 000 yuan)

教育用房屋 Education	医疗用房屋 (卫生医疗用房) Medical (health and medical)	文化、体育、娱乐用房屋 Culture,Sports and Entertainment	厂房及建筑物 Workshop and Buildings	厂房 Workshop	仓库 Warehouse	其他未列明的房屋建筑物 Other Buildings
126381	**32098**	**12401**	**248755**	**223979**	**7892**	**148273**
126381	32098	12401	248555	223979	7892	148273
123763	31109	12401	239719	217907	7667	147423
84924	11826	6780	57342	47057	4754	17310
31457	9870	2297	36950	29203	1642	95558
7382	9412	3324	145427	141647	1270	34554
936	684		758			
1681	306		7179	4973		850
			1099	1099	225	
126381	32098	12401	248755	223979	7892	148273
			122	122		46986
109767	29819	10614	219462	208241	5126	98166
108830	29135	2297	93996	82776	1642	69313
936	684	8317	125465	125465	3484	28853
			6741			
16614	2279	1787	22430	15616	2766	3122
16614	2279	1787	22430	15616	2766	3122

7—5 续表3

单位:万元　　(2020)

指 标	Item	科研、教育、医疗用房屋 Scientific Research, Education and Medical	科学研究用房屋 Scientific Research
按国民经济行业分(2017)	**Grouped by Sector(2017)**		
房屋建筑业	House Building	111795	11719
土木工程建筑业	Civil Engineering	58357	
建筑安装业	Construction Installation		
建筑装饰、装修和其他建筑业	Construction, Decoration and Other Construction	46	
按控股情况分	**Grouped by Controlling Stake**		
国有控股	State-owned	145587	7621
集体控股	Collective-owned		
私人控股	Private	24611	4097
外商控股	Foreign		
按企业规模分	**Grouped by Enterprises Scale**		
大型	Large-Scale	145587	7621
中型	Medium-Scale	22647	4097
小型	Small-Scale	1964	
微型	Miniatrue		
按企业资质等级分	**Grouped by Qualification Criteria**		
施工总承包	General Contractors	169404	11719
特 级	Special Grade	10673	
一 级	First Grade	140592	7621
二 级	Second Grade	18139	4097
三级及以下	Third Grade and Below		
专业承包	Professional Contractors	794	
一 级	First Grade		
二 级	Second Grade	794	
三级及以下	Third Grade and Below		

continued

(10 000 yuan)

教育用房屋 Education	医疗用房屋(卫生医疗用房) Medical (health and medical)	文化、体育、娱乐用房屋 Culture,Sports and Entertainment	厂房及建筑物 Workshop and Buildings	厂房 Workshop	仓库 Warehouse	其他未列明的房屋建筑物 Other Buildings
68024	32052	12390	218548	203743	7892	148273
58357			30206	20236		
	46	11				
108830	29135	2297	94118	82898	1642	116298
17551	2963	10104	154637	141081	6250	31975
108830	29135	2297	99367	82776	1642	69313
15930	2620	9536	143771	139915	6025	78081
1621	343	568	5617	1288	225	879
125633	32052	11391	248755	223979	7892	147951
3234	7439		7005	7005		4500
111275	21696	10614	227186	210595	6397	93666
11125	2917	777	14364	6379	1496	49786
			200			
748	46	1010				322
748	46	1010				322

7—6 建筑业企业自有施工机械设备及劳动人员情况

（2020）

指 标	Item	年末自有施工机械设备净值（万元） Net Value of Machinery and Equipment Owned at Year-end （10 000 yuan）
总 计	**Total**	**33619**
一、二级企业	First and Second Grade	28522
按地区分	**Grouped by County**	
市 区	City	23610
兴庆区	Xingqing	12823
西夏区	Xixia	317
金凤区	Jinfeng	10469
永宁县	Yongning	14
贺兰县	Helan	7763
灵武市	Lingwu	2233
按登记注册类型分	**Grouped by Status of Registration**	
内资企业	Domestic Funded	33619
国有企业	State-owned Enterprises	2426
集体企业	Collective-owned Enterprises	
有限责任公司	Limited Liabilities Corporations	10838
国有独资公司	State Sole Funded Corporations	6737
其他有限责任公司	Other Limited Liabilities Corporations	4102
股份有限公司	Share-holding Corporations Limited	2422
私营企业	Private Enterprises	17934
私营有限责任公司	Private Limited Liabilities Corporations	17829
私营股份有限公司	Private Share-holding Corporations Ltd.	105
外商投资企业	Foreign Funded	
中外合资经营企业	Domestic and Foreign Joint Funded Enterprises	

Machinery and Equipment Owned and Employed Persons by Construction Enterprises

年末自有施工机械设备总台数(台) Number of Machinery and Equipment Owned (set)	年末自有施工机械设备总功率(千瓦) Total Power of Machinery and Equipment Owned (kW)	从事建筑业活动的平均人数(人) Average Number of People Engaged in the Construction Industry (person)	期末从业人员数(人) Number of Employed Persons at Year-end (person)	工程技术人员(人) Engineering Persons (person)	现场施工人员(人) Site Construction Persons (person)
8174	**183864**	**160736**	**86069**	**15395**	**33214**
7516	159663	142181	77056	13336	31063
6573	137453	142257	73332	13574	32568
3963	81668	63445	34434	6724	16296
478	6645	12184	11470	1176	7522
2132	49140	66628	27428	5674	8750
2	50	842	385	200	37
1324	42466	12799	8832	1035	496
275	3895	4838	3520	586	113
8174	183864	160236	85616	15275	33214
281	8734	2769	3830	333	657
		115	119	69	32
4137	81351	53090	31995	4940	15226
2025	46265	39955	25725	3515	14633
2112	35086	13135	6270	1425	593
76	7102	3800	2500	500	2500
3680	86677	100462	47172	9433	14799
3678	86627	96061	46340	9190	14656
2	50	4401	832	243	143
		500	453	120	
		500	453	120	

7—6 续表1

(2020)

指标	Item	年末自有施工机械设备净值(万元) Net Value of Machinery and Equipment Owned at Year-end (10 000 yuan)
按国民经济行业分(2017)	**Grouped by Sector(2017)**	
房屋建筑业	House Building	17096
土木工程建筑业	Civil Engineering	16457
建筑安装业	Construction Installation	30
建筑装饰、装修和其他建筑业	Construction, Decoration and Other Construction	37
按控股情况分	**Grouped by Controlling Stake**	
国有控股	State-owned	9176
集体控股	Collective-owned	1953
私人控股	Private	22491
外商控股	Foreign	
按企业规模分	**Grouped by Enterprises Scale**	
大型	Large-Scale	8924
中型	Medium-Scale	13012
小型	Small-Scale	10236
微型	Miniatrue	1447
按企业资质等级分	**Grouped by Qualification Criteria**	
施工总承包	General Contractors	30438
特　级	Special Grade	
一　级	First Grade	10481
二　级	Second Grade	15180
三级及以下	Third Grade and Below	4777
专业承包	Professional Contractors	3181
一　级	First Grade	2503
二　级	Second Grade	358
三级及以下	Third Grade and Below	320

continued

年末自有施工机械设备总台数(台) Number of Machinery and Equipment Owned (set)	年末自有施工机械设备总功率(千瓦) Total Power of Machinery and Equipment Owned (kW)	从事建筑业活动的平均人数(人) Average Number of People Engaged in the Construction Industry (person)	期末从业人员数(人) Number of Employed Persons at Year-end (person)	工程技术人员(人) Engineering Persons (person)	现场施工人员(人) Site Construction Persons (person)
4646	100031	98155	51627	8667	17188
3340	83418	57670	31445	6031	15218
56	66	2480	1592	431	449
132	349	2431	1405	266	359
2308	55049	43295	29736	3901	15365
1015	10021	2164	1170	355	385
4851	118794	114777	54710	11019	17464
		500	453	120	
1676	48756	44059	26148	3792	16228
4205	70547	74947	34477	6311	9537
1558	50173	39824	23643	4982	6783
735	14388	1906	1801	310	666
7287	168846	151660	78441	14113	31335
		6400	1060	445	53
2848	64931	56114	32535	5369	18311
3973	82894	72369	37175	6476	11376
466	21021	16777	7671	1823	1595
887	15018	9076	7628	1282	1879
339	8552	2328	1757	316	764
356	3286	4970	4529	730	559
192	3180	1778	1342	236	556

7—7 建筑业企业财务状况

单位:万元　　　　　　　　　　　　　　　　　　　　　　　　　　　　　　　　(2020)

指 标	Item	年初存货 Stock
总　　计	**Total**	**506730**
一、二级企业	First and Second Grade	442240
按地区分	**Grouped by County**	
市 区	City	366250
兴庆区	Xingqing	136361
西夏区	Xixia	9478
金凤区	Jinfeng	220412
永宁县	Yongning	19172
贺兰县	Helan	92148
灵武市	Lingwu	29160
按登记注册类型分	**Grouped by Status of Registration**	
内资企业	Domestic Funded	504319
国有企业	State-owned Enterprises	3715
集体企业	Collective-owned Enterprises	2969
有限责任公司	Limited Liabilities Corporations	164183
国有独资公司	State Sole Funded Corporations	89308
其他有限责任公司	Other Limited Liabilities Corporations	74876
股份有限公司	Share-holding Corporations Limited	134
私营企业	Private Enterprises	333318
私营有限责任公司	Private Limited Liabilities Corporations	290368
私营股份有限公司	Private Share-holding Corporations Ltd.	42950
外商投资企业	Foreign Funded	2412
中外合资经营企业	Domestic and Foreign Joint Funded Enterprises	2412

Financial Indicators on Construction Enterprises

(10 000 yuan)

资产总计 Total Funds	流动资产合计 Total Circulating Funds	应收工程款 Projects Receivable	存货 Stock
5452874	**4833317**	**2138565**	**735550**
4709811	4178556	1809617	631745
4401155	3883017	1693197	577215
2043884	1872537	801793	199121
340352	333868	193526	26981
2016919	1676611	697877	351113
205075	199851	124448	19187
489827	417213	199308	81489
356818	333237	121612	57659
5288576	4683235	2015502	732739
146377	144823	113432	7363
22058	15927	8145	4897
2238858	2087225	792719	262988
1307403	1212193	443563	88975
931455	875032	349156	174013
1290	1283	387	377
2879994	2433976	1100819	457115
2559971	2263708	1059633	415219
320023	170268	41186	41896
164299	150083	123063	2811
164299	150083	123063	2811

7—7 续表1

单位:万元 (2020)

指 标	Item	固定资产减值准备 Impairment of Fixed Assets
总 计	**Total**	**1751**
一、二级企业	First and Second Grade	1616
按地区分	**Grouped by County**	
市 区	City	1751
兴庆区	Xingqing	1265
西夏区	Xixia	104
金凤区	Jinfeng	383
永宁县	Yongning	
贺兰县	Helan	
灵武市	Lingwu	
按登记注册类型分	**Grouped by Status of Registration**	
内资企业	Domestic Funded	1751
国有企业	State-owned Enterprises	
集体企业	Collective-owned Enterprises	
有限责任公司	Limited Liabilities Corporations	56
国有独资公司	State Sole Funded Corporations	56
其他有限责任公司	Other Limited Liabilities Corporations	
股份有限公司	Share-holding Corporations Limited	
私营企业	Private Enterprises	1696
私营有限责任公司	Private Limited Liabilities Corporations	1696
私营股份有限公司	Private Share-holding Corporations Ltd.	
外商投资企业	Foreign Funded	
中外合资经营企业	Domestic and Foreign Joint Funded Enterprises	

continued

(10 000 yuan)

固定资产原价 Original Value of Fixed Assets	房屋和购筑物 Houses and Buildings	机器设备 Machinery and Equipment
508767	**171859**	**138687**
416603	147859	104299
423873	146591	112785
196700	57914	63916
10311	3598	3513
216861	85079	45356
9105	4869	1128
61818	19696	23085
13971	703	1689
471128	171859	138687
4720	549	232
908		
168853	73210	51355
104140	54150	38135
64712	19060	13220
7		7
296641	98100	87094
262195	67591	84279
34446	30509	2815
37639		
37639		

7—7 续表2

单位:万元　　　　(2020)

指 标	Item	年初存货 Stock
按国民经济行业分(2017)	**Grouped by Sector(2017)**	
房屋建筑业	House Building	345159
土木工程建筑业	Civil Engineering	144257
建筑安装业	Construction Installation	12897
建筑装饰、装修和其他建筑业	Construction, Decoration and Other Construction	4418
按控股情况分	**Grouped by Controlling Stake**	
国有控股	State-owned	93623
集体控股	Collective-owned	5746
私人控股	Private	404950
外商控股	Foreign	2412
按企业规模分	**Grouped by Enterprises Scale**	
大型	Large-Scale	122491
中型	Medium-Scale	204899
小型	Small-Scale	171013
微型	Miniatrue	8328
按企业资质等级分	**Grouped by Qualification Criteria**	
施工总承包	General Contractors	452280
特 级	Special Grade	6375
一 级	First Grade	155491
二 级	Second Grade	231631
三级及以下	Third Grade and Below	58782
专业承包	Professional Contractors	54450
一 级	First Grade	5885
二 级	Second Grade	42857
三级及以下	Third Grade and Below	5708

continued

(10 000 yuan)

资产总计 Total Funds	流动资产合计 Total Circulating Funds	应收工程款 Projects Receivable	存货 Stock
3211422	2988762	1374481	524183
2022747	1675936	686005	194933
104984	72113	24376	8304
113722	96506	53704	8130
1462850	1365214	560899	96922
119475	98626	59455	6564
3706250	3219395	1395149	629253
164299	150083	123063	2811
1642848	1411410	564248	121373
2105981	1905559	878461	347535
1564037	1390033	644579	225192
140008	126316	51277	41450
4943215	4428008	1967269	683462
175195	161885	43546	16240
1891087	1641537	630583	229917
2209492	2036265	990872	341583
667441	588321	302268	95722
509660	405310	171296	52088
88275	68111	46971	5935
345762	270758	97645	38070
75623	66441	26680	8083

7—7 续表3

单位:万元 （2020）

指 标	Item	固定资产减值准备 Impairment of Fixed Assets
按国民经济行业分(2017)	**Grouped by Sector(2017)**	
房屋建筑业	House Building	1045
土木工程建筑业	Civil Engineering	707
建筑安装业	Construction Installation	
建筑装饰、装修和其他建筑业	Construction, Decoration and Other Construction	
按控股情况分	**Grouped by Controlling Stake**	
国有控股	State-owned	56
集体控股	Collective-owned	
私人控股	Private	1696
外商控股	Foreign	
按企业规模分	**Grouped by Enterprises Scale**	
大型	Large-Scale	
中型	Medium-Scale	1260
小型	Small-Scale	491
微型	Miniatrue	
按企业资质等级分	**Grouped by Qualification Criteria**	
施工总承包	General Contractors	1545
特 级	Special Grade	
一 级	First Grade	
二 级	Second Grade	1409
三级及以下	Third Grade and Below	135
专业承包	Professional Contractors	207
一 级	First Grade	
二 级	Second Grade	207
三级及以下	Third Grade and Below	

continued

(10 000 yuan)

固定资产原价 Original Value of Fixed Assets	房屋和购筑物 Houses and Buildings	机器设备 Machinery and Equipment
214678	63596	64958
259929	98017	70351
22199	3441	1210
11961	6805	2168
110586	55264	38411
21460	9731	5469
339082	106864	94807
37639		
139978	60491	33018
161240	58848	35949
194010	50439	65876
13539	2082	3843
419967	143806	121242
1349	1	530
154523	88846	46587
180651	32002	42091
83444	22957	32034
88800	28053	17445
9306	4059	2820
70775	22952	12270
8720	1043	2354

7—7 续表4

单位:万元 （2020）

指 标	Item	累计折旧 Accumulated Depreciation
总　　计	**Total**	**244292**
一、二级企业	First and Second Grade	197674
按地区分	**Grouped by County**	
市　区	City	209431
兴庆区	Xingqing	108890
西夏区	Xixia	6739
金凤区	Jinfeng	93802
永宁县	Yongning	5019
贺兰县	Helan	20976
灵武市	Lingwu	8867
按登记注册类型分	**Grouped by Status of Registration**	
内资企业	Domestic Funded	219219
国有企业	State-owned Enterprises	3845
集体企业	Collective-owned Enterprises	369
有限责任公司	Limited Liabilities Corporations	85489
国有独资公司	State Sole Funded Corporations	47115
其他有限责任公司	Other Limited Liabilities Corporations	38374
股份有限公司	Share-holding Corporations Limited	0
私营企业	Private Enterprises	129516
私营有限责任公司	Private Limited Liabilities Corporations	119434
私营股份有限公司	Private Share-holding Corporations Ltd.	10082
外商投资企业	Foreign Funded	25073
中外合资经营企业	Domestic and Foreign Joint Funded Enterprises	25073

continued

(10 000 yuan)

本年折旧 Depreciation This Year	在建工程 Construction in Process	无形资产 Intangible Asset	土地使用权 Land tenure	负债合计 Total Liabilities
30620	**21313**	**37263**	**22338**	**3936100**
20251	9220	31730	21779	3477049
24879	19635	24718	13433	3107702
11229	12710	14893	6508	1544082
553		1028	851	281723
13097	6925	8797	6074	1281897
579		346	310	188046
4371	1032	11741	8595	364874
791	646	457		275479
28092	21313	36713	22338	3816889
52		85		95638
44		325		16297
7489	8166	11700	10031	1890190
4363	3174	10519	9267	1135134
3126	4992	1181	764	755056
0				564
20506	13147	24603	12307	1814200
18317	13147	22487	10237	1679924
2189		2116	2070	134276
2529		550		119211
2529		550		119211

7—7 续表5

单位:万元　　　　　　　　　　　　　　　　　　　　　　　　　　　　　　　　　　　　（2020）

指　标	Item	流动负债合计 Total Liquid Liabilities
总　计	**Total**	**3824580**
一、二级企业	First and Second Grade	3384318
按地区分	**Grouped by County**	
市　区	City	3034885
兴庆区	Xingqing	1492389
西夏区	Xixia	281723
金凤区	Jinfeng	1260773
永宁县	Yongning	175958
贺兰县	Helan	339559
灵武市	Lingwu	274179
按登记注册类型分	**Grouped by Status of Registration**	
内资企业	Domestic Funded	3705369
国有企业	State-owned Enterprises	95856
集体企业	Collective-owned Enterprises	16297
有限责任公司	Limited Liabilities Corporations	1860527
国有独资公司	State Sole Funded Corporations	1118116
其他有限责任公司	Other Limited Liabilities Corporations	742412
股份有限公司	Share-holding Corporations Limited	564
私营企业	Private Enterprises	1732125
私营有限责任公司	Private Limited Liabilities Corporations	1597849
私营股份有限公司	Private Share-holding Corporations Ltd.	134276
外商投资企业	Foreign Funded	119211
中外合资经营企业	Domestic and Foreign Joint Funded Enterprises	119211

continued

(10 000 yuan)

应付账款 Accounts Payable	非流动负债合计 Total Non-Liquid Liabilities	所有者权益合计 Owners' Equity	实收资本 Paid-in Capitals
1824798	**65158**	**1516774**	**1077586**
1558128	52694	1232762	865384
1577663	63743	1293453	914004
854415	45561	499802	400759
125767		58629	30223
597481	18183	735022	483022
4306		17029	25648
143340	115	124953	93690
99490	1300	81339	44244
1793962	65158	1471687	1047586
33256	-218	50740	15217
4831		5760	2503
880329	16004	348668	268874
592795	15872	172269	135321
287534	132	176399	133552
523		726	726
875023	49373	1065794	760266
797419	49373	880047	724384
77604		185747	35882
30836		45088	30000
30836		45088	30000

7—7 续表6

单位:万元 (2020)

指 标	Item	累计折旧 Accumulated Depreciation
按国民经济行业分(2017)	**Grouped by Sector(2017)**	**104936**
房屋建筑业	House Building	128042
土木工程建筑业	Civil Engineering	5887
建筑安装业	Construction Installation	5427
建筑装饰、装修和其他建筑业	Construction, Decoration and Other Construction	
按控股情况分	**Grouped by Controlling Stake**	51859
国有控股	State-owned	10305
集体控股	Collective-owned	157055
私人控股	Private	25073
外商控股	Foreign	
按企业规模分	**Grouped by Enterprises Scale**	69039
大型	Large-Scale	70478
中型	Medium-Scale	96866
小型	Small-Scale	7909
微型	Miniatrue	
按企业资质等级分	**Grouped by Qualification Criteria**	210111
施工总承包	General Contractors	378
特 级	Special Grade	67983
一 级	First Grade	100859
二 级	Second Grade	40891
三级及以下	Third Grade and Below	34182
专业承包	Professional Contractors	4590
一 级	First Grade	23864
二 级	Second Grade	5728
三级及以下	Third Grade and Below	

continued

(10 000 yuan)

本年折旧 Depreciation This Year	在建工程 Construction in Process	无形资产 Intangible Asset	土地使用权 Land tenure	负债合计 Total Liabilities
12959	**18565**	**14695**	**4416**	**2505236**
15249	1410	12388	10897	1296250
1834	5	8992	5987	58163
578	1333	1189	1038	76451
4454	3174	10604	9267	1237423
1272		946	310	90290
22365	18139	25163	12761	2489176
2529		550		119211
7746	618	11611	10673	1290160
8124	6792	14246	9520	1543827
13631	13864	10952	1691	1016032
1121	40	454	454	86081
27679	16478	22683	15026	3624614
27		27		137506
6776	4792	14017	13574	1470308
11114	526	3110	893	1594314
9763	11160	5529	559	422486
2941	4835	14580	7312	311486
577	623	185	129	51300
1758	3279	14391	7183	223621
607	933	4		36565

7—7 续表7

单位:万元 (2020)

指 标	Item	流动负债合计 Total Liquid Liabilities
按国民经济行业分(2017)	**Grouped by Sector(2017)**	
房屋建筑业	House Building	2446298
土木工程建筑业	Civil Engineering	1269460
建筑安装业	Construction Installation	32371
建筑装饰、装修和其他建筑业	Construction, Decoration and Other Construction	76451
按控股情况分	**Grouped by Controlling Stake**	
国有控股	State-owned	1220622
集体控股	Collective-owned	85475
私人控股	Private	2399271
外商控股	Foreign	119211
按企业规模分	**Grouped by Enterprises Scale**	
大型	Large-Scale	1274407
中型	Medium-Scale	1491991
小型	Small-Scale	974073
微型	Miniatrue	84109
按企业资质等级分	**Grouped by Qualification Criteria**	
施工总承包	General Contractors	3549812
特 级	Special Grade	134647
一 级	First Grade	1440064
二 级	Second Grade	1566833
三级及以下	Third Grade and Below	408268
专业承包	Professional Contractors	274769
一 级	First Grade	51300
二 级	Second Grade	191474
三级及以下	Third Grade and Below	31995

continued

(10 000 yuan)

应付账款 Accounts Payable	非流动负债合计 Total Non-Liquid Liabilities	所有者权益合计 Owners' Equity	实收资本 Paid-in Capitals
1138607	46398	706185	548321
626470	18739	726497	460259
11933	22	46821	43233
47788		37271	25774
630490	15653	225428	152212
38198	132	29185	21389
1125275	49373	1217074	873985
30836		45088	30000
657386	15753	352688	164002
607164	19832	562154	418164
519532	29325	548005	446470
40716	249	53927	48951
1678379	57006	1318601	931095
63825	2859	37689	32718
793560	30244	420779	219546
567767	11492	615179	500391
253227	12411	244955	178441
146419	8153	198173	146491
32768		36975	26548
100208	8099	122141	86182
13443	53	39057	33761

7—7 续表8

单位:万元 （2020）

指 标	Item	个人资本 Personal Capitals
总 计	**Total**	**367769**
一、二级企业	First and Second Grade	282440
按地区分	**Grouped by County**	
市 区	City	315066
兴庆区	Xingqing	134117
西夏区	Xixia	8062
金凤区	Jinfeng	172888
永宁县	Yongning	7511
贺兰县	Helan	17121
灵武市	Lingwu	28071
按登记注册类型分	**Grouped by Status of Registration**	
内资企业	Domestic Funded	367769
国有企业	State-owned Enterprises	526
集体企业	Collective-owned Enterprises	
有限责任公司	Limited Liabilities Corporations	43444
国有独资公司	State Sole Funded Corporations	1000
其他有限责任公司	Other Limited Liabilities Corporations	42444
股份有限公司	Share-holding Corporations Limited	
私营企业	Private Enterprises	323798
私营有限责任公司	Private Limited Liabilities Corporations	287916
私营股份有限公司	Private Share-holding Corporations Ltd.	35882
外商投资企业	Foreign Funded	
中外合资经营企业	Domestic and Foreign Joint Funded Enterprises	

continued

(10 000 yuan)

营业收入 Business Revenue	主营业务收入 Revenue from Principal Business	营业成本 Business Costs	主营业务成本 Costs of Principal Business	税金及附加 Taxes and surcharges	主营业务税金及附加 Taxes and Other Charges on Principal Business	其他业务利润 Profits from Other Businesses
5201376	**5166508**	**4860928**	**4827036**	**21740**	**21319**	**7837**
4327753	4301800	4058611	4031769	17741	17367	6987
4498386	4464756	4187786	4156364	19252	18841	7719
2448590	2434100	2312454	2297630	10141	9935	1826
302951	302947	291089	289262	1375	1355	4
1746845	1727708	1584243	1569473	7736	7551	5889
36460	36169	35156	34436	198	198	
364840	364057	343861	342316	1693	1684	158
301690	301526	294124	293920	597	597	–40
5119123	5084254	4806897	4773006	21055	20634	7890
82051	81963	75717	73890	505	505	67
5524	5524	5188	5188	40	40	
2226124	2219065	2134541	2122724	7609	7399	1036
1517103	1514980	1453532	1445228	4908	4698	448
709021	704085	681009	677496	2701	2701	588
1796	1796	1674	1674	11	11	
2803628	2775907	2589778	2569530	12891	12680	6787
2627386	2604036	2447002	2426960	11849	11658	2613
176242	171871	142775	142570	1043	1022	4174
82253	82253	54030	54030	685	685	–54
82253	82253	54030	54030	685	685	–54

7—7 续表9

单位:万元 （2020）

指 标	Item	个人资本 Personal Capitals
按国民经济行业分(2017)	**Grouped by Sector(2017)**	
房屋建筑业	House Building	196378
土木工程建筑业	Civil Engineering	152672
建筑安装业	Construction Installation	8693
建筑装饰、装修和其他建筑业	Construction, Decoration and Other Construction	10026
按控股情况分	**Grouped by Controlling Stake**	
国有控股	State-owned	1726
集体控股	Collective-owned	20
私人控股	Private	366023
外商控股	Foreign	
按企业规模分	**Grouped by Enterprises Scale**	
大型	Large-Scale	29423
中型	Medium-Scale	124848
小型	Small-Scale	181456
微型	Miniatrue	32043
按企业资质等级分	**Grouped by Qualification Criteria**	
施工总承包	General Contractors	314758
特 级	Special Grade	
一 级	First Grade	49247
二 级	Second Grade	198417
三级及以下	Third Grade and Below	67094
专业承包	Professional Contractors	53011
一 级	First Grade	14738
二 级	Second Grade	20037
三级及以下	Third Grade and Below	18235

continued

(10 000 yuan)

营业收入 Business Revenue	主营业务收入 Revenue from Principal Business	营业成本 Business Costs	主营业务成本 Costs of Principal Business	税金及附加 Taxes and surcharges	主营业务税金及附加 Taxes and Other Charges on Principal Business	其他业务利润 Profits from Other Businesses
2816183	2794373	2676760	2651592	12925	12798	1431
2174578	2163190	1990651	1982892	7591	7342	6043
67430	66566	59298	58882	317	280	146
143185	142379	134219	133670	907	899	217
1611786	1609571	1540675	1530544	5490	5280	519
115699	114578	107093	104045	578	578	264
3391638	3360106	3159129	3138417	14987	14776	7108
82253	82253	54030	54030	685	685	-54
1666421	1659943	1548978	1542591	6024	5834	4561
1769799	1763611	1675467	1666475	7464	7443	347
1716876	1695203	1592585	1574420	8014	7847	2709
48281	47751	43898	43551	237	194	221
4683998	4651457	4383042	4350496	18982	18616	7358
175195	175195	167994	167994	600	600	
1843530	1833563	1730759	1724323	6851	6661	4827
1862063	1848310	1745700	1726545	7757	7623	1695
803210	794389	738590	731634	3773	3733	835
517378	515051	477885	476540	2759	2703	479
121537	120515	113401	112749	799	797	8
325429	324218	300757	300159	1733	1686	457
70413	70318	63727	63632	226	220	15

7—7 续表10

单位:万元 (2020)

指 标	Item	销售费用 Selling Costs	管理费用 Management Costs
总 计	**Total**	**9566**	**155368**
一、二级企业	First and Second Grade	5458	122799
按地区分	**Grouped by County**		
市 区	City	8749	131684
兴庆区	Xingqing	5308	60064
西夏区	Xixia	16	7691
金凤区	Jinfeng	3425	63929
永宁县	Yongning	465	3519
贺兰县	Helan	335	14800
灵武市	Lingwu	17	5366
按登记注册类型分	**Grouped by Status of Registration**		
内资企业	Domestic Funded	9566	152294
国有企业	State-owned Enterprises	38	3801
集体企业	Collective-owned Enterprises		319
有限责任公司	Limited Liabilities Corporations	758	50625
国有独资公司	State Sole Funded Corporations	412	30290
其他有限责任公司	Other Limited Liabilities Corporations	346	20335
股份有限公司	Share-holding Corporations Limited		88
私营企业	Private Enterprises	8771	97462
私营有限责任公司	Private Limited Liabilities Corporations	8616	91654
私营股份有限公司	Private Share-holding Corporations Ltd.	154	5808
外商投资企业	Foreign Funded		3074
中外合资经营企业	Domestic and Foreign Joint Funded Enterprises		3074

continued

(10 000 yuan)

研发费用 Research and development costs	财务费用 Financial Costs			资产减值损失 Empairment of Assets	公允价值变动收益 Income from changes in fair value	投资收益 Investment income	其他收益 Other Income
		利息收入 Interest Income	利息支出 Interest Expense				
26824	**22133**	**1537**	**13395**	**12576**	**0**	**12159**	**1201**
24436	18821	1373	10671	9676		11857	876
26552	17291	1688	10393	12692	0	12035	1148
21786	8242	933	5954	3686	0	-1161	1057
398	186	59	148	214		0	3
4367	8863	696	4291	8792		13196	88
	468		0				
272	4009	-61	2911	-45		124	51
	365	-90	91	-71			2
26824	18778	1537	13395	12579	0	12159	1201
	86	17	102	2			
	81						
22061	6041	304	3671	316		-1148	357
21554	4136	286	3346	-41		-1388	344
506	1905	19	325	356		239	12
	2						
4764	12569	1215	9623	12261	0	13307	845
3712	12346	758	9049	3936	0	382	806
1051	222	457	574	8325		12925	39
	3355			-3			
	3355			-3			

7—7 续表11

单位:万元 (2020)

指 标	Item	销售费用 Selling Costs	管理费用 Management Costs
按国民经济行业分(2017)	**Grouped by Sector(2017)**		
房屋建筑业	House Building	4317	77351
土木工程建筑业	Civil Engineering	4000	65409
建筑安装业	Construction Installation	387	7920
建筑装饰、装修和其他建筑业	Construction, Decoration and Other Construction	861	4688
按控股情况分	**Grouped by Controlling Stake**		
国有控股	State-owned	449	34867
集体控股	Collective-owned	7	7700
私人控股	Private	9109	109727
外商控股	Foreign		3074
按企业规模分	**Grouped by Enterprises Scale**		
大型	Large-Scale	131	30553
中型	Medium-Scale	2848	53418
小型	Small-Scale	5843	66548
微型	Miniatrue	744	4849
按企业资质等级分	**Grouped by Qualification Criteria**		
施工总承包	General Contractors	7777	127415
特 级	Special Grade		3306
一 级	First Grade	568	34438
二 级	Second Grade	3603	62054
三级及以下	Third Grade and Below	3606	27617
专业承包	Professional Contractors	1789	27953
一 级	First Grade	140	5088
二 级	Second Grade	1147	17913
三级及以下	Third Grade and Below	502	4952

continued

(10 000 yuan)

研发费用 Research and development costs	财务费用 Financial Costs	利息收入 Interest Income	利息支出 Interest Expense	资产减值损失 Empairment of Assets	公允价值变动收益 Income from changes in fair value	投资收益 Investment income	其他收益 Other Income
3719	12791	335	9418	3374	0	–18	679
21829	7403	772	2836	9021		12164	203
1085	1173	9	164				
190	766	422	978	181		14	320
21744	4243	302	3469	15		–1387	348
	19	73		303		240	6
5080	14517	1162	9927	12261	0	13307	847
	3355			–3			
22182	7590	706	3683	7887		11538	373
1321	7269	51	4727	1255		514	16
3321	6689	707	4730	3434	0	108	813
	586	73	255				
25359	18917	990	11131	12163	0	12481	708
1434	539	3	420	–452			35
21678	6041	785	4490	8904		11755	337
240	9299	50	3681	811		423	9
2008	3038	152	2540	2900	0	303	325
1465	3216	547	2265	413		–322	494
190	330	1	107	54			320
894	2612	535	1974	359		–322	174
381	274	12	184				

7—7 续表12

单位:万元 （2020）

指 标	Item	营业利润 Business Profits	营业外收入 Income Expect Business
总 计	**Total**	**122870**	**8570**
一、二级企业	First and Second Grade	97552	6628
按地区分	**Grouped by County**		
市 区	City	122993	5561
兴庆区	Xingqing	37154	2913
西夏区	Xixia	3906	325
金凤区	Jinfeng	81933	2323
永宁县	Yongning	-2241	1503
贺兰县	Helan	822	1403
灵武市	Lingwu	1295	102
按登记注册类型分	**Grouped by Status of Registration**		
内资企业	Domestic Funded	101811	8396
国有企业	State-owned Enterprises	3870	121
集体企业	Collective-owned Enterprises	-105	
有限责任公司	Limited Liabilities Corporations	11613	3700
国有独资公司	State Sole Funded Corporations	7258	2444
其他有限责任公司	Other Limited Liabilities Corporations	4354	1255
股份有限公司	Share-holding Corporations Limited	22	0
私营企业	Private Enterprises	86411	4575
私营有限责任公司	Private Limited Liabilities Corporations	55671	4567
私营股份有限公司	Private Share-holding Corporations Ltd.	30740	8
外商投资企业	Foreign Funded	21059	174
中外合资经营企业	Domestic and Foreign Joint Funded Enterprises	21059	174

continued

(10 000 yuan)

营业外支出 Expenses Expect Business	利润总额 Total Profits	所得税费用 Income Tax Expense	应付职工薪酬(本年贷方累计发生额) Deal with Wages (volume of gredit side)	应交增值税 Value Added Tax Payable	在境外完成的营业收入 Overseas Revenues	亏损企业数(个) Number of loss-making Enterprises (pieces)
7380	**124069**	**26723**	**357224**	**121612**	**55474**	**123**
5178	99011	22323	267355	99173	49691	72
5117	123447	23401	316764	109640	49274	99
2487	37580	7661	174689	56087	21479	46
158	4073	1046	31332	10032		3
2472	81794	14694	110743	43520	27795	50
1374	-2111	336	2697	1003		6
431	1795	2368	30085	7199	4596	11
458	939	618	7679	3771	1605	7
7203	103013	21540	349978	117087	55474	123
131	3860	946	11109	2698		
20	-125		662	168		1
1643	13666	6849	107627	46181	18535	13
676	9027	3936	67117	29438	16931	2
967	4639	2913	40510	16743	1605	11
4	18		64	21		
5405	85594	13745	230516	68019	36938	109
5310	54942	11067	226863	67768	36938	108
95	30653	2678	3653	250		1
176	21056	5182	7246	4526		
176	21056	5182	7246	4526		

7—7 续表13

单位:万元 (2020)

指 标	Item	营业利润 Business Profits	营业外收入 Income Expect Business
按国民经济行业分(2017)	**Grouped by Sector(2017)**		
房屋建筑业	House Building	35748	3426
土木工程建筑业	Civil Engineering	85831	4662
建筑安装业	Construction Installation	-1611	352
建筑装饰、装修和其他建筑业	Construction, Decoration and Other Construction	2902	130
按控股情况分	**Grouped by Controlling Stake**		
国有控股	State-owned	11221	2571
集体控股	Collective-owned	2009	644
私人控股	Private	88581	5182
外商控股	Foreign	21059	174
按企业规模分	**Grouped by Enterprises Scale**		
大型	Large-Scale	59318	2219
中型	Medium-Scale	28632	2597
小型	Small-Scale	35751	2586
微型	Miniatrue	-831	1168
按企业资质等级分	**Grouped by Qualification Criteria**		
施工总承包	General Contractors	117459	7135
特 级	Special Grade	964	38
一 级	First Grade	51904	3198
二 级	Second Grade	40040	2231
三级及以下	Third Grade and Below	24552	1669
专业承包	Professional Contractors	5411	1435
一 级	First Grade	1856	88
二 级	Second Grade	2789	1073
三级及以下	Third Grade and Below	767	273

continued

(10 000 yuan)

营业外支出 Expenses Expect Business	利润总额 Total Profits	所得税费用 Income Tax Expense	应付职工薪酬(本年贷方累计发生额) Deal with Wages (volume of gredit side)	应交增值税 Value Added Tax Payable	在境外完成的营业收入 Overseas Revenues	亏损企业数(个) Number of loss-making Enterprises (pieces)
2813	36375	10513	239171	83368	38258	61
4035	86454	15497	104745	31738	16931	41
120	-1379	157	5428	1865		10
412	2620	555	7882	4641	284	11
875	12917	4904	79500	32811	16931	3
230	2419	1315	14660	2774		2
6099	87677	15321	255818	81502	38543	118
176	21056	5182	7246	4526		
898	60639	11388	66253	29325	16931	
2442	28787	8306	123876	41825	20230	14
2567	35779	6926	162430	49181	13256	77
1473	-1136	102	4666	1281	5057	32
6332	118275	24565	324842	105946	35846	91
19	983	269	8774	10048		
1068	54034	8710	85827	26226	16931	2
3126	39159	11342	145424	48339	13132	45
2119	24101	4244	84818	21333	5783	44
1047	5794	2157	32382	15666	19627	32
348	1595	334	5012	4179		1
617	3241	1667	22319	10381	19627	24
82	958	156	5052	1106		7

7—8 建筑业总产值(市区)

单位:万元 (2020)

指 标	Item	企业数(个) Number of Enterprises (unit)	有工作量的企业数 Number of Workload Enterprises
总 计	**Total**	**408**	**341**
一、二级企业	First and Second Grade	256	218
按地区分	**Grouped by County**		
兴庆区	Xingqing	191	163
西夏区	Xixia	17	14
金凤区	Jinfeng	200	164
按登记注册类型分	**Grouped by Status of Registration**		
内资企业	Domestic Funded	407	340
国有企业	State-owned Enterprises	7	6
有限责任公司	Limited Liabilities Corporations	53	42
国有独资公司	State Sole Funded Corporations	19	16
其他有限责任公司	Other Limited Liabilities Corporations	34	26
股份有限公司	Share-holding Corporations Limited	2	1
私营企业	Private Enterprises	345	291
私营有限责任公司	Private Limited Liabilities Corporations	341	287
私营股份有限公司	Private Share-holding Corporations Ltd.	4	4
外商投资企业	Foreign Funded	1	1
中外合资经营企业	Domestic and Foreign Joint Funded Enterprises	1	1

Total Output Value of Construction(City)

(10 000 yuan)

建筑业总产值 Total Output Value of Construction	装配式建筑工程产值 Production value of prefabricated construction projects	装饰装修产值 Output Value of Decoration	在外省完成的产值 Output Value of Completed Outside the Province	建筑工程产值 Output Value of Construction	安装工程产值 Output Value of Installation	其他产值 Others	竣工产值 Output Value of Construction Completed
4220791	**51523**	**40471**	**871180**	**3606735**	**539479**	**74577**	**2217541**
3878682	44678	39253	851134	3320209	490001	68472	2087652
2344897	7901	9816	665069	1937841	389491	17565	1084259
293036		8750	31878	281555	4094	7387	284950
1582858	43622	21906	174233	1387339	145894	49626	848332
4206631	51523	40471	857019	3592574	539479	74577	2217541
120552			16736	60836	54608	5108	106159
1928970	44622	10305	583763	1530643	389073	9254	1041142
1482748	1000		567793	1177339	298508	6900	673289
446222	43622	10305	15970	353304	90565	2354	367853
159851			28241	155430		4420	7493
1997258	6901	30166	228278	1845665	95798	55795	1062748
1903329	6901	30166	147854	1759815	87719	55795	1046787
93929			80424	85850	8079		15961
14161			14161	14161			
14161			14161	14161			

7—8 续表1

单位:万元 （2020）

指　标	Item	企业数（个）Number of Enterprises（unit）	有工作量的企业数 Number of Workload Enterprises
按国民经济行业分(2017)	**Grouped by Sector(2017)**		
房屋建筑业	House Building	189	160
土木工程建筑业	Civil Engineering	142	124
建筑安装业	Construction Installation	40	31
建筑装饰、装修和其他建筑业	Construction, Decoration and Other Construction	37	26
按控股情况分	**Grouped by Controlling Stake**		
国有控股	State-owned	28	23
集体控股	Collective-owned	4	3
私人控股	Private	375	314
外商控股	Foreign	1	1
按企业规模分	**Grouped by Enterprises Scale**		
大型	Large-Scale	9	9
中型	Medium-Scale	69	67
小型	Small-Scale	247	217
微型	Miniatrue	83	48
按企业资质等级分	**Grouped by Qualification Criteria**		
施工总承包	General Contractors	289	248
特　级	Special Grade	1	1
一　级	First Grade	19	18
二　级	Second Grade	144	126
三级及以下	Third Grade and Below	125	103
专业承包	Professional Contractors	119	93
一　级	First Grade	16	14
二　级	Second Grade	76	59
三级及以下	Third Grade and Below	27	20

continued

(10 000 yuan)

建筑业总产值 Total Output Value of Construction	装配式建筑工程产值 Production value of prefabricated construction projects	装饰装修产值 Output Value of Decoration	在外省完成的产值 Output Value of Completed Outside the Province	建筑工程产值 Output Value of Construction	安装工程产值 Output Value of Installation	其他产值 Others	竣工产值 Output Value of Construction Completed
2185443	51467	10044	135716	2133973	30358	21112	1431474
1934329	56		730576	1405886	482586	45857	734632
52842			2357	28512	21765	2565	28224
48178		30427	2531	38364	4770	5043	23211
1612050	1000	8750	584633	1246925	353117	12008	780339
86344				2416	83928		56708
2508237	50523	31721	272387	2343233	102435	62569	1380495
14161			14161	14161			
1623555	1000		661639	1322516	296618	4420	632150
1827230	43622	8604	172030	1607110	173241	46879	1204460
731549	56	30177	36249	652705	56255	22590	373290
38457	6845	1691	1262	24404	13365	688	7641
3947627	51523	7756	830397	3446628	449222	51777	2088842
182484			24486	182484			49913
2158031	44622	2076	657924	1856223	297387	4420	1095078
1298946	56	4462	128446	1144292	113363	41291	831250
308166	6845	1218	19542	263629	38472	6065	112602
273165		32715	40782	160107	90257	22801	128699
127698		19296	35780	65455	62032	212	37981
111524		13419	4498	71755	17219	22550	73431
33943			504	22897	11007	40	17287

7—9 建筑业合同签订及承包工程完成情况(市区)

单位:万元 (2020)

指标	Item	签订的合同额 Total Value of Contracts	上年结转合同额 Value from Contracts Signed in Last Year
总 计	**Total**	**7515416**	**2350325**
一、二级企业	First and Second Grade	6972727	2207936
按地区分	**Grouped by County**		
兴庆区	Xingqing	4410016	1230630
西夏区	Xixia	536335	192288
金凤区	Jinfeng	2569065	927407
按登记注册类型分	**Grouped by Status of Registration**		
内资企业	Domestic Funded	7433162	2350325
国有企业	State-owned Enterprises	214667	87626
有限责任公司	Limited Liabilities Corporations	3513073	1229714
国有独资公司	State Sole Funded Corporations	2873743	978320
其他有限责任公司	Other Limited Liabilities Corporations	639330	251394
股份有限公司	Share-holding Corporations Limited	491773	
私营企业	Private Enterprises	3213649	1032985
私营有限责任公司	Private Limited Liabilities Corporations	3062023	902503
私营股份有限公司	Private Share-holding Corporations Ltd.	151626	130482
外商投资企业	Foreign Funded	82253	
中外合资经营企业	Domestic and Foreign Joint Funded Enterprises	82253	

Contracts Signed and Completion of Contracted Projects by Construction Enterprises (City)

(10 000 yuan)

本年新签合同额 Value from New ContractsSigned in This Year	直接从建设单位承揽工程完成的产值 Completed Output Value of Projects Contracted Directly from Investors	自行完成施工产值 Own– completed Output Value	分包出去工程的产值 Output Value of Out–sourced Projects	从建设单位以外承揽工程完成的产值 Completed Output Value of Projects Contracted from Non–investors
5165091	**4269242**	**4185689**	**83553**	**35102**
4764791	3934477	3853807	80669	24875
3179386	2343510	2339815	3695	5082
344047	291868	289444	2424	3591
1641658	1633864	1556429	77434	26429
5082837	4186989	4171528	15460	35102
127041	120552	120552		
2283359	1925200	1916801	8399	12169
1895423	1485548	1482748	2800	
387936	439652	434053	5599	12169
491773	159851	159851		
2180664	1981386	1974325	7061	22933
2159520	1892664	1885603	7061	17726
21144	88722	88722		5208
82253	82253	14161	68093	
82253	82253	14161	68093	

7—9 续表1

单位:万元 （2020）

指 标	Item	签订的合同额 Total Value of Contracts	上年结转合同额 Value from Contracts Signed in Last Year
按国民经济行业分(2017)	**Grouped by Sector(2017)**		
房屋建筑业	House Building	3635012	1236881
土木工程建筑业	Civil Engineering	3740922	1073460
建筑安装业	Construction Installation	72794	22837
建筑装饰、装修和其他建筑业	Construction, Decoration and Other Construction	66687	17147
按控股情况分	**Grouped by Controlling Stake**		
国有控股	State-owned	3099890	1068742
集体控股	Collective-owned	114534	25870
私人控股	Private	4218738	1255713
外商控股	Foreign	82253	
按企业规模分	**Grouped by Enterprises Scale**		
大型	Large-Scale	3412007	1055139
中型	Medium-Scale	2838546	930184
小型	Small-Scale	1194972	340629
微型	Miniatrue	69891	24374
按企业资质等级分	**Grouped by Qualification Criteria**		
施工总承包	General Contractors	7121599	2238594
特 级	Special Grade	310963	127749
一 级	First Grade	4163017	1355450
二 级	Second Grade	2148156	623017
三级及以下	Third Grade and Below	499462	132378
专业承包	Professional Contractors	393817	111731
一 级	First Grade	209177	72356
二 级	Second Grade	141414	29364
三级及以下	Third Grade and Below	43227	10011

continued

(10 000 yuan)

本年新签合同额 Value from New ContractsSigned in This Year	直接从建设单位承揽工程完成的产值 Completed Output Value of Projects Contracted Directly from Investors	自行完成施工产值 Own- completed Output Value	分包出去工程的产值 Output Value of Out-sourced Projects	从建设单位以外承揽工程完成的产值 Completed Output Value of Projects Contracted from Non-investors
2398131	2174730	2174474	256	10969
2667463	1995627	1915462	80165	18867
49957	50122	49999	123	2843
49540	48762	45754	3008	2424
2031148	1614850	1612050	2800	
88664	82011	77772	4239	8572
2963026	2490128	2481707	8422	26530
82253	82253	14161	68093	
2356868	1691648	1623555	68093	
1908362	1814959	1810721	4239	16509
854343	724772	713601	11171	17949
45517	37863	37813	51	645
4883005	3996027	3917201	78826	30425
183215	182484	182484		
2807567	2155301	2155301		2730
1525139	1358564	1281026	77538	17920
367084	299679	298391	1288	9775
282086	273215	268488	4727	4677
136820	127524	127524		174
112050	110604	107473	3131	4051
33216	35087	33491	1596	453

7—10 房屋建筑施工面积及竣工面积(市区)

单位:平方米 (2020)

指 标	Item	房屋建筑施工面积 Floor Space of Buildings under Construction	本年新开工面积 Floor Space of New Buildings in This Year
总 计	**Total**	**14027792**	**6366935**
一、二级企业	First and Second Grade	13809664	6230750
按地区分	**Grouped by County**		
兴庆区	Xingqing	5940129	2475798
西夏区	Xixia	2625238	1332355
金凤区	Jinfeng	5462425	2558782
按登记注册类型分	**Grouped by Status of Registration**		
内资企业	Domestic Funded	14027792	6366935
国有企业	State-owned Enterprises	187957	174982
有限责任公司	Limited Liabilities Corporations	9312590	3961935
国有独资公司	State Sole Funded Corporations	6619370	2712967
其他有限责任公司	Other Limited Liabilities Corporations	2693220	1248968
股份有限公司	Share-holding Corporations Limited	39693	27401
私营企业	Private Enterprises	4487552	2202617
私营有限责任公司	Private Limited Liabilities Corporations	4385314	2100379
私营股份有限公司	Private Share-holding Corporations Ltd.	102238	102238
外商投资企业	Foreign Funded		
中外合资经营企业	Domestic and Foreign Joint Funded Enterprises		

Floor Space of Buildings Constructed and Completed(City)

(sq.m)

房屋建筑竣工面积 Floor Space of Buildings Completed	住宅房屋 Residence	商业及服务用房屋 Business and Service	商厦房屋（批发和零售用房） Commercial (wholesale and retail trade)	宾馆用房屋（住宿用房） Hotel (hoteling)	餐饮用房屋（餐饮用房） Catering (catering services)	商务会展用房屋 Commercial Exhibition	其他商业及服务用房屋（居民服务业用房） Other Business and Service(other services)
4837526	**2236408**	**293169**	**147182**	**213**	**3144**	**15665**	**126965**
4759512	2179061	273121	128412	213	3144	15665	125687
1868656	1021285	81414	26618			7441	47355
1069887	280292	83265			3144	8224	71897
1898983	934831	128490	120564	213			7713
4837526	2236408	293169	147182	213	3144	15665	126965
432146	135669						
3168649	1195842	246196	109423		3144	8224	125405
1852095	629596	116752	22406		3144	8224	82978
1316554	566246	129444	87017				42427
27401							
1209330	904897	46973	37759	213		7441	1560
1209330	904897	46973	37759	213		7441	1560

7—10 续表1

单位:平方米 （2020）

指 标	Item	房屋建筑施工面积 Floor Space of Buildings under Construction	本年新开工面积 Floor Space of New Buildings in This Year
按国民经济行业分(2017)	**Grouped by Sector(2017)**		
房屋建筑业	House Building	13053495	5822752
土木工程建筑业	Civil Engineering	974297	544183
建筑安装业	Construction Installation		
建筑装饰、装修和其他建筑业	Construction, Decoration and Other Construction		
按控股情况分	**Grouped by Controlling Stake**		
国有控股	State-owned	6807327	2887949
集体控股	Collective-owned		
私人控股	Private	7220465	3478986
外商控股	Foreign		
按企业规模分	**Grouped by Enterprises Scale**		
大型	Large-Scale	6001532	2416393
中型	Medium-Scale	6923821	3383741
小型	Small-Scale	973696	566801
微型	Miniatrue	128743	
按企业资质等级分	**Grouped by Qualification Criteria**		
施工总承包	General Contractors	13608184	6213262
特 级	Special Grade	938366	272989
一 级	First Grade	8474139	3981537
二 级	Second Grade	3977551	1822551
三级及以下	Third Grade and Below	218128	136185
专业承包	Professional Contractors	419608	153673
一 级	First Grade	2975	
二 级	Second Grade	416633	153673
三级及以下	Third Grade and Below		

continued

(sq.m)

房屋建筑竣工面积 Floor Space of Buildings Completed	住宅房屋 Residence	商业及服务用房屋 Business and Service	商厦房屋（批发和零售用房） Commercial (wholesale and retail trade)	宾馆用房屋（住宿用房） Hotel (hoteling)	餐饮用房屋（餐饮用房） Catering (catering services)	商务会展用房屋 Commercial Exhibition	其他商业及服务用房屋（居民服务业用房） Other Business and Service (other services)
4625899	2236408	292588	146937		3144	15665	126842
210653							
56							
918		581	245	213			123
2284241	765265	116752	22406		3144	8224	82978
2553285	1471143	176417	124776	213		7441	43987
1695454	447454	116752	22406		3144	8224	82978
2964583	1659386	155629	105761			7441	42427
177489	129568	20788	19015	213			1560
4550249	1965115	292588	146937		3144	15665	126842
240291	131197	21711	14558				7153
2879722	919116	211394	94865		3144	15665	97720
1352222	857455	39435	18744				20691
78014	57347	20048	18770				1278
287277	271293	581	245	213			123
287277	271293	581	245	213			123

7—10 续表2

单位:平方米　　　　　　　　　　　　　　　　　　　　　　　　　　　　　　　　　　　　(2020)

指　标	Item	办公用房屋 Offices	科研、教育、医疗用房屋 Scientific Research, Education and Medica
总　　计	**Total**	**78849**	**412084**
一、二级企业	First and Second Grade	78849	412084
按地区分	**Grouped by County**		
兴庆区	Xingqing	18729	230981
西夏区	Xixia	23337	87282
金凤区	Jinfeng	36783	93821
按登记注册类型分	**Grouped by Status of Registration**		
内资企业	Domestic Funded	78849	412084
国有企业	State-owned Enterprises		
有限责任公司	Limited Liabilities Corporations	35089	316988
国有独资公司	State Sole Funded Corporations	35033	316988
其他有限责任公司	Other Limited Liabilities Corporations	56	
股份有限公司	Share-holding Corporations Limited	2816	
私营企业	Private Enterprises	40944	95096
私营有限责任公司	Private Limited Liabilities Corporations	40944	95096
私营股份有限公司	Private Share-holding Corporations Ltd.		
外商投资企业	Foreign Funded		
中外合资经营企业	Domestic and Foreign Joint Funded Enterprises		

continued

(sq.m)

科学研究用房屋 Scientific Research	教育用房屋 Education	医疗用房屋（卫生医疗用房） Medical (health and medical)	文化、体育、娱乐用房屋 Culture, Sports and Entertainment	厂房及建筑物 Workshop and Buildings	#厂房 Workshop	仓库 Warehouse	其他未列明的房屋建筑物 Other Buildings
45980	**270493**	**95611**	**41209**	**1077212**	**1012216**	**37705**	**660890**
45980	270493	95611	41209	1076593	1012216	37705	660890
1821	189069	40091	23754	412657	384463	24886	54950
12072	54290	20920	7519	150300	126324	8669	429223
32087	27134	34600	9936	514255	501429	4150	176717
45980	270493	95611	41209	1077212	1012216	37705	660890
				299	299		296178
13893	216444	86651	35226	965992	940116	22003	351313
13893	216444	86651	7519	533761	507885	8669	203777
			27707	432231	432231	13334	147536
				24585			
32087	54049	8960	5983	86336	71801	15702	13399
32087	54049	8960	5983	86336	71801	15702	13399

7—10 续表3

单位:平方米 （2020）

指 标	Item	办公用房屋 Offices	科研、教育、医疗用房屋 Scientific Research, Education and Medica
按国民经济行业分(2017)	**Grouped by Sector(2017)**		
房屋建筑业	House Building	75977	307363
土木工程建筑业	Civil Engineering	2816	104492
建筑安装业	Construction Installation	56	
建筑装饰、装修和其他建筑业	Construction, Decoration and Other Construction		229
按控股情况分	**Grouped by Controlling Stake**		
国有控股	State-owned	35033	316988
集体控股	Collective-owned		
私人控股	Private	43816	95096
外商控股	Foreign		
按企业规模分	**Grouped by Enterprises Scale**		
大型	Large-Scale	37849	316988
中型	Medium-Scale	33979	87429
小型	Small-Scale	7021	7667
微型	Miniatrue		
按企业资质等级分	**Grouped by Qualification Criteria**		
施工总承包	General Contractors	69691	409062
特 级	Special Grade		38084
一 级	First Grade	40959	301419
二 级	Second Grade	28732	69559
三级及以下	Third Grade and Below		
专业承包	Professional Contractors	9158	3022
一 级	First Grade		
二 级	Second Grade	9158	3022
三级及以下	Third Grade and Below		

continued

(sq.m)

科学研究用房屋 Scientific Research	教育用房屋 Education	医疗用房屋（卫生医疗用房） Medical （health and medical）	文化、体育、娱乐用房屋 Culture, Sports and Entertainment	厂房及建筑物 Workshop and Buildings	#厂房 Workshop	仓库 Warehouse	其他未列明的房屋建筑物 Other Buildings
45980	166001	95382	41101	973867	936216	37705	660890
	104492			103345	76000		
		229	108				
13893	216444	86651	7519	534060	508184	8669	499955
32087	54049	8960	33690	543152	504032	29036	160935
13893	216444	86651	7519	556446	507885	8669	203777
32087	48027	7315	31052	515940	503531	29036	452132
	6022	1645	2638	4826	800		4981
45980	267700	95382	38186	1077212	1012216	37705	660690
	12444	25640		25299	25299		24000
13893	226515	61011	35226	1010740	962179	33555	327313
32087	28741	8731	2960	40554	24738	4150	309377
				619			
	2793	229	3023				200
	2793	229	3023				200

7—11 房屋建筑竣工价值(市区)

单位:万元 (2020)

指标	Item	竣工房屋价值 Output Value of Buildings Completed	住宅房屋 Residence
总　计	**Total**	**286381**	**66699**
一、二级企业	First and Second Grade	276766	56813
按地区分	**Grouped by County**		
兴庆区	Xingqing	118890	23067
西夏区	Xixia	57263	20760
金凤区	Jinfeng	110228	22871
按登记注册类型分	**Grouped by Status of Registration**		
内资企业	Domestic Funded	286381	66699
国有企业	State-owned Enterprises	27975	
有限责任公司	Limited Liabilities Corporations	156901	51747
国有独资公司	State Sole Funded Corporations	75837	30890
其他有限责任公司	Other Limited Liabilities Corporations	81063	20857
股份有限公司	Share-holding Corporations Limited		
私营企业	Private Enterprises	101505	14952
私营有限责任公司	Private Limited Liabilities Corporations	101505	14952
私营股份有限公司	Private Share-holding Corporations Ltd.		
外商投资企业	Foreign Funded		
中外合资经营企业	Domestic and Foreign Joint Funded Enterprises		

Output Value of Floor Space of Buildings Completed(City)

(10 000 yuan)

商业及服务用房屋 Business and Service	商厦房屋（批发和零售用房）Commercial (wholesale and retail trade)	宾馆用房屋（住宿用房）Hotel (hoteling)	餐饮用房屋（餐饮用房）Catering (catering services)	商务会展用房屋 Commercial Exhibition	其他商业及服务用房屋（居民服务业用房）Other Business and Service (other services)	办公用房屋 Offices
30546	**950699**	**21**	**1008**	**4859**	**30264**	**23820**
20810	930999	21	1008	4859	30115	23820
10696	332375			1952	10419	6095
	272955		1008	2907	16845	10922
19850	345370	21			3000	6802
30546	950699	21	1008	4859	30264	23820
	75083					
17764	695934		1008	2907	30068	15362
5871	427853		1008	2907	21104	15320
11893	268081				8963	42
	7493					752
12782	172189	21		1952	196	7707
12782	172189	21		1952	196	7707

7—11 续表1

单位:万元 (2020)

指标	Item	竣工房屋价值 Output Value of Buildings Completed	住宅房屋 Residence
按国民经济行业分(2017)	**Grouped by Sector(2017)**		
房屋建筑业	House Building	286381	66640
土木工程建筑业	Civil Engineering		
建筑安装业	Construction Installation		
建筑装饰、装修和其他建筑业	Construction, Decoration and Other Construction		58
按控股情况分	**Grouped by Controlling Stake**		
国有控股	State-owned	103812	30890
集体控股	Collective-owned		
私人控股	Private	182568	35809
外商控股	Foreign		
按企业规模分	**Grouped by Enterprises Scale**		
大型	Large-Scale	71645	30890
中型	Medium-Scale	192007	25830
小型	Small-Scale	22728	9978
微型	Miniatrue		
按企业资质等级分	**Grouped by Qualification Criteria**		
施工总承包	General Contractors	275596	66640
特　级	Special Grade	19920	7815
一　级	First Grade	141952	43024
二　级	Second Grade	104109	5917
三级及以下	Third Grade and Below	9615	9885
专业承包	Professional Contractors	10785	58
一　级	First Grade		
二　级	Second Grade	10785	58
三级及以下	Third Grade and Below		

continued

(10 000 yuan)

商业及服务用房屋 Business and Service	商厦房屋（批发和零售用房） Commercial (wholesale and retail trade)	宾馆用房屋（住宿用房） Hotel (hoteling)	餐饮用房屋（餐饮用房） Catering (catering services)	商务会展用房屋 Commercial Exhibition	其他商业及服务用房屋（居民服务业用房） Other Business and Service (other services)	办公用房屋 Offices
30521	861228		1008	4859	30252	23026
	89315					752
	42					42
25	115	21			12	
5871	502936		1008	2907	21104	15320
24675	447763	21		1952	9160	8500
5871	429783		1008	2907	21104	16071
14915	480391			1952	8963	7055
9761	40525	21			196	694
30521	937189		1008	4859	30252	23278
4911	49913				2904	
12853	673581		1008	4859	24303	17180
3021	193995				2896	6098
9736	19700				149	
25	13510	21			12	542
25	13510	21			12	542

7—11 续表2

单位:万元　　　(2020)

指　标	Item	科研、教育、医疗用房屋 Scientific Research, Education and Medical
总　计	**Total**	**166590**
一、二级企业	First and Second Grade	166590
按地区分	**Grouped by County**	
兴庆区	Xingqing	98136
西夏区	Xixia	47562
金凤区	Jinfeng	20892
按登记注册类型分	**Grouped by Status of Registration**	
内资企业	Domestic Funded	166590
国有企业	State-owned Enterprises	
有限责任公司	Limited Liabilities Corporations	145587
国有独资公司	State Sole Funded Corporations	145587
其他有限责任公司	Other Limited Liabilities Corporations	
股份有限公司	Share-holding Corporations Limited	
私营企业	Private Enterprises	21004
私营有限责任公司	Private Limited Liabilities Corporations	21004
私营股份有限公司	Private Share-holding Corporations Ltd.	
外商投资企业	Foreign Funded	
中外合资经营企业	Domestic and Foreign Joint Funded Enterprises	

continued

(10 000 yuan)

科学研究用房屋 Scientific Research	教育用房屋 Education	医疗用房屋（卫生医疗用房）Medical(health and medical)	文化、体育、娱乐用房屋 Culture, Sports and Entertainment	厂房及建筑物 Workshop and Buildings	#厂房 Workshop	仓库 Warehouse	其他未列明的房屋建筑物 Other Buildings
11719	**123763**	**31109**	**12401**	**239719**	**217907**	**7667**	**147423**
11719	123763	31109	12401	239519	217907	7667	147423
1386	84924	11826	6780	57342	47057	4754	17310
6235	31457	9870	2297	36950	29203	1642	95558
4097	7382	9412	3324	145427	141647	1270	34554
11719	123763	31109	12401	239719	217907	7667	147423
				122	122		46986
7621	108830	29135	10614	212433	203315	5126	98166
7621	108830	29135	2297	86968	77850	1642	69313
			8317	125465	125465	3484	28853
				6741			
4097	14933	1973	1787	20423	14470	2541	2272
4097	14933	1973	1787	20423	14470	2541	2272

7—11 续表3

单位:万元 (2020)

指　标	Item	科研、教育、医疗用房屋 Scientific Research, Education and Medical
按国民经济行业分(2017)	**Grouped by Sector(2017)**	
房屋建筑业	House Building	108187
土木工程建筑业	Civil Engineering	58357
建筑安装业	Construction Installation	
建筑装饰、装修和其他建筑业	Construction, Decoration and Other Construction	46
按控股情况分	**Grouped by Controlling Stake**	
国有控股	State-owned	145587
集体控股	Collective-owned	
私人控股	Private	21004
外商控股	Foreign	
按企业规模分	**Grouped by Enterprises Scale**	
大型	Large-Scale	145587
中型	Medium-Scale	19039
小型	Small-Scale	1964
微型	Miniatrue	
按企业资质等级分	**Grouped by Qualification Criteria**	
施工总承包	General Contractors	165797
特　级	Special Grade	10673
一　级	First Grade	140592
二　级	Second Grade	14532
三级及以下	Third Grade and Below	
专业承包	Professional Contractors	794
一　级	First Grade	
二　级	Second Grade	794
三级及以下	Third Grade and Below	

continued

(10 000 yuan)

科学研究用房屋 Scientific Research	教育用房屋 Education	医疗用房屋(卫生医疗用房) Medical(health and medical)	文化、体育、娱乐用房屋 Culture, Sports and Entertainment	厂房及建筑物 Workshop and Buildings	# 厂房 Workshop	仓库 Warehouse	其他未列明的房屋建筑物 Other Buildings
11719	65406	31063	12390	209513	197671	7667	147423
	58357			30206	20236		
		46	11				
7621	108830	29135	2297	87090	77972	1642	116298
4097	14933	1973	10104	152630	139936	6025	31125
7621	108830	29135	2297	92338	77850	1642	69313
4097	13312	1630	9536	143668	139915	6025	77231
	1621	343	568	3713	142		879
11719	123016	31063	11391	239719	217907	7667	147101
	3234	7439		7005	7005		4500
7621	111275	21696	10614	220158	205669	6397	93666
4097	8507	1927	777	12357	5233	1270	48936
				200			
	748	46	1010				322
	748	46	1010				322

7—12 建筑业企业自有施工机械设备及劳动人员情况(市区)

(2020)

指　标	Item	年末自有施工机械设备净值(万元) Net Value of Machinery and Equipment Owned at Year-end (10 000 yuan)
总　计	**Total**	**23610**
一、二级企业	First and Second Grade	19516
按地区分	**Grouped by County**	
兴庆区	Xingqing	12823
西夏区	Xixia	317
金凤区	Jinfeng	10469
按登记注册类型分	**Grouped by Status of Registration**	
内资企业	Domestic Funded	23610
国有企业	State-owned Enterprises	2426
有限责任公司	Limited Liabilities Corporations	4720
国有独资公司	State Sole Funded Corporations	899
其他有限责任公司	Other Limited Liabilities Corporations	3821
股份有限公司	Share-holding Corporations Limited	2422
私营企业	Private Enterprises	14043
私营有限责任公司	Private Limited Liabilities Corporations	13938
私营股份有限公司	Private Share-holding Corporations Ltd.	105
外商投资企业	Foreign Funded	
中外合资经营企业	Domestic and Foreign Joint Funded Enterprises	

Machinery and Equipment Owned and Employed Persons by Construction Enterprises(City)

年末自有施工机械设备总台数(台) Number of Machinery and Equipment Owned (set)	年末自有施工机械设备总功率(千瓦) Total Power of Machinery and Equipment Owned (kW)	从事建筑业活动的平均人数(人) Average Number of People Engaged in the Construction Industry (person)	期末从业人员数(人) Number of Employed Persons at Year-end (person)	工程技术人员(人) Engineering Persons (person)	现场施工人员(人) Site Construction Persons (person)
6573	**137453**	**142257**	**73332**	**13574**	**32568**
6034	116039	126884	65427	11781	30804
3963	81668	63445	34434	6724	16296
478	6645	12184	11470	1176	7522
2132	49140	66628	27428	5674	8750
6573	137453	141757	72879	13454	32568
281	8734	2769	3830	333	657
2959	43524	41566	24000	3879	15117
896	9862	32757	20684	3069	14586
2063	33662	8809	3316	810	531
76	7102	3800	2500	500	2500
3257	78093	93622	42549	8742	14294
3255	78043	89221	41717	8499	14151
2	50	4401	832	243	143
		500	453	120	
		500	453	120	

7—12 续表1

(2020)

指 标	Item	年末自有施工机械设备净值(万元) Net Value of Machinery and Equipment Owned at Year-end (10 000 yuan)
按国民经济行业分(2017)	**Grouped by Sector(2017)**	
房屋建筑业	House Building	10562
土木工程建筑业	Civil Engineering	12981
建筑安装业	Construction Installation	30
建筑装饰、装修和其他建筑业	Construction, Decoration and Other Construction	37
按控股情况分	**Grouped by Controlling Stake**	
国有控股	State-owned	3324
集体控股	Collective-owned	1953
私人控股	Private	18333
外商控股	Foreign	
按企业规模分	**Grouped by Enterprises Scale**	
大型	Large-Scale	3086
中型	Medium-Scale	12796
小型	Small-Scale	6554
微型	Miniatrue	1173
按企业资质等级分	**Grouped by Qualification Criteria**	
施工总承包	General Contractors	20462
特 级	Special Grade	
一 级	First Grade	4643
二 级	Second Grade	12011
三级及以下	Third Grade and Below	3808
专业承包	Professional Contractors	3147
一 级	First Grade	2503
二 级	Second Grade	358
三级及以下	Third Grade and Below	286

continued

年末自有施工机械设备总台数(台) Number of Machinery and Equipment Owned (set)	年末自有施工机械设备总功率(千瓦) Total Power of Machinery and Equipment Owned (kW)	从事建筑业活动的平均人数(人) Average Number of People Engaged in the Construction Industry (person)	期末从业人员数(人) Number of Employed Persons at Year-end (person)	工程技术人员(人) Engineering Persons (person)	现场施工人员(人) Site Construction Persons (person)
3177	59286	85623	43005	7500	16940
3208	77752	52048	27516	5403	14820
56	66	2155	1406	405	449
132	349	2431	1405	266	359
1177	18596	35818	24644	3431	15302
1015	10021	1309	526	206	328
4381	108836	104630	47709	9817	16938
		500	453	120	
548	12523	37108	21174	3360	16228
4180	69660	68092	28685	5357	9380
1351	43036	35582	21843	4576	6316
494	12234	1475	1630	281	644
5718	122522	133748	66119	12355	30844
		6400	1060	445	53
1720	28698	49163	27561	4937	18311
3619	75503	64358	30719	5382	11117
379	18321	13827	6779	1591	1363
855	14931	8509	7213	1219	1724
339	8552	2328	1757	316	764
356	3286	4635	4330	701	559
160	3093	1546	1126	202	401

7—13 建筑业企业财务状况(市区)

单位:万元 (2020)

指 标	Item	年初存货 Stock
总 计	**Total**	**366250**
一、二级企业	First and Second Grade	315238
按地区分	**Grouped by County**	
兴庆区	Xingqing	136361
西夏区	Xixia	9478
金凤区	Jinfeng	220412
按登记注册类型分	**Grouped by Status of Registration**	
内资企业	Domestic Funded	363839
国有企业	State-owned Enterprises	3715
有限责任公司	Limited Liabilities Corporations	75745
国有独资公司	State Sole Funded Corporations	30024
其他有限责任公司	Other Limited Liabilities Corporations	45721
股份有限公司	Share-holding Corporations Limited	134
私营企业	Private Enterprises	284245
私营有限责任公司	Private Limited Liabilities Corporations	241295
私营股份有限公司	Private Share-holding Corporations Ltd.	42950
外商投资企业	Foreign Funded	2412
中外合资经营企业	Domestic and Foreign Joint Funded Enterprises	2412
按国民经济行业分(2017)	**Grouped by Sector(2017)**	
房屋建筑业	House Building	220420
土木工程建筑业	Civil Engineering	135355
建筑安装业	Construction Installation	6058
建筑装饰、装修和其他建筑业	Construction, Decoration and Other Construction	4418

Financial Indicators on Construction Enterprises (City)

(10 000 yuan)

资产总计 Total Funds	流动资产合计 Total Circulating Funds	应收工程款 Projects Receivable	存货 Stock
4401155	**3883017**	**1693197**	**577215**
3723893	3288508	1388074	492216
2043884	1872537	801793	199121
340352	333868	193526	26981
2016919	1676611	697877	351113
4236856	3732934	1570134	574404
146377	144823	113432	7363
1523501	1418967	489123	171617
1044289	976268	307000	72033
479213	442699	182123	99585
1290	1283	387	377
2565688	2167861	967192	395047
2245666	1997593	926006	353151
320023	170268	41186	41896
164299	150083	123063	2811
164299	150083	123063	2811
2462445	2285875	981169	391051
1762529	1444230	633949	169786
62458	56406	24376	8248
113722	96506	53704	8130

7—13 续表1

单位:万元 (2020)

指 标	Item	固定资产减值准备 Impairment of Fixed Assets
总　　计	**Total**	**1751**
一、二级企业	First and Second Grade	1616
按地区分	**Grouped by County**	
兴庆区	Xingqing	1265
西夏区	Xixia	104
金凤区	Jinfeng	383
按登记注册类型分	**Grouped by Status of Registration**	
内资企业	Domestic Funded	1751
国有企业	State-owned Enterprises	
有限责任公司	Limited Liabilities Corporations	56
国有独资公司	State Sole Funded Corporations	56
其他有限责任公司	Other Limited Liabilities Corporations	
股份有限公司	Share-holding Corporations Limited	
私营企业	Private Enterprises	1696
私营有限责任公司	Private Limited Liabilities Corporations	1696
私营股份有限公司	Private Share-holding Corporations Ltd.	
外商投资企业	Foreign Funded	
中外合资经营企业	Domestic and Foreign Joint Funded Enterprises	
按国民经济行业分(2017)	**Grouped by Sector(2017)**	
房屋建筑业	House Building	1045
土木工程建筑业	Civil Engineering	707
建筑安装业	Construction Installation	
建筑装饰、装修和其他建筑业	Construction, Decoration and Other Construction	

continued

(10 000 yuan)

固定资产原价 Original Value of Fixed Assets	房屋和购筑物 Houses and Buildings	机器设备 Machinery and Equipment
423873	**146591**	**112785**
340357	124543	80971
196700	57914	63916
10311	3598	3513
216861	85079	45356
386234	146591	112785
4720	549	232
120951	50273	33431
70537	36736	22255
50414	13537	11176
7		7
260557	95770	79115
226111	65261	76301
34446	30509	2815
37639		
37639		
165335	45420	46102
237139	90926	63306
9438	3441	1210
11961	6805	2168

7—13 续表2

单位:万元 （2020）

指 标	Item	年初存货 Stock
按控股情况分	**Grouped by Controlling Stake**	
国有控股	State-owned	33866
集体控股	Collective-owned	24955
私人控股	Private	327478
外商控股	Foreign	2412
按企业规模分	**Grouped by Enterprises Scale**	
大型	Large-Scale	63208
中型	Medium-Scale	145958
小型	Small-Scale	149477
微型	Miniatrue	7608
按企业资质等级分	**Grouped by Qualification Criteria**	
施工总承包	General Contractors	318661
特 级	Special Grade	6375
一 级	First Grade	96209
二 级	Second Grade	170770
三级及以下	Third Grade and Below	45308
专业承包	Professional Contractors	42454
一 级	First Grade	5885
二 级	Second Grade	35999
三级及以下	Third Grade and Below	5705

continued

(10 000 yuan)

资产总计 Total Funds	流动资产合计 Total Circulating Funds	应收工程款 Projects Receivable	存货 Stock
1196215	1126605	423143	79477
703018	608759	370560	14984
2970340	2545453	1109935	493429
164299	150083	123063	2811
1383219	1178522	428869	104444
1559531	1412277	688627	263141
1368889	1215767	544059	196082
89516	76451	31643	13548
3947177	3503806	1529220	525241
175195	161885	43546	16240
1631458	1408649	495204	212988
1527882	1396703	706401	219078
612643	536568	284069	76935
395820	327064	145029	44716
88275	68111	46971	5935
301083	253159	95952	37975
64619	57941	21054	8064

7—13 续表3

单位:万元 （2020）

指 标	Item	固定资产减值准备 Impairment of Fixed Assets
按控股情况分	**Grouped by Controlling Stake**	
国有控股	State-owned	56
集体控股	Collective-owned	
私人控股	Private	1696
外商控股	Foreign	
按企业规模分	**Grouped by Enterprises Scale**	
大型	Large-Scale	
中型	Medium-Scale	1260
小型	Small-Scale	491
微型	Miniatrue	
按企业资质等级分	**Grouped by Qualification Criteria**	
施工总承包	General Contractors	1545
特 级	Special Grade	
一 级	First Grade	
二 级	Second Grade	1409
三级及以下	Third Grade and Below	135
专业承包	Professional Contractors	207
一 级	First Grade	
二 级	Second Grade	207
三级及以下	Third Grade and Below	

continued

(10 000 yuan)

固定资产原价 Original Value of Fixed Assets	房屋和购筑物 Houses and Buildings	机器设备 Machinery and Equipment
75277	37285	22487
132174	47718	45163
297739	104534	85782
37639		
107319	43337	17513
139905	58596	34827
165357	42716	58019
11292	1942	2426
349947	119449	96429
1349	1	530
121863	71692	31082
149995	25840	34428
76740	21916	30390
67828	27023	15073
9306	4059	2820
57844	22952	12110
6776	133	1425

7—13 续表4

单位:万元 （2020）

指 标	Item	累计折旧 Accumulated Depreciation
总 计	**Total**	**209431**
一、二级企业	First and Second Grade	167284
按地区分	**Grouped by County**	
兴庆区	Xingqing	108890
西夏区	Xixia	6739
金凤区	Jinfeng	93802
按登记注册类型分	**Grouped by Status of Registration**	
内资企业	Domestic Funded	184358
国有企业	State-owned Enterprises	3845
有限责任公司	Limited Liabilities Corporations	64870
国有独资公司	State Sole Funded Corporations	34546
其他有限责任公司	Other Limited Liabilities Corporations	30324
股份有限公司	Share-holding Corporations Limited	
私营企业	Private Enterprises	115643
私营有限责任公司	Private Limited Liabilities Corporations	105561
私营股份有限公司	Private Share-holding Corporations Ltd.	10082
外商投资企业	Foreign Funded	25073
中外合资经营企业	Domestic and Foreign Joint Funded Enterprises	25073
按国民经济行业分(2017)	**Grouped by Sector(2017)**	
房屋建筑业	House Building	83560
土木工程建筑业	Civil Engineering	115699
建筑安装业	Construction Installation	4745
建筑装饰、装修和其他建筑业	Construction, Decoration and Other Construction	5427

continued

(10 000 yuan)

本年折旧 Depreciation This Year	在建工程 Construction in Proces	无形资产 Intangible assets	土地使用权 Land use right
24879	**19635**	**24718**	**13433**
14902	9057	19246	12873
11229	12710	14893	6508
553		1028	851
13097	6925	8797	6074
22350	19635	24169	13433
52		85	
4366	7419	8462	7026
2123	3073	7759	6572
2244	4346	703	454
17931	12216	15621	6407
15742	12216	13505	4337
2189		2116	2070
2529		550	
2529		550	
9830	17818	11519	1720
13779	478	11922	10587
692	5	89	87
578	1333	1189	1038

7—13 续表5

单位:万元 (2020)

指 标	Item	负债合计 Total Liabilities
总 计	**Total**	**3107702**
一、二级企业	First and Second Grade	2678891
按地区分	**Grouped by County**	
兴庆区	Xingqing	1544082
西夏区	Xixia	281723
金凤区	Jinfeng	1281897
按登记注册类型分	**Grouped by Status of Registration**	
内资企业	Domestic Funded	2988491
国有企业	State-owned Enterprises	95638
有限责任公司	Limited Liabilities Corporations	1262840
国有独资公司	State Sole Funded Corporations	916575
其他有限责任公司	Other Limited Liabilities Corporations	346266
股份有限公司	Share-holding Corporations Limited	564
私营企业	Private Enterprises	1629449
私营有限责任公司	Private Limited Liabilities Corporations	1495173
私营股份有限公司	Private Share-holding Corporations Ltd.	134276
外商投资企业	Foreign Funded	119211
中外合资经营企业	Domestic and Foreign Joint Funded Enterprises	119211
按国民经济行业分(2017)	**Grouped by Sector(2017)**	
房屋建筑业	House Building	1906720
土木工程建筑业	Civil Engineering	1090411
建筑安装业	Construction Installation	34120
建筑装饰、装修和其他建筑业	Construction, Decoration and Other Construction	76451

continued

(10 000 yuan)

流动负债合计 Total Liquid Liabilities	应付账款 Accounts Payable	非流动负债合计 Total Non-Liquid Liabilities	所有者权益合计 Owners' Equity	实收资本 Paid-in Capita
3034885	**1577663**	**63743**	**1293453**	**914004**
2623607	1325171	51378	1045002	719485
1492389	854415	45561	499802	400759
281723	125767		58629	30223
1260773	597481	18183	735022	483022
2915674	1546827	63743	1248365	884004
95856	33256	-218	50740	15217
1246412	713361	16004	260661	197714
900703	508509	15872	127714	103655
345709	204853	132	132947	94060
564	523		726	726
1572843	799686	47958	936239	670346
1438566	722082	47958	750492	634465
134276	77604		185747	35882
119211	30836		45088	30000
119211	30836		45088	30000
1857717	956443	45014	555726	447907
1068346	561499	18707	672118	417091
32371	11933	22	28338	23233
76451	47788		37271	25774

7—13 续表6

单位:万元　　(2020)

指　标	Item	累计折旧 Accumulated Depreciation
按控股情况分	**Grouped by Controlling Stake**	
国有控股	State-owned	38402
集体控股	Collective-owned	59624
私人控股	Private	139993
外商控股	Foreign	25073
按企业规模分	**Grouped by Enterprises Scale**	
大型	Large-Scale	56969
中型	Medium-Scale	64642
小型	Small-Scale	81730
微型	Miniatrue	6090
按企业资质等级分	**Grouped by Qualification Criteria**	
施工总承包	General Contractors	177126
特　级	Special Grade	378
一　级	First Grade	55913
二　级	Second Grade	83787
三级及以下	Third Grade and Below	37048
专业承包	Professional Contractors	27715
一　级	First Grade	4590
二　级	Second Grade	22615
三级及以下	Third Grade and Below	5100

continued

(10 000 yuan)

本年折旧 Depreciation This Year	在建工程 Construction in Proces	无形资产 Intangible assets	土地使用权 Land use right
2178	3073	7845	6572
7828		1614	
19390	16562	16162	6861
2529		550	
5518	517	8851	7977
6384	6729	4885	3621
11948	12349	10528	1381
1029	40	454	454
23202	15731	19041	12020
27		27	
4548	4691	11258	10879
9147	464	2288	583
9479	10577	5469	559
1229	3902	5673	1412
577	623	185	129
602	3279	5488	1283
498	1	4	

7—13 续表7

单位:万元 (2020)

指 标	Item	负债合计 Total Liabilities
按控股情况分	**Grouped by Controlling Stake**	
国有控股	State-owned	1016780
集体控股	Collective-owned	514912
私人控股	Private	1920220
外商控股	Foreign	119211
按企业规模分	**Grouped by Enterprises Scale**	
大型	Large-Scale	1074567
中型	Medium-Scale	1079594
小型	Small-Scale	908125
微型	Miniatrue	45417
按企业资质等级分	**Grouped by Qualification Criteria**	
施工总承包	General Contractors	2824334
特 级	Special Grade	137506
一 级	First Grade	1254715
二 级	Second Grade	1035952
三级及以下	Third Grade and Below	396162
专业承包	Professional Contractors	253984
一 级	First Grade	51300
二 级	Second Grade	199419
三级及以下	Third Grade and Below	32649

continued

(10 000 yuan)

流动负债合计 Total Liquid Liabilities	应付账款 Accounts Payable	非流动负债合计 Total Non-Liquid Liabilities	所有者权益合计 Owners' Equity	实收资本 Paid-in Capita
1001126	544359	15653	179435	119872
513591	288233	1320	188106	117000
1863188	973645	47958	1050120	752432
119211	30836		45088	30000
1058813	574822	15753	308652	133022
1059223	519181	19816	479937	356116
873404	466114	27926	460764	385539
43445	17545	249	44100	39327
2764160	1433166	55622	1122844	794406
134647	63825	2859	37689	32718
1224470	710996	30244	376743	188566
1021875	417435	10176	491930	407465
383168	240911	12343	216482	165658
245426	134074	8102	141836	93623
51300	32768		36975	26548
191315	100147	8099	101664	64189
28110	11581	22	31970	28861

7—13 续表8

单位:万元　　　　(2020)

指 标	Item	个人资本 Personal Capitals	营业收入 Business Revenue
总 计	**Total**	**315066**	**4498386**
一、二级企业	First and Second Grade	238295	3690970
按地区分	**Grouped by County**		
兴庆区	Xingqing	134117	2448590
西夏区	Xixia	8062	302951
金凤区	Jinfeng	172888	1746845
按登记注册类型分	**Grouped by Status of Registration**		
内资企业	Domestic Funded	315066	4416133
国有企业	State-owned Enterprises	526	82051
有限责任公司	Limited Liabilities Corporations	24893	1707509
国有独资公司	State Sole Funded Corporations	1000	1297658
其他有限责任公司	Other Limited Liabilities Corporations	23893	409851
股份有限公司	Share-holding Corporations Limited		1796
私营企业	Private Enterprises	289646	2624778
私营有限责任公司	Private Limited Liabilities Corporations	253764	2448535
私营股份有限公司	Private Share-holding Corporations Ltd.	35882	176242
外商投资企业	Foreign Funded		82253
中外合资经营企业	Domestic and Foreign Joint Funded Enterprises		82253
按国民经济行业分(2017)	**Grouped by Sector(2017)**		
房屋建筑业	House Building	157518	2447202
土木工程建筑业	Civil Engineering	138828	1847956
建筑安装业	Construction Installation	8693	60044
建筑装饰、装修和其他建筑业	Construction, Decoration and Other Construction	10026	143185

continued

(10 000 yuan)

主营业务收入 Revenue from Principal Business	营业成本 Business Costs	主营业务成本 Costs of Principal Business	税金及附加 Taxes and surcharges	主营业务税金及附加 Taxes and Other Charges on Principal Business	其他业务利润 Profits from Other Businesses
4464756	**4187786**	**4156364**	**19252**	**18841**	**7719**
3666247	3446441	3422069	15545	15171	6877
2434100	2312454	2297630	10141	9935	1826
302947	291089	289262	1375	1355	4
1727708	1584243	1569473	7736	7551	5889
4382502	4133756	4102334	18568	18156	7772
81963	75717	73890	505	505	67
1701067	1637094	1626303	5935	5725	1076
1295706	1249008	1240805	3850	3640	440
405362	388086	385497	2085	2085	636
1796	1674	1674	11	11	
2597677	2419271	2400468	12117	11916	6629
2425806	2276496	2257897	11075	10894	2455
171871	142775	142570	1043	1022	4174
82253	54030	54030	685	685	-54
82253	54030	54030	685	685	-54
2426174	2329214	2305591	11234	11107	1273
1837022	1672594	1665759	6836	6596	6083
59180	51760	51344	276	239	146
142379	134219	133670	907	899	217

7—13 续表9

单位:万元 （2020）

指 标	Item	个人资本 Personal Capitals	营业收入 Business Revenue
按控股情况分	**Grouped by Controlling Stake**		
国有控股	State-owned	1726	1387849
集体控股	Collective-owned	200	876667
私人控股	Private	313319	2940617
外商控股	Foreign		82253
按企业规模分	**Grouped by Enterprises Scale**		
大型	Large-Scale	29423	1454688
中型	Medium-Scale	104918	1383409
小型	Small-Scale	158275	1615297
微型	Miniatrue	22449	44992
按企业资质等级分	**Grouped by Qualification Criteria**		
施工总承包	General Contractors	265248	3996130
特 级	Special Grade		175195
一 级	First Grade	49247	1631797
二 级	Second Grade	156266	1444696
三级及以下	Third Grade and Below	59735	744443
专业承包	Professional Contractors	34486	445579
一 级	First Grade	14738	121537
二 级	Second Grade	18044	317745
三级及以下	Third Grade and Below	17035	62974

continued

(10 000 yuan)

主营业务收入 Revenue from Principal Business	营业成本 Business Costs	主营业务成本 Costs of Principal Business	税金及附加 Taxes and surcharges	主营业务税金及附加 Taxes and Other Charges on Principal Business	其他业务利润 Profits from Other Businesses
1385804	1332085	1322054	4409	4198	512
869930	808015	786778	3703	3703	3111
2909705	2720870	2701602	13789	13587	6950
82253	54030	54030	685	685	-54
1448372	1351699	1345413	4996	4805	4561
1377382	1297152	1289134	6541	6520	394
1594539	1498334	1481564	7485	7328	2543
44462	40600	40253	231	187	221
3964827	3723747	3693670	16556	16194	7240
175195	167994	167994	600	600	
1621993	1533480	1527145	5823	5632	4827
1432010	1338590	1321804	6631	6497	1585
735629	683683	676727	3502	3465	827
443337	412143	410883	2512	2462	466
120515	113401	112749	799	797	8
316534	292976	292377	1692	1645	457
62880	57663	57568	205	204	15

7—13 续表10

单位:万元 (2020)

指 标	Item	销售费用 Selling Costs	管理费用 Management Costs
总 计	**Total**	**8749**	**131684**
一、二级企业	First and Second Grade	5411	103359
按地区分	**Grouped by County**		
兴庆区	Xingqing	5308	60064
西夏区	Xixia	16	7691
金凤区	Jinfeng	3425	63929
按登记注册类型分	**Grouped by Status of Registration**		
内资企业	Domestic Funded	8749	128609
国有企业	State-owned Enterprises	38	3801
有限责任公司	Limited Liabilities Corporations	739	36583
国有独资公司	State Sole Funded Corporations	400	22235
其他有限责任公司	Other Limited Liabilities Corporations	339	14348
股份有限公司	Share-holding Corporations Limited		88
私营企业	Private Enterprises	7973	88138
私营有限责任公司	Private Limited Liabilities Corporations	7819	82330
私营股份有限公司	Private Share-holding Corporations Ltd.	154	5808
外商投资企业	Foreign Funded		3074
中外合资经营企业	Domestic and Foreign Joint Funded Enterprises		3074
按国民经济行业分(2017)	**Grouped by Sector(2017)**		
房屋建筑业	House Building	4275	62852
土木工程建筑业	Civil Engineering	3226	57807
建筑安装业	Construction Installation	387	6336
建筑装饰、装修和其他建筑业	Construction, Decoration and Other Construction	861	4688

continued

(10 000 yuan)

研发费用 Research and development costs	财务费用 Financial Costs			资产减值损失 Empairment of Assets	公允价值变动收益 Lncome from changes in fair value	投资收益 Investment Income	其他收益 Other Income
		利息收入 Interest Income	利息支出 Interest Expense				
26552	**17291**	**1688**	**10393**	**12692**		**12035**	**1148**
24274	14339	1528	7840	9792		11734	827
21786	8242	933	5954	3686		-1161	1057
398	186	59	148	214			3
4367	8863	696	4291	8792		13196	88
26552	13936	1688	10393	12695		12035	1148
	86	17	102	2			
21899	3397	457	987	432		-1148	303
21392	1614	346	695	4		-1388	297
506	1783	111	293	428		239	6
	2						
4653	10451	1214	9304	12261		13183	845
3602	10229	757	8730	3936		258	806
1051	222	457	574	8325		12925	39
	3355			-3			
	3355			-3			
3557	9210	397	6550	3419		-18	631
21719	7126	861	2701	9092		12039	197
1085	190	9	164				
190	766	422	978	181		14	320

7—13 续表11

单位:万元 （2020）

指 标	Item	销售费用 Selling Costs	管理费用 Management Costs
按控股情况分	**Grouped by Controlling Stake**		
国有控股	State-owned	437	26435
集体控股	Collective-owned		55779
私人控股	Private	8312	96597
外商控股	Foreign		3074
按企业规模分	**Grouped by Enterprises Scale**		
大型	Large-Scale	119	23032
中型	Medium-Scale	2820	44829
小型	Small-Scale	5524	59595
微型	Miniatrue	286	4228
按企业资质等级分	**Grouped by Qualification Criteria**		
施工总承包	General Contractors	7212	106708
特 级	Special Grade		3306
一 级	First Grade	556	26917
二 级	Second Grade	3568	51777
三级及以下	Third Grade and Below	3088	24708
专业承包	Professional Contractors	1312	21721
一 级	First Grade	140	5088
二 级	Second Grade	1147	16271
三级及以下	Third Grade and Below	250	3616

continued

(10 000 yuan)

研发费用 Research and development costs	财务费用 Financial Costs			资产减值损失 Empairment of Assets	公允价值变动收益 Lncome from changes in fair value	投资收益 Investment Income	其他收益 Other Income
		利息收入 Interest Income	利息支出 Interest Expense				
21582	1723	364	818	60		−1388	297
	−510	563		3742		2400	40
4970	12264	1268	9575	12261		13182	847
	3355			−3			
22020	4989	767	1032	7932		11538	325
1321	5973	146	4598	1326		514	14
3211	6038	702	4552	3434		−17	809
	291	73	211				
25198	15167	1143	8226	12279		12357	654
1434	539	3	420	−452			35
21516	3440	845	1839	8949		11755	290
240	8401	144	3500	882		300	7
2008	2787	151	2467	2900		301	321
1111	1975	536	2090	413		−322	494
190	330	1	107	54			320
894	1629	535	1974	359		−322	174
270	165	9	86				

7—13 续表12

单位：万元 （2020）

指标	Item	营业利润 Business Profits	营业外收入 Income Expect Business
总计	**Total**	**122993**	**5561**
一、二级企业	First and Second Grade	98296	4970
按地区分	**Grouped by County**		
兴庆区	Xingqing	37154	2913
西夏区	Xixia	3906	325
金凤区	Jinfeng	81933	2323
按登记注册类型分	**Grouped by Status of Registration**		
内资企业	Domestic Funded	101935	5387
国有企业	State-owned Enterprises	3870	121
有限责任公司	Limited Liabilities Corporations	8969	2134
国有独资公司	State Sole Funded Corporations	4206	1295
其他有限责任公司	Other Limited Liabilities Corporations	4763	838
股份有限公司	Share-holding Corporations Limited	22	
私营企业	Private Enterprises	89073	3132
私营有限责任公司	Private Limited Liabilities Corporations	58334	3124
私营股份有限公司	Private Share-holding Corporations Ltd.	30740	8
外商投资企业	Foreign Funded	21059	174
中外合资经营企业	Domestic and Foreign Joint Funded Enterprises	21059	174
按国民经济行业分(2017)	**Grouped by Sector(2017)**		
房屋建筑业	House Building	33584	2201
土木工程建筑业	Civil Engineering	85359	2904
建筑安装业	Construction Installation	1148	326
建筑装饰、装修和其他建筑业	Construction, Decoration and Other Construction	2902	130

continued

(10 000 yuan)

营业外支出 Expenses Expect Business	利润总额 Total Profits	所得税费用 Income Tax Expense	应付职工薪酬(本年贷方累计发生额) Deal with Wages (volume of gredit side)	应交增值税 Value Added Tax Payable	在境外完成的营业收入 Overseas Revenues	亏损企业数(个) Number of loss-making Enterprises (pieces)
5117	**123447**	**23401**	**316764**	**109640**	**49274**	**99**
4115	99161	19205	233914	89159	45095	55
2487	37580	7661	174689	56087	21479	46
158	4073	1046	31332	10032		3
2472	81794	14694	110743	43520	27795	50
4940	102391	18219	309517	105114	49274	99
131	3860	946	11109	2698		
927	10172	4047	82666	40024	16931	7
541	4961	1921	50098	26539	16931	1
386	5211	2126	32569	13485		6
4	18		64	21		
3878	88341	13226	215678	62371	32343	92
3783	57688	10548	212026	62120	32343	91
95	30653	2678	3653	250		1
176	21056	5182	7246	4526		
176	21056	5182	7246	4526		
2326	33474	7733	208878	75976	32058	45
2329	85930	14978	94879	27481	16931	34
50	1424	135	5125	1541		9
412	2620	555	7882	4641	284	11

7—13 续表13

单位:万元　　(2020)

指 标	Item	营业利润 Business Profits	营业外收入 Income Expect Business
按控股情况分	**Grouped by Controlling Stake**		
国有控股	State-owned	8139	1421
集体控股	Collective-owned	26028	2373
私人控股	Private	91193	3729
外商控股	Foreign	21059	174
按企业规模分	**Grouped by Enterprises Scale**		
大型	Large-Scale	56186	1091
中型	Medium-Scale	30551	2525
小型	Small-Scale	36804	1894
微型	Miniatrue	-547	52
按企业资质等级分	**Grouped by Qualification Criteria**		
施工总承包	General Contractors	114474	4358
特　级	Special Grade	964	38
一　级	First Grade	48771	2070
二　级	Second Grade	41153	1728
三级及以下	Third Grade and Below	23586	523
专业承包	Professional Contractors	7520	1142
一　级	First Grade	1856	88
二　级	Second Grade	5553	1047
三级及以下	Third Grade and Below	1111	68

continued

(10 000 yuan)

营业外支出 Expenses Expect Business	利润总额 Total Profits	所得税费用 Income Tax Expense	应付职工薪酬(本年贷方累计发生额) Deal with Wages (volume of gredit side)	应交增值税 Value Added Tax Payable	在境外完成的营业收入 Overseas Revenues	亏损企业数(个) Number of loss-making Enterprises (pieces)
699	8861	2885	61988	29849	16931	1
525	27836	12470	101596	17630		
4189	90746	14086	237370	73502	32343	98
176	21056	5182	7246	4526		
767	56511	9382	49924	26874	16931	
1795	31281	7303	111365	35499	20230	9
2205	36502	6664	152328	46099	7056	63
351	-846	52	3146	1168	5057	27
4151	114695	21299	286038	94440	29646	70
19	983	269	8774	10048		
936	49905	6704	69498	23776	16931	2
2265	40630	10253	128664	41099	8537	30
931	23177	4073	79102	19517	4179	38
903	7754	1991	27353	14332	19627	29
348	1595	334	5012	4179		1
547	6048	1645	21967	10057	19627	22
70	1109	123	3748	964		6

7—14 建筑业总承包资质等级一、二级企业名单

Construction Industry List by Contracted Qualification Criteria with First or Secord Grade

（2020）

单位名称 Unit Name	行业类别 Sectors	注册类型 Registration Type	资质等级 Qualification Griteria	企业规模 Scale Enterprises
宁夏建工集团有限公司	住宅房屋建筑	国有独资公司	建筑工程特级	大型
宁夏第一建筑有限公司	住宅房屋建筑	国有独资公司	建筑工程一级	大型
宁夏第五建筑有限公司	住宅房屋建筑	国有独资公司	建筑工程一级	大型
宁夏第二建筑有限公司	住宅房屋建筑	国有独资公司	建筑工程一级	大型
宁夏煤炭基本建设有限公司	住宅房屋建筑	国有独资公司	建筑工程一级	大型
宁夏正丰建筑工程有限公司	住宅房屋建筑	其他有限责任公司	建筑工程一级	中型
宁夏斯达建筑工程有限公司	住宅房屋建筑	私营有限责任公司	建筑工程一级	中型
宁夏视通建设集团有限公司	住宅房屋建筑	私营有限责任公司	建筑工程一级	中型
银川三建集团有限公司	住宅房屋建筑	私营有限责任公司	建筑工程一级	中型
宁夏华宇建设工程有限公司	住宅房屋建筑	其他有限责任公司	建筑工程一级	中型
宁夏住宅建设工程有限公司	住宅房屋建筑	私营有限责任公司	建筑工程一级	中型
宁夏金宸达建筑工程有限公司	住宅房屋建筑	私营有限责任公司	建筑工程一级	中型
银川城建集团工程有限公司	住宅房屋建筑	其他有限责任公司	建筑工程一级	小型
宁夏恺元建筑有限公司	住宅房屋建筑	私营有限责任公司	建筑工程一级	小型
宁夏交通建设股份有限公司	公路工程建筑	股份有限公司	公路工程一级	大型
宁夏路桥工程股份有限公司	公路工程建筑	私营股份有限公司	公路工程一级	大型
宁夏公路桥梁建设有限公司	公路工程建筑	私营有限责任公司	公路工程一级	中型
宁夏水利水电工程局有限公司	水源及供水设施工程建筑	国有独资公司	水利水电工程一级	大型
中电建宁夏工程有限公司	架线及设备工程建筑	国有独资公司	电力工程一级	大型
银川第二市政工程有限责任公司	市政道路工程建筑	其他有限责任公司	市政公用工程一级	中型
银川第一市政工程有限责任公司	市政道路工程建筑	私营有限责任公司	市政公用工程一级	中型
宁夏众一建设工程有限公司	住宅房屋建筑	其他有限责任公司	建筑工程二级	中型
宁夏兴亚建筑工程有限公司	住宅房屋建筑	其他有限责任公司	建筑工程二级	中型
宁夏海兴建设集团有限公司	住宅房屋建筑	私营有限责任公司	建筑工程二级	中型
宁夏伊丰建设工程有限公司	住宅房屋建筑	私营有限责任公司	建筑工程二级	中型
银川市第一建筑工程有限责任公司	住宅房屋建筑	私营有限责任公司	建筑工程二级	中型
宁夏科强建筑安装有限公司	住宅房屋建筑	私营有限责任公司	建筑工程二级	中型
宁夏嘉屋建设工程有限公司	住宅房屋建筑	私营有限责任公司	建筑工程二级	中型
宁夏新源建设工程有限公司	住宅房屋建筑	私营有限责任公司	建筑工程二级	中型
宁夏第三建筑有限公司	住宅房屋建筑	国有独资公司	建筑工程二级	中型
宁夏永刚建筑工程有限公司	住宅房屋建筑	其他有限责任公司	建筑工程二级	中型
宁夏鑫和成建筑工程有限公司	住宅房屋建筑	私营有限责任公司	建筑工程二级	中型
宁夏衡昌建设工程有限公司	住宅房屋建筑	私营有限责任公司	建筑工程二级	中型
中冶建工集团(宁夏)建设工程有限公司	住宅房屋建筑	国有独资公司	建筑工程二级	中型
宁夏回族自治区农垦建设实业总公司	住宅房屋建筑	国有	建筑工程二级	中型
宁夏庆元建设实业有限公司	住宅房屋建筑	私营有限责任公司	建筑工程二级	中型
宁夏对外建设总公司	住宅房屋建筑	国有独资公司	建筑工程二级	中型
宁夏浩泞建筑工程有限公司	住宅房屋建筑	私营有限责任公司	建筑工程二级	中型
宁夏华元建设工程有限公司	住宅房屋建筑	私营有限责任公司	建筑工程二级	中型
宁夏亘利建筑工程有限公司	住宅房屋建筑	私营有限责任公司	建筑工程二级	中型
宁夏圣峰建筑工程有限公司	住宅房屋建筑	私营有限责任公司	建筑工程二级	中型
宁夏鸿辉建筑工程有限公司	住宅房屋建筑	私营有限责任公司	建筑工程二级	中型
宁夏德成建筑工程有限公司	住宅房屋建筑	私营有限责任公司	建筑工程二级	中型
宁夏灵隆建设集团有限责任公司	住宅房屋建筑	私营有限责任公司	建筑工程二级	中型
宁夏众鑫鹏建筑工程有限责任公司	住宅房屋建筑	私营有限责任公司	建筑工程二级	中型
宁夏大捷建设工程有限公司	住宅房屋建筑	私营有限责任公司	建筑工程二级	中型
宁夏晧顺建设有限公司	住宅房屋建筑	私营有限责任公司	建筑工程二级	中型
宁夏英利达建筑工程有限公司	住宅房屋建筑	私营有限责任公司	建筑工程二级	中型

7—14 续表1 continued

单位名称 Unit Name	行业类别 Sectors	注册类型 Registration Type	资质等级 Qualification Griteria	企业规模 Scale Enterprises
宁夏成城建设集团有限公司	住宅房屋建筑	私营有限责任公司	建筑工程二级	中型
宁夏恒基建筑安装工程有限公司	住宅房屋建筑	私营有限责任公司	建筑工程二级	中型
宁夏常博建设发展有限公司	住宅房屋建筑	私营有限责任公司	建筑工程二级	中型
宁夏永建建筑工程有限公司	住宅房屋建筑	其他有限责任公司	建筑工程二级	中型
宁夏北方明珠建筑工程有限公司	住宅房屋建筑	私营有限责任公司	建筑工程二级	中型
宁夏永益建设工程有限公司	住宅房屋建筑	私营有限责任公司	建筑工程二级	中型
宁夏天筑建筑工程有限公司	住宅房屋建筑	私营有限责任公司	建筑工程二级	中型
宁夏鎏铭建设工程有限公司	住宅房屋建筑	私营有限责任公司	建筑工程二级	中型
灵武市建筑工程公司	住宅房屋建筑	集体	建筑工程二级	中型
宁夏万通建设工程有限公司	住宅房屋建筑	其他有限责任公司	建筑工程二级	中型
宁夏鹏晨建设工程有限公司	住宅房屋建筑	私营有限责任公司	建筑工程二级	中型
宁夏中玺建设工程有限公司	住宅房屋建筑	私营有限责任公司	建筑工程二级	小型
宁夏海山佳盛建设工程有限公司	住宅房屋建筑	私营有限责任公司	建筑工程二级	小型
宁夏宁鑫建设工程有限公司	住宅房屋建筑	私营有限责任公司	建筑工程二级	小型
宁夏新彩工程建设有限公司	住宅房屋建筑	私营有限责任公司	建筑工程二级	小型
宁夏坤隆建设工程有限公司	住宅房屋建筑	私营有限责任公司	建筑工程二级	小型
宁夏三鑫机械化工程有限公司	住宅房屋建筑	其他有限责任公司	建筑工程二级	小型
宁夏中建万喜建筑有限公司	住宅房屋建筑	私营有限责任公司	建筑工程二级	小型
宁夏翔实建设工程有限公司	住宅房屋建筑	私营有限责任公司	建筑工程二级	小型
宁夏北方彩新建工集团股份有限公司	住宅房屋建筑	股份有限公司	建筑工程二级	小型
宁夏回族自治区建设工程有限公司	住宅房屋建筑	私营有限责任公司	建筑工程二级	小型
宁夏华旌建设工程有限公司	住宅房屋建筑	私营有限责任公司	建筑工程二级	小型
宁夏卓越建筑安装工程有限责任公司	住宅房屋建筑	其他有限责任公司	建筑工程二级	小型
宁夏岭夏建设工程有限公司	住宅房屋建筑	私营有限责任公司	建筑工程二级	小型
宁夏云腾建设工程有限公司	住宅房屋建筑	私营有限责任公司	建筑工程二级	小型
宁夏苏宏建筑工程有限公司	住宅房屋建筑	私营有限责任公司	建筑工程二级	小型
宁夏天源汇鑫建筑工程有限公司	住宅房屋建筑	私营有限责任公司	建筑工程二级	小型
宁夏天易建筑工程有限公司	住宅房屋建筑	私营有限责任公司	建筑工程二级	小型
宁夏勇峰建筑工程有限公司	住宅房屋建筑	私营有限责任公司	建筑工程二级	小型
启融通建设有限公司	住宅房屋建筑	私营有限责任公司	建筑工程二级	小型
宁夏盛锦塬建设有限公司	住宅房屋建筑	私营有限责任公司	建筑工程二级	小型
宁夏铭龙建设有限公司	住宅房屋建筑	其他有限责任公司	建筑工程二级	小型
海江建设集团有限公司	住宅房屋建筑	私营有限责任公司	建筑工程二级	小型
宁夏威翔建筑工程有限公司	住宅房屋建筑	私营有限责任公司	建筑工程二级	小型
宁夏浩林建筑安装工程有限公司	住宅房屋建筑	私营有限责任公司	建筑工程二级	小型
宁夏华力坤建设工程有限公司	住宅房屋建筑	私营有限责任公司	建筑工程二级	小型
宁夏业通建设工程有限公司	住宅房屋建筑	私营有限责任公司	建筑工程二级	小型
宁夏冠华建筑安装工程有限公司	住宅房屋建筑	私营有限责任公司	建筑工程二级	小型
银川聚仁建筑工程有限公司	住宅房屋建筑	私营有限责任公司	建筑工程二级	小型
宁夏天禹建设有限公司	住宅房屋建筑	私营有限责任公司	建筑工程二级	小型
宁夏励诚建设工程有限公司	住宅房屋建筑	私营有限责任公司	建筑工程二级	小型
宁夏隆洋建筑实业有限公司	住宅房屋建筑	私营有限责任公司	建筑工程二级	小型
宁夏恒鑫建筑安装工程有限公司	住宅房屋建筑	私营有限责任公司	建筑工程二级	小型
宁夏嘉隆建筑工程有限责任公司	住宅房屋建筑	国有独资公司	建筑工程二级	小型
宁夏鼎晟达建设工程有限公司	住宅房屋建筑	私营有限责任公司	建筑工程二级	小型
宁夏金鼎昌建设工程有限公司	住宅房屋建筑	私营有限责任公司	建筑工程二级	小型
宁夏顺城建设有限公司	住宅房屋建筑	私营有限责任公司	建筑工程二级	小型
宁夏固本建筑有限公司	住宅房屋建筑	其他有限责任公司	建筑工程二级	小型

7—14 续表2 continued

单位名称 Unit Name	行业类别 Sectors	注册类型 Registration Type	资质等级 Qualification Griteria	企业规模 Scale Enterprises
宁夏百力德建筑工程有限公司	住宅房屋建筑	私营有限责任公司	建筑工程二级	小型
宁夏中海东昇工程有限公司	住宅房屋建筑	私营有限责任公司	建筑工程二级	小型
宁夏煜翔建设发展有限公司	园林绿化工程施工	私营有限责任公司	建筑工程二级	小型
宁夏恒远达建筑工程有限公司	住宅房屋建筑	私营有限责任公司	建筑工程二级	小型
中城投弘和建筑(宁夏)有限公司	住宅房屋建筑	私营有限责任公司	建筑工程二级	小型
宁夏晋明建设工程有限公司	住宅房屋建筑	私营有限责任公司	建筑工程二级	小型
宁夏长银建设工程有限公司	住宅房屋建筑	私营有限责任公司	建筑工程二级	小型
宁夏品晟建设集团有限公司	住宅房屋建筑	私营有限责任公司	建筑工程二级	小型
宁夏国基建设工程有限公司	住宅房屋建筑	私营有限责任公司	建筑工程二级	小型
宁夏众力拓建设工程有限公司	住宅房屋建筑	私营有限责任公司	建筑工程二级	小型
宁夏德贤建筑工程有限公司	住宅房屋建筑	私营有限责任公司	建筑工程二级	小型
宁夏宏斌建筑工程有限公司	住宅房屋建筑	私营有限责任公司	建筑工程二级	小型
宁夏城科达建设工程有限公司	住宅房屋建筑	私营有限责任公司	建筑工程二级	小型
宁夏华建建筑有限责任公司	住宅房屋建筑	私营有限责任公司	建筑工程二级	小型
宁夏凯田建筑工程有限公司	住宅房屋建筑	私营有限责任公司	建筑工程二级	小型
宁夏华远恒建设有限公司	住宅房屋建筑	私营有限责任公司	建筑工程二级	小型
宁夏弘宇建设工程有限公司	住宅房屋建筑	私营有限责任公司	建筑工程二级	小型
宁夏金盛远建设工程有限公司	住宅房屋建筑	私营有限责任公司	建筑工程二级	小型
宁夏功达建筑工程有限责任公司	住宅房屋建筑	私营有限责任公司	建筑工程二级	小型
宁夏银晨建筑工程有限公司	住宅房屋建筑	私营有限责任公司	建筑工程二级	小型
宁夏鑫升建设工程有限公司	住宅房屋建筑	私营有限责任公司	建筑工程二级	小型
宁夏忠仁建设工程有限公司	住宅房屋建筑	私营有限责任公司	建筑工程二级	小型
宁夏瑞泽建筑安装工程有限公司	住宅房屋建筑	私营有限责任公司	建筑工程二级	小型
宁夏宁东建设集团有限公司	住宅房屋建筑	私营有限责任公司	建筑工程二级	小型
宁夏银隆建筑工程有限公司	住宅房屋建筑	私营有限责任公司	建筑工程二级	小型
宁夏合泰建设工程有限公司	住宅房屋建筑	私营有限责任公司	建筑工程二级	微型
宁夏新月建筑有限公司	住宅房屋建筑	私营有限责任公司	建筑工程二级	微型
银川市郊区第二建筑有限公司	住宅房屋建筑	私营有限责任公司	建筑工程二级	微型
宁夏天拓石油建设工程有限公司	住宅房屋建筑	私营有限责任公司	建筑工程二级	微型
宁夏润海建设工程发展有限公司	住宅房屋建筑	私营有限责任公司	建筑工程二级	微型
宁夏年丰建筑工程有限公司	住宅房屋建筑	私营有限责任公司	建筑工程二级	微型
宁夏华鹏建设集团有限公司	住宅房屋建筑	私营有限责任公司	建筑工程二级	微型
宁夏建昌建筑实业有限公司	住宅房屋建筑	私营有限责任公司	建筑工程二级	微型
宁夏东业建设集团有限公司	住宅房屋建筑	私营有限责任公司	建筑工程二级	微型
宁夏昱正泰建筑工程有限公司	住宅房屋建筑	其他有限责任公司	建筑工程二级	微型
宁夏昌泽建设工程有限公司	住宅房屋建筑	私营有限责任公司	建筑工程二级	微型
宁夏德冠建设工程有限公司	住宅房屋建筑	私营有限责任公司	建筑工程二级	微型
宁夏灵武市第六建筑安装工程有限公司	住宅房屋建筑	私营有限责任公司	建筑工程二级	微型
宁夏路捷建设集团有限公司	公路工程建筑	私营有限责任公司	公路工程二级	中型
宁夏银鑫建设工程有限公司	公路工程建筑	私营有限责任公司	公路工程二级	中型
宁夏大洋公路工程有限公司	公路工程建筑	私营股份有限公司	公路工程二级	小型
正坤建设有限公司	水源及供水设施工程建筑	私营有限责任公司	水利水电工程二级	中型
中民汇联实业有限公司	水源及供水设施工程建筑	私营有限责任公司	水利水电工程二级	小型
宁夏天净元光电力有限公司	架线及设备工程建筑	其他有限责任公司	电力工程二级	中型
宁夏超高压电力工程有限公司	架线及设备工程建筑	其他有限责任公司	电力工程二级	中型
宁夏荣光电力工程有限公司	架线及设备工程建筑	私营有限责任公司	电力工程二级	中型
宁夏东宏电力有限公司	架线及设备工程建筑	其他有限责任公司	电力工程二级	中型
宁夏佳洋能源有限公司	架线及设备工程建筑	其他有限责任公司	电力工程二级	中型

7—14 续表3 continued

单位名称 Unit Name	行业类别 Sectors	注册类型 Registration Type	资质等级 Qualification Griteria	企业规模 Scale Enterprises
宁夏新锐电气有限公司	架线及设备工程建筑	私营有限责任公司	电力工程二级	小型
宁夏新恒通电力建筑工程有限公司	架线及设备工程建筑	私营有限责任公司	电力工程二级	小型
银川明辉电力工程有限公司	架线及设备工程建筑	私营有限责任公司	电力工程二级	小型
宁夏元亘电力有限公司	架线及设备工程建筑	私营有限责任公司	电力工程二级	小型
宁夏中新能电力建设有限公司	架线及设备工程建筑	其他有限责任公司	电力工程二级	小型
宁夏天信建设发展有限责任公司	架线及设备工程建筑	其他有限责任公司	电力工程二级	小型
宁夏天宏爆破有限公司	工矿工程建筑	私营有限责任公司	矿山工程二级	中型
斯伦贝谢长和油田工程有限公司	工矿工程建筑	中外合资经营	石油化工工程二级	大型
宁夏长中建筑安装工程有限公司	工矿工程建筑	私营有限责任公司	石油化工工程二级	小型
宁夏宁化安装检修有限责任公司	工矿工程建筑	国有独资公司	石油化工工程二级	小型
银川市市政建设工程有限责任公司	市政道路工程建筑	私营有限责任公司	市政公用工程二级	中型
银川市成通建设工程有限公司	市政道路工程建筑	私营有限责任公司	市政公用工程二级	中型
银川中铁水务集团市政工程有限公司	市政道路工程建筑	国有独资公司	市政公用工程二级	中型
宁夏鑫源建设工程有限公司	市政道路工程建筑	私营有限责任公司	市政公用工程二级	中型
诚捷祥集团有限公司	市政道路工程建筑	私营有限责任公司	市政公用工程二级	中型
宁夏万嘉市政建设工程有限公司	市政道路工程建筑	私营有限责任公司	市政公用工程二级	中型
宁夏力丰市政景观有限公司	园林绿化工程施工	私营有限责任公司	市政公用工程二级	中型
宁夏瑞德建设工程有限公司	市政道路工程建筑	私营有限责任公司	市政公用工程二级	中型
宁夏宁苗生态园林(集团)股份有限公司	园林绿化工程施工	私营有限责任公司	市政公用工程二级	中型
宁夏诚畅建设工程有限公司	市政道路工程建筑	私营有限责任公司	市政公用工程二级	中型
宁夏中远工程建设有限公司	市政道路工程建筑	私营有限责任公司	市政公用工程二级	中型
宁夏易方达建设工程有限公司	市政道路工程建筑	私营有限责任公司	市政公用工程二级	中型
宁夏宏顺远达建设工程有限公司	市政道路工程建筑	私营有限责任公司	市政公用工程二级	小型
宁夏德嘉建设工程有限公司	市政道路工程建筑	私营有限责任公司	市政公用工程二级	小型
宁夏善途建设景观有限公司	园林绿化工程施工	私营有限责任公司	市政公用工程二级	小型
宁夏兴涛瀚宇建设工程有限公司	市政道路工程建筑	私营有限责任公司	市政公用工程二级	小型
宁夏赐鑫建筑工程有限公司	市政道路工程建筑	其他有限责任公司	市政公用工程二级	小型
宁夏政柏建设工程有限公司	市政道路工程建筑	私营有限责任公司	市政公用工程二级	小型
中盛建设集团有限公司	园林绿化工程施工	私营有限责任公司	市政公用工程二级	小型
宁夏华瑞星建筑景观工程有限公司	园林绿化工程施工	私营有限责任公司	市政公用工程二级	小型
宁夏昱博市政建设工程有限公司	市政道路工程建筑	私营有限责任公司	市政公用工程二级	小型
宁夏秀华园林景观工程有限公司	园林绿化工程施工	私营有限责任公司	市政公用工程二级	小型
宁夏建宏道路有限公司	市政道路工程建筑	其他有限责任公司	市政公用工程二级	小型
宁夏宝康市政园林工程有限公司	园林绿化工程施工	私营有限责任公司	市政公用工程二级	小型
宁夏润源市政建设有限公司	市政道路工程建筑	私营有限责任公司	市政公用工程二级	小型
银川天宏实业有限公司	市政道路工程建筑	私营有限责任公司	市政公用工程二级	小型
宁夏天基伟业建设工程有限公司	市政道路工程建筑	私营有限责任公司	市政公用工程二级	小型
宁夏凯阳建设工程有限公司	市政道路工程建筑	私营有限责任公司	市政公用工程二级	小型
宁夏邦晟建设工程有限公司	市政道路工程建筑	私营有限责任公司	市政公用工程二级	小型
宁夏中畅恒基景观工程有限公司	园林绿化工程施工	私营有限责任公司	市政公用工程二级	小型
宁夏华源通工程建设有限公司	市政道路工程建筑	私营有限责任公司	市政公用工程二级	小型
宁夏聚宏源建设景观工程有限公司	园林绿化工程施工	私营有限责任公司	市政公用工程二级	小型
宁夏新宇建设工程有限公司	市政道路工程建筑	私营有限责任公司	市政公用工程二级	小型
宁夏众捷建设景观工程有限公司	园林绿化工程施工	私营有限责任公司	市政公用工程二级	小型
宁夏凯珠机械化工程有限公司	市政道路工程建筑	私营有限责任公司	市政公用工程二级	小型
宁夏晨洋公路工程有限公司	市政道路工程建筑	私营有限责任公司	市政公用工程二级	小型
宁夏捷运通信工程建设有限公司	架线及设备工程建筑	私营有限责任公司	通信工程二级	小型
宁夏通信建设公司	架线及设备工程建筑	国有独资公司	通信工程二级	小型

7—15 建筑业专业承包资质等级一、二级企业名单

Construction Industry List by Professional Contractor Qualification Criteria with First or Secord Grade

（2020）

单位名称 UnitName	行业类别 Sectors	注册类型 Registration Type	资质等级 Qualification Griteria	企业规模 Scale Enterprises
宁夏伊地地质工程有限公司	其他房屋建筑业	国有独资公司	地基基础工程一级	中型
宁夏夯中岩土工程有限公司	其他房屋建筑业	私营有限责任公司	地基基础工程一级	小型
银川汇达建筑装饰工程有限公司	公共建筑装饰和装修	私营有限责任公司	建筑装修装饰工程一级	小型
宁夏鑫吉海医疗工程有限公司	建筑幕墙装饰和装修	私营有限责任公司	建筑幕墙工程一级	小型
宁夏建设投资集团装饰工程有限公司	建筑幕墙装饰和装修	其他有限责任公司	建筑幕墙工程一级	小型
宁夏古月建筑装饰工程有限公司	建筑幕墙装饰和装修	私营有限责任公司	建筑幕墙工程一级	小型
宁夏众安消防安全工程有限公司	电气安装	私营有限责任公司	消防设施工程一级	小型
宁夏久安消防工程有限公司	电气安装	私营有限责任公司	消防设施工程一级	小型
银川瑞安祥消防安全技术工程有限公司	电气安装	私营有限责任公司	消防设施工程一级	小型
宁夏天府消防工程设备有限公司	电气安装	私营有限责任公司	消防设施工程一级	小型
宁夏宁电消防设备有限公司	电气安装	私营有限责任公司	消防设施工程一级	小型
宁夏众邦消防工程有限公司	电气安装	私营有限责任公司	消防设施工程一级	小型
宁夏安消消防设施工程有限公司	电气安装	私营有限责任公司	消防设施工程一级	微型
宁夏嘉宁科技实业有限公司	电气安装	私营有限责任公司	电子与智能化工程一级	微型
宁夏送变电工程公司	架线及设备工程建筑	国有	输变电工程一级	中型
宁夏昊能电力有限公司	架线及设备工程建筑	私营有限责任公司	输变电工程一级	微型
宁夏大力岩土工程公司	其他房屋建筑业	国有	地基基础工程二级	中型
宁夏煤炭勘察工程有限公司	其他房屋建筑业	国有独资公司	地基基础工程二级	中型
宁夏基础工程有限公司	其他房屋建筑业	其他有限责任公司	地基基础工程二级	小型
宁夏夯利岩土工程有限公司	其他房屋建筑业	私营有限责任公司	地基基础工程二级	小型
宁夏天斧机械化工程有限公司	其他房屋建筑业	私营有限责任公司	地基基础工程二级	小型
宁夏地质工程勘察院	其他房屋建筑业	国有	地基基础工程二级	小型
宁夏天力基础工程有限公司	其他房屋建筑业	私营有限责任公司	地基基础工程二级	小型
宁夏建设投资集团岩土工程有限公司	其他房屋建筑业	国有独资公司	地基基础工程二级	小型
宁夏有色地质工程公司	其他房屋建筑业	国有	地基基础工程二级	微型
宁夏晟弘建筑工程有限公司	住宅房屋建筑	私营有限责任公司	建筑装修装饰工程二级	中型
宁夏西美装饰工程有限公司	公共建筑装饰和装修	私营有限责任公司	建筑装修装饰工程二级	小型
宁夏佳骅建设工程有限公司	公共建筑装饰和装修	私营有限责任公司	建筑装修装饰工程二级	小型
宁夏百韧广告装饰工程有限公司	公共建筑装饰和装修	私营有限责任公司	建筑装修装饰工程二级	小型
宁夏森达广告装饰工程有限公司	公共建筑装饰和装修	私营有限责任公司	建筑装修装饰工程二级	小型
宁夏信誉建筑装饰工程有限公司	公共建筑装饰和装修	私营有限责任公司	建筑装修装饰工程二级	小型

7—15 续表1 continued

单位名称 UnitName	行业类别 Sectors	注册类型 Registration Type	资质等级 Qualification Griteria	企业规模 Scale Enterprises
宁夏完美艺家装饰工程有限公司	公共建筑装饰和装修	私营有限责任公司	建筑装修装饰工程二级	小型
宁夏胜邺装饰工程有限公司	公共建筑装饰和装修	私营有限责任公司	建筑装修装饰工程二级	小型
宁夏弘亿元建筑装饰工程有限公司	公共建筑装饰和装修	私营有限责任公司	建筑装修装饰工程二级	小型
宁夏环城建设工程有限公司	公共建筑装饰和装修	私营有限责任公司	建筑装修装饰工程二级	小型
宁夏建筑设计装饰工程有限公司	建筑幕墙装饰和装修	其他有限责任公司	建筑装修装饰工程二级	小型
宁夏通锦建筑装饰有限公司	公共建筑装饰和装修	私营有限责任公司	建筑装修装饰工程二级	微型
宁夏通恒建筑装饰有限公司	公共建筑装饰和装修	私营有限责任公司	建筑装修装饰工程二级	微型
宁夏美筑广告装饰工程有限公司	公共建筑装饰和装修	私营有限责任公司	建筑装修装饰工程二级	微型
宁夏元泰装饰工程有限公司	公共建筑装饰和装修	私营有限责任公司	建筑装修装饰工程二级	微型
宁夏屹立建筑装饰工程有限公司	公共建筑装饰和装修	私营有限责任公司	建筑装修装饰工程二级	微型
宁夏金利马建筑装饰工程有限公司	公共建筑装饰和装修	私营有限责任公司	建筑装修装饰工程二级	微型
宁夏舜豪建筑装饰工程有限公司	公共建筑装饰和装修	私营有限责任公司	建筑装修装饰工程二级	微型
银川泰冉装饰设计工程有限公司	公共建筑装饰和装修	私营有限责任公司	建筑装修装饰工程二级	微型
宁夏鸿瑞达建设工程有限公司	住宅房屋建筑	私营有限责任公司	建筑装修装饰工程二级	微型
宁夏陆宇建设装饰有限公司	建筑幕墙装饰和装修	私营有限责任公司	建筑幕墙工程二级	小型
银川新形象装饰设计工程有限公司	建筑幕墙装饰和装修	私营有限责任公司	建筑幕墙工程二级	小型
宁夏中联装饰工程有限公司	建筑幕墙装饰和装修	私营有限责任公司	建筑幕墙工程二级	小型
宁夏三昌建筑装饰工程有限公司	建筑幕墙装饰和装修	私营有限责任公司	建筑幕墙工程二级	小型
宁夏鑫北装饰有限公司	建筑幕墙装饰和装修	私营有限责任公司	建筑幕墙工程二级	小型
宁夏宁程建设工程有限公司	住宅装饰和装修	私营有限责任公司	建筑幕墙工程二级	小型
银川市民政福利建筑装饰有限公司	建筑幕墙装饰和装修	私营有限责任公司	建筑幕墙工程二级	小型
宁夏天邦装饰工程有限公司	建筑幕墙装饰和装修	私营有限责任公司	建筑幕墙工程二级	微型
宁夏僖泰装饰工程有限公司	建筑幕墙装饰和装修	私营有限责任公司	建筑幕墙工程二级	微型
宁夏新三星建设工程有限公司	建筑幕墙装饰和装修	私营有限责任公司	建筑幕墙工程二级	微型
宁夏新材集团恒亚制造安装有限公司	建筑幕墙装饰和装修	其他有限责任公司	建筑幕墙工程二级	微型
宁夏红鼎盛建设工程有限公司	建筑幕墙装饰和装修	私营有限责任公司	建筑幕墙工程二级	微型
宁夏鸿日建筑幕墙装饰有限公司	建筑幕墙装饰和装修	私营有限责任公司	建筑幕墙工程二级	微型
宁夏鑫翔建设集团股份有限公司	建筑幕墙装饰和装修	私营有限责任公司	建筑幕墙工程二级	微型
宁夏远高绿色科技建筑有限公司	其他建筑安装	私营有限责任公司	钢结构工程二级	中型
宁夏众辰安全技术有限公司	电气安装	私营有限责任公司	消防设施工程二级	小型
宁夏德瑞昇实业有限公司	电气安装	其他有限责任公司	消防设施工程二级	小型
宁夏高力安装工程有限公司	电气安装	私营有限责任公司	消防设施工程二级	小型

7—15 续表2 continued

单位名称 UnitName	行业类别 Sectors	注册类型 Registration Type	资质等级 Qualification Criteria	企业规模 Scale Enterprises
宁夏泰银消防设备安装工程有限公司	电气安装	私营有限责任公司	消防设施工程二级	小型
宁夏易兴建设工程有限公司	电气安装	私营有限责任公司	消防设施工程二级	小型
宁夏优泰消防安全工程有限公司	电气安装	私营有限责任公司	消防设施工程二级	微型
宁夏龙津消防安全技术有限公司	电气安装	私营有限责任公司	消防设施工程二级	微型
宁夏丰亨环保消防工程有限公司	电气安装	私营有限责任公司	消防设施工程二级	微型
宁夏安邦智能科技有限公司	电气安装	私营有限责任公司	消防设施工程二级	微型
宁夏隆泰华消防工程有限公司	电气安装	私营有限责任公司	消防设施工程二级	微型
宁夏欣安消防工程有限公司	电气安装	私营有限责任公司	消防设施工程二级	微型
宁夏仁昊建设工程有限公司	电气安装	私营有限责任公司	消防设施工程二级	微型
宁夏层峰建设工程有限公司	其他土木工程建筑施工	私营有限责任公司	防水防腐保温工程二级	小型
宁夏建科骏瀚特种工程有限公司	其他土木工程建筑施工	私营有限责任公司	防水防腐保温工程二级	小型
银川恒丰达防腐保温工程有限公司	其他土木工程建筑施工	私营有限责任公司	防水防腐保温工程二级	小型
宁夏住宅康克建材科技工程有限公司	其他土木工程建筑施工	其他有限责任公司	防水防腐保温工程二级	小型
宁夏茂林建设安装工程有限公司	其他土木工程建筑施工	私营有限责任公司	防水防腐保温工程二级	微型
银川桓安保温工程有限公司	其他土木工程建筑施工	私营有限责任公司	防水防腐保温工程二级	微型
宁夏安正科贸有限公司	电气安装	私营有限责任公司	电子与智能化工程二级	小型
宁夏智林智能科技有限公司	电气安装	私营有限责任公司	电子与智能化工程二级	小型
宁夏佳邦建筑智能化工程有限公司	电气安装	私营有限责任公司	电子与智能化工程二级	小型
银川市福林科技有限公司	电气安装	私营有限责任公司	电子与智能化工程二级	小型
宁夏亚视电子科技有限公司	电气安装	私营有限责任公司	电子与智能化工程二级	小型
宁夏清达有线电视网络有限公司	电气安装	私营有限责任公司	电子与智能化工程二级	微型
宁夏思源高科智能工程有限公司	电气安装	私营有限责任公司	电子与智能化工程二级	微型
宁夏新锐达视讯有限公司	电气安装	私营有限责任公司	电子与智能化工程二级	微型
宁夏金维电子科技有限公司	电气安装	私营有限责任公司	电子与智能化工程二级	微型
宁夏奇文安全系统工程有限公司	电气安装	私营有限责任公司	电子与智能化工程二级	微型
宁夏瑞威尔能源环境工程有限公司	环保工程施工	私营有限责任公司	环保工程二级	小型
宁夏怡达公路工程有限公司	公路工程建筑	私营有限责任公司	公路路面工程二级	小型
宁夏东和交通工程开发有限公司	公路工程建筑	其他有限责任公司	公路交通工程二级	小型
宁夏天庆电力工程有限公司	架线及设备工程建筑	私营有限责任公司	输变电工程二级	小型
宁夏坤承电力工程有限公司	架线及设备工程建筑	私营有限责任公司	输变电工程二级	小型
银川市亮化工程建设有限公司	架线及设备工程建筑	其他有限责任公司	城市及道路照明工程二级	小型
宁夏华艺筑光照明科技有限公司	架线及设备工程建筑	私营有限责任公司	城市及道路照明工程二级	微型

主要统计指标解释

【建筑业统计单位】 指从事房屋、构筑物建造和设备安装活动的法人企业。建筑业法人企业应同时具备的条件是：1.依法成立，有自己的名称、组织机构和场所，能够承担民事责任；2.独立拥有和使用资产，承担负债，有权与其他单位签订合同；3.独立核算盈亏，能够编制资产负债表。统计范围是具有建筑业资质等级的独立核算的总承包、专业承包和劳务分包企业。

【年末自有施工机械设备总台数】 指年末本企业（或单位）自有的直接用于工程施工的各种机械设备的台数。但不包括附属辅助生产机械设备、运输设备、生产试验机械设备的台数。

【年末自有施工机械设备总功率】 指年末本企业（或单位）自有的直接用于工程施工的各种机械设备年末总功率，按设定能力或查定能力计算。包括施工机械本身的动力和为该机械服务的单独动力设备，如电动机等。但不包括附属辅助生产机械设备、运输机械设备、生产试验机械设备的功率。计算单位用千瓦，动力换算可按1马力=0.735千瓦折合成千瓦数。电焊机、变压器、锅炉不计算动力。

【建筑业总产值】 是以货币表现的建筑业企业在一定时期内生产的建筑业产品和服务的总和。建筑业总产值包括三部分内容：

（1）建筑工程产值：指列入建筑工程预算内的各种工程价值。

（2）安装工程产值：指设备安装工程价值，不包括被安装设备本身价值。

（3）其他产值：建筑业总产值中除建筑工程、安装工程以外的产值。包括房屋构筑物修理产值、非标准设备制造产值、总包企业向分包企业收取的管理费以及不能明确划分的施工活动所完成的产值。

【房屋建筑施工面积】 指在报告期内施过工的全部房屋建筑面积，它包括本期新开工的房屋面积、上期施工跨入本期继续施工的房屋面积、上期停缓建在本期恢复施工的房屋面积、本期竣工的房屋面积以及本期施工后又停缓建的房屋面积。

【房屋建筑竣工面积】 指在报告期内房屋建筑按照设计要求已全部完工，达到了住人和使用条件，经检查验收鉴定合格，正式移交使用单位的房屋建筑面积。

【从事建筑业活动的平均人数】 指建筑业企业（或单位）报告期实际拥有的、与建筑施工活动有关的平均人数，包括参加本企业（或单位）建筑施工活动的非本企业（或单位）人员，但不包括企业内部社会服务性机构的人员以及由本企业支付工资但所从事的工作与本企业生产基本无关的人员。

8

交通运输与邮电

Transport, Postal and Telecommunication Services

8—1 主要年份交通运输业主要经济指标

Major Economic Indicators of Transport Conveyance in Main Years

年 份 Year	载客汽车年末拥有量(辆) Number of Passenger Vehicles at Year-end	载货汽车年末拥有量(辆) Number of Truck at Year-end (unit)	公路客运量(万人) Passenger Traffic of Highways (10 000 persons)	公路客运周转量(万人公里) Passenger-kilometers of Highways (10 000 person-km)	公路货运量(万吨) Freight Traffic of Highways (10 000 tons)	公路货运周转量(万吨公里) Freight Ton-kilometers of Highways (10 000 ton-km)
1978	227	1028	185	12436	441	17512
1979	230	1083	162	10980	476	11429
1980	1225	3647	189	15004	469	10284
1981	1448	3668	265	14477	266	8391
1982	1488	3718	340	18282	284	10400
1983	1719	3154	344	20421	319	12018
1984	2030	3583	400	22801	292	12851
1985	2840	4791	529	30601	645	30305
1986	2838	4778	653	35965	672	29367
1987	3028	5152	815	41344	688	38034
1988	3313	5380	879	48898	649	37890
1989	3789	6023	1154	54764	646	36800
1990	4422	7532	1095	49564	685	36796
1991	4794	7913	1329	54133	735	40943
1992	5285	8533	1396	56210	862	46592
1993	5991	9306	1324	57166	960	56678
1994	6908	10068	1405	62297	957	58098
1995	7921	11387	1784	74634	1083	59637
1996	9754	12627	2057	82712	1103	62332
1997	13025	13819	2196	94080	1125	66804
1998	15393	15408	2396	106437	1210	78994
1999	17687	17353	2118	117973	1157	159830
2000	19286	17825	2457	134031	1422	170906
2001	21002	19278	2526	144234	1504	168145
2002	23395	17963	2672	152435	1600	190162
2003	27499	25117	1974	124815	1897	211205
2004	27928	24570	2240	142166	2013	216448
2005	28852	31253	2468	160420	2149	232092
2006	48154	28130	2475	162024	2170	235412
2007	56514	28035	2601	173365	2261	247417
2008	76417	35092	2775	187408	2428	263994
2009	106290	45953	2498	216942	9433	1257876
2010	133293	54316	2682	231846	10244	1347185
2011	206527	73279	2926	251785	11473	1498070
2012	267539	86579	3201	279481	12976	1728042
2013	328567	99235	2818	251389	14520	1604415
2014	391035	107336	3366	303176	15314	1643428
2015	460883	106105	3602	318396	10656	1370800
2016	542718	112795	3447	311482	8779	1132969
2017	630274	121208	2862	277263	7797	1032520
2018	709368	133775	2378	217685	7006	694981
2019	772854	146949				
2020	830253	162901				

注:2019年起公路相关数据自治区交通厅只反馈到省级。

Note:From 2019, the traffic department of the Autonomous Region will only report to the provincial level.

8—2 主要年份邮电业主要经济指标

Major Economic Indicators of Post and Telecommunication Services in Main Years

年 份 Year	邮电业务总量（万元）Business Volume of Postal and Telecommunication（10 000 yuan）	函件（万件）Number of Letters（10 000 pcs）	包件（万件）Number of Packages（10 000pcs）	年末本地固定电话用户（户）Number of Telephone Subscribers（household）	#住宅电话 Residence	移动电话用户期末数（户）Number of Mobile Telephone Subscribers（household）	上网用户（户）Number of Internet Users（household）
1978	183	413	7.4	2622			
1979	188	546	7.6	2717			
1980	200	603	7.4	3303			
1981	289	652	7.3	3498			
1982	310	674	6.9	3742			
1983	343	651	7.1	4230			
1984	377	636	11.3	5036			
1985	465	897	8.5	5738			
1986	532	949	9.8	6721			
1987	606	1001	9.5	7007			
1988	789	969	11.3	9003			
1989	998	934	10.2	10610			
1990	2307	976	9	12178			
1991	2953	1153	7	14036			
1992	3798	1086	8.5	16572			
1993	5800	1292	13	29502			
1994	8199	1225	9	49742	26509	2495	
1995	12967	1296	10	81657	55094	4740	
1996	18352	1356	11	108910	80450	8053	
1997	25225	1098	11	130056	95776	15457	
1998	37400	1090	11	160444	126770	31935	
1999	57015	1098	12.6	187467	150534	52902	
2000	72997	1213	15	260162	171586	107817	21102
2001	116008	1685	15.1	329612	185834	197215	47456
2002	130389	134	18.3	402525	214230	327112	116364
2003	150294	59	20.3	457690	246919	580460	150238
2004	199442	44	21.3	541000	253133	705009	181568
2005	218200	649	20.4	615000	267000	856800	221700
2006	246431	1964	17.5	572300	258030	1035800	108600
2007	280632	1132	18.2	535100	260900	1248600	114000
2008	326375	942	15	536835	259688	1226000	116410
2009	360200	1830	15.8	628400	302800	1469700	197400
2010	431880	1281	15.5	677691	339035	1821558	241946
2011	264017	600	17.1	495652	374830	2428721	307117
2012	293125	828	16.6	508069	402494	3102341	339593
2013	366108	655	17.3	509774	419314	3428468	385854
2014	365423	581	15.6	532104	430248	3796484	440269
2015	316125	594	17.4	389543	410576	3600094	492937
2016	348251	642	18.3	323852	387645	3906918	637648
2017	347126	682	16.7	297944	232587	4153148	683325
2018	334174	235	14.3	244000	165000	3848000	988000
2019	396800	224		254400	94000	3627000	1125600
2020	428900	187		252525	89000	3921600	1234100

注：2019年起包件指标取消。

Note: package targets cancelled from 2019.

8—3 全社会客货运输量

Traffic Volume of Passenger and Freight

（2020）

指　标	Item	客运量（万人）Passenger Traffic（10 000 persons）	客运周转量（万人公里）Passenger-kilometers（10 000 person-km）	货运量（万吨）Freight Traffic（10 000 tons）	货运周转量（万吨公里）Freight Tonkilometers（10 000 ton-km）
铁路运输	Railway transportation	316.80		590.37	
民航运输	Civil Aviation	330.47	457741.80	2.88	3669.95

注：中国铁路兰州局集团有限公司只测算到省级客运周转量和货运周转量。

Note:China Railway Lanzhou Bureau Group Co. , Ltd. Only calculates the turnover of passenger and freight transport at the provincial level.

8—4 机动车拥有量

Ownership Volume of Motor Vehicle

单位：辆　　（2020）　　（unit）

指　标	Item	合　计 Total	#个人 Personal	#营运 Service	#公交客运 Bus	#出租客运 Taxi
总　计	**Total**	**1038144**	**945609**	**92107**	**2016**	**5891**
汽车	Automotive	1000306	915012	75993	2016	5891
载客汽车	Passenger Vehicles	830253	781176	11533	2016	5891
大型	Large-scale	4909	98	3405	1993	
中型	Medium-sized	1982	805	324	13	
小型	Small-scale	819075	776072	7804	10	5891
微型	Miniature	4287	4201			
载货汽车	Truck	162901	129793	62674		
重型	Heavy	36951	18661	36327		
中型	Medium-sized	2931	2469	2510		
轻型	Lightweight	122468	108122	23600		
微型	Miniature	55	52	21		
其它汽车	Others	496	489	216		
摩托车	Motorcycle	21581	21375	2		
普通	Ordinary	21381	21176	2		
轻便	Portable	200	199			
拖拉机	Tractor					
挂车	Trailer	16257	9222	16112		

8—5 邮政、电信业务量

指 标	Item	单 位	Unit
邮电业务总量	Business Volume of Postal and Telecommunication	万元	10 000yuan
#邮政	Post	万元	10 000yuan
包件	Number of Packages	万件	10 000 pcs
订销报纸累计份数	Number of Subscribed and Sold Newspapers Cumulative Copies	万份	10 000 copies
订销杂志累计份数	Number of Subscribed and Sold Magazines Cumulative Copies	万份	10 000 copies
收寄特快专递	Pieces of Express Mail Services	万份	10 000 copies
市内电话年末到达户数	Number of Telephone Subscribers at Year-end	户	subscriber
住宅电话	Household Telephone Subscribers	户	subscriber
农村电话期末到达户数	Rural Fixed Telephone Subscribers at Year-end	户	subscriber
公用电话	Public Telephone	部	set
移动电话期末数	Number of Mobile Telephone Subscribers at Year-end	部	set
互联网用户	Number of Internet Users	户	subscriber
邮政局、所总数	Total Number of Post and Spot	处	unit
邮政服务网点	Number of Postal Offices	处	unit
电信服务网点	Number of Telecommunication Offices	处	unit
本地网及接入网设备总容量	Broad Band Subscribers Capacity of Internet	门	line
电话普及率	Popularization Rate of Telephone	部/百人	set/100persons
移动电话普及率	Popularization Rate of Mobile Telephone	部/百人	set/100persons

注:2019年起宁夏回族自治区通信管理局将农村电话期末到达户数、公用电话和本地网及接入网设备总容量指标取消。

Business Volume of Post and Telecommunication Services

2009年	2010年	2011年	2012年	2013年	2014年	2015年	2016年	2017年	2018年	2019年	2020年
360200	431880	264017	293125	366108	365423	316125	348253	347126	334174	396800	4340805
14187	15836	10845	12318	13264	12832	17835	20514	20411	22263	66900	186000
15.84	15.51	17.06	16.60	17.30	15.60	17.40	18.30	16.70	14.30		
2168.05	2319.77	2720.8	2857.79	3281.1	3190.9	3164.27	2569.92	2752.85	3075.39	2803.36	2917.78
158.28	167.30	174.85	174.88	168.15	158.08	173.75	184.05	166.19	171.04	180.53	193.95
25.31	28.87	25.41	26.90	21.40	17.30	29.38	96.42	103.42	117.63	12.22	14.03
451966	677691	495652	508069	509774	526517	389543	323852	297944	244000	254400	252525
291551	339035	374830	402494	419314	430231	410576	387645	232587	165000	94000	89000
73722	71847	60679	54640	49212	43214	26050	17819	17017	11354		
48545	47987	45743	42611	41248	39785	20716	16388	9341	6578		
1634830	1821558	2428721	3102341	3428468	3796467	3600094	3906918	4153148	3848000	3627000	3921600
197386	241946	307117	339593	385854	440291	492937	637648	683325	988000	1125600	1234100
498	536	614	555	542	680	106	103	101	94	93	93
115	105	98	97	97	106	2109	2117	1186	1098	147	149
383	431	516	458	445	426	1120	1292	1175	1032	902	765
891521	876060	901443	929538	937147	975216	993214	987654	1004444	1178956		
122.60	125.40	144.36	176.43	187.50	208.60	196.40	185.70	184.60	176.50	169.30	145.90
96.10	91.39	119.89	151.60	164.30	176.20	182.32	196.76	202.99	189.32	121.18	137.16

Note:Starting from 2019, the Ningxia Hui Autonomous Region will abolish the quota on the number of rural telephone subscribers reached at the end of the term, the total capacity of public telephone and local network and access network equipment.

主要统计指标解释

【货(客)运量】 指在一定时期内,各种运输工具实际运送的货物(旅客)数量。货运按吨计算,客运按人计算。

【货物(旅客)周转量】 指在一定时期内,由各种运输工具运送的货物(旅客)数量与其相应运输距离的乘积之总和。计算公式为:货物(旅客)周转量=∑货物(旅客)运输量×运输距离

【邮电业务总量】 即邮电专业产品量。邮电业务量按专业分类包括函件、机要文件、包裹、汇票、报刊发行、邮政快件、特快专递、邮政储蓄、集邮、公众电报、用户电报、传真、长途电话、出租电路、市话无线寻呼、移动电话、分组交换数据通信、出租代维等。

【移动电话用户】 指在邮电部门登记,通过移动电话交换机进入移动电话网、占有移动电话号码的电话用户,按实际办理登记手续进入邮电部门移动电话网的户数进行计算。一部(台)移动电话统计为一户。

【固定电话用户】 指在电信运营商营业网点办理开户登记手续并已接入固定电话网上,并按固定电话业务进行经营管理的全部电话用户。包括普通电话用户、公共电话用户、窄带综合业务数字网(N-ISDN)用户、智能网专用接入终端用户等。

【计算机互联网(INTERNET)用户】 计算机互联网是一个连接计算机网的网络,范围遍及全世界,包括局域网、城域网和广域网,旨在实现计算机资源共享。它分为两大类,一类是学术范围的非盈利的网络,另一类是商业性或非学术的网络。接入这个网络的用户,称为INTERNET用户。

9

内贸、外贸和旅游

Domestic Trade, Foreign Trade and Tourism

9—1 主要年份社会消费品零售总额分类情况

Total Retail Saled Values of Consumer

单位:万元 （10 000yuan）

年份 Year	社会消费品零售总额 Total Retail Sales of Consumer Goods	按经济类型分 Grouped by Economic Type					按行业分 Grouped by Sector	
		国有经济 State-owned	集体经济 Collective-owned	个体经济 Individual	私营经济 Private	股份制经济 Share-holding	批发和零售业 Wholesale and Retail Trade	住宿和餐饮业 Hotels and Catering Services
1949	728	177		540			618	
1950	1128	335	69	711			860	66
1951	1601	468	99	1019			1245	75
1952	2080	616	172	1275			1555	90
1953	2588	678	297	1559			2024	94
1954	3131	906	516	1647			2604	139
1955	3101	994	524	1546			2672	115
1956	3505	1342	1046	963			2949	163
1957	3761	1384	1226	958			2968	164
1958	5098	2299	1925	455			4271	193
1959	7038	4537	2163	222			6520	331
1960	8007	5484	2460				7625	231
1961	7362	5211	2065				7271	256
1962	7079	5628	1225	83			6421	378
1963	6998	5354	1381	102			6319	375
1964	7059	5506	1404	46			6442	295
1965	7213	5575	1533	46			6610	286
1966	8193	6062	2111	5			7603	291
1967	7796	6136	1641	7			7435	250
1968	8324	6376	1928	10			7763	260
1969	8730	6616	2090	11			8231	275
1970	9857	7452	2375	14			9326	329
1971	10821	8254	2536	9			10354	352
1972	13137	9430	3370	12			12125	468
1973	13343	9738	3564	15			12709	484
1974	13933	10008	3778	10			13229	473
1975	14903	10766	3974	11			13963	559
1976	16050	11561	4328	18			15001	599
1977	16780	12039	4559	24			15628	577
1978	22581	14282	5963	40			18031	773
1979	26308	19110	6782	221			21049	885
1980	30622	22929	6924	417			24425	1066
1981	34389	24324	8970	970			27137	1102

注:1992-2020年社会消费品零售总额数据为第四次全国经济普查衔接后数据。

9—1 续表1 continued

单位:万元 (10 000yuan)

年份 Year	社会消费品零售总额 Total Retail Sales of Consumer Goods	按经济类型分 Grouped by Economic Type					按行业分 Grouped by Sector	
		国有经济 State-owned	集体经济 Collective-owned	个体经济 Individual	私营经济 Private	股份制经济 Share-holding	批发和零售业 Wholesale and Retail Trade	住宿和餐饮业 Hotels and Catering Services
1982	39754	25835	12656	1243			31332	1436
1983	44007	27596	13924	2398			34590	1547
1984	52457	29743	15408	6932			41148	2104
1985	64364	36022	15084	12455			50945	2330
1986	74148	41250	18806	13215			59079	2499
1987	84158	43319	25144	14419			66184	3581
1988	106964	53149	32266	20370			84657	4406
1989	123437	61632	36472	23670			98072	4767
1990	135904	65184	36417	32575			107772	5487
1991	151126	71094	38439	39379			119229	6463
1992	144346	81822	43881	44707			136158	8091
1993	196698	93383	20010	50249	32864	382	181725	10960
1994	245684	106092	21929	61113	38550	1093	199277	23476
1995	304417	143211	29752	77665	52273	2715	267919	31548
1996	370005	158139	35227	90725	59843	11012	312164	36994
1997	407201	144521	32856	112897	63924	38925	346450	41993
1998	456788	138273	29095	131677	71097	56507	378256	47821
1999	501958	125797	23359	148339	86828	79256	408701	54567
2000	554213	111087	19636	175010	106822	99046	448299	63039
2001	620116	98044	17126	192152	118014	123542	486107	72563
2002	700272	88324	14679	225369	144302	149996	537957	85124
2003	818992	81502	12754	257501	165745	193922	611801	99806
2004	970316	78049	11349	299751	194872	236438	703023	117450
2005	1132968	76948	11530	339585	231788	286559	809167	137023
2006	1326059	79711	10552	392046	405463	214033	941556	159583
2007	1592516	92843	11471	448567	510765	246667	1126913	184785
2008	1976527	97582	14296	522094	620487	349751	1370188	240549
2009	2341186	134824	11712	524427	629819	727251	1766161	272020
2010	3001761	86917	12848	574085	730708	994984	2131164	315306
2011	3857070	129041	14604	649466	851599	1469824	2737851	379147
2012	4458194	75602	15232	590872	1208496	1665508	3196050	373247
2013	5115239	70843	15741	725107	1085524	2117639	3655413	396400
2014	5666444	70801	19532	867631	1233817	2164136	4031619	422571
2015	6140230	47638	5893	1332987	1488606	1780833	4131980	644307
2016	6660120	45438	5383	1502518	1690331	1765915	4587696	554231
2017	7366994	51572	41969	2182577	1428396	1777773	5064667	558446
2018	7809593	38367	17470	1957868	1598715	1748196	4973068	554244
2019	8300064	42735	40336	2015246	1630474	1974050	5390856	476901
2020	7708699	48895	11468	3262855	2139370	2045423	7316705	391994

Note:The data of total retail sales of social consumer goods from 1992 to 2020 is the data after the fourth national economic census.

9—2 社会消费品零售总额

单位:万元 （2020）

指 标	Item	合计 Total	兴庆区 Xingqing
社会消费品零售总额	**Total Retail Sales of Consumer Goods**	**7708699**	**3400890**
按销售单位所在地分	**Grouped by Location**		
城镇	Town	7381790	3358069
#城区	Urban Area	5659522	3226000
乡村	Country	326909	42821
按登记注册类型分	**Grouped by Economic Type**		
国有经济	State- Owned	48895	31836
集体经济	Cllective-Owned	11468	3642
私营经济	Private	2139370	785750
个体经济	Individual	3262855	1640086
股份制经济	Share-Holding	2045423	880534
其他经济	Others	200688	59043
按行业分	**Grouped by Sector**		
批发业	Wholesale	1318358	582770
#限额以上	Above Norm	453354	131389
零售业	Retail	5998347	2716940
#限额以上	Above Norm	2514298	834574
住宿业	Lodging Industry	33670	13329
#限额以上	Above Norm	25613	11331
餐饮业	Catering Sevices	358323	87852
#限额以上	Above Norm	56969	23654

Total retail sales of consumer goods

(10 000yuan)

金凤区 jinfeng	西夏区 Xixia	永宁县 Yongning	贺兰县 Helan	灵武市 Lingwu
1619713	**673563**	**262177**	**1405898**	**346457**
1540938	641245	232666	1339322	269550
1526225	619413	22224	86075	179586
78775	32319	29510	66577	76907
4117	5412	113	231	7187
4758	830	720	1249	269
534191	104106	67364	562119	85838
555213	369576	148061	343029	206891
495619	183078	44884	399422	41886
25816	10562	1035	99848	4386
239910	91303	159282	213181	31913
180380	71977	16256	28944	24408
1274515	565799	52739	1113429	274925
586793	112093	20939	911101	48798
14510	271	579	4331	650
13459	80		267	476
90778	16191	49577	74958	38968
25736	942		2927	3710

9—3 限额以上批发和零售业法人企业商品分类销售额

Sale Values of Wholesale and Retail by Enterprises above Designated Size by Category

单位:万元　　　　　　　　　　　　　　　　　　　　　　　　　　　　(2020)

指　标	Item	销售额 Sales Value	批发额 Wholesale Value	零售额 Retail Value
总　计	**Total**	**10555672**	**7385481**	**3170192**
批发业	**Wholesale Trade**	**7936841**	**7356302**	**580538**
粮油、食品类	Grain and Oils, Food	297892	292186	5706
粮油类	Grain and Oils	47943	47943	
肉禽蛋类	Meat Poultry and eggs	6279	6279	
水产品类	Aquatic Products			
蔬菜类	Vegetables			
干鲜果品类	Dried and Fresh Melons and Fruits			
饮料类	Beverages	12079		12079
烟酒类	Tobacco and Liquor	929812	912204	17607
服装、鞋帽、针纺织品类	Clothing,Shoes,Hats and Textiles	108	108	
服装类	Clothing			
鞋帽类	Footwear and Hats			
针纺织品类	Textiles	108	108	
化妆品类	Cosmetics			
金银珠宝类	Gold,Silver and jewelry	21852	21852	
日用品类	Articles for Daily Use	1657	1657	
可穿戴智能设备	Wearable smart devices			
五金、电料类	Hardware & Electrical Materials	2664	2664	
体育、娱乐用品类	Sports and Entertainment Products			
照相器材类	Photographic Equipments			
书报杂志类	Newspapers and Magazines	27454	27142	313
电子出版物及音像制品类	E-journals and Video Products			
家用电器和音像器材类	Household Appliances and Video Equipments	5613	5569	44
能效等级为1级和2级的商品	Products with energy efficiency grade 1 and 2	5569	5569	
智能家用电器和音像器材	Intelligent household appliances and audio-visual equipment			
中西药品类	Traditional Chinese and Western Medicine	521867	517053	4814
西药类	Western Medicine	428521	424288	4233
中草药及中成药类	Traditional Chinese	59590	59009	582
文化办公用品类	Cultral and Official Goods			
计算机及其配套产品	Computer and Corollary Equipments			
家具类	Furniture			
通讯器材类	Communication Appliances	99		99
智能手机	Intelligent mobile phone	99		99
煤炭及制品类	Coal and Related Products	108162	108162	
石油及制品类	Petroleum and Related Products	4044687	3514821	529866
化工材料及制品类	Raw Chemical Materials and Related Products	185295	185295	
化肥类	Fertilizer	45338	45338	
金属材料类	Metal Materials	874399	874399	
建筑及装潢材料类	Building and Decoration Materials	730	730	
机电产品及设备类	Mechanical & Electrical Products	48543	48543	
农机类	Agricultural Machinery	23627	23627	
汽车类	Automobile	167085	157074	10010
新能源汽车	New energy vehicles			
种子饲料类	Seed feed	367115	367115	
其他类	Others	319729	319729	

9—3 续表1

continued

（10 000yuan）

指 标	Item	销售额 Sales Value	批发额 Wholesale Value	零售额 Retail Value
零售业	**Retail Trade**	**2618832**	**29178**	**2589654**
粮油、食品类	Grain and Oils, Food	390521	3798	386723
粮油类	Grain and Oils	48247		48247
肉禽蛋类	Meat Poultry and eggs	56035		56035
水产品类	Aquatic Products	2155		2155
蔬菜类	Vegetables	13713		13713
干鲜果品类	Dried and Fresh Melons and Fruits	50884		50884
饮料类	Beverages	14606		14606
烟酒类	Tobacco and Liquor	45691		45691
服装、鞋帽、针纺织品类	Clothing,Shoes,Hats and Textiles	175857		175857
服装类	Clothing	132346		132346
鞋帽类	Footwear and Hats	24312		24312
针纺织品类	Textiles	19198		19198
化妆品类	Cosmetics	49209		49209
金银珠宝类	Gold,Silver and jewelry	61600		61600
日用品类	Articles for Daily Use	70718		70718
可穿戴智能设备	Wearable smart devices	377		377
五金、电料类	Hardware & Electrical Materials	27		27
体育、娱乐用品类	Sports and Entertainment Products	8645	8	8637
照相器材类	Photographic Equipments	212	8	204
书报杂志类	Newspapers and Magazines	12005		12005
电子出版物及音像制品类	E-journals and Video Products	952		952
家用电器和音像器材类	Household Appliances and Video Equipments	119187	5443	113744
能效等级为1级和2级的商品	Products with energy efficiency grade 1 and 2	8765		8765
智能家用电器和音像器材	Intelligent household appliances and audio-visual equipment	5829		5829
中西药品类	Traditional Chinese and Western Medicine	79503	156	79347
西药类	Western Medicine	58527	156	58371
中草药及中成药类	Traditional Chinese	17041		17041
文化办公用品类	Cultral and Official Goods	17206	74	17132
计算机及其配套产品	Computer and Corollary Equipments	5232	74	5157
家具类	Furniture	16709		16709
通讯器材类	Communication Appliances	31503	10618	20885
智能手机	Intelligent mobile phone	30161	9737	20424
煤炭及制品类	Coal and Related Products			
石油及制品类	Petroleum and Related Products	357797	6840	350957
化工材料及制品类	Raw Chemical Materials and Related Products			
化肥类	Fertilizer			
金属材料类	Metal Materials			
建筑及装潢材料类	Building and Decoration Materials			
机电产品及设备类	Mechanical & Electrical Products			
农机类	Agricultural Machinery			
汽车类	Automobile	1123601		1123601
新能源汽车	New energy vehicles	10600		10600
种子饲料类	Seed feed			
其他类	Others	43494	2241	41253

9—4 限额以上批发和零售业法人企业经营情况

单位:万元 (2020)

指 标	Item	法人企业数(个) Corporate Enterprises(unit)
总 计	**Total**	**285**
兴庆区	Xingqing	65
西夏区	Xixia	23
金凤区	Jinfeng	67
永宁县	Yongning	40
贺兰县	Helan	66
灵武市	Lingwu	24
批发业	**Wholesale Trade**	**136**
按批发行业小类分	**Grouped by Wholesale Industry Small Class**	
农、林、牧、渔产品批发	Wholesale of Agricultural, Forestry, Animal Husbandry Products	4
谷物、豆及薯类批发	Wholesale of Grain, Bean and Potatoes	2
畜牧渔业饲料批发	Animal husbandry and fishery feed wholesale	2
食品、饮料及烟草制品批发	Wholesale of Food,Beverages and Tobacoos	9
米、面制品及食用油批发	Wholesale of Rice,Flour and Edible Oil	1
肉、禽、蛋、奶及水产品批发	Wholesale of Meat and Aquatic Products	1
盐及调味品批发	Wholesale of Salt and Condiments	1
酒、饮料及茶叶批发	Wholesale of Beverages and tea	4
烟草制品批发	Wholesale of Tobacoos	2
纺织、服装及家庭用品批发	Wholesale of Textiles, Garments and Daily Consummer Aticles	5
纺织品、针织品及原料批发	Wholesale of textiles, knitwear and raw materials	2
服装批发	Wholesale of Garments	1
日用家电批发	Wholesale of Household Electrical Appliances	2
文化、体育用品及器材批发	Wholesale of Cultural, Sports Goods Appliances and Equipments	3
图书批发	Wholesale of Books	1
首饰、工艺品及收藏品批发	Wholesale of jewelry, handicrafts and Collectibles	2
医药及医疗器材批发	Wholesale of Medicines and Medical Appliances	19
西药批发	Wholesale of Western Medicine	13
中药批发	Wholesale of Chinese Medicine	2
医疗用品及器材批发	Wholesale of Medical Supplies and Equipment	4
矿产品、建材及化工产品批发	Wholesale of Mineral Products, Building Materials and Chemical Products	83
煤炭及制品批发	Wholesale of Coal and Related Products	14
石油及制品批发	Wholesale of Petroleum and Related Products	18
金属及金属矿批发	Wholesale of Metallic mineral Products	44
建材批发	Wholesale of building materials	3
化肥批发	Wholesale of Chemical Fertilizer	1
农药批发	Wholesale of Pesticide	
其他化工产品批发	Wholesale of Other Chemical Products	3

Business Operation of wholesale and retail enterprises with legal persons above designated size

(10 000 yuan)

从业人员期末人数(人) Number of employees at the end of the period (person)	商品购进额 Total Commodity Purchas	进口 Imported	商品销售额 Total Commodity Sales Value	通过公共网络实现的商品销售额 Commodity Sales Through Public Network	通过非自营平台实现的商品销售额 Including: sales volume of goods realized through non proprietary platform
22827	**11255264**	**89314**	**10747087**	**132926**	**22689**
7897	2435260	4254	1798548	13500	4015
2250	772236		742438	82453	
7079	4323516	79034	4499858	29315	17627
842	1614880		1562806		
3943	1864767	6025	1886047	4302	
816	244605		257390	3355	1047
7372	**8754376**	**77890**	**8093127**	**77578**	
319	949891		879256		
81	29096		25717		
238	920795		853539		
733	836809		949845	2472	
58	19081		20852		
43	5870		6146	2309	
27	3103		5578		
165	18071		21138	163	
440	790684		896131		
85	83537		75440		
	77448		65743		
			2		
85	6089		9695		
144	92615		74938		
124	34890		27454		
20	57724		47484		
1745	529466	63070	553860	16811	
1569	490121	63070	504569	16811	
65	9439		11049		
111	29907		38242		
3789	6016373	14820	5306732	43015	
308	184963		203941		
3031	4806741		4020543		
338	929261	14820	980547	43015	
33	29117		32929		
58	24023		24129		
21	42269		44644		

9—4 续表1

单位:万元 （2020）

指　标	Item	批发额 Wholesale Value
总计	**Total**	**7563368**
兴庆区	Xingqing	722672
西夏区	Xixia	506710
金凤区	Jinfeng	3591333
永宁县	Yongning	1537419
贺兰县	Helan	975623
灵武市	Lingwu	229611
批发业	**Wholesale Trade**	**7505680**
按批发行业小类分	**Grouped by Wholesale Industry Small Class**	
农、林、牧、渔产品批发	Wholesale of Agricultural, Forestry, Animal Husbandry Products	879256
谷物、豆及薯类批发	Wholesale of Grain, Bean and Potatoes	25717
畜牧渔业饲料批发	Animal husbandry and fishery feed wholesale	853539
食品、饮料及烟草制品批发	Wholesale of Food,Beverages and Tobacoos	949133
米、面制品及食用油批发	Wholesale of Rice,Flour and Edible Oil	20852
肉、禽、蛋、奶及水产品批发	Wholesale of Meat and Aquatic Products	6146
盐及调味品批发	Wholesale of Salt and Condiments	5578
酒、饮料及茶叶批发	Wholesale of Beverages and tea	20426
烟草制品批发	Wholesale of Tobacoos	896131
纺织、服装及家庭用品批发	Wholesale of Textiles, Garments and Daily Consummer Aticles	73398
纺织品、针织品及原料批发	Wholesale of textiles, knitwear and raw materials	65637
服装批发	Wholesale of Garments	
日用家电批发	Wholesale of Household Electrical Appliances	7761
文化、体育用品及器材批发	Wholesale of Cultural, Sports Goods Appliances and Equipments	52773
图书批发	Wholesale of Books	27142
首饰、工艺品及收藏品批发	Wholesale of jewelry, handicrafts and Collectibles	25632
医药及医疗器材批发	Wholesale of Medicines and Medical Appliances	549046
西药批发	Wholesale of Western Medicine	500410
中药批发	Wholesale of Chinese Medicine	10394
医疗用品及器材批发	Wholesale of Medical Supplies and Equipment	38242
矿产品、建材及化工产品批发	Wholesale of Mineral Products, Building Materials and Chemical Products	4765507
煤炭及制品批发	Wholesale of Coal and Related Products	200139
石油及制品批发	Wholesale of Petroleum and Related Products	3491812
金属及金属矿批发	Wholesale of Metallic mineral Products	971855
建材批发	Wholesale of building materials	32929
化肥批发	Wholesale of Chemical Fertilizer	24129
农药批发	Wholesale of Pesticide	
其他化工产品批发	Wholesale of Other Chemical Products	44644

continued

(10 000yuan)

出口 Export	零售额 Retail Value	通过公共网络实现的零售额 Including: retail sales realized through public network	通过非自营平台实现的零售额 Including: retail sales realized through non proprietary platform	期末商品库存额 Total Stock at Year-end	服务营业额 Service turnover	年末零售营业面积(平方米) Area of Retail Business at Year-end(sq.m)
21808	**3149266**	**55397**	**22689**	**621255**	**58179**	**1849604**
	1054024	8005	4015	172656	6962	1117245
	235158	24159		32736		89168
21808	904955	22187	17627	186976	23289	538057
	17266			58114	276	16630
	910424			155785	27653	60391
	27440	1047	1047	14988		28113
21808	**552993**	**49**		**336435**	**4668**	**757414**
				27956		
				16286		
				11670		
	712	49		63424		1563
				8760		50
				129		
				549		
	712	49		7592		1513
				46394		
	1934			14876	1371	560
				11725		
	1934			3151	1371	560
	313			15862	219	2896
	313			8766	219	1896
				7096		1000
	4814			62484	828	9414
	4159			58243	762	7803
	655			1215	66	411
				3027		1200
21808	528731			122496	276	741505
1288				15749		200
	528731			62369		740500
20520				42095	276	705
				1724		
				560		100

9—4 续表2

单位:万元 (2020)

指　标	Item	法人企业数(个) Corporate Enterprises(unit)
机械设备、五金产品及电子产品批发	Wholesale of Machinery, Hardware and Electronic Equipment	12
农业机械批发	Wholesale of Agriculture Machinary	3
汽车及零配件批发	Wholesale of MotorVehicles	7
电气设备批发	Wholesale of Electrical Equipment	1
其他机械设备及电子产品批发	Wholesale of Other Machinary and Electric Equipment	1
其他批发业	Other Wholesale	1
再生物资回收与批发	Recovery and Wholesale of Recycled Materials	1
其他未列明批发业	Other Wholesale Unlisted	
按登记注册类型分	Grouped By Registration Type	
内资企业	Domestic Funded Enterprises	136
国有企业	State-owned Enterprises	6
有限责任公司	Limited Liability Corporations	18
国有独资公司	State-owned Enterprises	2
其他有限责任公司	Other Limited Liability Corporations	16
股份有限公司	Share-holding Corporations Ltd.	7
私营企业	Private Enterprises	105
私营独资企业	Sole Proprietorship	3
私营有限责任公司	Private Limited Liability Corporations	102
按控股情况分	Grouped By Controlling Stake	
国有控股	State-owned	21
私人控股	Private	111
其他	Others	4
按经营形式分	Grouped By Business Form	
独立门店	Indipendent Stores	94
连锁总店	Distributor Chain	4
连锁直营店	Chain store	1
其他	Others	37
按单位规模分	Grouped By Unit Scale	
大型	large-scale	7
中型	Medium-scale	44
小型	Small-scale	62
微型	Miniature	23
按经营地分	By place of operation	
城镇	Town	121
其中:城区	Including: urban area	65
乡村	Rural	15

continued

(10 000yuan)

从业人员期末人数(人) Number of employees at the end of the period (person)	商品购进额 Total Commodity Purchas	进口 Imported	商品销售额 Total Commodity Sales Value	通过公共网络实现的商品销售额 Commodity Sales Through Public Network	通过非自营平台实现的商品销售额 Including: sales volume of goods realized through non proprietary platform
508	187012		192880		
98	21100		24575		
334	165437		167191		
42	32		58		
34	442		1056		
49	58674		60177	15280	
49	58674		60177	15280	
7372	8754376	77890	8093127	77578	
604	844545		955651		
1246	1514563	4044	1447904	5659	
191	41824		34527		
1055	1472739	4044	1413377	5659	
2548	3711135	59025	2911278		
2974	2684134	14820	2778293	71919	
29	89173	14593	95722		
2945	2594961	227	2682571	71919	
3914	4957421	63070	4258351	5659	
3133	2791882	14820	2891037	71919	
325	1005073		943739		
3651	3933908	59025	3261774	49789	
1895	626702		612669		
20	32728		25632		
1806	4161038	18865	4193053	27789	
3249	3029690	4044	2269023	5495	
3089	4326486	59025	4356373	28905	
937	1167535	14766	1251903	43178	
97	230665	54	215827		
6703	7863527	77890	7184406	77578	
4667	5354935	77890	4720049	70967	
669	890849		908721		

9—4 续表3

单位:万元 (2020)

指 标	Item	批发额 Wholesale Value
机械设备、五金产品及电子产品批发	Wholesale of Machinery, Hardware and Electronic Equipment	176391
农业机械批发	Wholesale of Agriculture Machinary	18355
汽车及零配件批发	Wholesale of MotorVehicles	156966
电气设备批发	Wholesale of Electrical Equipment	14
其他机械设备及电子产品批发	Wholesale of Other Machinary and Electric Equipment	1056
其他批发业	Other Wholesale	60177
再生物资回收与批发	Recovery and Wholesale of Recycled Materials	60177
其他未列明批发业	Other Wholesale Unlisted	
按登记注册类型分	Grouped By Registration Type	
内资企业	Domestic Funded Enterprises	7505680
国有企业	State-owned Enterprises	954737
有限责任公司	Limited Liability Corporations	1444278
国有独资公司	State-owned Enterprises	34214
其他有限责任公司	Other Limited Liability Corporations	1410064
股份有限公司	Share-holding Corporations Ltd.	2497303
私营企业	Private Enterprises	2609363
私营独资企业	Sole Proprietorship	95722
私营有限责任公司	Private Limited Liability Corporations	2513641
按控股情况分	Grouped By Controlling Stake	
国有控股	State-owned	3840596
私人控股	Private	2722107
其他	Others	942977
按经营形式分	Grouped By Business Form	
独立门店	Indipendent Stores	3230244
连锁总店	Distributor Chain	263402
连锁直营店	Chain store	25632
其他	Others	3986403
按单位规模分	Grouped By Unit Scale	
大型	large-scale	1852857
中型	Medium-scale	4222452
小型	Small-scale	1249043
微型	Miniature	181329
按经营地分	By place of operation	
城镇	Town	6597922
其中:城区	Including: urban area	4152773
乡村	Rural	907758

continued

(10 000yuan)

出口 Export	零售额 Retail Value	通过公共网络实现的零售额 Including: retail sales realized through public network	通过非自营平台实现的零售额 Including: retail sales realized through non proprietary platform	期末商品库存额 Total Stock at Year-end	服务营业额 Service turnover	年末零售营业面积(平方米) Area of Retail Business at Year-end(sq.m)
	16490			26179	1975	1476
	6220			3143		240
	10225			18226	1412	994
	44			3034	50	242
				1776	513	
				3158		
				3158		
21808	552993	49		336435	4668	757414
	915			55714		250
	3627	49		77029	981	6732
	313			8766	219	1896
	3314	49		68263	762	4836
	413975			55909		738964
21808	134477			147784	3687	11468
16418				6065		
5390	134477			141719	3687	11468
	417755	49		158525	219	743946
21808	134477			160290	3687	12468
	762			17620	762	1000
1288	19160	49		176423	2470	8941
	349267			14388	762	672427
				7096		1000
20520	184567			138528	1436	75046
	416167			50465		740467
	133922			206350	2442	10931
21495	2861	49		59024	2177	5624
313	44			20595	50	392
21808	552262	49		254360	4668	756527
21808	541284	49		137824	2695	752466
	731			82075		887

9—4 续表4

单位:万元 (2020)

指　标	Item	法人企业数(个) Corporate Enterprises(unit)
零售业	**Retail Trade**	**149**
按零售行业小类分	**Grouped by Retail Trade Industry Small Class**	
综合零售	Integrated Retail	12
百货零售	Retail of General Merchandise	7
超级市场零售	Retail of Supermarkets	5
食品、饮料及烟草制品专门零售	Retail of Food,Beverages and Tobaccos	10
粮油零售	Retail of Grain and Oil	1
糕点、面包零售	Bakery retail	1
果品、蔬菜零售	Retail of Fruits and Vegetables	3
肉、禽、蛋、奶及水产品零售	Meat, poultry, eggs, milk, and aquatic products retail	1
酒、饮料及茶叶零售	Retail of Wine,Beverages and Tea	4
纺织、服装及日用品专门零售	Special Retail of Textiles,Garments and Daily Consumer Articles	2
服装零售	Retail of Garments	1
钟表、眼镜零售	Retail of watches and glasses	1
文化、体育用品及器材专门零售	Retail of Culture,Sports Appliances and Equipments	7
体育用品及器材零售	Retail of Sports Goods Appliances and Equipments	1
图书、报刊零售	Retail of Books, Newspapers and Magazines	2
珠宝首饰零售	Retail of Jewelery	2
工艺美术品及收藏品零售	Retail of Arts ,Crafts and Collections	
乐器零售	Retail of Musical Instruments Retail	1
其他文化用品零售	Retail of Other Culture Appliances	1
医药及医疗器材专门零售	Retail of Medicines and Medical Appliances	10
西药零售	Retail of Drug	9
中药零售	Retail of Medical Supplies and Appliances	1
汽车、摩托车、零配件和燃料及其他动力销售	Retail of Motor Vehicles,Motorcycles,Fuel and Parts	93
汽车新车零售	Retail of Motor Vehicles	70
机动车燃油零售	Retail of Motor Vehicles and Parts	18
机动车燃气零售	Retail of Motor Vehicles Fuel	5
家用电器及电子产品专门零售	Special Retailof Household Electric Appliances and Electronic Products	11
日用家电零售	Retail of Household Electric Appliances	5
计算机、软件及辅助设备零售	Retail of Computer,Software and Assistant Appliances	4
通信设备零售	Retail of Communication Equipments	2
五金、家具及室内装饰材料专门零售	Special Retail of Hardware,Furniture and Decoration Materials	1
家具零售	Retail of Furniture	1
货摊、无店铺及其他零售业	Retail of Other Decoration Materials	3
互联网零售	Internet retail	2
生活用燃料零售	Retail of Non-shop and Other Retails	1

continued

(10 000yuan)

从业人员期末人数(人) Number of employees at the end of the period (person)	商品购进额 Total Commodity Purchas	进口 Imported	商品销售额 Total Commodity Sales Value	通过公共网络实现的商品销售额 Commodity Sales Through Public Network	通过非自营平台实现的商品销售额 Including: sales volume of goods realized through non proprietary platform
15455	**2500887**	**11424**	**2653960**	**55348**	**22689**
6016	726181		780150	21834	21640
1534	242631		282208	4058	4015
4482	483551		497942	17776	17625
459	46567		56586	3	3
26	1316		1512		
58	3283		3667		
285	28279		34606		
9	2518		2994		
81	11172		13808	3	3
141	3821		4947		
70	841		1033		
71	2980		3914		
329	19875	210	19582	46	
49	3100		3476		
193	11015		10521	46	
67	3344		3478		
10	1459	210	1518		
10	957		588		
1530	66689		79803		
1415	64830		77750		
115	1859		2053		
5124	1458217	11214	1515867	5167	
3915	1116600	11214	1156643	5167	
902	323482		335559		
307	18136		23665		
1407	154711		168274	3094	
1076	139656		150564	3094	
108	9759		11770		
223	5297		5940		
34	682		886		
34	682		886		
415	24144		27866	25206	1047
252	22547		25206	25206	1047
163	1597		2660		

9—4 续表5

单位:万元 (2020)

指 标	Item	批发额 Wholesale Value
零售业	**Retail Trade**	**57688**
按零售行业小类分	**Grouped by Retail Trade Industry Small Class**	
综合零售	Integrated Retail	281
百货零售	Retail of General Merchandise	281
超级市场零售	Retail of Supermarkets	
食品、饮料及烟草制品专门零售	Retail of Food,Beverages and Tobaccos	21083
粮油零售	Retail of Grain and Oil	
糕点、面包零售	Bakery retail	1667
果品、蔬菜零售	Retail of Fruits and Vegetables	11969
肉、禽、蛋、奶及水产品零售	Meat, poultry, eggs, milk, and aquatic products retail	
酒、饮料及茶叶零售	Retail of Wine,Beverages and Tea	7447
纺织、服装及日用品专门零售	Special Retail of Textiles,Garments and Daily Consumer Articles	
服装零售	Retail of Garments	
钟表、眼镜零售	Retail of watches and glasses	
文化、体育用品及器材专门零售	Retail of Culture,Sports Appliances and Equipments	
体育用品及器材零售	Retail of Sports Goods Appliances and Equipments	
图书、报刊零售	Retail of Books, Newspapers and Magazines	
珠宝首饰零售	Retail of Jewelery	
工艺美术品及收藏品零售	Retail of Arts ,Crafts and Collections	
乐器零售	Retail of Musical Instruments Retail	
其他文化用品零售	Retail of Other Culture Appliances	
医药及医疗器材专门零售	Retail of Medicines and Medical Appliances	540
西药零售	Retail of Drug	540
中药零售	Retail of Medical Supplies and Appliances	
汽车、摩托车、零配件和燃料及其他动力销售	Retail of Motor Vehicles,Motorcycles,Fuel and Parts	14521
汽车新车零售	Retail of Motor Vehicles	5969
机动车燃油零售	Retail of Motor Vehicles and Parts	3236
机动车燃气零售	Retail of Motor Vehicles Fuel	5317
家用电器及电子产品专门零售	Special Retailof Household Electric Appliances and Electronic Products	21262
日用家电零售	Retail of Household Electric Appliances	17099
计算机、软件及辅助设备零售	Retail of Computer,Software and Assistant Appliances	2201
通信设备零售	Retail of Communication Equipments	1962
五金、家具及室内装饰材料专门零售	Special Retail of Hardware,Furniture and Decoration Materials	
家具零售	Retail of Furniture	
货摊、无店铺及其他零售业	Retail of Other Decoration Materials	
互联网零售	Internet retail	
生活用燃料零售	Retail of Non-shop and Other Retails	

continued

(10 000yuan)

出口 Export	零售额 Retail Value	通过公共网络实现的零售额 Including: retail sales realized through public network	通过非自营平台实现的零售额 Including: retail sales realized through non proprietary platform	期末商品库存额 Total Stock at Year–end	服务营业额 Service turnover	年末零售营业面积(平方米) Area of Retail Business at Year–end(sq.m)
	2596273	**55348**	**22689**	**284820**	**53511**	**1092190**
	779869	21834	21640	46577	2087	667191
	281927	4058	4015	6851	2087	333913
	497942	17776	17625	39726		333278
	35503	3	3	10809	104	13091
	1512			327		994
	2000			133		1000
	22637			3228		10455
	2994					120
	6361	3	3	7122	104	522
	4947			7193	46	1082
	1033			4987	46	800
	3914			2206		282
	19582	46		26619		21149
	3476			7923		4687
	10521	46		4648		12300
	3478			12052		3708
	1518			1174		254
	588			821		200
	79263			10815		49915
	77210			10767		48415
	2053			48		1500
	1501345	5167		158874	50716	228910
	1150674	5167		155559	45250	148910
	332323			3234	233	48261
	18349			81	5233	31739
	147012	3094		21548	510	102270
	133465	3094		17964		99485
	9569			2999	510	905
	3978			585		1880
	886			108		1432
	886			108		1432
	27866	25206	1047	2278	48	7150
	25206	25206	1047	2197		5150
	2660			82	48	2000

9—4 续表6

单位:万元 (2020)

指 标	Item	法人企业数(个) Corporate Enterprises(unit)
按登记注册类型分	Retail of Life Fuel	
内资企业	Domestic Funded Enterprises	145
国有企业	State-owned Enterprises	2
集体企业	Collective-owned Enterprises	1
有限责任公司	Limited Liability Corporations	31
国有独资公司	State-owned Enterprises	3
其他有限责任公司	Other Limited Liability Corporations	28
股份有限公司	Share-holding Corporations Ltd.	2
私营企业	Private Enterprises	109
私营独资企业	Sole Proprietorship	1
私营有限责任公司	Private Limited Liability Corporations	107
私营股份有限公司	Private Equity Co. , Ltd.	1
港、澳、台商投资企业	Hong Kong, Macao and Taiwan Investment Enterprises	3
与港澳台商合资经营企业	With the Joint Venture Enterprises from Hong Kong, Macao andTaiwan	1
港澳台商独资企业	Hong Kong, Macao, Taiwan-Owned Enterprise	2
其他港澳台投资企业	Other Hong Kong, Macao and Taiwan Investment Enterprises	
外商投资企业	Foreign Funded Enterprises	1
中外合资经营企业	Sino-foreign Joint Venture Enterprises	1
按控股情况分	Grouped By Controlling Stake	
国有控股	State-owned	9
集体控股	Collective-owned	2
私人控股	Private	127
港澳台商控股	Holding from Hong Kong, Macao and Taiwan	3
外商控股	Foreign	1
其他	Others	7
按经营形式分	Grouped By Business Form	
独立门店	Indipendent Store	127
连锁总店	Distributor Chain	15
其他	Others	7
按单位规模分	Grouped By Unit Scale	
大型	Large-scale	6
中型	Medium-scale	67
小型	Small-scale	65
微型	Miniature	11
按零售业态分	Grouped By Retail Formats	
有店铺零售	Have a Retail Store	144
便利店	Supermarket	1
超市	Supermarket	3
大型超市	Hypermarket	4
百货店	Department Store	8
专业店	Speciality Store	51
专卖店	Franchised Store	75
家居建材商店	Home Fureishing Materials Store	1
购物中心	Shopping Mall	1
厂家直销中心	Center of Manufacturer Direct Deal	
无店铺零售	Non-store Retail	5
网上商店	Online store	2
其他	Others	3
按经营地分	By place of operation	
城镇	Town	140
其中:城区	Including: urban area	74
乡村	Rural	9

continued

(10 000yuan)

从业人员期末人数(人) Number of employees at the end of the period (person)	商品购进额 Total Commodity Purchas	进口 Imported	商品销售额 Total Commodity Sales Value	通过公共网络实现的商品销售额 Commodity Sales Through Public Network	通过非自营平台实现的商品销售额 Including: sales volume of goods realized through non proprietary platform
15056	2409089	11424	2553765	55197	22689
39	10156		9943		
18	2445		3731		
7038	1066294	1108	1096416	18998	17627
374	13205		13989	46	
6664	1053090	1108	1082427	18952	17627
1212	190866		192823	4015	4015
6749	1139328	10316	1250852	32185	1047
61	29351		25996		
6639	1106876	10316	1221380	32185	1047
49	3100		3476		
315	88535		95340	151	
103	54639		57185		
212	33895		38156	151	
84	3264		4855		
84	3264		4855		
651	321794		323562	48	3
40	3041		4492		
12547	1861640	10316	1992018	52055	22686
315	88535		95340	151	
84	3264		4855		
1818	222614	1108	233692	3094	
8090	1756308	11424	1868990	12665	5979
6909	693740		731206	18524	16710
456	50840		53764	24159	
7020	785579		805081	22494	20725
6482	1103917	9743	1203302	25314	915
1902	590283	1681	620133	7541	1049
51	21110		25445		
15019	2464434	11424	2612615	30143	21642
47	4006		5308		
282	25813		31735	3	3
4283	474149		486697	17776	17625
1733	252032		293453	4058	4015
4421	724329		775037	8306	
4199	981265	11424	1017747		
	107		139		
54	2732		2499		
436	36454		41345	25206	1047
252	22547		25206	25206	1047
184	13907		16139		
14768	2399598	11424	2554390	55348	22689
10327	1221945	5399	1334873	50287	17627
687	101290		99570		

9—4 续表7

单位:万元 （2020）

指　标	Item	批发额 Wholesale Value
按登记注册类型分	Retail of Life Fuel	
内资企业	Domestic Funded Enterprises	57688
国有企业	State-owned Enterprises	
集体企业	Collective-owned Enterprises	
有限责任公司	Limited Liability Corporations	3798
国有独资公司	State-owned Enterprises	
其他有限责任公司	Other Limited Liability Corporations	3798
股份有限公司	Share-holding Corporations Ltd.	
私营企业	Private Enterprises	53890
私营独资企业	Sole Proprietorship	
私营有限责任公司	Private Limited Liability Corporations	53890
私营股份有限公司	Private Equity Co. , Ltd.	
港、澳、台商投资企业	Hong Kong, Macao and Taiwan Investment Enterprises	
与港澳台商合资经营企业	With the Joint Venture Enterprises from Hong Kong, Macao andTaiwan	
港澳台商独资企业	Hong Kong, Macao, Taiwan-Owned Enterprise	
其他港澳台投资企业	Other Hong Kong, Macao and Taiwan Investment Enterprises	
外商投资企业	Foreign Funded Enterprises	
中外合资经营企业	Sino-foreign Joint Venture Enterprises	
按控股情况分	Grouped By Controlling Stake	
国有控股	State-owned	3798
集体控股	Collective-owned	
私人控股	Private	37829
港澳台商控股	Holding from Hong Kong, Macao and Taiwan	
外商控股	Foreign	
其他	Others	16061
按经营形式分	Grouped By Business Form	
独立门店	Indipendent Store	43049
连锁总店	Distributor Chain	14483
其他	Others	156
按单位规模分	Grouped By Unit Scale	
大型	Large-scale	14099
中型	Medium-scale	21690
小型	Small-scale	21899
微型	Miniature	
按零售业态分	Grouped By Retail Formats	
有店铺零售	Have a Retail Store	52785
便利店	Supermarket	
超市	Supermarket	3798
大型超市	Hypermarket	
百货店	Department Store	281
专业店	Speciality Store	27119
专卖店	Franchised Store	21587
家居建材商店	Home Fureishing Materials Store	
购物中心	Shopping Mall	
厂家直销中心	Center of Manufacturer Direct Deal	
无店铺零售	Non-store Retail	4903
网上商店	Online store	
其他	Others	4903
按经营地分	By place of operation	
城镇	Town	51719
其中:城区	Including: urban area	49362
乡村	Rural	5969

continued

(10 000yuan)

出口 Export	零售额 Retail Value	通过公共网络实现的零售额 Including: retail sales realized through public network	通过非自营平台实现的零售额 Including: retail sales realized through non proprietary platform	期末商品库存额 Total Stock at Year-end	服务营业额 Service turnover	年末零售营业面积(平方米) Area of Retail Business at Year-end(sq.m)
	2496077	55197	22689	273982	50080	1059154
	9943			1427		636
	3731			13		2000
	1092618	18998	17627	72111	11698	548876
	13989	46		5020	48	15094
	1078629	18952	17627	67091	11649	533782
	192823	4015	4015	8279	1177	95084
	1196963	32185	1047	192152	37206	412558
	25996			3019	2448	16072
	1167491	32185	1047	181210	34758	391799
	3476			7923		4687
	95340	151		10837	3431	12467
	57185			6731	1750	2567
	38156	151		4106	1682	9900
	4855			1		20569
	4855			1		20569
	319764	48	3	9393	48	105393
	4492			38		3080
	1954189	52055	22686	239458	46658	830451
	95340	151		10837	3431	12467
	4855			1		20569
	217631	3094		25093	3373	120230
	1825941	12665	5979	197160	52472	634076
	716723	18524	16710	81494	162	447100
	53608	24159		6166	878	11014
	790982	22494	20725	62809		508113
	1181612	25314	915	152249	45749	420592
	598234	7541	1049	63922	7034	151850
	25445			5840	728	11635
	2559830	30143	21642	280573	53220	1085320
	5308			197		1392
	27937	3	3	4529		10255
	486697	17776	17625	38833		325078
	293171	4058	4015	7744	2087	342113
	747918	8306		71957	11281	265081
	996160			156331	39852	140001
	139					
	2499			983		1400
	36442	25206	1047	4247	291	6870
	25206	25206	1047	2197		5150
	11237			2051	291	1720
	2502671	55348	22689	271090	46349	1043411
	1285512	50287	17627	154553	18681	861455
	93602			13731	7162	48779

9—5 限额以上批发和零售业法人企业主要财务状况

单位:万元　　　　　　　　　　　　　　　　　　　　　　　　　　　　　　　　　（2020）

指　标	Item	法人企业数(个) Number of Corporate (unit)
总　计	**Total**	**285**
兴庆区	Xingqing	65
西夏区	Xixia	23
金凤区	Jinfeng	67
永宁县	Yongning	40
贺兰县	Helan	66
灵武市	Lingwu	24
批发业	**Wholesale Trade**	**136**
按批发行业小类分	**Grouped by Wholesale Industry Small Class**	
农、林、牧、渔产品批发	Wholesale of Agricultural, Forestry, Animal Husbandry Products	4
谷物、豆及薯类批发	Wholesale of Grain, Bean and Potatoes	2
畜牧渔业饲料批发	Animal husbandry and fishery feed wholesale	2
牲畜批发	Wholesale of Livestock	
食品、饮料及烟草制品批发	Wholesale of Food,Beverages and Tobacoos	9
米、面制品及食用油批发	Wholesale of Rice,Flour and Edible Oil	1
肉、禽、蛋、奶及水产品批发	Wholesale of Meat and Aquatic Products	1
盐及调味品批发	Wholesale of Salt and Condiments	1
酒、饮料及茶叶批发	Wholesale of Beverages and tea	4
烟草制品批发	Wholesale of Tobacoos	2
纺织、服装及家庭用品批发	Wholesale of Textiles, Garments and Daily Consummer Aticles	5
纺织品、针织品及原料批发	Wholesale of textiles, knitwear and raw materials	2
服装批发	Wholesale of Garments	1
日用家电批发	Wholesale of Household Electrical Appliances	2
文化、体育用品及器材批发	Wholesale of Cultural, Sports Goods Appliances and Equipments	3
图书批发	Wholesale of Books	1
首饰、工艺品及收藏品批发	Wholesale of jewelry, handicrafts and Collectibles	2
医药及医疗器材批发	Wholesale of Medicines and Medical Appliances	19
西药批发	Wholesale of Western Medicine	13
中药批发	Wholesale of Chinese Medicine	2
医疗用品及器材批发	Wholesale of Medical Supplies and Equipment	4
矿产品、建材及化工产品批发	Wholesale of Mineral Products, Building Materials and Chemical Products	83
煤炭及制品批发	Wholesale of Coal and Related Products	14
石油及制品批发	Wholesale of Petroleum and Related Products	18
金属及金属矿批发	Wholesale of Metallic mineral Products	44
建材批发	Wholesale of building materials	3
化肥批发	Wholesale of Chemical Fertilizer	1
农药批发	Wholesale of Pesticide	
其他化工产品批发	Wholesale of Other Chemical Products	3

Financial Indicators of Wholesale and Retail by Enterprises above Designated Size

(10 000yuan)

执行《2006年企业会计准则》企业数(个) Number of Enterprises Implementing The Accounting Standards for Business Enterprises 2006	年初存货 Invertory at Begining of Year	期末资产负债 Ending assets and Liabilities		
		流动资产合计 Total Working Capitals	应收账款 Accounts Receivable	存货 Stock
171	**585813**	**2917613**	**522556**	**624943**
40	176133	565163	109208	150044
19	38756	187679	67712	41249
38	155966	1198179	151906	205248
14	48892	242043	50612	56633
50	130837	544225	107428	137716
10	35229	180325	35689	34054
82	**290245**	**1905675**	**410080**	**355362**
3	17364	107065	9704	28541
1	16380	20661	2793	16862
2	985	86404	6911	11679
6	38417	420447	7345	53358
1	286	5692		3918
	181	1568	402	502
1	675	6313	191	549
3	7219	20421	6752	7332
1	30056	386453		41057
3	17524	69124	14647	31955
1	832	25243	4636	12464
1	16479	35288	9733	16479
1	213	8593	278	3012
2	5250	56339	11737	20226
1	5250	31063	4770	5146
1		25277	6967	15080
11	57134	315262	182671	57731
9	52403	285495	163251	53732
	1276	6754	3631	1086
2	3456	23013	15789	2913
46	133452	814547	116317	142209
8	19329	112169	19678	24512
13	70908	449221	32207	77773
23	40742	229903	47082	38238
	2024	14240	10976	1525
1		245		
1	450	8770	6375	162

9—5 续表1

单位:万元 (2020)

指 标	Item	固定资产原价 Original Value of Fixed Assets
总 计	**Total**	**891625**
兴庆区	Xingqing	361876
西夏区	Xixia	167727
金凤区	Jinfeng	158814
永宁县	Yongning	18936
贺兰县	Helan	107139
灵武市	Lingwu	77133
批发业	**Wholesale Trade**	**480449**
按批发行业小类分	**Grouped by Wholesale Industry Small Class**	
农、林、牧、渔产品批发	Wholesale of Agricultural, Forestry, Animal Husbandry Products	10386
谷物、豆及薯类批发	Wholesale of Grain, Bean and Potatoes	8606
畜牧渔业饲料批发	Animal husbandry and fishery feed wholesale	1780
牲畜批发	Wholesale of Livestock	
食品、饮料及烟草制品批发	Wholesale of Food,Beverages and Tobacoos	38278
米、面制品及食用油批发	Wholesale of Rice,Flour and Edible Oil	5726
肉、禽、蛋、奶及水产品批发	Wholesale of Meat and Aquatic Products	308
盐及调味品批发	Wholesale of Salt and Condiments	1757
酒、饮料及茶叶批发	Wholesale of Beverages and tea	799
烟草制品批发	Wholesale of Tobacoos	29688
纺织、服装及家庭用品批发	Wholesale of Textiles, Garments and Daily Consummer Aticles	10668
纺织品、针织品及原料批发	Wholesale of textiles, knitwear and raw materials	2
服装批发	Wholesale of Garments	10583
日用家电批发	Wholesale of Household Electrical Appliances	82
文化、体育用品及器材批发	Wholesale of Cultural, Sports Goods Appliances and Equipments	4953
图书批发	Wholesale of Books	4953
首饰、工艺品及收藏品批发	Wholesale of jewelry, handicrafts and Collectibles	
医药及医疗器材批发	Wholesale of Medicines and Medical Appliances	34559
西药批发	Wholesale of Western Medicine	31721
中药批发	Wholesale of Chinese Medicine	1867
医疗用品及器材批发	Wholesale of Medical Supplies and Equipment	972
矿产品、建材及化工产品批发	Wholesale of Mineral Products, Building Materials and Chemical Products	377329
煤炭及制品批发	Wholesale of Coal and Related Products	68884
石油及制品批发	Wholesale of Petroleum and Related Products	300717
金属及金属矿批发	Wholesale of Metallic mineral Products	6980
建材批发	Wholesale of building materials	390
化肥批发	Wholesale of Chemical Fertilizer	
农药批发	Wholesale of Pesticide	
其他化工产品批发	Wholesale of Other Chemical Products	358

continued

（10 000yuan）

期末资产负债Ending assets and Liabilities			
房屋和构筑物 Houses and structures	机器设备 Machinery equipment	累计折旧 Accumulated Depreciation	本年折旧 Depreciation This Year
294436	**190821**	**328600**	**79866**
143959	130203	121597	25756
18196	12826	70036	24538
77538	28471	62701	12648
9581	5059	6236	2011
42852	11578	43280	10517
2311	2684	24750	4396
78432	**123411**	**169788**	**46630**
6982	2854	2536	527
5807	2341	1618	414
1175	513	919	113
15342	2845	14514	2990
		356	356
	54	179	59
902	854	1222	11
	12	533	31
14439	1926	12224	2534
		8196	7
		1	
		8153	
		42	7
4087	231	2786	191
4087	231	2786	191
21625	2481	10203	2080
20169	2091	9190	1911
1456	53	366	64
	338	647	105
29679	114051	129479	40577
3149	3900	23236	19169
24150	108693	102144	20718
2184	989	3653	626
152	229	311	12
45	240	137	53

9—5 续表2

单位:万元 (2020)

指　标	Item	法人企业数（个）Number of Corporate（unit）
机械设备、五金产品及电子产品批发	Wholesale of Mechanical Equipment, Hardware Products and Electronic Products	12
农业机械批发	Wholesale of Agriculture Machinary	3
汽车及零配件批发	Wholesale of MotorVehicles	7
电气设备批发	Wholesale of Electrical Equipment	1
其他机械设备及电子产品批发	Wholesale of Computer,Software and Assistant Aplliances	1
其他批发业	Wholesale of Other Machinary and Electric Equipment	1
再生物资回收与批发	Other Wholesale	1
其他未列明批发业	Recovery and Wholesale of Recycled Materials	
按登记注册类型分	Other Wholesale Unlisted	
内资企业	Grouped By Registration Type	136
国有企业	Domestic Funded Enterprises	6
有限责任公司	State-owned Enterprises	18
国有独资公司	Limited Liability Corporations	2
其他有限责任公司	State-owned Enterprises	16
股份有限公司	Other Limited Liability Corporations	7
私营企业	Share-holding Corporations Ltd.	105
私营独资企业	Private Enterprises	3
私营有限责任公司	Private Limited Liability Corporations	102

continued

(10 000yuan)

执行《2006年企业会计准则》企业数(个) Number of Enterprises Implementing The Accounting Standards for Business Enterprises 2006	年初存货 Invertory at Begining of Year	期末资产负债 Ending assets and Liabilities		
		流动资产合计 Total Working Capitals	应收账款 Accounts Receivable	存货 Stock
10	17880	83333	34376	18183
3	4158	12101	4263	3119
6	10511	46952	19885	11898
1	1380	21300	9080	1380
	1831	2980	1149	1786
1	3223	39559	33283	3158
1	3223	39559	33283	3158
82	290245	1905675	410080	355362
5	31307	401228	253	45535
15	59417	391297	124544	81281
2	5331	45701	10400	5307
13	54086	345596	114144	75973
7	62583	110782	23222	41369
55	136938	1002368	262061	187178
2	5785	77998	12591	5367
53	131152	924370	249470	181811

9—5 续表3

单位:万元 （2020）

指 标	Item	固定资产原价 Original Value of Fixed Assets
机械设备、五金产品及电子产品批发	Wholesale of Mechanical Equipment, Hardware Products and Electronic Products	4081
农业机械批发	Wholesale of Agriculture Machinary	914
汽车及零配件批发	Wholesale of MotorVehicles	2559
电气设备批发	Wholesale of Electrical Equipment	536
其他机械设备及电子产品批发	Wholesale of Other Machinary and Electric Equipment	72
其他批发业	Other Wholesale	195
再生物资回收与批发	Recovery and Wholesale of Recycled Materials	195
其他未列明批发业	Other Wholesale Unlisted	
按登记注册类型分	Grouped By Registration Type	
内资企业	Grouped By Registration Type	480449
国有企业	Domestic Funded Enterprises	37617
有限责任公司	State-owned Enterprises	96642
国有独资公司	Limited Liability Corporations	9439
其他有限责任公司	State-owned Enterprises	87203
股份有限公司	Other Limited Liability Corporations	235296
私营企业	Share-holding Corporations Ltd.	110894
私营独资企业	Private Enterprises	2111
私营有限责任公司	Private Limited Liability Corporations	108783

continued

(10 000yuan)

期末资产负债 Ending assets and Liabilities			
房屋和构筑物 Houses and structures	机器设备 Machinery equipment	累计折旧 Accumulated Depreciation	本年折旧 Depreciation This Year
663	949	1962	240
347		504	41
315	949	1223	179
		229	20
		7	
55		111	18
55		111	18
78432	123411	169788	46630
15572	2995	13968	2936
25738	5406	29538	20073
6492	2010	4921	484
19246	3396	24617	19589
23919	108452	88134	15736
13203	6559	38149	7885
1980	3	545	143
11223	6556	37604	7743

9—5 续表4

单位:万元 (2020)

指 标	Item	法人企业数(个) Number of Corporate (unit)
按控股情况分	Grouped By Controlling Stake	
国有控股	State-owned	21
私人控股	Private	111
其他	Others	4
按经营形式分	Grouped By Business Form	
独立门店	Indipendent Stores	94
连锁总店	Distributor Chain	4
连锁直营店	Chain store	1
其他	Others	37
按单位规模分	Grouped By Unit Scale	
大型	large-scale	7
中型	Medium-scale	44
小型	Small-scale	62
微型	Miniature	23
按经营地分	By place of operation	
城镇	Town	121
其中:城区	Including: urban area	65
乡村	Rural	15
零售业	**Retail Trade**	**149**
按零售行业小类分	**Grouped by Retail Trade Industry Small Class**	
综合零售	Integrated Retail	12
百货零售	Retail of General Merchandise	7
超级市场零售	Retail of Supermarkets	5
食品、饮料及烟草制品专门零售	Retail of Food,Beverages and Tobaccos	10
粮油零售	Retail of Grain and Oil	1
糕点、面包零售	Bakery retail	1
果品、蔬菜零售	Retail of Fruits and Vegetables	3
肉、禽、蛋、奶及水产品零售	Meat, poultry, eggs, milk, and aquatic products retail	1
酒、饮料及茶叶零售	Retail of Wine,Beverages and Tea	4
纺织、服装及日用品专门零售	Special Retail of Textiles,Garments and Daily Consumer Articles	2
服装零售	Retail of Garments	1
钟表、眼镜零售	Watches and glasses retail	1

continued

(10 000yuan)

执行《2006年企业会计准则》企业数(个) Number of Enterprises Implementing The Accounting Standards for Business Enterprises 2006	年初存货 Invertory at Begining of Year	期末资产负债 Ending assets and Liabilities		
		流动资产合计 Total Working Capitals	应收账款 Accounts Receivable	存货 Stock
19	134614	748582	113172	138650
60	143363	1055231	288557	198349
3	12267	101862	8350	18363
57	166937	935463	243347	167168
3	29854	35022	7932	15630
1		11453	1978	6245
21	93454	923737	156822	166319
6	52452	344591	69949	37256
34	150908	1054520	215917	218823
31	59166	366527	83171	53699
11	27718	140037	41042	45584
73	237810	1446194	366347	284521
43	134995	981326	237076	165403
9	52435	459481	43733	70841
89	**295568**	**1011938**	**112476**	**269581**
11	45559	181656	52025	45498
6	7008	32437	1915	7034
5	38552	149219	50110	38463
4	11538	37733	2094	11124
	1455	1303	225	300
1		513	384	13
1	3413	16301	844	4037
		964		
2	6670	18652	641	6774
1	7500	9101	289	6748
	4497	5563	10	4414
1	3003	3537	279	2334

9—5 续表5

单位:万元 (2020)

指 标	Item	固定资产原价 Original Value of Fixed Assets
按控股情况分	Grouped By Controlling Stake	
国有控股	State-owned	363164
私人控股	Private	116370
其他	Others	915
按经营形式分	Grouped By Business Form	
独立门店	Indipendent Stores	161769
连锁总店	Distributor Chain	199151
连锁直营店	Chain store	
其他	Others	119528
按单位规模分	Grouped By Unit Scale	
大型	large-scale	254314
中型	Medium-scale	198735
小型	Small-scale	15406
微型	Miniature	11994
按经营地分	By place of operation	
城镇	Town	391276
其中:城区	Including: urban area	341451
乡村	Rural	89173
零售业	**Retail Trade**	**411177**
按零售行业小类分	**Grouped by Retail Trade Industry Small Class**	
综合零售	Integrated Retail	164649
百货零售	Retail of General Merchandise	97737
超级市场零售	Retail of Supermarkets	66912
食品、饮料及烟草制品专门零售	Retail of Food,Beverages and Tobaccos	10695
粮油零售	Retail of Grain and Oil	743
糕点、面包零售	Chain store	8
果品、蔬菜零售	Retail of Fruits and Vegetables	7287
肉、禽、蛋、奶及水产品零售	Meat, poultry, eggs, milk, and aquatic products retail	1
酒、饮料及茶叶零售	Retail of Wine,Beverages and Tea	2656
纺织、服装及日用品专门零售	Special Retail of Textiles,Garments and Daily Consumer Articles	2012
服装零售	Retail of Garments	14
钟表、眼镜零售	Watches and glasses retail	1998

continued

(10 000yuan)

期末资产负债 Ending assets and Liabilities			
房屋和构筑物 Houses and structures	机器设备 Machinery equipment	累计折旧 Accumulated Depreciation	本年折旧 Depreciation This Year
61061	116782	130371	38310
17371	6559	38844	8274
	71	574	46
29149	11004	63968	24156
24222	108975	72500	15244
25062	3432	33320	7230
37663	110123	96537	16582
35689	9784	56563	28113
4950	3259	7906	1758
130	245	8783	178
64596	119977	149017	40239
46846	115361	127951	37822
13836	3434	20771	6391
216004	**67410**	**158811**	**33236**
124332	30772	52400	8373
84044	10233	28811	3847
40288	20539	23589	4525
1928	983	6084	1710
619	30	39	39
	42	4456	1325
1309	912	1588	345
1332	101	1348	74
	14	14	-32
1332	87	1335	106

9—5 续表6

单位:万元 (2020)

指 标	Item	法人企业数(个) Number of Corporate (unit)
文化、体育用品及器材专门零售	Retail of Culture,Sports Appliances and Equipments	7
体育用品及器材零售	Retail of Sports Goods Appliances and Equipments	1
图书、报刊零售	Retail of Books, Newspapers and Magazines	2
珠宝首饰零售	Retail of Jewelery	2
工艺美术品及收藏品零售	Retail of Arts ,Crafts and Collections	
乐器零售	Retail of Musical instrument	1
其他文化用品零售	Retail of Other Culture Appliances	1
医药及医疗器材专门零售	Retail of Medical Supplies and Appliances	10
西药零售	Retail of Western Medicine	9
中药零售	Retail of Chinese medicine	1
汽车、摩托车、零配件和燃料及其他动力销售	Retail of Motor Vehicles,Motorcycles,Fuel and Parts	93
汽车新车零售	Retail of New Car	70
机动车燃油零售	Retail of Motor Vehicle Fuel	18
机动车燃气零售	Retail of Motor Vehicle Gas	5
家用电器及电子产品专门零售	Special Retailof Household Electric Appliances and Electronic Products	11
日用家电零售	Retail of Household Electric Appliances	5
计算机、软件及辅助设备零售	Retail of Computer,Software and Assistant Appliances	4
通信设备零售	Retail of Communication Equipments	2
五金、家具及室内装饰材料专门零售	Special Retail of Hardware,Furniture and Decoration Materials	1
家具零售	Retail of Furniture	1
货摊、无店铺及其他零售业	Retail of Non-shop and Other Retails	3
互联网零售	Internet retail	2
生活用燃料零售	Retail of Life Fuel	1

continued

(10 000yuan)

执行《2006年企业会计准则》企业数(个) Number of Enterprises Implementing The Accounting Standards for Business Enterprises 2006	年初存货 Invertory at Begining of Year	期末资产负债 Ending assets and Liabilities		
		流动资产合计 Total Working Capitals	应收账款 Accounts Receivable	存货 Stock
3	25596	34814	2713	17330
	8133	9741	406	796
2	3108	6818	1647	2829
1	12481	16021	444	11710
	1052	1196	13	1174
	821	1038	202	821
3	8693	39078	4678	12581
3	7874	37287	4550	10925
	820	1791	128	1657
57	165974	592928	39580	148799
48	161180	523057	31889	146163
7	4242	43085	7160	2427
2	552	26786	530	209
9	27218	105719	8975	21757
5	23430	91769	5468	19694
3	2910	12192	3356	1554
1	878	1758	150	509
	506	207	83	124
	506	207	83	124
1	2984	10702	2041	5620
	2223	7921	1946	4852
1	761	2781	95	769

9—5 续表7

单位:万元 (2020)

指 标	Item	固定资产原价 Original Value of Fixed Asset
文化、体育用品及器材专门零售	Retail of Culture,Sports Appliances and Equipments	24373
体育用品及器材零售	Retail of Sports Goods Appliances and Equipments	644
图书、报刊零售	Retail of Books, Newspapers and Magazines	17284
珠宝首饰零售	Retail of Jewelery	6428
工艺美术品及收藏品零售	Retail of Arts ,Crafts and Collections	
乐器零售	Retail of Musical instrument	
其他文化用品零售	Retail of Other Culture Appliances	16
医药及医疗器材专门零售	Retail of Medical Supplies and Appliances	11523
西药零售	Retail of Western Medicine	11468
中药零售	Retail of Chinese medicine	55
汽车、摩托车、零配件和燃料及其他动力销售	Retail of Motor Vehicles,Motorcycles,Fuel and Parts	182519
汽车新车零售	Retail of New Car	123154
机动车燃油零售	Retail of Motor Vehicle Fuel	42020
机动车燃气零售	Retail of Motor Vehicle Gas	17345
家用电器及电子产品专门零售	Special Retailof Household Electric Appliances and Electronic Products	8007
日用家电零售	Retail of Household Electric Appliances	7422
计算机、软件及辅助设备零售	Retail of Computer,Software and Assistant Appliances	362
通信设备零售	Retail of Communication Equipments	223
五金、家具及室内装饰材料专门零售	Special Retail of Hardware,Furniture and Decoration Materials	1723
家具零售	Retail of Furniture	1723
货摊、无店铺及其他零售业	Retail of Non-shop and Other Retails	5676
互联网零售	Internet retail	421
生活用燃料零售	Retail of Life Fuel	5256

continued

(10 000yuan)

期末资产负债 Ending assets and Liabilities			
		累计折旧 Accumulated Depreciation	
房屋和构筑物 Houses and structures	机器设备 Machinery equipment		本年折旧 Depreciation This Year
13606	1028	6744	973
187	457	439	24
7885	571	4416	648
5534		1873	301
		16	
	668	4728	3472
	668	4723	3471
		5	1
67328	27740	78976	17753
50658	14055	49023	14405
15993	12631	19851	2245
677	1054	10103	1103
4680	2948	3000	658
4680	2483	2525	607
	362	262	45
	103	213	6
1632	24	953	51
1632	24	953	51
1166	3146	4580	173
	416	161	58
1166	2731	4419	115

9—5 续表8

单位:万元 (2020)

指 标	Item	法人企业数(个) Number of Corporate (unit)
按登记注册类型分	Grouped By Registration Type	
内资企业	Domestic Funded Enterprises	145
国有企业	State-owned Enterprises	2
集体企业	Collective-owned Enterprises	1
有限责任公司	Limited Liability Corporations	31
国有独资公司	State-owned Enterprises	3
其他有限责任公司	Other Limited Liability Corporations	28
股份有限公司	Share-holding Corporations Ltd.	2
私营企业	Private Enterprises	109
私营独资企业	Sole Proprietorship	1
私营有限责任公司	Private Limited Liability Corporations	107
私营股份有限公司	Private Equity Co. , Ltd.	1
港、澳、台商投资企业	Hong Kong, Macao and Taiwan Investment Enterprises	3
与港澳台商合资经营企业	With the Joint Venture Enterprises from Hong Kong, Macao and Taiwan	1
港澳台商独资企业	Hong Kong, Macao, Taiwan-Owned Enterprise	2
其他港澳台投资企业	Other Hong Kong, Macao and Taiwan Investment Enterprises	
外商投资企业	Foreign Funded Enterprises	1
中外合资经营企业	Sino-foreign Joint Venture Enterprises	1
按控股情况分	Grouped By Controlling Stake	
国有控股	State-owned	9
集体控股	Collective-owned	2
私人控股	Private	127
港澳台商控股	Holding from Hong Kong, Macao and Taiwan	3
外商控股	Foreign	1
其他	Others	7
按经营形式分	Grouped By Business Form	
独立门店	Indipendent Store	127
连锁总店	Distributor Chain	15
其他	Others	7
按单位规模分	Grouped By Unit Scale	
大型	Large-scale	6
中型	Medium-scale	67
小型	Small-scale	65
微型	Miniature	11
按零售业态分	Grouped By Retail Formats	
有店铺零售	Have a Retail Store	144
便利店	Convenience store	1
超市	Supermarket	3
大型超市	Hypermarket	4
百货店	Department Store	8
专业店	Speciality Store	51
专卖店	Franchised Store	75
家居建材商店	Home Fureishing Materials Store	1
购物中心	Shopping Mall	1
厂家直销中心	Center of Manufacturer Direct Deal	
无店铺零售	Non-store Retail	5
网上商店	Online store	2
其他	Others	3

continued

(10 000yuan)

执行《2006年企业会计准则》企业数(个) Number of Enterprises Implementing The Accounting Standards for Business Enterprises 2006	年初存货 Invertory at Begining of Year	期末资产负债 Ending assets and Liabilities		
		流动资产合计 Total Working Capitals	应收账款 Accounts Receivable	存货 Stock
86	285012	991962	109250	260071
2	990	3710	572	1162
	4	1345	2	12
23	71437	283470	57755	71044
2	5305	9477	1628	3863
21	66132	273994	56127	67181
2	8472	24579	1505	7927
59	204109	678857	49416	179926
	1950	12879	220	2671
59	194026	656237	48790	176458
	8133	9741	406	796
3	10441	17124	3191	9409
1	6731	9479	2809	6323
2	3710	7646	383	3086
	116	2852	35	101
	116	2852	35	101
8	7914	21729	2451	7153
	30	1387	4	36
72	245749	831320	100806	225467
3	10441	17124	3191	9409
	116	2852	35	101
6	31319	137525	5989	27416
80	200841	672979	44844	186083
7	88077	317245	63617	75675
2	6650	21714	4016	7823
6	69072	266250	56584	63557
44	152285	493747	40692	146002
34	66193	181982	11289	54059
5	8018	69959	3912	5964
87	289907	990108	108199	264245
	172	6142	588	158
1	4647	15866	726	5136
4	37742	145855	50047	37571
7	7817	35801	1977	7927
26	78034	304079	27156	71780
48	160914	480452	27093	140924
1	69	671	61	58
	513	1241	550	691
2	5661	21831	4277	5336
	2223	7921	1946	4852
2	3438	13910	2331	485

9—5 续表9

单位:万元 (2020)

指　标	Item	固定资产原价 Original Value of Fixed Asset
按登记注册类型分	Grouped By Registration Type	
内资企业	Domestic Funded Enterprises	393549
国有企业	State-owned Enterprises	779
集体企业	Collective-owned Enterprises	48
有限责任公司	Limited Liability Corporations	143653
国有独资公司	State-owned Enterprises	23010
其他有限责任公司	Other Limited Liability Corporations	120643
股份有限公司	Share-holding Corporations Ltd.	96224
私营企业	Private Enterprises	152846
私营独资企业	Sole Proprietorship	2235
私营有限责任公司	Private Limited Liability Corporations	149968
私营股份有限公司	Private Equity Co. , Ltd.	644
港、澳、台商投资企业	Hong Kong, Macao and Taiwan Investment Enterprises	13614
与港澳台商合资经营企业	With the Joint Venture Enterprises from Hong Kong, Macao and Taiwan	8854
港澳台商独资企业	Hong Kong, Macao, Taiwan-Owned Enterprise	4759
其他港澳台投资企业	Other Hong Kong, Macao and Taiwan Investment Enterprises	
外商投资企业	Foreign Funded Enterprises	4014
中外合资经营企业	Sino-foreign Joint Venture Enterprises	4014
按控股情况分	Grouped By Controlling Stake	
国有控股	State-owned	25243
集体控股	Collective-owned	308
私人控股	Private	346108
港澳台商控股	Holding from Hong Kong, Macao and Taiwan	13614
外商控股	Foreign	4014
其他	Others	21890
按经营形式分	Grouped By Business Form	
独立门店	Indipendent Store	286890
连锁总店	Distributor Chain	119134
其他	Others	5152
按单位规模分	Grouped By Unit Scale	
大型	Large-scale	190566
中型	Medium-scale	157072
小型	Small-scale	50373
微型	Miniature	13165
按零售业态分	Grouped By Retail Formats	
有店铺零售	Have a Retail Store	401982
便利店	Supermarket	1001
超市	Supermarket	1858
大型超市	Hypermarket	66589
百货店	Department Store	98060
专业店	Speciality Store	114788
专卖店	Franchised Store	119470
家居建材商店	Home Fureishing Materials Store	
购物中心	Shopping Mall	217
厂家直销中心	Center of Manufacturer Direct Deal	
无店铺零售	Non-store Retail	9195
网上商店	Online store	421
其他	Others	8774

continued

(10 000yuan)

期末资产负债 Ending assets and Liabilities			
房屋和构筑物 Houses and structures	机器设备 Machinery equipment	累计折旧 Accumulated Depreciation	本年折旧 Depreciation This Year
216004	67251	150528	28981
152	121	714	213
	48	39	4
74626	35744	51451	10436
9518	3210	8665	594
65109	32534	42786	9842
83879	10104	26798	2984
57346	21236	71526	15344
1948	286	488	49
55211	20492	70599	15271
187	457	439	24
	159	5206	4135
		3458	3458
	159	1747	676
		3078	121
		3078	121
10525	3499	10329	902
161	118	229	20
197580	59513	131465	24200
	159	5206	4135
		3078	121
7738	4121	8505	3860
148256	34386	117275	21135
65688	31273	38713	11594
2060	1752	2823	507
139204	39720	57650	11522
55496	14739	72045	16848
21152	12738	23152	4129
152	213	5965	737
214190	65671	151531	32922
		780	68
213	54	1066	679
40288	20539	23372	4474
84044	10233	29028	3899
46744	21849	47064	11204
42902	12997	50221	12599
1814	1739	7281	314
	416	161	58
1814	1323	7120	256

9—5 续表10

单位:万元 (2020)

指 标	Item	固定资产净值 Net value of fixed assets
总计	**Total**	**463981**
兴庆区	Xingqing	208107
西夏区	Xixia	54712
金凤区	Jinfeng	86447
永宁县	Yongning	12581
贺兰县	Helan	52511
灵武市	Lingwu	49623
批发业	**Wholesale Trade**	**237550**
按批发行业小类分	**Grouped by Wholesale Industry Small Class**	
农、林、牧、渔产品批发	Wholesale of Agricultural, Forestry, Animal Husbandry Products	7849
谷物、豆及薯类批发	Wholesale of Grain, Bean and Potatoes	6988
畜牧渔业饲料批发	Animal husbandry and fishery feed wholesale	861
牲畜批发	Wholesale of Livestock	
食品、饮料及烟草制品批发	Wholesale of Food,Beverages and Tobacoos	23746
米、面制品及食用油批发	Wholesale of Rice,Flour and Edible Oil	5370
肉、禽、蛋、奶及水产品批发	Wholesale of Meat and Aquatic Products	129
盐及调味品批发	Wholesale of Salt and Condiments	535
酒、饮料及茶叶批发	Wholesale of Beverages and tea	247
烟草制品批发	Wholesale of Tobacoos	17464
纺织、服装及家庭用品批发	Wholesale of Textiles,Garments and Daily Consummer Aticles	41
纺织品、针织品及原料批发	Wholesale of textiles, knitwear and raw materials	
服装批发	Wholesale of Garments	
日用家电批发	Wholesale of Household Electrical Appliances	41
文化、体育用品及器材批发	Wholesale of Cultural,Sports Goods Appliances and Equipments	2166
图书批发	Wholesale of Books	2166
首饰、工艺品及收藏品批发	Wholesale of jewelry, handicrafts and Collectibles	
医药及医疗器材批发	Wholesale of Medicines and Medical Appliances	22248
西药批发	Wholesale of Western Medicine	20423
中药批发	Wholesale of Chinese Medicine	1501
医疗用品及器材批发	Wholesale of Medical Supplies and Equipment	325

continued

(10 000yuan)

期末资产负债Ending assets and Liabilities			
在建工程 Construction in Process	无形资产 Intangible Assets	土地使用权 Land Use Right	资产总计 Total Assets
57166	**231400**	**79571**	**4990623**
32515	121107	37887	1316959
5726	60452	13624	368338
6219	21336	8930	2121124
1073	3420	3311	276485
2322	17452	13962	683810
9312	7633	1857	223907
38858	**142220**	**48189**	**3177734**
1065	3201	3172	121006
1065	3201	3172	32950
			88056
250	5018	3670	534262
17	571		11650
233	32		2477
	19		8893
			20764
	4395	3670	490478
	25		77348
			25245
			43445
	25		8659
341	177	176	74416
341	177	176	49131
			25285
2976	4523	4398	349654
2976	4505	4398	317259
	11		8732
	7		23663

9—5 续表11

单位:万元 （2020）

指 标	Item	流动负债合计 Total Current Liabilities
总计	**Total**	**2795262**
兴庆区	Xingqing	805450
西夏区	Xixia	220078
金凤区	Jinfeng	1044269
永宁县	Yongning	167829
贺兰县	Helan	432576
灵武市	Lingwu	125061
批发业	**Wholesale Trade**	**1753302**
按批发行业小类分	**Grouped by Wholesale Industry Small Class**	
农、林、牧、渔产品批发	Wholesale of Agricultural, Forestry, Animal Husbandry Products	92262
谷物、豆及薯类批发	Wholesale of Grain, Bean and Potatoes	14581
畜牧渔业饲料批发	Animal husbandry and fishery feed wholesale	77681
牲畜批发	Wholesale of Livestock	
食品、饮料及烟草制品批发	Wholesale of Food,Beverages and Tobacoos	242231
米、面制品及食用油批发	Wholesale of Rice,Flour and Edible Oil	2742
肉、禽、蛋、奶及水产品批发	Wholesale of Meat and Aquatic Products	1514
盐及调味品批发	Wholesale of Salt and Condiments	1808
酒、饮料及茶叶批发	Wholesale of Beverages and tea	17171
烟草制品批发	Wholesale of Tobacoos	218997
纺织、服装及家庭用品批发	Wholesale of Textiles,Garments and Daily Consummer Aticles	23266
纺织品、针织品及原料批发	Wholesale of textiles, knitwear and raw materials	17525
服装批发	Wholesale of Garments	
日用家电批发	Wholesale of Household Electrical Appliances	5741
文化、体育用品及器材批发	Wholesale of Cultural,Sports Goods Appliances and Equipments	34518
图书批发	Wholesale of Books	23065
首饰、工艺品及收藏品批发	Wholesale of jewelry, handicrafts and Collectibles	11453
医药及医疗器材批发	Wholesale of Medicines and Medical Appliances	247003
西药批发	Wholesale of Western Medicine	230305
中药批发	Wholesale of Chinese Medicine	2446
医疗用品及器材批发	Wholesale of Medical Supplies and Equipment	14252

continued

(10 000yuan)

期末资产负债 Ending assets and Liabilities			
应付账款 Accounts Payable	负债合计 Total Liabilities	所有者权益 Total Owners' Equities	实收资本 Paid-in Capitals
487116	**2989509**	**1924453**	**745479**
131575	764076	519649	132548
36837	222616	145754	83039
177634	1174977	942791	283864
32632	182703	92800	87447
87749	477241	184803	118672
20690	167895	38657	39910
280839	**1861515**	**1263994**	**444065**
16180	96671	24335	29230
1281	16990	15960	16230
14899	79681	8375	13000
21190	247569	286693	13393
	7892	3758	3752
216	1514	964	500
295	1918	6974	3384
6673	17171	3593	1655
14007	219075	271403	4103
18224	60355	2727	1100
17461	20590	-191	
	34024		
764	5741	2917	1100
11802	49791	24605	7509
10416	24534	24597	7009
1386	25257	8	500
88076	247615	102039	35110
81214	230913	86346	26610
1541	2446	6286	6500
5321	14256	9406	2000

9—5 续表12

单位:万元 （2020）

指　标	Item	固定资产净值 Net value of fixed assets
矿产品、建材及化工产品批发	Wholesale of Mineral Products, Building Materials and Chemical Products	179298
煤炭及制品批发	Wholesale of Coal and Related Products	3086
石油及制品批发	Wholesale of Petroleum and Related Products	173770
金属及金属矿批发	Wholesale of Metallic mineral Products	2143
建材批发	Wholesale of building materials	79
化肥批发	Wholesale of Chemical Fertilizer	
农药批发	Wholesale of Pesticide	
其他化工产品批发	Wholesale of Other Chemical Products	221
机械设备、五金产品及电子产品批发	Wholesale of Mechanical Equipment, Hardware Products and Electronic Products	2118
农业机械批发	Wholesale of Agriculture Machinary	410
汽车及零配件批发	Wholesale of MotorVehicles	1336
电气设备批发	Wholesale of Electrical Equipment	307
其他机械设备及电子产品批发	Wholesale of Other Machinary and Electric Equipment	65
其他批发业	Other Wholesale	84
再生物资回收与批发	Recovery and Wholesale of Recycled Materials	84
其他未列明批发业	Other Wholesale Unlisted	
按登记注册类型分	Grouped By Registration Type	
内资企业	Domestic Funded Enterprises	237550
国有企业	State-owned Enterprises	23649
有限责任公司	Limited Liability Corporations	24570
国有独资公司	State-owned Enterprises	3966
其他有限责任公司	Other Limited Liability Corporations	20604
股份有限公司	Share-holding Corporations Ltd.	124545
私营企业	Private Enterprises	64785
私营独资企业	Sole Proprietorship	658
私营有限责任公司	Private Limited Liability Corporations	64128

continued

(10 000yuan)

期末资产负债 Ending assets and Liabilities			
在建工程 Construction in Process	无形资产 Intangible assets	土地使用权 Land use right	资产总计 Total Assets
33867	127266	34818	1892691
2415	1904	710	388323
31443	124800	33570	1225014
	24		255052
9	538	538	14866
			245
			9191
358	1986	1956	88712
			12663
358	1986	1956	51397
			21608
			3045
	24		39646
	24		39646
38858	142220	48189	3177734
17	5210	3670	514301
1760	5639	5553	483887
695	368	366	66935
1065	5271	5187	416952
22687	113737	32258	434037
14393	17634	6708	1745510
			81562
14393	17634	6708	1663948

9—5 续表13

单位:万元 （2020）

指 标	Item	流动负债合计 Total Current Liabilities
矿产品、建材及化工产品批发	Wholesale of Mineral Products,Building Materials and Chemical Products	1003986
煤炭及制品批发	Wholesale of Coal and Related Products	97419
石油及制品批发	Wholesale of Petroleum and Related Products	752039
金属及金属矿批发	Wholesale of Metallic mineral Products	139264
建材批发	Wholesale of building materials	8294
化肥批发	Wholesale of Chemical Fertilizer	245
农药批发	Wholesale of Pesticide	
其他化工产品批发	Wholesale of Other Chemical Products	6726
机械设备、五金产品及电子产品批发	Wholesale of Mechanical Equipment, Hardware Products and Electronic Products	81018
农业机械批发	Wholesale of Agriculture Machinary	7916
汽车及零配件批发	Wholesale of MotorVehicles	47817
电气设备批发	Wholesale of Electrical Equipment	23573
其他机械设备及电子产品批发	Wholesale of Other Machinary and Electric Equipment	1712
其他批发业	Other Wholesale	29019
再生物资回收与批发	Recovery and Wholesale of Recycled Materials	29019
其他未列明批发业	Other Wholesale Unlisted	
按登记注册类型分	Grouped By Registration Type	
内资企业	Domestic Funded Enterprises	1753302
国有企业	State-owned Enterprises	224021
有限责任公司	Limited Liability Corporations	328973
国有独资公司	State-owned Enterprises	38015
其他有限责任公司	Other Limited Liability Corporations	290959
股份有限公司	Share-holding Corporations Ltd.	294012
私营企业	Private Enterprises	906295
私营独资企业	Sole Proprietorship	47086
私营有限责任公司	Private Limited Liability Corporations	859209

continued

(10 000yuan)

期末资产负债 Ending assets and Liabilities			
应付账款 Accounts Payable	负债合计 Total Liabilities	所有者权益 Total Owners' Equities	实收资本 Paid-in Capitals
84343	1049477	805276	333912
8615	175410	209138	76712
46951	710203	481597	137794
22928	148599	105503	110859
1964	8294	6572	6801
	245		
3885	6726	2465	1747
28459	81018	7694	13810
4715	7916	4747	2850
13539	47817	3580	8460
9200	23573	-1965	1000
1005	1712	1332	1500
12565	29019	10627	10000
12565	29019	10627	10000
280839	1861515	1263994	444065
14301	229360	284941	14238
91649	339284	144603	87010
12946	39486	27450	13815
78703	299799	117153	73194
37305	212790	188033	3000
137583	1080081	646417	339818
7284	47086	34475	34379
130300	1032995	611942	305439

9—5 续表14

单位:万元 （2020）

指 标	Item	固定资产净值 Net value of fixed assets
按控股情况分	Grouped By Controlling Stake	
国有控股	State-owned	167657
私人控股	Private	69566
其他	Others	327
按经营形式分	Grouped By Business Form	
独立门店	Indipendent Stores	52665
连锁总店	Distributor Chain	121442
连锁直营店	Chain store	
其他	Others	63443
按单位规模分	Grouped By Unit Scale	
大型	large-scale	135160
中型	Medium-scale	95361
小型	Small-scale	6298
微型	Miniature	731
按经营地分	By place of operation	
城镇	Town	169148
其中:城区	Including: urban area	145048
乡村	Rural	68402
零售业	**Retail Trade**	**226431**
按零售行业小类分	**Grouped by Retail Trade Industry Small Class**	
综合零售	Integrated Retail	107272
百货零售	Retail of General Merchandise	66176
超级市场零售	Retail of Supermarkets	41095
食品、饮料及烟草制品专门零售	Retail of Food,Beverages and Tobaccos	3921
粮油零售	Retail of Grain and Oil	284
糕点、面包零售	Bakery retail	8
果品、蔬菜零售	Retail of Fruits and Vegetables	2560
肉、禽、蛋、奶及水产品零售	Meat, poultry, eggs, milk, and aquatic products retail	1
酒、饮料及茶叶零售	Retail of Wine,Beverages and Tea	1068

continued

(10 000yuan)

期末资产负债 Ending assets and Liabilities			
在建工程 Construction in Process	无形资产 Intangible assets	土地使用权 Land use right	资产总计 Total Assets
24465	124246	41142	1271947
14393	17973	7047	1803536
			102251
13061	12550	10222	1331304
22687	113625	32280	322562
			11461
3110	16044	5687	1512406
22687	115576	34030	682734
16086	24901	12528	1946243
84	1743	1632	398716
			150041
30100	132362	43822	2582356
28168	125291	36853	2038452
8758	9858	4367	595378
18308	**89180**	**31382**	**1812890**
6792	43941		671460
6601	41210		430728
190	2731		240733
2834	1750	28	55595
			1743
			600
2834	1722		24442
			969
	28	28	27841

9—5 续表15

单位:万元　　　　(2020)

指　标	Item	流动负债合计 Total Current Liabilities
按控股情况分	Grouped By Controlling Stake	
国有控股	State-owned	703574
私人控股	Private	956910
其他	Others	92818
按经营形式分	Grouped By Business Form	
独立门店	Indipendent Stores	686722
连锁总店	Distributor Chain	139799
连锁直营店	Chain store	11453
其他	Others	915328
按单位规模分	Grouped By Unit Scale	
大型	large-scale	400392
中型	Medium-scale	1026563
小型	Small-scale	252171
微型	Miniature	74177
按经营地分	By place of operation	
城镇	Town	1380193
其中:城区	Including: urban area	1057660
乡村	Rural	373109
零售业	**Retail Trade**	**1041961**
按零售行业小类分	**Grouped by Retail Trade Industry Small Class**	
综合零售	Integrated Retail	374490
百货零售	Retail of General Merchandise	226657
超级市场零售	Retail of Supermarkets	147833
食品、饮料及烟草制品专门零售	Retail of Food,Beverages and Tobaccos	29276
粮油零售	Retail of Grain and Oil	513
糕点、面包零售	Bakery retail	469
果品、蔬菜零售	Retail of Fruits and Vegetables	8518
肉、禽、蛋、奶及水产品零售	Meat, poultry, eggs, milk, and aquatic products retail	919
酒、饮料及茶叶零售	Retail of Wine,Beverages and Tea	18858

continued

(10 000yuan)

期末资产负债Ending assets and Liabilities			
应付账款 Accounts Payable	负债合计 Total Liabilities	所有者权益 Total Owners' Equities	实收资本 Paid-in Capitals
115215	632175	606558	88951
150416	1130696	653829	343084
15209	98644	3607	12030
141148	825261	490053	242782
12393	152157	170405	1358
1386	11453	8	500
125912	872644	603528	199425
56450	321282	328238	21331
153494	1152788	793456	273969
38704	261192	137524	135093
32192	126254	4776	13673
225319	1480278	1052854	402778
148165	1105517	898959	283543
55520	381237	211140	41287
206276	**1127994**	**660459**	**301414**
109030	408550	262910	51352
34986	249813	180915	31293
74043	158738	81995	20060
5033	30463	25132	22758
477	550	1193	574
432	469	131	400
2928	9025	15416	15000
364	919	50	
832	19500	8341	6784

9—5 续表16

单位:万元 （2020）

指 标	Item	固定资产净值 Net value of fixed assets
纺织、服装及日用品专门零售	Special Retail of Textiles,Garments and Daily Consumer Articles	663
服装零售	Retail of Garments	1
钟表、眼镜零售	Retail of watches and glasses	663
文化、体育用品及器材专门零售	Retail of Culture,Sports Appliances and Equipments	17629
体育用品及器材零售	Retail of Sports Goods Appliances and Equipments	205
图书、报刊零售	Retail of Books, Newspapers and Magazines	12868
珠宝首饰零售	Retail of Jewelery	4556
工艺美术品及收藏品零售	Retail of Arts ,Crafts and Collections	
乐器零售	Retail of Musical instrument	
其他文化用品零售	Retail of Other Culture Appliances	
医药及医疗器材专门零售	Retail of Medical Supplies and Appliances	6216
西药零售	Retail of Western Medicine	6166
中药零售	Retail of Chinese medicine	50
汽车、摩托车、零配件和燃料及其他动力销售	Retail of Motor Vehicles,Motorcycles,Fuel and Parts	83861
汽车新车零售	Retail of New Car	55120
机动车燃油零售	Retail of Motor Vehicle Fuel	21499
机动车燃气零售	Retail of Motor Vehicle Gas	7242
家用电器及电子产品专门零售	Special Retailof Household Electric Appliances and Electronic Products	5008
日用家电零售	Retail of Household Electric Appliances	4897
计算机、软件及辅助设备零售	Retail of Computer,Software and Assistant Appliances	101
通信设备零售	Retail of Communication Equipments	10
五金、家具及室内装饰材料专门零售	Special Retail of Hardware,Furniture and Decoration Materials	770
家具零售	Retail of Furniture	770
货摊、无店铺及其他零售业	Retail of Non-shop and Other Retails	1091
互联网零售	Internet retail	255
生活用燃料零售	Retail of Life Fuel	836

continued

(10 000yuan)

期末资产负债Ending assets and Liabilities			
在建工程 Construction in Process	无形资产 Intangible assets	土地使用权 Land use right	资产总计 Total Assets
			9818
			5564
			4254
1396	1270		60225
	23		11129
420	1224		21921
976	23		24941
			1196
			1038
	60		51405
	60		49563
			1841
7168	41289	31241	814688
3339	25495	17423	686590
3828	14345	13794	91658
1	1449	25	36440
	603		124060
	538		109867
	65		12358
			1835
			977
			977
120	266	113	24662
120			8323
	266	113	16340

9—5 续表17

单位:万元 （2020）

指 标	Item	流动负债合计 Total Current Liabilities
纺织、服装及日用品专门零售	Special Retail of Textiles,Garments and Daily Consumer Articles	9705
服装零售	Retail of Garments	9048
钟表、眼镜零售	Retail of watches and glasses	657
文化、体育用品及器材专门零售	Retail of Culture,Sports Appliances and Equipments	35569
体育用品及器材零售	Retail of Sports Goods Appliances and Equipments	7732
图书、报刊零售	Retail of Books, Newspapers and Magazines	14973
珠宝首饰零售	Retail of Jewelery	11099
工艺美术品及收藏品零售	Retail of Arts ,Crafts and Collections	
乐器零售	Retail of Musical instrument	1011
其他文化用品零售	Retail of Other Culture Appliances	754
医药及医疗器材专门零售	Retail of Medical Supplies and Appliances	27474
西药零售	Retail of Western Medicine	25673
中药零售	Retail of Chinese medicine	1800
汽车、摩托车、零配件和燃料及其他动力销售	Retail of Motor Vehicles,Motorcycles,Fuel and Parts	501691
汽车新车零售	Retail of New Car	448676
机动车燃油零售	Retail of Motor Vehicle Fuel	45471
机动车燃气零售	Retail of Motor Vehicle Gas	7544
家用电器及电子产品专门零售	Special Retailof Household Electric Appliances and Electronic Products	48886
日用家电零售	Retail of Household Electric Appliances	41644
计算机、软件及辅助设备零售	Retail of Computer,Software and Assistant Appliances	6010
通信设备零售	Retail of Communication Equipments	1232
五金、家具及室内装饰材料专门零售	Special Retail of Hardware,Furniture and Decoration Materials	1527
家具零售	Retail of Furniture	1527
货摊、无店铺及其他零售业	Retail of Non-shop and Other Retails	13343
互联网零售	Internet retail	11443
生活用燃料零售	Retail of Life Fuel	1900

continued

(10 000yuan)

期末资产负债Ending assets and Liabilities			
应付账款 Accounts Payable	负债合计 Total Liabilities	所有者权益 Total Owners' Equities	实收资本 Paid-in Capitals
753	9705	113	3961
172	9048	-3484	1800
582	657	3597	2161
11276	37789	22436	26794
2007	7732	3398	5736
8535	17194	4727	4055
	11099	13842	16601
417	1011	185	100
317	754	285	302
14629	28686	22719	10691
13279	26886	22677	10641
1350	1800	41	50
46657	546029	244311	156056
43626	484497	180327	125992
2397	52406	36670	24442
634	9126	27314	5622
9330	51862	72110	15927
7899	44572	65207	9302
1419	6058	6300	5705
12	1232	603	920
237	1527	-551	100
237	1527	-551	100
9332	13382	11280	13775
9155	11443	-3120	64
178	1940	14400	13711

9—5 续表18

单位:万元 (2020)

指 标	Item	固定资产净值 Net value of fixed assets
按登记注册类型分	Grouped By Registration Type	
内资企业	Domestic Funded Enterprises	219224
国有企业	State-owned Enterprises	65
集体企业	Collective-owned Enterprises	7
有限责任公司	Limited Liability Corporations	87129
国有独资公司	State-owned Enterprises	13925
其他有限责任公司	Other Limited Liability Corporations	73204
股份有限公司	Share-holding Corporations Ltd.	66676
私营企业	Private Enterprises	65346
私营独资企业	Sole Proprietorship	1746
私营有限责任公司	Private Limited Liability Corporations	63395
私营股份有限公司	Private Equity Co. , Ltd.	205
港、澳、台商投资企业	Hong Kong, Macao and Taiwan Investment Enterprises	6271
与港澳台商合资经营企业	With the Joint Venture Enterprises from Hong Kong, Macao and Taiwan	5396
港澳台商独资企业	Hong Kong, Macao, Taiwan-Owned Enterprise	875
其他港澳台投资企业	Other Hong Kong, Macao and Taiwan Investment Enterprises	
外商投资企业	Foreign Funded Enterprises	936
中外合资经营企业	Sino-foreign Joint Venture Enterprises	936
按控股情况分	Grouped By Controlling Stake	
国有控股	State-owned	14455
集体控股	Collective-owned	78
私人控股	Private	192337
港澳台商控股	Holding from Hong Kong, Macao and Taiwan	6271
外商控股	Foreign	936
其他	Others	12355
按经营形式分	Grouped By Business Form	
独立门店	Indipendent Store	144298
连锁总店	Distributor Chain	79803
其他	Others	2330
按单位规模分	Grouped By Unit Scale	
大型	Large-scale	130076
中型	Medium-scale	70377
小型	Small-scale	25507
微型	Miniature	470
按零售业态分	Grouped By Retail Formats	
有店铺零售	Have a Retail Store	224522
便利店	Supermarket	222
超市	Supermarket	521
大型超市	Hypermarket	40990
百货店	Department Store	66281
专业店	Speciality Store	64733
专卖店	Franchised Store	51775
家居建材商店	Home Fureishing Materials Store	
购物中心	Shopping Mall	
厂家直销中心	Center of Manufacturer Direct Deal	
无店铺零售	Non-store Retail	1909
网上商店	Online store	255
其他	Others	1654

continued

(10 000yuan)

期末资产负债 Ending assets and Liabilities			
在建工程 Construction in Process	无形资产 Intangible assets	土地使用权 Land use right	资产总计 Total Assets
18308	87744	31382	1780380
329			4104
			1352
1491	15748	10038	489177
91	1491	113	38184
1400	14257	9924	450993
6378	41314	152	418177
10111	30682	21193	867570
	1127	1127	16580
10111	29533	20065	839861
	23		11129
	1337		28605
	1325		16414
	12		12191
	99		3905
	99		3905
420	1616	236	58174
	169	169	1634
17889	84929	30485	1535471
	1337		28605
	99		3905
	1030	492	185102
15327	76125	23050	1319434
2862	12839	8181	468884
120	216	151	24572
7661	50589	6158	786241
7328	32556	21973	703226
2829	6036	3252	235521
491			87901
15573	85136	27338	1780230
	308		6672
8	81		17020
190	2731		237260
6601	41210		434200
3759	16965	12870	448527
5014	23841	14468	633405
			1689
			1458
2736	4044	4044	32660
120			8323
2616	4044	4044	24337

9—5 续表19

单位:万元 （2020）

指 标	Item	流动负债合计 Total Current Liabilities
按登记注册类型分	Grouped By Registration Type	
内资企业	Domestic Funded Enterprises	1025428
国有企业	State-owned Enterprises	2409
集体企业	Collective-owned Enterprises	310
有限责任公司	Limited Liability Corporations	283219
国有独资公司	State-owned Enterprises	16863
其他有限责任公司	Other Limited Liability Corporations	266356
股份有限公司	Share-holding Corporations Ltd.	219886
私营企业	Private Enterprises	519604
私营独资企业	Sole Proprietorship	13960
私营有限责任公司	Private Limited Liability Corporations	497912
私营股份有限公司	Private Equity Co. , Ltd.	7732
港、澳、台商投资企业	Hong Kong, Macao and Taiwan Investment Enterprises	15490
与港澳台商合资经营企业	With the Joint Venture Enterprises from Hong Kong, Macao and Taiwan	8089
港澳台商独资企业	Hong Kong, Macao, Taiwan-Owned Enterprise	7401
其他港澳台投资企业	Other Hong Kong, Macao and Taiwan Investment Enterprises	
外商投资企业	Foreign Funded Enterprises	1043
中外合资经营企业	Sino-foreign Joint Venture Enterprises	1043
按控股情况分	Grouped By Controlling Stake	
国有控股	State-owned	25910
集体控股	Collective-owned	420
私人控股	Private	931655
港澳台商控股	Holding from Hong Kong, Macao and Taiwan	15490
外商控股	Foreign	1043
其他	Others	67443
按经营形式分	Grouped By Business Form	
独立门店	Indipendent Store	739852
连锁总店	Distributor Chain	284420
其他	Others	17688
按单位规模分	Grouped By Unit Scale	
大型	Large-scale	422410
中型	Medium-scale	446011
小型	Small-scale	151917
微型	Miniature	21623
按零售业态分	Grouped By Retail Formats	
有店铺零售	Have a Retail Store	1024625
便利店	Convenience store	3333
超市	Supermarket	5519
大型超市	Hypermarket	144477
百货店	Department Store	230013
专业店	Speciality Store	233595
专卖店	Franchised Store	406378
家居建材商店	Home Fureishing Materials Store	
购物中心	Shopping Mall	1311
厂家直销中心	Center of Manufacturer Direct Deal	
无店铺零售	Non-store Retail	17336
网上商店	Online store	11443
其他	Others	5893

continued

(10 000yuan)

期末资产负债Ending assets and Liabilities			
应付账款 Accounts Payable	负债合计 Total Liabilities	所有者权益 Total Owners' Equities	实收资本 Paid-in Capitals
198807	1111457	644487	287018
2188	2769	1335	105
183	310	1041	1
103293	308175	181003	92084
8819	18800	19385	18285
94474	289375	161618	73799
26329	236781	181396	23563
66814	563422	279712	171265
635	14008	2572	2000
64172	541682	273742	163529
2007	7732	3398	5736
7466	15495	13110	12348
4044	8095	8319	7000
3422	7401	4791	5348
3	1043	2862	2048
3	1043	2862	2048
13958	31339	26835	21698
232	420	1214	261
176395	1009671	501363	236905
7466	15495	13110	12348
3	1043	2862	2048
8222	70027	115075	28155
101053	816524	478473	248822
95887	293160	175724	43794
9336	18310	6262	8798
101803	451020	335221	49663
76769	451257	251969	169740
25193	168506	67015	75151
2512	57211	6254	6860
196531	1110659	645135	288150
192	6133	538	781
3034	6095	10925	10218
72670	154941	82319	19960
36360	253609	180591	31393
36696	245896	200049	93071
46269	441072	170566	132580
	1601		
1311	1311	147	147
9745	17336	15324	13264
9155	11443	-3120	64
590	5893	18444	13200

9—5 续表20

单位:万元 （2020）

指 标	Item	期末资产负债 Ending assets and Liabilities 个人资本 Personal Capitals
总计	**Total**	**186284**
兴庆区	Xingqing	23235
西夏区	Xixia	20265
金凤区	Jinfeng	69546
永宁县	Yongning	20185
贺兰县	Helan	23847
灵武市	Lingwu	29205
批发业	**Wholesale Trade**	**116302**
按批发行业小类分	**Grouped by Wholesale Industry Small Class**	
农、林、牧、渔产品批发	Wholesale of Agricultural, Forestry, Animal Husbandry Products	4000
谷物、豆及薯类批发	Wholesale of Grain, Bean and Potatoes	1000
畜牧渔业饲料批发	Animal husbandry and fishery feed wholesale	3000
牲畜批发	Wholesale of Livestock	
食品、饮料及烟草制品批发	Wholesale of Food,Beverages and Tobacoos	655
米、面制品及食用油批发	Wholesale of Rice,Flour and Edible Oil	
肉、禽、蛋、奶及水产品批发	Wholesale of Meat and Aquatic Products	500
盐及调味品批发	Wholesale of Salt and Condiments	
酒、饮料及茶叶批发	Wholesale of Beverages and tea	155
烟草制品批发	Wholesale of Tobacoos	
纺织、服装及家庭用品批发	Wholesale of Textiles,Garments and Daily Consummer Aticles	1000
纺织品、针织品及原料批发	Wholesale of textiles, knitwear and raw materials	
服装批发	Wholesale of Garments	
日用家电批发	Wholesale of Household Electrical Appliances	1000
文化、体育用品及器材批发	Wholesale of Cultural,Sports Goods Appliances and Equipments	
图书批发	Wholesale of Books	
首饰、工艺品及收藏品批发	Wholesale of jewelry, handicrafts and Collectibles	
医药及医疗器材批发	Wholesale of Medicines and Medical Appliances	13780
西药批发	Wholesale of Western Medicine	7095
中药批发	Wholesale of Chinese Medicine	5990
医疗用品及器材批发	Wholesale of Medical Supplies and Equipment	695

continued

(10 000yuan)

损益及分配 Profit and loss and distribution		
营业收入 Total Revenue	主营业务收入 Revenue from Principal Business	营业成本 Business Costs
9587661	**9379583**	**8941821**
1505973	1429969	1333212
699591	654922	651437
4013590	3956528	3747999
1392390	1384835	1330672
1724439	1704847	1639884
251678	248481	238617
7302587	**7201846**	**6962760**
788709	788248	743267
23848	23813	22561
764861	764435	720706
847033	844128	735965
20852	20852	20458
6146	6146	5873
6260	5386	2906
18886	18708	16379
794889	793037	690349
68882	67519	66655
58889	58788	58994
9992	8731	7661
58777	50137	53750
27673	27454	22748
31103	22683	31002
510599	509691	460940
466498	465789	426509
10090	9930	8164
34011	33972	26267

9—5 续表21

单位:万元 (2020)

指　标	Item	期末资产负债 Ending assets and Liabilities 个人资本 Personal Capitals
矿产品、建材及化工产品批发	Wholesale of Mineral Products, Building Materials and Chemical Products	85456
煤炭及制品批发	Wholesale of Coal and Related Products	34600
石油及制品批发	Wholesale of Petroleum and Related Products	23277
金属及金属矿批发	Wholesale of Metallic mineral Products	27011
建材批发	Wholesale of building materials	
化肥批发	Wholesale of Chemical Fertilizer	
农药批发	Wholesale of Pesticide	
其他化工产品批发	Wholesale of Other Chemical Products	568
机械设备、五金产品及电子产品批发	Wholesale of Mechanical Equipment, Hardware Products and Electronic Products	11410
农业机械批发	Wholesale of Agriculture Machinary	1050
汽车及零配件批发	Wholesale of MotorVehicles	7860
电气设备批发	Wholesale of Electrical Equipment	1000
其他机械设备及电子产品批发	Wholesale of Other Machinary and Electric Equipment	1500
其他批发业	Other Wholesale	
再生物资回收与批发	Recovery and Wholesale of Recycled Materials	
其他未列明批发业	Other Wholesale Unlisted	
按登记注册类型分	Grouped By Registration Type	
内资企业	Domestic Funded Enterprises	116302
国有企业	State-owned Enterprises	
有限责任公司	Limited Liability Corporations	1615
国有独资公司	State-owned Enterprises	
其他有限责任公司	Other Limited Liability Corporations	1615
股份有限公司	Share-holding Corporations Ltd.	
私营企业	Private Enterprises	114687
私营独资企业	Sole Proprietorship	
私营有限责任公司	Private Limited Liability Corporations	114687

continued

(10 000yuan)

损益及分配 Profit and loss and distribution		
营业收入 Total Revenue	主营业务收入 Revenue from Principal Business	营业成本 Business Costs
4799010	4713236	4688440
219639	186344	200673
3619718	3574931	3554132
869481	861789	848721
29141	29141	26158
21524	21524	21433
39508	39508	37323
176324	175632	161818
24670	24579	21982
150110	149509	138971
98	98	56
1447	1447	810
53254	53254	51924
53254	53254	51924
7302587	7201846	6962760
851715	848973	743090
1349905	1318505	1267161
43395	43065	37218
1306510	1275440	1229943
2583096	2541918	2534363
2517871	2492451	2418147
84710	84710	78719
2433162	2407741	2339427

9—5 续表22

单位:万元 (2020)

指　标	Item	期末资产负债 Ending assets and Liabilities 个人资本 Personal Capitals
按控股情况分	Grouped By Controlling Stake	
国有控股	State-owned	195
私人控股	Private	115807
其他	Others	300
按经营形式分	Grouped By Business Form	
独立门店	Indipendent Stores	93987
连锁总店	Distributor Chain	328
连锁直营店	Chain store	
其他	Others	21986
按单位规模分	Grouped By Unit Scale	
大型	large-scale	
中型	Medium-scale	70030
小型	Small-scale	38744
微型	Miniature	7527
按经营地分	By place of operation	
城镇	Town	87001
其中:城区	Including: urban area	59679
乡村	Rural	29301
零售业	**Retail Trade**	**69982**
按零售行业小类分	**Grouped by Retail Trade Industry Small Class**	
综合零售	Integrated Retail	1100
百货零售	Retail of General Merchandise	1000
超级市场零售	Retail of Supermarkets	100
食品、饮料及烟草制品专门零售	Retail of Food,Beverages and Tobaccos	4036
粮油零售	Retail of Grain and Oil	
糕点、面包零售	Bakery retail	
果品、蔬菜零售	Retail of Fruits and Vegetables	4000
肉、禽、蛋、奶及水产品零售	Meat, poultry, eggs, milk, and aquatic products retail	
酒、饮料及茶叶零售	Retail of Wine,Beverages and Tea	36

continued

(10 000yuan)

损益及分配 Profit and loss and distribution		
营业收入 Total Revenue	主营业务收入 Revenue from Principal Business	营业成本 Business Costs
3840795	3766323	3655985
2618726	2592723	2509563
843066	842799	797212
2971408	2927453	2761023
543456	514624	496544
22683	22683	22603
3765040	3737086	3682590
2035261	1993472	1842904
3968043	3930573	3866261
1119013	1117431	1075136
180271	160370	178458
6467514	6371422	6165539
4255368	4168631	4047565
835073	830423	797221
2285074	**2177737**	**1979061**
554612	484266	414046
106380	78486	58575
448233	405781	355471
52687	52496	45085
1443	1387	1217
4061	4061	2872
31309	31309	28053
2994	2994	2764
12881	12745	10179

9—5 续表23

单位:万元 (2020)

指　标	Item	期末资产负债 Ending assets and Liabilities
		个人资本 Personal Capitals
纺织、服装及日用品专门零售	Special Retail of Textiles,Garments and Daily Consumer Articles	1800
服装零售	Retail of Garments	1800
钟表、眼镜零售	Retail of watches and glasses	
文化、体育用品及器材专门零售	Retail of Culture,Sports Appliances and Equipments	22492
体育用品及器材零售	Retail of Sports Goods Appliances and Equipments	5736
图书、报刊零售	Retail of Books, Newspapers and Magazines	55
珠宝首饰零售	Retail of Jewelery	16601
工艺美术品及收藏品零售	Retail of Arts ,Crafts and Collections	
乐器零售	Retail of Musical instrument	100
其他文化用品零售	Retail of Other Culture Appliances	
医药及医疗器材专门零售	Retail of Medical Supplies and Appliances	100
西药零售	Retail of Western Medicine	50
中药零售	Retail of Chinese medicine	50
汽车、摩托车、零配件和燃料及其他动力销售	Retail of Motor Vehicles,Motorcycles,Fuel and Parts	36503
汽车新车零售	Retail of New Car	19720
机动车燃油零售	Retail of Motor Vehicle Fuel	15609
机动车燃气零售	Retail of Motor Vehicle Gas	1174
家用电器及电子产品专门零售	Special Retailof Household Electric Appliances and Electronic Products	3800
日用家电零售	Retail of Household Electric Appliances	3800
计算机、软件及辅助设备零售	Retail of Computer,Software and Assistant Appliances	
通信设备零售	Retail of Communication Equipments	
五金、家具及室内装饰材料专门零售	Special Retail of Hardware,Furniture and Decoration Materials	100
家具零售	Retail of Furniture	100
货摊、无店铺及其他零售业	Retail of Non-shop and Other Retails	51
互联网零售	Internet retail	51
生活用燃料零售	Retail of Life Fuel	

continued

(10 000yuan)

损益及分配 Profit and loss and distribution		
营业收入 Total Revenue	主营业务收入 Revenue from Principal Business	营业成本 Business Costs
5172	5129	4076
958	914	828
4215	4215	3248
18127	17606	14103
3076	3076	2586
9785	9678	7280
3402	2988	2619
1343	1343	1169
521	521	450
72448	71415	54295
70631	69597	52977
1817	1817	1318
1399509	1371094	1299071
1072546	1045926	993795
300309	298535	285341
26653	26634	19935
155581	149306	128480
138972	132993	114322
10935	10643	9299
5674	5670	4859
820	820	753
820	820	753
26118	25605	19153
23165	23165	16884
2953	2440	2269

9—5 续表24

单位:万元 (2020)

指　标	Item	期末资产负债 Ending assets and Liabilities
		个人资本 Personal Capitals
按登记注册类型分	Grouped By Registration Type	
内资企业	Domestic Funded Enterprises	69982
国有企业	State-owned Enterprises	55
集体企业	Collective-owned Enterprises	1
有限责任公司	Limited Liability Corporations	2664
国有独资公司	State-owned Enterprises	
其他有限责任公司	Other Limited Liability Corporations	2664
股份有限公司	Share-holding Corporations Ltd.	
私营企业	Private Enterprises	67262
私营独资企业	Sole Proprietorship	
私营有限责任公司	Private Limited Liability Corporations	61526
私营股份有限公司	Private Equity Co. , Ltd.	5736
港、澳、台商投资企业	Hong Kong, Macao and Taiwan Investment Enterprises	
与港澳台商合资经营企业	With the Joint Venture Enterprises from Hong Kong, Macao and Taiwan	
港澳台商独资企业	Hong Kong, Macao, Taiwan-Owned Enterprise	
其他港澳台投资企业	Other Hong Kong, Macao and Taiwan Investment Enterprises	
外商投资企业	Foreign Funded Enterprises	
中外合资经营企业	Sino-foreign Joint Venture Enterprises	
按控股情况分	Grouped By Controlling Stake	
国有控股	State-owned	55
集体控股	Collective-owned	129
私人控股	Private	66198
港澳台商控股	Holding from Hong Kong, Macao and Taiwan	
外商控股	Foreign	
其他	Others	3600
按经营形式分	Grouped By Business Form	
独立门店	Indipendent Store	55459
连锁总店	Distributor Chain	14436
其他	Others	87
按单位规模分	Grouped By Unit Scale	
大型	Large-scale	3600
中型	Medium-scale	39351
小型	Small-scale	26976
微型	Miniature	55
按零售业态分	Grouped By Retail Formats	
有店铺零售	Have a Retail Store	58931
便利店	Convenience store	
超市	Supermarket	4000
大型超市	Hypermarket	
百货店	Department Store	1100
专业店	Speciality Store	28019
专卖店	Franchised Store	25812
家居建材商店	Home Fureishing Materials Store	
购物中心	Shopping Mall	
厂家直销中心	Center of Manufacturer Direct Deal	
无店铺零售	Non-store Retail	11051
网上商店	Online store	51
其他	Others	11000

continued

(10 000yuan)

损益及分配 Profit and loss and distribution		
营业收入 Total Revenue	主营业务收入 Revenue from Principal Business	营业成本 Business Costs
2190656	2086850	1895541
9030	9015	7901
3301	3301	2437
968410	920423	839932
13461	12801	10349
954949	907622	829582
89891	64289	51544
1120024	1089822	993727
25173	25171	24207
1091775	1061574	966934
3076	3076	2586
89944	86432	80198
53530	51298	48617
36414	35134	31582
4474	4454	3321
4474	4454	3321
261651	260624	252015
3992	3976	2966
1708283	1612372	1459554
89944	86432	80198
4474	4454	3321
216730	209879	181007
1569962	1510622	1402411
664853	617367	535476
50258	49749	41174
647602	573501	491431
1055007	1035913	945310
557259	552688	521406
25206	15634	20914
2246178	2139266	1949018
5045	5045	3839
29029	28895	24842
437594	395197	347270
117018	89069	66776
708544	697366	631298
946711	921507	873749
51		43
2187	2187	1203
38897	38471	30043
23165	23165	16884
15732	15306	13159

9—5 续表25

单位:万元 （2020）

指　标	Item	营业税金及附加 Business Taxesand Other Charges
总计	**Total**	**60930**
兴庆区	Xingqing	6467
西夏区	Xixia	1385
金凤区	Jinfeng	47430
永宁县	Yongning	1709
贺兰县	Helan	3653
灵武市	Lingwu	286
批发业	**Wholesale Trade**	**50558**
按批发行业小类分	**Grouped by Wholesale Industry Small Class**	
农、林、牧、渔产品批发	Wholesale of Agricultural, Forestry, Animal Husbandry Products	1060
谷物、豆及薯类批发	Wholesale of Grain, Bean and Potatoes	46
畜牧渔业饲料批发	Animal husbandry and fishery feed wholesale	1014
牲畜批发	Wholesale of Livestock	
食品、饮料及烟草制品批发	Wholesale of Food,Beverages and Tobacoos	42236
米、面制品及食用油批发	Wholesale of Rice,Flour and Edible Oil	
肉、禽、蛋、奶及水产品批发	Wholesale of Meat and Aquatic Products	5
盐及调味品批发	Wholesale of Salt and Condiments	148
酒、饮料及茶叶批发	Wholesale of Beverages and tea	45
烟草制品批发	Wholesale of Tobacoos	42038
纺织、服装及家庭用品批发	Wholesale of Textiles,Garments and Daily Consummer Aticles	131
纺织品、针织品及原料批发	Wholesale of textiles, knitwear and raw materials	81
服装批发	Wholesale of Garments	
日用家电批发	Wholesale of Household Electrical Appliances	49
文化、体育用品及器材批发	Wholesale of Cultural,Sports Goods Appliances and Equipments	79
图书批发	Wholesale of Books	79
首饰、工艺品及收藏品批发	Wholesale of jewelry, handicrafts and Collectibles	
医药及医疗器材批发	Wholesale of Medicines and Medical Appliances	1447
西药批发	Wholesale of Western Medicine	1275
中药批发	Wholesale of Chinese Medicine	34
医疗用品及器材批发	Wholesale of Medical Supplies and Equipment	138

continued

(10 000yuan)

损益及分配 Profit and loss and distribution						
其他业务利润 Profits fromOther Businesses	销售费用 Selling Costs	管理费用 Management Costs	研发费用 Research and developmegnt costs	财务费用 Financial Costs	利息收入 Interest Income	利息支出 Interest Expense
15699	**363900**	**133683**	**578**	**32562**	**8593**	**25549**
9368	115549	41591	8	11472	2065	8175
172	39462	6561		1140	1060	2222
2683	109070	48618	570	9528	4531	9855
4	51898	5182		1131	72	889
3241	36022	23745		7168	823	3024
232	11899	7986		2124	43	1383
3371	**178561**	**67565**	**578**	**12555**	**7047**	**15467**
–36	42785	1691		552	5	376
	272	965		461	5	376
–36	42512	726		92		
2044	9380	18785	9	–3863	4315	405
165	247	736		165	3	167
	112	303		–44	50	6
834	2640	381		6	1	
829	1993	413		230	26	231
217	4390	16953	9	–4219	4235	
	325	1450	561	–15	–25	3
	18	22		5		
	307	1428	561	–21	–25	3
	909	2449		–132	134	
	858	2377		–134	134	
	52	73		2		
506	18036	12880		3554	280	2414
506	13871	10436		3297	273	2379
	691	1182		3		
	3473	1263		254	7	34

9—5 续表26

单位:万元 （2020）

指 标	Item	营业税金及附加 Business Taxesand Other Charges
矿产品、建材及化工产品批发	Wholesale of Mineral Products, Building Materials and Chemical Products	5273
煤炭及制品批发	Wholesale of Coal and Related Products	423
石油及制品批发	Wholesale of Petroleum and Related Products	2855
金属及金属矿批发	Wholesale of Metallic mineral Products	1895
建材批发	Wholesale of building materials	46
化肥批发	Wholesale of Chemical Fertilizer	8
农药批发	Wholesale of Pesticide	
其他化工产品批发	Wholesale of Other Chemical Products	47
机械设备、五金产品及电子产品批发	Wholesale of Mechanical Equipment, Hardware Products and Electronic Products	267
农业机械批发	Wholesale of Agriculture Machinary	11
汽车及零配件批发	Wholesale of MotorVehicles	240
电气设备批发	Wholesale of Electrical Equipment	9
其他机械设备及电子产品批发	Wholesale of Other Machinary and Electric Equipment	6
其他批发业	Other Wholesale	66
再生物资回收与批发	Recovery and Wholesale of Recycled Materials	66
其他未列明批发业	Other Wholesale Unlisted	
按登记注册类型分	Grouped By Registration Type	
内资企业	Domestic Funded Enterprises	50558
国有企业	State-owned Enterprises	42225
有限责任公司	Limited Liability Corporations	2208
国有独资公司	State-owned Enterprises	159
其他有限责任公司	Other Limited Liability Corporations	2049
股份有限公司	Share-holding Corporations Ltd.	1676
私营企业	Private Enterprises	4448
私营独资企业	Sole Proprietorship	1182
私营有限责任公司	Private Limited Liability Corporations	3267

continued

(10 000yuan)

损益及分配 Profit and loss and distribution						
其他业务利润 Profits fromOther Businesses	销售费用 Selling Costs	管理费用 Management Costs	研发费用 Research and developmegnt costs	财务费用 Financial Costs	利息收入 Interest Income	利息支出 Interest Expense
446	97374	26684	8	11078	1991	11361
6	14140	2736		1286	9	1212
440	65982	20672	8	7688	1892	8664
	13132	3078		1720	66	1282
	2590	138		197	1	197
	69	20				
	1461	39		187	24	6
401	9230	3343		1395	332	693
6	2738	439		82	-5	2
394	5924	1929		918	324	296
	569	309		383	13	395
		667		13		
10	522	283		-14	15	216
10	522	283		-14	15	216
3371	178561	67565	578	12555	7047	15467
1231	7506	18317	9	-4039	4251	167
141	60300	8523		2094	366	1487
6	858	2854		-78	143	62
135	59443	5669		2173	223	1425
47	57495	12954	8	2109	1888	3767
1952	53260	27772	561	12390	542	10046
	3780	637		809	48	744
1952	49480	27134	561	11581	494	9302

9—5 续表27

单位:万元 (2020)

指　标	Item	营业税金及附加 Business Taxesand Other Charges
按控股情况分	Grouped By Controlling Stake	
国有控股	State-owned	44851
私人控股	Private	4627
其他	Others	1080
按经营形式分	Grouped By Business Form	
独立门店	Indipendent Stores	44971
连锁总店	Distributor Chain	1080
连锁直营店	Chain store	
其他	Others	4507
按单位规模分	Grouped By Unit Scale	
大型	large-scale	43960
中型	Medium-scale	3954
小型	Small-scale	2465
微型	Miniature	180
按经营地分	By place of operation	
城镇	Town	49175
其中:城区	Including: urban area	46449
乡村	Rural	1383
零售业	**Retail Trade**	**10372**
按零售行业小类分	**Grouped by Retail Trade Industry Small Class**	
综合零售	Integrated Retail	5152
百货零售	Retail of General Merchandise	3846
超级市场零售	Retail of Supermarkets	1306
食品、饮料及烟草制品专门零售	Retail of Food,Beverages and Tobaccos	270
粮油零售	Retail of Grain and Oil	4
糕点、面包零售	Bakery retail	21
果品、蔬菜零售	Retail of Fruits and Vegetables	26
肉、禽、蛋、奶及水产品零售	Meat, poultry, eggs, milk, and aquatic products retail	
酒、饮料及茶叶零售	Retail of Wine,Beverages and Tea	219

continued

(10 000yuan)

损益及分配 Profit and loss and distribution						
其他业务利润 Profits fromOther Businesses	销售费用 Selling Costs	管理费用 Management Costs	研发费用 Research and developmegnt costs	财务费用 Financial Costs	利息收入 Interest Income	利息支出 Interest Expense
1419	74624	37182	17	–1522	6513	4670
1952	57466	29512	561	13237	538	10048
	46470	871		839	–4	749
2955	98365	37710	9	5633	4495	7112
21	43391	9058	8	911	1055	1810
	21	62		2		
395	36784	20735	561	6008	1497	6545
527	102997	23578	17	–1923	5166	2930
2880	44866	34131		10474	1779	9344
–36	27593	8916	561	3516	90	2741
	3104	941		489	13	451
3216	168433	51269	578	11345	5894	13893
2334	100455	36400	578	7735	5302	12082
155	10128	16297		1210	1153	1574
12328	**185339**	**66118**		**20008**	**1546**	**10082**
1712	95655	24156		8862	275	4932
460	30052	9452		5724	123	4088
1251	65604	14704		3139	152	845
158	4810	2405		334	2	53
	178	93		–2	2	
	1101	52				1
22	2521	1563		319		53
	103	53				
136	908	645		16	–1	

9—5 续表28

单位:万元 (2020)

指　标	Item	营业税金及附加 Business Taxesand Other Charges
纺织、服装及日用品专门零售	Special Retail of Textiles,Garments and Daily Consumer Articles	39
服装零售	Retail of Garments	3
钟表、眼镜零售	Retail of watches and glasses	36
文化、体育用品及器材专门零售	Retail of Culture,Sports Appliances and Equipments	99
体育用品及器材零售	Retail of Sports Goods Appliances and Equipments	9
图书、报刊零售	Retail of Books, Newspapers and Magazines	4
珠宝首饰零售	Retail of Jewelery	84
工艺美术品及收藏品零售	Retail of Arts ,Crafts and Collections	
乐器零售	Retail of Musical instrument	1
其他文化用品零售	Retail of Other Culture Appliances	1
医药及医疗器材专门零售	Retail of Medical Supplies and Appliances	346
西药零售	Retail of Western Medicine	343
中药零售	Retail of Chinese medicine	4
汽车、摩托车、零配件和燃料及其他动力销售	Retail of Motor Vehicles,Motorcycles,Fuel and Parts	3917
汽车新车零售	Retail of New Car	3224
机动车燃油零售	Retail of Motor Vehicle Fuel	575
机动车燃气零售	Retail of Motor Vehicle Gas	118
家用电器及电子产品专门零售	Special Retailof Household Electric Appliances and Electronic Products	431
日用家电零售	Retail of Household Electric Appliances	383
计算机、软件及辅助设备零售	Retail of Computer,Software and Assistant Appliances	30
通信设备零售	Retail of Communication Equipments	18
五金、家具及室内装饰材料专门零售	Special Retail of Hardware,Furniture and Decoration Materials	7
家具零售	Retail of Furniture	7
货摊、无店铺及其他零售业	Retail of Non-shop and Other Retails	112
互联网零售	Internet retail	37
生活用燃料零售	Retail of Life Fuel	75

continued

(10 000yuan)

损益及分配 Profit and loss and distribution						
其他业务利润 Profits fromOther Businesses	销售费用 Selling Costs	管理费用 Management Costs	研发费用 Research and developmegnt costs	财务费用 Financial Costs	利息收入 Interest Income	利息支出 Interest Expense
	764	400		331		323
	349	83		324		323
	415	316		8		
242	2673	2972		973	2	428
	667	324		108		108
242	1612	1985		136	2	
	255	597		728		320
	112	42				
	28	24				
770	12399	3282		-25	306	134
770	12085	3073		-25	306	134
	314	209				
3752	41653	25185		9381	250	4081
3601	29293	19422		9006	282	3924
151	9856	4003		377	1	152
	2504	1760		-3	-32	4
5255	20396	6219		46	709	67
5254	19027	5018		-193	708	
	311	1077		209		38
1	1058	124		30		29
	187	111		17		18
	187	111		17		18
439	6804	1387		88	2	45
	6205	865		40		
439	599	522		47	2	45

9—5 续表29

单位:万元　　　　　　　　　　　　　　　　　　　　　　　　　　　　　　　　　　　　　　(2020)

指　标	Item	营业税金及附加 Business Taxesand Other Charges
按登记注册类型分	Grouped By Registration Type	
内资企业	Domestic Funded Enterprises	9871
国有企业	State-owned Enterprises	23
集体企业	Collective-owned Enterprises	13
有限责任公司	Limited Liability Corporations	3531
国有独资公司	State-owned Enterprises	79
其他有限责任公司	Other Limited Liability Corporations	3452
股份有限公司	Share-holding Corporations Ltd.	2860
私营企业	Private Enterprises	3443
私营独资企业	Sole Proprietorship	74
私营有限责任公司	Private Limited Liability Corporations	3360
私营股份有限公司	Private Equity Co. , Ltd.	9
港、澳、台商投资企业	Hong Kong, Macao and Taiwan Investment Enterprises	473
与港澳台商合资经营企业	With the Joint Venture Enterprises from Hong Kong, Macao and Taiwan	411
港澳台商独资企业	Hong Kong, Macao, Taiwan-Owned Enterprise	62
其他港澳台投资企业	Other Hong Kong, Macao and Taiwan Investment Enterprises	
外商投资企业	Foreign Funded Enterprises	28
中外合资经营企业	Sino-foreign Joint Venture Enterprises	28
按控股情况分	Grouped By Controlling Stake	
国有控股	State-owned	926
集体控股	Collective-owned	17
私人控股	Private	8144
港澳台商控股	Holding from Hong Kong, Macao and Taiwan	473
外商控股	Foreign	28
其他	Others	784
按经营形式分	Grouped By Business Form	
独立门店	Indipendent Store	8227
连锁总店	Distributor Chain	1962
其他	Others	183
按单位规模分	Grouped By Unit Scale	
大型	Large-scale	4673
中型	Medium-scale	4110
小型	Small-scale	1400
微型	Miniature	189
按零售业态分	Grouped By Retail Formats	
有店铺零售	Have a Retail Store	10235
便利店	Convenience store	18
超市	Supermarket	112
大型超市	Hypermarket	1303
百货店	Department Store	3850
专业店	Speciality Store	1936
专卖店	Franchised Store	3009
家居建材商店	Home Fureishing Materials Store	
购物中心	Shopping Mall	7
厂家直销中心	Center of Manufacturer Direct Deal	
无店铺零售	Non-store Retail	137
网上商店	Online store	37
其他	Others	100

continued

(10 000yuan)

损益及分配 Profit and loss and distribution						
其他业务利润 Profits fromOther Businesses	销售费用 Selling Costs	管理费用 Management Costs	研发费用 Research and developmegnt costs	财务费用 Financial Costs	利息收入 Interest Income	利息支出 Interest Expense
11642	179524	64663		19834	1560	9909
23	411	165		-7	7	
	195	182				
2827	88404	24679		4439	671	1864
666	2267	2540		184	4	45
2160	86137	22139		4256	667	1819
	22203	6348		5621	115	4124
8793	68312	33290		9781	767	3921
	324	256		146	22	
8793	67321	32710		9527	745	3812
	667	324		108		108
686	5248	1243		207	25	173
686	1850	617		59	5	35
	3398	626		149	20	138
	568	211		-33	-38	
	568	211		-33	-38	
823	5746	4016		327	30	141
17	268	256		1		
4741	147783	53876		19594	482	9437
686	5248	1243		207	25	173
	568	211		-33	-38	
6062	25727	6516		-88	1048	330
5824	89906	38376		16589	184	8873
6500	88330	25605		3222	1362	1151
4	7104	2137		196		58
7194	106127	26477		8174	1275	4998
4536	53352	26506		9022	211	4063
566	22992	11616		2736	58	968
32	2868	1519		75	1	52
12193	177402	63837		19920	1546	10043
	752	309		173		
134	2505	825		101	1	53
1196	64308	14289		3137	152	845
515	31347	9867		5725	123	4088
7700	47125	18721		3264	1046	1537
2648	31356	18971		7459	224	3461
	8	1		1		
		855		61		60
134	7938	2280		88		39
	6205	865		40		
134	1733	1416		48		39

9—5 续表30

单位:万元 （2020）

指 标	Item	投资收益 Investment Incomec
总 计	**Total**	**30963**
兴庆区	Xingqing	3102
西夏区	Xixia	-4175
金凤区	Jinfeng	31244
永宁县	Yongning	609
贺兰县	Helan	183
灵武市	Lingwu	
批发业	**Wholesale Trade**	**26198**
按批发行业小类分	**Grouped by Wholesale Industry Small Class**	
农、林、牧、渔产品批发	Wholesale of Agricultural, Forestry, Animal Husbandry Products	52
谷物、豆及薯类批发	Wholesale of Grain, Bean and Potatoes	285
畜牧渔业饲料批发	Animal husbandry and fishery feed wholesale	-233
牲畜批发	Wholesale of Livestock	
食品、饮料及烟草制品批发	Wholesale of Food,Beverages and Tobacoos	30506
米、面制品及食用油批发	Wholesale of Rice,Flour and Edible Oil	
肉、禽、蛋、奶及水产品批发	Wholesale of Meat and Aquatic Products	
盐及调味品批发	Wholesale of Salt and Condiments	49
酒、饮料及茶叶批发	Wholesale of Beverages and tea	
烟草制品批发	Wholesale of Tobacoos	30458
纺织、服装及家庭用品批发	Wholesale of Textiles,Garments and Daily Consummer Aticles	
纺织品、针织品及原料批发	Wholesale of textiles, knitwear and raw materials	
服装批发	Wholesale of Garments	
日用家电批发	Wholesale of Household Electrical Appliances	
文化、体育用品及器材批发	Wholesale of Cultural,Sports Goods Appliances and Equipments	
图书批发	Wholesale of Books	
首饰、工艺品及收藏品批发	Wholesale of jewelry, handicrafts and Collectibles	

continued

(10 000yuan)

损益及分配 Profit and loss and distribution			
营业利润 Business Profits	营业外收入 Revenue Excluding Business	营业外支出 Non-business Expenditure	利润总额 Total Profits
61122	**12679**	**5979**	**67824**
-17304	4321	2512	-15494
-9837	1078	697	-9455
80939	4220	827	84332
2872	156	56	2972
13672	2059	1666	14066
-9220	845	221	-8596
40223	**5336**	**3226**	**42335**
-130	53	5	-82
-170	44	3	-130
40	9	2	48
75931	367	518	75780
388	3		390
-102	277	3	171
345	68	95	318
-172		164	-336
75472	20	256	75237
338	5	3	340
-231			-231
569	5	3	571
1737	114	11	1839
1719	114	11	1821
17			17

9—5 续表31

单位:万元 （2020）

指 标	Item	损益及分配 Profit and loss and distribution 所得税费用 Tax Payable
总 计	**Total**	**21046**
兴庆区	Xingqing	111
西夏区	Xixia	1013
金凤区	Jinfeng	16379
永宁县	Yongning	373
贺兰县	Helan	2907
灵武市	Lingwu	262
批发业	**Wholesale Trade**	**15168**
按批发行业小类分	**Grouped by Wholesale Industry Small Class**	
农、林、牧、渔产品批发	Wholesale of Agricultural, Forestry, Animal Husbandry Products	1
谷物、豆及薯类批发	Wholesale of Grain, Bean and Potatoes	1
畜牧渔业饲料批发	Animal husbandry and fishery feed wholesale	
牲畜批发	Wholesale of Livestock	
食品、饮料及烟草制品批发	Wholesale of Food,Beverages and Tobacoos	11859
米、面制品及食用油批发	Wholesale of Rice,Flour and Edible Oil	
肉、禽、蛋、奶及水产品批发	Wholesale of Meat and Aquatic Products	
盐及调味品批发	Wholesale of Salt and Condiments	50
酒、饮料及茶叶批发	Wholesale of Beverages and tea	18
烟草制品批发	Wholesale of Tobacoos	11792
纺织、服装及家庭用品批发	Wholesale of Textiles,Garments and Daily Consummer Aticles	108
纺织品、针织品及原料批发	Wholesale of textiles, knitwear and raw materials	
服装批发	Wholesale of Garments	
日用家电批发	Wholesale of Household Electrical Appliances	108
文化、体育用品及器材批发	Wholesale of Cultural,Sports Goods Appliances and Equipments	1
图书批发	Wholesale of Books	
首饰、工艺品及收藏品批发	Wholesale of jewelry, handicrafts and Collectibles	1

continued

(10 000yuan)

人工成本及增值税 Labor cost and VAT		从事批发零售业活动的从业人员平均人数(人) Employees engaged in wholesale and retail activities Average number of people
应付职工薪酬 Benefits of Employee Payable	应交 增值税 Added Tax Payable	
157053	**74722**	**23179**
49795	31356	8029
16048	3558	2190
49439	25453	7310
6777	4544	832
30320	9290	3968
4673	520	850
75479	**55329**	**7553**
4465	2810	327
334	1660	68
4132	1150	259
17715	13706	914
144		48
214		43
2336	225	214
671	798	167
14351	12683	442
300	2023	79
	-215	22
	721	1
300	1517	56
2592	12	155
2502	12	123
90		32

9—5 续表32

单位:万元 (2020)

指　标	Item	投资收益 Investment Incomec
医药及医疗器材批发	Wholesale of Medicines and Medical Appliances	-166
西药批发	Wholesale of Western Medicine	-149
中药批发	Wholesale of Chinese Medicine	
医疗用品及器材批发	Wholesale of Medical Supplies and Equipment	-17
矿产品、建材及化工产品批发	Wholesale of Mineral Products, Building Materials and Chemical Products	-3502
煤炭及制品批发	Wholesale of Coal and Related Products	-372
石油及制品批发	Wholesale of Petroleum and Related Products	32
金属及金属矿批发	Wholesale of Metallic mineral Products	-3162
建材批发	Wholesale of building materials	
化肥批发	Wholesale of Chemical Fertilizer	
农药批发	Wholesale of Pesticide	
其他化工产品批发	Wholesale of Other Chemical Products	
机械设备、五金产品及电子产品批发	Wholesale of Mechanical Equipment, Hardware Products and Electronic Products	-691
农业机械批发	Wholesale of Agriculture Machinary	
汽车及零配件批发	Wholesale of MotorVehicles	-691
电气设备批发	Wholesale of Electrical Equipment	
其他机械设备及电子产品批发	Wholesale of Other Machinary and Electric Equipment	
其他批发业	Other Wholesale	
再生物资回收与批发	Recovery and Wholesale of Recycled Materials	
其他未列明批发业	Other Wholesale Unlisted	
按登记注册类型分	Grouped By Registration Type	
内资企业	Domestic Funded Enterprises	26198
国有企业	State-owned Enterprises	30506
有限责任公司	Limited Liability Corporations	-478
国有独资公司	State-owned Enterprises	-251
其他有限责任公司	Other Limited Liability Corporations	-227
股份有限公司	Share-holding Corporations Ltd.	-33
私营企业	Private Enterprises	-3797
私营独资企业	Sole Proprietorship	
私营有限责任公司	Private Limited Liability Corporations	-3797

continued

(10 000yuan)

损益及分配 Profit and loss and distribution			
营业利润 Business Profits	营业外收入 Revenue Excluding Business	营业外支出 Non-business Expenditure	利润总额 Total Profits
13389	452	311	13529
10784	434	251	10967
1	16	25	-8
2604	1	35	2570
-51072	3203	2051	-49921
-5125	119	99	-5105
-43296	1421	1841	-43716
-3072	1659	101	-1514
-31	4	6	-32
451		5	446
-436	1143	327	383
-595	1088	6	487
1435	37	319	1155
-1228	2		-1225
-48	16	2	-35
467	1		468
467	1		468
40223	5336	3226	42335
76330	99	351	76078
4270	226	270	4226
2112	143	13	2242
2158	83	257	1984
-37556	526	1697	-38728
-2821	4485	908	759
-418	1516	48	1051
-2404	2969	860	-292

9—5 续表33

单位:万元　　　　(2020)

指　标	Item	损益及分配 Profit and loss and distribution 所得税费用 Tax Payable
医药及医疗器材批发	Wholesale of Medicines and Medical Appliances	2444
西药批发	Wholesale of Western Medicine	2003
中药批发	Wholesale of Chinese Medicine	4
医疗用品及器材批发	Wholesale of Medical Supplies and Equipment	436
矿产品、建材及化工产品批发	Wholesale of Mineral Products, Building Materials and Chemical Products	177
煤炭及制品批发	Wholesale of Coal and Related Products	1151
石油及制品批发	Wholesale of Petroleum and Related Products	-1141
金属及金属矿批发	Wholesale of Metallic mineral Products	74
建材批发	Wholesale of building materials	7
化肥批发	Wholesale of Chemical Fertilizer	
农药批发	Wholesale of Pesticide	
其他化工产品批发	Wholesale of Other Chemical Products	85
机械设备、五金产品及电子产品批发	Wholesale of Mechanical Equipment, Hardware Products and Electronic Products	461
农业机械批发	Wholesale of Agriculture Machinary	47
汽车及零配件批发	Wholesale of MotorVehicles	414
电气设备批发	Wholesale of Electrical Equipment	
其他机械设备及电子产品批发	Wholesale of Other Machinary and Electric Equipment	
其他批发业	Other Wholesale	117
再生物资回收与批发	Recovery and Wholesale of Recycled Materials	117
其他未列明批发业	Other Wholesale Unlisted	
按登记注册类型分	Grouped By Registration Type	
内资企业	Domestic Funded Enterprises	15168
国有企业	State-owned Enterprises	11853
有限责任公司	Limited Liability Corporations	2205
国有独资公司	State-owned Enterprises	
其他有限责任公司	Other Limited Liability Corporations	2205
股份有限公司	Share-holding Corporations Ltd.	-989
私营企业	Private Enterprises	2099
私营独资企业	Sole Proprietorship	17
私营有限责任公司	Private Limited Liability Corporations	2082

continued

(10 000yuan)

人工成本及增值税 Labor cost and VAT		从事批发零售业活动的从业人员平均人数(人) Employees engaged in wholesale and retail activities Average number of people
应付职工薪酬 Benefits of Employee Payable	应交 增值税 Added Tax Payable	
9832	7328	1634
8279	6100	1465
577	145	64
977	1083	105
35943	28258	3878
2934	1011	332
30234	25549	3083
1807	1366	343
132	153	39
735		60
100	180	21
4188	1130	511
743	40	100
2812	958	333
500	69	42
133	63	36
443	63	55
443	63	55
75479	55329	7553
17570	12913	785
11122	6661	1267
3511	17	189
7611	6644	1078
26400	26029	2559
20387	9726	2942
248	347	29
20139	9379	2913

单位:万元 （2020）

指 标	Item	投资收益 Investment Incomec
按控股情况分	Grouped By Controlling Stake	
国有控股	State-owned	30318
私人控股	Private	-3797
其他	Others	-323
按经营形式分	Grouped By Business Form	
独立门店	Indipendent Stores	-4067
连锁总店	Distributor Chain	-83
连锁直营店	Chain store	
其他	Others	30348
按单位规模分	Grouped By Unit Scale	
大型	large-scale	-420
中型	Medium-scale	29900
小型	Small-scale	-42
微型	Miniature	-3240
按经营地分	By place of operation	
城镇	Town	-4259
其中:城区	Including: urban area	-4241
乡村	Rural	30458
零售业	**Retail Trade**	**4764**
按零售行业小类分	**Grouped by Retail Trade Industry Small Class**	
综合零售	Integrated Retail	2240
百货零售	Retail of General Merchandise	2199
超级市场零售	Retail of Supermarkets	42
食品、饮料及烟草制品专门零售	Retail of Food,Beverages and Tobaccos	
粮油零售	Retail of Grain and Oil	
糕点、面包零售	Bakery retail	
果品、蔬菜零售	Retail of Fruits and Vegetables	
肉、禽、蛋、奶及水产品零售	Meat, poultry, eggs, milk, and aquatic products retail	
酒、饮料及茶叶零售	Retail of Wine,Beverages and Tea	
纺织、服装及日用品专门零售	Special Retail of Textiles,Garments and Daily Consumer Articles	
服装零售	Retail of Garments	
钟表、眼镜零售	Retail of watches and glasses	

continued

(10 000yuan)

损益及分配 Profit and loss and distribution			
营业利润 Business Profits	营业外收入 Revenue Excluding Business	营业外支出 Non-business Expenditure	利润总额 Total Profits
48980	826	2273	47534
-356	4494	947	3194
-8402	16	7	-8393
16348	2452	1387	17416
-19686	362	1114	-20437
9			9
43552	2522	726	45348
11587	500	1889	10198
39433	3071	1137	41367
-4685	1757	179	-3105
-6112	9	21	-6124
161	5014	2879	2298
-5184	3507	2353	-4028
40062	323	348	40037
20899	**7342**	**2752**	**25489**
3236	2947	723	5459
-4933	744	574	-4763
8169	2203	150	10222
-58	1887	23	1805
-47	29		-19
17	6	3	20
-1151	1413	8	254
75	4		79
1049	435	13	1471
-438	6	1	-433
-629	6	1	-624
192			192

9—5 续表35

单位:万元 (2020)

指 标	Item	损益及分配 Profit and loss and distribution 所得税费用 Tax Payable
按控股情况分	Grouped By Controlling Stake	
国有控股	State-owned	12491
私人控股	Private	2668
其他	Others	8
按经营形式分	Grouped By Business Form	
独立门店	Indipendent Stores	9235
连锁总店	Distributor Chain	-1261
连锁直营店	Chain store	
其他	Others	7194
按单位规模分	Grouped By Unit Scale	
大型	large-scale	6247
中型	Medium-scale	7919
小型	Small-scale	965
微型	Miniature	36
按经营地分	By place of operation	
城镇	Town	9741
其中:城区	Including: urban area	8710
乡村	Rural	5426
零售业	**Retail Trade**	**5878**
按零售行业小类分	**Grouped by Retail Trade Industry Small Class**	
综合零售	Integrated Retail	797
百货零售	Retail of General Merchandise	-1112
超级市场零售	Retail of Supermarkets	1909
食品、饮料及烟草制品专门零售	Retail of Food,Beverages and Tobaccos	378
粮油零售	Retail of Grain and Oil	
糕点、面包零售	Bakery retail	10
果品、蔬菜零售	Retail of Fruits and Vegetables	29
肉、禽、蛋、奶及水产品零售	Meat, poultry, eggs, milk, and aquatic products retail	3
酒、饮料及茶叶零售	Retail of Wine,Beverages and Tea	337
纺织、服装及日用品专门零售	Special Retail of Textiles,Garments and Daily Consumer Articles	48
服装零售	Retail of Garments	
钟表、眼镜零售	Retail of watches and glasses	48

continued

(10 000yuan)

人工成本及增值税 Labor cost and VAT		从事批发零售业活动的从业人员平均人数(人) Employees engaged in wholesale and retail activities Average number of people
应付职工薪酬 Benefits of Employee Payable	应交 增值税 Added Tax Payable	
49486	43615	4105
21518	10492	3105
4476	1222	343
44388	21206	3779
18277	5247	1937
90		20
12725	28877	1817
37688	34713	3289
31744	14180	3187
5298	5670	926
750	766	151
66239	52123	6863
48716	44222	4886
9240	3206	690
81573	**19393**	**15626**
27442	1036	6134
10076	801	1565
17366	235	4569
2417	557	450
189	181	26
14	14	65
1054	84	263
39		9
1120	278	87
770	228	169
333	19	86
437	209	83

单位:万元 (2020)

指 标	Item	投资收益 Investment Incomec
文化、体育用品及器材专门零售	Retail of Culture,Sports Appliances and Equipments	4
体育用品及器材零售	Retail of Sports Goods Appliances and Equipments	-20
图书、报刊零售	Retail of Books, Newspapers and Magazines	
珠宝首饰零售	Retail of Jewelery	24
工艺美术品及收藏品零售	Retail of Arts ,Crafts and Collections	
乐器零售	Retail of Musical instrument	
其他文化用品零售	Retail of Other Culture Appliances	
医药及医疗器材专门零售	Retail of Medical Supplies and Appliances	
西药零售	Retail of Western Medicine	
中药零售	Retail of Chinese medicine	
汽车、摩托车、零配件和燃料及其他动力销售	Retail of Motor Vehicles,Motorcycles,Fuel and Parts	2204
汽车新车零售	Retail of New Car	2204
机动车燃油零售	Retail of Motor Vehicle Fuel	
机动车燃气零售	Retail of Motor Vehicle Gas	
家用电器及电子产品专门零售	Special Retailof Household Electric Appliances and Electronic Products	
日用家电零售	Retail of Household Electric Appliances	
计算机、软件及辅助设备零售	Retail of Computer,Software and Assistant Appliances	
通信设备零售	Retail of Communication Equipments	
五金、家具及室内装饰材料专门零售	Special Retail of Hardware,Furniture and Decoration Materials	
家具零售	Retail of Furniture	
货摊、无店铺及其他零售业	Retail of Non-shop and Other Retails	317
互联网零售	Internet retail	
生活用燃料零售	Retail of Life Fuel	317

continued

(10 000yuan)

损益及分配 Profit and loss and distribution			
营业利润 Business Profits	营业外收入 Revenue Excluding Business	营业外支出 Non-business Expenditure	利润总额 Total Profits
-2343	207	51	-2187
-817	14	45	-848
-1006	168	5	-843
-556	24	2	-534
19			19
18			18
2249	196	102	2343
2276	196	102	2370
-27			-27
20122	1498	1611	20009
17637	1305	1523	17419
146	156	78	224
2339	37	10	2366
-757	326	208	-640
-345	311	205	-238
8	4	2	10
-421	11	2	-412
-255	29	9	-235
-255	29	9	-235
-856	248	24	-632
-866	130	21	-758
10	118	2	126

9—5 续表37

单位:万元 （2020）

指　标	Item	损益及分配 Profit and loss and distribution
		所得税费用 Tax Payable
文化、体育用品及器材专门零售	Retail of Culture,Sports Appliances and Equipments	1
体育用品及器材零售	Retail of Sports Goods Appliances and Equipments	
图书、报刊零售	Retail of Books, Newspapers and Magazines	
珠宝首饰零售	Retail of Jewelery	
工艺美术品及收藏品零售	Retail of Arts ,Crafts and Collections	
乐器零售	Retail of Musical instrument	1
其他文化用品零售	Retail of Other Culture Appliances	
医药及医疗器材专门零售	Retail of Medical Supplies and Appliances	511
西药零售	Retail of Western Medicine	511
中药零售	Retail of Chinese medicine	
汽车、摩托车、零配件和燃料及其他动力销售	Retail of Motor Vehicles,Motorcycles,Fuel and Parts	3840
汽车新车零售	Retail of New Car	3074
机动车燃油零售	Retail of Motor Vehicle Fuel	346
机动车燃气零售	Retail of Motor Vehicle Gas	421
家用电器及电子产品专门零售	Special Retailof Household Electric Appliances and Electronic Products	302
日用家电零售	Retail of Household Electric Appliances	296
计算机、软件及辅助设备零售	Retail of Computer,Software and Assistant Appliances	7
通信设备零售	Retail of Communication Equipments	
五金、家具及室内装饰材料专门零售	Special Retail of Hardware,Furniture and Decoration Materials	
家具零售	Retail of Furniture	
货摊、无店铺及其他零售业	Retail of Non-shop and Other Retails	
互联网零售	Internet retail	1
生活用燃料零售	Retail of Life Fuel	

continued

(10 000yuan)

人工成本及增值税 Labor cost and VAT		从事批发零售业活动的从业人员平均人数(人) Employees engaged in wholesale and retail activities Average number of people
应付职工薪酬 Benefits of Employee Payable	应交 增值税 Added Tax Payable	
843	66	347
335	18	66
53	7	193
360	35	68
63	6	10
32		10
7198	1646	1525
6825	1616	1410
373	30	115
33432	12925	5198
27322	10321	3982
4477	1980	910
1634	625	306
6790	2602	1407
5325	2308	1072
718	147	112
748	147	223
202	42	35
202	42	35
2479	291	361
927	170	186
1552	122	175

9—5 续表38

单位:万元　　　　　　　　　　　　　　　　　　　　　　　　　　　　　　　　　　　　(2020)

指　标	Item	投资收益 Investment Incomec
按登记注册类型分	Grouped By Registration Type	
内资企业	Domestic Funded Enterprises	4764
国有企业	State-owned Enterprises	
集体企业	Collective-owned Enterprises	
有限责任公司	Limited Liability Corporations	1159
国有独资公司	State-owned Enterprises	317
其他有限责任公司	Other Limited Liability Corporations	842
股份有限公司	Share-holding Corporations Ltd.	2199
私营企业	Private Enterprises	1407
私营独资企业	Sole Proprietorship	
私营有限责任公司	Private Limited Liability Corporations	1427
私营股份有限公司	Private Equity Co. , Ltd.	-20
港、澳、台商投资企业	Hong Kong, Macao and Taiwan Investment Enterprises	
与港澳台商合资经营企业	With the Joint Venture Enterprises from Hong Kong, Macao and Taiwan	
港澳台商独资企业	Hong Kong, Macao, Taiwan-Owned Enterprise	
其他港澳台投资企业	Other Hong Kong, Macao and Taiwan Investment Enterprises	
外商投资企业	Foreign Funded Enterprises	
中外合资经营企业	Sino-foreign Joint Venture Enterprises	
按控股情况分	Grouped By Controlling Stake	
国有控股	State-owned	317
集体控股	Collective-owned	
私人控股	Private	3648
港澳台商控股	Holding from Hong Kong, Macao and Taiwan	
外商控股	Foreign	
其他	Others	800
按经营形式分	Grouped By Business Form	
独立门店	Indipendent Store	4743
连锁总店	Distributor Chain	22
其他	Others	
按单位规模分	Grouped By Unit Scale	
大型	Large-scale	2240
中型	Medium-scale	2512
小型	Small-scale	12
微型	Miniature	
按零售业态分	Grouped By Retail Formats	
有店铺零售	Have a Retail Store	4764
便利店	Convenience store	
超市	Supermarket	
大型超市	Hypermarket	42
百货店	Department Store	2199
专业店	Speciality Store	1817
专卖店	Franchised Store	707
家居建材商店	Home Fureishing Materials Store	
购物中心	Shopping Mall	
厂家直销中心	Center of Manufacturer Direct Deal	
无店铺零售	Non-store Retail	
网上商店	Online store	
其他	Others	

continued

(10 000yuan)

损益及分配 Profit and loss and distribution			
营业利润 Business Profits	营业外收入 Revenue Excluding Business	营业外支出 Non-business Expenditure	利润总额 Total Profits
18837	7254	2697	23394
544		-2	545
475			475
10319	3087	384	13022
-1162	315	7	-853
11481	2772	377	13876
-2455	462	527	-2520
9954	3706	1788	11872
168	3		171
10603	3689	1743	12549
-817	14	45	-848
1684	85	54	1715
1081	4	7	1078
603	81	47	637
378	3	2	380
378	3	2	380
-442	474	20	12
484	2	2	483
15131	6468	2434	19164
1684	85	54	1715
378	3	2	380
3664	311	241	3734
9790	4133	2104	11818
11641	2689	618	13713
-532	520	30	-42
8111	2713	931	9893
15938	2037	1474	16500
-2805	2308	255	-752
-344	284	92	-152
22499	7114	2727	26885
-46	4	1	-44
776	137	10	903
8447	2058	149	10355
-5211	889	574	-4896
8374	1333	594	9113
10100	2694	1399	11394
-2			-2
61			61
-1599	229	25	-1396
-866	130	21	-758
-733	99	4	-639

9—5 续表39

单位:万元 (2020)

指 标	Item	损益及分配 Profit and loss and distribution 所得税费用 Tax Payable
按登记注册类型分	Grouped By Registration Type	
内资企业	Domestic Funded Enterprises	5297
国有企业	State-owned Enterprises	107
集体企业	Collective-owned Enterprises	119
有限责任公司	Limited Liability Corporations	2838
国有独资公司	State-owned Enterprises	
其他有限责任公司	Other Limited Liability Corporations	2838
股份有限公司	Share-holding Corporations Ltd.	-1263
私营企业	Private Enterprises	3496
私营独资企业	Sole Proprietorship	27
私营有限责任公司	Private Limited Liability Corporations	3469
私营股份有限公司	Private Equity Co. , Ltd.	
港、澳、台商投资企业	Hong Kong, Macao and Taiwan Investment Enterprises	466
与港澳台商合资经营企业	With the Joint Venture Enterprises from Hong Kong, Macao and Taiwan	271
港澳台商独资企业	Hong Kong, Macao, Taiwan-Owned Enterprise	196
其他港澳台投资企业	Other Hong Kong, Macao and Taiwan Investment Enterprises	
外商投资企业	Foreign Funded Enterprises	115
中外合资经营企业	Sino-foreign Joint Venture Enterprises	115
按控股情况分	Grouped By Controlling Stake	
国有控股	State-owned	433
集体控股	Collective-owned	119
私人控股	Private	4064
港澳台商控股	Holding from Hong Kong, Macao and Taiwan	466
外商控股	Foreign	115
其他	Others	682
按经营形式分	Grouped By Business Form	
独立门店	Indipendent Store	3279
连锁总店	Distributor Chain	2495
其他	Others	104
按单位规模分	Grouped By Unit Scale	
大型	Large-scale	959
中型	Medium-scale	3973
小型	Small-scale	788
微型	Miniature	158
按零售业态分	Grouped By Retail Formats	
有店铺零售	Have a Retail Store	5866
便利店	Convenience store	
超市	Supermarket	301
大型超市	Hypermarket	1909
百货店	Department Store	-1112
专业店	Speciality Store	2118
专卖店	Franchised Store	2650
家居建材商店	Home Fureishing Materials Store	
购物中心	Shopping Mall	
厂家直销中心	Center of Manufacturer Direct Deal	
无店铺零售	Non-store Retail	12
网上商店	Online store	1
其他	Others	12

continued

(10 000yuan)

人工成本及增值税 Labor cost and VAT		从事批发零售业活动的从业人员平均人数(人) Employees engaged in wholesale and retail activities Average number of people
应付职工薪酬 Benefits of Employee Payable	应交 增值税 Added Tax Payable	
79420	18413	15129
317	41	39
108	110	17
33372	5920	7003
1751	310	386
31621	5610	6617
7832	43	1212
37791	12299	6858
441	90	61
37015	12191	6731
335	18	66
1666	892	414
1187	490	98
479	402	316
487	88	83
487	88	83
4511	1960	665
192	128	39
65035	12207	12596
1666	892	414
487	88	83
9683	4118	1829
51460	14474	8331
27736	3948	6899
2377	971	396
32296	3576	7010
36479	10511	6491
12372	4901	1945
426	405	180
79803	19136	15249
298	153	47
1463	209	252
16567	207	4333
10875	829	1801
22144	8921	4406
28155	8792	4343
		13
301	25	54
1770	257	377
927	170	186
844	87	191

9—6 限额以上批发和零售业连锁经营情况

单位:万元 （2020）

指 标	Item	连锁总店数(个) Number of Chain Stores (unit)
总 计	**Total**	**26**
按登记注册类型分	**Grouped By Registration Type**	
内资企业	Domestic Funded Enterprises	26
国有企业	State-owned Enterprises	3
有限责任公司	Limited Liability Corporations	10
国有独资公司	Wholly state-owned Company	1
其他有限责任公司	Other Limited Liability Corporations	9
股份有限公司	Share-holding Corporations Ltd.	4
私营企业	Private Enterprises	9
私营有限责任公司	Limited Liability Corporations	8
私营股份有限公司	Private Share-holding Corporations Ltd.	1
按行业分	**Grouped By Sector**	
批发业	Wholesale Trade	8
食品、饮料及烟草制品批发	Wholesale of food, beverage and tobacco products	2
文化、体育用品及器材批发	Wholesale of Culture, Sports Goods and Equipment	1
医药及医疗器材批发	Wholesale of medicine and medical equipment	2
矿产品、建材及化工产品批发	Wholesale of Mineral Products, Building Materialsand Chemical Products	3
零售业	Retail Trade	18
综合零售	Integrated Retail	6
食品、饮料及烟草制品专门零售	Food, Beverages and Tobacco Products Sold Exclusively	
纺织、服装及日用品专门零售	Textile, clothing and daily necessities retail	1
文化、体育用品及器材专门零售	Retail of Culture,Sports Appliances and Equipments	1
医药及医疗器材专门零售	Retail of Medicines and Medical Appliances	7
汽车、摩托车、燃料及零配件专门零售	Automobile, motorcycle, fuel and spare parts retail	1
家用电器及电子产品专门零售	Special Retail ofHousehold Electric Appliances and Electronic Products	2
按业态分	**Grouped By Retail Formats**	
超市	Supermarket	5
百货店	Department Stores	1
专业店	Speciality Store	16
其中:加油站	Gas Station	3
专卖店	Store	3
其他	Others	1

Chain Operations Statistics of Wholesale and Retail by Enterprises above Designated Size

(10 000 yuan)

商品购进总额 Total Purchase	统一配送 Unified Distribution	商品销售总额 Total Sales of Commodities	零售额 Retail Sales
1837443	**1109006**	**1938226**	**1317586**
1837443	1109006	1938226	1317586
264297	264297	351505	9817
623032	180299	679951	663932
3136	3136	2233	313
619896	177163	677718	663620
885347	605769	829420	583402
64768	58641	77350	60434
48488	42361	59960	59960
16281	16281	17391	475
977010	865698	1006995	417369
254005	254005	341688	
3136	3136	2233	313
2788	2788	3081	3081
717082	605769	659993	413975
860433	243308	931232	900217
638237	27570	654582	654582
3100	2012	3476	3476
10291	10291	9817	9817
67207	66875	77688	60772
20921	20921	57399	57399
120677	115639	128270	114172
469972	27570	485155	485155
168265		169427	169427
921181	804498	881082	602129
717082	605769	659993	413975
27125	26036	63889	60875
250902	250902	338674	

9—7 限额以上住宿和餐饮业法人企业经营情况

单位:万元 （2020）

指　标	Item	法人企业数(个) Number of Corporate Unit (unit)
总　计	**Total**	**57**
住宿业	**Hotels**	**33**
按住宿业行业小类分	**Grouped by Hotels Industry Small Class**	
旅游饭店	Turist Hotel	25
旅游饭店	Turist Hotel	25
一般旅馆	General Hotel	8
经济型连锁酒店	Economy chain hotel	2
其他一般旅馆	Other General Hotel	6
按登记注册类型分	Grouped By Registration Type	
内资企业	Domestic Funded Enterprises	33
国有企业	State-owned Enterprises	2
有限责任公司	Limited Liability Corporations	11
国有独资公司	State-owned Enterprises	2
其他有限责任公司	Other Limited Liability Corporations	9
私营企业	Private Enterprises	20
私营有限责任公司	Private Limited Liability Corporations	19
私营股份有限公司	Private Share Holding Limited Companies	1
按控股情况分	Grouped By Controlling Stake	
国有控股	State-owned	6
集体控股	Collective-owned	1
私人控股	Private	25
其他	Others	1
按经营形式分	Grouped By Business Form	
独立门店	Indipendent Stores	30
其他	Others	3
按单位规模分	Grouped By Unit Scale	
中型	Medium-scale	4
小型	Small-scale	21
微型	Miniature	8
按星级分	Grouped By Star Grade	
四星	Four	12
三星	Three	7
一星	One	1
其他	Others	13
按经营地分	By place of operation	
城镇	Town	32
其中:城区	Including: urban area	27
乡村	Rural	1

Bussiness of Hotels and Catering Servies by Enterprises above Designated Size

(10 000 yuan)

从业人员(人) Number of Employees at Year-end(Person)	营业额 Business Revenue	客房收入 From Hotel Rooms	通过公共网络实现的客房收入 Hotel Rooms Revenue from Public Network	通过非自营平台实现的客房收入 Hotel Rooms Revenue from Non-proprietary Platform	餐费收入 From Meals
4418	**69868**	**23427**	**2266**	**985**	**34071**
2521	**39464**	**19129**	**1631**	**656**	**15334**
2102	34142	16414	1327	656	13445
2102	34142	16414	1327	656	13445
419	5322	2716	305		1889
64	922	902			
355	4400	1814	305		1889
2521	39464	19129	1631	656	15334
471	6657	2578	120		1932
964	16887	7929	731	324	6512
302	5906	3816			1433
662	10981	4113	731	324	5079
1086	15921	8622	781	332	6890
984	15128	8099	760	332	6621
102	793	523	21		269
773	13131	6562	130		3546
57	335	75	6		
1423	20403	10730	1323	656	8640
268	5596	1762	172		3148
2008	30291	16216	1452	656	9838
513	9173	2913	180		5496
1169	19663	8771	172		8008
1289	16540	8927	1389	656	6099
63	3261	1431	71		1227
874	13510	7093	192	26	4950
226	3353	1338	59		1508
19	649	649	343	306	
1402	21953	10050	1037	324	8876
2502	39276	19019	1631	656	15262
2020	33073	15633	1379	656	12476
19	188	110			72

9—7 续表1

单位:万元 (2020)

指 标	Item	法人企业数(个) Number of Corporate Unit (unit)
餐饮业	**Catering Servies**	**24**
按餐饮业行业小类分	**Grouped by Catering Industry Small Class**	
正餐服务	Dinner Service	23
正餐服务	Dinner Service	23
餐饮配送及外卖送餐服务	Catering delivery and take out service	1
外卖送餐服务	Take out service	1
按登记注册类型分	Grouped By Registration Type	
内资企业	Domestic Funded Enterprises	24
有限责任公司	Limited Liability Corporations	3
国有独资公司	State-owned Enterprises	
其他有限责任公司	Other Limited Liability Corporations	3
股份有限公司	Share-holding Corporations Ltd.	
私营企业	Private Enterprises	21
私营有限责任公司	Private Limited Liability Corporations	20
私营股份有限公司	Private Share-holding Corporations Ltd.	1
按控股情况分	Grouped By Controlling Stake	
国有控股	State-owned	2
私人控股	Private	22
按经营形式分	Grouped By Business Form	
独立门店	Indipendent Stores	23
其他	Others	1
按单位规模分	Grouped By Unit Scale	
中型	Medium-scale	4
小型	Small-scale	17
微型	Miniature	3
按经营地分	By place of operation	
城镇	Town	24
其中:城区	Including: urban area	21
乡村	Rural	
住宿业按地区分组	**Accommodation Industry Grouped by Region**	**33**
银川市	Yinchuan	33
兴庆区	Xingqing	15
西夏区	Xixia	2
金凤区	Jinfeng	11
永宁县	Yongning	
贺兰县	Helan	2
灵武市	Lingwu	3
餐饮业按地区分组	**Catering Industry Grouped by Region**	**24**
银川市	Yinchuan	24
兴庆区	Xingqing	10
西夏区	Xixia	2
金凤区	Jinfeng	8
永宁县	Yongning	
贺兰县	Helan	3
灵武市	Lingwu	1

continued

(10 000 yuan)

从业人员(人) Number of Employees at Year-end(Person)	营业额 Business Revenue	客房收入 From Hotel Rooms	通过公共网络实现的客房收入 Hotel Rooms Revenue from Public Network	通过非自营平台实现的客房收入 Hotel Rooms Revenue from Non-proprietary Platform	餐费收入 From Meals
1897	**30404**	**4298**	**635**	**329**	**18737**
1617	23814	4298	635	329	18737
1617	23814	4298	635	329	18737
280	6590				
280	6590				
1897	30404	4298	635	329	18737
356	4790	1711	306		2696
356	4790	1711	306		2696
1541	25615	2587	329	329	16041
1469	25142	2587	329	329	15568
72	473				473
270	3827	1235	306		2221
1627	26578	3063	329	329	16516
1617	23814	4298	635	329	18737
280	6590				
799	15229	2111	483	178	6346
1098	15086	2176	151	151	12314
	89	11			78
1897	30404	4298	635	329	18737
1707	27536	3862	635	329	16455
2521	**39464**	**19129**	**1631**	**656**	**15334**
2521	39464	19129	1631	656	15334
1160	20038	9577	748	350	8329
29	412	334			72
1113	16525	7560	834	306	6114
131	1015	667	49		342
88	1475	991			477
1897	**30404**	**4298**	**635**	**329**	**18737**
1897	30404	4298	635	329	18737
881	12896	1648	457	151	10817
369	7741	426			539
435	6559	1788	178	178	4759
190	2868	436			2282
22	340				340

9—7 续表2

单位:万元 (2020)

指　标	Item	通过公共网络实现的餐费收入 Meal Revenue from Public Network
总　计	**Total**	**1322**
住宿业	**Hotels**	**304**
按住宿业行业小类分	**Grouped by Hotels Industry Small Class**	
旅游饭店	Turist Hotel	218
旅游饭店	Turist Hotel	218
一般旅馆	General Hotel	86
经济型连锁酒店	Economy chain hotel	
其他一般旅馆	Other General Hotel	86
按登记注册类型分	Grouped By Registration Type	
内资企业	Domestic Funded Enterprises	304
国有企业	State-owned Enterprises	
有限责任公司	Limited Liability Corporations	254
国有独资公司	State-owned Enterprises	72
其他有限责任公司	Other Limited Liability Corporations	182
私营企业	Private Enterprises	50
私营有限责任公司	Private Limited Liability Corporations	50
私营股份有限公司	Private Share Holding Limited Companies	
按控股情况分	Grouped By Controlling Stake	
国有控股	State-owned	72
集体控股	Collective-owned	
私人控股	Private	168
其他	Others	63
按经营形式分	Grouped By Business Form	
独立门店	Indipendent Stores	241
其他	Others	63
按单位规模分	Grouped By Unit Scale	
中型	Medium-scale	63
小型	Small-scale	213
微型	Miniature	27
按星级分	Grouped By Star Grade	
四星	Four	95
三星	Three	2
一星	One	
其他	Others	206
按经营地分	By place of operation	
城镇	Town	232
其中:城区	Including: urban area	232
乡村	Rural	72

continued

(10 000 yuan)

通过非自营平台实现的餐费收入 Meal Rooms Revenue from Non-proprietary Platform	商品销售额收入 From Commo ditie	其他收入 From Other Income	外卖送餐服务收入 take out service ncome	客房数(间) Number of Rooms (room)	床位数(个) Number of Beds(unit)	餐位数(位) Number of Dining-seats (person)	年末餐饮营业面积(平方米) Operating Area of Catering Servies at Year-end(sq.m)
37	**1052**	**11319**	**6592**	**5032**	**7932**	**22210**	**166426**
37	**863**	**4139**	**2**	**4024**	**6308**	**10027**	**104789**
37	684	3599	2	3280	5133	8175	81377
37	684	3599	2	3280	5133	8175	81377
	178	540		744	1175	1852	23412
		20		178	255		8758
	178	519		566	920	1852	14654
37	863	4139	2	4024	6308	10027	104789
	105	2043		613	810	1488	12564
33	701	1745		1266	2012	3114	30294
	478	179		292	525	818	4400
33	222	1567		974	1487	2296	25894
4	57	351	2	2145	3486	5425	61931
4	57	351	2	1939	3086	4838	60231
				206	400	587	1700
	628	2395		905	1335	2306	16964
		260		121	180		
37	235	798	2	2650	4231	7115	72825
		686		348	562	606	15000
37	848	3390	2	3406	5312	8422	76058
	15	749		618	996	1605	28731
	493	2391		1333	1972	3261	41958
37	316	1198		2537	4106	6666	60831
	54	550	2	154	230	100	2000
4	592	875		1280	2207	3927	27737
	171	336		524	944	2137	8015
				96	137		8171
33	100	2927	2	2124	3020	3963	60866
37	863	4133	2	3965	6172	9777	103889
37	845	4119	2	3129	4821	7144	85298
		6		59	136	250	900

9—7 续表3

单位:万元 (2020)

指　标	Item	通过公共网络实现的餐费收入 Meal Revenue from Public Network
餐饮业	**Catering Servies**	**1019**
按餐饮业行业小类分	**Grouped by Catering Industry Small Class**	
正餐服务	Dinner Service	1019
正餐服务	Dinner Service	1019
餐饮配送及外卖送餐服务	Catering delivery and take out service	
外卖送餐服务	Take out service	
按登记注册类型分	Grouped By Registration Type	
内资企业	Domestic Funded Enterprises	1019
有限责任公司	Limited Liability Corporations	260
国有独资公司	State-owned Enterprises	
其他有限责任公司	Other Limited Liability Corporations	260
股份有限公司	Share-holding Corporations Ltd.	
私营企业	Private Enterprises	759
私营有限责任公司	Private Limited Liability Corporations	759
私营股份有限公司	Private Share-holding Corporations Ltd.	
按控股情况分	Grouped By Controlling Stake	
国有控股	State-owned	260
私人控股	Private	759
按经营形式分	Grouped By Business Form	
独立门店	Indipendent Stores	1019
其他	Others	
按单位规模分	Grouped By Unit Scale	
中型	Medium-scale	260
小型	Small-scale	759
微型	Miniature	
按经营地分	By place of operation	
城镇	Town	1019
其中:城区	Including: urban area	1019
乡村	Rural	
住宿业按地区分组	**Accommodation Industry Grouped by Region**	**304**
银川市	Yinchuan	304
兴庆区	Xingqing	65
西夏区	Xixia	72
金凤区	Jinfeng	167
永宁县	Yongning	
贺兰县	Helan	
灵武市	Lingwu	
餐饮业按地区分组	**Catering Industry Grouped by Region**	**1019**
银川市	Yinchuan	1019
兴庆区	Xingqing	1019
西夏区	Xixia	
金凤区	Jinfeng	
永宁县	Yongning	
贺兰县	Helan	
灵武市	Lingwu	

continued

(10 000 yuan)

通过非自营平台实现的餐费收入 Meal Rooms Revenue from Non-proprietary Platform	商品销售额收入 From Commo ditie	其他收入 From Other Income	外卖送餐服务收入 take out service ncome	客房数(间) Number of Rooms (room)	床位数(个) Number of Beds(unit)	餐位数(位) Number of Dining-seats (person)	年末餐饮营业面积(平方米) Operating Area of Catering Servies at Year-end(sq.m)
	190	**7180**	**6590**	**1008**	**1624**	**12183**	**61637**
	190	590		1008	1624	12183	61637
	190	590		1008	1624	12183	61637
		6590	6590				
		6590	6590				
	190	7180	6590	1008	1624	12183	61637
	4	378		410	683	2584	1900
	4	378		410	683	2584	1900
	185	6802	6590	598	941	9599	59737
	185	6802	6590	598	941	9131	58137
						468	1600
	4	366		289	513	2064	1700
	185	6814	6590	719	1111	10119	59937
	190	590		1008	1624	12183	61637
		6590	6590				
		6772	6590	328	533	2780	24500
	189	407		680	1091	9388	35737
	1					15	1400
	190	7180	6590	1008	1624	12183	61637
	145	7075	6590	771	1269	9103	55397
37	**863**	**4139**	**2**	**4024**	**6308**	**10027**	**104789**
37	863	4139	2	4024	6308	10027	104789
37	676	1456	2	1632	2600	4439	34018
		6		109	208	250	900
	178	2673		1747	2556	3704	65010
	4	2		263	496	1454	2610
	5	2		273	448	180	2251
	190	**7180**	**6590**	**1008**	**1624**	**12183**	**61637**
	190	7180	6590	1008	1624	12183	61637
	140	291		381	627	5062	24039
	4	6773	6590	115	226	864	1200
	1	12		275	416	2937	29298
	45	104		237	355	3080	6240
						240	860

9—8 限额以上住宿和餐饮业法人企业主要财务状况

单位:万元 （2020）

指 标	Item	法人企业数（个）Number of Corporate(unit)	执行《2006年企业会计准则》企业数(个) Number of Enterprises Implementing The Accounting Standards for Business Enterprises 2006
总 计	**Total**	**57**	**32**
住宿业	**Hotels**	**33**	**18**
按住宿业行业小类分	**Grouped by Hotels Industry Small Class**		
旅游饭店	Turist Hotel	25	15
旅游饭店	Turist Hotel	25	15
一般旅馆	General Hotel	8	3
经济型连锁酒店	Economy chain hotel	2	1
其他一般旅馆	Other General Hotel	6	2
按登记注册类型分	Grouped By Registration Type		
内资企业	Domestic Funded Enterprises	33	18
国有企业	State-owned Enterprises	2	2
有限责任公司	Limited Liability Corporations	11	5
国有独资公司	State-owned Enterprises	2	1
其他有限责任公司	Other Limited Liability Corporations	9	4
私营企业	Private Enterprises	20	11
私营有限责任公司	Private Limited Liability Corporations	19	10
私营股份有限公司	Private Share Holding Limited Companies	1	1
按控股情况分	Grouped By Controlling Stake		
国有控股	State-owned	6	5
集体控股	Collective-owned	1	1
私人控股	Private	25	12
其他	Others	1	
按经营形式分	Grouped By Business Form		
独立门店	Indipendent Stores	30	16
其他	Others	3	2
按单位规模分	Grouped By Unit Scale		
中型	Medium-scale	4	3
小型	Small-scale	21	9
微型	Miniature	8	6
按星级分	Grouped By Star Grade		
四星	Four	12	7
三星	Three	7	6
一星	One	1	
其他	Others	13	5
按经营地分	By place of operation		
城镇	Town	32	18
城区	Including: urban area	27	15
乡村	Rural	1	

Financial Indicators of Hotels and Catering Servies by Enterprises above Designed Size

(10 000 yuan)

年初存货 Invertory at Begining of Year	期末资产负债 Ending assets and Liabilities		
	流动资产合计 Total Working Capitals	应收账款 Accounts Receivable	存货 Stock
3974	**86998**	**5987**	**3431**
3381	**62997**	**3962**	**2888**
3129	57520	3029	2694
3129	57520	3029	2694
252	5477	933	195
60	789	57	26
192	4687	876	168
3381	62997	3962	2888
745	5878	192	704
626	15380	2221	518
212	1344	910	117
415	14036	1311	402
2009	41740	1549	1666
1968	41637	1800	1624
41	103	-251	42
1152	9673	1102	996
5	52	2	3
2216	49593	2059	1881
8	3680	799	8
3119	56572	3054	2625
262	6425	908	264
931	9883	1782	806
1559	27922	1667	1383
891	25193	513	699
2053	40451	1561	1776
201	5279	291	109
5	208	22	7
1121	17059	2088	998
3369	62533	3788	2888
3202	60101	3669	2740
11	465	175	

9—8 续表1

单位:万元 (2020)

指 标	Item	固定资产原价 Original Value of Fixed Assets
总 计	**Total**	**253067**
住宿业	**Hotels**	**195829**
按住宿业行业小类分	**Grouped by Hotels Industry Small Class**	
旅游饭店	Turist Hotel	188369
旅游饭店	Turist Hotel	188369
一般旅馆	General Hotel	7461
经济型连锁酒店	Economy chain hotel	111
其他一般旅馆	Other General Hotel	7350
按登记注册类型分	Grouped By Registration Type	
内资企业	Domestic Funded Enterprises	195829
国有企业	State-owned Enterprises	112486
有限责任公司	Limited Liability Corporations	30898
国有独资公司	State-owned Enterprises	8567
其他有限责任公司	Other Limited Liability Corporations	22331
私营企业	Private Enterprises	52446
私营有限责任公司	Private Limited Liability Corporations	45334
私营股份有限公司	Private Share Holding Limited Companies	7112
按控股情况分	Grouped By Controlling Stake	
国有控股	State-owned	138894
集体控股	Collective-owned	1184
私人控股	Private	55225
其他	Others	526
按经营形式分	Grouped By Business Form	
独立门店	Indipendent Stores	176374
其他	Others	19455
按单位规模分	Grouped By Unit Scale	
中型	Medium-scale	114242
小型	Small-scale	44081
微型	Miniature	37506
按星级分	Grouped By Star Grade	
四星	Four	68161
三星	Three	7730
一星	One	44
其他	Others	119894
按经营地分	By place of operation	
城镇	Town	190415
其中:城区	Including: urban area	180615
乡村	Rural	5415

continued

（10 000 yuan）

期末资产负债 Ending assets and Liabilities			
房屋和构筑物 Houses and structures	机器设备 Machinery equipment	累计折旧 Accumulated Depreciation	本年折旧 Depreciation this year
172876	**21063**	**104647**	**14460**
128686	**10614**	**80924**	**7410**
124060	8058	75592	6867
124060	8058	75592	6867
4626	2556	5332	543
	59	5	5
4626	2497	5327	538
128686	10614	80924	7410
97068	2383	34822	4002
9747	2838	16401	1549
7538	776	3457	249
2210	2062	12944	1300
21870	5393	29701	1859
15772	4379	28968	1806
6098	1014	733	52
104606	3159	49152	4790
933	85	454	
22620	7370	31212	2515
526		106	106
127656	9752	69088	6753
1029	862	11836	657
97581	3569	36248	4180
30072	6960	21710	2325
1032	85	22966	905
26369	4341	35344	2159
5329	206	5226	417
	44	25	9
96987	6023	40328	4826
123524	10614	79867	7219
116906	8732	77027	6893
5161		1056	191

9—8 续表2

单位:万元 （2020）

指　标	Item	固定资产净值 Net value of fixed assets
总　计	**Total**	**128402**
住宿业	**Hotels**	**101017**
按住宿业行业小类分	**Grouped by Hotels Industry Small Class**	
旅游饭店	Turist Hotel	98939
旅游饭店	Turist Hotel	98939
一般旅馆	General Hotel	2078
经济型连锁酒店	Economy chain hotel	55
其他一般旅馆	Other General Hotel	2023
按登记注册类型分	Grouped By Registration Type	
内资企业	Domestic Funded Enterprises	101017
国有企业	State-owned Enterprises	77664
有限责任公司	Limited Liability Corporations	7477
国有独资公司	State-owned Enterprises	5110
其他有限责任公司	Other Limited Liability Corporations	2367
私营企业	Private Enterprises	15877
私营有限责任公司	Private Limited Liability Corporations	9505
私营股份有限公司	Private Share Holding Limited Companies	6372
按控股情况分	Grouped By Controlling Stake	
国有控股	State-owned	82773
集体控股	Collective-owned	730
私人控股	Private	17093
其他	Others	421
按经营形式分	Grouped By Business Form	
独立门店	Indipendent Stores	100078
其他	Others	940
按单位规模分	Grouped By Unit Scale	
中型	Medium-scale	77994
小型	Small-scale	22294
微型	Miniature	730
按星级分	Grouped By Star Grade	
四星	Four	19639
三星	Three	2037
一星	One	19
其他	Others	79322
按经营地分	By place of operation	
城镇	Town	96659
其中:城区	Including: urban area	89726
乡村	Rural	4359

continued

(10 000 yuan)

期末资产负债Ending assets and Liabilities			
在建工程 Construction in Process	无形资产 Intangible assets	土地使用权 land use right	资产总计 Total Assets
6217	**4091**	**2680**	**281991**
6141	**2846**	**1850**	**216993**
839	2845	1850	192920
839	2845	1850	192920
5302	2		24073
	2		6572
5302			17501
6141	2846	1850	216993
			83621
5302	2054	1849	43435
	996	791	9304
5302	1058	1058	34132
839	793	1	89937
825	793	1	83289
14			6649
	996	791	106673
	1058	1058	1839
6141	793	1	104380
			4101
6141	2846	1850	202790
			14204
	203		89828
6141	1585	792	73460
	1058	1058	53705
14	997	792	83707
825	790		18299
			226
5302	1059	1058	114761
6141	2054	1059	211272
6128	2054	1059	201640
	792	791	5721

9—8 续表3

单位:万元 (2020)

指　标	Item	法人企业数(个) Number of Corporate(unit)	执行《2006年企业会计准则》企业数(个) Number of Enterprises Implementing The Accounting Standards for Business Enterprises 2006
餐饮业	**Catering Servies**	**24**	**14**
按餐饮业行业小类分	**Grouped by Catering Industry Small Class**		
正餐服务	Dinner Service	23	13
正餐服务	Dinner Service	23	13
餐饮配送及外卖送餐服务	Catering delivery and take out service	1	1
外卖送餐服务	Take out service	1	1
按登记注册类型分	Grouped By Registration Type		
内资企业	Domestic Funded Enterprises	24	14
有限责任公司	Limited Liability Corporations	3	2
国有独资公司	State-owned Enterprises		
其他有限责任公司	Other Limited Liability Corporations	3	2
股份有限公司	Share-holding Corporations Ltd.		
私营企业	Private Enterprises	21	12
私营有限责任公司	Private Limited Liability Corporations	20	11
私营股份有限公司	Private Share-holding Corporations Ltd.	1	1
按控股情况分	Grouped By Controlling Stake		
国有控股	State-owned	2	1
私人控股	Private	22	13
按经营形式分	Grouped By Business Form		
独立门店	Indipendent Stores	23	13
其他	Others	1	1
按单位规模分	Grouped By Unit Scale		
中型	Medium-scale	4	3
小型	Small-scale	17	9
微型	Miniature	3	2
按经营地分	By place of operation		
城镇	Town	24	14
其中:城区	Including: urban area	21	12
乡村	Rural		
住宿业按地区分组	**Accommodation Industry Grouped by Region**	**33**	**18**
银川市	Yinchuan	33	18
兴庆区	Xingqing	15	11
西夏区	Xixia	2	
金凤区	Jinfeng	11	4
永宁县	Yongning		
贺兰县	Helan	2	2
灵武市	Lingwu	3	1
餐饮业按地区分组	**Catering Industry Grouped by Region**	**24**	**14**
银川市	Yinchuan	24	14
兴庆区	Xingqing	10	6
西夏区	Xixia	2	1
金凤区	Jinfeng	8	4
永宁县	Yongning		
贺兰县	Helan	3	2
灵武市	Lingwu	1	1

continued

(10 000 yuan)

年初存货 Invertory at Begining of Year	期末资产负债 Ending assets and Liabilities 流动资产合计 Total Working Capitals	应收账款 Accounts Receivable	存货 Stock
593	**24001**	**2025**	**543**
593	23276	2025	543
593	23276	2025	543
	725		
	725		
593	24001	2025	543
114	8574	252	106
114	8574	252	106
479	15426	1773	437
407	13841	684	374
72	1585	1089	63
41	6762	196	35
553	17239	1828	508
593	23276	2025	543
	725		
100	8847	208	45
464	14890	1814	469
29	265	3	29
593	24001	2025	543
554	19496	1939	499
3381	**62997**	**3962**	**2888**
3381	62997	3962	2888
1513	19928	2616	1262
24	474	178	6
1664	27002	1216	1560
51	346	–126	48
129	15246	78	11
593	**24001**	**2025**	**543**
593	24001	2025	543
267	10606	1398	320
25	1474	87	19
260	7348	434	156
40	4505	85	43
2	67	19	4

9—8 续表4

单位:万元 (2020)

指标	Item	固定资产原价 Original Value of Fixed Assets
餐饮业	**Catering Servies**	**57238**
按餐饮业行业小类分	**Grouped by Catering Industry Small Class**	
正餐服务	Dinner Service	57221
正餐服务	Dinner Service	57221
餐饮配送及外卖送餐服务	Catering delivery and take out service	17
外卖送餐服务	Take out service	17
按登记注册类型分	Grouped By Registration Type	
内资企业	Domestic Funded Enterprises	57238
有限责任公司	Limited Liability Corporations	19278
国有独资公司	State-owned Enterprises	
其他有限责任公司	Other Limited Liability Corporations	19278
股份有限公司	Share-holding Corporations Ltd.	
私营企业	Private Enterprises	37960
私营有限责任公司	Private Limited Liability Corporations	36778
私营股份有限公司	Private Share-holding Corporations Ltd.	1182
按控股情况分	Grouped By Controlling Stake	
国有控股	State-owned	18434
私人控股	Private	38804
按经营形式分	Grouped By Business Form	
独立门店	Indipendent Stores	57221
其他	Others	17
按单位规模分	Grouped By Unit Scale	
中型	Medium-scale	32821
小型	Small-scale	24410
微型	Miniature	6
按经营地分	By place of operation	
城镇	Town	57238
其中:城区	Including: urban area	49886
乡村	Rural	
住宿业按地区分组	**Accommodation Industry Grouped by Region**	**195829**
银川市	Yinchuan	195829
兴庆区	Xingqing	46491
西夏区	Xixia	5467
金凤区	Jinfeng	119541
永宁县	Yongning	
贺兰县	Helan	7346
灵武市	Lingwu	16984
餐饮业按地区分组	**Catering Industry Grouped by Region**	**57238**
银川市	Yinchuan	57238
兴庆区	Xingqing	39377
西夏区	Xixia	227
金凤区	Jinfeng	10258
永宁县	Yongning	
贺兰县	Helan	7352
灵武市	Lingwu	25

continued

（10 000 yuan）

期末资产负债Ending assets and Liabilities			
房屋和构筑物 Houses and structures	机器设备 Machinery equipment	累计折旧 Accumulated Depreciation	本年折旧 Depreciation this year
44190	**10449**	**23723**	**7050**
44190	10449	23706	7033
44190	10449	23706	7033
		17	17
		17	17
44190	10449	23723	7050
14471	4612	8040	306
14471	4612	8040	306
29719	5837	15683	6744
29020	5766	15408	6468
699	72	276	276
13627	4612	7302	289
30563	5837	16421	6761
44190	10449	23706	7033
		17	17
26779	6026	9996	1237
17411	4423	13724	5810
		3	3
44190	10449	23723	7050
38325	10429	20185	6712
128686	**10614**	**80924**	**7410**
128686	10614	80924	7410
13549	5355	35392	1896
5161		1057	192
101616	4239	37368	5093
6116	1020	925	59
2243		6182	170
44190	**10449**	**23723**	**7050**
44190	10449	23723	7050
29954	9011	16623	6004
	15	197	28
8371	1378	3345	660
5865	20	3538	338
	25	20	20

9—8 续表5

单位:万元 (2020)

指　标	Item	固定资产净值 Net value of fixed assets
餐饮业	**Catering Servies**	**27385**
按餐饮业行业小类分	**Grouped by Catering Industry Small Class**	
正餐服务	Dinner Service	27385
正餐服务	Dinner Service	27385
餐饮配送及外卖送餐服务	Catering delivery and take out service	
外卖送餐服务	Take out service	
按登记注册类型分	Grouped By Registration Type	
内资企业	Domestic Funded Enterprises	27385
有限责任公司	Limited Liability Corporations	11132
国有独资公司	State-owned Enterprises	
其他有限责任公司	Other Limited Liability Corporations	11132
股份有限公司	Share-holding Corporations Ltd.	
私营企业	Private Enterprises	16253
私营有限责任公司	Private Limited Liability Corporations	15347
私营股份有限公司	Private Share-holding Corporations Ltd.	906
按控股情况分	Grouped By Controlling Stake	
国有控股	State-owned	11132
私人控股	Private	16253
按经营形式分	Grouped By Business Form	
独立门店	Indipendent Stores	27385
其他	Others	
按单位规模分	Grouped By Unit Scale	
中型	Medium-scale	17784
小型	Small-scale	9601
微型	Miniature	
按经营地分	By place of operation	
城镇	Town	27385
其中:城区	Including: urban area	23571
乡村	Rural	
住宿业按地区分组	**Accommodation Industry Grouped by Region**	**101017**
银川市	Yinchuan	101017
兴庆区	Xingqing	6991
西夏区	Xixia	4359
金凤区	Jinfeng	82173
永宁县	Yongning	
贺兰县	Helan	6414
灵武市	Lingwu	1080
餐饮业按地区分组	**Catering Industry Grouped by Region**	**27385**
银川市	Yinchuan	27385
兴庆区	Xingqing	16837
西夏区	Xixia	29
金凤区	Jinfeng	6701
永宁县	Yongning	
贺兰县	Helan	3814
灵武市	Lingwu	4

continued

(10 000 yuan)

期末资产负债Ending assets and Liabilities			
在建工程 Construction in Process	无形资产 Intangible assets	土地使用权 land use right	资产总计 Total Assets
76	**1245**	**830**	**64998**
76	1245	830	64273
76	1245	830	64273
			725
			725
76	1245	830	64998
	562	562	20942
	562	562	20942
76	682	268	44056
76	682	268	39354
			4702
	562	562	15145
76	682	268	49853
76	1245	830	64273
			725
	564	562	29058
76	681	268	35607
			334
76	1245	830	64998
76	832	830	56240
6141	**2846**	**1850**	**216993**
6141	2846	1850	216993
	2052	1059	47436
	792	791	5783
5302	2		126642
14			7009
825			30123
76	**1245**	**830**	**64998**
76	1245	830	64998
76	830	830	35456
			1544
	1		19168
	413		8758
			72

单位:万元 (2020)

指标	Item	流动负债合计 Total Current Liabilities	应付账款 Accounts Payable
总计	**Total**	**132936**	**32103**
住宿业	**Hotels**	**73690**	**9953**
按住宿业行业小类分	**Grouped by Hotels Industry Small Class**		
旅游饭店	Turist Hotel	50888	8411
旅游饭店	Turist Hotel	50888	8411
一般旅馆	General Hotel	22802	1542
经济型连锁酒店	Economy chain hotel	6839	710
其他一般旅馆	Other General Hotel	15963	832
按登记注册类型分	Grouped By Registration Type		
内资企业	Domestic Funded Enterprises	73690	9953
国有企业	State-owned Enterprises	5107	3715
有限责任公司	Limited Liability Corporations	27425	2459
国有独资公司	State-owned Enterprises	7612	905
其他有限责任公司	Other Limited Liability Corporations	19813	1553
私营企业	Private Enterprises	41157	3779
私营有限责任公司	Private Limited Liability Corporations	39849	3299
私营股份有限公司	Private Share Holding Limited Companies	1308	480
按控股情况分	Grouped By Controlling Stake		
国有控股	State-owned	12719	4621
集体控股	Collective-owned	320	290
私人控股	Private	43415	4584
其他	Others	17236	458
按经营形式分	Grouped By Business Form		
独立门店	Indipendent Stores	49461	8585
其他	Others	24228	1368
按单位规模分	Grouped By Unit Scale		
中型	Medium-scale	29807	5458
小型	Small-scale	43465	4161
微型	Miniature	418	333
按星级分	Grouped By Star Grade		
四星	Four	27226	3287
三星	Three	4501	178
一星	One	621	-232
其他	Others	41341	6720
按经营地分	By place of operation		
城镇	Town	67505	9642
其中:城区	Including: urban area	58569	8201
乡村	Rural	6185	310

continued

(10 000 yuan)

期末资产负债 Ending assets and Liabilities			
负债合计 Total Liabilities	所有者权益 Total Owners' Equities	实收资本 Paid–in Capitals	个人资本 Personal Capitals
251041	**22779**	**123875**	**7393**
187612	**20952**	**105952**	**5224**
161376	23115	100290	2262
161376	23115	100290	2262
26237	–2164	5662	2962
6874	–301	121	21
19363	–1862	5541	2941
187612	20952	105952	5224
39552	44069	80110	
44332	–14344	7389	521
7673	1630	3262	
36659	–15975	4128	521
103729	–8773	18453	4703
102421	–14114	13247	4703
1308	5341	5206	
47527	45699	83372	
329	1511	1707	
122521	–13123	20374	5224
17236	–13135	500	
163384	39388	104934	4706
24228	–18437	1018	518
64313	25515	80101	518
80038	–6578	24043	4605
43262	2014	1808	101
60922	71	17576	3820
8527	4570	6244	200
621	–395	64	64
117542	16705	82068	1140
181428	21415	104952	5224
171857	21354	98728	4506
6185	–463	1000	

9—8 续表7

单位:万元 （2020）

指　标	Item	流动负债合计 Total Current Liabilities	应付账款 Accounts Payable
餐饮业	**Catering Servies**	**59246**	**22151**
按餐饮业行业小类分	**Grouped by Catering Industry Small Class**		
正餐服务	Dinner Service	59244	22151
正餐服务	Dinner Service	59244	22151
餐饮配送及外卖送餐服务	Catering delivery and take out service	2	
外卖送餐服务	Take out service	2	
按登记注册类型分	Grouped By Registration Type		
内资企业	Domestic Funded Enterprises	59246	22151
有限责任公司	Limited Liability Corporations	34755	16281
国有独资公司	State-owned Enterprises		
其他有限责任公司	Other Limited Liability Corporations	34755	16281
股份有限公司	Share-holding Corporations Ltd.		
私营企业	Private Enterprises	24492	5870
私营有限责任公司	Private Limited Liability Corporations	20428	5720
私营股份有限公司	Private Share-holding Corporations Ltd.	4063	150
按控股情况分	Grouped By Controlling Stake		
国有控股	State-owned	27733	15901
私人控股	Private	31513	6249
按经营形式分	Grouped By Business Form		
独立门店	Indipendent Stores	59244	22151
其他	Others	2	
按单位规模分	Grouped By Unit Scale		
中型	Medium-scale	29383	16534
小型	Small-scale	29864	5616
微型	Miniature		
按经营地分	By place of operation		
城镇	Town	59246	22151
其中:城区	Including: urban area	50661	18033
乡村	Rural		
住宿业按地区分组	**Accommodation Industry Grouped by Region**	**73690**	**9953**
银川市	Yinchuan	73690	9953
兴庆区	Xingqing	12789	3002
西夏区	Xixia	6191	315
金凤区	Jinfeng	51922	6104
永宁县	Yongning		
贺兰县	Helan	1931	534
灵武市	Lingwu	858	-2
餐饮业按地区分组	**Catering Industry Grouped by Region**	**59246**	**22151**
银川市	Yinchuan	59246	22151
兴庆区	Xingqing	33396	16179
西夏区	Xixia	2528	122
金凤区	Jinfeng	14719	1723
永宁县	Yongning		
贺兰县	Helan	8585	4117
灵武市	Lingwu	18	10

continued

(10 000 yuan)

期末资产负债 Ending assets and Liabilities			
负债合计 Total Liabilities	所有者权益 Total Owners' Equities	实收资本 Paid-in Capitals	个人资本 Personal Capitals
63429	**1827**	**17923**	**2169**
63427	1104	17923	2169
63427	1104	17923	2169
2	723		
2	723		
63429	1827	17923	2169
34755	-13813	5955	
34755	-13813	5955	
28674	15640	11968	2169
24611	15001	11329	1530
4063	639	639	639
27733	-12588	3955	
35696	14415	13968	2169
63427	1104	17923	2169
2	723		
29807	-749	13055	
33039	2568	4868	2169
583	9		
63429	1827	17923	2169
54839	1659	17778	2139
187612	**20952**	**105952**	**5224**
187612	20952	105952	5224
63390	-9495	13738	4838
6226	-442	1021	21
104766	21876	81987	165
1956	5053	5706	200
11275	3960	3500	
63429	**1827**	**17923**	**2169**
63429	1827	17923	2169
36991	-1535	9988	1449
2528	-984	100	
15303	4124	7690	690
8589	168	145	30
18	54		

9—8 续表8

单位:万元 （2020）

指　标	Item	营业收入 Total Revenue	主营业务收入 Revenue from Principal Business
总　计	**Total**	**68285**	**64976**
住宿业	**Hotels**	**38253**	**35239**
按住宿业行业小类分	**Grouped by Hotels Industry Small Class**		
旅游饭店	Turist Hotel	33076	30110
旅游饭店	Turist Hotel	33076	30110
一般旅馆	General Hotel	5177	5129
经济型连锁酒店	Economy chain hotel	882	851
其他一般旅馆	Other General Hotel	4294	4278
按登记注册类型分	Grouped By Registration Type		
内资企业	Domestic Funded Enterprises	38253	35239
国有企业	State-owned Enterprises	6529	6529
有限责任公司	Limited Liability Corporations	16443	15625
国有独资公司	State-owned Enterprises	5906	5899
其他有限责任公司	Other Limited Liability Corporations	10536	9726
私营企业	Private Enterprises	15281	13085
私营有限责任公司	Private Limited Liability Corporations	14531	12334
私营股份有限公司	Private Share Holding Limited Companies	751	751
按控股情况分	Grouped By Controlling Stake		
国有控股	State-owned	12979	12428
集体控股	Collective-owned	334	74
私人控股	Private	19666	17463
其他	Others	5274	5274
按经营形式分	Grouped By Business Form		
独立门店	Indipendent Stores	29409	26637
其他	Others	8844	8602
按单位规模分	Grouped By Unit Scale		
中型	Medium-scale	19307	19288
小型	Small-scale	15855	15807
微型	Miniature	3090	144
按星级分	Grouped By Star Grade		
四星	Four	12961	12140
三星	Three	3480	2488
一星	One	612	612
其他	Others	21200	19999
按经营地分	By place of operation		
城镇	Town	38065	35051
其中:城区	Including: urban area	32019	29018
乡村	Rural	188	188

continued

(10 000 yuan)

损益及分配 Profit and loss and distribution			
营业成本 Business Costs	营业税金及附加 Business Taxes and Other Charges	其他业务利润 Profits from Other Businesses	销售费用 Selling Costs
45943	**409**	**384**	**20138**
28653	**249**	**339**	**12065**
26528	231	299	9844
26528	231	299	9844
2125	18	40	2220
308	7		497
1817	11	40	1723
28653	249	339	12065
9001	48		290
14850	150	287	4659
5142	47		27
9708	103	287	4631
4802	51	52	7117
4515	50	52	7101
287	1		16
15628	166		392
32	15	287	289
6274	61	52	9824
6719	6		1560
19916	192	327	8599
8737	57	12	3466
20582	76	12	3684
6001	74	40	7228
2070	98	287	1153
9163	136		2749
1433	42	40	1206
38			544
18018	71	299	7566
28563	247	339	12041
26542	232	327	9542
90	2		24

9—8 续表9

单位:万元 (2020)

指 标	Item	营业收入 Total Revenue	主营业务收入 Revenue from Principal Business
餐饮业	**Catering Servies**	**30033**	**29737**
按餐饮业行业小类分	**Grouped by Catering Industry Small Class**		
正餐服务	Dinner Service	23443	23147
正餐服务	Dinner Service	23443	23147
餐饮配送及外卖送餐服务	Catering delivery and take out service	6590	6590
外卖送餐服务	Take out service	6590	6590
按登记注册类型分	Grouped By Registration Type		
内资企业	Domestic Funded Enterprises	30033	29737
有限责任公司	Limited Liability Corporations	4754	4571
国有独资公司	State-owned Enterprises		
其他有限责任公司	Other Limited Liability Corporations	4754	4571
股份有限公司	Share-holding Corporations Ltd.		
私营企业	Private Enterprises	25279	25166
私营有限责任公司	Private Limited Liability Corporations	24806	24693
私营股份有限公司	Private Share-holding Corporations Ltd.	473	473
按控股情况分	Grouped By Controlling Stake		
国有控股	State-owned	3805	3623
私人控股	Private	26227	26114
按经营形式分	Grouped By Business Form		
独立门店	Indipendent Stores	23443	23147
其他	Others	6590	6590
按单位规模分	Grouped By Unit Scale		
中型	Medium-scale	14891	14708
小型	Small-scale	15025	14979
微型	Miniature	117	50
按经营地分	By place of operation		
城镇	Town	30033	29737
其中:城区	Including: urban area	27228	26978
乡村	Rural		
住宿业按地区分组	**Accommodation Industry Grouped by Region**	**38253**	**35239**
银川市	Yinchuan	38253	35239
兴庆区	Xingqing	19566	16972
西夏区	Xixia	411	411
金凤区	Jinfeng	15930	15882
永宁县	Yongning		
贺兰县	Helan	962	962
灵武市	Lingwu	1385	1012
餐饮业按地区分组	**Catering Industry Grouped by Region**	**30033**	**29737**
银川市	Yinchuan	30033	29737
兴庆区	Xingqing	12788	12605
西夏区	Xixia	7720	7720
金凤区	Jinfeng	6392	6324
永宁县	Yongning		
贺兰县	Helan	2805	2759
灵武市	Lingwu	328	328

continued

(10 000 yuan)

损益及分配 Profit and loss and distribution			
营业成本 Business Costs	营业税金及附加 Business Taxes and Other Charges	其他业务利润 Profits from Other Businesses	销售费用 Selling Costs
17290	**161**	**45**	**8074**
11921	161	45	8074
11921	161	45	8074
5369			
5369			
17290	161	45	8074
3820	68		433
3820	68		433
13470	93	45	7640
13249	89	45	7358
221	4		282
2917	65		433
14373	96	45	7640
11921	161	45	8074
5369			
10335	115		2034
6859	45	45	5995
97			44
17290	161	45	8074
16118	158		6889
28653	**249**	**339**	**12065**
28653	249	339	12065
11506	194	299	6109
304	3		25
16123	41	40	5202
324	1		210
396	10		518
17290	**161**	**45**	**8074**
17290	161	45	8074
7504	153		3882
5681	2		400
2816	4		2583
1172	2	45	1184
118			25

9—8 续表10

单位:万元 (2020)

指　标	Item	管理费用 Management Costs	研发费用 Research and developmegnt costs
总　计	**Total**	**19514**	
住宿业	**Hotels**	**13538**	
按住宿业行业小类分	**Grouped by Hotels Industry Small Class**		
旅游饭店	Turist Hotel	12156	
旅游饭店	Turist Hotel	12156	
一般旅馆	General Hotel	1382	
经济型连锁酒店	Economy chain hotel	260	
其他一般旅馆	Other General Hotel	1122	
按登记注册类型分	Grouped By Registration Type		
内资企业	Domestic Funded Enterprises	13538	
国有企业	State-owned Enterprises	1864	
有限责任公司	Limited Liability Corporations	6095	
国有独资公司	State-owned Enterprises	468	
其他有限责任公司	Other Limited Liability Corporations	5628	
私营企业	Private Enterprises	5579	
私营有限责任公司	Private Limited Liability Corporations	5397	
私营股份有限公司	Private Share Holding Limited Companies	181	
按控股情况分	Grouped By Controlling Stake		
国有控股	State-owned	2881	
集体控股	Collective-owned	67	
私人控股	Private	6677	
其他	Others	3914	
按经营形式分	Grouped By Business Form		
独立门店	Indipendent Stores	8873	
其他	Others	4665	
按单位规模分	Grouped By Unit Scale		
中型	Medium-scale	6131	
小型	Small-scale	4400	
微型	Miniature	3007	
按星级分	Grouped By Star Grade		
四星	Four	2681	
三星	Three	1464	
一星	One	78	
其他	Others	9315	
按经营地分	By place of operation		
城镇	Town	13298	
其中:城区	Including: urban area	12065	
乡村	Rural	240	

continued

(10 000 yuan)

损益及分配 Profit and loss and distribution				
财务费用 Financial Costs	利息收入 Interest Income	利息支出 Interest Expense	投资收益 Investment Income	营业利润 Business Profits
1446	**58**	**1043**	**-424**	**-13525**
1328	**55**	**979**	**1**	**-12244**
1037	55	979	1	-11425
1037	55	979	1	-11425
291				-819
2				-192
289				-627
1328	55	979	1	-12244
56	3	2		-4715
-13	51	7	1	-3518
6	5			544
-19	46	7	1	-4063
1285	1	970		-4011
1284		970		-3764
1				-246
58	14	3		-5809
				-69
1298	1	976	1	-4924
-28	40			-1443
1349	14	979	1	-9656
-21	41			-2588
42	45			-5264
1274	4	968	1	-3720
12	6	11		-3260
909	9	895	1	-2986
80	6	83		-756
4				-54
334	40			-8448
1327	55	979	1	-12076
1315	54	978	1	-11848
				-168

9—8 续表11

单位:万元 (2020)

指　标	Item	管理费用 Management Costs	研发费用 Research and developmegnt costs
餐饮业	**Catering Servies**	**5976**	
按餐饮业行业小类分	**Grouped by Catering Industry Small Class**		
正餐服务	Dinner Service	4766	
正餐服务	Dinner Service	4766	
餐饮配送及外卖送餐服务	Catering delivery and take out service	1210	
外卖送餐服务	Take out service	1210	
按登记注册类型分	Grouped By Registration Type		
内资企业	Domestic Funded Enterprises	5976	
有限责任公司	Limited Liability Corporations	1161	
国有独资公司	State-owned Enterprises		
其他有限责任公司	Other Limited Liability Corporations	1161	
股份有限公司	Share-holding Corporations Ltd.		
私营企业	Private Enterprises	4815	
私营有限责任公司	Private Limited Liability Corporations	4736	
私营股份有限公司	Private Share-holding Corporations Ltd.	79	
按控股情况分	Grouped By Controlling Stake		
国有控股	State-owned	676	
私人控股	Private	5300	
按经营形式分	Grouped By Business Form		
独立门店	Indipendent Stores	4766	
其他	Others	1210	
按单位规模分	Grouped By Unit Scale		
中型	Medium-scale	3050	
小型	Small-scale	2903	
微型	Miniature	22	
按经营地分	By place of operation		
城镇	Town	5976	
其中:城区	Including: urban area	5377	
乡村	Rural		
住宿业按地区分组	**Accommodation Industry Grouped by Region**	**13538**	
银川市	Yinchuan	13538	
兴庆区	Xingqing	5680	
西夏区	Xixia	246	
金凤区	Jinfeng	6792	
永宁县	Yongning		
贺兰县	Helan	286	
灵武市	Lingwu	534	
餐饮业按地区分组	**Catering Industry Grouped by Region**	**5976**	
银川市	Yinchuan	5976	
兴庆区	Xingqing	2264	
西夏区	Xixia	1441	
金凤区	Jinfeng	1541	
永宁县	Yongning		
贺兰县	Helan	599	
灵武市	Lingwu	131	

continued

(10 000 yuan)

损益及分配 Profit and loss and distribution				
财务费用 Financial Costs	利息收入 Interest Income	利息支出 Interest Expense	投资收益 Investment Income	营业利润 Business Profits
118	**4**	**64**	**–426**	**–1281**
118	4	64	–426	–1293
118	4	64	–426	–1293
				12
				12
118	4	64	–426	–1281
6	1	7	–427	–615
6	1	7	–427	–615
113	3	57	1	–666
100	3	44	1	–541
13		13		–126
4	1	5		–188
115	2	59	–426	–1093
118	4	64	–426	–1293
				12
41	3	6		–583
78	1	58	–426	–655
				–43
118	4	64	–426	–1281
116	4	64	–426	–1126
1328	**55**	**979**	**1**	**–12244**
1328	55	979	1	–12244
109	14	90	1	–3824
1				–168
1212	40	887		–7804
1				–370
5		1		–79
118	**4**	**64**	**–426**	**–1281**
118	4	64	–426	–1281
99	1	50	1	–651
3	1	4		194
13	2	10	–427	–724
3				–155
				54

9—8 续表12

单位:万元　　(2020)

指　标	Item	营业外收入 Revenue from Excluding Business	营业外支出 Expence from Excluding Business
总　计	**Total**	**1026**	**200**
住宿业	**Hotels**	**491**	**154**
按住宿业行业小类分	**Grouped by Hotels Industry Small Class**		
旅游饭店	Turist Hotel	373	139
旅游饭店	Turist Hotel	373	139
一般旅馆	General Hotel	118	15
经济型连锁酒店	Economy chain hotel	17	2
其他一般旅馆	Other General Hotel	101	14
按登记注册类型分	Grouped By Registration Type		
内资企业	Domestic Funded Enterprises	491	154
国有企业	State-owned Enterprises	25	30
有限责任公司	Limited Liability Corporations	132	59
国有独资公司	State-owned Enterprises	23	1
其他有限责任公司	Other Limited Liability Corporations	110	58
私营企业	Private Enterprises	334	65
私营有限责任公司	Private Limited Liability Corporations	323	65
私营股份有限公司	Private Share Holding Limited Companies	11	
按控股情况分	Grouped By Controlling Stake		
国有控股	State-owned	56	69
集体控股	Collective-owned		
私人控股	Private	435	86
其他	Others		
按经营形式分	Grouped By Business Form		
独立门店	Indipendent Stores	448	142
其他	Others	43	13
按单位规模分	Grouped By Unit Scale		
中型	Medium-scale	59	31
小型	Small-scale	339	72
微型	Miniature	94	51
按星级分	Grouped By Star Grade		
四星	Four	156	36
三星	Three	103	48
一星	One	1	
其他	Others	231	70
按经营地分	By place of operation		
城镇	Town	488	154
其中:城区	Including: urban area	417	140
乡村	Rural	3	1

continued

(10 000 yuan)

损益及分配 Profit and loss and distribution		人工成本及增值税 Labor cost and VAT		从事住宿和餐饮业活动的从业人员平均人数(人) Average Number of Employees Engaged in the Accommodation and Catering Industry(person)
利润总额 Total Profits	所得税费用 Tax Payable	应付职工薪酬 Benefits of Employee Payable	应交增值税 Added Tax Payable	
-12699	**237**	**17497**	**954**	**4774**
-11907	**220**	**9317**	**626**	**2840**
-11191	213	8158	557	2422
-11191	213	8158	557	2422
-716	8	1159	69	418
-176	2	314	26	64
-540	5	846	43	354
-11907	220	9317	626	2840
-4720		3013	34	479
-3446	218	2507	184	1012
566	213	663	60	297
-4011	5	1844	124	715
-3742	2	3798	408	1349
-3506	2	3712	386	1237
-235		86	22	112
-5822	213	3676	103	799
-69		167	7	52
-4574	8	5326	501	1709
-1443		149	16	280
-9350	220	7816	529	2318
-2558		1501	97	522
-5237	213	4530	156	1179
-3453	5	4596	408	1290
-3218	2	191	62	371
-2866	213	2909	227	1045
-700	3	739	140	256
-53		39	2	18
-8287	4	5630	257	1521
-11742	220	9244	626	2826
-11571	220	7269	440	2349
-165		73		14

单位:万元 （2020）

指 标	Item	营业外收入 Revenue from Excluding Business	营业外支出 Expence from Excluding Business
餐饮业	**Catering Servies**	**535**	**46**
按餐饮业行业小类分	**Grouped by Catering Industry Small Class**		
正餐服务	Dinner Service	522	46
正餐服务	Dinner Service	522	46
餐饮配送及外卖送餐服务	Catering delivery and take out service	13	
外卖送餐服务	Take out service	13	
按登记注册类型分	Grouped By Registration Type		
内资企业	Domestic Funded Enterprises	535	46
有限责任公司	Limited Liability Corporations	11	
国有独资公司	State-owned Enterprises		
其他有限责任公司	Other Limited Liability Corporations	11	
股份有限公司	Share-holding Corporations Ltd.		
私营企业	Private Enterprises	524	46
私营有限责任公司	Private Limited Liability Corporations	522	46
私营股份有限公司	Private Share-holding Corporations Ltd.	2	
按控股情况分	Grouped By Controlling Stake		
国有控股	State-owned	11	
私人控股	Private	524	46
按经营形式分	Grouped By Business Form		
独立门店	Indipendent Stores	522	46
其他	Others	13	
按单位规模分	Grouped By Unit Scale		
中型	Medium-scale	164	17
小型	Small-scale	371	29
微型	Miniature		
按经营地分	By place of operation		
城镇	Town	535	46
其中:城区	Including: urban area	394	43
乡村	Rural		
住宿业按地区分组	**Accommodation Industry Grouped by Region**	**491**	**154**
银川市	Yinchuan	491	154
兴庆区	Xingqing	324	108
西夏区	Xixia	3	1
金凤区	Jinfeng	109	46
永宁县	Yongning		
贺兰县	Helan	13	
灵武市	Lingwu	42	
餐饮业按地区分组	**Catering Industry Grouped by Region**	**535**	**46**
银川市	Yinchuan	535	46
兴庆区	Xingqing	262	19
西夏区	Xixia	18	
金凤区	Jinfeng	114	25
永宁县	Yongning		
贺兰县	Helan	141	3
灵武市	Lingwu		

continued

(10 000 yuan)

损益及分配 Profit and loss and distribution		人工成本及增值税 Labor cost and VAT		从事住宿和餐饮业活动的从业人员平均人数(人) Average Number of Employees Engaged in the Accommodation and Catering Industry(person)
利润总额 Total Profits	所得税费用 Tax Payable	应付职工薪酬 Benefits of Employee Payable	应交增值税 Added Tax Payable	
-792	**16**	**8180**	**328**	**1934**
-817	15	6468	328	1654
-817	15	6468	328	1654
24	1	1712		280
24	1	1712		280
-792	16	8180	328	1934
-604		1700	313	355
-604		1700	313	355
-188	16	6481	14	1579
-64	16	6169	14	1493
-124		312		86
-177		1292	281	257
-615	16	6889	47	1677
-817	15	6468	328	1654
24	1	1712		280
-436	10	4086	269	789
-313	6	4094	59	1084
-43				61
-792	16	8180	328	1934
-776	15	7521	301	1748
-11907	**220**	**9317**	**626**	**2840**
-11907	220	9317	626	2840
-3607	213	4758	387	1374
-165	2	109	5	24
-7741	5	3929	116	1126
-357		190	35	141
-37		332	84	175
-792	**16**	**8180**	**328**	**1934**
-792	16	8180	328	1934
-407	14	3907	253	878
211	1	1978	16	356
-635		1629	33	492
-17	1	659	26	186
54		7		22

9—9 重点商品交易市场成交情况

单位:万元 (2020)

指 标	Item	市场个数(个) Number of Markets(unit)
总 计	**Total**	**22**
按经营环境分	**Grouped by Business Environment**	
露天式	Open Air	1
封闭式	Closed	20
其他	Others	1
按经营方式分	**Grouped by Star**	
批发	Wholesale	12
零售	Retail	10
按市场类别分	**Grouped by Market**	
综合市场	Integrated Markets	5
工业消费品综合市场	Industrial Products Integrated Markets	1
农产品综合市场	Farm Produce Comprehensive Markets	3
其他综合市场	Other integrated markets	1
专业市场	Special Markets	17
生产资料市场	Production Markets	4
农业生产用具市场	Agricultural Productions Markets	1
木材市场	Wood Markets	
金属材料市场	Metal Materials Markets	2
机械设备市场	Machinery and Equipment Markets	1
农产品市场	Agricultural Products Markets	4
粮油市场	Grain and Oil Markets	1
蔬菜市场	Vegetables Markets	1
水产品市场	Aquatil Products Markets	1
干鲜果品市场	Fresh and Dried Fruits Markets	1
其他农产品市场	Other agricultural markets	
纺织、服装、鞋帽市场	Textile, Garments, Footwear and Hat Wear Markets	4
布料及纺织品市场	Textiles and Textile Goods Markets	
服装市场	Garments	
鞋帽市场	Footwear and Hat Wear Markets	
其他纺织服装鞋帽市场	Other markets for textiles, clothing, shoes and hats	4
日用品及文化用品市场	Daily Use Articles and Cultaral Goods Markets	
其他日用品及文化用品市场	Other daily necessities and cultural goods markets	
电器、通讯器材、电子设备市场	Electrical,Communication Appliances and ElectronicEquipment Markets	1
通讯器材市场	Communication Appliances Markets	
计算机及辅助设备市场	Computer and Assistant Appliances Markets	1
家具、五金及装饰材料市场	Furniture,Hardware & Electrical Materials and Decoration Materials Markets	4
家具市场	Furniture Markets	2
其他装饰材料市场	Building and Decoration Materials Markets	2
灯具市场	Lamps Markets	
其他装修市场	Other decoration markets	
汽车、摩托车及零配件市场	Automotive,Motorcycle and Accessories Markets	
汽车市场	Automotive Markets	

Basic Statistics on Commodity Exchange Markets of Transaction Value

(10 000 yuan)

总摊位数(个) Number of Booths (unit)	成交额(万元) Turnover (10 000yuan)	营业面积(平方米) Area of business (square meter)
17544	**2203621**	**1819733**
925	32017	92470
13767	1051475	1256363
2852	1120129	470900
12164	1996060	1429216
5380	207561	390517
3833	145845	159865
362	22324	48742
2728	89721	87123
743	33800	24000
13711	2057776	1659868
2157	417963	291370
185	113427	10000
1700	281536	242470
272	23000	38900
4658	1388800	929001
38	10966	7160
1170	66564	370000
598	191141	80941
2852	1120129	470900
5173	113379	110999
5173	113379	110999
270	30300	6005
270	30300	6005
1453	107334	322493
729	33393	135201
724	73941	187292

9—10 利用外资情况

Utilization of Foreign Capital

单位:万美元　　　　(2020)　　　　(USD 10 000)

指 标	Item	新批外贸企业数（家）Number of newly Approved Foreign Trade Enterprises（unit）	项目总投资 Total Investment of Project	合同外资 Contracted Foreign Investment	实际利用外资 Actual Utilization of Foreign Capital
直接利用外资	Foreign Direct Investment	10	26384.90	22137.83	8757.23
#中外合资企业	Sino-foreign Joint Ventures	4	17090.87	15200.02	645.54
外商独资企业	Foreign Funds Enterprises	6	9294.03	6937.81	772.94

9—11 进出口贸易总额

Number of Major Export Commodities

单位:亿元　　　　(2020)　　　　(100 million yuan)

指 标	Item	合计 Total
进出口贸易总额	Total Trade Value of Imports and Exports	62.96
出口贸易总额	Total Trade Value of Exports	45.27
进口贸易总额	Total Trade Value of Imports	17.69

9—12 主要出口商品数量

Number of Major Export Commodities

指标	Item	单位	Unit	2020年
铁合金	Ferrosilicon	千克	Kilogram	26550
碳化硅	Silicon Carbide	千克	Kilogram	16560271
抗菌素	Antibiotics	千克	Kilogram	1937000
机车用柴油机的零件	Parts of Diesel Engines For Locomotives	千克	Kilogram	3700042
汽轮机零件	Turbine Parts	千克	Kilogram	577923
制成的饲料添加剂	Made of Feed Additives	千克	Kilogram	35764250
其他未混合的水果汁	Unmixed fruit juice	千克	Kilogram	1694975
葡萄酒	Wine	升	Litre	162185
天然蜂蜜	Natural Honey	千克	Kilogram	1599490

9—13 旅游情况

Basic Statistics of Traveling

指标	Item	单位	Unit	2020年	2019年
接待国内游客总人数	Total Number of Domestic Visitors	万人次	10 000 person-times	1679.69	1642.00
接待国内游客总收入	Total Income of Domestic Visitors	亿元	100 million yuan	113.48	168.00
接待国内游客人均花费额	Per Capita Amount of Domestic Visitors	元	yuan	675.60	1023.14
接待海外旅游者	Number of Overseas Tourists	人次	person-times	7840.00	78811.00
旅游外汇收入	Tourism Exchange Income	万美元	USD 100 million	272.63	3783.00

注：接待国内游客人均花费额类不含农家乐部分。

Note:The per capita amount of domestic visitors does not agritainment.

主要统计指标解释

【社会消费品零售总额】 指国民经济各行业直接售给城乡居民和社会集团的消费品总额，它是反映各行业通过多种商品流通渠道向居民和社会集团供应的生活消费品总量，是研究国内零售市场变动情况、反映经济景气程度的重要指标。

社会消费品零售总额包括：(1)售给城乡居民作为生活用的商品和修建房屋用的建筑材料；(2)售给社会集团的各种办公用品和公用消费品；(3)售给机关、团体、学校、部队、企业、事业单位的职工食堂和旅店（招待所）附设专门供本店旅客食用，不对外营业的食堂的各种食品、燃料；企业单位和国营农场直接售给本单位职工和职工食堂的自己生产的产品；(4)售给部队干部、战士生活用和粮食、副食品、衣着品、日用品、燃料；(5)售给来华的外国人、华侨、港澳台同胞的消费品；(6)居民自费购买的中、西药品、中药材及医疗用品；(7)报社、出版社直接售给居民和社会集团的报纸、图书、杂志，集邮公司出售的新、旧纪念邮票、特种邮票、首日封、集邮册、集邮工具等；(8)旧货寄售商店自购、自销部分的商品；(9)煤气公司、液化石油气站售给居民和社会集团的煤气灶具和罐装液化气石油气；(10) 农民售给非农业居民和社会集团的商品。不包括售给国民经济各部门企业、事业单位（包括国有经济的农场）生产经营用的各种原材料、燃料、设备、工具等和售给批发零售贸易业、餐饮业作为转卖用的商品，旧货寄售商店受托寄售卖出的商品，服务业的营业收入，邮局出售邮票的收入，自来水、电力、煤气生产（供应）单位的产品供应收入，也不包括农民之间的商品销售。

【商品销售总额】 指对本企业（单位）以外的单位和个人出售的商品金额（包括售给本单位消费用的商品，含增值税）。它反映批发零售贸易业在国内市场上销售商品以及出口商品的总量。商品销售总额包括：(1)售给城乡居民和社会集团消费用的商品；(2)售给工业、农业、建筑业、运输邮电业、批发零售贸易业、餐饮业、服务业等作为生产、经营使用的商品；(3)售给批发零售贸易业作为转卖或加工后转卖的商品；

(4)对国（境）外直接出口的商品。不包括出售本企业（单位）自用的废旧包装用品；未通过买卖行为付出的商品；经本单位介绍，由买卖双方直接结算，本单位只收取手续费的业务；购货退出的商品以及商品损耗和损失等。

【零售额】 指售给城乡居民用于生活消费和社会集团用于公共消费的商品金额。

商品零售包括：(1)售给城乡居民的各种生活消费品，售给入境旅游的外国人、华侨、港澳台同胞的各类商品；(2)售给行政事业单位、社会团体、军队和武警等机构的商品，以及以零售方式售给各类企业的商品。具体包括：用于非生产和社会交往的办公用品，如通讯设备、计算器具和设备、电讯网络设备、文印设备、音像视听器材和设备、纸张、本册、文具及装订文印材料、家具、日用电器、针纺织品、清洁卫生用品、文体用品、奖品、纪念品、礼品等；供内部人员乘坐的交通工具和燃料；用于办公设施修缮的各类配件、材料、工具等；用于取暖和防暑降温的设备、燃料、材料及食品等；专用于教学的用品和设备；非营利医疗机构的中、西药品、中药材和医疗设备器材；非专用的劳动保护用品；不对外营业的内部食堂用的餐具、炊具、设备、清洁卫生工具和食品、燃料等；军队、武警用于其人员生活的衣着品和个人用品；其他各类非生产性设备和用品。

商品零售不包括：(1)售给城乡居民已确知是用于生产、经营的商品；(2)售给各类农业生产者的生产资料类商品，如农机、农药化肥、农膜、种子饲料等商品；(3)售给企业单位生产用具及生产上专用的劳动保护用品。

【营业额】 指住宿和餐饮业单位在经营活动中因提供服务或销售商品等取得的全部收入，包括：客房收入、餐费收入、商品销售额（含增值税）和其他收入。不包括法人单位附营的其他行业产业活动单位的餐费收入、商品销售收入等各项收入。

【客房收入】 指住宿和餐饮业单位在经营活动中因提供住宿服务取得的收入。不包括法人单位附营的其他行业产业活动单位的客房收入。

【餐费收入】 指住宿和餐饮业单位因为顾客提供就餐服务取得的收人。包括：经烹饪、调制加工后出售的各种食品，如主食、炒菜、凉拌菜等的收入。不包括法人单位附营的其他行业产业活动单位的餐费收入。

【其他收入】 指营业额中除客房收入、餐费收入、商品销售额（含增值税）以外的其他收入

【进出口总额】 海关进出口总额指实际进出我国国境的货物总金额。包括对外贸易实际进出口货样。来料加工装配进出口货物，国家间、联合国及国际组织无偿援助物资和赠送品，华侨、港澳台同胞和外籍华人捐赠品，租赁期满归承租人所有的租赁货物。进料加工进出口货物。边境地方贸易及边境地区小额贸易进出口货物（边民互市贸易除外），中外合资企业、中外合作经营企业、外商独资经营企业进出口货物和公用物品，到、离岸价格在规定限额以上进出口货物和广告品（无商业价值、无使用价值和免费提供出口的除外），从保税仓库提取在中国境内销售的进口货物，以及其他进出口货物。进出口总额用以观察一个国家在对外贸易方面的总规模，我国规定出口货物按离岸价格统计，进口货物按到岸价格统计。

【利用外资】 指我国各级政府、部门、企业和其他经济组织通过对外借款、吸收外商直接投资以及用其他方式筹措的境外现汇、设备、技术等。

10

财政金融保险

Governement Finance,Financial Intermediation and Insurance

10—1 主要年份地方财政收支情况

ocal Financial Revenue and Expenditure in Main Years

单位:万元 (10 000 yuan)

年 份 Year	地方财政收入 Local Financial Revenue	市区 City	地方财政支出 Local Financial Expenditure	市区 City	基本建设支出 Capital Construction	农业支出 Expenditure for Surporting Rural Production	文教科学卫生 Science, education culture and healh care
1951	201	79	39	23	4		
1952	307	159	92	67	16		
1953	452	307	243	88	7	1	70
1954	850	604	337	181	91	2	79
1955	607	326	225	83	14	4	66
1956	584	341	409	198	54	5	172
1957	730	422	392	176	33	7	158
1958	773	721	1040	652	694	6	139
1959	1356	1242	1349	929	785	36	234
1960	2100	1576	2571	1761	1618	73	382
1961	1007	903	1631	876	638	113	343
1962	970	843	1194	759	439	26	319
1963	1145	982	1387	858	541	62	288
1964	1457	1108	1904	1244	871	84	499
1965	1580	1175	1641	1027	636	83	557
1966	1935	1501	1930	1207	742	83	578
1967	1434	1101	1520	892	651	42	461
1968	1260	913	1455	941	664	27	435
1969	2198	1782	1932	1298	1043	13	520
1970	2827	2381	2294	1430	1234	34	568
1971	3277	2798	2837	1527	1095	48	625
1972	3886	3265	3069	1873	975	80	709
1973	4449	3657	3451	2163	837	118	756
1974	4574	3655	3885	2507	1211	153	834
1975	5467	4308	4324	2410	1200	191	901
1976	5333	4037	5214	2528	1993	158	993
1977	5522	4057	5257	2776	1682	188	1035
1978	7254	5413	6833	3915	2317	202	
1979	7117	5441	8272	4688	2337	1955	
1980	3881	2396	6669	3411	276	1932	
1981	3160	1671	5153	2416	217	1070	

10—1 续表 continued

单位:万元 (10 000 yuan)

年份 Year	地方财政收入 Local Financial Revenue	市区 City	地方财政支出 Local Financial Expenditure	市区 City	基本建设支出 Capital Construction	农业支出 Expenditure for Surporting Rural Production	文教科学卫生 Science, education culture and healh care
1982	3958	2271	7478	4221	501	1052	
1983	4087	2554	9219	5669	723	1335	
1984	5833	4080	12048	7390	809	1199	
1985	13171	10544	12223	6974	744	1472	
1986	14056	11251	17413	10993	1242	1513	
1987	15941	12815	15306	8986	368	1578	
1988	18850	15133	18230	10862	436	2023	
1989	21277	17458	21238	13674	470	2425	
1990	22965	19173	22367	14382	453	2315	
1991	26391	22130	26179	18147	493	1680	
1992	24737	19790	25198	16805	641	2136	
1993	31260	24223	31211	19732	866	2614	
1994	19598	14899	33718	21292	797	1878	
1995	26402	20868	42954	28799	1641	1673	
1996	42468	32474	51499	35104	2487	2279	
1997	54396	41935	66118	45690	2297	3099	
1998	74720	61745	85335	63941	2360	3394	
1999	80515	66323	90549	67040	2694	3369	
2000	94989	79183	123786	91481	16031	3416	
2001	123089	103303	163850	118290	25296	3530	
2002	133234	112189	202666	147863	36049	4689	
2003	160561	137437	234359	177796	29063	9665	
2004	194609	162362	284863	215923	30969	12876	
2005	249307	210424	343573	254325	35907	14021	
2006	299372	244279	431830	306971	47976	16419	
2007	539726	389012	744479	499537			
2008	646674	467143	926417	613012			
2009	925713	655309	1114240	641419			
2010	1379942	932676	1768768	1041810			
2011	1801422	1253585	2377933	1515983			
2012	1873131	1331335	2672293	1693464			
2013	2232886	1623472	3077821	1943088			
2014	2517282	1785730	3685557	2379303			
2015	2438310	1622913	3718067	2330739			
2016	2276231	1632488	3970408	2668690			
2017	2245024	1494755	3924870	2479659			
2018	2355961	1683905	4413415	2869232			
2019	2164968	1600978	4497767	2826260			
2020	2482911	1862942	4417554	2894815			

10—2 地方财政收入

Local Financial Revenue

单位:万元　　（2020）　　(10 000 yuan)

指标	Item	合计 Total	市区 City	永宁县 Yongning	贺兰县 Helan	灵武市 Lingwu
本年收入总计	**Total Government Revenue This Year**	**2482911**	**1862942**	**131065**	**156747**	**332157**
一般公共预算收入	**General Budget Revenue**	**1572599**	**1067208**	**87643**	**125965**	**291783**
税收收入	Total Tax Revenue	1111356	740374	37653	99313	234016
增值税	Value-added Tax	447332	287567	13715	28571	117479
企业所得税	Corporate Income Tax	86757	64425	741	6849	14742
个人所得税	Individual Income Tax	37029	29677	1298	1938	4116
资源税	Resource Tax					
城市维护建设税	City Maintenance and Construction Tax	123114	86533	2560	5197	28824
房产税	House Property Tax	54847	31654	2456	4014	16723
印花税	Stamp Tax	36151	24711	1859	2697	6884
城镇土地使用税	Urban Land Use Tax	42117	13250	3688	5553	19626
土地增值税	Land Appreciation Tax	70002	54098	1999	12678	1227
车船税	Tax on Vehicles and Boat Operation	28687	19574	1234	5643	2236
耕地占用税	Farm Land Occupation Tax	17908	2934	134	904	13936
契税	Deed Tax	162430	125461	7804	25127	4038
非税收入	Total Non-tax Revenue	461243	326834	49990	26652	57767
专项收入	Special Program Recipts	104035	77567	4927	4189	17352
行政事业性收费收入	Charge of Administrative and Institutional Units	40546	24490	2009	10886	3161
罚没收入	Penalty Receipts	48627	30438	2301	5090	10798
国有资本经营收入	Operating Income of State-owned Capital	22441		12441		10000
国有资源(资产)有偿使用收入	Income from National Resource(s assets)Paid Using	175725	127699	27261	5504	15261
其他收入	Other Income	69869	66640	1051	983	1195
基金预算收入	Fund Budget Revenue	909084	795709	43422	30782	39171
国有土地使用权出让收入	Income from the use of state-owned land	844315	739690	42320	26821	35484
国有资本经营预算收入	State-owned Capital Management Budget Revenue	**1228**	**25**			**1203**
国有资本经营收入	Income from State-owned Capital Operation	**1228**	**25**			**1203**

10—3 地方财政支出

Local Financial Expenditure

单位:万元 （2020） （10 000 yuan）

指标	Item	合计 Total	市区 City	永宁县 Yongning	贺兰县 Helan	灵武市 Lingwu
本年支出总计	**Total Government Expenditure This Year**	**4417554**	**2894815**	**347919**	**433269**	**741551**
一般公共预算支出	**General Budget Expenditure**	**3323605**	**2026292**	**294553**	**355876**	**646884**
一般公共服务支出	Expenditure for General Public Services	250346	171505	18009	20983	39849
国防支出	Expenditure for National Defense					
公共安全支出	Expenditure for Public Security	153263	118977	8824	11994	13468
教育支出	Expenditure for Education	473053	297374	48996	61942	64741
科学技术支出	Expenditure for Science and Technology	64469	39506	525	6246	18192
文化旅游体育与传媒支出	Cultural tourism, sports and media expenditure	53052	41234	1983	3645	6190
社会保障和就业支出	Expenditure forSocial Safety Net and Employment Effort	358720	212523	47852	48093	50252
卫生健康支出	Health expenditure	258153	169003	22998	22521	43631
节能环保支出	Expenditure for Environment Protection	117443	51446	9734	16084	40179
城乡社区支出	Expenditure forUrban and Rural Community Affairs	478066	312932	44864	33848	86422
农林水支出	Expenditure for Agriculture,Forestryand Water Conservancy	370212	200936	40001	59910	69365
交通运输支出	Expenditure for Transportation	59545	39230	6263	2709	11343
资源勘探信息等支出	Expenditure for Resource xploration,Electricityand Information Technology	286805	148894	6598	27973	103340
商业服务业等支出	Expenditure for Business Service Industry Affairs	33383	21084	2926	4824	4549
金融支出	Expenditure for Financial	318	310			8
自然资源海洋气象等支出	Expenditure on natural resources, marine meteorology, etc	26086	14120	2372	2448	7146
住房保障支出	Expenditure for Affordable Houses	156319	78613	9628	18906	49172
粮油物资储备支出	Expenditure for Reserve for Cereals and Oils	9958	7344	1511	1050	53
灾害防治及应急管理支出	Expenditure on disaster prevention and emergency management	28077	20292	1676	2415	3694
其他支出(类)	Other Expenditure	13084	11437		95	1552
债务付息支出	Expenditure for Debt Principal and Interest	133253	69532	19793	10190	33738
政府性基金支出	**Governmental fund Expenditure**	**1092754**	**868403**	**53366**	**77393**	**93592**
国有土地使用权出让相关支出	Expenditure for State-owned Land Use Right Transfer	749251	674305	10042	27971	36933
农业土地开发资金相关支出	Expenditure for Agricultural Land Development Funds	62			62	
城市基础设施配套费相关支出	Expenditure for The cost of the urban infrastructure	32463	31547		916	
污水处理费相关支出	Expenditure for Sewage Disposal	8909	6520	1200	746	443
彩票公益金相关支出	Expenditure for Lottery Ticket Public Welfare Fund	13674	8869	1995	1640	1170
其他政府性基金相关支出	Other Expenditure	83908	20053	96	34322	29437
国有资本经营支出	Expenditure for State-owned Capital Operation	1195	120			1075

注:自2017年起散装水泥专项资金相关支出指标并入新型墙体材料专项基金相关支出。

Note:From 2017, the expenditure target of Bulk Cement Special Fund will be merged into the expenditure of New Wall Materials Special Fund.

10—4 主要年份金融机构存、贷款余额

Total Deposits and Loans of Financial Institutions in Main Years

单位:万元 (10 000 yuan)

年 份 Year	各项存款余额 Total Deposits	国家银行 State Bank	居民储蓄 Saving Deposits	各项贷款余额 Total Loans	国家银行 State Bank	工业贷款 Loans to Industrial Sector	商业贷款 Loans to Commercial Sector	农业贷款 Loans to Agricultural Sector
1951	27	27	8	13	13		2	7
1952	51	51	12	25	25		2	10
1953	92	92	19	39	39	2	5	21
1954	1137	1137	135	1092	1092	28	43	19
1955	2256	2256	155	2605	2605	80	1213	29
1956	2525	2525	248	2966	2966	50	569	178
1957	3282	3282	355	3523	3523	10	426	118
1958	5898	5898	413	6088	6088	225	1700	49
1959	19157	19157	625	19480	19480	1548	4528	89
1960	31169	31169	757	31608	31608	3248	2093	167
1961	18809	18809	752	19481	19481	2002	8101	178
1962	12994	12994	936	13213	13213	883	633	536
1963	9310	9310	670	10824	10824	538	1767	520
1964	8908	8908	892	9326	9326	456	2294	404
1965	13077	13077	1009	13907	13907	256	3375	438
1966	21340	21340	1195	20958	20958	415	6076	966
1967	23802	23802	1291	24300	24300	489	6405	804
1968	21700	21700	1361	22263	22263	679	6991	633
1969	26827	26827	1333	27592	27592	848	7299	577
1970	26021	26021	1455	27210	27210	2461	10592	563
1971	29952	29952	1723	30038	30038	5528	13362	751
1972	26818	26818	2025	27003	27003	4970	12852	379
1973	29112	29112	2303	28643	28643	2019	13350	354
1974	28487	28487	2575	28972	28972	4309	12420	337
1975	36203	36203	2774	36696	36696	3864	14235	445
1976	37683	37683	2957	38506	38506	4596	12950	642
1977	41410	41410	3383	42337	42337	4041	14454	759
1978	49659	49659	3903	50310	50310	3802	17152	934
1979	50928	50928	5135	50453	50453	4044	17681	1131
1980	83659	83659	6734	83659	83659	6700	16611	908
1981	98680	98680	8862	99103	99103	7519	20505	758

10—4 续表 continued

单位:万元 (10 000 yuan)

年 份 Year	各项存款余额 Total Deposits	国家银行 State Bank	居民储蓄 Saving Deposits	各项贷款余额 Total Loans	国家银行 State Bank	工业贷款 Loans to Industrial Sector	商业贷款 Loans to Commercial Sector	农业贷款 Loans to Agricultural Sector
1982	71523	71523	11802	72742	72742	6803	22173	676
1983	107439	107439	15814	106354	106354	8699	20620	464
1984	148583	148583	23568	149627	149627	12361	24332	4228
1985	95110	95110	30382	98640	98640	26876	40067	4992
1986	115343	115343	42416	126374	126374	36572	46583	6282
1987	128112	128112	57368	170829	170829	47666	55486	8961
1988	149310	149310	71642	224608	224608	62190	79357	8570
1989	180472	180472	93624	257532	257532	78071	89926	11639
1990	225386	225386	122634	311791	311791	108775	100529	12956
1991	281564	281564	154230	399997	399997	131676	107238	13563
1992	345822	345822	186737	468094	468094	156467	128217	13913
1993	416441	416441	236156	570809	570809	184433	151318	15877
1994	674904	549733	362184	796435	690839	205252	168235	26422
1995	863818	708656	493414	900108	782052	233542	175200	23903
1996	1097742	933259	628206	1051645	931411	294426	239680	27268
1997	1242053	1091149	714143	1201302	1032897	328032	275001	33885
1998	1389316	1215715	813962	1310574	1164919	335518	290594	42587
1999	1903393	1642217	913344	1848119	1655668	377651	433091	46311
2000	2232318	1885173	998236	2053071	1774688	362999	373399	49141
2001	2813614	2319854	1239655	2353019	1970644	405628	315090	75352
2002	3583910	2666719	1548067	2854180	2177933	407808	283762	136569
2003	4641305	3069964	1930771	3724738	2543640	458811	262614	218000
2004	5139463	3455615	2188016	4013796	2840865	496620	267837	261023
2005	6126851	4200698	2649514	5517095	4152282	456304	308036	331312
2006	7182299		3063847	6612150		450296	336665	356859
2007	8096592		3264143	7960248		669992	371927	390264
2008	9939064		4231523	9650819		1172224	292573	330976
2009	12789671		5194029	12891250		1142625	325506	410443
2010	15979613		6344542	16410628				
2011	18101999		7252604	19454215				
2012	21082811		9014685	22829704				
2013	23409309		10152220	26606157				
2014	26089685		10898949	31859330				
2015	30177702		13049710	36539817				
2016	33434020		13913467	40765663				
2017	35872321		14969408	44603072				
2018	37045588		13535639	47978695				
2019	40137730		15361820	51506746				
2020	44880080		18761269	55349972				

10—5 金融机构年末存、贷款余额

Total Deposits and Loans of Financial Institutions at Year-end

单位:万元 （2020） （10 000 yuan）

指 标	Item	合 计 Total	市 区 City	永宁县 Yongning	贺兰县 Helan	灵武市 Lingwu
年末各项存款余额A4:G30	**Total Deposits at Year-end**	**44880080**	**38876087**	**1723366**	**2054273**	**2226354**
境内存款	Domestic Deposits	44803418	38800045	1723243	2053905	2226224
住户存款	Households Deposits	21374756	16956706	1304309	1629314	1484428
活期存款	Demand Deposits	7775617	6201732	424044	500356	649485
定期及其他存款	Time Deposits and Others	13599139	10754974	880264	1128958	834943
非金融企业存款	Non-financial Deposits	11803757	10939547	209068	227286	427856
活期存款	Demand Deposits	5222569	4693629	151605	162597	214738
定期及其他存款	Time Deposits and Others	6581188	6245918	57463	64689	213117
财政性存款	Fiscal Deposits	2839479	2698427	39020	18301	83730
机关团体存款	Organizations & communities Deposits	7190485	6610424	170846	179004	230211
非银行业金融机构存款	Non-banking Financial Institutions Deposits	1594941	1594941			
境外存款	Overseas Deposits	76662	76042	123	367	130
年末各项贷款余额	**Total Loans at Year-end**	**55349972**	**50427944**	**1453930**	**1475702**	**1992396**
境内贷款	Domestic Loans	55349281	50427301	1453882	1475702	1992396
住户贷款	Households Loans	14598634	12142609	706188	964986	784851
短期贷款	Short-term Loans	3565769	2609907	278755	276511	400597
消费贷款	Consumption Loans	2063875	1835778	51077	63835	113186
经营贷款	Business Loans	1501893	774129	227678	212676	287411
中长期贷款	Medium & Long-term Loans	11032865	9532702	427433	688475	384255
消费贷款	Consumption Loans	9445673	8465701	329970	449175	200827
经营贷款	Business Loans	1587192	1067002	97463	239300	183427
非金融企业及机关团体贷款	Non-financial Corporationsand Organizations& communities Loans	40750648	38284692	747694	510717	1207545
短期贷款	Short-term Loans	7599035	6786301	190319	211446	410969
中长期贷款	Medium & Long-term Loans	28482212	27328560	304189	199835	649628
票据融资	Bill Financing	4638473	4149523	252899	89287	146764
各项垫款	Every Advance Money	30928	20308	286	10148	185
境外贷款	Overseas Loans	691	643	48		

10—6 中资全国性大型银行年末存、贷款余额

Total Deposits and Loans of Financial Institutions at Year-end

单位:万元 （2020） （10 000 yuan）

指 标	Item	合 计 Total	市 区 City	永宁县 Yongning	贺兰县 Helan	灵武市 Lingwu
年末各项存款余额	**Total Deposits at Year-end**	**20424850**	**17598930**	**848800**	**839433**	**1137687**
境内存款	Domestic Deposits	20350515	17525207	848679	839071	1137557
个人存款	Personal Deposits	10150153	8208041	586786	630172	725154
活期储蓄存款	Demand Savings Deposits	5068118	3970754	300505	329815	467044
定期储蓄存款	Time Savings Deposits	2433115	1982436	162928	159467	128283
结构性存款	Structured Deposits	386428	355711	5761	11397	13559
单位存款	Unit Deposits	9542697	8705987	261893	162415	412403
活期存款	Demand Savings Deposits	4602296	4099087	163125	134992	205093
定期存款	Time Savings Deposits	1690145	1600298	58870	9469	21508
保证金存款	Margin Deposit	419748	368265	20438	5741	25304
结构性存款	Structured Deposits	260569	228877	1100	1000	29592
国库定期存款	Treasury Time Deposit	448600	448600			
非存款类金融机构存款	Non-deposit Financial Institutions Deposits	209065	162579		46485	
境外存款	Overseas Deposits	74336	73723	121	362	130
年末各项贷款余额	**Total Loans at Year-end**	**34042721**	**31876173**	**496334**	**493262**	**1176953**
境内贷款	Overseas Loans	34042131	31875631	496286	493262	1176953
短期贷款	Short-term Loans	4944654	4230291	153579	168348	392436
个人贷款及透支	Personal Loans and Overdrafts	1079114	819452	77979	63779	117905
个人消费贷款	Personal Consumption Loans	846021	708359	35158	32515	69989
单位贷款及透支	Unit Ordinary Loans and Overdrafts	3865541	3410840	75600	104569	274532
经营贷款及透支	Business Loans and Overdrafts	3233872	2816380	72106	104127	241259
固定资产贷款	Fixed Asset Loans	235528	235528			
贸易融资	Trade Finance	396141	358932	3494	442	33272
中长期贷款	Medium & Long-term Loans	26686329	25333148	341385	312088	699708
个人贷款	Personal Loans	5806103	5073753	288659	274150	169542
个人消费贷款	Personal Consumption Loans	5495240	4814596	272420	261223	147002
单位贷款	Corporate Loans	20880226	20259396	52726	37939	530166
经营贷款	Business Loans	2987746	2934324	6818	1107	45497
固定资产贷款	Fixed Asset Loans	17832440	17265031	45908	36831	484669
并购贷款	Annexation loans	23240	23240			
贸易融资	Trade Financing	36800	36800			
票据融资	Bill Financing	2385798	2296990	1322	2677	84809
各项垫款	Every Advance Money	25349	15201		10148	
境外贷款	Overseas Loans	590	542	48		

10—7 政策性银行年末存、贷款余额

Total Deposits and Loans of Policy Banks at Year-end

单位:万元　（2020）　(10 000 yuan)

指标	Item	合计 Total	市区 City	永宁县 Yongning	贺兰县 Helan	灵武市 Lingwu
年末各项存款余额	**Total Deposits at Year-end**	**133694**	**102327**	**18144**	**4520**	**8702**
单位存款	Unit Deposits	133694	102327	18144	4520	8702
活期存款	Demand Savings Deposits	130655	100063	18144	3746	8701
定期存款	Time Savings Deposits	1673	1673			
保证金存款	Margin Deposit	1026	251		774	1
年末各项贷款余额	**Total Loans at Year-end**	**1966520**	**1559826**	**239067**	**109892**	**57736**
短期贷款	Short-term Loans	368241	271231	70697	12753	13560
单位贷款及透支	Unit Ordinary Loans and Overdrafts	368241	271231	70697	12753	13560
经营贷款及透支	Business Loans and Overdrafts	368241	271231	70697	12753	13560
中长期贷款	Medium & Long-term Loans	1598279	1288595	168370	97138	44176
单位贷款	Corporate Loans	1598279	1288595	168370	97138	44176
非存款类金融机构贷款	Non-deposit Financial Institutions Loans					
票据融资	Bill Financing					
融资租赁	Finance Leases					
各项垫款	Every Advance Money					

注:2010 年国家开发银行进行了股改,表中政策性银行仅包括农业发展银行。

Note:The National Development Bank shares changed in 2010, Policy banks in the table only includes the Agricultural Develpoment Bank.

10—8 地方性金融机构年末存、贷款余额

Total Deposits and Loans of Local Financial Institutions at Year-end

单位:万元　　　　(2020)　　　　(10 000 yuan)

指 标	Item	合 计 Total	市 区 City	永宁县 Yongning	贺兰县 Helan	灵武市 Lingwu
年末各项存款余额	**Total Deposits at Year-end**	**17740352**	**14775191**	**817402**	**1151525**	**996234**
个人存款	Personal Deposits	9801213	7363356	717522	961061	759273
活期储蓄存款	Demand Savings Deposits	1989659	1525224	123540	158454	182441
定期储蓄存款	Time Savings Deposits	7541677	5591591	584925	796705	568457
结构性存款	Structured Deposits	4062	2678	1283	36	65
单位存款	Unit Deposits	6645821	6118524	99878	190459	236961
活期存款	Demand Savings Deposits	2914761	2541846	70605	156919	145393
定期存款	Time Savings Deposits	1959139	1840949	25888	21819	70483
保证金存款	Margin Deposit	1572352	1540757	3355	10980	17260
结构性存款	Structured Deposits	3907	3876	31		
非存款类金融机构存款	Treasury Time Deposit	1087349	1087349			
年末各项贷款余额	**Total Loans at Year-end**	**13714192**	**11417603**	**718529**	**820353**	**757708**
短期贷款	Short-term Loans	4452909	3519496	244798	283047	405569
个人贷款及透支	Personal Loans and Overdrafts	2388766	1693371	200776	211927	282692
个人消费贷款	Personal Consumption Loans	1143344	1053512	15918	30718	43197
单位贷款及透支	Unit Ordinary Loans and Overdrafts	1974644	1736625	44022	71119	122877
经营贷款及透支	Business Loans and Overdrafts	1953099	1715080	44022	71119	122877
固定资产贷款	Fixed Asset Loans	20545	20545			
贸易融资	Trade Finance	1000	1000			
中长期贷款	Medium & Long-term Loans	7491010	6528448	221867	450697	289999
个人贷款	Personal Loans	3553953	2814528	138774	385938	214713
个人消费贷款	Personal Consumption Loans	2349165	2077138	57551	160650	53826
单位贷款	Corporate Loans	3937057	3713920	83093	64759	75286
经营贷款	Business Loans	2946650	2794662	52569	59282	40136
固定资产贷款	Fixed Asset Loans	990407	919257	30523	5477	35150
票据融资	Bill Financing	1769291	1369149	251577	86610	61955
各项垫款	Every Advance Money	981	510	286		185

注:地方性金融机构包括宁夏银行、石嘴山银行、农村商业银行、农村信用社、村镇银行。

Note:Local financial institutions included Bank of Ningxia, Yellow River Rural Commercial Bank, Rural Credit Cooperatives and Village Bank.

10—9 保险业务情况

Basic Statistics for Insurance Companies

单位:万元　　　　　　　　　　　　（2020）　　　　　　　　　　　　（10 000 yuan）

指标	Item	保费收入 Premium	赔款支出 Reparation
总计	**Total**	1222094.08	383402.46
财产险	**Property Insurance**	**366620.89**	**211135.61**
企业财产险	Enterprise Property Insurance	20472.54	10946.02
家庭财产险	Family Property Insurance	1973.29	661.51
责任险	Liability Insurance	30802.32	19285.44
机动车辆险	Motor Vehicle Insurance	251912.99	127825.52
货物运输险	Freight Transport Insurance	1187.51	438.86
工程险	Engineering Insurance	1658.02	584.22
农业险	Agriculture Insurance	23253.10	16806.71
其他险	Other Insurance	35361.12	34587.33
人身险	**Personal Accident Insurance**	**855473.18**	**172266.85**
人寿险	Life Insurance	582718.49	117040.09
意外伤害险	Accident Injury Insurance	32467.59	7620.27
健康险	Health Insurance	240287.10	47606.47

主要统计指标解释

【一般公共预算收入】 指属于地方一般公共预算的收入，包括地方企业上交利润，城市维护建设税（不含铁道部门、各银行总行、各保险公司总公司集中缴纳的部分），房产税，城镇土地使用税，土地增值税，车船税，耕地占用税，契税，烟叶税，印花税，增值税25%部分，纳入共享范围的企业所得税40%部分，个人所得税40%部分，证券交易印花税3%部分，海洋石油资源税以外的其他资源税，地方非税收入等。

【税收收入】 包括增值税、消费税、企业所得税、企业所得税退税、个人所得税、资源税、固定资产投资方向调节税、城市维护建设税、房产税、印花税、城镇土地使用税、土地增值税、车船税、耕地占用税、契税、烟叶税和其他税收收入。

【企业所得税】 指税务机关按《中华人民共和国企业所得税暂行条例》征收的企业所得税及依照《中华人民共和国外商投资企业和外国企业所得税法》征收的外商投资企业和外国企业所得税。税务机关对港澳台商投资企业征收的企业所得税也包括在内。

【个人所得税】 指反映按照《中华人民共和国个人所得税法》和《对储蓄存款利息所得征收个人所得税的实施办法》征收的个人所得税。

【一般公共预算支出】 指一般公共服务，公共安全支出，地方统筹的各项社会事业支出等。

【一般公共服务支出】 指政府提供一般公共服务的支出。

【年末金融机构人民币各项存款余额】 指企业、机关、团体和居民根据可以收回的原则，把货币存入银行或其他信用机构保管并取得一定利息的年末货币总量。

【年末金融机构人民币各项贷款余额】 指年终时银行或其他信用机构根据必须归还的原则，按一定利率，为企业、个人等提供资金贷款的总额。不包括外币贷款。

【住户存款余额】 指城乡居民在某一时点上，在银行和其他金融机构的本（人民币）、外币储蓄存款总额。不包括居民的手存现金和工矿企业、部队、机关、团体等单位存款。

【保费收入】 保险费收入指投保人或被保险人为获得保险保障而付给保险人的代价。储金收入指投保人为取得经济保障而存入保险公司的存款，保险期满，保险公司连同部分利息退还投保人。

【赔款支出】 赔款指财产保险在被保险财产发生保险合同规定的损失后，保险公司按实际损失给予的经济补偿金额。给付指人身保险在保险责任发生的意外伤害或事故及返还性保险期满，保险公司给保险人支付的款项。

11

人民生活和物价

people's living conditions ang price indices

11—1 主要年份城市居民收支及价格指数情况

Income and Expenditure of Uran Households and Price Indices in Main Years

年 份 Year	城镇居民人均可支配收入(元) Per Capita Disposable Income of Uran Households(yuan)	城镇居民人均消费性支出(元) Per Capita Consumption Expenditure of Uran Households(yuan)	恩格尔系数(%) Engel's Coefficient (%)	居民消费价格总指数(%) Consumer price Index(%)	服务项目价格指数 Service Items Price Price	商品零售价格指数(%) Retail Price Index (%)
1949	118.64	110.96	60.1			
1950	136.13	135.94	60.1			
1951	156.15	166.52	60.1	123.7		113.3
1952	179.24	204.02	60.1	106.7		102.6
1953	187.00	205.38	60.0	104.7		102.8
1954	195.04	206.70	59.9	101.4		102.1
1955	203.43	208.05	59.9	100.7		101.2
1956	212.18	209.44	59.8	100.1		100.2
1957	221.56	211.09	59.7	102.5		101.5
1958	222.31	210.03	60.0	102.4		101.7
1959	222.97	209.52	60.2	102.9		102.0
1960	223.64	209.74	60.2	104.3		104.4
1961	224.31	210.79	60.0	120.2		120.6
1962	224.99	212.85	59.5	95.1		95.3
1963	226.08	216.48	58.7	88.9		89.1
1964	233.73	218.25	58.7	94.9		95.7
1965	263.90	235.81	57.0	97.7		97.5
1966	268.74	238.59	57.5	98.2		98.1
1967	273.58	241.75	57.9	102.5		102.5
1968	278.50	245.26	58.2	101.3		101.3
1969	283.51	249.08	58.4	102.5		102.5
1970	288.62	253.26	58.6	100.8		100.8
1971	293.81	257.74	58.8	99.8		99.7
1972	299.10	262.50	58.8	100.4		100.4
1973	304.49	267.59	58.9	100.3		100.3
1974	309.97	272.97	58.9	100.4		100.4
1975	315.55	278.65	58.8	100.6		100.7
1976	321.23	284.62	58.7	100.9		101.1
1977	327.01	291.24	58.8	108.2		108.4
1978	346.08	306.12	58.8	100.6	100.0	100.7
1979	369.49	314.13	60.0	101.2	100.1	101.3
1980	488.18	403.32	54.8	106.5	105.0	106.5

11—1 续表 continued

年 份 Year	城镇居民人均可支配收入(元) Per Capita Disposable Income of Uran Households(yuan)	城镇居民人均消费性支出(元) Per Capita Consumption Expenditure of Uran Households(yuan)	恩格尔系数(%) Engel's Coefficient(%)	居民消费价格总指数(%) Consumer price Index(%)	#服务项目价格指数 Service Items Price Price	商品零售价格指数(%) Retail Price Index(%)
1981	485.01	422.90	52.5	101.7	103.2	101.6
1982	501.36	448.07	52.9	101.2	102.6	101.1
1983	550.00	477.46	55.1	101.8	98.5	101.7
1984	672.43	583.30	54.7	103.8	101.9	103.8
1985	815.45	703.41	47.9	108.9	112.3	108.6
1986	972.44	830.82	46.4	107.3	109.8	107.1
1987	1050.51	916.73	49.3	110.1	100.7	111.0
1988	1170.23	1177.16	46.9	117.2	107.6	118.1
1989	1298.92	1241.06	53.1	115.8	105.6	116.7
1990	1580.72	1432.67	52.9	106.3	145.3	102.9
1991	1708.50	1490.00	49.4	106.0	113.3	105.3
1992	1961.60	1683.80	46.1	109.7	117.1	108.9
1993	2326.00	2159.50	42.1	116.7	140.3	113.9
1994	3410.40	3036.10	43.9	124.3	115.9	119.1
1995	3931.70	3540.50	44.2	117.3	120.3	114.7
1996	4252.07	3684.99	44.5	107.0	107.7	106.2
1997	4471.08	4016.61	42.7	104.1	114.1	102.2
1998	4821.05	4398.48	39.0	100.2	117.7	97.1
1999	5167.67	4484.40	36.3	100.1	105.5	98.7
2000	5621.51	5369.05	34.2	99.2	107.6	97.7
2001	6256.61	5507.79	33.7	101.4	109.6	100.6
2002	6845.28	5979.36	35.7	99.5	103.9	98.7
2003	7245.32	6093.01	36.4	101.7	104.5	99.8
2004	7984.33	6728.85	37.4	103.2	102.9	102.0
2005	8852.42	7311.38	35.8	101.7	102.9	100.6
2006	10067.76	8288.47	34.6	101.6	101.9	101.2
2007	12185.47	9176.42	36.3	105.3	102.1	103.6
2008	14458.00	11455.00	35.4	107.6	101.5	105.9
2009	15715.44	12271.76	32.8	99.7	100.4	98.5
2010	17073.12	13589.00	32.1	103.8	104.8	102.5
2011	19480.85	14931.24	35.3	105.5	104.1	104.2
2012	21900.50	16389.53	33.4	102.6	102.6	100.6
2013	23776.41	16843.79	32.3	103.5	101.8	102.3
2014	26117.69	20401.22	30.5	102.1	102.8	100.8
2015	28261.37	21694.03	30.3	101.6	103.4	100.2
2016	30477.81	22897.85	29.1	101.7	101.8	100.8
2017	32980.81	23124.48	28.8	101.7	103.6	101.5
2018	35586.34	25505.80	25.4	102.2	101.6	102.7
2019	38216.85	27716.91	25.2	102.2	101.5	101.1
2020	39982.80	26667.30	27.2	101.8	101.2	100.5

11—2 城镇居民家庭就业情况

Employed Conditions of Urban Households

（2020）

指 标	Item	单 位	unit	总平均 Total Average
调查人口和就业情况	**Statistics of Survey Population and Employment**			
户均常住人口	Resident Population of Average Household	人	person	2.83
由本户供养的在校学生	Enrollment Students Supported by the Family	人/户	Person / household	0.53
不由本户供养的在校学生	Enrollment Students Non-Supported by theFamily	人/户	Person / household	0.00
非在校学生	Non School Students	人/户	Person / household	2.10
受教育程度	Education Level	人/户	Person / household	2.62
未上过学	Never go to School	人/户	Person / household	0.06
小学	Primary School	人/户	Person / household	0.36
初中	Junior Secondary School	人/户	Person / household	0.54
高中	Senior Secondary School	人/户	Person / household	0.60
大学专科	Junior College	人/户	Person / household	0.49
大学本科	Undergraduate	人/户	Person / household	0.51
研究生	Postgraduate	人/户	Person / household	0.07
常住劳动力情况	Labor Situation			
劳动力人数	Number of Labor Force	人/户	Person / household	2.06
整劳动力人数	Number of Full Labour Force	人/户	Person / household	1.13
半劳动力人数	Number of Semi Labour Force	人次	person-time	0.93
常住从业人员情况	**Employment Situation**			
参加医疗保险情况	Basic Medical Care Insurance			2.06
新型农村合作医疗	New Rural Co-operative Medical System	人/户	Person / household	0.04
城镇职工基本医疗保险	Urban Workers	人/户	Person / household	1.33
(城镇)居民基本医疗保险	(urban)Non-employment Residents	人/户	Person / household	0.56
公费医疗	Free Medical Care	人/户	Person / household	0.00
商业医疗保险	Commercial Medical Insurance	人/户	Person / household	0.26
其他医疗保险	Other Medical Insurance	人/户	Person / household	0.00
没有参加任何医疗保险	Non-Participated in any Medical Insurance	人/户	Person / household	0.10
参加养老保险情况	Basic Pension Insurance			2.06
城镇职工基本养老保险	Urban Workers	人/户	Person / household	1.41
(城乡)居民社会养老保险	(urban)Non-employment Residents	人/户	Person / household	0.18
商业养老保险	Commercial Pension Insurance	人/户	Person / household	0.04
其他养老保险	Other Pension Insurance	人/户	Person / household	0.04
没有参加任何养老保险	Non-Participated in any Pension Insurance	人/户	Person / household	0.41

11—2 续表 continued

（2020）

指 标	Item	单 位	unit	总平均 Total Average
从事行业	**Engaged in Sector**			**1.28**
第一产业	Primary Industry	人/户	Person / household	0.02
第二产业	Secondary Industry	人/户	Person / household	0.34
采矿业	Mining	人/户	Person / household	0.07
制造业	Manufacturing	人/户	Person / household	0.12
电力、热力、燃气及水生产供应业	Production and Distribution of Electricity	人/户	Person / household	0.06
建筑业	Construction	人/户	Person / household	0.08
第三产业	Tertiary Industry	人/户	Person / household	0.92
批发和零售业	Wholesale and Retail Trades	人/户	Person / household	0.21
交通运输、仓储和邮政业	Traffic,Transports,Storage and Post	人/户	Person / household	0.07
住宿和餐饮业	Hotels and Catering Services	人/户	Person / household	0.05
信息传输、软件业和信息技术服务业	Information Transmission,Computer Services and Software	人/户	Person / household	0.04
金融业	Financial Intermediation	人/户	Person / household	0.06
房地产业	Real Estate	人/户	Person / household	0.01
租赁和商务服务业	Leasing and Business Services	人/户	Person / household	0.02
科学研究和技术服务业	Scientific Research and Technical Service	人/户	Person / household	0.01
水利、环境和公共设施管理业	Management of Water Conservancy,Environment	人/户	Person / household	0.02
居民服务、修理和其他服务业	Services to Households and Other Services	人/户	Person / household	0.16
教育	Education	人/户	Person / household	0.09
卫生和社会工作	Health and Social Welfare	人/户	Person / household	0.04
文化、体育和娱乐业	Culture, Sports and Entertainment	人/户	Person / household	0.02
公共管理、社会保障和社会组织	Public Management,Social Security and Social Organization	人/户	Person / household	0.13
国际组织	International Organization	人/户	Person / household	0.00
从事职业	**Engaged in Occupation**			**1.28**
国家机关、党群组织、企业、事业单位负责人	Head of State organs, Party organizations, Enterprises and Government-affiliated institutions	人/户	Person / household	0.04
专业技术人员	Professionals	人/户	Person / household	0.28
办事人员和有关人员	Staff and Related Personnel	人/户	Person / household	0.32
商业、服务业人员	Business and Service Personnel	人/户	Person / household	0.42
农、林、牧、渔、水利业生产人员	Production Personnel of Agricultural, Forestry, Animal Husbandry, Fishery and Water Conservancy Industry	人/户	Person / household	0.02
生产、运输设备操作人员及有关人员	Production, Transport Equipment Operators and Related Personnel	人/户	Person / household	0.20
军人	Soldier	人/户	Person / household	0.00
不便分类的其他从业人员	Other Practitioners without Classification	人/户	Person / household	0.00

11—3　城镇居民家庭年末主要消费拥有情况

Employed Conditions of Urban Ownership Volume of Major Consumer Goods by Urban Households at Year-end

（2020）

指　标	Item	单位	unit	总平均 Total Average
摩托车	Motorcycle	辆	unit	5.08
助力车	Powered Bicycle	辆	unit	39.86
家用汽车	Automobile	辆	unit	51.65
洗衣机	Washing Machine	台	set	100.59
电冰箱	Refrigerator	台	set	100.10
彩色电视机	Color Television Set	台	set	102.38
计算机	Computer	台	set	85.83
组合音响	Hi-Fi Stereo Component	套	set	
摄像机	Video Camera	架	set	
照相机	Camera	架	set	23.22
其它中高档乐器	Secondary and Top Grade Musical Instrument	件	set	15.11
微波炉	Microwave Oven	台	set	70.85
空调器	Air Conditioner	台	set	34.83
淋浴热水器	Water Heater for Shower	台	set	100.88
消毒碗柜	Disinfection Cupboard	台	set	
洗碗机	Dishwasher	台	set	0.92
健身器材	Health Equipment	套	set	10.28
固定电话	Telephone	部	unit	7.29
移动电话	Mobile Telephone	部	unit	246.53
#接入互联网移动电话	Mobile Telephone Accessed to Internet	部	unit	237.67
接入有线电视机	Television Accessed to Network	台	set	
接入互联网计算机	Computer Accessed to Internet	台	set	76.46
空气净化器(含新风系统)		台		6.42
吸尘器		台		17.09

11—4 城镇居民家庭收支情况(年人均)

Basic Statistics of Cash Income and Expenditure by Urban Households(Annual Average)

(2020)

指 标	item	总平均 Total Average
可支配收入(新口径)	**Disposable Income(new caliber)**	**39416.42**
工资性收入	Income from Wages and Salaries	26457.63
工资	Wages	24969.50
实物福利	Material Benefits	66.78
其他	Others	1421.36
经营净收入	Net Income from Business	3734.58
第一产业经营净收入	Primary Industry	203.05
第二产业经营净收入	Secondary Industry	679.69
第三产业经营净收入	Tertiary Industry	2851.84
财产净收入	Net Income from Properties	1641.45
利息净收入	Interest	29.06
红利收入	Dividend	64.66
储蓄性保险净收益	Net Profit of Savings Insurance	9.47
转让承包土地经营权租金净收入	Rent Income of Transfer Contract Land Management Right	30.97
出租房屋财产性收入	Rental Housing Property Income	272.36
出租机械、专利、版权等资产的收入	Rent Income of Machinery, Patents, Copyrights and Other Assets	22.85
其他财产净收入	Others	21.99
房屋虚拟租金	Virtual Rent of House	1190.09
转移净收入	Net Income from Transfer	7582.75
转移性收入	Transfer Income	10546.12
养老金或离退休金	Pension	9648.47
社会救济和补助	Social Relief	73.12
转移性支出	Transfer Expenditure	2963.36
个人所得税	Individual Income-tax	190.81
社会保障支出	Social Security Expenditures	2529.96
外来从业人员寄给家人的支出	Expenses for Family by Foreign Employees	0.00
赡养支出	Support Expenditures	143.72
其他转移性支出	Others	98.87
消费支出	**Consumption Expenditure**	**26669.99**
食品烟酒	Food, Cigarettes and Liquor	7265.30
食品	Food	4354.61
谷物	Cereal	396.22
薯类	Potatoes	36.07
豆类	Beans	58.67
食用油	Edible Oil	119.71
蔬菜和食用菌	Vegetable and Edible Fungus	607.46
肉类	Meat	1041.69
禽类	Poultry	213.92
水产品	Aquatic Products	191.50
蛋类	Eggs	102.46
奶类	Dairy Products	400.73
干鲜瓜果类	Dry and Fresh Fruits	767.10
糖果糕点类	Sweets and Cakes	195.64
其他食品	Others	223.44
烟酒	Cigarettes and Liquor	528.50
烟草	Tobacco	360.82
酒类	Wine	167.68
饮料	Beverag	175.80

11—4 续表 continued

（2020）

指 标	Item	总平均 Total Average
饮食服务	Catering Services	2206.38
食堂用餐	Dining Room	54.46
其他在外饮食	Other Dining Outside	2151.66
食品加工服务费	Food Processing Service Charge	0.25
衣着	Clothing	2171.71
衣类	Clothes	1760.47
鞋类	Shoes	411.24
居住	Residence	5579.57
租赁房房租	Rent of Rental Housing	156.33
住房维修及管理	Housing Maintenance and Management	765.26
水电燃料及其他	Hydropower Fuel and Others	1359.62
自有住房折算租金	Converted Rent of Owned Housing	3298.36
生活用品及服务	Daily Necessities and Services	1692.75
家具及室内装饰品	Furniture and Interior Decoration	179.28
家用器具	Household Appliances	356.30
家用纺织品	Home Textiles	125.81
家庭日用杂品	Family Daily Necessities	330.46
个人用品	Personal Items	575.76
家庭服务	Domestic Service	125.14
交通通信	Transport and Communications	3829.01
交通	Transport	2792.01
交通工具	Traffic Tools	496.61
交通费	Traffic Expense	410.36
交通工具用燃料	Fuel for Transportation	875.72
交通工具使用及维修	Use and Maintenance of Transportation	1009.32
车辆保险支出	Expenses of Vehicle Insurance	475.34
通信	Communications	1037.00
通信工具	Communication Tools	379.07
通信服务	Communication Services	657.93
教育文化娱乐	Education, Culture and Recreation	2844.84
教育	Education	1899.28
学前教育	Pre-primary Education	215.93
小学教育	Primary Education	398.17
初中教育	Junior Secondary Education	314.49
高中教育	Senior Secondary Education	184.33
中专职高教育	Vocational Secondary Education	40.32
大专及以上教育	Junior College and Above Education	593.53
成人教育	Adult Education	152.51
文化娱乐	Cultural and Recreation	945.57
文娱耐用消费品	Entertainment and Durable Consumer Goods	217.73
其他文娱用品	Other Entertainment Products	319.04
文化娱乐服务	Cultural Entertainment Service	408.79
医疗保健	Health Care and Medical Services	2535.75
医疗器具及药品	Medical Apparatus and Medicine	818.52
医疗服务	Medical Service	1717.23
门诊总费用	Total Cost of Outpatient Service	777.95
住院总费用	Total Hospitalization Expenses	939.28
其他用品和服务	Other Articles and Services	751.06
其他用品	Other Articles	295.77
其他服务	Other Services	455.29

11—5 城镇居民平均每人全年购买商品数量

Employed Conditions of Urban Households

（2020）

指　标	item	单位	unit	总平均 Total Average
食用植物油	Edible Vegetable Oil	千克	kg	6.4
猪肉	Pork	千克	kg	6.0
牛肉	Beef	千克	kg	3.9
羊肉	Mutton	千克	kg	4.5
禽类	Poultry	千克	kg	6.8
鲜蛋	Fresh Eggs	千克	kg	9.4
鱼	Fish	千克	kg	3.2
鲜菜	Fresh Vegetables	千克	kg	95.0
白酒	Liquor	千克	kg	0.8
啤酒	Beer	千克	kg	2.4
鲜瓜果	Fruits	千克	kg	76.4
糕点	Cake	千克	kg	3.8
鲜奶	Fresh Dairy Products	千克	kg	13.0
酸奶	Yogurt	千克	kg	6.6
鞋类	Shoes	双	pair	2.6
液化石油气	Liquefied Petroleum Gas	千克	kg	0.3
管道天然气	Pipeline Natural Gas	立方米	cu.m	101.4

11—6 城镇居民家庭住房基本情况

Housing Statistics of Urban Households

(2020)

指 标	Item	单 位	unit	总平均 Total Average
现住房建筑面积	Housing Sonstruction Area	平方米	sq.m	36.61
本住户居住空间样式	Residential Space Style			100.00
单栋楼房	Single Building	%	%	0.00
单栋平房	Single Bungalow	%	%	0.00
四居室及以上单元房	Four and above Bedroom	%	%	3.24
三居室单元房	Three Bedroom	%	%	44.99
二居室单元房	Two Bedroom	%	%	49.56
一居室单元房	One Bedroom	%	%	2.21
筒子楼或连片平房	Tube-shaped apartment or Many of the Bungalow	%	%	0.00
其他	Others			0.00
主要建筑材料	Main Building Materials	%	%	100.00
钢筋混凝土	Reinforced Concrete	%	%	54.38
砖混材料	Brick Material	%	%	45.62
砖瓦砖木	Tile and Brick	%	%	0.00
竹草土坯	Bamboo Grass Mud	%	%	0.00
其他	Others	%	%	0.00
现住房房屋来源	Source of House			100.00
租赁公房	Lease Public Housing	%	%	0.19
租赁私房	Lease Private Housing	%	%	4.54
自建住房	House Built by Oneself	%	%	0.36
购买商品房	Purchase Commercial Housing	%	%	69.63
购买房改住房	Purchase Reform Housing	%	%	12.44
购买保障性住房	Purchase Affordable Housing	%	%	3.55
拆迁安置房	Removal and Resettlement Housing	%	%	7.59
继承或获赠住房	Inheritance or Gift of Housing	%	%	0.68
免费借用房	Free Use of Housing	%	%	1.01
雇主提供免费住房	Provided Free Housing by Employers	%	%	0.00
其他来源	Others	%	%	0.00

11—7 农村居民家庭就业情况

Employed Conditions of Rural Households

（2020）

指 标	Item	单 位	unit	总平均 Total Average
调查人口和就业情况	**Statistics of Survey Population and Employment**			
户均常住人口	Resident Population of Average Household	人	person	3.26
由本户供养的在校学生	Enrollment Students Supported by the Family	人/户	Person / household	0.64
不由本户供养的在校学生	Enrollment Students Non-Supported by the Family	人/户	Person / household	0.00
非在校学生	Non School Students	人/户	Person / household	2.46
6周岁及以上住户成员受教育程度	**Education Level**			3.09
未上过学	Never go to School	人/户	Person / household	0.22
小学	Primary School	人/户	Person / household	0.95
初中	Junior Secondary School	人/户	Person / household	1.31
高中	Senior Secondary School	人/户	Person / household	0.36
大学专科	Junior College	人/户	Person / household	0.17
大学本科	Undergraduate	人/户	Person / household	0.08
研究生	Postgraduate	人/户	Person / household	0.01
常住劳动力情况	**Labor Situation**			
劳动力人数	Number of Labor Force	人/户	Person / household	2.37
整劳动力人数	Number of Full Labour Force	人/户	Person / household	1.19
半劳动力人数	Number of Semi Labour Force	人/户	Person / household	1.18
常住从业人员情况	**Employment Situation**			
参加医疗保险情况	Basic Medical Care Insurance			2.37
新型农村合作医疗	New Rural Co-operative Medical System	人/户	Person / household	0.56
城镇职工基本医疗保险	Urban Workers	人/户	Person / household	0.14
（城镇）居民基本医疗保险	(urban)Non-employment Residents	人/户	Person / household	1.63
公费医疗	Free Medical Care	人/户	Person / household	0.00
商业医疗保险	Commercial Medical Insurance	人/户	Person / household	0.10
其他医疗保险	Other Medical Insurance	人/户	Person / household	0.00
没有参加任何医疗保险	Non-Participated in any Medical Insurance	人/户	Person / household	0.04
参加养老保险情况	Basic Pension Insurance			2.37
城镇职工基本养老保险		人/户	Person / household	0.22
城乡居民基本养老保险		人/户	Person / household	1.59
企业年金（职业年金）		人/户	Person / household	0.01
商业养老保险	Commercial Pension Insurance	人/户	Person / household	0.02
其他养老保险	Other Pension Insurance	人/户	Person / household	0.14
没有参加任何养老保险	Non-Participated in any Pension Insurance	人/户	Person / household	0.41

11—7 续表 continued

(2020)

指 标	Item	单位	unit	总平均 Total Average
从事行业	**Engaged in Sector**			**1.74**
第一产业	Primary Industry	人/户	Person / household	0.54
第二产业	Secondary Industry	人/户	Person / household	0.34
采矿业	Mining	人/户	Person / household	0.01
制造业	Manufacturing	人/户	Person / household	0.09
电力、热力、燃气及水生产供应业	Production and Distribution of Electricity	人/户	Person / household	0.04
建筑业	Construction	人/户	Person / household	0.20
第三产业	Tertiary Industry	人/户	Person / household	0.86
批发和零售业	Wholesale and Retail Trades	人/户	Person / household	0.18
交通运输、仓储和邮政业	Traffic,Transports,Storage and Post	人/户	Person / household	0.19
住宿和餐饮业	Hotels and Catering Services	人/户	Person / household	0.07
信息传输、软件业和信息技术服务业	Information Transmission,Computer Services and Software	人/户	Person / household	0.00
金融业	Financial Intermediation	人/户	Person / household	0.01
房地产业	Real Estate	人/户	Person / household	0.00
租赁和商务服务业	Leasing and Business Services	人/户	Person / household	0.00
科学研究和技术服务业	Scientific Research and Technical Service	人/户	Person / household	0.00
水利、环境和公共设施管理业	Management of Water Conservancy,Environment	人/户	Person / household	0.09
居民服务、修理和其他服务业	Services to Households and Other Services	人/户	Person / household	0.22
教育	Education	人/户	Person / household	0.03
卫生和社会工作	Health and Social Welfare	人/户	Person / household	0.01
文化、体育和娱乐业	Culture, Sports and Entertainment	人/户	Person / household	0.00
公共管理、社会保障和社会组织	Public Management,Social Security and Social Organiza-tion	人/户	Person / household	0.06
国际组织	International Organization	人/户	Person / household	0.00
从事职业	**Engaged in Occupation**			**1.74**
国家机关、党群组织、企业、事业单位负责人	Head of State organs, Party organizations, Enterprises and Government-affiliated institutions	人/户	Person / household	0.00
专业技术人员	Professionals	人/户	Person / household	0.08
办事人员和有关人员	Staff and Related Personnel	人/户	Person / household	0.12
商业、服务业人员	Business and Service Personnel	人/户	Person / household	0.63
农、林、牧、渔、水利业生产人员	Production Personnel of Agricultural, Forestry, Animal Husbandry, Fishery and Water Conservancy Industry	人/户	Person / household	0.54
生产、运输设备操作人员及有关人员	Production, Transport Equipment Operators and Related Personnel	人/户	Person / household	0.38
军人	Soldier	人/户	Person / household	0.00
不便分类的其他从业人员	Other Practitioners without Classification	人/户	Person / household	0.00

11—8 农村居民家庭收支情况(年人均)

Income and Expenditure by Rural Households(Annual Average)

(2020)

指 标	item	总平均 Total Average
可支配收入(新口径)	**Disposable Income (new caliber)**	**16428.4**
工资性收入	Income from Wages and Salaries	7540.7
工资	Wages	7488.1
实物福利	Material Benefits	23.5
其他	Others	29.0
经营净收入	Net Income from Business	7302.3
第一产业经营净收入	Primary Industry	4350.2
第二产业经营净收入	Secondary Industry	191.5
第三产业经营净收入	Tertiary Industry	2760.6
财产净收入	Net Income from Properties	579.6
利息净收入	Interest	46.4
红利收入	Dividend	6.8
储蓄性保险净收益	Net Profit of Savings Insurance	0.0
转让承包土地经营权租金净收入	Rent Income of Transfer Contract Land Management Right	330.5
出租房屋财产性收入	Rental Housing Property Income	174.5
出租机械、专利、版权等资产的收入	Rent Income of Machinery, Patents, Copyrights and Other Assets	20.6
其他财产净收入	Others	0.9
房屋虚拟租金	Virtual Rent of House	0.0
转移净收入	Net Income from Transfer	1005.8
转移性收入	Transfer Income	1678.2
养老金或离退休金	Pension	932.6
社会救济和补助	Social Relief	139.3
转移性支出	Transfer Expenditure	672.4
个人所得税	Individual Income-tax	2.2
社会保障支出	Social Security Expenditures	622.4
外来从业人员寄给家人的支出	Expenses for Family by Foreign Employees	1.7
赡养支出	Support Expenditures	19.2
其他转移性支出	Others	26.9
总支出	**Total Expenditure**	**26296.3**
消费支出	**Consumption Expenditure**	**13318.4**
食品烟酒	Food, Cigarettes and Liquor	4108.1
食品	Food	3032.5
谷物	Cereal	492.3
薯类	Potatoes	26.6
豆类	Beans	36.8
食用油	Edible Oil	150.2
蔬菜和食用菌	Vegetable and Edible Fungus	380.9
肉类	Meat	870.5
禽类	Poultry	193.5
水产品	Aquatic Products	53.1
蛋类	Eggs	64.3
奶类	Dairy Products	155.6
干鲜瓜果类	Dry and Fresh Fruits	387.4
糖果糕点类	Sweets and Cakes	74.3
其他食品	Others	147.0
烟酒	Cigarettes and Liquor	379.6
烟草	Tobacco	330.7
酒类	Wine	48.9
饮料	Beverag	92.3

11—8 续表1 continued

（2020）

指 标	item	总平均 Total Average
饮食服务	Catering Services	603.7
食堂用餐	Dining Room	23.5
其他在外饮食	Other Dining Outside	572.2
食品加工服务费	Food Processing Service Charge	8.0
衣着	Clothing	947.1
衣类	Clothes	735.4
鞋类	Shoes	211.8
居住	Residence	2208.4
租赁房房租	Rent of Rental Housing	103.3
住房维修及管理	Housing Maintenance and Management	387.8
水电燃料及其他	Hydropower Fuel and Others	761.8
自有住房折算租金	Converted Rent of Owned Housing	955.5
生活用品及服务	Daily Necessities and Services	717.2
家具及室内装饰品	Furniture and Interior Decoration	79.1
家用器具	Household Appliances	134.7
家用纺织品	Home Textiles	63.9
家庭日用杂品	Family Daily Necessities	182.5
个人用品	Personal Items	231.8
家庭服务	Domestic Service	25.1
交通通信	Transport and Communications	2393.6
交通	Transport	1753.6
交通工具	Traffic Tools	635.9
交通费	Traffic Expense	123.2
交通工具用燃料	Fuel for Transportation	499.6
交通工具使用及维修	Use and Maintenance of Transportation	494.9
车辆保险支出	Expenses of Vehicle Insurance	231.4
通信	Communications	640.0
通信工具	Communication Tools	192.8
通信服务	Communication Services	447.2
教育文化娱乐	Education, Culture and Recreation	1252.9
教育	Education	982.5
学前教育	Pre-primary Education	53.3
小学教育	Primary Education	73.8
初中教育	Junior Secondary Education	121.6
高中教育	Senior Secondary Education	172.5
中专职高教育	Vocational Secondary Education	83.1
大专及以上教育	Junior College and Above Education	434.4
成人教育	Adult Education	43.8
文化娱乐	Cultural and Recreation	270.4
文娱耐用消费品	Entertainment and Durable Consumer Goods	68.4
其他文娱用品	Other Entertainment Products	94.7
文化娱乐服务	Cultural Entertainment Service	107.3
医疗保健	Health Care and Medical Services	1414.1
医疗器具及药品	Medical Apparatus and Medicine	455.0
医疗服务	Medical Service	959.2
门诊总费用	Total Cost of Outpatient Service	359.1
住院总费用	Total Hospitalization Expenses	600.1
其他用品和服务	Other Articles and Services	277.0
其他用品	Other Articles	146.9
其他服务	Other Services	130.1

11—8 续表2 continued

（2020）

指 标	item	总平均 Total Average
生产经营费用支出	Expenditure of Production and Operating	4311.2
第一产业经营费用支出	Operating Expenditure of Primary Industry	3623.2
农业	Farming	1846.7
林业	Forestry	1.5
牧业	Animal Husbandry	1647.6
渔业	Fishery	127.5
第二产业生产费用支出	Production Expenditure of Secondary Industry	56.0
采矿业	Mining	0.0
制造业	Manufacturing	12.0
电力、热力、燃气及水生产和供应业	Production and Distribution of Electricity	0.0
建筑业	Construction	44.0
第三产业经营费用支出	Operating Expenditure of Tertiary Industry	632.0
批发和零售业	Wholesale and Retail Trades and Catering Services	16.2
交通运输、仓储和邮政业	Transport, Postal and Telecommunication Services	577.0
住宿和餐饮业	Hotels and Catering Services	0.0
房地产业	Real Estate	0.1
租赁和商务服务业	Leasing and Business Services	0.0
居民服务、修理和其他服务业	Services to Households and Other Services	21.5
其他	Others	3.1
农林牧渔服务业	Agriculture, Forestry, Animal Husbandry and Fishery Service	14.1
财产性支出	Property Expenditure	24.5
转移性支出	Transfer Expenditure	672.4
部分商业保险支出	Part of Commercial Insurance Expenditure	210.1
购置资产及非经常性转移支出	Purchase Assets and Non Recurrent Transfer Expenditure	5788.2
借贷性支出	Borrowing Expenditure	1971.6

11—9　农村居民家庭住房基本情况

Housing Statistics of Rural Households

（2020）

指标	Item	单位	unit	总平均 Total Average
现住房建筑面积	**Housing Sonstruction Area**	平方米	sq.m	**33.69**
本住户居住空间样式	Residential Space Style			100.00
单栋楼房	Single Building	%	%	0.84
单栋平房	Single Bungalow	%	%	77.35
四居室及以上单元房	Four and above Bedroom	%	%	0.29
三居室单元房	Three Bedroom	%	%	13.06
二居室单元房	Two Bedroom	%	%	8.46
一居室单元房	One Bedroom	%	%	0.00
筒子楼或连片平房	Tube-shaped apartment or Many of the Bungalow	%	%	0.00
其他	Others			0.00
主要建筑材料	Main Building Materials	%	%	100.00
钢筋混凝土	Reinforced Concrete	%	%	15.81
砖混材料	Brick Material	%	%	45.65
砖瓦砖木	Tile and Brick	%	%	37.85
竹草土坯	Bamboo Grass Mud	%	%	0.23
其他	Others	%	%	0.46
现住房房屋来源	Source of House			100.00
租赁公房	Lease Public Housing	%	%	0.00
租赁私房	Lease Private Housing	%	%	4.09
自建住房	House Built by Oneself	%	%	74.99
购买商品房	Purchase Commercial Housing	%	%	5.42
购买房改住房	Purchase Reform Housing	%	%	0.00
购买保障性住房	Purchase Affordable Housing	%	%	0.00
拆迁安置房	Removal and Resettlement Housing	%	%	14.48
继承或获赠住房	Inheritance or Gift of Housing	%	%	0.00
免费借用房	Free Use of Housing	%	%	0.68
雇主提供免费住房	Provided Free Housing by Employers	%	%	0.34
其他来源	Others	%	%	0.00

11—10 农民人均消费品消费量

Per Capita Consumption of Consumer Goods by Rural Households

（2020）

指 标	item	单位	unit	总平均 Total Average
粮食消费量	Grain Consumption	公斤	kg	153.07
谷物消费量	Cereal Consumption	公斤	kg	146.43
小麦	Wheat	公斤	kg	70.99
稻谷	Unhusked Rice	公斤	kg	72.63
玉米	Corn	公斤	kg	1.48
其他谷物	Others	公斤	kg	1.33
薯类消费量	Potatoes Consumption	公斤	kg	0.81
豆类消费量	Beans Consumption	公斤	kg	5.82
油脂类消费量	Oil Consumption	公斤	kg	9.80
蔬菜及菜制品	Vegetable and Vegetable Products	公斤	kg	107.70
肉类	Meat	公斤	kg	16.22
猪肉	Pork	公斤	kg	5.92
牛肉	Beef	公斤	kg	3.98
羊肉	Mutton	公斤	kg	5.37
禽类	Poultry	公斤	kg	10.36
水产品	Aquatic Products	公斤	kg	2.78
蛋类及蛋制品	Eggs and Eggs Products	公斤	kg	7.70
奶和奶制品	Dairy Products	公斤	kg	11.31
干鲜瓜果类	Dry and Fresh Fruits	公斤	kg	75.96
糖果糕点类	Sweets and Cakes	公斤	kg	4.83
饮料	Beverage	公斤	kg	0.29
烟叶	Tobacco	公斤	kg	36.88
酒	Wine	公斤	kg	2.67

11—11 农民百户耐用消费品拥有量

Number of Durable Consumer Goods Owned Per Hundred by Rural Households

（2020）

指 标	Item	单 位	unit	总平均 Total Average
家用汽车	Automobile	辆	unit	40.87
摩托车	Motorcycle	辆	unit	31.09
助力车	Powered Bicycle	辆	unit	99.40
洗衣机	Washing Machine	台	set	104.77
电冰箱	Refrigerator	台	set	103.70
微波炉	Microwave Oven	台	set	28.60
彩色电视机	Color TV Set	台	set	108.15
接入有线电视	Access Cable TV	台	set	
空调	Air Conditioner	台	set	5.83
热水器	Water Heater	台	set	99.89
太阳能热水器	Solar Water Heater	台	set	
消毒碗柜	Disinfection Cupboard	台	set	
洗碗机	Dishwasher	台	set	0.67
排油烟机	Lampblack Machine	台	set	51.27
固定电话	Telephone	部	set	1.01
移动电话	Mobile Telephone	部	set	278.69
接入互联网	Access the Internet	部	set	266.32
计算机	Computer	台	set	30.10
接入互联网	Access the Internet	台	set	17.46
摄像机	Video Disc Player	台	set	
照相机	Camera	架	set	2.41
中高档乐器	Secondary and Top Grade Musical Instrument	台	set	1.76
健身器材	Health Equipment	台	set	1.20
组合音响	Hi-Fi Stereo Component	套	set	
空气净化器(含新风系统)		台	set	0.89
吸尘器		台	set	0.47

11—12 居民消费价格指数

单位:%　　　　（2020,以上年价格为100）

指 标	Item	年度 Year	月份 Month 一 Jan.	二 Feb.
居民消费价格总指数	**Consumer Price Index**	**101.8**	**103.1**	**103.5**
非食品烟酒价格指数	Price Index of Excluding Food ,Tobacco and liquor	100.2	100.2	100.4
食品(原口径)指数	Food(Previous Definitions)Index	105.7	110.4	111.0
非食品(原口径)指数	Non-Food(Previous Definitions) Index	100.2	100.2	100.4
服务价格指数	Service Items Price Index	101.2	101.5	101.5
工业品价格指数	Producer Price Index	99.3	99.1	99.5
鲜活食品价格指数	Fresh Food Price Index	110.6	121.3	121.5
消费品价格指数	**Consumer Goods Price Index**	**102.1**	**103.9**	**104.4**
能源价格指数	Energy Price Index	95.1	101.9	98.9
非食品价格指数	Non-food Price Index	100.5	100.8	101.0
扣除食品和能源价格指数	Price Index of Excluding Food and Energy	100.8	100.7	101.1
扣除鲜菜鲜果价格指数	Price Index of Excluding Fresh Vegetables and Fresh Fruits	101.6	102.6	102.9
扣除自有住房价格指数	Price Index of Excluding Private Housing	102.0	103.5	103.9
居住(扣自有住房)价格指数	Residence(Excluding Private Housing) Price Index	103.6	104.1	103.9
食品烟酒	Food ,Tobacco and Liquor	105.3	109.7	110.2
食品	Food	107.1	113.0	113.8
粮食	Grain	104.5	102.0	102.8
大米	Rice	104.6	102.8	105.5
面粉	Flour	102.3	101.6	102.8
其他粮食	Others	106.7	101.3	99.5
粮食制品	Grain Products	104.9	101.8	101.9
薯类	Tubers	111.2	100.2	115.8
薯类	Tubers	111.2	100.2	115.8
豆类	Beans and Products	102.2	101.6	99.7
干豆	Beans	109.1	102.4	104.1
豆制品	Bean Products	102.0	101.5	99.6
食用油	Edible oil and Fats	100.3	99.3	100.5
食用植物油	Edible Vegetable Oil	100.0	98.9	100.2
食用动物油	Edible Animal Oil	106.3	109.1	109.1
菜	Vegetables	116.2	126.0	125.7
鲜菜	Fresh Vegetables	116.9	126.8	126.4
干菜及菜制品	Dry Vegetables and Related Products	100.5	103.0	104.4
畜肉类	Livestock Meat	119.5	135.6	136.9
猪肉	Pork	139.8	200.0	206.3
牛肉	Beef	110.8	114.4	116.7
羊肉	Mutton	107.0	106.7	106.2
畜肉副产品	Meat by-products	123.5	146.3	146.3
其他畜肉及制品	Others	112.2	114.5	114.8
禽肉类	Poultry	111.4	122.4	124.6
鸡	Chicken	108.2	121.1	124.7
鸭	Duck	111.5	125.3	122.6
其他禽肉及制品	Others	118.4	125.2	124.7

Consumer Price Indices

(2020, preceding year=100) %

三 Mar.	四 Apr.	五 May.	六 June.	七 July.	八 Aug.	九 Sept.	十 Oct.	十一 Nov.	十二 Dec.
103.3	**102.7**	**101.8**	**101.3**	**101.5**	**102.1**	**102.0**	**101.1**	**99.6**	**99.9**
100.9	100.6	100.7	100.3	100.3	100.1	100.4	100.2	99.3	99.2
109.2	107.8	104.5	103.6	104.3	107.2	106.3	103.3	100.5	101.4
100.9	100.6	100.7	100.3	100.3	100.1	100.3	100.1	99.3	99.2
102.4	101.6	101.9	101.4	100.7	100.1	101.2	102.0	100.4	100.0
99.6	99.8	99.6	99.4	100.1	100.1	99.6	98.6	98.2	98.5
116.7	112.9	105.0	104.6	107.1	115.7	113.9	107.3	100.6	102.9
103.7	**103.2**	**101.7**	**101.2**	**101.9**	**103.1**	**102.4**	**100.6**	**99.2**	**99.8**
94.2	93.4	92.6	93.7	94.8	95.4	94.7	94.0	93.6	94.5
101.3	101.0	100.9	100.6	100.7	100.5	100.6	100.2	99.4	99.4
101.7	101.5	101.4	101.0	101.0	100.8	100.9	100.6	99.8	99.6
103.3	103.0	102.5	101.9	102.0	101.7	101.1	100.2	98.9	99.2
103.5	102.9	101.9	101.4	101.7	102.3	102.2	101.2	99.7	99.9
104.4	104.5	104.7	104.4	103.9	103.9	104.1	104.6	100.2	100.3
108.6	107.3	104.2	103.4	104.0	106.7	105.7	103.0	100.4	101.3
111.5	109.7	105.2	104.0	104.9	109.3	108.0	104.4	100.4	101.8
103.3	104.8	105.4	105.1	105.7	105.0	106.0	104.6	104.6	104.8
104.6	105.2	107.2	108.8	109.0	104.4	105.3	99.7	102.4	100.9
103.6	104.6	103.3	99.9	101.9	101.9	103.4	102.0	101.5	101.5
102.7	110.3	107.7	107.9	105.1	107.2	109.4	110.8	108.8	109.9
102.2	102.2	104.0	104.0	105.5	106.7	106.7	108.0	106.9	108.1
120.6	126.1	114.3	89.3	103.2	122.4	128.8	106.2	108.3	106.5
120.6	126.1	114.3	89.3	103.2	122.4	128.8	106.2	108.3	106.5
99.1	100.2	102.0	102.0	102.3	102.1	103.4	103.4	103.4	106.6
106.5	109.0	113.5	112.0	111.8	113.6	109.0	108.3	110.0	109.1
98.9	100.0	101.8	101.7	102.0	101.8	103.3	103.3	103.3	106.6
100.9	101.1	101.2	98.7	101.5	99.4	98.4	100.0	99.5	103.2
100.5	100.8	100.8	98.3	101.2	99.0	98.1	100.0	99.5	103.4
109.1	109.1	109.1	109.1	109.1	109.1	104.3	100.0	100.0	100.0
109.4	104.2	96.2	108.0	107.8	132.6	139.1	127.9	115.1	110.2
109.6	104.3	96.0	108.4	108.2	134.2	141.2	129.3	115.8	110.7
103.6	102.4	100.0	100.7	99.6	99.8	99.2	98.5	98.5	97.4
138.2	136.2	127.9	125.2	128.8	124.8	110.8	101.8	93.9	98.6
203.1	192.4	162.0	155.6	165.9	149.1	118.7	96.8	84.0	95.1
114.9	113.9	112.3	113.6	113.3	113.6	107.9	106.1	103.5	102.8
110.3	113.7	112.6	111.6	110.7	109.9	102.4	102.5	99.8	99.6
149.1	149.7	136.5	127.0	133.1	132.6	116.9	110.7	86.1	90.9
118.1	114.2	118.1	110.0	111.2	114.3	113.1	108.8	105.5	105.3
121.9	120.9	119.4	115.4	114.3	114.0	110.0	102.9	89.6	91.8
120.3	118.6	117.4	112.4	110.8	110.7	105.3	97.0	84.4	88.7
121.4	118.7	116.4	114.8	112.5	111.4	112.6	107.3	94.8	89.4
125.7	126.4	124.2	122.3	122.2	121.9	120.2	116.3	101.7	98.9

11—12 续表1

单位:%　　　　　　　　　　　　　　　　　　　　　　　　（2020,以上年价格为100）

指 标	Item	年度 Year	月份 Month 一 Jan.	二 Feb.
水产品	Aquatic Products	101.1	100.3	101.2
淡水鱼	Freshwater Fish	101.1	101.2	101.2
海水鱼	Marine Fish	105.7	104.4	107.9
虾蟹类	shrimps,Prawn and Crabs	96.3	94.4	95.0
其他水产品及制品	Others	103.5	102.1	103.8
蛋类	Eggs	87.8	102.1	99.8
鸡蛋	Chicken	87.0	102.3	99.8
其他蛋及制品	Others	98.6	99.9	99.9
奶类	Milk	98.3	102.8	103.4
鲜奶	Fresh Milk	98.9	102.9	102.9
酸奶	Yoghourt	96.9	100.0	104.0
奶粉	Milk Powder	97.0	105.5	104.5
其他奶制品	Others	102.2	101.2	101.2
干鲜瓜果类	Dried and Fresh Melons and Fruits	93.7	93.1	93.1
鲜瓜果	Fresh Melons and Fruits	89.6	89.5	89.0
坚果	Nuts	105.4	102.1	105.1
瓜果制品	Products of Melons and Fruits	97.5	97.5	97.5
糖果糕点类	Sugar,Candy and Cake	100.3	102.4	102.9
食糖	Sugar	103.2	100.0	104.9
糖果	Candy	102.1	100.5	100.5
糕点	Cake	99.3	103.9	103.9
其他糖果糕点	Others	98.1	100.0	100.0
调味品	Flavoring	101.8	99.3	100.7
食用盐	Edible Salt	100.0	100.0	100.0
酱油	Sauce	100.6	97.4	103.6
食醋	Edible Vinegar	102.8	104.8	107.8
调味酱	Bechamel	105.9	103.8	101.8
味精	MSG	99.9	100.0	100.0
其他调味品	Others	102.4	94.7	93.0
其他食品类	Other Food	98.3	100.8	99.6
方便食品	Convenience Food	98.7	100.6	99.0
淀粉及制品	Starch and Derived Products	97.0	100.0	100.0
膨化食品	Puffed Food	99.3	102.1	100.0
茶及饮料	Tea and Beverages	99.8	103.4	103.1
茶叶	Tea	100.4	96.9	100.5
固体咖啡	Solid Coffee	101.0	109.4	105.4
其他固体饮料	Other Solid Drink	98.2	93.0	96.3
饮用水	Drinking Water	95.6	110.1	104.6
果汁饮料	Juice	98.8	98.8	101.3
其他液体饮料	Others	103.0	107.9	107.9

continued

(2020, preceding year=100) %

三 Mar.	四 Apr.	五 May.	六 June.	七 July.	八 Aug.	九 Sept.	十 Oct.	十一 Nov.	十二 Dec.
102.4	101.5	102.0	102.4	102.5	102.7	100.8	100.3	99.6	98.2
102.3	100.7	101.9	102.8	103.1	103.6	100.5	98.7	99.9	97.9
111.7	109.2	107.6	107.0	105.8	108.3	106.3	105.3	98.7	97.1
95.5	95.9	95.5	95.3	96.5	97.3	98.2	97.2	98.0	97.2
104.2	104.4	105.9	106.8	105.6	103.2	100.7	104.0	101.3	100.6
94.9	90.0	83.4	81.8	81.0	89.2	82.3	83.3	82.5	86.2
94.5	89.2	81.9	80.4	79.7	88.7	81.4	82.5	81.5	85.3
99.9	99.9	102.8	99.9	97.6	95.6	95.6	96.2	97.1	98.6
100.7	102.6	103.1	101.2	94.9	93.4	93.0	93.8	94.7	96.5
100.8	105.1	104.7	105.2	94.8	90.6	92.7	95.4	94.7	98.1
100.0	100.0	100.5	94.2	92.2	92.2	93.1	92.6	96.2	98.1
100.9	100.8	101.1	99.3	94.9	96.2	91.2	90.5	91.4	90.1
101.2	102.6	108.2	105.3	102.7	102.7	99.4	98.8	100.7	102.7
97.4	93.3	85.5	77.1	79.2	88.6	102.7	105.9	107.9	109.2
93.8	87.3	78.0	67.3	69.8	82.4	103.3	107.6	111.6	114.3
108.2	109.4	107.7	107.5	106.0	104.3	103.9	104.2	103.9	102.9
101.3	104.6	96.2	97.4	99.4	98.8	96.2	97.6	92.9	90.4
105.7	102.8	102.1	101.3	97.5	97.4	95.3	98.3	99.6	98.5
108.2	100.0	104.0	104.0	100.0	100.0	96.2	105.1	108.4	108.4
103.0	103.0	103.4	101.6	98.4	102.4	100.4	108.6	100.8	102.7
106.9	103.6	101.5	100.8	96.8	95.1	93.5	93.5	97.4	94.9
100.0	100.0	100.0	100.0	95.8	95.8	91.7	93.2	100.0	100.0
99.6	101.8	104.6	103.6	102.4	102.7	99.3	102.4	102.9	102.3
100.0	100.0	100.0	100.0	100.0	100.0	100.0	100.0	100.0	100.0
96.4	103.6	106.2	107.9	100.5	102.0	96.3	99.5	99.5	95.7
104.8	104.8	109.1	109.1	102.0	98.2	96.8	101.7	99.4	96.7
104.8	104.8	115.6	106.6	108.6	106.7	100.5	104.7	104.7	109.7
100.0	100.0	102.8	100.0	100.0	100.0	96.5	100.0	100.0	100.0
96.9	97.8	98.1	97.8	104.5	107.1	104.5	108.8	113.1	113.1
100.3	101.8	101.0	99.5	97.7	96.4	94.3	96.0	96.2	95.9
100.7	106.2	102.6	100.6	99.0	96.9	92.7	94.2	94.5	98.1
100.0	97.5	100.0	97.7	93.1	95.4	92.2	95.4	97.4	94.9
100.0	101.6	100.0	100.0	101.8	96.9	98.9	99.2	97.0	94.0
101.9	101.8	101.0	101.4	99.9	97.9	97.0	96.0	97.7	96.4
100.0	100.9	99.3	99.2	97.5	99.4	101.0	103.1	104.7	102.5
103.5	99.3	103.9	107.8	101.9	101.9	99.4	95.1	94.6	92.8
95.0	94.2	103.1	102.4	96.9	97.3	100.8	97.8	103.4	100.0
104.6	106.1	92.2	91.8	94.9	91.0	91.0	86.4	89.8	87.7
99.8	100.9	102.9	102.3	99.8	97.2	93.8	95.4	96.8	97.3
105.8	107.9	107.9	105.9	109.0	98.1	93.6	96.3	98.1	100.0

11—12 续表2

单位:%　　　　(2020,以上年价格为100)

指标	Item	年度 Year	月份 Month 一 Jan.	二 Feb.
烟酒	**Tobacco and Liquor**	**100.0**	**100.5**	**100.0**
烟草	Tobacco	100.0	100.0	100.0
烟草	Tobacco	100.0	100.0	100.0
酒类	Liquor	100.1	101.5	100.0
白酒	White spirit	101.5	102.0	100.9
葡萄酒	Wine	96.2	96.0	96.0
啤酒	Beer	98.4	103.7	100.4
其他酒类	Others	96.7	96.2	92.2
在外餐饮	Out-dining	103.2	105.2	105.2
正餐	Dinner	103.1	106.0	106.0
快餐	Fast Food	99.4	95.6	95.6
地方小吃	Local Snacks	106.7	108.4	108.4
其他在外餐饮	Others	102.9	106.6	106.6
衣着	**Clothing**	**100.4**	**98.2**	**100.0**
服装	Garments	101.4	99.4	101.6
男式服装	Men's Clothing	101.3	98.7	101.8
男式西服	Western-style Clothes	101.1	100.6	102.8
男式冬衣	Winter Coat	106.1	100.5	107.2
男式夹克衫	Clip Grams Shirt	98.2	95.0	97.9
男式毛线衣	Wool Sweaters	101.1	100.1	106.9
男式运动装	Sport swear	100.9	96.8	98.3
男式衬衫T恤	Shirts and T-shirts	99.5	100.9	100.9
男式裤子	Trousers	103.0	98.7	104.9
男式内衣	Underwear	99.3	93.7	93.7
女式服装	Women's Clothing	101.4	100.2	102.0
女式外套	Outerwear	95.4	91.8	91.8
女式冬衣	Winter Coat	108.1	105.4	111.2
女式毛线衣	Wool Sweaters	100.2	98.4	101.2
女式运动装	Sport swear	101.7	98.4	99.9
女式衬衫T恤	Shirts and T-shirts	100.7	101.4	101.9
女式裤子	Trousers	97.3	101.5	101.5
女式裙子	skirts	103.9	104.7	105.7
女式内衣	Underwear	99.4	94.8	96.2
儿童服装	Children Clothing	102.5	97.6	97.8
婴幼服装	Baby's Clothing	99.5	97.4	97.4
儿童上衣	Upper Outer Garment	106.7	102.3	103.0
儿童裤子	Trousers	98.6	94.2	94.2
儿童裙子	Skirts	100.9	92.2	92.2

continued

(2020, preceding year=100) %

三 Mar.	四 Apr.	五 May.	六 June.	七 July.	八 Aug.	九 Sept.	十 Oct.	十一 Nov.	十二 Dec.
100.4	**101.0**	**100.6**	**100.4**	**100.3**	**99.6**	**98.9**	**99.4**	**99.6**	**99.7**
100.0	100.0	100.0	100.0	100.0	100.0	100.0	100.0	100.0	100.0
100.0	100.0	100.0	100.0	100.0	100.0	100.0	100.0	100.0	100.0
101.2	103.3	102.1	101.3	100.9	98.5	96.4	97.9	98.8	99.0
101.4	104.9	104.9	105.4	101.9	100.5	98.1	99.3	99.3	99.3
96.0	97.8	96.0	94.6	95.0	97.0	93.1	95.9	98.0	99.4
104.4	103.1	98.8	92.8	99.5	92.0	92.8	95.6	99.0	99.2
95.9	92.2	92.2	104.0	108.5	108.5	96.2	91.9	92.2	92.2
104.6	104.2	103.2	103.1	103.3	103.8	103.4	101.3	101.0	100.7
105.3	104.6	102.9	102.9	102.9	102.9	102.9	100.8	100.4	100.0
95.6	95.6	95.6	95.6	99.7	103.9	103.9	103.9	103.9	103.9
107.5	107.5	108.5	109.5	109.5	109.5	107.2	101.9	101.9	101.9
106.6	106.6	106.6	103.1	100.0	100.0	100.0	100.0	100.0	100.0
102.5	**103.9**	**102.6**	**102.2**	**102.8**	**102.6**	**100.0**	**97.8**	**96.7**	**96.5**
103.5	104.8	103.9	103.1	103.7	103.7	101.0	98.8	97.6	96.6
104.0	104.9	104.2	103.5	103.8	104.2	100.9	97.7	96.8	96.4
107.1	109.7	109.4	106.1	107.2	104.2	98.9	92.9	90.2	89.0
108.9	108.9	108.9	108.9	108.9	108.9	108.9	108.9	101.2	95.6
99.6	98.1	100.1	100.0	101.4	105.9	98.9	91.1	94.6	96.7
102.0	102.0	102.0	102.0	102.0	102.0	102.0	102.4	96.8	95.3
104.0	101.2	100.4	100.4	100.4	100.4	102.1	101.7	98.8	106.5
101.5	101.3	99.8	99.2	99.0	96.9	97.4	97.0	99.8	100.4
109.2	107.7	103.8	105.8	103.6	111.7	102.7	94.3	97.2	98.6
96.7	103.8	104.4	102.2	104.5	103.5	98.1	96.7	97.7	97.7
103.4	104.6	103.2	102.4	103.2	102.8	100.8	99.6	98.1	96.7
94.5	98.8	97.3	98.6	97.8	98.8	95.3	93.7	92.5	94.7
110.1	110.1	110.1	110.1	110.1	110.1	110.1	110.1	106.3	96.0
100.7	100.7	100.7	100.7	100.7	100.7	100.7	103.3	99.3	96.1
105.0	101.5	100.7	100.7	100.7	100.7	102.5	106.4	98.1	105.8
104.4	103.7	103.2	103.3	103.5	103.8	99.0	94.2	95.5	95.5
102.5	100.1	95.6	93.0	94.9	95.5	95.8	96.0	96.0	96.0
109.4	111.8	109.9	108.2	107.7	104.6	100.4	95.2	96.1	96.1
97.0	104.4	102.4	98.7	103.1	101.7	99.2	100.2	97.9	98.4
99.9	105.7	106.6	106.6	108.2	108.1	103.6	100.1	99.4	97.7
98.7	100.0	98.7	98.7	100.0	100.0	100.0	100.0	102.8	100.0
105.8	113.8	115.6	115.0	115.0	115.0	107.4	100.3	97.9	95.0
97.4	105.1	103.6	103.6	103.6	103.6	96.9	95.0	94.1	94.1
92.5	97.1	100.8	102.3	108.4	107.7	106.7	104.9	104.7	104.7

11—12 续表3

单位:% （2020,以上年价格为100）

指 标	Item	年度 Year	月份 Month 一 Jan.	二 Feb.
服装材料	Clothing Material	101.1	100.0	100.0
服装材料	Clothing Material	101.1	100.0	100.0
其他衣着及配件	Other Clothing and Accessories	98.0	98.3	98.3
袜子	Socks	100.0	100.0	100.0
帽子	Hats	97.8	97.5	97.5
其他衣着配件	Others	96.5	97.5	97.5
衣着加工服务费	Clothing Manufacturing Services	100.0	100.0	100.0
衣着洗涤保养	Cleaning and Maintenance	100.0	100.0	100.0
衣着加工	Clothing Manufacturin	100.0	100.0	100.0
鞋类	Shoes	97.3	93.6	94.8
鞋	Shoes	97.3	93.5	94.7
男鞋	Male	97.8	94.4	96.9
女鞋	Female	95.4	91.4	91.4
童鞋	Children	100.0	96.2	98.3
鞋类加工服务	Shoes Manufacturing Services	100.0	100.0	100.0
鞋类加工服务	Shoes Manufacturing Services	100.0	100.0	100.0
居住	**Residence**	**101.9**	**101.6**	**101.5**
租赁房房租	Rental Housing Rent	98.1	97.4	96.3
公房房租	Public Houses	100.0	100.0	100.0
私房房租	Private Houses	97.6	96.8	95.5
住房保养维修及管理	Housing Maintenance and management	100.5	100.0	100.0
住房装潢材料	Housing Decoration Materials	100.3	100.1	100.1
木地板	Wood Flooring	100.2	100.0	100.0
瓷砖	Ceramic	99.7	100.0	100.0
水泥	Cement	102.6	97.0	97.0
涂料	Painting	100.0	100.0	100.0
板材	Boarding	100.6	100.0	100.0
管材	Tubing	99.1	97.2	97.2
厨卫设备	Hutch Defends Equipment	99.9	100.0	100.0
门窗	Door & Window	100.6	102.3	102.3
其他住房装潢材料	Others	100.0	100.0	100.0
物业管理费	Property Management Fee	100.0	100.0	100.0
物业管理费	Property Management Fee	100.0	100.0	100.0
住房装潢维修	Housing Decoration Maintenance	101.5	100.0	100.0
装潢维修费	Decoration Maintenance fee	101.7	100.0	100.0
其他住房费用	Other Housing fee	100.0	100.0	100.0

continued

(2020, preceding year=100) %

三 Mar.	四 Apr.	五 May.	六 June.	七 July.	八 Aug.	九 Sept.	十 Oct.	十一 Nov.	十二 Dec.
100.0	100.0	100.0	100.0	100.0	100.0	100.0	100.0	106.6	106.6
100.0	100.0	100.0	100.0	100.0	100.0	100.0	100.0	106.6	106.6
101.7	98.1	97.3	98.6	99.4	97.7	94.7	96.0	97.4	98.7
100.0	100.0	100.0	100.0	100.0	100.0	100.0	100.0	100.0	100.0
111.1	97.3	97.4	100.0	101.5	101.5	92.0	92.0	92.0	95.6
97.5	97.0	95.1	96.5	97.4	93.3	92.2	95.6	98.9	99.9
100.0	100.0	100.0	100.0	100.0	100.0	100.0	100.0	100.0	100.0
100.0	100.0	100.0	100.0	100.0	100.0	100.0	100.0	100.0	100.0
100.0	100.0	100.0	100.0	100.0	100.0	100.0	100.0	100.0	100.0
99.7	102.5	99.3	100.0	100.4	100.0	97.3	93.9	91.9	94.8
99.7	102.5	99.3	100.0	100.4	100.0	97.3	93.8	91.8	94.7
102.2	104.8	99.6	99.4	99.4	99.4	96.7	94.3	92.3	95.1
97.7	102.1	99.0	99.6	99.0	98.4	94.5	90.9	88.6	93.6
99.8	99.7	99.6	101.5	104.9	104.1	103.8	99.1	97.1	96.2
100.0	100.0	100.0	100.0	100.0	100.0	100.0	100.0	100.0	100.0
100.0	100.0	100.0	100.0	100.0	100.0	100.0	100.0	100.0	100.0
102.8	**102.6**	**103.0**	**102.7**	**101.9**	**102.1**	**102.3**	**102.6**	**99.8**	**99.9**
100.1	99.9	101.3	99.0	96.3	97.1	97.7	97.7	97.2	97.2
100.0	100.0	100.0	100.0	100.0	100.0	100.0	100.0	100.0	100.0
100.1	99.8	101.6	98.8	95.4	96.4	97.1	97.1	96.5	96.5
100.0	100.3	100.3	100.3	100.0	99.6	99.9	101.5	102.0	102.5
100.1	100.6	100.6	100.6	100.0	99.3	99.8	99.8	100.7	101.7
100.0	100.0	101.9	101.9	101.9	101.9	96.4	96.4	100.0	101.9
100.0	100.0	98.1	98.1	98.1	94.3	101.7	101.7	102.4	102.4
97.0	109.5	109.5	109.5	100.1	100.1	100.1	100.1	100.1	112.9
100.0	100.0	100.0	100.0	100.0	100.0	100.0	100.0	100.0	100.0
100.0	100.0	100.0	100.0	100.0	100.0	101.9	101.9	101.9	101.9
97.2	100.0	100.0	99.6	99.6	99.6	98.3	98.3	101.1	101.1
100.0	100.0	100.0	100.0	100.0	100.0	100.0	100.0	100.0	98.5
102.3	100.1	100.1	100.1	100.1	100.1	100.1	100.1	100.1	100.1
100.0	100.0	100.0	100.0	100.0	100.0	100.0	100.0	100.0	100.0
100.0	100.0	100.0	100.0	100.0	100.0	100.0	100.0	100.0	100.0
100.0	100.0	100.0	100.0	100.0	100.0	100.0	100.0	100.0	100.0
100.0	100.0	100.0	100.0	100.0	100.0	100.0	106.1	106.1	106.1
100.0	100.0	100.0	100.0	100.0	100.0	100.0	106.9	106.9	106.9
100.0	100.0	100.0	100.0	100.0	100.0	100.0	100.0	100.0	100.0

11—12 续表4

单位:%　　　　　　　　　　　　　　　　　　　　　　　　　　　　（2020,以上年价格为100）

指 标	Item	年度 Year	月份 Month 一 Jan.	二 Feb.
水电燃料	Water,Electricity and Fuel	106.7	108.1	108.1
水	Water	100.0	100.0	100.0
水	Water	100.0	100.0	100.0
电	Electricity	100.0	100.0	100.0
电	Electricity	100.0	100.0	100.0
燃气	Gas	99.5	99.6	99.6
管道燃气	Pipeline Natural Gas	99.4	99.4	99.4
液化石油气	Liquefied Petroleum Gas	100.0	100.0	100.0
取暖费	Heating fee	123.0	128.9	128.9
取暖费	Heating fee	123.0	128.9	128.9
其他燃料	Other Fuel	100.0	100.0	100.0
其他燃料	Other Fuel	100.0	100.0	100.0
自有住房	Private Housing	99.3	97.9	97.9
自有住房	Private Housing	99.3	97.9	97.9
生活用品及服务	**Articles of daily use and Services**	**99.6**	**100.1**	**100.4**
家具及室内装饰品	Furniture and Upholstery	100.5	99.9	99.9
家具	Furniture	101.0	100.0	100.0
柜	Cabinets	102.8	98.9	98.9
床	Beds	100.2	100.0	100.0
桌	Tables	99.6	100.0	100.0
椅	Chairs	102.8	100.0	100.0
沙发	Sofas	99.9	101.1	101.1
其他家具	Others	100.3	100.0	100.0
室内装饰品	Upholstery	97.3	99.1	99.1
灯具	lamps and Lanterns	98.0	100.0	100.0
其他室内装饰品	Other	93.8	94.2	94.2
家用器具	Home Appliances	98.3	97.8	98.1
大型家用器具	Major	98.2	97.7	98.2
洗衣机	Washing Machine	97.2	96.5	97.7
电冰箱(柜)	Refrigerator(cabinet)	98.5	97.6	97.8
抽油烟机	Exhaust Fan	99.9	100.0	100.0
空调器	Air Conditioner	94.4	94.6	95.4
热水器	Water Heater	97.3	98.4	98.4
炉具灶具	Cooker	100.0	100.2	100.2
微波炉	Microwave Oven	101.9	100.0	100.0
其他大型家用器具	Others	100.7	99.2	99.9

continued

(2020, preceding year=100) %

三 Mar.	四 Apr.	五 May.	六 June.	七 July.	八 Aug.	九 Sept.	十 Oct.	十一 Nov.	十二 Dec.
108.0	108.1	108.1	108.1	108.1	108.1	108.1	108.1	99.9	99.9
100.0	100.0	100.0	100.0	100.0	100.0	100.0	100.0	100.0	100.0
100.0	100.0	100.0	100.0	100.0	100.0	100.0	100.0	100.0	100.0
100.0	100.0	100.0	100.0	100.0	100.0	100.0	100.0	100.0	100.0
100.0	100.0	100.0	100.0	100.0	100.0	100.0	100.0	100.0	100.0
99.1	99.6	99.6	99.6	99.6	99.6	99.6	99.6	99.6	99.6
98.9	99.4	99.4	99.4	99.4	99.4	99.4	99.4	99.4	99.4
100.0	100.0	100.0	100.0	100.0	100.0	100.0	100.0	100.0	100.0
128.9	128.9	128.9	128.9	128.9	128.9	128.9	128.9	100.0	100.0
128.9	128.9	128.9	128.9	128.9	128.9	128.9	128.9	100.0	100.0
100.0	100.0	100.0	100.0	100.0	100.0	100.0	100.0	100.0	100.0
100.0	100.0	100.0	100.0	100.0	100.0	100.0	100.0	100.0	100.0
100.4	99.5	100.4	100.0	98.8	99.4	99.6	99.6	99.2	99.2
100.4	99.5	100.4	100.0	98.8	99.4	99.6	99.6	99.2	99.2
101.0	**100.3**	**99.9**	**98.7**	**98.7**	**98.9**	**99.7**	**98.9**	**99.0**	**99.0**
100.0	99.0	99.3	99.3	101.1	101.2	101.2	101.1	101.5	102.4
100.1	99.0	99.5	99.5	102.0	102.0	102.0	102.0	102.3	103.3
99.4	99.4	99.4	99.4	105.9	105.9	105.9	105.9	107.1	107.1
100.0	100.0	100.0	100.0	100.0	100.0	100.0	100.0	100.0	101.9
100.0	98.3	98.3	98.3	100.0	100.0	100.0	100.0	100.0	100.0
100.0	98.3	103.1	103.1	104.9	104.9	104.9	104.9	104.9	104.9
101.1	98.2	98.2	98.2	99.9	100.0	100.0	100.0	100.0	101.7
100.0	100.0	100.0	100.0	100.0	100.0	100.0	100.0	100.0	103.2
99.1	99.1	98.1	98.1	95.6	95.6	95.6	95.5	96.4	96.4
100.0	100.0	99.1	99.1	96.3	96.3	96.3	96.3	96.3	96.3
94.2	94.2	92.5	92.5	92.5	92.5	92.5	91.8	97.4	97.4
98.6	98.6	97.8	97.6	98.2	97.9	98.4	98.7	99.1	99.3
98.5	98.4	97.6	97.6	98.3	97.5	98.1	98.3	98.7	99.1
97.9	99.0	98.1	96.9	96.8	96.2	96.9	95.6	96.3	98.4
98.2	96.8	96.2	97.2	99.8	99.1	99.0	100.0	100.0	100.0
100.0	100.0	100.0	99.2	100.0	100.0	100.0	100.0	100.0	100.0
95.2	94.7	92.5	93.0	94.2	91.8	93.9	94.0	96.6	96.6
99.3	101.1	97.8	97.4	95.2	94.5	94.4	97.2	97.1	97.1
100.2	100.1	100.1	100.1	99.7	99.9	99.9	99.4	99.9	99.9
100.0	100.0	102.4	102.4	102.4	101.1	104.6	104.6	103.1	101.7
102.2	102.6	103.4	102.2	100.9	100.0	100.0	99.3	99.3	99.3

11—12 续表5

单位:%　　　　　　　　　　　　　　　　　　　　　　　　　　　　(2020,以上年价格为100)

指标	Item	年度 Year	月份 Month 一 Jan.	二 Feb.
小家电	Small	98.9	98.1	98.1
厨房小家电	Kitchen	97.9	96.6	96.6
生活小家电	Household	100.1	100.2	100.2
家用纺织品	Home textile	100.3	101.4	100.0
床上用品	Bed Articles	100.0	100.0	100.0
被子	Quilt	100.0	100.0	100.0
床单被套	Bed Sheet and Duvet Cover	100.0	100.0	100.0
其他床上用品	Others	100.0	100.0	100.0
窗帘门帘	Curtain	100.0	100.0	100.0
窗帘门帘	Curtain	100.0	100.0	100.0
其他家用纺织品	Others	101.2	106.5	100.0
其他家用纺织品	Others	101.2	106.5	100.0
家庭日用杂品	Household Articles Daily Use	98.4	99.8	100.2
洗涤卫生用品	Washing Sanitary Articles	98.8	102.2	101.9
清洗用品	Cleaning Articles	100.5	107.4	106.2
清洁用具	Cleaning Appliance	100.6	100.0	100.0
清洁用纸	Cleaning Paper	96.3	100.0	100.0
厨具餐具茶具	Kitchen,Tableware and Tea Set	97.5	99.1	99.1
厨具	Kitchen	96.7	100.0	100.0
餐具	Tableware	98.7	100.0	100.0
茶具	Tea Set	97.3	92.9	92.9
家用手工工具	Hand Tools for Household Use	98.7	99.1	101.8
家用手工工具	Hand Tools for Household Use	98.7	99.1	101.8
其他家庭日用杂品	Others	98.8	96.9	98.5
配电附件	Distribution Accessories	98.5	100.0	100.0
雨具	Rain Gear	94.7	93.0	93.0
其他日用杂品	Others	100.4	97.3	100.0
个人护理用品	Personal-care Products	100.0	100.8	100.8
化妆品	Cosmetics	100.3	101.0	101.0
清洁化妆品	Cleaning	102.2	103.1	103.1
护肤化妆品	Skin-care	99.1	100.0	100.0
彩妆化妆品	Make-up	101.1	101.6	101.6
化妆器具	Make-up Appliances	100.0	100.0	100.0
其他护理用品类	Other Nursing Materials	99.5	100.6	100.6
清洁类护理用品	Cleaning	101.4	100.0	100.0
护发美发用品	Bath & Slim	99.7	101.9	101.9
护理器具	Nursing Appliances	98.2	99.9	99.9
其他护理用品	Others	96.9	100.0	100.0

continued

(2020, preceding year=100) %

三 Mar.	四 Apr.	五 May.	六 June.	七 July.	八 Aug.	九 Sept.	十 Oct.	十一 Nov.	十二 Dec.
99.1	99.3	98.4	97.7	98.0	98.7	99.4	99.6	99.9	99.9
98.3	98.6	96.9	96.2	97.0	98.0	98.8	98.9	99.6	99.6
100.2	100.2	100.3	99.9	99.4	99.8	100.1	100.5	100.5	100.5
101.8	101.0	101.8	101.0	99.2	99.2	101.0	100.1	99.2	97.5
100.0	100.0	100.0	100.0	100.0	100.0	100.0	100.0	100.0	100.0
100.0	100.0	100.0	100.0	100.0	100.0	100.0	100.0	100.0	100.0
100.0	100.0	100.0	100.0	100.0	100.0	100.0	100.0	100.0	100.0
100.0	100.0	100.0	100.0	100.0	100.0	100.0	100.0	100.0	100.0
100.0	100.0	100.0	100.0	100.0	100.0	100.0	100.0	100.0	100.0
100.0	100.0	100.0	100.0	100.0	100.0	100.0	100.0	100.0	100.0
108.9	104.5	108.9	104.5	96.4	96.4	104.8	100.4	96.4	88.6
108.9	104.5	108.9	104.5	96.4	96.4	104.8	100.4	96.4	88.6
101.2	100.9	100.2	97.7	95.9	96.3	97.9	96.4	97.4	96.6
104.2	102.3	101.3	96.3	95.5	95.1	97.8	97.5	96.2	95.4
106.2	102.5	99.2	98.5	99.2	96.6	96.0	97.3	97.3	100.0
108.4	105.6	105.6	100.0	92.4	97.5	102.7	100.0	100.9	94.7
100.0	100.0	100.0	92.2	94.6	92.2	96.0	96.0	92.2	92.2
100.4	98.8	97.4	97.4	96.3	95.0	95.2	93.9	97.9	99.3
102.5	99.5	99.4	96.8	94.8	92.5	90.1	92.5	95.1	97.7
100.0	98.5	98.5	98.5	98.5	98.5	100.0	92.3	100.0	100.0
92.9	96.7	85.6	96.7	96.2	96.2	104.8	104.8	104.8	104.8
94.8	102.7	102.7	97.3	97.3	97.3	97.3	97.3	100.0	97.3
94.8	102.7	102.7	97.3	97.3	97.3	97.3	97.3	100.0	97.3
98.5	100.9	101.8	100.7	95.9	100.0	101.9	97.8	98.4	95.0
100.0	104.2	104.2	100.0	94.2	96.0	96.0	96.0	96.0	96.0
93.0	93.0	96.9	95.6	92.4	95.0	96.0	92.2	100.0	96.0
100.0	102.7	102.7	102.7	97.7	103.2	106.0	100.4	98.7	94.3
102.4	101.5	100.8	98.4	99.0	99.7	100.6	98.9	98.1	98.8
100.6	100.6	100.7	98.8	100.9	100.9	101.7	99.6	98.1	99.3
103.1	103.1	103.1	103.1	103.1	103.1	100.0	100.7	100.7	100.7
100.0	100.0	100.0	95.9	100.0	100.0	102.7	98.1	95.5	97.4
100.5	100.5	100.8	100.8	101.3	101.3	101.3	101.3	100.5	101.5
100.0	100.0	100.0	100.0	100.0	100.0	100.0	100.0	100.0	100.0
105.8	103.2	100.9	97.8	95.6	97.5	98.6	97.8	98.1	97.9
111.4	105.6	102.8	97.3	100.0	102.7	105.6	97.3	97.3	97.3
107.6	104.7	100.2	100.0	92.6	95.8	93.2	100.6	100.6	98.0
99.9	99.9	99.9	99.9	97.2	97.2	96.6	93.5	96.0	98.8
100.0	100.0	100.0	89.1	89.1	89.4	100.0	100.0	97.5	97.5

11—12 续表6

单位:%　　　　（2020,以上年价格为100）

指 标	Item	年度 Year	月份 Month 一 Jan.	二 Feb.
家庭服务	Home Service	102.5	105.0	105.0
家政服务	Housekeeping	103.4	107.6	107.6
家庭维修服务	Maintenance	100.8	100.0	100.0
交通和通信	**Transportation and Communication**	**96.8**	**99.6**	**99.6**
交通	Transportation	95.0	99.7	99.7
交通工具	Transportation Facility	95.6	94.1	94.1
小型汽车	Sedan	95.0	92.5	92.5
电动自行车	Electric Bicycle	99.3	110.6	110.6
自行车	Bicycles	102.7	103.2	103.2
其他交通工具	Others	99.5	98.7	98.7
交通工具用燃料	Fuel of Vehicles Use	86.6	106.0	106.0
汽油	Gasoline	85.7	107.5	107.5
柴油	Diesel Oil	84.4	108.4	108.4
其他车用能源	Others	93.1	97.3	97.3
交通工具使用和维修	Use and Maintance of Transporatation Facility	101.5	100.1	100.1
停车费	Parking Fees	106.1	100.0	100.0
车辆使用费	Fees for Vehicles Use	100.0	100.0	100.0
交通工具零配件	Accessories	97.1	97.6	97.6
车辆修理与保养	Repair and Maintenance of Vehicles	100.1	101.9	101.9
交通费	Traffic Fare	96.0	103.4	103.4
市内公共交通	Urban Traffic	100.0	100.0	100.0
出租汽车	Taxi	100.0	100.0	100.0
飞机票	Air Tickets	83.5	116.1	116.1
火车票	Train Tickets	100.0	100.0	100.0
长途汽车	Coach	100.0	100.0	100.0
其他交通费	Others	110.3	102.3	102.3
通信	Communication	100.8	99.2	99.2
通信工具	Communication Facility	101.5	96.9	96.9
固定电话机	Telephone	100.0	100.0	100.0
移动电话机	Mobile Telephone	102.2	96.7	96.7
通信工具零配件	Accessories	96.6	96.7	96.7
通信服务	Communication Service	100.6	100.0	100.0
固定电话费	Telephone	100.0	100.0	100.0
移动通信费	Mobile Communications	100.0	100.0	100.0
上网费	On Network Costs	102.0	100.0	100.0
其他通信服务	Others	100.0	100.0	100.0

continued

(2020, preceding year=100) %

三 Mar.	四 Apr.	五 May.	六 June.	七 July.	八 Aug.	九 Sept.	十 Oct.	十一 Nov.	十二 Dec.
104.8	101.7	101.7	101.7	101.7	101.7	101.7	100.0	101.1	101.1
107.4	102.7	102.7	102.7	102.7	102.7	102.7	100.0	101.6	101.6
100.0	100.0	100.0	100.0	100.0	100.0	100.0	100.0	100.0	100.0
96.2	**95.4**	**94.9**	**94.9**	**96.2**	**95.1**	**97.3**	**97.8**	**97.5**	**97.4**
95.1	93.4	92.5	92.7	93.4	91.8	94.7	96.5	96.1	95.7
94.6	94.9	95.9	95.2	96.9	95.7	95.9	96.7	96.0	97.7
93.1	93.5	94.9	94.9	96.9	95.9	96.0	96.8	95.8	97.8
110.6	110.6	106.2	96.1	93.0	88.8	91.1	92.4	93.5	93.5
100.0	100.0	100.0	100.0	104.4	104.4	104.4	104.4	104.4	104.4
98.7	98.7	99.5	100.0	100.0	100.0	100.0	100.0	100.0	100.0
84.6	81.7	79.8	82.4	85.6	87.1	85.2	83.1	82.3	85.0
85.1	79.0	77.3	80.1	83.7	85.4	84.6	82.3	81.9	85.1
84.0	77.1	75.3	78.4	82.3	84.2	83.3	80.7	80.2	83.7
82.1	102.0	98.7	98.7	98.7	98.7	89.1	89.1	84.4	84.4
99.6	99.6	99.6	99.6	99.1	99.1	105.2	105.2	105.2	105.2
100.0	100.0	100.0	100.0	100.0	100.0	118.3	118.3	118.3	118.3
100.0	100.0	100.0	100.0	100.0	100.0	100.0	100.0	100.0	100.0
97.6	97.6	97.6	97.6	95.1	95.1	97.4	97.4	97.4	97.4
100.0	100.0	100.0	100.0	99.5	99.5	99.5	99.5	99.5	99.5
101.5	96.0	92.5	91.7	90.4	85.1	92.4	100.1	100.5	94.4
100.0	100.0	100.0	100.0	100.0	100.0	100.0	100.0	100.0	100.0
100.0	100.0	100.0	100.0	100.0	100.0	100.0	100.0	100.0	100.0
108.1	81.6	70.7	68.5	65.3	52.0	72.1	99.5	101.8	74.3
100.0	100.0	100.0	100.0	100.0	100.0	100.0	100.0	100.0	100.0
100.0	100.0	100.0	100.0	100.0	100.0	100.0	100.0	100.0	100.0
95.0	105.9	106.7	106.7	109.3	123.3	117.6	135.5	115.9	114.1
98.8	100.1	100.6	100.1	102.9	102.8	103.5	100.7	100.9	101.3
95.5	100.2	102.2	100.4	107.7	107.5	110.1	99.6	100.3	101.7
100.0	100.0	100.0	100.0	100.0	100.0	100.0	100.0	100.0	100.0
94.8	100.4	102.8	100.7	109.5	109.4	112.5	100.4	101.3	103.0
98.4	98.4	98.4	98.4	98.4	98.4	98.4	91.8	91.8	91.6
100.0	100.0	100.0	100.0	101.3	101.3	101.3	101.3	101.3	101.3
100.0	100.0	100.0	100.0	100.0	100.0	100.0	100.0	100.0	100.0
100.0	100.0	100.0	100.0	100.0	100.0	100.0	100.0	100.0	100.0
100.0	100.0	100.0	100.0	104.1	104.1	104.1	104.1	104.1	104.1
100.0	100.0	100.0	100.0	100.0	100.0	100.0	100.0	100.0	100.0

11—12 续表7

单位:%　　　　　　　　　　　　　　　　　　　　　　　　　　　(2020,以上年价格为100)

指标	Item	年度 Year	月份 Month 一 Jan.	二 Feb.
邮递服务	Postal Service	100.1	100.3	100.3
邮政邮寄	Post	100.4	101.2	101.2
快递服务	Expressage	100.0	100.0	100.0
教育文化和娱乐	**Education,Culture and Recreation**	**100.7**	**100.6**	**100.1**
教育	Education	101.6	102.3	101.9
教育用品	Education Products	99.6	99.4	99.4
工具书	Reference Book	104.1	100.0	100.0
教材	Textbook	99.4	99.5	99.5
参考资料	Reference Material	99.8	100.0	100.0
其他教育用品	Others	93.6	92.7	93.4
教育服务	Educational Service	102.0	102.8	102.4
学前教育	Pre-school	99.5	100.0	100.0
小学初中教育	Primary and Junior Schools	117.6	138.2	138.2
高中中职教育	High and Vocational Schools	103.2	102.4	100.0
高等教育	Higher Education	100.0	100.0	100.0
课外教育	Professional Skills Training	100.0	100.0	100.0
专业技能培训	Professional Skills Training	101.1	98.0	98.0
文化娱乐	Cultural and Recreation	99.4	98.1	97.5
文娱耐用消费品	Durable Consumer Goods for Cultural and Recreation	100.5	98.7	98.7
电视机	TV Set	97.2	94.8	95.7
照相机	Camera	101.3	93.7	96.1
台式计算机	Desktop Computer	98.3	97.0	95.0
笔记本平板	Tablets	107.4	107.8	107.8
乐器	Musical Instruments	103.0	104.8	104.8
音响	Sound Equipment	90.3	81.6	81.6
其他文娱耐用消费品	Ohters	101.1	99.4	99.7
其他文娱用品	Other Entertainment Products	99.5	100.1	99.5
书报杂志	Newspapers and Magazines	100.0	100.0	100.0
纸张文具	Paper and Stationery	98.9	99.1	99.1
体育户外用品	Sports and Outdoor Products	100.0	100.0	100.0
游戏用品和玩具	Games and Toys	98.9	98.3	98.3
园艺花卉及用品	Gardening Flowers and Products	98.6	104.2	100.1
宠物及用品	Pets and Products	100.9	101.3	101.3
其他文化娱乐用品	Ohters	98.6	97.1	97.1
文化娱乐服务	Cultural and Recreation Services	100.3	104.6	104.6
电影票	Movie Tickets	103.0	106.5	106.5
景点门票	Attractions Tickets	91.6	127.7	127.7
有线电视	Cable Television	100.0	100.0	100.0
健身活动	Fitness Activities	104.5	96.6	96.6
其他文娱服务	Others	100.0	100.0	100.0

continued

(2020, preceding year=100) %

三 Mar.	四 Apr.	五 May.	六 June.	七 July.	八 Aug.	九 Sept.	十 Oct.	十一 Nov.	十二 Dec.
100.3	100.3	100.0	100.0	100.0	100.0	100.0	100.0	100.0	100.0
101.2	101.2	100.0	100.0	100.0	100.0	100.0	100.0	100.0	100.0
100.0	100.0	100.0	100.0	100.0	100.0	100.0	100.0	100.0	100.0
101.8	**101.4**	**102.1**	**101.6**	**100.7**	**100.2**	**100.2**	**99.6**	**99.6**	**99.9**
101.6	102.2	102.2	102.2	102.3	102.4	102.4	100.5	100.5	100.4
99.2	99.2	99.2	99.2	99.2	100.2	100.2	100.0	100.0	100.0
100.0	100.0	100.0	100.0	100.0	109.7	109.7	109.7	109.7	109.7
99.0	99.0	99.0	99.0	99.0	99.0	99.0	99.8	99.8	99.8
100.0	100.0	100.0	100.0	100.0	100.0	100.0	99.3	99.3	99.3
93.4	93.4	93.4	93.4	93.4	95.8	95.8	93.2	93.2	94.0
102.1	102.8	102.8	102.8	102.9	102.9	102.9	100.6	100.6	100.5
100.0	100.0	100.0	100.0	100.0	100.0	100.0	98.5	98.5	98.5
126.1	126.1	126.1	126.1	126.1	126.1	126.1	100.0	100.0	100.0
100.0	104.0	104.0	104.0	104.0	104.0	104.0	104.0	104.0	104.0
100.0	100.0	100.0	100.0	100.0	100.0	100.0	100.0	100.0	100.0
100.0	100.0	100.0	100.0	100.0	100.0	100.0	100.0	100.0	100.0
101.5	101.5	101.5	101.5	102.1	102.1	102.1	102.1	102.1	100.6
102.1	100.2	101.9	100.7	98.3	97.1	97.1	98.2	98.2	99.1
98.5	98.7	98.8	99.5	98.6	101.2	101.2	102.5	103.3	103.1
95.1	91.6	91.5	91.0	91.1	95.7	95.7	104.5	105.7	107.1
99.3	102.1	102.1	102.3	102.3	103.7	103.7	102.9	103.4	104.2
93.7	98.2	97.7	99.3	96.1	97.3	97.3	101.2	103.2	101.4
108.1	108.4	109.0	110.5	109.7	113.3	113.3	101.8	101.8	100.8
104.8	102.6	102.6	102.6	102.6	102.6	102.6	102.6	102.6	101.1
81.6	88.5	89.5	94.9	97.3	98.4	98.4	93.2	93.2	99.0
98.4	98.8	100.9	103.1	99.9	100.5	100.5	103.2	102.7	102.4
98.7	98.9	98.5	99.3	99.5	100.5	100.5	99.7	98.9	100.0
100.0	100.0	100.0	100.0	100.0	100.0	100.0	100.0	100.0	100.0
99.1	96.6	97.8	99.1	99.1	104.2	104.2	97.0	95.4	100.0
100.0	100.0	100.0	100.0	100.0	100.0	100.0	100.0	100.0	100.0
98.3	99.1	99.1	99.1	99.1	99.1	99.1	99.1	99.1	99.1
94.9	97.9	93.6	97.2	97.2	99.2	99.2	101.2	97.2	100.7
101.3	101.3	101.3	101.3	101.3	101.3	101.3	100.0	100.0	100.0
97.1	97.1	97.1	98.5	100.0	100.0	100.0	100.0	100.0	100.0
108.2	98.3	99.6	97.1	97.1	97.1	97.1	98.6	98.6	100.0
112.2	106.5	106.5	100.0	100.0	100.0	100.0	100.0	100.0	100.0
127.7	70.7	70.7	70.7	70.7	70.7	70.7	92.2	92.2	100.0
100.0	100.0	100.0	100.0	100.0	100.0	100.0	100.0	100.0	100.0
105.5	105.5	110.1	110.1	110.1	110.1	110.1	100.0	100.0	100.0
100.0	100.0	100.0	100.0	100.0	100.0	100.0	100.0	100.0	100.0

11—12 续表8

单位：%　　　　　　　　　　　　　　　　　　　　　　　　（2020，以上年价格为100）

指 标	Item	年度 Year	月份 Month 一 Jan.	二 Feb.
旅游	Touring and Outing	96.8	91.4	89.4
旅行社收费	Travel Agent Fees	96.3	90.7	87.9
其他旅游	Others	99.4	95.2	97.6
医疗保健	**Health Care**	**100.4**	**99.9**	**100.0**
药品及医疗器具	Medicines and Medical Apparatus	100.1	99.2	99.3
中药	Traditional Chinese Medicines	104.1	103.3	103.3
中药材	Traditional Chinese	106.3	105.8	105.8
中成药	Chinese Patent Medicine	102.9	101.9	101.9
西药	Western Medicines	97.0	95.7	95.9
抗微生物药	Antimicrobial	100.0	91.0	91.0
消化系统用药	Digestive System	101.4	101.6	101.6
呼吸系统用药	Respiratory	103.8	108.2	108.2
解热镇痛药	Antipyretic and Analgesic	102.3	99.0	99.0
抗肿瘤药	Antineoplastic	100.0	100.0	100.0
激素及影响内分泌药	Hormone and Endocrine	101.5	99.7	100.5
心血管系统用药	Cardiovascular	70.3	68.7	68.7
血液系统用药	Hematological system	76.2	76.8	76.8
治疗精神障碍药	Antipsychotics	89.9	88.1	90.5
神经系统用药	Nervous System	100.0	100.0	100.0
消毒防腐及创伤外科用药	Disinfection Antiseptics and Traumatology Department	100.0	100.0	100.0
泌尿系统用药	Urinary System	99.9	100.0	99.9
维生素、矿物质类药	Vitamin and Mineral	100.0	100.0	100.0
调节水、电解质及酸碱平衡药	Regulate water Electrolyte and Acid-base Balance	101.0	101.0	101.0
滋补保健品	Nourishing Health Products	100.0	100.0	100.0
医疗卫生器具	Medical Apparatus	101.4	100.0	100.0
医疗卫生器具	Medical Apparatus	101.4	100.0	100.0
保健器具	Health Care Apparatus	100.0	100.0	100.0
保健器具	Health Care Apparatus	100.0	100.0	100.0
医疗服务	Medical Services	100.7	100.7	100.7
综合医疗类	Comprehensive Medical	100.0	100.0	100.0
一般医疗服务	General Medical Services	100.0	100.0	100.0
一般治疗操作	General Treatment Operation	100.0	100.0	100.0
护理	Nursing	100.0	100.0	100.0
其他综合医疗服务	Others	100.0	100.0	100.0
诊断类	Diagnosis	99.0	99.0	99.0
病理学诊断	Pathology	100.0	100.0	100.0
实验室诊断	Laboratory	100.0	100.0	100.0
影像学诊断	Iconography	100.0	100.0	100.0
临床诊断	Clinic	94.2	94.2	94.2

continued

(2020, preceding year=100) %

三 Mar.	四 Apr.	五 May.	六 June.	七 July.	八 Aug.	九 Sept.	十 Oct.	十一 Nov.	十二 Dec.
103.3	104.6	110.4	106.4	98.5	90.0	97.6	90.9	89.8	91.3
103.9	105.6	112.8	107.8	98.2	88.1	97.1	88.8	87.3	89.1
100.0	100.0	100.0	100.0	100.0	100.0	100.0	100.0	100.0	100.0
100.0	**99.7**	**100.4**	**100.6**	**100.8**	**100.7**	**100.8**	**100.9**	**100.6**	**100.5**
99.4	98.8	100.1	100.5	100.8	100.8	100.9	101.0	100.4	100.3
102.4	101.2	105.1	105.1	105.1	105.1	105.7	105.7	103.9	103.9
103.4	103.5	108.5	108.5	108.5	108.5	108.5	108.5	103.3	103.3
101.9	99.9	103.2	103.2	103.2	103.2	104.2	104.2	104.3	104.3
96.7	96.3	96.3	97.1	97.9	97.8	97.7	97.8	97.6	97.3
91.0	91.0	91.0	99.1	107.9	107.9	107.9	108.8	108.9	108.9
101.6	101.6	101.6	101.6	101.6	101.6	101.6	101.6	100.9	100.0
112.0	102.9	102.9	102.9	103.4	103.4	101.6	101.6	100.0	100.0
105.0	105.0	105.0	105.0	100.8	100.0	100.0	102.4	103.5	103.5
100.0	100.0	100.0	100.0	100.0	100.0	100.0	100.0	100.0	100.0
99.7	102.7	102.7	102.7	102.7	102.7	102.7	102.7	100.0	100.0
69.3	69.3	69.9	69.9	71.7	71.7	71.7	71.7	71.7	70.3
76.8	79.8	79.8	78.8	75.9	75.9	75.9	72.9	72.9	72.9
90.5	90.5	90.5	88.8	90.1	90.1	90.1	90.1	90.1	90.1
100.0	100.0	100.0	100.0	100.0	100.0	100.0	100.0	100.0	100.0
100.0	100.0	100.0	100.0	100.0	100.0	100.0	100.0	100.0	100.0
99.9	99.9	99.9	99.9	99.9	99.9	99.9	99.9	99.9	99.9
100.0	100.0	100.0	100.0	100.0	100.0	100.0	100.0	100.0	100.0
101.0	101.0	101.0	101.0	101.0	101.0	101.0	101.0	101.1	100.0
100.0	100.0	100.0	100.0	100.0	100.0	100.0	100.0	100.0	100.0
100.0	100.0	101.9	101.9	101.9	101.9	101.9	102.6	102.6	102.6
100.0	100.0	101.9	101.9	101.9	101.9	101.9	102.6	102.6	102.6
100.0	100.0	100.0	100.0	100.0	100.0	100.0	100.0	100.0	100.0
100.0	100.0	100.0	100.0	100.0	100.0	100.0	100.0	100.0	100.0
100.7	100.7	100.7	100.7	100.7	100.7	100.7	100.7	100.7	100.7
100.0	100.0	100.0	100.0	100.0	100.0	100.0	100.0	100.0	100.0
100.0	100.0	100.0	100.0	100.0	100.0	100.0	100.0	100.0	100.0
100.0	100.0	100.0	100.0	100.0	100.0	100.0	100.0	100.0	100.0
100.0	100.0	100.0	100.0	100.0	100.0	100.0	100.0	100.0	100.0
100.0	100.0	100.0	100.0	100.0	100.0	100.0	100.0	100.0	100.0
99.0	99.0	99.0	99.0	99.0	99.0	99.0	99.0	99.0	99.0
100.0	100.0	100.0	100.0	100.0	100.0	100.0	100.0	100.0	100.0
100.0	100.0	100.0	100.0	100.0	100.0	100.0	100.0	100.0	100.0
100.0	100.0	100.0	100.0	100.0	100.0	100.0	100.0	100.0	100.0
94.2	94.2	94.2	94.2	94.2	94.2	94.2	94.2	94.2	94.2

11—12 续表9

单位:%　　　　　　　　　　　　　　　　　　　　　　　（2020,以上年价格为100）

指标	Item	年度 Year	月份 Month 一 Jan.	二 Feb.
治疗类	Therapy	105.1	105.1	105.1
临床手术治疗	Clinical Operation	111.7	111.7	111.7
临床非手术治疗	Non-Clinical Operation	100.0	100.0	100.0
康复类	Rehabilitation	100.0	100.0	100.0
康复医疗	Rehabilitation Therapy	100.0	100.0	100.0
中医医疗服务类	Chinese Medicine Service	100.0	100.0	100.0
中医治疗	Chinese Medicine Therapy	100.0	100.0	100.0
其他医疗服务	Others	100.0	100.0	100.0
其他用品和服务	**Other Goods and Services**	**101.5**	**101.3**	**104.0**
其他用品类	Other Items	104.6	104.4	108.7
首饰手表	Jewellery and Watches	107.3	106.4	112.9
金饰品	Gold	120.5	113.7	131.5
银饰品	Silver	99.6	100.0	100.0
铂金饰品	Platinum	97.6	104.1	105.2
手表	Watches	99.8	100.0	100.0
其他杂项用品	Others	98.4	99.9	99.9
箱包	Luggage	96.7	98.3	98.3
母婴用品	Maternal and Child Products	101.1	104.7	104.7
眼镜	Glasses	97.7	97.0	97.0
其他服务类	Other Services	99.1	98.8	100.4
旅馆住宿	Hotel Accommodation	110.7	111.8	121.0
宾馆住宿	Hotel	104.6	115.3	118.7
其他住宿	Others	121.1	106.6	124.4
美容美发洗浴	Beauty,Hairdressing and Bath	98.9	100.8	100.8
美容	Beauty	96.3	102.8	102.8
美发	Hairdressing	100.0	100.0	100.0
洗浴	Bath	100.0	100.0	100.0
养老服务	Service for the aged	100.0	100.0	100.0
金融保险	Finance and Insurance	92.7	91.5	91.6
金融服务	Finance Services	94.0	93.9	95.3
车辆保险	Vehicle Insurance	94.7	100.0	100.0
旅行保险	Travel Insurance	100.0	100.0	100.0
其他保险	Other Insurance	90.3	85.3	85.3
其他服务类	Other Services	98.2	100.0	100.0
中介服务	Intermediary Agent	96.5	100.0	100.0
其他服务	Others	100.0	100.0	100.0

continued

(2020, preceding year=100) %

三 Mar.	四 Apr.	五 May.	六 June.	七 July.	八 Aug.	九 Sept.	十 Oct.	十一 Nov.	十二 Dec.
105.1	105.1	105.1	105.1	105.1	105.1	105.1	105.1	105.1	105.1
111.7	111.7	111.7	111.7	111.7	111.7	111.7	111.7	111.7	111.7
100.0	100.0	100.0	100.0	100.0	100.0	100.0	100.0	100.0	100.0
100.0	100.0	100.0	100.0	100.0	100.0	100.0	100.0	100.0	100.0
100.0	100.0	100.0	100.0	100.0	100.0	100.0	100.0	100.0	100.0
100.0	100.0	100.0	100.0	100.0	100.0	100.0	100.0	100.0	100.0
100.0	100.0	100.0	100.0	100.0	100.0	100.0	100.0	100.0	100.0
100.0	100.0	100.0	100.0	100.0	100.0	100.0	100.0	100.0	100.0
101.3	**99.2**	**99.7**	**99.4**	**100.2**	**100.1**	**100.1**	**104.6**	**104.7**	**103.5**
106.2	103.1	104.5	104.2	106.1	106.1	102.0	102.0	103.3	104.4
109.1	105.6	107.3	107.0	109.0	110.2	104.6	103.8	104.8	107.7
119.9	121.9	129.0	121.1	125.3	124.4	115.4	113.6	115.8	118.2
100.0	100.0	100.0	100.0	98.7	98.7	100.0	97.4	100.0	100.0
104.9	90.7	89.5	96.6	97.1	101.2	93.4	94.7	94.5	100.9
100.0	100.0	98.7	98.7	99.8	99.8	99.8	99.8	99.8	100.8
99.9	97.8	98.3	98.3	99.6	96.3	95.9	97.5	99.8	96.9
98.3	98.3	98.3	100.0	100.0	91.0	90.1	93.7	99.1	94.6
104.7	100.0	100.0	100.0	100.0	100.0	100.0	100.0	100.0	100.0
97.0	94.5	96.2	93.5	98.4	100.7	100.7	100.7	100.7	96.7
97.6	96.1	96.0	95.7	95.8	95.7	98.6	106.8	105.7	102.8
104.9	97.6	97.0	96.2	97.6	96.6	109.8	138.7	137.7	124.9
110.5	93.6	84.9	84.1	87.1	83.5	98.9	128.9	141.1	129.0
97.0	103.6	116.2	116.6	118.3	124.7	133.9	156.7	132.5	118.8
100.0	98.4	98.4	98.4	98.4	98.4	98.4	98.4	98.4	97.9
100.0	94.6	94.6	94.6	94.6	94.6	94.6	94.6	94.6	92.7
100.0	100.0	100.0	100.0	100.0	100.0	100.0	100.0	100.0	100.0
100.0	100.0	100.0	100.0	100.0	100.0	100.0	100.0	100.0	100.0
100.0	100.0	100.0	100.0	100.0	100.0	100.0	100.0	100.0	100.0
91.4	91.5	91.4	91.5	91.5	91.7	91.4	96.6	96.5	96.5
93.2	94.6	93.2	94.6	94.1	96.2	93.2	94.0	93.2	93.2
100.0	100.0	100.0	100.0	100.0	100.0	100.0	78.8	78.8	78.8
100.0	100.0	100.0	100.0	100.0	100.0	100.0	100.0	100.0	100.0
85.3	85.3	85.3	85.3	85.3	85.3	85.3	108.2	108.2	108.2
101.9	101.9	104.0	99.7	95.1	95.1	95.1	96.0	95.0	95.0
103.8	103.8	108.0	99.4	90.8	90.8	90.8	92.3	90.5	90.5
100.0	100.0	100.0	100.0	100.0	100.0	100.0	100.0	100.0	100.0

11—13 商品零售价格分类指数

Retail Price Indices by Classification

单位:% （2020,以上年价格为100）

指 标	Item	指 数 Indice
商品零售价格指数	**Retail Price Index**	**100.5**
食品	**Food**	**104.5**
粮食	Grain	104.0
大米	Rice	104.6
面粉	Flour	102.3
其他粮食	Others	106.7
粮食制品	Grain Products	104.9
薯类	Tubers	111.2
薯类	Tubers	111.2
豆类	Beans and Products	104.4
干豆	Beans	109.1
豆制品	Bean Products	102.0
食用油	Edible oil and Fats	102.4
食用植物油	Edible Vegetable Oil	100.0
食用动物油	Edible Animal Oil	106.3
菜	Vegetables	112.8
鲜菜	Fresh Vegetables	116.9
干菜及菜制品	Dry Vegetables and Related Products	100.5
畜肉类	Livestock Meat	121.0
猪肉	Pork	139.8
牛肉	Beef	110.8
羊肉	Mutton	107.0
畜肉副产品	Meat by-products	123.5
其他畜肉及制品	Others	112.2
禽肉类	Poultry	110.9
鸡	Chicken	108.2
鸭	Duck	111.5
其他禽肉及制品	Others	118.4
水产品	Aquatic Products	101.7
淡水鱼	Freshwater Fish	101.1
海水鱼	Marine Fish	105.7
虾蟹类	shrimps,Prawn and Crabs	96.3
其他水产品及制品	Others	103.5
蛋类	Eggs	90.5
鸡蛋	Chicken	87.0
其他蛋及制品	Others	98.6
奶类	Milk	98.1
鲜奶	Fresh Milk	98.9
酸奶	Yoghourt	96.9

11—13 续表1 continued

（2020，preceding year=100） %

指　标	Item	指 数 Indice
奶粉	Milk Powder	97.0
其他奶制品	Others	102.2
干鲜瓜果类	Dried and Fresh Melons and Fruits	93.6
鲜瓜果	Fresh Melons and Fruits	89.6
坚果	Nuts	105.4
瓜果制品	Products of Melons and Fruits	97.5
糖果糕点类	Sugar,Candy and Cake	100.8
食糖	Sugar	103.2
糖果	Candy	102.1
糕点	Cake	99.3
其他糖果糕点	Others	98.1
调味品	Flavoring	102.6
食用盐	Edible Salt	100.0
酱油	Sauce	100.6
食醋	Edible Vinegar	102.8
调味酱	Bechamel	105.9
味精	MSG	99.9
其他调味品	Others	102.4
其他食品类	Other Food	98.6
方便食品	Convenience Food	98.7
淀粉及制品	Starch and Derived Products	97.0
膨化食品	Puffed Food	99.3
在外餐饮	Out-dining	102.9
正餐	Dinner	103.1
快餐	Fast Food	99.4
地方小吃	Local Snacks	106.7
其他在外餐饮	Others	102.9
饮料、烟酒	**Beverages , Tobacco and Liquor**	**99.9**
茶及饮料	Tea and Beverages	100.5
茶叶	Tea	100.4
固体咖啡	Solid Coffee	101.0
其他固体饮料	Other Solid Drink	98.2
饮用水	Drinking Water	95.6
果汁饮料	Juice	98.8
其他液体饮料	Others	103.0
烟草	Tobacco and Liquor	100.0
烟草	Tobacco	100.0
酒类	Liquor	99.3
白酒	White spirit	101.5

11—13 续表2 continued

单位:% （2020,以上年价格为100）

指 标	Item	指 数 Indice
葡萄酒	Wine	96.2
啤酒	Beer	98.4
其他酒类	Others	96.7
服装、鞋帽	**Garments ,Shoes and Hats**	**99.5**
服装	Garments	101.3
男士服装	Men's Clothing	101.1
男式西服	Western-style Clothes	101.1
男式冬衣	Winter Coat	106.1
男式夹克衫	Clip Grams Shirt	98.2
男式毛线衣	Wool Sweaters	101.1
男式运动装	Sport swear	100.9
男式衬衫T恤	Shirts and T-shirts	99.5
男式裤子	Trousers	103.0
男式内衣	Underwear	99.3
女士服装	Women's Clothing	101.3
女式外套	Outerwear	95.4
女式冬衣	Winter Coat	108.1
女式毛线衣	Wool Sweaters	100.2
女式运动装	Sport swear	101.7
女式衬衫T恤	Shirts and T-shirts	100.7
女式裤子	Trousers	97.3
女式裙子	skirts	103.9
女式内衣	Underwear	99.4
儿童服装	Children Clothing	101.9
婴幼服装	Baby's Clothing	99.5
儿童上衣	Upper Outer Garment	106.7
儿童裤子	Trousers	98.6
儿童裙子	Skirts	100.9
鞋帽袜	Shoes ,Hats and Socks	97.5
鞋	Shoes	96.9
男鞋	Male	97.8
女鞋	Female	95.4
童鞋	Children	100.0
袜子	Socks	100.0
袜子	Socks	100.0
帽子	Hats	97.8
帽子	Hats	97.8
其他衣着配件	Others	96.5
其他衣着配件	Others	96.5

11—13 续表3 continued

(2020, preceding year=100) %

指 标	Item	指 数 Indice
纺织品	**Textile**	**100.2**
服装材料	Clothing Material	101.1
服装材料	Clothing Material	101.1
床上用品	Bed Articles	100.0
被子	Quilt	100.0
床单被套	Bed Sheet and Duvet Cover	100.0
其他床上用品	Others	100.0
家用电器及音像器材	**Home Appliances and Audio & Video Equipment**	**98.2**
家庭设备	Household Equipment	98.3
洗衣机	Washing Machine	97.2
电冰箱(柜)	Refrigerator(cabinet)	98.5
抽油烟机	Exhaust Fan	99.9
空调器	Air Conditioner	94.4
热水器	Water Heater	97.3
炉具灶具	Cooker	100.0
微波炉	Microwave Oven	101.9
厨房小家电	Kitchen	97.9
生活小家电	Household	100.1
其他大型家用器具	Other Home Appliances	100.7
文娱用耐用消费品	Durable Consumer Goods for Cultural and Recreation	97.4
电视机	TV Set	97.2
照相机	Camera	101.3
音响	Sound Equipment	90.3
其他文娱耐用消费品	Others	101.1
专业音像器材	Professional Audio and Video Equipment	100.8
专业音响器材	Audio	101.4
专业声像器材	Video	99.8
文化办公用品	**Cultural and Office Goods**	**101.6**
纸张文具	Paper and Stationery	98.9
台式计算机	Desktop Computer	98.3
笔记本平板	Tablets	107.4
电脑附件	Computer Accessories	98.7
打印复印机	Printers	99.4
教学设备	Teaching Equipment	99.5
日用品	**Commodity**	**99.0**
日用百货	General Merchandise	99.2
电动自行车	Electric Bicycle	99.3
自行车	Bicycles	102.7
雨具	Others	94.7
护理器具	Nursing Appliances	98.2

11—13 续表4 continued

单位:% （2020,以上年价格为100）

指 标	Item	指 数 Indice
清洁用纸	Cleaning Paper	96.3
化妆器具	Make-up Appliances	100.0
厨具餐具茶具	Kitchen,Tableware and Tea Set	97.5
厨具	Kitchen	96.7
餐具	Tableware	98.7
茶具	Tea Set	97.3
清洗用品	Cleaning Articles	100.5
清洗用品	Cleaning Articles	100.5
其他日用品	Others	98.2
灯具	lamps and Lanterns	98.0
箱包	Luggage	96.7
母婴用品	Maternal and Child Products	101.1
眼镜	Glasses	97.7
其他护理用品	Other Nursing Materials	96.9
其他日用杂品	Other Daily Groceries	100.4
体育娱乐用品	**Sports and Entertainment Goods**	**100.1**
体育户外用品	Sports and Outdoor Products	100.0
体育户外用品	Sports and Outdoor Products	100.0
娱乐用品	Recreation Products	100.2
乐器	Musical Instruments	103.0
游戏用品和玩具	Games and Toys	98.9
园艺花卉及用品	Gardening Flowers and Products	98.6
宠物及用品	Pets and Products	100.9
其他文化娱乐用品	Others	98.6
交通、通信用品	**Transportation and Communication Articles**	**98.9**
交通运输机械	Transport machinery	97.6
小型汽车	Sedan	95.0
大中型客车	Large and Medium Coach	99.7
交通工具零配件	Accessories	97.1
通信器材	Telecom Equipment	100.9
固定电话机	Telephone	100.0
移动电话机	Mobile Telephone	102.2
其他通信器材	Others	99.9
家具	**Furniture**	**101.1**
柜	Cabinets	102.8
床	Beds	100.2
桌	Tables	99.6

11—13 续表5 continued

（2020，preceding year=100） %

指 标	Item	指 数 Indice
椅	Chairs	102.8
沙发	Sofas	99.9
其他家具	Others	100.3
化妆品	**Cosmetics**	**100.2**
清洁化妆品	Cleaning	102.2
护肤化妆品	Skin-care	99.1
彩妆化妆品	Make-up	101.1
清洁类护理用品	Cleaning Nursing Materials	101.4
护发美发用品	Bath & Slim Materials	99.7
金银饰品	**Gold and Silver Jewellery**	**110.0**
金饰品	Gold	120.5
银饰品	Silver	99.6
铂金饰品	Platinum	97.6
中西药品及医疗保健用品	**Traditional Chinese & Western Medicines and Health Care Products**	**99.8**
医疗卫生器具	Medical Apparatus	101.4
医疗卫生器具	Medical Apparatus	101.4
中药	Traditional Chinese Medicines	105.2
中药材	Traditional Chinese	106.3
中成药	Chinese Patent Medicine	102.9
西药	Western Medicines	95.8
抗微生物药	Antimicrobial	100.0
消化系统用药	Digestive System	101.4
呼吸系统用药	Respiratory	103.8
解热镇痛药	Antipyretic and Analgesic	102.3
抗肿瘤药	Antineoplastic	100.0
激素及影响内分泌药	Hormone and Endocrine	101.5
心血管系统用药	Cardiovascular	70.3
血液系统用药	Hematological system	76.2
治疗精神障碍药	Antipsychotics	89.9
神经系统用药	Nervous System	100.0
消毒防腐及创伤外科用药	Disinfection Antiseptics and Traumatology Department	100.0
泌尿系统用药	Urinary System	99.9
维生素、矿物质类药	Vitamin and Mineral	100.0
调节水、电解质及酸碱平衡药	Regulate water Electrolyte and Acid-base Balance	101.0
保健器具及用品	Health Equipment and Supplies	100.0

11—13 续表6 continued

单位:%　　　　　　　　　　　　　　　　　　　　　　　　　　　　　　　　　　（2020,以上年价格为100）

指 标	Item	指 数 Indice
保健器具	Health Care Apparatus	100.0
滋补保健品	Nourishing Health Products	100.0
书报杂志及电子出版物	**Books,Newspapers, Magazine and Electronic Publications**	**100.1**
教材及参考书	Textbook and Supplies	99.6
工具书	Reference Book	104.1
教材	Textbook	99.4
参考资料	Reference Material	99.8
其他教育用品	Others	93.6
书报杂志	Newspapers and Magazines	100.0
书报杂志	Newspapers and Magazines	100.0
计算机办公软件	Computer Office Software	102.9
计算机办公软件	Computer Office Software	102.9
燃料	**Fuel**	**91.4**
煤炭及制品	Coal and Related Product	100.0
原煤	Raw Coal	100.0
煤制品	Coal Product	100.0
石油及制品	Oil and Related Product	90.7
管道燃气	Pipeline Gas	99.4
液化石油气	Liquefied Petroleum Gas	100.0
汽油	Gasoline	85.7
柴油	Diesel Oil	84.4
建筑材料及五金电料	**Building Materials and Metal Materials**	**100.0**
建筑装璜材料	Building Decoration Materials	100.3
木地板	Wood Flooring	100.2
瓷砖	Ceramic	99.7
水泥	Cement	102.6
涂料	Painting	100.0
板材	Boarding	100.6
管材	Tubing	99.1
厨卫设备	Hutch Defends Equipment	99.9
门窗	Door & Window	100.6
其他住房装潢材料	Others	100.0
五金水暖	Hardware Plumbing	99.3
家用手工工具	Hand Tools for Household Use	98.7
配电附件	Distribution Accessories	98.5
水暖器材	Plumbing Equipment	100.0

11—14 各种物价总指数

Variety of Price Indices

单位:%　　(%)

指　标	Item	居民消费价格总指数 Consumer Price Index	商品零售价格总指数 Retail Price Index
以 1957 年价格为 100	Year of 1957=100	953.6	628.0
以 1962 年价格为 100	Year of 1962=100	758.9	504.4
以 1965 年价格为 100	Year of 1965=100	920.8	606.7
以 1970 年价格为 100	Year of 1970=100	874.2	576.5
以 1978 年价格为 100	Year of 1978=100	784.2	514.6
以 1980 年价格为 100	Year of 1980=100	727.6	477.1
以 1985 年价格为 100	Year of 1985=100	614.3	405.1
以 1990 年价格为 100	Year of 1990=100	360.2	240.2
以 1992 年价格为 100	Year of 1992=100	310.0	209.4
以 1995 年价格为 100	Year of 1995=100	181.8	134.7
以 1997 年价格为 100	Year of 1997=100	177.8	123.9
以 1998 年价格为 100	Year of 1998=100	163.2	127.7
以 1999 年价格为 100	Year of 1999=100	163.1	129.3
以 2000 年价格为 100	Year of 2000=100	165.2	135.9
以 2001 年价格为 100	Year of 2001=100	162.1	131.6
以 2002 年价格为 100	Year of 2002=100	163.1	133.0
以 2003 年价格为 100	Year of 2003=100	160.2	133.5
以 2004 年价格为 100	Year of 2004=100	155.2	130.9
以 2005 年价格为 100	Year of 2005=100	158.3	134.7
以 2006 年价格为 100	Year of 2006=100	150.3	128.8
以 2007 年价格为 100	Year of 2007=100	142.7	124.2
以 2008 年价格为 100	Year of 2008=100	132.6	117.3
以 2009 年价格为 100	Year of 2009=100	133.0	119.1
以 2010 年价格为 100	Year of 2010=100	127.9	115.6
以 2011 年价格为 100	Year of 2011=100	121.5	111.6
以 2012 年价格为 100	Year of 2012=100	118.6	111.0
以 2013 年价格为 100	Year of 2013=100	114.6	108.5
以 2014 年价格为 100	Year of 2014=100	112.2	107.7
以 2015 年价格为 100	Year of 2015=100	110.2	107.5
以 2016 年价格为 100	Year of 2016=100	108.5	106.5
以 2017 年价格为 100	Year of 2017=100	106.7	104.9
以 2018 年价格为 100	Year of 2018=100	104.4	102.2
以 2019 年价格为 100	Year of 2019=100	102.2	101.1

11—15 工业生产者出厂价格指数

单位:%　　（以上年价格为100）

指　标	Item	2011年
全部工业品出厂价格总指数	**Total Industry Products Price Index**	**109.1**
核心指数	Core Index	112.2
高技术	Hi-technology	106.1
能源	Enery	106.5
按轻重工业分	Grouped by Light and Heavy Industry	
轻工业	Light Industry	119.4
以农产品为原料	Raw Material of Agricultural Products	117.6
以非农产品为原料	Raw Material of Non-Agricultural Products	128.3
重工业	Heavy Industry	107.2
采掘	Mining & Quarrying	112.1
原料	Raw Material	105.8
加工	Process	108.3
按生产生活资料分	Grouped by Means of Production and Means of Livilyhood	
生产资料	Means of Production	108.6
采掘	Mining & Quarrying	112.1
原料	Raw Material	105.7
加工	Process	112.7
生活资料	Consumer Goods	114.3
食品	Food	109.5
衣着	Clothing	114.3
一般日用品	Artiales for Daily Used	120.6
耐用消费品	Durable Cinsumer Goods	101.1
按初级中间最终产品分	Grouped by Primary Products Intermediate Products and fiual Products	
初级产品	Primary Products	112.1
矿产品	Minerals	112.1
废料	Waste	
中间产品	Intermediate Products	108.9
最终产品	Final Products	107.0
最终投资品	Final Investment	111.9
最终消费品	Final Consumption Goods	103.0
按工业部门分	Grouped by Industry Branch	
冶金工业	Metallurgy Industry	110.5
电力工业	Electric Power Industry	100.4
煤炭及炼焦工业	Coal and Coking Industry	110.1
石油工业	Petroleum Industry	115.8
化学工业	Chemistry Industry	116.8
机械工业	Machinery Industry	103.0
建筑材料工业	Building Materials Industry	102.6
森林工业	Forest Industry	100.1

Industrial Producer Price Indices

(preceding year=100) (%)

2012年	2013年	2014年	2015年	2016年	2017年	2018年	2019年	2020年
99.4	**95.0**	**97.1**	**94.5**	**98.9**	**112.3**	**107.9**	**98.5**	**97.4**
97.4	96.2	96.3	97.3	99.2	106.1	104.6	100.4	99.9
89.1	94.0	98.0	102.7	102.6	104.1	117.3	108.5	102.5
100.9	94.3	97.4	92.3	98.5	117.9	110.8	97.0	95.1
100.4	97.6	99.8	99.5	99.5	100.8	100.6	100.5	101.7
101.8	100.2	101.3	99.9	98.9	100.4	100.8	101.1	101.3
93.3	83.4	90.4	97.1	103.2	103.3	98.9	95.6	106.1
99.2	94.5	96.6	93.5	98.7	114.8	109.4	98.1	96.4
92.5	71.5	92.6	89.8	96.2	129.0	119.8	92.4	96.5
101.6	98.4	98.0	93.0	99.5	115.5	109.2	98.6	95.5
96.4	95.7	94.6	97.0	98.2	106.5	104.1	99.5	98.6
99.8	95.1	97.0	93.9	98.7	113.7	108.2	97.7	96.8
92.5	71.5	92.6	89.8	96.2	129.0	119.8	92.4	96.5
102.0	98.7	98.0	92.8	99.4	115.7	108.3	97.6	95
98.5	97.1	96.4	97.8	98.5	105.1	103.2	99.7	99.8
95.2	93.7	98.3	99.9	100.0	102.1	106.1	104.5	101.6
100.1	100.4	102.5	101.0	98.2	100.2	103.2	104.3	99.7
108.2	103.4	104.8	98.4	93.8	101.7	100.0	99.2	99.5
88.2	84.5	91.3	98.8	103.8	104.3	111.6	106.2	104.6
100.5	100.0	100.2	101.0	100.1	100.0	100.0	99.1	97.5
92.5	71.5	92.6	89.8	96.2	129.0	119.8	92.4	96.5
92.5	71.5	92.6	89.8	96.2	129.0	119.8	92.4	96.5
100.4	97.7	97.4	94.8	99.2	110.8	106.6	99.2	97.4
101.2	98.3	98.5	95.1	98.2	107.1	105.1	98.5	96.5
102.3	97.1	96.5	89.6	97.0	108.5	109.2	96.7	92.2
100.2	99.3	100.0	99.4	99.2	105.9	101.5	100.3	100.1
95.9	94.8	94.4	91.9	102.4	115.7	103.6	96.5	98.1
100.9	100.0	100.0	99.3	99.3	107.8	100.4	99.8	100.3
92.6	75.2	91.2	87.7	100.3	141.2	119.6	94.7	97.5
108.3	98.5	96.9	81.5	95.9	111.5	115.5	94.6	85.2
91.3	89.4	90.6	97.5	97.7	107.2	109.2	101.6	100.2
100.5	98.3	99.6	99.6	99.9	100.3	99.9	99.7	100
95.2	97.2	96.4	93.3	99.3	110.8	108.0	103.5	100.6
100.5	100.3	100.3	101.1	100.1	100.0	100.0	99.6	100.1

11—15 续表

单位:%　　　　　　　　（以上年价格为100）

指　标	Item	2011 年
食品工业	Food Industry	108.9
纺织工业	Textile Industry	126.7
缝纫工业	Sewing Industry	109.6
皮革工业	Leather Industry	115.6
造纸工业	Papermaking Industry	104.2
文教艺术用品工业	Culture and Education Articles Industry	102.8
其它工业	Others Industry	115.1
按工业行业分	Grouped by Industry Sector	
煤炭开采和洗选业	Mining and Washing of Coal	112.1
农副食品加工业	Processing of Food from Agricultural Products	108.7
食品制造业	Manufacture of Foods	123.2
饮料制造业	Manufacture of Beverages	106.6
纺织业	Manufacture of Textile	126.4
纺织服装、鞋、帽制造业	Manufacture of Textile Wearing Apparel,Footware and Caps	102.4
皮革、毛皮、羽毛(绒)及其制品业	Manufacture of Leather,Fur,Feather and Related Products	115.6
木材加工及木、竹、藤、棕、草制品业	Processing of Timber,Manufacture of Wood,Bamboo,Rattan,Palm and Straw Products	98.9
家具制造业	Manufacture of Furniture	100.9
造纸及纸制品业	Manufacture of Paper and Paper Products	104.2
印刷业和记录媒介的复制	Printing,Reproduction of Recording Media	102.8
石油加工、炼焦及核燃料加工业	Processing of Petroleum,Coking,Processing of Nuclear Fuel	114.1
化学原料及化学制品制造业	Manufacture of Raw Chemical Materials and Chemical Products	116.2
医药制造业	Manufacture of Medicines	106.2
化学纤维制造业	Manufacture of Chemical Fibers	
橡胶制品业	Manufacture of Rubber	117.8
塑料制品业	Manufacture of Plastics	106.0
非金属矿物制品业	Manufacture of Non-metallic Mineral Products	104.9
黑色金属冶炼及压延加工业	Smelting and Pressing of Ferrous Metals	107.9
有色金属冶炼及压延加工业	Smelting and Pressing of Non-ferrous Metals	110.6
金属制品业	Manufacture of Metal Products	113.6
通用设备制造业	Manufacture of General Purpose Machieery	103.7
专用设备制造业	Manufacture of Special Purpose Machieery	100.1
交通运输设备制造业	Manufacture of Transport Equipment	101.8
电气机械及器材制造业	Manufacture of Electrical Machinery and Equipment	102.2
仪器仪表及文化、办公用机械制造业	Manufacture of Measuring Instruments and Machinery for Cultural Activity and Office Work	104.8
电力、热力的生产和供应业	Production and Suppy of Electric Power,Steam and Hot Water	100.4
燃气生产和供应业	Production and Suppy of Gas	100.0
水的生产和供应业	Production and Suppy of Tap Water	115.1

continued

(preceding year=100) (%)

2012年	2013年	2014年	2015年	2016年	2017年	2018年	2019年	2020年
100.7	101.3	102.6	99.8	98.3	100.7	103.0	103.7	100.2
102.4	99.7	100.4	100.1	100.1	99.7	99.2	99.5	102.5
105.4	100.5	104.2	100.5	98.3	102.4	99.5	99.8	97.8
109.4	107.4	102.7	94.9	88.9	100.4	100.7	99.1	99.8
100.2	97.8	100.0	100.0	100.2	103.7	102.3	99.5	99.8
104.8	103.9	100.3	100.0	100.0	100.4	101.1	99.9	99.1
101.3	98.3	97.7	101.6	100.4	112.1	117.9	106.2	93.2
92.5	71.5	92.6	89.8	95.7	132.5	120.2	94.2	96.6
102.8	104.6	100.6	99.3	101.0	101.5	101.3	99.5	102.0
91.1	85.8	96.1	96.6	98.1	101.5	99.8	101.9	101.3
102.6	98.6	102.3	103.0	99.6	100.4	106.1	106.7	100.9
102.5	99.7	100.6	100.1	99.9	99.9	99.2	99.5	102.5
102.2	101.7	101.1	100.0	100.1	100.0	100.0	100.0	97.8
109.4	107.4	102.7	94.9	88.9	100.4	100.7	99.1	99.8
100.3	100.7	100.6	101.1	100.1	100.0	100.0	100.1	102.6
100.6	100.0	100.2	101.2	100.1	100.0	100.0	99.1	97.5
100.2	97.8	100.0	100.0	100.2	103.7	102.3	99.5	99.8
105.2	104.2	100.4	100.0	100.0	100.4	101.1	99.9	99.1
105.4	97.0	94.6	80.4	99.8	122.0	116.3	94.6	87.4
102.0	94.3	90.8	102.5	93.2	103.9	107.0	97.6	92.0
88.1	93.6	98.0	102.9	102.9	104.6	120.2	110.3	103.2
85.0	87.1	85.7	89.8	92.1	115.5	103.4	97.6	100.2
99.7	96.9	102.0	92.1	95.0	105.4			
96.2	97.3	96.3	93.9	99.1	111.8	109.5	103.9	99.5
94.6	96.9	90.0	86.9	98.3	103.2	103.3	97.2	95.0
94.3	93.0	94.9	92.6	106.5	120.9	101.8	95.9	100.2
102.5	97.5	98.4	95.8	98.2	112.4	105.8	99.1	99.6
100.2	99.8	99.9	99.8	99.6	100.2	100.1	100.1	99.6
99.8	97.3	97.1	100.0	99.7	100.4	99.9	100.0	
100.0	100.0	100.0	100.0					
100.0	96.0	99.4	99.4	100.1	100.4	99.5	99.2	100.0
100.9	99.3	97.6	100.1	100.2	100.1	101.3	100.5	101.6
102.6	100.0	100.0	99.3	99.3	107.8	100.4	99.8	100.3
133.0	114.9	115.6	101.3	90.7	110.1	116.6	103.7	90.5
102.0	100.0	101.2	111.4	103.0	103.5	110.0	104.3	100.0

11—16 工业生产者购进价格指数

单位:% （以上年价格为100）

指 标	Item	2011年
全部原材料购进价格总指数	**Purchasing Price of Materials**	**115.0**
按初级中间最终产品分	**Grouped by Intermediate Product and Final Product**	
初级产品	Primary Product	119.7
农产品	Agricultural Product	115.5
矿产品	Minerals	121.9
废料	Scrap	117.7
中间产品	Intermediate Product	108.4
九大类原材料购进价格指数	**Classification of Purchasing Price of Materials**	
燃料、动力类	Fuel and Power	116.5
黑色金属材料类	Ferrous Metals	108.9
钢材	Steel	107.5
其它	Others	112.5
有色金属材料及电线类	Nonferrous Metals and Electric Wires	104.2
化工原料类	Raw Chemical Materials	120.8
木材及纸浆类	Timber and Paper Pulp	101.9
建筑材料及非金属类	Building Materials and Non-metallic Mineral	123.0
其它工业原材料及半成品类	Others Industry Raw Materials and Semi-manufantures	108.7
农副产品类	Agricultural Products	115.5
纺织原料类	Textile Materials	114.7

11—17 房地产价格指数

单位:% 房地产月同比价格指数 （2020,以上年价格为100）

指 标	Item	1月	2月
新建住宅价格指数	**New Residential Buildings Sales Price Index**		
新建商品住宅价格指数	**New Commercialized Houses Sales Price Index**	**112.8**	**112.0**
90m² 及以下	Housing of 90 Square Meters Below	113.7	112.7
90-144m²	Housing of Square Meters Below 90 and 140	113.0	112.0
144m² 以上	Housing of 144 Square Meters Above	111.8	111.7
二手住宅价格指数	**Second-hand House Sales Price Index**	**107.0**	**107.0**
90m² 及以下	Housing of 90 Square Meters Below	106.4	106.5
90-144m²	Housing of Square Meters Below 90 and 140	107.5	107.5
144m² 以上	Housing of 144 Square Meters Above	107.6	106.5

单位:% 房地产月环比价格指数 （2020,以上年价格为100）

指 标	Item	1月	2月
新建住宅价格指数	**New Residential Buildings Sales Price Index**		
新建商品住宅价格指数	**New Commercialized Houses Sales Price Index**	**101.0**	**100.0**
90㎡及以下	Housing of 90 Square Meters Below	101.2	99.6
90-144㎡	Housing of Square Meters Below 90 and 140	100.9	99.9
144㎡以上	Housing of 144 Square Meters Above	101.1	100.2
二手住宅价格指数	**Second-hand House Sales Price Index**	**99.7**	**100.2**
90㎡及以下	Housing of 90 Square Meters Below	99.7	100.3
90-144㎡	Housing of Square Meters Below 90 and 140	99.7	100.4
144㎡以上	Housing of 144 Square Meters Above	99.5	99.1

注:自2018年1月起,国家统计局取消保障性住房销售价格统计指标,只编发新建商品住宅销售价格指数,不再编发新建住宅销售价格指数。

Purchasing Price Indices of Industrial Producer

(preceding year=100) (%)

2012年	2013年	2014年	2015年	2016年	2017年	2018年	2019年	2020年
104.2	**96.9**	**97.0**	**84.6**	**96.4**	**113.4**	**110.5**	**97.5**	**92.1**
106.8	95.8	96.9	76.4	92.3	119.0	115.1	96.3	87.4
101.0	101.3	101.7	96.3	96.8	100.5	99.5	99.4	101.7
109.7	93.2	94.5	65.9	90.0	129.0	122.2	94.9	80.0
90.9	86.7	89.7	76.8	99.6	111.0	114.3	103.1	100.0
100.2	98.5	97.1	96.1	102.3	106.2	103.9	99.4	98.8
107.4	96.0	96.4	74.3	94.1	121.9	118.5	95.8	83.0
93.8	89.4	92.1	92.1	103.3	114.6	105.7	98.8	98.6
96.2	88.9	93.4	96.8	104.0	113.2	105.6	98.6	98.5
87.7	90.5	88.8	79.8	101.0	119.5	106.1	98.7	99.9
94.2	94.3	91.3	97.1	97.8	111.9	103.4	96.0	100.8
100.3	93.9	93.8	88.4	98.1	114.2	100.9	97.3	99.0
100.8	99.4	99.7	99.8	102.2	102.0	104.0	100.6	100.1
110.3	87.4	91.4	90.2	98.7	105.5	105.0	102.0	104.9
103.1	104.9	98.9	98.0	101.6	101.9	102.5	100.9	103.3
101.0	101.3	101.7	96.3	96.7	100.5	99.5	99.4	101.8
97.3	98.6	100.7	99.6	99.2	106.2	99.6	98.5	102.7

Price Indices of Real Estate

(2020, preceding year=100) (%)

3月	4月	5月	6月	7月	8月	9月	10月	11月	12月
112.5	**113.0**	**114.7**	**115.7**	**117.6**	**117.6**	**116.8**	**116.6**	**115.0**	**114.2**
112.8	113.2	114.2	114.7	115.2	115.1	114.4	114.4	112.5	112.5
112.5	112.9	114.5	115.8	118.1	118.2	117.4	117.1	115.5	114.8
112.5	113.3	115.6	116.1	118.0	117.4	116.8	116.9	115.0	113.8
106.3	**107.2**	**108.3**	**109.2**	**109.6**	**109.1**	**108.9**	**109.2**	**108.8**	**108.5**
105.8	107.1	107.8	108.9	109.8	109.0	108.3	108.8	108.3	108.1
106.9	107.7	108.9	109.8	109.9	109.5	109.8	109.9	109.4	109.1
105.5	105.7	107.6	107.4	107.5	107.5	107.5	108.0	107.5	107.8

(2020, preceding month =100) (%)

3月	4月	5月	6月	7月	8月	9月	10月	11月	12月
101.1	**101.0**	**102.1**	**101.9**	**102.0**	**101.8**	**101.0**	**100.6**	**100.4**	**100.5**
100.9	101.4	101.1	101.7	101.1	101.5	101.3	100.5	100.3	101.1
101.2	100.6	102.3	102.0	102.5	101.9	101.0	100.6	100.6	100.4
101.0	101.8	102.1	101.6	101.2	101.6	100.8	100.9	100.1	100.6
100.4	**101.2**	**101.3**	**101.4**	**101.2**	**101.0**	**100.5**	**100.8**	**100.5**	**100.2**
100.4	101.4	101.3	101.4	101.3	100.7	100.2	100.7	100.5	99.9
100.3	101.1	101.2	101.4	101.0	101.2	100.8	100.8	100.5	100.3
100.5	100.8	101.6	100.8	101.2	101.3	100.4	101.1	100.6	100.7

主要统计指标解释

【城乡居民人均可支配收入】 指调查户在调查内获得的、可用于最终消费支出和储蓄的总和，即调查户可以用来自由支配的收入。可支配收入既包括现金，也包括实物收入。按照收入的来源，可支配收入包含四项，分别为：工资性收入、经营净收入、财产净收入和转移净收入。

可支配收入=工资性收入+经营净收入+财产净收入+转移净收入

其中：经营净收入=经营收入－经营费用－生产性固定资产折旧－生产税

财产净收入=财产性收入－财产性支出转移净收入=转移性收入－转移性支出

【城乡居民消费支出】 指住户用于满足家庭日常生活消费需要的全部支出，包括用于消费品的支出和用于服务性消费的支出。根据用途不同，消费支出可划分为食品烟酒、衣着、居住、生活用品及服务、交通通信、教育文化娱乐、医疗保健、其他用品及服务八大类。根据来源不同，消费支出可划分为现金消费支出、实物消费支出（含自产自用、来自单位、来自政府和其它社会组织）。

【居民消费价格指数（简称CPI）】 是指城乡居民购买并用于日常生活消费的商品和服务项目的价格。居民消费价格调查的任务是调查、搜集和整理这些商品和服务项目的价格，并编制居民消费价格指数（英文名称：ConsumerPriceIn-dex 缩写：CPI），旨在反应一定时期内居民所消费商品及服务项目的价格水平变动趋势和变动程度。居民消费价格水平的变动率在一定程度上反映了通货膨胀（或紧缩）的程度。

【商品零售价格指数（简称RPI）】 商品的零售价格是商品在流通过程中最后一个环节的价格，是工业、商业、餐饮和其他零售企业向城乡居民、机关团体出售生活消费品和办公用品的价格。商品零售价格调查的任务是系统地调查、搜集和整理市场商品零售价格资料，编制商品零售价格指数（RPI），以此反映市场商品零售价格的变动趋势和变动程度。其目的在于掌握商品价格的变动趋势，为国家宏观调控和国民经济核算提供参考依据。

【工业生产者价格指数】 包括工业生产者出厂价格指数（简称PPI）和工业生产者购进价格指数（简称IPI），是反映工业产品价格变化趋势和变动幅度的统计指标，是工业品价格在不同时间和空间条件下平均变动的相对数。工业生产者价格包括工业品第一次出售时的出厂价格和企业作为中间投入的原材料、燃料、动力购进价格，是进行国民经济核算和经济管理的重要依据。

【房地产价格指数】 是综合反映住宅商品价格水平总体变化趋势和变化幅度的相对数，住宅销售价格指数由全国70个大中城市的新建商品住宅销售价格指数和二手住宅销售价格指数组成。

12

城市公用事业

City Public Utilities

12—1 主要年份城市设施水平

指 标	Item	单位	Unit
人均日生活用水量	Per Capita Daily Water Consumption for Residential Use	升	liter
用水普及率	Coverage Rate of Urban Population with Access to Tap Water	%	%
每万人拥有公交车辆	Number of Public Transportation Vehicles Per 10 000 Population	标台	unit
燃气普及率	Coverage Rate of Urban Population with Access to Gas	%	%
人均拥有城市道路面积	Per Capita Area of Paved Roads	平方米	sq.m
排水管道密度	Density of City Sewage Pipes	公里/平方公里	km/sq.km
污水处理率	Rate of Sewage Disposal	%	%
污水处理厂集中处理率	Rate of Sewage Disposal	%	%
粪便处理率	Rate of Disposal of Excrement and Urine	%	%
清运生活垃圾无害化处理率	Rate of Life Garbage Disposal	%	%
人均公园绿地面积	Per Capita Park Green Area	平方米	sq.m
建成区绿地率	Parks and Green land Rate of Developed Areas	%	%
建成区绿化覆盖率	Green Covered Rate of Completed Area	%	%

注：城市公用事业数据资料均来自相关部门。

12—2 主要年份城市环境卫生

指 标	Item	单位	Unit
从业人数	Number of Employed Persons	人	person
道路清扫保洁面积	Area under Cleaning Program	万平方米	10 000 sq.m
机械清扫	Mechanical Cleaning	万平方米	10 000 sq.m
生活垃圾清运量	Volume of Garbage Disposal	万吨	10 000 tons
生活垃圾无害化处理厂(场)	Harmless Treatment Plant of Garbage(Field)	座	unit
生活垃圾无害化处理能力	Harmless Treatment Capacity of Garbage	吨/日	ton/day
生活垃圾无害化处理量	Harmless Treatment quantity of Garbage	万吨	10 000 tons
粪便清运量	Volume of Excrement and Urine Disposal	万吨	10 000 tons
公厕数量	Number of Public Lavatories	座	unit
水冲式	Flush	座	unit
市容环卫专用车辆	NumberSanitationof Special Vehicles for Environmental	辆	vehicle

The Level of Urban Facilities in Main Years

2010年	2011年	2012年	2013年	2014年	2015年	2016年	2017年	2018年	2019年	2020年
164.9	153.2	163.0	163.5	165.0	184.0	194.0	213.0	221.0	215.0	237.0
99.5	85.0	96.3	97.3	96.0	96.0	96.0	96.0	96.0	96.0	96.0
11.00	11.50	13.30	14.30	13.90	17.40	10.25	12.38	17.8	27.6	14.8
82.4	73.9	82.6	83.3	99.6	89.9	96.0	97.0	95.0	95.6	95.7
15.30	12.20	13.60	19.80	13.70	13.70	15.28	15.47	18.34	18.61	
3.70	4.10	4.00	4.00	4.20	4.00	7.65	7.91	6.18	6.40	
91.8	92.0	92.0	93.0	93.0	93.8	95.2	95.3	95.5	95.6	95.7
91.8	92.0	92.0	93.0	93.0	93.8	95.2	95.3	95.5	95.6	95.7
100	100	100	100	100	100	100	100	100	100	100
100	100	100	100	100	100	97	96	100	100	100
12.10	12.20	13.40	15.10	16.10	16.30	16.52	16.79	17.04	17.16	16.53
43.20	43.30	41.90	41.10	40.40	40.90	41.48	42.11	41.68	40.84	40.51
43.00	43.20	41.70	41.10	40.40	40.90	41.51	42.14	42.02	41.25	40.91

Note:Date in this table came from related department.

Environmental Sanitation in Main Years

2010年	2011年	2012年	2013年	2014年	2015年	2016年	2017年	2018年	2019年	2020年
3290	3045	3233	3734	4028	4476	4589	5021	5075	5481	5529
1503	1916	2544	3697	3885	4188	4156	4251	5099	6409	6875
520	520	520	556	1090	1443	1578	2091	2751	3304	6188
29.0	29.6	37.0	41.0	44.0	51.0	46.7	50.1	51.9	53.1	69.9
1	1	1	1	1	2	2	2	2	2	2
1000	1000	1000	1000	1000	2500	2500	3000	3000	3000	3000
29.0	29.6	37.0	41.0	44.0	51.0	45.3	48.3	51.9	53.1	69.9
1.0	1.0	1.0	1.0	0.8	1.0	6.0	5.0	4.0	6.9	5.9
338	338	392	214	215	263	285	309	320	351	378
301	301	355	211	214	263	285	309	320	351	378
340	301	299	634	818	1100	1033	1301	1276	1619	2125

12—3　主要年份城市供水

指　标	Item	单位	Unit
年末水厂个数	Number of Waterworks at Year-end	个	unit
地下水综合生产能力	Synthesize Productivity of Groundwater	万立方米/日	10 000 cu.m/day
水质综合合格率	Qualified Rate of Water Quality at Year-end	%	%
年末供水管道总长度	Length of Water Supply Pipelines	公里	km
全年供水总量	Total Annual Volume of Water Supply	万立方米	10 000 cu.m
生产用量	Volume of Productive Use	万立方米	10 000 cu.m
居民生活用量	Volume of Residential Use	万立方米	10 000 cu.m
城市公共管网漏失率	Rate of City Public Pipe Network	%	%
用水户数	Number of Households with Access to Tap Water	万户	10 000 household
用水人口	Number of Residents with Access to Tap Water	万人	10 000 person
城市居民人均生活用水量	Volume of Per Capita in Urban Life	升/人·日	liter/person·day

12—4　主要年份城市园林绿化

指　标	Item	单位	Unit
园林绿地面积	Area of Parks and Green land	公顷	hectare
建成区公园绿地面积	Area of Public Parks and Green land	公顷	hectare
年末绿化覆盖面积	Green Covered Area at Year-end	公顷	hectare
建成区	Completed Area	公顷	hectare
公园个数	Number of Parks	个	unit
公园面积	Area of Parks	公顷	hectare

12—5　主要年份城市公共交通

指 标	Item	单位	Unit
公共汽车运营车辆数	Number of Public Vehicles under Operation	辆	unit
标准运营车辆	Number of Standard Vehicles under Operation	标台	unit
运营线路网长度	Network Length	公里	km
客运总量	Volume of Passenger	万人次	10 000 person-times
出租汽车数	Number of Taxi	辆	unit
出租汽车从业人员	Drivers of Taxi	人	person

Tap Water Supply of City in Main Years

2010年	2011年	2012年	2013年	2014年	2015年	2016年	2017年	2018年	2019年	2020年
6	6	6	6	7	8	8	8	8	8	4
44.0	41.0	39.4	40.2	34.5	44.6	44.6	40.0	40.0	60.0	15.0
100	100	100	100	100	100	100	100	100	99.89	99.89
841.00	850.00	859.00	641.00	724.00	739.00	772.87	792.47	801.41	1013.00	1017.00
10525	11249	11468	11835	9717	10824	11445	13778	14226	15031	17754
2671	2642	2413	2445	2101	2655	2984	932	1261	1736	2371
5104	5182	5381	5776	6316	6718	6925	3345	3624	3739	6751
10.20	9.90	10.10	11.70	11.50	13.40	13.40	10.47	10.50	10.30	9.98
23.0	36.3	34.6	36.5	38.1	37.8	39.5	39.3	40.5	44.0	51.0
107.6	125.4	122.0	128.0	140.0	138.9	140.0	143.0	145.0	154.0	161.0
165	153	163	167	115	133	145	160	164	215	115

Parks and Green Areas of City in Main Years

2010年	2011年	2012年	2013年	2014年	2015年	2016年	2017年	2018年	2019年	2020年
5407	5584	5884	7413	8506	9022	9683	9951	10302	10607	10719
1556	1651	1780	2173	2213	2263	2322	2400	2419	2431	2455
5701	5865	6165	7694	8694	9209	9869	10111	10495	10864	11329
5188	5332	5632	6102	6506	6821	7086	7301	7722	7860	7966
17	17	17	17	19	20	20	21	21	21	21
532	950	532	532	660	730	730	1252	1252	1252	1252

Public Transportation of City in Main Years

2010年	2011年	2012年	2013年	2014年	2015年	2016年	2017年	2018年	2019年	2020年
1401	1377	1535	1645	1616	1949	1818	2202	2074	2054	1797
1421	1514	1762	1942	1907	2398	2246	2755	2613	2571	2326
420	450	489	1594	1755	1979	658	702	742	1466	1045
18171	19920	25445	30048	30271	30653	31025	29321	27861	29825	18937
5006	5006	5278	5364	5364	5364	5364	5364	5442	5743	5562
9667	12000	12000	12000	13193	12000	13400	10077	10070	11325	8912

12—6 主要年份市政建设及城市燃气

指 标	Item	单位	Unit	2010 年
市政建设	**Public Facilities**			
年末实有道路长度	Length of Paved Roads at Year-end	公里	km	506
道路面积	Area of Street	万平方米	10 000sq.m	1652
人行道面积	Area of Sidewalk	万平方米	10 000sq.m	352
年末实有桥梁数	Number of Bridge at Year-end	座	unit	49
立交桥	Overpass	座	unit	2
排水管道长度	Length of Draining Water Pipelines	公里	km	451
路灯盏数	Number of Street Lights	盏	unit	118093
污水年排放量	Volume of Sewage Annual Emission	万立方米	10 000cu.m	10525
污水处理厂座数	Number of Sewage Treatment Plant	座	unit	4
污水年处理量	Volume of Sewage Annual Disposal	万立方米	10 000cu.m	9662
液化石油气	**Liquefied Petroleum Gas**			
供气总量	Volume of Gas Supply	吨	ton	7684
家庭用量	Volume of Household	吨	ton	7684
用气户数	Number of Household Used Gas	户	household	100000
家庭用户	Household	户	household	100000
用气人口	Population with Access to Gas	万人	10 000 persons	39.90
天然气	**Natural Gas**			
供气总量	Volume of Gas Supply	万立方米	10 000cu.m	86937
家庭用量	Volume of Household	万立方米	10 000cu.m	86937
用气户数	Number of Household Used Gas	户	household	278617
家庭用户	Household	户	household	278617
用气人口	Population with Access to Gas	万人	10 000 persons	66.36
供气管道长度	Length of Gas Pipelines	公里	km	1527
集中供热	**Heating**			
供热能力(热水)	Heating Capacity(hot water)	兆瓦	mega watts	2994.72
热电厂供热(热水)	Heating by Thermal Power Plan(t hot water)	兆瓦	mega watts	977.22
锅炉房供热	Heating by Boiler Room	兆瓦	mega watts	2003.50
供热总量(热水)	Quantity of Heat Supplied(hot water)	万吉焦	10 000gigajoules	2940.00
热电厂供热(热水)	Heating by Thermal Power Plan(t hot water)	万吉焦	10 000gigajoules	905.00
管道长度(热水)	Length of Heating Pipelines(hot water)	公里	km	755.00
供热面积	Area of Centralized Heating	万平方米	10 000sq.m	3452.00
住宅	Residence	万平方米	10 000sq.m	2790.00
集中供热率	Rate of Heating	%	%	71.0

12—7 主要年份城市规模及用地情况

指 标	Item	单位	Unit	2010年
城市建成区面积	**Developed Areas of Cities**	**平方公里**	**sq.km**	**120.60**
城市建设用地面积	**Land Used of City Areas and Floor Space of Buildings**	**平方公里**	**sq.km**	**120.60**
居住用地	Land Used of Residence	平方公里	sq.km	37.70
公共设施用地	Land Used of Public Facilities	平方公里	sq.km	23.10
工业用地	Land Used of Industry	平方公里	sq.km	14.80
仓储用地	Land Used of Warehousing	平方公里	sq.km	5.40
交通设施用地	Land Used of External Transport	平方公里	sq.km	5.20
公用设施用地	Land Used of Municipal Utilities	平方公里	sq.km	5.20

注:因部门机构合并调整,2018 年以后数据来源为银川市自然资源局。

Public Transportation of City in Main Years

2011年	2012年	2013年	2014年	2015年	2016年	2017年	2018年	2019年	2020年
551	563	598	605	616	687	697	715	729	756
1796	1809	1837	1881	1897	2535	2565	2660	2698	2788
395	398	407	447	447	537	544	568	576	597
49	49	52	85	90	86	90	90	91	99
2	2	2	4	4	3	3	3	3	3
522	538	544	683	689	1136	1176	1256	1301	1351
120900	128000	134530	137198	143534	132466	126407	106695	110000	
10931	13281	15283	15658	15664	15992	16179	18002	16998	17756
5	5	5	6	6	6	8	8	8	8
10057	12125	14214	14568	14724	15227	15419	17192	16250	16993
6950	11084	12321	14000	6570	5117	4056	4355	7211	9374
6950	5500	5573	5000	5528	4566	4056	4121	2450	2750
90000	72500	77060	97000	90000	101000	100920	111600	93200	92469
90000	72500	75198	97000	80000	90000	100920	111600	88000	89269
35.92	28.30	20.45	21.34	13.50	13.00	22.01	24.55	10.95	11.50
95626	147354	172394	172394	162000	163000	122154	151376	143566	101227
95626	45666	63261	60130	19785	46139	19562	16784	16827	17196
305588	336116	458688	519000	522531	562435	599772	631723	658466	661475
305588	336116	458609	519000	520000	557868	596612	628348	655057	656480
72.95	80.20	113.29	123.76	124.80	135.00	130.75	137.61	196.56	148.60
1560	1751	2124	2417	2542	2675	3233	3233	3250	3307
3107.72	3394.40	3551.62	3519.32	4028.10	4081.80	4519.00	4420.52	3000.52	4888.00
977.22	977.20	989.22	935.22	1027.00	1027.00	1654.00	2794.52	2930.52	4860.00
2130.50	2417.20	2562.40	2584.10	3001.10	3054.80	2865.00	1626.00	70.00	28.00
2066.52	2462.70	2058.43	2176.65	2254.77	2539.67	2924.00	3460.47	3464.82	3503.34
638.40	843.40	679.20	748.39	732.45	732.45	1075.00	3354.00	3427.34	3492.84
963.00	1297.00	1384.00	1299.00	1672.68	1874.18	3000.00	2785.01	2972.01	3279.26
3564.00	3914.00	4093.00	4247.00	4663.00	5710.84	6138.80	6681.96	6840.35	7334.81
2680.00	3012.00	3197.00	3412.00	3699.00	4452.51	4835.90	5372.58	5179.84	5795.86
71.1	72.4	73.0	71.0	71.0	71.3	80.2	58.1	58.5	59.6

Size and Land Used of City in Main Years

2011年	2012年	2013年	2014年	2015年	2016年	2017年	2018年	2019年	2020年
126.40	**135.10**	**148.60**	**160.80**	**166.80**	**170.70**	**194.04**	**183.77**	**190.55**	**194.74**
126.40	**135.10**	**148.60**	**160.80**	**166.80**	**170.70**	**194.04**	**183.77**	**190.55**	**194.74**
39.70	42.80	45.50	49.40	50.90	52.16	57.89	56.38	58.66	61.58
24.00	25.10	27.10	27.60	27.90	28.65	30.38	32.52	33.14	21.27
15.00	15.20	15.50	15.70	15.80	16.65	29.56	17.56	18.23	19.18
5.70	6.40	7.20	7.20	7.20	7.43	7.47	7.49	7.62	3.90
5.20	5.40	7.30	10.10	11.70	27.36	29.40	29.92	32.01	32.98
5.20	6.50	6.60	6.60	6.90	9.33	9.43	9.49	10.24	5.97

Note:Due to the consolidation and adjustment of departments and institutions, the data source after 2018 is Yinchuan natural resources bureau.

主要统计指标解释

【水综合生产能力】 指按供水设施取水、净化、送水、出厂输水干管等环节设计能力计算的综合生产能力。包括在原设计能力的基础上,经挖、革、改增加的生产能力。计算时,以四个环节中最薄弱的环节为主确定能力。原则上按设计能力填报,对于经过更新改造后,实际生产能力与设计能力相差很大的,按实际能力填报。

【供水管道长度】 指从送水泵至用户水表之间所有管道的长度。不包括新安装尚未使用、水厂内以及用户建筑物内的管道。在同一条街道埋设两条或两条以上管道时,应按每条管道的长度计算。

【供水总量】 指报告期供水企业(单位)供出的全部水量。包括有效供水量和漏损水量。有效供水量指水厂将水供出厂外后,各类用户实际使用到的水量。包括售水量和免费供水量。售水量指报告期供水企业(单位)收费供应的水量。免费供水量指无偿供应的水量,比如消防用水,特困居民免收水费的水量等。漏损水量指在供水过程中由于管道及附属设施破损而造成的漏水量、失窃水量以及水表失灵少计算的水量。管道及附属设施漏水量指供水管道、闸井、表井、消火栓及中间加压设施(水池、水库、水塔)等各种管道及附属供水设施的明漏、暗漏、溢流、渗漏等漏失的水量。

【集中供热】 指从一个或多个热源通过热网向城市的热用户供给生产和生活热能的方式。要求具有一定的规模:大、中城市供热设备的单机容量在7兆瓦及以上(锅炉单台容量在10吨/时及以上),民用建筑供热面积在10万平方米及以上;小城市供热设备的单机容量在3兆瓦及以上(锅炉单台容量在4吨/时及以上),民用建筑供热面积在4万平方米及以上。工业供热能力不得小于7兆瓦(单台锅炉容量不小于10吨/时)。

【供热总量】 指在报告期供热企业(单位)向城市热用户输送全部蒸汽和热水的总热量。

【运营线路网长度】 指公共交通线路所通过的运营线路净长度。计算公式:运营线路网长度=运营线路总长度-Σ重复的线路长度

【污水处理能力】 指污水处理厂(或污水处理装置)每昼夜处理污水量的设计能力。

【绿化覆盖面积】 指城市中的乔木、灌木、草坪等所有植被的垂直投影面积。包括公园绿地、防护绿地、生产绿地、附属绿地、其他绿地的绿化种植覆盖面积、屋顶绿化覆盖面积以及零散树木的覆盖面积,不含各类绿地中的水域面积以及没有被植被覆盖的面积(硬化道路、无屋顶绿化的建筑物等)。乔木树冠下重迭的灌木和草本植物不能重复计算。

【绿地面积】 指报告期末用作园林和绿化的各种绿地面积。包括公园绿地、生产绿地、防护绿地、附属绿地和其他绿地的面积。

【公园绿地】 城市中向公众开放的、以游憩为主要功能,有一定的游憩设施和服务设施,同时兼有健全生态、美化景观、防灾减灾等综合作用的绿化用地。它是城市建设用地、城市绿地系统和城市市政公用设施的重要组成部分。

13

教育、科学、文化

Education, Science and Culture

13—1 主要年份各类学校在校学生数

单位：人

年份 Year	高等学校 Higher Education	# 普通高等学校 Regular Institutions of Higher Education	中等职业教育 Vocational Secondary Education	# 中等专业学校 Regular Specialized Secondary Schools	# 职业学校 Vocational Education Schools	普通中学 Regular Secondary Education Schools	小学 Primary Schools
1949			190	190		482	11151
1950			419	419		562	11459
1951			708	708		508	11975
1952			1247	1247		729	14769
1953			1389	1389		885	17549
1954			1379	1379		1219	16939
1955			1088	1088		1638	20483
1956			1720	1720		2530	27199
1957			1673	1673		3526	31500
1958	329	329	2254	2254		5285	52329
1959	784	784	2609	2609		6918	60622
1960	1079	1079	4522	4522		7081	65047
1961	1288	1288	2817	2817		6205	51191
1962	1174	1174	919	919		5729	44091
1963	1084	1084	724	724		6804	50397
1964	1056	1056	816	816		7497	62525
1965	982	982	1005	1005		9322	71561
1966	808	808	900	900		9278	67636
1967	627	627	635	635		8766	66962
1968	351	351	612	612		7696	70280
1969						11696	73706
1970			200	200		16141	70880
1971			300	300		19701	78410
1972	441	441	445	445		19741	91292
1973	1025	1025	693	693		25048	102186
1974	1614	1614	800	800		31220	112264
1975	2023	1719	1438	1438		40450	119871
1976	3097	2089	1440	1440		53128	125505
1977	2929	2160	1766	1766		61198	126011
1978	2690	2476	1896	1896		66814	126512
1979	7919	2542	2025	2025		63285	126062
1980	8582	3432	2648	2648		59887	123975
1981	7145	5078	3512	2668		55417	119041

Number of Students Enrollment by Level and Type in Main Years

(person)

年份 Year	高等学校 Higher Education	# 普通高等学校 Regular Institutions of Higher Education	中等职业教育 Vocational Secondary Education	# 中等专业学校 Regular Specialized Secondary Schools	# 职业学校 Vocational Education Schools	普通中学 Regular Secondary Education Schools	小学 Primary Schools
1982	8776	4204	3349	2677		52891	115465
1983	10485	4563	4254	3342	279	54279	116699
1984	8519	5025	5757	3362	1377	54361	124486
1985	11139	5790	7547	4423	1580	72492	127998
1986	12536	6540	7420	5435	708	65506	128881
1987	12035	6681	11389	6216	2962	71233	130626
1988	12849	6949	12530	6539	3318	66622	129165
1989	13327	7183	12398	6539	2922	63840	126347
1990	12338	7279	11939	6463	2724	69628	123323
1991	11581	7234	18482	11526	2822	68373	119993
1992	11554	7803	20740	12399	3063	67684	118854
1993	13625	8848	22937	13638	3452	63037	119394
1994	15246	9701	28962	18678	3511	63064	172321
1995	14645	9873	22719	12613	3488	65217	123587
1996	15090	9700	23373	12730	3150	67636	131027
1997	11301	10173	24652	13692	3046	69072	127990
1998	19283	10522	28895	17979	3366	69797	132165
1999	22025	12249	29100	19240	3447	70811	132018
2000	28879	15901	32327	22977	4174	77013	136022
2001	43441	20134	35105	26993	3816	84674	136781
2002	55489	25947	31965	24391	3809	92068	135561
2003	62235	30891	35733	26667	3734	99186	134594
2004	57434	36801	36163	26421	4363	104201	140541
2005	60034	40925	42516	30650	5284	107253	142453
2006	71558	46073	45616	31351	7007	106880	147824
2007	74904	52657	48823	30071	8624	109841	149188
2008	79619	60505	57608	33912	10350	115179	149977
2009	86307	62432	64499	40496	9536	120550	147663
2010	98132	69678	64730	46079	9404	123331	147483
2011	98975	74082	67992	50330	11903	123785	148184
2012	107978	78721	60456	45429	11060	125665	147703
2013	117248	88477	53923			128649	151903
2014	124760	97593	42020			130551	156931
2015	123507	97996	44739			130200	162121
2016	127580	98912	41434			129365	167635
2017	106916	101638	38294			130380	173587
2018	110336	103989	34428			133814	181783
2019	113219	111218	33982			138771	190013
2020	120834	119865	34324			142400	199841

13—2 主要年份各类学校专任教师数

单位:人

年份 Year	高等学校 Higher Education	#普通高等学校 Regular Institutions of Higher Education	中等职业教育 Vocational Secondary Education	#中等专业学校 Regular Specialized Secondary Schools	#职业学校 Vocational Education Schools	普通中学 Regular Secondary Education Schools	小学 Primary Schools
1949			21	21		40	433
1950			30	30		31	453
1951			42	42		37	508
1952			78	78		41	637
1953			67	67		45	487
1954			84	84		55	442
1955			55	55		62	525
1956			101	101		118	646
1957			103	103		142	779
1958	79	79	124	124		293	1223
1959	165	165	157	157		313	1397
1960	247	247	189	189		298	1682
1961	336	336	272	272		348	1622
1962	320	320	217	217		364	1591
1963	293	293	223	223		416	1682
1964	273	273	109	109		455	1965
1965	272	272	113	113		480	2214
1966	223	223	74	74		535	2447
1967	217	217	67	67		549	2079
1968	264	264	49	49		551	2264
1969	230	230	43	43		620	2612
1970	230	230	116	116		747	2862
1971	514	514	117	117		877	2679
1972	374	374	144	144		1047	3128
1973	467	467	161	161		1278	3512
1974	496	496	189	189		1393	3660
1975	535	518	330	330		1623	3969
1976	595	534	237	237		2132	4170
1977	674	580	232	232		2530	4433
1978	658	637	208	208		2503	4479
1979	718	712	370	370		2640	4369
1980	766	738	473	388		2913	4563
1981	724	720	506	506		2938	4551

Number of Full-time Teachers by Level and Type of Schools in Main Years

(person)

年份 Year	高等学校 Higher Education	#普通高等学校 Regular Institutions of Higher Education	中等职业教育 Vocational Secondary Education	#中等专业学校 Regular Specialized Secondary Schools	#职业学校 Vocational Education Schools	普通中学 Regular Secondary Education Schools	小学 Primary Schools
1982	990	862	1715	1378		3543	5063
1983	1173	1004	1695	1430	19	3622	5111
1984	1270	1126	1715	1363	89	3623	5082
1985	1426	1251	1737	1363	81	4135	5428
1986	1526	1322	2277	1853	46	4002	5314
1987	1590	1371	1512	969	200	3945	5338
1988	1789	1432	1747	969	217	3913	5407
1989	1749	1492	1984	975	221	5099	5534
1990	1717	1466	1672	950	273	4473	5388
1991	1803	1486	1948	1180	237	4210	5216
1992	1870	1562	2163	1328	233	4328	5536
1993	1829	1499	2232	1364	251	4382	5853
1994	1889	1736	2377	1465	248	4348	5988
1995	1792	1627	2428	1534	277	4466	6087
1996	1626	1626	2174	1364	240	4518	6054
1997	1779	1669	1872	975	263	4600	6140
1998	1777	1589	2249	1622	294	4625	6214
1999	1829	1646	2331	1516	299	4683	6543
2000	1897	1714	2352	1454	311	4855	6961
2001	2062	1867	2095	1345	320	5013	7087
2002	2063	1876	2159	1373	297	5256	7066
2003	2791	2711	1468	721	305	5675	6950
2004	2917	2917	1431	651	273	5873	6752
2005	3161	3161	1380	549	323	6146	6856
2006	3407	3407	1648	720	364	6398	6873
2007	3564	3564	1645	723	366	6424	6949
2008	3957	3892	2159	862	421	6941	6937
2009	3720	3655	2739	902	440	7185	7200
2010	5069	5004	2222	743	437	7310	7236
2011	5356	5290	1970	734	299	7555	7356
2012	5771	5703	1880	810	493	7789	7582
2013	6189	6119	2142			7940	7820
2014	6678	6606	2048			8182	8049
2015	7013	6937	1187			8537	8280
2016	6996	6920	1196			8752	8581
2017	7029	6953	1047			9023	8872
2018	7053	6978	1122			9714	8570
2019	7159	7084	1173			9410	8755
2020	7713	7637	1104			9649	8813

13—3 教育事业

（2020）

指 标	Item	单位	Unit	总计 Total	市 区 City	永宁县 Yongning	贺兰县 Helan	灵武市 Lingwu
学校数	**Number of Schools**							
普通高等学校	Regular Institutions of Higher Education	所	unit	16	15	1	0	0
成人高等学校	Institutions of Higher Education for Adult	所	unit	1	1	0	0	0
中等职业学校	Regular Specialized Secondary Schools	所	unit	14	10	2	1	1
中学	Secondary Education Schools	所	unit	84	56	11	8	9
小学	Primary Schools	所	unit	201	115	28	25	33
本年毕业生数	**Graduates in This Year**							
普通高等学校	Regular Institutions of Higher Education	人	person	28592	25528	3064	0	0
#研究生	Postgraduates	人	person	2168	2168	0	0	0
成人高等学校	Institutions of Higher Education for Adult	人	person	219	219	0	0	0
中等职业学校	Regular Specialized Secondary Schools	人	person	10319	8497	367	414	1041
中学	Secondary Education Schools	人	person	44828	29574	6147	4512	4595
小学	Primary Schools	人	person	28925	18048	3720	3714	3443
本年招生数	**Number of New Student Enrollment This Year**							
普通高等学校	Regular Institutions of Higher Education	人	person	38965	34592	4373	0	0
#研究生	Postgraduates	人	person	4055	4055	0	0	0
成人高等学校	Institutions of Higher Education for Adult	人	person	18	18	0	0	0
中等职业学校	Regular Specialized Secondary Schools	人	person	11929	8495	987	955	1492
中学	Secondary Education Schools	人	person	48821	32275	6294	5288	4964
小学	Primary Schools	人	person	38084	25847	4574	4467	3196

Education

指 标	Item	单位	Unit	总计 Total	市 区 City	永宁县 Yongning	贺兰县 Helan	灵武市 Lingwu
本年在校学生数	**Number of Students Enrollment in This Year**							
普通高等学校	Regular Institutions of Higher Education	人	person	119865	107817	12048	0	0
#研究生	Postgraduates	人	person	9246	9246	0	0	0
成人高等学校	Institutions of Higher Education for Adult	人	person	969	969	0	0	0
中等职业学校	Regular Specialized Secondary Schools	人	person	34324	25437	3111	1870	3906
中学	Secondary Education Schools	人	person	142400	93388	18684	15416	14912
小学	Primary Schools	人	person	199841	131362	24885	24182	19412
本年教职工数	**Number of Teachers and Staff in This Year**							
普通高等学校	Regular Institutions of Higher Education	人	person	10181	9432	749	0	0
成人高等学校	Institutions of Higher Education for Adult	人	person	123	123	0	0	0
中等职业学校	Regular Specialized Secondary Schools	人	person	1637	1173	179	160	125
中学	Secondary Education Schools	人	person	11034	7302	1504	1142	1086
小学	Primary Schools	人	person	9006	5570	1019	1244	1173
本年专任教师数	**Number of Full-time Teachers in This Year**							
普通高等学校	Regular Institutions of Higher Education	人	person	7637	6972	665	0	0
成人高等学校	Institutions of Higher Education for Adult	人	person	76	76	0	0	0
中等职业学校	Regular Specialized Secondary Schools	人	person	1104	778	119	82	125
中学	Secondary Education Schools	人	person	9649	6341	1262	1013	1033
小学	Primary Schools	人	person	8813	5506	1004	1131	1172

13—4 学龄儿童入学和小学、初中毕业生情况

Enrollment of School-age Children and Graduates of Primary and Secondary Schools

指标	Item	单位	Uint	2019 年	2020 年
学龄儿童入学情况	**Enrollment of Children at School-age**				
学龄儿童数	Number of Children at School-age	人	person	181117	190878
已入学学龄儿童数	Total Enrollment		person	181117	190878
学龄儿童入学率	Persontage of Children at School-age Enrollment	%	%	100	100
小学毕业生升学情况	**Enrollment of Graduates of Primary Schools**				
小学毕业生数	Number of Graduates of Primary Schools	人	person	29285	28925
初级中学学校招生数	New Enrollment of Junior Secondary Schools	人	person	29120	29181
小学毕业生升学率	New Enrollment Percentage of Graduates of Primary Schools	%	%	100	100
初中毕业生升学情况	**Enrollment of Graduates of Junior Secondary Schools**				
初中毕业生数	Number of Graduates of Junior Secondary Schools	人	person	24528	26531
高中学校招生数	New Enrollment of Senior Secondary Schools	人	person	18616	19640
普通高中升学率	New Enrollment Percentage of Graduates of Regular Secondary Schools	人	person	75.9	74.0

13—5 广播电视基本情况

Basic Statistics on Radio and TV Stations

	Item	单位	Unit	2019 年	2020 年
广播	**Broadcasting**				
广播人口覆盖率	Population Coverage on Radio	%	%	100	100
节目套数	Program	套	unit	7	6
全年播出时间	Total Broadcasting-time This Year	时	hours	35022	33719
新闻资讯	News Programs	时	hours	7856	7029
专题服务	Special Subject Programs	时	hours	5610	5248
综艺类	General Entertainment Programs	时	hours	12241	12585
广告	Advertising Programs	时	hours	9805	7217
其他	Others	时	hours	1676	1639
广播节目制作	Production of Broadcasting	小时	hour	7467	7227
新闻资讯	News	小时	hour	2547	2439
专题服务	Featured	小时	hour	1592	1536
综艺类	Variety	小时	hour	718	707
广告	Advertising Programs	小时	hour	392	2476
其他	Others	小时	hour	74	68
电视	**TV**				
电视发射台和转播台	TV Transmission and Relaying Stations	座	unit	6	6
电视人口覆盖率	Viewer Rate	%	%	100	100
节目套数	Program	套	unit	7	6
全年播出时间	Production of TV Programs	时	hours	36107	35507
新闻资讯	News Programs	时	hours	3364	3531
专题服务	Special Subject Programs	时	hours	5034	4581
综艺类	General Entertainment Programs	时	hours	2491	1894
广告	Advertising Programs	时	hours	8891	6013
影视剧	TV Play Programs	时	hours	17524	17333
其他	Others	时	hours	1691	2154
电视节目制作	Production of TV Programs	小时	hour	4198	3579
新闻资讯	News Programs	时	hours	1362	1159
专题服务	Special Subject Programs	时	hours	1266	962
综艺类	General Entertainment Programs	时	hours	476	380
广告	Advertising Programs	时	hours	1384	955
其他	Others	时	hours	141	122

13—6 图书、杂志、报纸出版情况

Publication of Books, Magazines and Newspapers

指　标	Item	单位	Uint	2019 年	2020 年
图 书	**Books**				
图书种类	Number of Publications	种	kind	3220	2855
图书印数	Printed Copies	万册	10 000 copies	8433	7948
杂 志	**Magazines**				
杂志种类	Number of Publications	种	kind	37	35
杂志印数	Printed Copies	万册	10 000 copies	434	380
报 纸	**Newspapers**				
报纸种类	Number of Publications	种	kind	18	13
报纸总印数	Printed Copies	万份	10 000 copies	9092	8926

13—7 公共图书馆基本情况

(2020)

地区	Region	总藏书量(册) Total Collections (volumes)	开架书刊 Open-shelf Books	书架单层总长度(米) Total Length of Shelves(m)
合 计	**Total**	**3610097**	**1817624**	**66107**
其中:宁夏图书馆	Ningxia Library	2034046	772300	44896
市属合计	**Public Libraries at Yinchuan Municipal Level**	**1576051**	**1045324**	**21211**
银川市图书馆	Yinchuan	592281	512327	12219
兴庆区图书馆	Xingqing	152223	90396	1750
金凤区图书馆	Jinfeng	55366	47418	750
西夏区图书馆	Xixia	104860	84020	1000
永宁县图书馆	Yongning	197059	129091	1800
贺兰县图书馆	Helan	265046	121961	3200
灵武市图书馆	Lingwu	209216	60111	492

13—8 艺术表演团体基本情况

(2020)

指 标	Item	本团原创首演剧目 Original Created and Showed Performances	国内演出场次 Number of Domestic Performances
合 计	**Total**	**4**	**1196**
区属合计	Total of Provincial Level	2	902
宁夏歌舞团	Ningxia Sing and Dance Troupe	0	237
宁夏京剧团	Ningxia Peking-opera Troupe	0	189
宁夏话剧团	Ningxia Drama Troupe	1	231
宁夏秦腔剧团	Ningxia Qinqiang Troupe	1	245
市属合计	Total of Yinchuan Municiqal Level	2	294
银川艺术剧院有限公司	Yinchuan Art Theatre Ltd.	2	294

13—9 群众艺术馆、文化馆基本情况

(2020)

指 标	Item	举办展览个数(个) Number of Exhibitions (unit)
合 计	**Total**	**41**
其中:宁夏文化馆	Ningxia Cultral Center	15
市属合计	**Total Cultral Center at Yinchuan Municiqal Level**	**26**
银川市文化艺术馆	Yinchuan	7
兴庆区文化馆	Xingqing	3
金凤区文化馆	Jinfeng	5
西夏区文化馆	Xixia	5
永宁县文化馆	Yongning	2
贺兰县文化馆	Helan	4
灵武市文化馆	Lingwu	0

Facilities and Services of Public Libraries

发放借书证数（个）Number of Library Cards Distributed(unit)	总流通人次（千人次）Total Number of Circulation (1000person-times)		为读者举办各种活动 Activites Hold for Readers		阅览室座席（个）Seating Capacity of Rerding-rooms	少儿阅读室座席 Seats for Younger Children
		书刊外借千人次 Number of Books Borrowed by Readers	次数（次）Times(times)	参加人次（人次）Participated (Person-times		
213124	**1667**	**732**	**210**	**64645**	**4495**	**921**
102176	480	74	20	23300	1700	350
110948	**1187**	**658**	**190**	**41345**	**2795**	**571**
53924	474	101	58	23731	864	176
13759	98	321	13	1341	306	48
2594	62	4	11	6630	240	60
10959	165	55	12	1344	164	48
13410	170	137	16	2300	450	30
13410	165	31	80	5999	480	189
2892	53	10	0	0	291	20

Basic Statistics of Art Performance Troupes

#农村演出场次 Shows in Rural Areas	国内观众人次（千人次）Number of Domestic Spectators (1000person-times)	国外演出场次（场）Number of Perfofmances Showed Abroad (unit)
703	**738**	**15**
603	508	2
102	237	2
90	31	
214	94	
197	146	
100	230	13
100	230	13

Basic Statistics of Mass Art Centres and Cultral Centres

组织文艺活动次数（次）Art Performances and Story-telling Sessions (times)	举办训练班 Training Courses	
	班次（次）Number of Classes(times)	培训人次（人次）Number of Persons Completing Courses (person-times)
1860	**1291**	**46827**
80	6	527
1780	**1285**	**46300**
172	120	5000
400	160	5000
456	560	10600
324	41	8000
20	57	11400
278	47	3300
130	300	3000

13—10　银川市规模以上工业企业科技活动情况

Basic Statistics on Scientific Reserch of Indusrtial Enterprises above Designated Size in Yinchuan

指 标	Item	2020年
企业数(个)	Number of Enterprises(unit)	372
#有 R&D 活动的企业	Number of Enterprises Having R&D Activities	130
#有研发机构单位数	Number of Enterprises Having R&D Institutions	83
R&D 人员折合全时人员当量(人年)	Full-time Equivalent of R&D Persone(1 man-year)	3668
基础研究	Basic Research	
应用研究	Applied Research	22
试验发展	Experimental Development	3674
R&D 经费内部支出(万元)	Intramural Expenditure on R&D(10000 yuan)	194739
按经济活动类型分	Grouped by Type of Intramural Expenditure on R&D	
#基础研究支出	Basic Research	
应用研究支出	Applied Research	584
试验发展支出	Experimental Development	194155
按资金来源分	Grouped by Fund Resource	
#企业资金	Self-raised Funds by Enterprises	184561
政府资金	Government Funds	10138
其他资金	Others	39
境外资金	Foreign Funds	
全社会R&D 经费内部支出于国内生产总值比例(%)	Proportion of Intramural Expenditure on R&D to GDP(%)	1.61
专利申请数(件)	Patent Applications(item)	1955
#发明专利	Inventive Patent	882
发表科技论文(篇)	Scientific Papers Issued(pieces)	927
新产品开发项目数(项)	Number of New Products R&D Projec(t item)	948
新产品开发经费支出(万元)	Expenditure of New Products R&D Projec(t 10000 yuan)	200347
新产品销售收入(万元)	Output Value of New Products(10000 yuan)	2671675
技术改造经费支出(万元)	Expenditure of Technology Update(10000 yuan)	303260
技术引进经费支出(万元)	Expenditure of Technology Introduction(10000 yuan)	0
消化吸收经费支出(万元)	Expenditure for Assimilation of Technology(10000 yuan)	561
购买国内技术经费支出(万元)	Expenditure for Purchase of Domestic Technology(10000 yuan)	16998

主要统计指标解释

【高等学校】 指按国家规定审批程序批准举办，通过全国统一招生考试招收高级中等学校毕业生或具有同等学历者，实施高等教育，培养高等专门人才的学校。包括大学、专门学院、高等专科学校和短期职业大学。

【成人高等学校】 指按照国家规定的审批程序批准举办，招收高中毕业或同等学历者，利用多种形式对成人实施高等教育，培养相当普通高等学校专科或本科毕业水平的专门人才的学校。包括广播电视大学、职工高等学校、农民高等学校、干部管理学院、教育学院、独立函授学院以及普通高等学校举办的函授、夜大学等。

【毕业生数】 指上学年度内，具有学籍的学生学完教学计划规定的全部课程，考试及格，实际毕业的学生数。不包括结业生和肄业生数。

【招生数】 指新学年开学时，一年级实际招收入学的新生数。不包括留级生和复学生数。

【在校学生数】 指学年初具有学籍的在校生总数。

【专任教师】 指主要从事教育工作人员。包括临时（一年以内）调去帮助做其他工作的教学人员。不包括调离教学岗位，担任行政领导工作或其他工作的原教学人员；不包括兼任教师和代课教师。

【艺术表演团体】 指从事戏曲、音乐、舞蹈、杂技等专业艺术表演，有独立账户，实行单独核算的团体。不包括半工半艺、半农半艺的业余剧团。

【艺术表演观众人数（人次）】 指售票、包场演出或民族地区免费演出的艺术表演观众人次数。不包括彩排审查和内部观摩演出的观看人次数。

14

卫生、体育、民政、司法及其他

Public Health, Sports, Civil Administration, Justic ang Others

14—1 主要年份卫生发展情况

年份 Year	卫生机构数(个) Number of Health Care Institutions (unit)	医院、卫生院(个) Hospitals and Health Centers (unit)	#医院 Hospitals	卫生技术人员(人) Medical Technology personne(1 person)	#医生 Doctors	卫生机构床位数(张) Number of Beds in Health Care Institutions(bed)
1949	3	13	1	124	102	40
1950	18	15	4	158	14	40
1951	31	15	4	182	122	50
1952	26	15	4	251	148	120
1953	37	19	8	371	189	150
1954	51	21	10	471	231	200
1955	56	22	11	514	239	255
1956	83	21	10	708	396	276
1957	83	22	11	779	422	341
1958	96	25	14	992	487	501
1959	129	25	14	1210	648	635
1960	176	26	15	1379	777	726
1961	195	35	24	1444	735	739
1962	175	36	25	1344	692	795
1963	167	36	25	1500	756	924
1964	205	37	26	1712	815	1126
1965	199	37	26	1707	788	1234
1966	195	42	31	1834	812	1296
1967	190	42	31	1858	820	1313
1968	177	42	31	1905	852	1348
1969	176	42	31	1951	912	1448
1970	182	43	32	1993	993	1432
1971	192	47	36	2174	1060	1764
1972	208	48	37	2867	1273	1830
1973	243	47	36	3002	1396	1891
1974	257	46	35	3478	1605	2075
1975	275	53	42	3625	1653	2429
1976	313	55	44	3950	1813	2650
1977	331	57	46	4275	1934	2953
1978	312	60	60	4280	2000	2859
1979	337	58	58	4572	2078	2653
1980	392	60	60	5126	2354	2749
1981	416	61	61	5400	2352	3008
1982	466	61	61	5785	2440	3180

注:从2007年起含社区卫生服务中心、诊所卫生所和医务室,从2011年起含村卫生室。

Basic Statistics of Health Care Development in Main Years

年份 Year	卫生机构数(个) Number of Health Care Institutions (unit)	医院、卫生院(个) Hospitals and Health Centers (unit)	#医院 Hospitals	卫生技术人员(人) Medical Technology personne(1 person)	#医生 Doctors	卫生机构床位数(张) Number of Beds in Health Care Institutions(bed)
1983	474	63	63	6085	2610	3237
1984	438	63	63	6093	2613	3470
1985	433	59	59	6252	2758	3495
1986	475	53	53	6720	3021	3792
1987	478	45	45	7060	3221	3797
1988	455	56	56	7316	3418	4237
1989	447	55	55	7650	3585	4253
1990	510	54	54	7876	4082	4491
1991	472	51	51	8224	4060	4906
1992	471	53	53	8567	4136	5082
1993	389	50	50	8798	4364	5645
1994	403	74	74	7493	3641	5680
1995	134	76	76	7552	3845	5759
1996	148	67	67	7820	3678	5575
1997	135	67	67	7990	3754	5730
1998	136	67	67	7881	3564	5908
1999	136	40	40	7894	3612	5761
2000	137	39	39	7932	4033	6166
2001	137	86	49	8189	3860	6148
2002	130	83	42	7900	3357	6155
2003	149	94	53	8256	3582	6845
2004	163	107	62	8751	3762	7726
2005	158	104	59	8619	3660	8058
2006	143	95	52	8581	3631	8132
2007	495	101	58	10733	4541	7975
2008	595	101	59	11532	4827	8333
2009	533	101	61	12626	5096	8506
2010	543	99	61	13667	5301	9472
2011	862	99	61	14651	5461	10329
2012	903	91	53	15952	5829	11313
2013	931	92	54	17562	6429	12898
2014	939	92	53	19288	7059	13688
2015	964	92	53	20408	7578	14079
2016	967	104	65	22077	8306	15494
2017	1027	109	70	23603	8990	16675
2018	1105	121	86	25449	9684	17348
2019	1195	110	74	26674	10295	17113
2020	1337	114	78	28262	11124	17621

Note:Since 2007, date in this table included community sanitary serive center, clinic health conter and infirmary, included village clinic since 2011.

14—2 卫生机构、床位、人员数

单位:人 (2020)

指 标	Item	机构数(个) Health Care Institutions (unit)
总 计	**Total**	**1337**
医院	**Hospitals**	78
综合医院	Ceneral Hospitals	39
中医医院	Hospitals Specialized in Chinese Medicine	11
中西医结合医院	Hospitals of Traditional Chinise and Western Medicine	0
专科医院	Specialized Hospitals	28
基层医疗卫生机构	**Primary level of Medieal and Health Institutions**	**1220**
社区卫生服务中心(站)	Community Health Centers(station)	113
卫生院	Health Centers	36
村卫生室	Village Clinics	220
门诊部	Clinics	33
诊所、卫生所、医务室	Clinics,Health Centers and Dispensaries	818
专业公共卫生机构	**Professional Publil Health Agencies**	**28**
急救中心(站)	Emergency Centers(station)	1
采供血机构	Blood Stations	1
妇幼保健院(所、站)	Maternity and Child Care Centers(unit, station)	6
疾病预防控制中心	Center for Disease Control and Prevention	8
卫生监督所(中心)	Health Supervision centers(center)	7
计划生育服务机构	Family Planning Centers	2
健康教育所(站、中心)	Health Education Centers(station,center)	3
其他卫生机构	**Other Institutions**	**11**
医学在职培训机构	Health In-service Training Centers	0
疗养院	Sanatoriums	0
统计信息中心	Statistical Information Center	1
其他	**Others**	**10**

Number of Health Care Institutions,Beds and Persons

(person)

床位数(张) Beds(bed)	工作人员 Number of Staff	卫生技术人员 Medical Technical Personnel	#医生 Doctors	其他技术人员 Other Technical Personnel	管理人员 Administrators	工勤人员 Workers
17621	**34324**	**28264**	**11124**	**1618**	**1743**	**2337**
15694	**23471**	**19039**	**7015**	**1248**	**1349**	**1835**
11418	17572	14455	5327	850	941	1326
2066	2603	2255	887	156	84	108
0	0	0	0	0	0	0
2210	3296	2329	801	242	324	401
999	**7773**	**6741**	**3145**	**176**	**181**	**313**
304	1733	1596	567	52	29	56
690	1113	990	430	35	30	58
0	413	51	50	0	0	0
5	857	669	270	40	48	100
0	3657	3435	1828	49	74	99
928	**2679**	**2291**	**881**	**149**	**112**	**127**
0	29	18	10	0	1	10
0	140	104	14	15	8	13
928	1891	1662	615	91	58	80
0	437	367	225	31	19	20
0	113	104	0	0	6	3
0	43	22	4	9	11	1
0	26	14	13	3	9	0
0	**401**	**193**	**83**	**45**	**101**	**62**
0	0	0	0	0	0	0
0	0	0	0	0	0	0
0	13	3	1	7	3	0
0	**388**	**190**	**82**	**38**	**98**	**62**

14—3 卫生事业

Health Protection

（2020）

指标	Item	全市 Yinchuan	#市区 City
机构数(个)	Health Care Institutions(unit)	1337	858
#医院	Hospitals	78	55
床位数(张)	Beds(bed)	17621	14331
人员数(人)	Number of Sta(f f person)	34324	28629
卫生技术人员	Medical Technical Personnel	28264	23441
执业(助理)医师	Licensed and Assistant Doctors	11124	9257
#执业医师	Licensed Doctors	10176	8656
注册护士	Regietered Nurses	12764	10736
药师(士)	Phamacis(t person)	1418	1114
技师(士)	Technician(person)	1371	1103
#检验师	Library Technician	944	778
其他	Others	1587	1231
其他技术人员	Other Technical Personnel	1618	1447
管理人员	Administrators	1743	1516
工勤技能人员	Workers	2337	2128

14—4 中心敬老院情况

Situation of the Centre for the elderly

（2020）

指标	Item	全市 Yinchuan
院数(个)	Number of Geracomiums(unit)	6
床位数(张)	Beds(bed)	1658
年末在院人员数(人)	Adoptd Persons at Year-end(person)	488

14—5 养老机构情况

Situation of old-age care institutions

单位:个　　（2020）　　(unit)

指标	Item	机构数量	床位数	入住人数
总计	**Total**	**36**	**8432**	**2747**
自治区级		2	2460	745
银川市	Yinchuan	34	5972	2002
兴庆区	Xingqing	11	1526	418
西夏区	Xixia	9	1339	401
金凤区	Jinfeng	3	241	36
永宁县	Yongning	2	593	81
贺兰县	Helan	5	773	366
灵武市	Lingwu	4	1500	700
其中:公办	Among them: Public Affairs	2	530	164
公建民营	Public and private	13	4531	1509
民办	Civilian-run	19	3239	1001
民办盈利性	Private profitability	2	132	73

14—6 群众体育活动情况

Situation of mass sports activities

(2020)

地 区	Region	举办全民健身活动次数(次) Number of Mass Sports Activities hold (times)	参加活动人数(万人) Number of Attendees (10000persons)
总 计	**Total**	**119**	**21.00**
银川市	Yinchuan	14	4.20
兴庆区	Xingqing	18	3.00
西夏区	Xixia	18	4.00
金凤区	Jinfeng	20	4.00
永宁县	Yongning	15	3.00
贺兰县	Helan	13	1.45
灵武市	Lingwu	21	1.35

14—7 体育场地数(标准)

Number of sports venues (standard)

单位:个 (2020) (unit)

地 区	Region	体育场 Stadium	体育馆 Gymnasium	游泳馆 Natatorium	游泳池 Swimming Pool	综合训练馆 Comprehenswe Training Venue
总 计	**Total**	**28**	**18**	**42**	**25**	**12**
兴庆区	Xingqing	8	5	22		1
西夏区	Xixia	3	5	1	2	4
金凤区	Jinfeng	1	1	18	18	4
永宁县	Yongning	9	3		1	1
贺兰县	Helan	2	3		1	1
灵武市	Lingwu	5	1	1	3	1

14—8 重点优抚对象人员情况

Basic Statistics of Key Preferencial Treatment Group

单位:人 (person)

指 标	Item	2019 年	2020 年
重点优抚对象总人数	Total Number of Recsiving Key Preferential Treatnent	4068	4134
残疾军人		1014	1054
“三属”人员	Three Types of Family Members	92	89
#烈士家属	Family Members of Martyr	29	39
牺牲军人家属	Family Members of Sacrifice Soldiers	21	20
病故军人家属	Family Members of Disseas Dead Soldiers	32	30
在乡退伍红军老战士、在乡西路军	Retired Old Soldiers ofRed Army in the Township, Old Soldiers of	0	0
红军老 战士、红军失散人员	Xilujun in the Township and Lost Staff of Red Army	0	0
在乡复员军人	Number of Demobilized Soldiers in Rural Areas	221	155
带病回乡退伍军人	Number of Returning Soldiers With Disseas	88	91
参战退役人员	Number of Ex-serviceman of War -participater	316	309
参核退役人员	Number of Ex-serviceman of Nuclear-participater	146	148

14—9 社会救济对象情况

Basic Statistics of Social Relief

单位:人 (person)

指标	Item	2019年	2020年
城乡低保对象	Number of Persons Receiving Minimum Living Allowance in Urban and Rural Areas	32959	36282
#城市低保对象	Number of Persons Receiving Minimum Living Allowance in Urban Areas	12238	13625
农村低保对象	Number of Persons Receiving Minimum Living Allowance in Rural Areas	20721	22657
特困人员总数		1202	1242
#集中供养	Concentrated Support	424	448
分散供养	Scatterd Support	778	794

14—10 律师、公证、调解工作基本情况

Basic Statistics on Lawyers,Notarization and Mediation

指标	Item	单位	Unit	2019年	2020年
律师工作	**Lawyers**				
律师事务所	Number of Law Offices	家	unit	83	91
律师	Lawyers	人	person	1992	2014
担任法律顾问	Legal Advisors	家	unit	2214	2383
民(商)事案件代理	Agent of Civil Cases	件	case	21555	24189
刑事案件辩护	Defender of Criminal Cases	件	case	3579	2961
非诉讼法律事务	Agent of Non-Litigious Legal Affairs	件	case	4430	6030
咨询和代书	Agent of Legal Documents Written on Behalf of Clients	件	case	9808	6531
公证工作	**Notarization**				
公证处	Number of Notary Offices	家	unit	5	5
公证员	Notaries Personnel	人	person	50	50
办理公证	Number of Notarized Documents	件	case	39773	38581
办理涉外公证	Number of Notarized Documents Concerning Foreign Affairs	件	case	4156	2386
人民调解	**People's Mediation**				
人民调解委员会	Number of Full-time Judicial Assistants	个	unit	746	846
人民调解员	Number of People's Mediation Committees	人	person	4318	5172
调解民间纠纷	Number of Mediators	件	case	5120	6229

14—11 社会治安

Public Security

指 标	Item	单位	Unit	2019 年	2020 年
火灾	**Fire Accidents**				
火灾起数	Number of Fire Accidents	起	case	2326	1616
火灾死亡、伤亡人数	Number of Deaths and Injuries	人	person	1	5
#死亡人数	Number of Deaths	人	person	1	5
火灾事故经济损失	Losses Converted into Cash	万元	10 000 yuan	565.30	2645.00
交通事故	**Traffic Accidents**				
交通事故起数	Number of Traffic Accidents	起	case	1647	1387
交通事故死亡、伤亡人数	Number of Deaths and Injuries	人	person	1838	1615
#死亡人数	Number of Deaths	人	person	251	206
交通事故经济损失	Economil Loss of Traffic Accident	万元	10 000 yuan	532.91	427.95
刑事案件	**Criminal Cases**				
刑事案件立案数	Registered Criminal Cases	起	case	19264	16094
刑事案件破案数	Solved Criminal Cases	起	case	8750	7543

14—12 银川市一级以上地震情况

Basic Statistics of Level One Grade above Earthquake

年份 Year	发震时间 Earthquake Occurrence					震中位置 Epicenter			震级 Earthquake magnitude
	月 Month	日 Date	时 Hour	分 Minute	秒 Second	经度 Longitude	纬度 Latitude	地点 Place	Ms
2020	1	18	5	27	3	106.36°	37.82°	灵武市	1.3
2020	1	18	9	54	7	106.33°	37.8°	灵武市	1.4
2020	5	8	9	28	51	106.28°	37.85°	灵武市	2.4
2020	6	11	23	31	32	106.12°	38.47°	西夏区	1.6
2020	6	11	23	34	28	106.12°	38.44°	西夏区	1.4
2020	7	6	12	51	50	106.12°	38.46°	西夏区	1.0
2020	9	17	4	42	44	106.12°	38.17°	永宁县	1.5
2020	9	29	13	6	45	106.21°	38.54°	金凤区	1.5
2020	9	29	19	30	49	106.18°	38.52°	金凤区	1.5

主要统计指标解释

【卫生机构】 指各个部门(军事部门除外)、各种性质的设有专职卫生技术人员的卫生事业机构包括:医院、卫生院、门诊部、采供血机构、妇幼保健院(所、站)、专科疾病防治院(所、站)、疾病预防控制中心(防疫站)、卫生监督所、医学科学研究机构、医学在职培训机构、健康教育所(站、中心)、其他卫生机构。

【医院】 指名称为医院、设有固定床位能收容病人住院并能为病人提供医疗、护理服务的医疗机构。包括县及县以上医院、农村乡卫生院、其他医院三部分,按所属性质分为卫生部门、工业及其他部门、集体所有制三类。其中县及县以上医院按业务性质分为综合医院和专科医院。

【卫生技术人员】 指卫生事业机构支付工资的全部固定职工和合同制职工中现任职务为卫生技术工作的人员。包括执业医师、执业助理医师、注册护士、药剂人员、检验人员、其他。

【医生】 指经卫生部门审查合格,从事医疗工作的专业人员。包括卫生技术人员中的执业医师、执业助理医师、其他。

【公证员】 是国家的法律工作者,是在公证处专门行使国家证明权,独立办理公证事务的法律专业人员。

【公证文书】 是指公证处根据当事人的申请,依照事实和法律,按照法定程序制作的,具有特殊法律效力的司法证明文书。

15

全区分市县资料

Statistical Data by City and County

15—1 各市县地区生产总值

Gross Domestic Product by City and County

单位:万元　　（2020）　　（10 000 yuan）

地 区	Region	地区生产总值 Gross Domestic Product	分产业增加值 by Sub-industry 第一产业 Primary Industry	第二产业 Secondary Industry	第三产业 Tertiary Industry	分行业增加值 by Sector and Composition 农林牧渔业 Agriculture, Forestry, Animal Husbandry and Fishery	工业 Industry	建筑业 Construction
银川市	**Yinchuan**	**19643676**	**757220**	**8326161**	**10560295**	**813666**	**6557164**	**1772193**
兴庆区	Xingqing	5510465	88158	733321	4688986	101483	228720	504601
西夏区	Xixia	3249389	70620	1944511	1234259	81294	1755150	189361
金凤区	Jinfeng	3016647	53549	593449	2369650	61642	258465	334984
永宁县	Yongning	1101948	196398	265114	640436	203920	168622	96608
贺兰县	Helan	1432909	212907	375605	844397	220909	277374	99705
灵武市	Lingwu	5332318	135589	4414161	782568	144419	3868834	546935
石嘴山市	**Shizuishan**	**5416236**	**372703**	**2592109**	**2451424**	**386995**	**2176055**	**419913**
大武口区	Dawukou	1954188	13825	896997	1043366	16810	773907	123089
惠农区	Huinong	1687678	73438	877771	736469	76072	739401	142229
平罗县	Pingluo	1774370	285439	817341	671589	294113	662747	154595
吴忠市	**Wuzhong**	**6217735**	**851047**	**2730236**	**2636452**	**888804**	**2255412**	**482317**
利通区	Litong	2006517	245055	777218	984244	260843	602173	181299
红寺堡区	Hongsipu	712013	89180	344893	277941	91699	302754	42138
盐池县	Yanchi	1153974	99362	619926	434686	105417	504033	116617
同心县	Tongxin	1029989	169690	355861	504439	174904	295795	60140
青铜峡市	Qingtongxia	1315241	247761	632339	435142	255941	550657	82122
固原市	**Guyuan**	**3524627**	**719514**	**691299**	**2113814**	**767367**	**388349**	**302950**
原州区	Yuanzhou	1469179	212685	252648	1003846	227762	154145	98503
西吉县	Xiji	784640	228131	106889	449620	241290	38702	68187
隆德县	Longde	354755	77947	68167	208641	83109	13929	54238
泾源县	Jingyuan	219499	41436	36120	141943	49836	4258	31862
彭阳县	Pengyang	696554	159315	227475	309764	165370	177315	50160
中卫市	**Zhongwei**	**4403233**	**679617**	**1749844**	**1973772**	**704932**	**1459916**	**290380**
沙坡头区	Shapotou	1945195	295704	772281	877210	305441	625877	146469
中宁县	Zhongning	1643606	218470	826425	598712	227673	759106	67572
海原县	Haiyuan	814432	165444	151138	497850	171818	74933	76339

注:本表数据为2020年初步核算数。

Note:The data in this table is the preliminary accounting data of 2020 years.

15—1 续表 1 continued

单位:万元 （2020） （10 000 yuan）

地区	Region	分行业增加值 by Sector and Composition 交通运输、仓储和邮政业 Transport, Storage and Post Service	批发和零售业、住宿和餐饮业 Wholesale, Retail Trade, Hoteling and Catering Services	金融业 Finance and Insurance	房地产业 Real Estate	其他服务业 Other Services	人均地区生产总值（元/人）Per Capita GDP (yuan/person)
银川市	**Yinchuan**	**850284**	**1198423**	**2181354**	**1124414**	**5146178**	**69283**
兴庆区	Xingqing	356020	571354	1436968	425611	1885709	68334
西夏区	Xixia	113029	176090	110620	78753	745093	72401
金凤区	Jinfeng	112748	100209	414325	402423	1331851	48181
永宁县	Yongning	82774	104776	60314	30423	354512	34369
贺兰县	Helan	60600	169266	78802	139027	387226	42136
灵武市	Lingwu	125114	76728	80325	48178	441787	181820
石嘴山市	**Shizuishan**	**259854**	**297762**	**298824**	**119266**	**1457567**	**71901**
大武口区	Dawukou	82222	151918	143780	52463	609998	65407
惠农区	Huinong	105946	69785	87715	22542	443988	93892
平罗县	Pingluo	71686	76059	67329	44260	403582	64575
吴忠市	**Wuzhong**	**237590**	**410278**	**314679**	**194501**	**1434155**	**44971**
利通区	Litong	71001	168303	138769	83221	500909	43675
红寺堡区	Hongsipu	7615	42390	18107	23067	184244	36120
盐池县	Yanchi	28667	69677	45067	17212	267285	72671
同心县	Tongxin	29909	74847	49321	47346	297727	32145
青铜峡市	Qingtongxia	100398	55062	63415	23655	183991	53277
固原市	**Guyuan**	**253219**	**278612**	**188570**	**152953**	**1192608**	**30719**
原州区	Yuanzhou	157358	131209	93916	73322	532963	31252
西吉县	Xiji	60756	64572	39463	30742	240929	24746
隆德县	Longde	7812	26691	19037	19354	130584	31649
泾源县	Jingyuan	2660	12718	11865	10526	95774	25580
彭阳县	Pengyang	24634	43421	24289	19008	192357	42921
中卫市	**Zhongwei**	**217863**	**259706**	**227236**	**167452**	**1075748**	**41122**
沙坡头区	Shapotou	76077	131249	111772	87495	460816	48632
中宁县	Zhongning	64831	50816	81864	48396	343348	49203
海原县	Haiyuan	76955	77641	33600	31561	271585	24187

15—1 续表 2 continued

单位:万元 (2020) (10 000 yuan)

地区	Region	构成(%)Conposition(%) 第一产业 Primary Industry	第二产业 Secondary Industry	第三产业 Tertiary Industry	指数(上年=100)Indices(preceding year=100) 地区生产总值 Gross Demestic Product	第一产业 Primary Industry	第二产业 Secondary Industry	第三产业 Tertiary Industry	人均地区生产总值 Per Capita GDP
银川市	**Yinchuan**	**3.9**	**42.4**	**53.7**	**103.2**	**100.7**	**102.8**	**103.8**	**100.6**
兴庆区	Xingqing	1.6	13.3	85.1	102.5	100.2	102.2	102.6	101.7
西夏区	Xixia	2.2	59.8	38.0	101.9	100.2	101.1	103.4	100.6
金凤区	Jinfeng	1.8	19.7	78.5	103.5	100.2	106.6	102.7	95.7
永宁县	Yongning	17.8	24.1	58.1	105.1	99.4	102.0	108.6	103.5
贺兰县	Helan	14.9	26.2	58.9	101.0	102.0	84.5	110.8	99.4
灵武市	Lingwu	2.5	82.8	14.7	104.8	101.4	105.0	103.8	104.3
石嘴山市	**Shizuishan**	**6.9**	**47.9**	**45.2**	**106.0**	**102.5**	**107.1**	**105.2**	**106.5**
大武口区	Dawukou	0.7	45.9	53.4	105.9	104.2	106.8	105.1	106.1
惠农区	Huinong	4.4	52.0	43.6	109.2	102.1	112.1	106.4	110.5
平罗县	Pingluo	16.1	46.1	37.8	103.0	102.6	102.3	104.0	103.3
吴忠市	**Wuzhong**	**13.7**	**43.9**	**42.4**	**106.2**	**104.3**	**108.8**	**103.9**	**106.1**
利通区	Litong	12.2	38.7	49.1	103.9	103.7	106.3	101.9	102.9
红寺堡区	Hongsipu	12.5	48.5	39.0	110.3	105.1	115.9	103.8	109.7
盐池县	Yanchi	8.6	53.7	37.7	110.1	104.3	114.7	104.9	109.5
同心县	Tongxin	16.5	34.5	49.0	110.0	104.1	111.8	110.6	109.8
青铜峡市	Qingtongxia	18.8	48.1	33.1	102.0	104.9	102.2	100.2	104.0
固原市	**Guyuan**	**20.4**	**19.6**	**60.0**	**105.6**	**104.1**	**112.3**	**103.9**	**106.2**
原州区	Yuanzhou	14.5	17.2	68.3	105.3	105.2	114.5	102.9	104.5
西吉县	Xiji	29.1	13.6	57.3	106.5	105.2	107.8	106.7	106.9
隆德县	Longde	22.0	19.2	58.8	107.7	104.5	124.0	103.6	112.3
泾源县	Jingyuan	18.9	16.4	64.7	103.2	103.8	100.3	103.9	104.9
彭阳县	Pengyang	22.9	32.6	44.5	105.1	101.6	110.8	103.3	107.2
中卫市	**Zhongwei**	**15.4**	**39.8**	**44.8**	**100.3**	**104.6**	**95.9**	**102.9**	**100.8**
沙坡头区	Shapotou	15.2	39.7	45.1	101.5	104.9	100.3	101.4	101.5
中宁县	Zhongning	13.3	50.3	36.4	97.0	103.9	90.1	105.3	96.9
海原县	Haiyuan	20.3	18.6	61.1	104.5	104.9	109.0	103.0	106.3

15—2 各市县农林牧渔业总产值

Gross Output Value of Agriculture, Forestry, Animal Husbandry and Fishery by City and County

单位:万元　　（按现行价格计算 calculated at current price）(2020)　　（10 000 yuan）

地 区	Region	农林牧渔业总产值 Gross Output Value of Agriculture, Forestry,Animal Husbandry and Fishery	农 业 Agriculture	林 业 Forestry	牧 业 Animal Husbandry	渔 业 Fishery	农林牧渔服务业 Output Value of Services for Agriculture, Forestry,Animal Husbandry and Fishery	农林牧渔业总产值指数(上年=100) Indices of Gross Output (preceding year=100)
全区总计	**Total**	**7030717**	**3979069**	**109207**	**2465937**	**189775**	**286728**	**103.6**
银川市	**Yinchuan**	**1518166**	**837224**	**13369**	**485004**	**93441**	**89129**	**101.6**
市辖区	District	446333	243519	5266	135203	11796	50550	100.1
永宁县	Yongning	350271	248184	2583	80785	6824	11895	100.9
贺兰县	Helan	432089	231489	2580	114134	71179	12708	103.3
灵武市	Lingwu	289474	114032	2941	154883	3641	13976	102.1
石嘴山市	**Shizuishan**	**743713**	**474667**	**3691**	**186357**	**56375**	**22623**	**102.8**
大武口区	Dawukou	34804	11605	895	3992	13603	4708	103.4
惠农区	Huinong	159419	82551	806	66092	5743	4228	102.1
平罗县	Pingluo	549490	380511	1990	116272	37030	13687	103.0
吴忠市	**Wuzhong**	**1777577**	**784293**	**20790**	**899021**	**13898**	**59576**	**104.9**
利通区	Litong	507837	150675	3128	325888	3238	24907	103.9
红寺堡区	Hongsipu	177906	120382	2200	51350		3975	105.0
盐池县	Yanchi	238242	64633	6470	157508	77	9552	105.6
同心县	Tongxin	371169	188345	5099	169481		8245	104.5
青铜峡市	Qingtongxia	482424	260258	3893	194793	10583	12897	106.2
固原市	**Guyuan**	**1601500**	**1014050**	**63389**	**447802**	**804**	**75455**	**103.6**
原州区	Yuanzhou	472563	314131	9472	124470	633	23857	105.0
西吉县	Xiji	500035	368383	5041	105638	171	20802	104.5
隆德县	Longde	177623	107366	7826	54346		8084	104.0
泾源县	Jingyuan	99281	23463	24073	38604		13140	101.0
彭阳县	Pengyang	351998	200707	16976	124744		9571	101.1
中卫市	**Zhongwei**	**1389760**	**868836**	**7969**	**447754**	**25257**	**39945**	**104.8**
沙坡头区	Shapotou	594694	350370	2207	205959	20756	15403	106.3
中宁县	Zhongning	448383	302008	2281	125039	4501	14553	103.0
海原县	Haiyuan	346684	216459	3481	116756		9989	104.5

15—3 各市县规模以上工业企业主要经济指标

Main Economic Indicators on Industrial Enterprises above Designated Size by City and County

单位:个、万元 （2020） （unit,10 000 yuan）

地区	Region	企业单位数 Number of Enterprises	亏损企业 Loss-suffering Enterprises	年初存货 Beginning Inventories	产成品 Finished Goods	资产总计 Total Assets	流动资产合计 Total Current Assets
全区总计	**Total**	**1241**	**376**	**4816679**	**1608657**	**106574783**	**32946414**
银川市	**Yinchuan**	**370**	**97**	**1440316**	**437947**	**36632853**	**11792800**
兴庆区	Xingqing	23	2	68640	24421	6362341	1104581
西夏区	Xixia	74	18	428183	107017	8526370	3660692
金凤区	Jinfeng	45	7	145028	68171	2415290	1076087
永宁县	Yongning	53	17	162719	34894	1429257	705104
贺兰县	Helan	67	24	214330	70533	2524150	1445238
灵武市	Lingwu	109	30	995414	291325	28625489	5185235
石嘴山市	**Shizuishan**	**313**	**111**	**901832**	**416201**	**10718298**	**4654219**
大武口区	Dawukou	66	14	276528	90247	2653171	1447054
惠农区	Huinong	86	27	212051	96171	3546000	1353510
平罗县	Pingluo	161	70	413253	229784	4519127	1853655
吴忠市	**Wuzhong**	**339**	**105**	**802414**	**260982**	**17231377**	**5584934**
利通区	Litong	87	20	197080	49312	2265781	1086248
红寺堡区	Hongsipu	48	17	114759	40147	4568737	1248331
盐池县	Yanchi	62	25	108902	45780	4534935	1071198
同心县	Tongxin	53	9	100369	45241	2236622	733325
青铜峡市	Qingtongxia	89	34	281304	80502	3625302	1445833
固原市	**Guyuan**	**60**	**14**	**58944**	**27612**	**2118990**	**577970**
原州区	Yuanzhou	34	10	34554	15252	1114847	375781
西吉县	Xiji	10	1	7476	6602	222393	75194
隆德县	Longde	7	2	5353	4120	111067	31460
泾源县	Jingyuan						
彭阳县	Pengyang	8	1	11553	1638	668549	93500
中卫市	**Zhongwei**	**158**	**48**	**1039177**	**307501**	**26623222**	**8952353**
沙坡头区	Shapotou	93	30	270455	92521	6083573	1949951
中宁县	Zhongning	61	18	768722	214981	19587651	6890023
海原县	Haiyuan	4				951999	112380
其他直报	Others						

15—3 续表1 continued

单位:个、万元 （2020） （unit, 10 000 yuan）

地区	Region	资产总计 Total Assets			
		流动资产合计 Total Current Assets			固定资产原价 Original Cost of Fixed Assets
		应收账款 Accounts Receivabl	存货 Inventories	产成品 Finished Goods	
全区总计	**Total**	**7601859**	**5100648**	**1910494**	**76888574**
银川市	**Yinchuan**	**3475349**	**1578869**	**507012**	**31207246**
兴庆区	Xingqing	480201	38934	20834	7748458
西夏区	Xixia	1449083	465745	131564	6402779
金凤区	Jinfeng	361142	181731	76772	1305060
永宁县	Yongning	145546	192099	48255	863087
贺兰县	Helan	293900	235716	76515	924860
灵武市	Lingwu	965342	1007501	320579	28628925
石嘴山市	**Shizuishan**	**808804**	**1021844**	**469368**	**7175118**
大武口区	Dawukou	390161	271301	92880	1462026
惠农区	Huinong	252424	207368	102758	2963165
平罗县	Pingluo	166219	543175	273730	2749927
吴忠市	**Wuzhong**	**1835748**	**852438**	**320543**	**13636783**
利通区	Litong	335999	221844	41364	1356303
红寺堡区	Hongsipu	403506	109864	62678	2726907
盐池县	Yanchi	408703	95135	41245	4043227
同心县	Tongxin	357931	130168	96562	1495067
青铜峡市	Qingtongxia	329609	295428	78693	4015279
固原市	**Guyuan**	**172378**	**79300**	**45725**	**1690146**
原州区	Yuanzhou	96860	47574	26187	786499
西吉县	Xiji	27539	16532	12123	179409
隆德县	Longde	7136	6597	5068	56513
泾源县	Jingyuan				
彭阳县	Pengyang	39489	8590	2348	667532
中卫市	**Zhongwei**	**1089715**	**1025340**	**400339**	**8513357**
沙坡头区	Shapotou	475288	357718	134691	3782077
中宁县	Zhongning	553170	666869	265442	3892078
海原县	Haiyuan	61257	754	206	839202
其他	Others				

15—3　续表2　continued

单位:个、万元　　（2020）　　（unit,10 000 yuan）

地　区	Region	资产总计 Total Assets			
		房屋和构筑物 Buildings and Structures	机器设备 Machinery Equipment	累计折旧 Accumulated Depreciation	本年折旧 Depreciation in this Year
全区总计	**Total**	**17572119**	**46531854**	**27729081**	**3611433**
银川市	**Yinchuan**	**5867852**	**19492532**	**12014901**	**1438584**
兴庆区	Xingqing	781425	6262281	4061304	381747
西夏区	Xixia	769139	2308019	2644248	302120
金凤区	Jinfeng	190486	310801	435089	45595
永宁县	Yongning	271454	543241	444014	42578
贺兰县	Helan	407726	380357	351009	60087
灵武市	Lingwu	8198816	19523226	8957309	1178289
石嘴山市	**Shizuishan**	**1944533**	**4111377**	**2861610**	**384526**
大武口区	Dawukou	424344	732923	673063	71529
惠农区	Huinong	736593	1788028	1279259	129247
平罗县	Pingluo	783596	1590427	909288	183750
吴忠市	**Wuzhong**	**2143297**	**7128656**	**4908589**	**637584**
利通区	Litong	391997	824757	413531	73197
红寺堡区	Hongsipu	442296	984222	724977	104285
盐池县	Yanchi	197063	1492477	1424170	223090
同心县	Tongxin	154267	1162131	269750	63004
青铜峡市	Qingtongxia	957674	2665070	2076161	174008
固原市	**Guyuan**	**654101**	**754844**	**453247**	**88249**
原州区	Yuanzhou	232496	460355	203028	44483
西吉县	Xiji	23642	7424	56027	5678
隆德县	Longde	10615	43609	22813	2780
泾源县	Jingyuan				
彭阳县	Pengyang	387315	243351	171266	35292
中卫市	**Zhongwei**	**2211141**	**5209051**	**2612663**	**490657**
沙坡头区	Shapotou	724081	2745389	1136277	245311
中宁县	Zhongning	1464681	1655732	1298679	208084
海原县	Haiyuan	22379	807929	177707	37263
其他直报	Others				

15—3 续表3 continued

单位:个、万元 （2020） （unit,10 000 yuan）

地 区	Region	负债合计 Total Liabilities	流动负债合计 Total Current Liabilities	应付账款 Accounts payable	所有者权益合计 Total Owners'Equities
全区总计	**Total**	**66253134**	**42975390**	**11481351**	**40312223**
银川市	**Yinchuan**	**22339222**	**14081708**	**3972843**	**14293629**
兴庆区	Xingqing	4047901	2440908	880794	2314441
西夏区	Xixia	4237008	2720008	866195	4289361
金凤区	Jinfeng	1178907	665890	416514	1236383
永宁县	Yongning	729846	697590	177806	699410
贺兰县	Helan	1889320	1594883	611255	634830
灵武市	Lingwu	20475216	12018631	1826358	8150272
石嘴山市	**Shizuishan**	**7675631**	**6143574**	**1583827**	**3033321**
大武口区	Dawukou	1697238	1399982	465028	955931
惠农区	Huinong	2339604	1971577	512494	1200184
平罗县	Pingluo	3638789	2772015	606305	877207
吴忠市	**Wuzhong**	**11259956**	**6455322**	**1798332**	**5971344**
利通区	Litong	1351326	1051780	295926	914451
红寺堡区	Hongsipu	3072661	1731845	341278	1496075
盐池县	Yanchi	2841908	1234750	419144	1693027
同心县	Tongxin	1477100	692422	170046	759520
青铜峡市	Qingtongxia	2516961	1744525	571938	1108270
固原市	**Guyuan**	**1359163**	**878274**	**179047**	**759826**
原州区	Yuanzhou	696891	503805	107993	417955
西吉县	Xiji	151424	125872	23877	70969
隆德县	Longde	57031	38655	10085	54035
泾源县	Jingyuan				
彭阳县	Pengyang	450254	206379	34351	218295
中卫市	**Zhongwei**	**13400186**	**9360311**	**3141223**	**13223036**
沙坡头区	Shapotou	3694655	2496934	688629	2388917
中宁县	Zhongning	9309287	6826572	2416779	10278363
海原县	Haiyuan	396243	36806	35815	555756
其他直报	Others				

15—3 续表4 continued

单位:个、万元 （2020） （unit, 10 000 yuan）

地 区	Region	实收资本 Called up Capital	国家资本 National Capital	集体资本 Collective Capital	法人资本 Corporate Capital	个人资本 Personal Capital	港澳台资本 Hong Kong,Macao and Taiwan Capital	外商资本 Foreign Capital
全区总计	**Total**	**29634834**	**7071084**	**398122**	**11478344**	**10012375**	**494494**	**180413**
银川市	**Yinchuan**	**9959684**	**3869190**	**135570**	**5006431**	**567361**	**260902**	**120230**
兴庆区	Xingqing	1575234	1072941		415934	42296		44062
西夏区	Xixia	2553340	742940	11	1614111	126566	10516	59196
金凤区	Jinfeng	757734	438331	2000	199843	50203	50386	16971
永宁县	Yongning	240510	13293		102111	125106		
贺兰县	Helan	573450	114715	3941	391667	63126		
灵武市	Lingwu	6121291	2484473	129617	3147137	160064	200000	
石嘴山市	**Shizuishan**	**2115365**	**153332**	**21118**	**1301651**	**590952**		**48312**
大武口区	Dawukou	643819	126194	16792	395892	91720		13221
惠农区	Huinong	586592	9672	119	407554	169247		
平罗县	Pingluo	884954	17467	4207	498205	329985		35090
吴忠市	**Wuzhong**	**4203254**	**1530529**	**241034**	**1913140**	**518075**	**376**	**100**
利通区	Litong	546916	79460	1673	304261	161423		100
红寺堡区	Hongsipu	1006029	311474		619937	74617		
盐池县	Yanchi	1438804	684810	171098	447041	135479	376	
同心县	Tongxin	486853	119637	66200	249021	51996		
青铜峡市	Qingtongxia	724653	335149	2063	292881	94560		
固原市	**Guyuan**	**458540**	**42658**	**400**	**369759**	**45723**		
原州区	Yuanzhou	214505	24525	400	154883	34697		
西吉县	Xiji	42107	16499		22618	2990		
隆德县	Longde	26049	917		18346	6786		
泾源县	Jingyuan							
彭阳县	Pengyang	175731	569		173912	1250		
中卫市	**Zhongwei**	**11036116**	**477873**		**2022991**	**8290265**	**233215**	**11772**
沙坡头区	Shapotou	1241956	246203		802750	193003		
中宁县	Zhongning	9494690	53232		1206128	8097262	126297	11772
海原县	Haiyuan	299470	178439		14113		106918	
其 他	Others							

15—3 续表5 continued

单位:个、万元 (2020) (unit,10 000 yuan)

地 区	Region	营业收入 Operating Revenue	营业成本 Operating Cost	销售费用 Selling Expenses	管理费用 Administrative Expense	研发费用 Research and development Expense
全区总计	**Total**	**48023446**	**40307766**	**839327**	**1606198**	**484319**
银川市	**Yinchuan**	**20619922**	**17049895**	**314931**	**580263**	**216539**
兴庆区	Xingqing	5833772	5507201	13648	79491	30996
西夏区	Xixia	5566937	4125283	65508	132417	103933
金凤区	Jinfeng	973377	695610	62658	49078	20208
永宁县	Yongning	823967	704492	20852	42294	22389
贺兰县	Helan	1003463	801124	50111	57319	12895
灵武市	Lingwu	9844218	7592778	140354	603436	48901
石嘴山市	**Shizuishan**	**7841315**	**6937954**	**187955**	**247009**	**115949**
大武口区	Dawukou	1600403	1343305	40775	75632	51063
惠农区	Huinong	2893019	2560981	45948	78633	35802
平罗县	Pingluo	3347893	3033667	101232	92744	29084
吴忠市	**Wuzhong**	**8566741**	**7239310**	**163589**	**208220**	**68087**
利通区	Litong	2361658	1927039	85720	68274	20042
红寺堡区	Hongsipu	1419318	1267180	7677	31753	4298
盐池县	Yanchi	1420613	1142097	21650	38301	18483
同心县	Tongxin	416260	302228	4528	8515	1880
青铜峡市	Qingtongxia	2948893	2600767	44013	61376	23384
固原市	**Guyuan**	**1036352**	**839748**	**23536**	**34953**	**7573**
原州区	Yuanzhou	646404	542149	15619	19637	3651
西吉县	Xiji	60300	46940	734	1843	1047
隆德县	Longde	29286	25723	4243	814	2553
泾源县	Jingyuan					
彭阳县	Pengyang	296959	222507	2939	12518	321
中卫市	**Zhongwei**	**6533303**	**5864266**	**111118**	**151982**	**53389**
沙坡头区	Shapotou	2626762	2202770	62212	80891	46382
中宁县	Zhongning	3812761	3614978	48906	70260	6996
海原县	Haiyuan	93780	46519		830	10
其 他	Others					

15—3 续表6 continued

单位:个、万元 (2020) (unit,10 000 yuan)

地 区	Region	财务费用 Financial Expense	利息费用 Interest Expense	利息收入 Interest Income	资产减值损失 Assets Devaluation	其他收益 Other Income
全区总计	**Total**	**1756451**	**1621115**	**61245**	**260366**	**165897**
银川市	**Yinchuan**	**547736**	**547536**	**29659**	**192267**	**67494**
兴庆区	Xingqing	95447	95901	2178	-3766	3560
西夏区	Xixia	97240	109906	12277	11462	33987
金凤区	Jinfeng	16253	16695	2093	1006	11498
永宁县	Yongning	16713	16119	994	1818	3187
贺兰县	Helan	24196	23234	1727	750	2063
灵武市	Lingwu	603489	505759	12520	192058	20777
石嘴山市	**Shizuishan**	**195752**	**178801**	**5471**	**15621**	**38834**
大武口区	Dawukou	34238	34159	3480	4706	28945
惠农区	Huinong	55158	49645	1148	5954	1370
平罗县	Pingluo	106356	94997	843	4962	8519
吴忠市	**Wuzhong**	**334489**	**308567**	**4317**	**26905**	**33066**
利通区	Litong	28675	27386	442	891	8345
红寺堡区	Hongsipu	87392	84103	473	4009	2381
盐池县	Yanchi	89912	71928	846	9711	5064
同心县	Tongxin	53051	50291	98	297	727
青铜峡市	Qingtongxia	75459	74860	2459	11996	16550
固原市	**Guyuan**	**36107**	**32046**	**165**	**-259**	**5987**
原州区	Yuanzhou	14885	12516	56	4	2454
西吉县	Xiji	5787	5321	11		267
隆德县	Longde	426	324	-2	21	2879
泾源县	Jingyuan					
彭阳县	Pengyang	15005	13886	99	-284	388
中卫市	**Zhongwei**	**336766**	**334088**	**19503**	**14770**	**12940**
沙坡头区	Shapotou	104375	106970	8768	4447	8209
中宁县	Zhongning	214423	209386	10661	10323	4724
海原县	Haiyuan	17968	17732	74		7
其 他	Others					

15—3 续表7 continued

单位:个、万元 (2020) (unit,10 000 yuan)

地 区	Region	投资收益 Investment Income	公允价值变动收益 Profits or Losses on the Changes in Fair Value	营业利润 Operating Profit	营业外收入 Non-Operating Income	营业外支出 Non-Operating Expense
全区总计	**Total**	**306707**	**-5268**	**1828946**	**284524**	**167298**
银川市	**Yinchuan**	**240276**	**-6579**	**1257385**	**98644**	**97186**
兴庆区	Xingqing	19617		119286	7911	2706
西夏区	Xixia	35697	-258	460032	18083	34624
金凤区	Jinfeng	2706	-4	139556	6329	1349
永宁县	Yongning	16	-6362	5312	9757	10456
贺兰县	Helan	236		44420	20088	5938
灵武市	Lingwu	184876	44	407470	45671	59510
石嘴山市	**Shizuishan**	**32249**	**1641**	**164911**	**53066**	**18819**
大武口区	Dawukou	29940		96027	11115	5038
惠农区	Huinong	-168	50	95490	14865	3252
平罗县	Pingluo	2477	1591	-26606	27087	10530
吴忠市	**Wuzhong**	**16023**	**-330**	**409149**	**54891**	**1495**
利通区	Litong	-1316	-7	135249	10616	3132
红寺堡区	Hongsipu	4003		16616	9157	2666
盐池县	Yanchi	3469		79332	24048	-11075
同心县	Tongxin	3388		47949	4511	1718
青铜峡市	Qingtongxia	6479	-323	130003	6559	5055
固原市	**Guyuan**	**-4729**		**76845**	**9207**	**1764**
原州区	Yuanzhou	-4729		45390	4152	629
西吉县	Xiji			3984	2859	61
隆德县	Longde			-1837	1570	166
泾源县	Jingyuan					
彭阳县	Pengyang			28508	575	904
中卫市	**Zhongwei**	**20017**		**1965**	**59523**	**30637**
沙坡头区	Shapotou	37101		158641	20863	5068
中宁县	Zhongning	-17084		-185071	31700	25415
海原县	Haiyuan			28395	6960	155
其 他	Others					

15—3 续表8 continued

单位:个、万元 (2020) (unit,10 000 yuan)

地 区	Region	利润总额 Total Profits	本年应付职工薪酬 Employee Benefits Payable	从业人员平均人数 Average Employed Persons	亏损企业亏损总额 Losses of Deficit Enterprises
全区总计	**Total**	**1946084**	**3403826**	**301084**	**1225310**
银 川 市	**Yinchuan**	**1258843**	**1216062**	**101066**	**497610**
兴庆区	Xingqing	124491	237941	13979	2945
西夏区	Xixia	443491	318444	27442	30669
金凤区	Jinfeng	144536	80518	8002	7579
永宁县	Yongning	4613	53987	6780	13327
贺兰县	Helan	58569	73663	10582	30900
灵武市	Lingwu	393631	1350399	74444	501702
石嘴山市	**Shizuishan**	**199161**	**480502**	**58237**	**184817**
大武口区	Dawukou	102104	139311	14054	29927
惠农区	Huinong	107104	184269	20209	54834
平罗县	Pingluo	-10046	156922	23974	100056
吴 忠 市	**Wuzhong**	**462544**	**447418**	**60154**	**123606**
利通区	Litong	142733	113601	15287	15722
红寺堡区	Hongsipu	23108	45747	5706	39345
盐池县	Yanchi	114454	75873	18034	18223
同心县	Tongxin	50741	11698	1927	7675
青铜峡市	Qingtongxia	131508	200499	19200	42641
固 原 市	**Guyuan**	**84288**	**93773**	**9459**	**8448**
原州区	Yuanzhou	48914	23388	3493	5337
西吉县	Xiji	6782	3461	875	27
隆德县	Longde	-433	2011	666	1957
泾源县	Jingyuan				
彭阳县	Pengyang	28179	64735	4383	1128
中 卫 市	**Zhongwei**	**30761**	**267182**	**32005**	**321316**
沙坡头区	Shapotou	174346	131710	15628	23491
中宁县	Zhongning	-178785	131996	16124	297826
海原县	Haiyuan	35200	3477	253	
其 他	Others				

15-4 各市县按产业划分的固定资产投资构成

Investment Composition of Fixed Assests by Sector for each city and county

单位:%　　(2020)　　(10 000 %)

地区	Region	投资总计 Total	一产 Primary Industry	二产 Secondary Industry	工业 Industry	三产 Tertiary Industry	基础设施 Infrastructure
全区总计	**Total**	**100.0**	**4.1**	**45.5**	**45.5**	**50.4**	**17.4**
银川市	**Yinchuan**	**100.0**	**1.2**	**42.1**	**42.1**	**56.7**	**6.7**
银川市辖区	District	100.0	0.3	25.4	25.4	74.3	7.1
兴庆区	Xingqing	100.0	0.8	9.3	9.3	89.9	3.6
西夏区	Xixia	100.0	0.3	56.5	56.5	43.2	12.0
金凤区	Jinfeng	100.0	0.0	11.6	11.6	88.4	5.5
永宁县	Yongning	100.0	11.4	17.4	17.4	71.2	1.9
贺兰县	Helan	100.0	2.3	14.6	14.6	83.1	7.1
灵武市	Lingwu	100.0	1.4	87.5	87.5	11.1	6.4
石嘴山市	**Shizuishan**	**100.0**	**5.6**	**72.5**	**72.5**	**21.9**	**11.9**
石嘴山市	District	100.0	1.7	73.7	73.7	24.6	13.7
大武口区	Dawukou	100.0	1.9	52.1	52.1	46.0	25.5
惠农区	Huinong	100.0	1.6	88.6	88.6	9.8	5.5
平罗县	Pingluo	100.0	10.9	70.9	70.9	18.2	9.6
吴忠市	**Wuzhong**	**100.0**	**9.1**	**57.0**	**57.0**	**33.9**	**10.8**
利通区	Litong	100.0	21.3	34.4	34.4	44.3	13.6
红寺堡区	Hongsipu	100.0	0.1	81.7	81.7	18.2	5.0
盐池县	Yanchi	100.0	5.9	70.3	70.3	23.8	7.8
同心县	Tongxin	100.0	2.3	41.7	41.7	56.0	16.7
青铜峡市	Qingtongxia	100.0	11.6	63.7	63.7	24.7	11.1
固原市	**Guyuan**	**100.0**	**9.3**	**9.9**	**9.9**	**80.8**	**36.5**
原州区	Yuanzhou	100.0	7.8	13.2	13.2	79.0	26.6
西吉县	Xiji	100.0	6.4	2.0	2.0	91.6	46.7
隆德县	Longde	100.0	17.4	6.0	6.0	76.6	44.0
泾源县	Jingyuan	100.0	12.4	10.1	10.1	77.5	36.9
彭阳县	Pengyang	100.0	8.0	23.1	23.1	68.9	33.2
中卫市	**Zhongwei**	**100.0**	**5.6**	**61.0**	**61.0**	**33.4**	**9.7**
沙坡头区	Shapotou	100.0	7.0	60.7	60.7	32.3	8.8
中宁县	Zhongning	100.0	4.2	65.4	65.4	30.4	8.0
海原县	Haiyuan	100.0	3.7	56.3	56.3	40.0	14.2

注:表内各分项比重为分项占投资总计的比重。

Note: the proportion of each item in the table is the proportion of each item in the total investment.

15—5　各市县社会消费品零售额

Total Retail Sales of Consumer Goods by City and County

单位:万元　　(10 000 yuan)

地区	Region	2012	2013	2014	2015	2016	2017	2018	2019	2020
全区总计	**Total**	**7510013**	**8600389**	**9590700**	**10397816**	**11306393**	**12536624**	**13301394**	**13994131**	**13013857**
银川市	**Yinchuan**	**4458194**	**5115239**	**5666444**	**6140230**	**6660120**	**7366994**	**7809593**	**8300064**	**7708697**
兴庆区	Xingqing	2203802	2403247	2561871	2769376	2984398	3294047	3473007	3577585	3400889
西夏区	Xixia	333843	385410	436114	484582	535567	607170	666925	710070	673563
金凤区	Jinfeng	715033	931815	1066361	1170303	1288114	1447176	1581519	1763699	1619713
永宁县	Yongning	167679	193354	217868	233580	254521	280484	293703	317077	262177
贺兰县	Helan	852608	977679	1133028	1204133	1296751	1399231	1423867	1543276	1405898
灵武市	Lingwu	185229	223734	251202	278255	300768	338887	370572	388357	346457
石嘴山市	**Shizuishan**	**745305**	**808290**	**865712**	**913059**	**967024**	**1048369**	**1088900**	**1135511**	**1044619**
大武口区	Dawukou	352449	382284	410099	432302	457501	496693	518163	538410	505743
惠农区	Huinong	189915	203432	215651	224688	235181	251469	253628	260815	215368
平罗县	Pingluo	202941	222573	239962	256069	274342	300207	317109	336287	323508
吴忠市	**Wuzhong**	**966839**	**1118332**	**1273487**	**1393652**	**1524946**	**1701111**	**1823734**	**1915093**	**1770471**
利通区	Litong	463784	536238	606419	663510	726841	807077	871235	924160	854211
红寺堡区	Hongsipu	76827	92724	109762	123432	141109	160862	172644	171979	159901
盐池县	Yanchi	127843	148794	168483	184754	200611	225456	242999	256639	241810
同心县	Tongxin	140314	162144	188428	207953	226536	255613	274610	286500	276101
青铜峡市	Qingtongxia	158070	178431	200394	214004	229849	252103	262247	275814	238448
固原市	**Guyuan**	**654501**	**760132**	**870851**	**955626**	**1052954**	**1175748**	**1246365**	**1276251**	**1208233**
原州区	Yuanzhou	353749	412811	476084	526866	583703	659917	714031	723992	684417
西吉县	Xiji	124589	143004	161017	171974	186490	201910	199655	208335	195283
隆德县	Longde	61843	72083	82163	90374	99561	109488	117069	111484	102743
泾源县	Jingyuan	40218	46549	53770	59178	65179	72503	75629	81720	79570
彭阳县	Pengyang	74103	85685	97817	107233	118021	131931	139981	150721	146220
中卫市	**Zhongwei**	**685174**	**798397**	**914206**	**995249**	**1101350**	**1244402**	**1332801**	**1367212**	**1281836**
沙坡头区	Shapotou	330499	383183	437435	477673	524744	586883	613241	600864	572369
中宁县	Zhongning	214480	249120	284421	308185	341634	398141	432992	453495	422080
海原县	Haiyuan	140195	166093	192351	209390	234972	259378	286569	312853	287387

15—6 各地市县地方一般公共预算收入

单位:万元 (2020)

地 区	Region	1978	1980	1985	1995	2000	2005
全区总计	**Total**	**31603**	**20353**	**29075**	**89792**	**208244**	**477216**
区 级	**Autonomous Regional Level**	**14502**	**10237**	**6228**	**37174**	**50592**	**130904**
地市县级	**Prefecture Level**	**15723**	**9152**	**21836**	**48566**	**146490**	**346312**
银 川 市	**Yinchuan**	**7267**	**3880**	**13172**	**26402**	**83064**	**181645**
银川市辖区	District	5466	2396	10545	20868	24832	44311
兴 庆 区	Xingqing						
西 夏 区	Xixia						
金 凤 区	Jinfeng						
永 宁 县	Yongning	401	410	604	1674	4299	8129
贺 兰 县	Helan	375	365	614	1673	4218	7325
灵 武 市	Lingwu	1025	709	1409	2187	6257	11452
石嘴山市	**Shizuishan**	**4141**	**2125**	**4957**	**9555**	**29192**	**72900**
石嘴山市	District	3141	1413	3651	723	8827	14796
大武口区	Dawukou						
惠 农 区	Huinong						
平 罗 县	Pingluo	1000	712	1306	2360	6194	21036
吴 忠 市	**Wuzhong**	**3398**	**2122**	**2897**	**8689**	**24610**	**50177**
利 通 区	Litong	1598	783	1504	3230	5413	8978
红寺堡区	Hongsipu						1850
盐 池 县	Yanchi	213	224	290	539	2549	4971
同 心 县	Tongxin	241	198	139	697	1455	3423
青铜峡市	Qingtongxia	1346	917	964	4052	11162	20856
固 原 市	**Guyuan**	**1182**	**833**	**538**	**3208**	**7874**	**14024**
原 州 区	Yuanzhou	602	479	308	1274	3017	2220
西 吉 县	Xiji	245	156	102	380	1058	1803
隆 德 县	Longde	123	106	6	603	1781	1204
泾 源 县	Jingyuan	63	45	22	206	545	1080
彭 阳 县	Pengyang			65	436	651	1319
中 卫 市	**Zhongwei**	**1081**	**1109**	**1236**	**4764**	**12912**	**27566**
沙坡头区	Shapotou	516	564	462	2892	7425	15572
中 宁 县	Zhongning	375	374	774	1670	4487	10395
海 原 县	Haiyuan	190	171		202	1000	1599

注:1.各县(区、市)合计数不等于大市数据,大市包含市本级数据;
2.2014年以前沙坡头区数据包含中卫市本级,2014年起沙坡头区数据不包含中卫市本级。

General Pubulic Budget Revenue of the Local Governments by Prefecture, City and County

(10 000 yuan)

2010	2011	2012	2013	2014	2015	2016	2017	2018	2019	2020
1535507	**2199767**	**2639569**	**3083376**	**3398627**	**3734474**	**3876576**	**4175888**	**4365205**	**4235774**	**4194398**
384429	**546301**	**672106**	**801381**	**872639**	**1065445**	**1182353**	**1436962**	**1648900**	**1724223**	**1694381**
1151078	**1653466**	**1967463**	**2281995**	**2525988**	**2669029**	**2694223**	**2738926**	**2716305**	**2511551**	**2500017**
640368	**966202**	**1131320**	**1345999**	**1535998**	**1709831**	**1731960**	**1774561**	**1732545**	**1547084**	**1572599**
150824	206395	244566	277306	317148	357466	381232	367239	246246	223321	211407
48220	70212	81749	100352	115067	129600	140966	132216	114409	97098	85340
14222	18673	22634	26567	30910	35105	41365	56687	61068	51728	49171
18312	26386	33275	39587	46830	53105	58502	64166	70769	74495	76896
42091	75064	91101	108862	125520	144588	132821	126633	65360	71733	87643
55158	93361	112730	130241	145449	156220	150809	110566	115984	120927	125965
103414	141809	137703	157766	181635	186642	234335	303082	341750	269624	291783
216460	**263831**	**297937**	**309948**	**291020**	**267490**	**247391**	**230627**	**239190**	**227901**	**217732**
45689	51939	63516	66344	62683	57155	54433	45682	46930	43942	45261
33824	35867	44479	47605	42101	34682	31857	27620	27391	23748	23898
11865	16072	19037	18739	20582	22473	22576	18062	19539	20194	21363
51965	68241	76568	85731	92585	86162	80185	80414	82318	82751	71091
156690	**219148**	**287426**	**324749**	**351384**	**319659**	**325587**	**326885**	**345724**	**353637**	**356259**
12628	19041	27847	33429	29601	32596	34516	28389	30855	33382	32376
5474	8388	10907	14630	17518	16051	17310	20431	21995	20337	16893
23492	36470	57956	69581	85230	75713	77184	71860	82815	87639	88569
8941	12230	17014	21061	20246	22254	21550	23490	26066	28255	32902
53619	68681	79102	92263	104150	69944	74827	79451	72294	72381	73903
52581	**79788**	**103345**	**130567**	**152950**	**159094**	**157827**	**166805**	**172600**	**162380**	**144872**
9594	14967	20169	23298	25037	25071	25070	24192	19625	17979	16840
4460	8460	9505	11420	13604	16675	15213	16817	16888	18028	18074
3290	4636	6378	9637	11479	13500	12834	10306	11102	10121	8901
2535	3531	4597	6422	10138	12613	13637	15077	15783	11389	10326
9066	16519	20269	25436	29296	22100	21866	24018	26446	28655	24723
84979	**124497**	**147435**	**170732**	**194636**	**212955**	**231458**	**240048**	**226246**	**220549**	**208555**
42555	63333	73434	82080	6	8	14	27670	27154	26941	25912
36472	54660	65420	76091	86143	94129	101718	111488	91350	87306	81161
5952	6504	8581	12561	15819	17412	20106	22066	24247	21001	21434

Note:1.The sum of counties(districts,cities)data is not equal to the total data of the city, and the total data of the city include the city itself.
2.Before 2014, data of Shapotou includes Zhongwei, while after 2014, it is not included.

15—7 各地市县地方公共财政支出

单位:万元

地 区	Region	1978	1980	1985	1995	2000	2005
全区总计	**Total**	**57755**	**57526**	**98526**	**229963**	**608380**	**1602509**
区 级	**Autonomous Regional Level**	**30989**	**29029**	**48071**	**92232**	**266998**	**718290**
地市县级	**Prefecture Level**	**26496**	**28134**	**49740**	**137731**	**341022**	**884219**
银 川 市	**Yinchuan**	**6794**	**6669**	**12224**	**42953**	**110739**	**353762**
银川市辖区	District	3915	3411	6974	28798	29658	152513
兴 庆 区	Xingqing						
西 夏 区	Xixia						
金 凤 区	Jinfeng						
永 宁 县	Yongning	935	898	1454	4190	7910	21859
贺 兰 县	Helan	1073	1300	1587	4077	7818	21387
灵 武 市	Lingwu	871	1060	2209	5888	15498	33666
石嘴山市	**Shizuishan**	**3861**	**3561**	**6233**	**23364**	**50874**	**149331**
石嘴山市	District	2513	2212	4089	3714	18783	40298
大武口区	Dawukou						
惠 农 区	Huinong				2495	6404	
平 罗 县	Pingluo	1348	1349	2144	6982	11589	46954
吴 忠 市	**Wuzhong**	**4964**	**5830**	**10138**	**27021**	**61721**	**84708**
利 通 区	Litong	1724	1652	3260	8234	12046	25671
红寺堡区	Hongsipu						10906
盐 池 县	Yanchi	1100	1467	2578	3922	12561	26806
同 心 县	Tongxin	1042	1675	2389	5353	14519	34122
青铜峡市	Qingtongxia	1098	1036	1911	7522	15805	40048
固 原 市	**Guyuan**	**7032**	**7565**	**13578**	**26417**	**77143**	**185472**
原 州 区	Yuanzhou	2747	3210	3927	6955	19851	43043
西 吉 县	Xiji	1471	1959	3191	6129	16873	38614
隆 德 县	Longde	972	1042	1659	4166	12249	24900
泾 源 县	Jingyuan	468	545	1228	1997	7181	16357
彭 阳 县	Pengyang			2025	3394	12605	26098
中 卫 市	**Zhongwei**	**3845**	**4509**	**7567**	**17976**	**40545**	**110946**
沙坡头区	Shapotou	1624	1742	2908	7878	15896	46362
中 宁 县	Zhongning	1074	1054	1736	5170	9608	30941
海 原 县	Haiyuan	1147	1713	2923	4928	15041	33643

Local Public Government Expenditure by Prefecture, City and County

(10 000 yuan)

2010	2011	2012	2013	2014	2015	2016	2017	2018	2019	2020
5575285	**7059096**	**8643616**	**9224819**	**10004526**	**11384858**	**12545380**	**13727841**	**14190592**	**14382916**	**14803577**
1605095	**2000263**	**2231298**	**2188943**	**2409918**	**3112664**	**3066278**	**3579426**	**3471793**	**3472388**	**3587595**
3970190	**5058833**	**6412318**	**7035876**	**7594608**	**8272194**	**9479102**	**10148415**	**10718799**	**10910528**	**11215982**
1199157	**1472546**	**1867446**	**2205311**	**2639036**	**2878980**	**3310717**	**3418283**	**3632756**	**3464668**	**3323605**
285922	365452	438868	467468	549048	606096	714366	755055	710172	638225	712516
99352	136417	151863	180970	216748	217824	241068	299492	297096	271406	321558
53459	62863	82435	82454	95396	97518	143515	174261	231394	175303	177607
48910	63075	79441	86731	110626	148964	183511	164635	181682	191516	213351
140892	180797	206078	243312	278827	314378	300914	297528	311721	364502	294553
136129	163715	225419	248186	272002	271869	322582	328433	316699	326568	355876
217375	253272	342965	393173	452049	434581	525174	602329	720905	692920	646884
614539	**648406**	**777175**	**831682**	**791844**	**793531**	**882217**	**901063**	**1005745**	**1165422**	**1211483**
162447	148990	190568	208903	194426	187021	208437	199775	239380	271432	319578
78101	72687	90449	106418	95946	87073	98097	94596	117660	132853	161289
84346	76303	100119	102485	98480	99948	110340	105179	121720	138579	158289
183737	202261	227146	253365	273453	285316	302472	323572	361595	383125	434592
785706	**1081638**	**1399324**	**1398375**	**1447684**	**1568074**	**1766106**	**2002162**	**2048878**	**2193369**	**2327754**
48368	74942	102394	93356	93616	113444	135629	140141	163524	202726	237202
60782	115570	142014	151210	155705	174971	220625	281471	267789	283841	306630
119543	175361	209240	239415	262616	284015	329841	366215	366828	376549	393779
180538	229261	300557	308046	315483	361316	436715	528471	530635	567026	608213
164900	218102	259627	222046	232467	247527	274418	290756	311481	320457	363191
786629	**1081060**	**1359933**	**1494503**	**1654252**	**1835195**	**2090434**	**2259975**	**2405892**	**2358056**	**2536360**
141508	186667	227775	269458	264392	309841	350140	383724	420436	416019	485295
184889	258553	316371	339132	355083	386036	448286	512188	570030	593236	699687
118627	142897	171967	192861	195738	216547	254826	288891	281197	297878	319810
70234	102210	117061	141378	148593	149616	191508	202097	209466	205414	232865
124768	168121	213969	244376	282891	275921	303766	362727	373656	373678	400031
584159	**775183**	**1008440**	**1106005**	**1061792**	**1196414**	**1429628**	**1566932**	**1625528**	**1729013**	**1816780**
233508	302723	394290	445093	48944	62723	92030	116558	124301	194563	247377
175274	237504	312803	306257	287355	319633	377858	449771	439463	481245	501813
175377	234956	301347	354655	373434	409121	457150	519224	587259	586108	633471

15—8 主要年份各市县农村居民人均可支配收入情况

Basi Statistic of disposable Income for Rural Households by City and County in Main Year

单位:元/人　　　　yuan/person

地 区	Region	2013	2014	2015	2016	2017	2018	2019	2020
全区总计	**Total**	**7597.1**	**8410.0**	**9118.7**	**9851.6**	**10737.9**	**11707.6**	**12858.4**	**13889.4**
沿黄地区	**Plain**	**9103.8**	**10023.3**	**10820.6**	**11660.8**	**12660.6**	**13711.8**	**14859.1**	**16013.5**
中南部地区	**Mountain Area**	**5550.2**	**6227.3**	**6817.9**	**7505.4**	**8346.5**	**9298.5**	**10415.1**	**11623.7**
银川市	**Yinchuan**	**9341.4**	**10275.2**	**11148.2**	**12036.7**	**13087.0**	**14160.2**	**15282.0**	**16428.4**
兴庆区	Xingqing	10663.1	11676.6	12624.9	13599.7	14788.0	15904.1	17128.7	18353.7
西夏区	Xixia	7827.0	8618.0	9334.4	10111.8	10975.2	11820.3	12835.2	13609.1
金凤区	Jinfeng	8358.8	9187.0	9941.3	10746.3	11628.8	12668.5	13708.1	14602.0
永宁县	Yongning	9223.0	10130.1	10994.6	11865.2	12855.3	13870.8	14994.2	16040.4
贺兰县	Helan	9693.8	10667.0	11628.3	12560.3	13668.1	14775.2	15927.5	17248.8
灵武市	Lingwu	9752.1	10756.4	11649.6	12546.5	13659.5	14847.9	16032.2	17312.0
石嘴山市	**Shizuishan**	**9277.9**	**10214.7**	**10995.5**	**11828.8**	**12879.9**	**14000.4**	**15163.5**	**16405.3**
大武口区	Dawukou	8124.4	8896.1	9563.2	10261.1	11184.6	12124.3	13154.8	13935.5
惠农区	Huinong	9325.4	10268.7	11074.0	11849.7	12857.2	13865.4	15185.2	16482.5
平罗县	Pingluo	9530.1	10501.8	11299.9	12195.7	13276.3	14491.1	15665.3	16889.8
吴忠市	**Wuzhong**	**7605.4**	**8442.4**	**9150.4**	**9938.2**	**10912.4**	**12045.4**	**13337.3**	**14698.3**
利通区	Litong	9822.6	10787.2	11588.6	12575.9	13675.4	14906.2	16272.7	17512.3
红寺堡区	Hongsipu	5210.5	5836.6	6408.5	7081.4	7895.6	8795.7	9824.9	10925.2
盐池县	Yanchi	6211.2	6975.2	7674.1	8532.1	9548.6	10684.7	12127.0	13922.1
同心县	Tongxin	5456.8	6122.7	6710.7	7388.4	8215.7	9185.0	10278.2	11339.4
青铜峡市	Qingtongxia	9456.8	10434.6	11200.0	12040.1	13134.5	14198.9	15491.0	16916.7
固原市	**Guyuan**	**5694.7**	**6395.3**	**7002.1**	**7714.2**	**8578.8**	**9556.7**	**10656.6**	**11950.7**
原州区	Yuanzhou	5943.8	6692.8	7296.1	8070.4	8960.7	9946.4	11164.2	12563.3
西吉县	Xiji	5538.9	6222.3	6857.1	7565.6	8400.7	9308.0	10416.2	11791.5
隆德县	Longde	5534.8	6199.1	6769.4	7462.1	8305.1	9276.8	10343.7	11595.4
泾源县	Jingyuan	5176.4	5804.7	6375.0	7032.1	7842.1	8736.2	9723.5	10707.0
彭阳县	Pengyang	5807.1	6529.5	7158.5	7861.0	8790.1	9862.5	11000.0	12231.5
中卫市	**Zhongwei**	**6681.3**	**7403.0**	**8002.2**	**8626.4**	**9365.3**	**10236.3**	**11307.6**	**12122.7**
沙坡头区	Shapotou	8145.8	8971.5	9669.2	10375.3	11249.2	12194.1	13210.1	14108.7
中宁县	Zhongning	7944.9	8819.1	9579.8	10356.4	11245.1	12180.2	13239.3	14076.1
海原县	Haiyuan	5138.5	5765.5	6258.0	6872.3	7658.3	8510.6	9626.6	10641.2

15—9 主要年份各市县城镇居民人均可支配收入情况

Basic Statisfics of Disposable Income for Urban Households by City and County in Main Year

单位:元/人 yuan/person

地 区	Region	2013	2014	2015	2016	2017	2018	2019	2020
全区总计	**Total**	**21475.7**	**23284.6**	**25186.0**	**27153.0**	**29472.3**	**31895.2**	**34328.5**	**35719.6**
沿黄地区	**Plain**	**22288.2**	**24159.6**	**26154.5**	**28172.0**	**30539.7**	**33013.4**	**35594.8**	**36731.5**
中南部地区	**Mountain Area**	**17003.5**	**18449.0**	**19920.1**	**21533.6**	**23383.2**	**25324.0**	**27256.6**	**28577.5**
银川市	**Yinchuan**	**23940.3**	**26117.7**	**28261.4**	**30477.8**	**32980.8**	**35586.3**	**38216.8**	**39416.4**
兴庆区	Xingqing	25835.4	28246.5	30513.9	32780.8	35451.5	38317.0	41218.4	42363.5
西夏区	Xixia	19562.8	21347.1	23125.5	24976.3	26985.2	29191.5	31302.3	32610.6
金凤区	Jinfeng	25529.9	27957.0	30361.3	32733.6	35560.1	38348.0	41190.6	43578.2
永宁县	Yongning	21177.4	23017.1	25091.4	26948.0	29210.8	30729.8	33031.9	33697.6
贺兰县	Helan	20905.6	22790.9	24548.1	26468.0	28641.2	31051.1	33660.3	35195.1
灵武市	Lingwu	22405.4	24309.8	26255.0	28329.5	30624.4	32859.9	35251.6	35887.2
石嘴山市	**Shizuishan**	**20703.3**	**22379.7**	**24168.3**	**25970.1**	**28186.3**	**30583.0**	**33015.9**	**34157.6**
大武口区	Dawukou	22734.4	24671.3	26767.6	28855.4	31365.3	34220.0	36960.5	38270.3
惠农区	Huinong	18437.4	19913.7	21495.0	23110.1	25055.9	26944.2	29163.3	30809.0
平罗县	Pingluo	18307.8	19735.7	21216.1	22738.5	24606.5	26647.4	28684.5	29682.5
吴忠市	**Wuzhong**	**18297.7**	**19852.9**	**21552.9**	**23351.5**	**25363.6**	**27478.1**	**29616.1**	**31159.5**
利通区	Litong	19953.4	21710.0	23581.9	25303.1	27386.7	29827.7	32291.5	33977.3
红寺堡区	Hongsipu	15223.3	16488.6	17875.4	19412.1	21194.9	23045.0	24774.2	25468.0
盐池县	Yanchi	17652.7	19156.7	20919.5	22673.2	24676.9	26601.1	28463.9	29830.9
同心县	Tongxin	15774.0	17131.0	18758.0	20277.2	22101.4	23803.3	25660.6	27126.8
青铜峡市	Qingtongxia	18712.5	20292.3	22003.2	23633.2	25547.4	27591.1	29716.4	31201.0
固原市	**Guyuan**	**18085.4**	**19676.5**	**21144.0**	**22716.8**	**24628.2**	**26709.2**	**28726.8**	**30052.1**
原州区	Yuanzhou	19008.6	20680.0	22463.2	24153.5	26258.3	28595.7	30595.1	31972.4
西吉县	Xiji	17107.4	18601.0	19965.3	21410.6	23239.6	25216.0	27335.5	28975.0
隆德县	Longde	15969.7	17440.9	18631.7	20047.3	21731.8	23360.6	25019.8	25971.5
泾源县	Jingyuan	17027.3	18565.0	19735.4	21158.2	22917.5	24773.7	26557.0	27650.8
彭阳县	Pengyang	17128.3	18591.0	20048.5	21611.6	23345.0	25166.0	27239.4	28327.8
中卫市	**Zhongwei**	**18420.6**	**19930.6**	**21604.3**	**23276.7**	**25344.5**	**27371.9**	**29602.5**	**30478.5**
沙坡头区	Shapotou	19293.3	20919.7	22702.7	24338.8	26487.8	28694.0	31027.6	31771.5
中宁县	Zhongning	18395.4	19831.1	21481.2	23141.3	25293.3	27271.0	29462.1	30120.0
海原县	Haiyuan	16223.1	17570.1	19045.7	20591.8	22346.4	24046.5	26097.4	27487.7

附记

Apprndix

2020年大事记

一月份

1月20日，为全面促进银川市第七次全国人口普查工作顺利进行，银川市统计局内网开通第七次全国人口普查专栏。

是日，银川市统计局开展2020年春节慰问活动。

二月份

2月14日，银川市统计局成立疫情防控工作小组，全面开展疫情防控工作。

2–3月，银川市统计局成立了排查、管控、数据处理3个工作组，在兴庆区天盛社区、市公安局、喜来登酒店等地开展疫情防控、数据处理、留置观察等工作，共计接收留观人员47批次共466人员。

三月份

3月，银川市统计局荣获自治区第四次全国经济普查先进集体。

3月4日，银川市统计局党员发起抗击疫情捐款活动。

3月11日，银川市统计局召开银川市第七次全国人口普查领导小组办公室内设工作组第一次全体会议。

3月13日，银川市启用第七次全国人口普查印章。

3月17日，银川市统计局离休老党员葛世忠捐款6000元支持疫情防控工作。

3月20日，银川市统计局局领导与分管科室负责人签订2020年党风廉政建设责任书。

四月份

4月10日，银川市人普办综合组召开全体人员会议，审校通过了《市人口普查办公室综合组工作分工方案》，对综合组各项业务工作进行了明确和分工。

4月14日，银川市统计局组织全体干部参加植树劳动。

4月17–19日，银川市统计局参加2020年一季度全区市、县（区）生产总值统一核算培训会。

4月21日，银川市统计局深入国家能源集团宁夏煤业有限责任公司开展基层统计调研工作。

4月22日，银川市统计局协同商务局对兴庆区、金凤区受疫情影响的涉及石油、百货、汽车、黄金、超市等多种业的企业开展数据调研。

4月28日，银川市统计局党支部开展“走进贺兰山，创森我先行”环保公益行动。

4月27–29日，银川市统计局工业科赴永宁县对宁夏多维药业有限公司、宁夏才运达机电泵业有限公司等9户企业开展现场数据核查工作。

4月29日，银川市人普办前往市公安局对接第七次全国人口普查户口整顿工作。

五月份

5月15日，银川市统计局党支部组织开展“法在心中，法在行中”保密主题党日活动。

5月12–18日，银川市统计局联合银川市农业农村局先后到供港蔬菜基地、扶贫产业园等地进行联合调研并召开座谈会。

5月19日，银川市统计局第七次全国人口普查领导小组暨全区人口普查工作会议召开。

5月22日，银川市统计局邀请银川市国家安全局白永黎副局长做《新时代如何筑牢保密思想防线》的主题讲座。

5月27日，银川市统计局顺利完成2019年度基本单位名录库更新维护工作。

是日，银川市统计局党支部组织到凤凰公园开展“创建国家森林城市、共建美丽新银川”主题党日志愿服务活动。

5月27–29日，银川市统计局对全市新入库投资项目和新增房地产开发项目统计基础工作进行了检查督导。

5月29日，银川市第七次全国人口普查领导小组暨全市人口普查工作会议召开。市委常委、常务副市长、市第七次全国人口普查领导小组组长李鸿儒出席会议并讲话。

六月份

6月1日，银川市统计局联合市妇儿工委办公室组织召开2020年度妇女儿童发展规划监测统计工作暨培训会议。

6月5日，银川市纪委副书记张凌峰、第十二纪检组组长郭立萍等一行3人，到银川市统计局督查了解民生领域损害群众利益问题集中整治工作情况。

6月12日，自治区统计局社会科技与文化产业处来银对我市0–3岁婴幼儿照护服务情况开展专题调研。

6月15日，银川市统计局联合西夏区统计局、西夏区经发局到经济技术开发区开展固定资产统计业务专题调研活动。

是日，银川市统计局离休干部葛世忠再次向党组织缴纳大额党费5000元。

6月17–18日，银川市统计局对通过“双随机”原则抽取的宁夏华泰家俱有限责任公司等6家限额以上商贸企业开展了执法检查工作。

6月19日，银川市统计局党支部联合中国移动宁夏公司银川分公司集团客户部党支部组织开展联合主题党日活动。

6月22日，银川统计局印发《银川市统计机构负责人和统计人员防范和惩治统计造假弄虚作假责任制规定》《银川市预防和记录领导干部违规干预统计行为办法》《银川市统计局行政执法公示实施细》《银川市统计局行政执法全过程记录实施细则》《银川市统计局重大行政处罚决定法制审核实施细则》5项制度。

6月30日，银川市统计局为党过“政治生日”，组织党员到石嘴山市国务院直属“五七”干校旧址，开展“三重温”初心滋养活动。

是日，银川市统计局赴贺兰县金贵镇银光村开展脱贫攻坚调研活动。

七月份

7月1日，银川市统计局党支部开展“学讲话、践初心、担使命”庆七一主题活动。

7月9日，银川市统计局党支部慰问离退休老党员。

7月19日，银川市第七次全国人口普查综合试点动员暨业务培训会在贺兰县召开。

7月22日，银川市第七次全国人口普查综合试点启动仪式在贺兰县习岗镇德胜村隆重举行。

7月27日，银川市统计局召开专题会议，安排部署“让党中央放心、让人民群众满意”模范机关创建工作。

八月份

8月，银川市统计局获得银川市2019年度国家营商环境评价工作优秀配合单位。

8月12日，银川市统计局组织开展《民法典》专题学习。

8月20–21日，自治区统计局副局长崔祝平带领投资处对银川房地产开发市场开展调研活动。

8月24日，银川市统计局制定《统计违法典型案例以案释法规定》。

九月份

9月2–4日，银川市人普办召开第七次全国人口普查综合业务培训会议。

9月9日，银川市统计局开展“民族团结月”活动，邀请自治区党委讲师团团长、教授，银川市社科专家朱天奎同志做《牢固树立新时代马克思主义民族观宗教观》专题讲座。

十月份

10月3–10日，银川市统计局对兴庆区、金凤区、贺兰县申报的4家统计“五星级”企业进行全面审核验收。

10月19日，银川市统计局聘请法律顾问，全面助推依法统计。

10月21日，银川市统计局在2020年第二届全区社区运动会总决赛中，荣获集体跳绳项目比赛第一名和赛会优秀组织奖。

10月23日，银川市委党校2020年秋季县处级干部理论研修班和中青年干部理论培训班举办统计法治专题讲座，市统计局四级调研员于建亮为培训班学员做讲座。

10月28日，银川市统计局顺利通过自治区级文明单位复检工作，自治区党委宣传部文明创建处处长马萍、银川市文明办专职副主任张伟一行对银川市统计局自治区级文明单位创建工作给予充分肯定。

10月29–30日，银川市统计局对通过“双随机”原则抽取的宁夏建投物业服务有限公司等6家规模以上服务业企业开展统计执法检查工作。

10月30日，银川市统计局党支部联合兴庆区统计局党支部前往兴庆区玉皇阁北街东方社区开展“人口普查大走访”主题党日活动，助力全市人口普查登记工作顺利开展。

十一月份

11月4日，银川市统计局全体干部认真传达学习中国共产党第十九届中央委员会第五次全体会议精神。

11月5日，银川市统计局顺利通过自治区级无烟单位验收。

11月9日，银川市统计局召开全市一套表调查单位审核暨基本单位名录库业务培训会，局相关专业人员及各县（市）区统计局名录库工作业务人员参加了会议。

11月11日，银川市统计局党组书记、局长尹建宁一行赴天盛社区党支部联系点就第七次全国人口普查工作进行宣讲辅导。

11月20日，银川市统计局邀请局法律顾问万淑君律师作《民法典》专题讲座。

11月23日，银川市统计局顺利通过自治区级节约型机关验收。

十二月份

12月2日，银川市统计局以“宪法宣传周”主题活动为契机，组织人员深入兴庆区、金凤区开展普法宣传工作。

12月22日，银川市统计局组织开展统计执法人员宪法宣誓仪式。